國家社會科學基金西部項目"兩宋之交理學嬗變與詩文流變的雙向考察"
（17XZW027）結項成果

"西南民族大學中國語言文學學術文叢"資助項目

左志南／著

兩宋之交理學道論嬗變
與詩歌流變的雙向考察

社會科學文獻出版社
SOCIAL SCIENCES ACADEMIC PRESS (CHINA)

目　録

第二編　龜山學派道論與詩學研究

第三編　江西宗派之儒學視域下的詩學研究

第四編　兩宋之交理學道論嬗變與詩歌流變的雙向考察

緒　論

　　兩宋之交理學乃是二程理學向朱熹過渡的中間階段，該時期理學家上承二程伊洛淵源，下啓朱熹閩中理學。龜山學派因其開創者楊時號"龜山"而得名，又因程顥送楊時南歸時"吾道南矣"之語，被稱爲道南學派。龜山學派之外，以胡安國、胡寅、胡宏爲代表的早期湖湘學派以及與呂希哲淵源甚深的江西詩派皆活躍於該時期，它們因所處宋代學術發展階段的特殊，是研究宋代學術發展不可回避的環節。同時，江西詩派乃詩壇主流，而龜山學派、湖湘學派諸人詩文富贍，其創作是兩宋之交詩壇的一個重要組成部分，亦是宋代南渡文學研究所應重視的一個部分。因此，將兩宋之交的文學流派、理學學派置於兩宋學術嬗變的視域下，從儒者立場出發考察其儒學思想與文學創作、文論觀念之關係，不僅有助於深化兩宋之交的文學研究，探明理學與文學相互影響之發生機制，亦能在探究宋代文學此時期的新變原因上有所收穫。

　　此外，從理學與文學的關係來看，由於文學作品是作家創作實踐的產物，所以從此角度而言，文學也就是人學。"新儒家的努力一方面是強化社會所需要的價值系統，並將其抽象爲'天理'，同時將其規定爲人性的内涵，體現爲強烈的價值理性的形態。另一方面努力在排斥佛道二教出世主義的同時，充分吸收二教發展精神生活的豐富經驗，探求精神修養、發展、完善的多方面課題與境界，建立了基於人文主義的並具有宗教性的'精神性'。"① 理學家對宇宙人心的思考及其對精神境界、生命體驗的關注與探討，也就必然會影響其具體的文學創作。龜山學派、湖湘學派及受呂希哲影響甚深之江西詩派諸人皆在繼承二程學說的同時又有所開拓，這使他們對人生境界的探討、生命體驗的關注、出處進退的思考，皆呈現出鮮明的特點。這種思想形態構建上的特點也滲入其文學創作中，使其文學思想及具體創作呈現該時期的獨有特色。故而，綜

---

① 陳來:《宋明理學》，華東師範大學出版社，2004，第 14 頁。

合以上因素來看，該時期之理學與文學皆具有相當大的研究價值，而其理學與文學之關係在兩宋之交亦具有突出的代表性，對此進行考察，亦有助於深化兩宋之交理學與文學的交叉研究。

一　兩宋之交理學與文學交叉研究之意義

湖湘學派、龜山學派在宋代理學發展過程中占有很重要的地位，其所處時段正值兩宋之交，故而其理學思想在兩宋之交思想發展史中所占地位，其文學創作在兩宋之交文學流變中之地位，皆具有重要的研究意義。而江西詩派作爲兩宋之交的詩壇主流，往昔論者皆論其文學創作、文論觀點，卻忽視了其哲學思想在其文學創作、文論觀點形成背後的作用。

（一）湖湘學派理學與文學研究意義

湖湘學派以胡安國、胡寅、胡宏父子三人爲核心，胡氏家族出身福建崇安，因避靖康之難輾轉至湖南衡陽，又因其學術活動及影響範圍均在湖南地區，遂得"湖湘學派"之名。這一名稱，首源於南宋朱熹，《朱子語類》載朱熹語："湖湘此等氣象，乃其素習，無怪今日之尤甚也。"[1] "湖南病正在無涵養。"[2] "湖南一派，譬如燈火要明，只管挑，不添油，便明得也即不好。"[3] 全祖望稱胡宏"卒開湖湘之學統"[4]，又稱孫蒙正"遂得湖湘之傳"[5]，其後梁啓超在《儒家哲學》中亦繼續使用"湖湘學派"這一名稱，學界遂慣用至今。作爲南渡之後的重要儒學流派，胡氏父子三人與楊時皆有倡明洛學之功，該學派特色鮮明。其經典闡釋中的歷史哲學乃其重要學術特色，如胡安國認爲："《春秋》乃仲尼親筆，門人高弟不措一詞。實經世大典，見諸行事，非空言比也。"[6] 又云："《春秋》魯史爾，仲尼就加筆削，乃史外傳心之要典也。"[7] 胡安國認爲

① （宋）黎靖德編，王星賢校點《朱子語類》卷一百零一，中華書局，1986，第2589頁。
② （宋）黎靖德編，王星賢校點《朱子語類》卷一百零一，第2595頁。
③ （宋）黎靖德編，王星賢校點《朱子語類》卷一百零一，第2595頁。
④ （清）黃宗羲著，（清）全祖望補修，陳金生、梁運華點校《宋元學案》卷四十二"五峰學案"，中華書局，1986，第1366頁。
⑤ （清）黃宗羲著，（清）全祖望補修，陳金生、梁運華點校《宋元學案》卷二十"元城學案"，第839頁。
⑥ （宋）胡寅：《先公行狀》，《斐然集》卷二十五，容肇祖點校，中華書局，1993，第550頁。
⑦ （宋）胡安國：《春秋傳序》，《春秋胡氏傳》，錢偉彊點校，浙江古籍出版社，2010，第1頁。

《春秋》乃孔子筆削魯史而成，而孔子的删定行爲本身就是孔子史學思想的一種體現。因此，《春秋》既是歷史本體，又是沉潛著孔子史學思想的研究對象。在胡安國看來，《春秋》之價值超越了歷史，具有涵蓋政治、人事的普遍意義，體用兼備，學者研習之，不但可知歷史治亂規律，而且能識得聖人所傳之心，亦有助於自我道德修養。胡宏曰："學聖人之道，得其體，必得其用，有體而無用，與異端何辨？"[①] 胡寅則通過《讀史管見》的著述，延續了乃父之學術觀點。胡氏父子的經學研究開辟了南宋經學歷史哲學研究的發展向度。

　　胡氏父子與曾幾、吕本中等文苑色彩濃厚之士大夫有論學、交往之經歷，其理學思想亦得以與文學相碰撞，形成了獨具特色的詩文創作特點。其中胡寅《斐然集》有詩歌五卷，創作成就頗高。其詩學理念與詩歌創作體現了當時詩學與理學結合的新趨勢，胡寅提出了"枯木之心幻出葩華"的創作論，肯定了詩歌書寫主體性情之正的作用，主張靜中"觀萬物自得意"的創作方式。在師法對象的選擇上，胡寅體現了宗杜而學蘇黄的特點，與江西詩派之創作理念等無二致，乃江西詩派之同調。胡宏儒學體系打破了天理、人心這一客觀精神與主體的二元結構，於二者之間植入了"性"這一哲學範疇，形成了命、性、心的邏輯體系，並分別賦予命、性基本規律與普遍規律的特質，以"性"作爲連接本體與主體、形上與形下的關鍵。在心體探究上，胡宏引入的"性"使得已發與未發之界限更容易界定，亦使得儒學修養切實可行。其哲學思想則使得發而中節的性情規範、盡性至命的修養理路與"與道冥符"的境界體驗形諸詩歌創作，使其詩歌呈現出了觀物會理、意與物會的理趣美。

　　因此，湖湘學派獨特理學思想影響下的文學創作，不僅是兩宋之交文學研究的重要組成部分，而且彰顯了儒學發展是如何通過主體形成價值選擇、審美趣味、關注視野而形諸文學創作的，是研究南宋學術發展與文學創作關係不可回避的重要部分。

　　（二）龜山學派理學與文學的研究意義

　　龜山學派的成員構成，以楊時及其門下羅從彥、陳淵、張九成等第一代弟子爲主，以李侗、朱松等第二代弟子爲輔。楊時及其門人在理學主張上繼承二程之思想，注重闡發儒經義理，並從自我踐行的角度對儒

---

① （宋）胡宏著，吴仁華點校《胡宏集》，中華書局，1987，第131頁。

學修養理論進行了細緻、系統的論述，推動了理學的進一步發展。元代學者柳貫曰："道南之學，肇於龜山楊氏，而豫章羅氏、延平李氏實繼起而纂承之。"[①]蘇天爵曰："龜山楊先生載道而南，豫章、延平相繼而出，子朱子擴而大之，聖賢之學遂因經傳復明於世。"[②]虞集之《光澤縣雲巖書院記》中亦有言曰："昔周子、程子作於聖遠言湮千載之下，而程子門人楊中立氏之歸閩也，叔子嘆曰：'吾道南矣'，宋既南渡，中立氏以其學傳諸豫章羅氏、延平李氏，至於朱子而益大顯明焉。"[③]三人皆乃元人，可見龜山學派傳承、發展二程理學的功績，在去宋未遠的元代已得到普遍的肯定。從宋代理學發展進程來看，龜山學派所處時期正是二程理學進一步發展和分化的時期，其中羅從彥"嚴毅清苦，在楊門為獨得其傳"[④]，"一傳為延平則邃矣，再傳為晦翁則大矣"[⑤]，為朱熹學術淵源所自。而陳淵則提出了"妙道無窮，方寸之間索之而愈有，為聖為賢皆由心造耳"[⑥]的觀點，展現了"心學"化的理學發展趨勢。張九成則更為激進，提出了"天止吾心而已矣，無求諸高高蒼蒼之間也"[⑦]的觀點，朱熹認為"子韶一轉而為陸子靜"[⑧]，黃宗羲則更為明確地指出了張九成理學乃"陸學之先"[⑨]的發展趨勢。因此，龜山學派正是二程理學向朱熹、陸九淵理學演進的中間階段，其理學思想及演進過程具有相當的研究價值。

同時，龜山學派諸人的文學創作也是兩宋之交宋詩創作中的一個重要組成部分，學派中楊時、羅從彥、陳淵、張九成、朱松等人詩文創作的數量與品質皆十分可觀，其中楊時《龜山集》四十二卷，存詩五卷；

---

① （元）柳貫撰，（明）宋濂編《待制集》卷十二，《景印文淵閣四庫全書》第1210冊，臺北商務印書館，1983，第513頁上。(本書所引四庫本文獻，皆以此版本為準，後不一一注明。)

② （元）蘇天爵：《題泉州士子贈崔宗禮詩後》，《滋溪文稿》卷三十，中華書局，1997，第510頁。

③ （元）虞集：《道園學古錄》卷八，《景印文淵閣四庫全書》第1207冊，第126頁下。

④ （清）黃宗羲著，（清）全祖望補修，陳金生、梁運華點校《宋元學案》卷三十九"豫章學案"，第1270頁。

⑤ （清）黃宗羲著，（清）全祖望補修，陳金生、梁運華點校《宋元學案》卷三十九"豫章學案"，第1269頁。

⑥ （宋）陳淵：《代人上梅節推》，《默堂集》卷十五，《景印文淵閣四庫全書》第1139冊，第411頁上。

⑦ （宋）黃倫：《尚書精義》卷三十二，《景印文淵閣四庫全書》第58冊，第493頁下。

⑧ （宋）朱熹撰，（宋）李幼武補《宋名臣言行錄·外集》卷七，《景印文淵閣四庫全書》第449冊，第721頁下。

⑨ （清）黃宗羲著，（清）全祖望補修，陳金生、梁運華點校《宋元學案》卷四十"橫浦學案"，第1301頁。

陳淵《默堂集》二十二卷，存詩十二卷；張九成《橫浦集》二十卷，存詩四卷；朱松《韋齋集》十二卷，存詩六卷。《四庫全書總目提要》評楊時文學創作曰：“本不以文章見重，而篤實質樸，要不失爲儒者之言。”① 評陳淵曰：“爲詩不甚雕琢，然時露真趣，異乎宋儒之以詩談理者。”② 評朱松曰：“傅自得序稱其詩高遠而幽潔，其文溫婉而典裁，至表奏書疏，又皆中理而切事情，雖友朋推許之詞，然松早友李侗，晚折秦檜，其學識本殊於俗，故其發爲文章，氣格高逸，翛然自異，即不藉朱子以爲子，其集亦足以自傳自得。所云頗爲近實，非後來門户之私。”③故而，龜山學派諸人的文學創作因其數量及品質的可觀，亦是研究兩宋之交詩歌流變不可回避的一個環節。龜山學派興起於兩宋之交，該學派對理學的傳承與發展在兩宋之交的文學重組中的地位，其理學思想影響下的文學創作在兩宋之交文學創作中的地位，也是深化兩宋之交文學研究亟須解決之關鍵問題。

（三）江西詩派儒學淵源與文學創作之研究意義

江西宗派之得名，源自吕本中所作《江西宗派圖》④。“宗派”乃禪宗組織形式，以之概稱山谷後學，一方面彰顯了此流派與其他文學流派的區別，賦予其獨特的特徵；另一方面則有將“宗派”之求精神安頓、個體解脱與文學創作建立聯繫之意。考宗派中人之學術淵源，大多出入儒釋，如吕本中祖父乃吕希哲，先後從王安石、二程游，謝逸、謝薖、饒節等皆游於滎陽門下，吕本中《師友雜志》載：“崇寧初，予家宿州，汪信民爲州教授，黎確介然初登科，依妻家孫氏居。饒德操亦客孫氏，每從予家游。”“謝無逸因汪信民獻書滎陽公，致師事之禮。且與予父子交。”⑤ 又：“晁冲之叔用……大觀後，予至京師，始與游，相與如兄弟也。叔用從兄貫之季一……皆與友善。”⑥ 是以黄宗羲將此數人歸入“滎陽學案”。而曾幾則游於胡安國門下，且有書信與胡安國、胡宏父子

---

① （清）紀昀總纂《四庫全書總目提要》卷一百五十六，河北人民出版社，2000，第4028頁。
② （清）紀昀總纂《四庫全書總目提要》卷一百五十八，第4081頁。
③ （清）紀昀總纂《四庫全書總目提要》卷一百五十七，第4054頁。
④ 按，《江西宗派圖》已不見於吕本中現存文集，范季隨《陵陽先生室中語》、周紫芝《竹坡詩話》、曾季貍《艇齋詩話》均作《江西宗派圖》，趙彦衛《雲麓漫鈔》作《江西詩社宗派圖》。本書在行文中根據不同語境稱爲《江西宗派圖》《宗派圖》或《江西詩社宗派圖》。
⑤ （宋）吕本中：《師友雜志》，《吕本中全集》本，中華書局，2019，第1078頁。
⑥ （宋）吕本中：《師友雜志》，《吕本中全集》本，第1079頁。

討論儒學思想。吕本中亦先後與王直方、晁冲之、韓駒、徐俯、曾幾等有過密切交往。故而，江西宗派不僅爲一文學流派，實亦與理學關係密切，其學術淵源、知識構成亦體現在其詩學理論及詩歌創作中。

江西詩派諸人受吕希哲影響甚大，在儒學思想方面呈現鮮明的實踐哲學特色，他們懸置了對"天理"本體的探究，而以會得"天理"的精神安頓狀態作爲修養標的，在實踐修養工夫的開發上用力甚多。這使得他們對文道關係有著不同於前人的理解，極爲强調儒者之道，即"天理"内置主體心性的程度與重要性，其詩學觀念接續並發展了黄庭堅之觀點，將文學創作視爲主體冥合"天理"時之精神感受的形象化表達，由此構建起了"天理—主體—文"的結構模式，這是文道關係在宋代特殊的學術狀態的新變，亦是文道關係生發出全新内涵的表現。在其文論結構中，創作過程是以符號化的象徵意味形象化地表現出作者所認爲的冥合"天理"本體的生命體驗，江西詩派諸人在創作實踐中凝練概括出了"句法"，通過"句法"來實現"符號"的象徵作用。而隨著"句法"異化作用的凸顯，江西諸人之詩論開始朝著錘煉藝術直覺綜合能力的方向發展，由此出現了"圓成""活法""中的""悟入"之説。在其創作乃至詩論演變中，其儒學思想起到了潛在但巨大的影響。

（四）兩宋之交理學與文學交叉研究之意義

理學家關於文道關係的認識，是研究理學與文學所不可回避的一個問題。對於文道關係的認識，也是理學家文學態度最爲直接的表述，而這也必將影響其文學創作水準。程頤持"作文害道"説，而師承程頤的楊時却創作了數量頗爲可觀的文學作品。兩宋之交之文苑諸人與儒林學者大多熱衷於文學創作，龜山三傳之朱熹甚至可以説是成就頗高的文學家。從這一演變過程不難看出，文學在接受儒學影響的同時，又通過詩文傳統的形式使理學諸人進入了文學創作領域，以"異化"的方式影響了理學家，使理學家對待文學創作的觀點發生了一個顯著的變化。這一變化過程在兩宋之交的理學諸人身上表現得尤爲明顯，甚至可以説是在該時期理學學派的演變過程中完成的。在該時期理學學派的發展過程中，文學的地位得到了肯定，這與該時期理學道論的演變密切相關。因而，兩宋之交理學學派與詩學流派之文學觀點、文藝思想的變化與理學思想之嬗變關係密切，對此現象予以深入的觀照與詳細的考察，不僅有助於探明理學文道觀變化的内在原因，亦可揭示當時理學對文學所産生之影響。

　　理學家關於出處進退的思考、精神境界的追求等皆使其精神氣度、關注視野乃至讀書治學等日常生活有不同於文學家的特點，這勢必會影響其文學的書寫内容，乃至其文學創作特點的形成。其理學思想的不同也勢必會引起其價值觀，即看待世界方式與角度的不同，而這也會影響到其對待文學的態度及具體的文學創作。正如許總先生所言："宋代理學家詩作雖多，題材亦富，但却全然可以歸結到闡發其哲學思想這一出發點上來，同時，由於理學作爲道德倫理之學，理學詩中所開發的哲理也就更多地集中於人生哲學的範疇。"① 所以，理學道論的嬗變是理學諸人乃至文苑詩人文學創作發生變化的一個至關重要的因素，甚至可以説是理學道論的變化引起了其文學創作的變化。因此，理學學派獨具特色的理學思想勢必會影響其具體的文學創作，從其理學思想著眼來觀照其文學思想的演進及具體的創作，對於推進兩宋之交理學與文學的交叉研究具有一定的意義，亦具有很強的可行性。

　　此外，南宋理學大盛，文學受理學之影響甚深，如王水照先生主編的《宋代文學通論》認爲："北宋中葉以後，宋代理學（道學）大盛且影響日深，尤其到南宋，理學思想滲入到各個階層，不少詩人都濡染此風，許多理學家在視詩爲餘事的同時又寫了大量的詩，形成了獨特的理學詩風。"② 並認爲南宋文學的第四階段是"以理學諸派爲中心内容"③。而對兩宋之交的理學與文學關係進行考察，對於探討南宋理學與文學之關係，不但具有正本溯源的意義，亦具有研究方法上的啓示作用。

二　兩宋之交理學與文學交叉研究之現狀

　　自馬積高先生《宋明理學與文學》④，許總先生《宋明理學與中國文學》《理學文藝史綱》⑤問世，理學與文學之關係一直爲學界關注之熱點，但學界在宋代理學與文學的研究上則呈現出了重南宋輕北宋的特點，這

---

① 許總：《宋明理學與中國文學》，百花洲文藝出版社，1999，第65頁。
② 王水照主編《宋代文學通論》，河南大學出版社，1997，第125頁
③ 王水照主編《宋代文學通論》，第210頁。
④ 馬積高：《宋明理學與文學》，湖南師範大學出版社，1989。
⑤ 許總主編《理學文藝史綱》，江蘇教育出版社，2001。

固然與南宋理學大盛，北宋理學家文學著述較少的狀況有關，但亦反映學界對理學興起之初步發展階段與文學關係關注度較低的事實。另外，學界在理學與文學之交叉研究的方法上，亦多從文論的角度探析理學對文學觀念形成發展的影響，而對於理學家具體的文學創作流變、文論思想的演進，則缺乏細緻的考察。反映在具體的研究上，則是多側重於理學與某一時段的整體性的論述，而具體、細緻性的研究則相對較少。如馬積高先生之著作，僅用兩章的篇幅來勾勒北宋後期和整個南宋理學與文學的發展脈絡，而對於兩宋之交的理學與文學則全然沒有涉及。許總先生之著作，則以專題形式進行，其中第五章"理學詩派"對邵雍、周敦頤、程顥、張載及朱熹之詩歌與理學之關係進行了論述，亦沒有涉及龜山學派等兩宋之交的理學與文學這一領域。鄧瑩輝先生之《兩宋理學美學與文學研究》[①]一書，重在從美學的角度出發，來探討理學與美學的關聯。其中"理學家的文學創作與批評"一章，對北宋五子及南宋理學諸家之詩歌創作進行了論述，但其篇幅簡短，論述稍顯粗略。凡此，皆反映出了宋代理學與文學研究有待進一步深化、細緻的需要。

（一）湖湘學派理學與文學研究現狀分析

關於湖湘學派理學的研究成就頗深，專著亦多，如牟宗三先生《心體與性體》運用了康德哲學的觀念及方法來分析有宋一代儒學的發展軌迹，提出了著名的宋明理學劃分爲三系的主張，即胡五峰、劉蕺山爲一系；陸象山、王陽明爲一系；程伊川、朱晦庵爲一系。前兩系義理互補相通，爲一大系，乃儒家哲學之正宗；而小程、朱子自成一系，另立一別宗，爲儒家哲學系統之歧出。牟先生認爲胡宏思想自成體系，南宋諸家中只有胡宏真正繼承了孔孟道統。另有王立新《開創時期的湖湘學派》、朱漢民《湖湘學派史論》從思想史的角度對湖湘學派源流、思想及其對中國文化的貢獻進行了系統分析。而曾亦《本體與工夫——湖湘學派研究》則著重從心性論的角度闡發湖湘學派之思想。此外，還有多篇論文涉及湖湘學派之理學思想，對湖湘學派諸人的學術思想研究不可謂不充分，但相關著作、論文皆將湖湘學派諸人之思想作爲已然存在之整體看待，由此展開研究剖析，而對其形成的過程、形成的方式則關注不足，由此忽視了其歷史哲學

---

① 鄧瑩輝：《兩宋理學美學與文學研究》，華中師範大學出版社，2007。

的學術特點及在此基礎上形成的獨特理學思想。

在湖湘學派文學研究方面，專著有寧淑華《南宋湖湘學派的文學研究》[①]，寧著從"南宋湖湘學派概述"入手，分章節對胡安國、胡寅、胡宏、張栻之"文學思想及其文學創作"進行了相關論述，基本覆蓋了湖湘學派的主要學者，有首創之功。但寧著在湖湘學派學術特色的闡發上語焉不詳，未能準確、凝練、正面地概括湖湘一派一以貫之的理學特色。而在湖湘學派諸人的文學創作方面，寧著存在置學派諸人儒者自我定位不顧而單純研究其文學的問題，這不但使得研究缺乏深度，亦不能準確揭示湖湘學者文學創作之特色。陶俊先生《湖湘學派文學研究》[②]一書顯然乃有的放矢，針對寧著的不足展開了相關的研究，注重對胡氏父子及湖湘後學理學思想的尋繹，並結合其理學思想論述其文學創作，在湖湘學派文學研究方面貢獻頗大。但陶著存在兩方面的問題：其一是在湖湘學派諸人理學研究方面不够深入，如其將胡寅心體之體用混爲一談，對於"本體"之理解存在偏差；其二是細節處理上存在不少問題。如論胡寅理學思想與文學創作一章中，陶俊先生認爲平和雅致爲胡寅詩歌主流，迥異於江西派之瘦羸曲折，又引方回《送羅壽可詩序》認爲胡寅反感江西詩風。方回所謂"胡致堂詆之"的文字在胡寅文集中並未明確出現，只有《和曾漕吉甫》一詩涉及，該詩後半云："文如楮葉何勞刻，道在蒲團恐費參。玉帛雍雍王會處，禹宫惆悵一精藍。"[③]"王會"乃《逸周書·王會篇》，鄭玄以爲是周王城建成後大朝諸侯四夷之記載。胡寅認爲："中國禮義之地，四夷所爲視效而賓服者也。"[④]"君令臣從，父令子從，夫令婦從，中國令夷狄從，理之正也。一失其理，則君聽於臣，父聽於子，夫聽於婦，中國聽於夷狄，而天下不任其亂矣。"[⑤]而吕本中做《江西詩社宗派圖》，"作爲江西宗派，如佛氏傳心，推次甲乙，繪而爲圖"[⑥]，仿照禪宗之宗

---

① 寧淑華：《南宋湖湘學派的文學研究》，湖南人民出版社，2009。
② 陶俊：《湖湘學派文學研究》，中央民族大學出版社，2015。
③ （宋）胡寅：《和曾漕吉甫》，《斐然集》卷三，第57~58頁。
④ （宋）胡寅：《致堂讀史管見》卷十七，"唐紀·太宗上"，《續修四庫全書》第449册，上海古籍出版社，2002，第50頁。
⑤ （宋）胡寅：《致堂讀史管見》卷二十九，"後晉紀·高祖"，《續修四庫全書》第449册，第240頁。
⑥ （宋）孫覿：《西山老文集序》，《鴻慶居士集》卷三十，《景印文淵閣四庫全書》第1135册，第305頁下。

派觀念編錄詩壇譜系。在胡寅看來這是典型的以夷變夏，如同中國賓服四夷，臣令君從。“精藍”乃佛寺[①]，“禹宮惆悵一精藍”乃是指這種行爲化文苑而爲禪宗宗派。不難看出，胡寅所詆斥的是這種以禪宗組織形式準繩文壇的行爲。陶俊先生還認爲：“‘文如楮葉’，不須費力爲之，以免虛耗歲月，完全一副‘有德者必有言’的道學家聲口。”[②]“楮葉”語出《韓非子》：“宋人有爲其君以象爲楮葉者，三年而成，豐殺莖柯，毫芒繁澤，亂之楮葉之中而不可別也。”[③] 後世多用此典，以喻工巧之事物與極盡工巧之行爲[④]。胡寅“文如楮葉何勞刻，道在蒲團恐費參”一聯，出句讚頌曾幾文章工巧、極盡能事因而不必再用功於斯，對句則勸誡曾幾在“道”之體認上須多費日力。不但不是文章以自然爲上的宣講，而是反映了胡寅對曾幾詩歌造詣的肯定。陶俊先生又引楊慎《詩話補遺》：“司空圖……胡致堂評其清節高致，爲晚唐第一流人物。信矣。”[⑤] 認爲：“將晚唐詩人司空圖列爲第一流人物，毋庸置疑地透露了胡寅在詩歌上確實深受理學審美品位的影響。”[⑥]楊慎文字明確無誤，胡寅評司空圖爲晚唐“第一流人物”的原因在其“清節高致”，是因其唐亡後絕食殉節的行爲[⑦]，非因其詩歌而發此論。綜上所述，胡寅並不反感江西詩風，“文如楮葉”並非推崇自然，稱讚司空圖也並非讚其詩歌。故而，儘管陶著貢獻良多，但無論在湖湘學派理學思想方面，還是在其文學創作領域，皆存在許多亟須解決的問題。

其他關於湖湘學派文學研究的論文亦存在不明湖湘學者理學思想而導致審視其文論觀點、具體創作膚淺的問題。因此在湖湘學派文學研究方面，必須對湖湘學派學者之理學思想有清晰的、完整的把握，才能明確揭示其文論的全貌，才能準確尋繹其創作思路、文學作品書寫以及藝術風格形成等的深層次原因。

---

① 王安石：《同陳伯通錢材翁游山二君有詩因依元韻》：“秋來閒興每登臨，因叩精藍望碧岑。”李壁注曰：“精藍亦猶伽藍，精舍、伽藍皆梵語寺名。”又，歐陽修《賜夏國主曠大藏經詔》：“詔夏國主，省所奏伏爲新建精藍，載請曠《大藏經》、帙、籤、牌等。”可知精藍爲佛寺無疑。

② 陶俊：《湖湘學派文學研究》，第 95 頁。

③ （清）王先慎：《韓非子集解》卷七“喻老”，《諸子集成》本，上海書店出版社，1986，第 121 頁。

④ 如李商隱之“良工巧費真爲累，楮葉成來不直錢”，王安石之“三年一楮葉，世事真期費”“蓮華世界何關汝，楮葉工夫浪費年”，秦觀之“蕉心難固待，楮葉謾勞鎪”等。

⑤ （明）楊慎：《升庵詩話補遺》卷四，《叢書集成初編》本，商務印書館，1935，第 48 頁。

⑥ 陶俊：《湖湘學派文學研究》，第 100 頁

⑦ 《新唐書》卷一百九十四：“哀帝弒，圖聞不食而卒，年七十二。”

（二）龜山學派研究現狀分析

在龜山學派理學思想的研究方面，專著僅有劉京菊先生《承洛啓閩：道南學派思想研究》[①]一書，該書將龜山學派作爲研究對象，從哲學角度對其理學思想發展脈絡進行了專門的梳理，但其關注的對象是龜山學派的理學思想，研究的對象是楊時、游酢、羅從彥、李侗以及道南學派的理論特色、歷史地位和影響。對於楊時門下的陳淵、張九成、朱松等則沒有涉及。其中，游酢與楊時同時受學於二程，按照《宋元學案》中的定位，應爲“龜山同調”，將其列入龜山學派，似有不妥。故而，雖然劉先生對此進行了首次梳理，但龜山學派理學思想的研究空間尚很廣闊。而關於楊時的理學思想，學界有所關注，並產生了一些較有影響的論文，如詹石窗、李育富二位先生合著之《楊時易學思想考論》[②]，黃覺弘先生《楊時〈春秋〉遺說及其淵源》[③]對楊時經學研究的某一方面予以考察。朱修春、林鳳珍二先生之《楊時的“理一分殊”學發微》則對楊時“理一分殊”論的内涵進行了分析。此外，陳來先生《宋明理學》一書第三章“南宋理學的發展”用一節的篇幅論述了楊時理學思想，但陳先生此書旨在對宋明理學之發展脈絡作清通簡要的梳理，故而於楊時理學思想的論述上著墨不多。同樣，学界對張九成的研究也稍顯薄弱，僅有數篇論文論及其思想形態及文學創作，如陳良中先生之《張九成〈書〉學思想脞説》[④]一文對張九成之《尚書》學特點進行了論述，而劉玉敏先生之《張九成的事功思想及其影響》[⑤]則認爲張九成理學思想惟實是務、不事虚飾的一面直接影響了後來的永嘉學派。在羅從彥與李侗的研究上，常建華先生《從〈遵堯錄〉看羅從彥的政治思想》[⑥]一文，對羅從彥的政治觀點予以解析，認爲羅氏著是書“主張遵守‘祖宗法度’，安定政局，糾正王安石變法後帶來的政治不穩定與社會動蕩局面”。另有袠爾鉅先生《從洛學到閩學：綜論楊時、羅從彥、李侗哲學思想及其歷史作用》一文，從楊、羅、李三人理學思想一脈相承的角度，對龜山學派羅從彥一系的由來與走向進行了簡要的梳理。而至於陳淵，目前尚

---

①　劉京菊：《承洛啓閩：道南學派思想研究》，人民出版社，2007。
②　詹石窗、李育富：《楊時易學思想考論》，《周易研究》2011 年第 1 期。
③　黃覺弘：《楊時〈春秋〉遺說及其淵源》，《貴州大學學報》2009 年第 5 期。
④　陳良中：《張九成〈書〉學思想脞説》，《重慶師範大學學報》2011 年第 3 期。
⑤　劉玉敏：《張九成的事功思想及其影響》，《浙江工業大學學報》2011 年第 3 期。
⑥　常建華：《從〈遵堯錄〉看羅從彥的政治思想》，《天津師範大學學報》2008 年第 1 期。

沒有論文與論著涉及其理學思想及文學創作。

從學界對於龜山學派理學的研究情況來看，諸家所論，或專注龜山學派學者經學的一個方面，或著重論述其理學理論的某一觀點，對於龜山學派諸學者理學思想之架構及其學說系統之形成，則缺乏整體性的觀照與考察。

在龜山學派文學的研究方面，尚沒有專門探討龜山學派文學的著作與論文問世。僅陳忻先生《宋代洛學與文學研究》[①]一書對楊時、張九成、羅從彥之文學進行了考察，陳著旨在梳理洛學的哲學思想與文學思想的内在聯繫，並對其作品進行研究。但在楊時、張九成與羅從彥的考察上，該書對三人理學思想與文學的交叉研究略顯不足，較爲偏重單純的文學研究，未能實現哲學思想與文學研究的較好結合，只是從"楊時文學思想""楊時的作品""張九成文學思想""張九成的作品""羅從彥的治國思想""因事言理的散文""清新流暢的小詩"等幾個方面進行了考察。此外，陳先生亦沒有對其進行歷時性的觀照，沒有對其理學思想演變與文學創作變化之軌迹進行考察。而研究方法的傳統，亦使得陳先生的論述較多直觀的描述，而沒有觸及理學家文論特點形成與創作風格演變的原因。故而，在龜山學派文學研究方面，研究的空間很大，而這正是亟須得到改善的學術研究薄弱處。

此外，港臺學者對龜山學派的研究，大多存在關於宋明理學的整體研究論著中，如牟宗三、錢穆等學者在論著中對龜山學派皆有涉及，但他們對於龜山學派的研究較多簡單的梳理與描述，缺乏深層細緻的論析。而單獨把龜山學派作爲研究對象的專著，在海外學者的論著中也未見到，明確將龜山學派及其成員作爲研究對象的論文亦非常稀少。

（三）江西詩派儒學淵源與文學研究現狀

作爲北宋後期興起的一個詩歌流派，江西詩派之影響一直持續到南宋中葉，故而關於江西詩派之研究成果頗爲可觀，產生了一大批優秀論著。莫礪鋒先生之《江西詩派研究》、龔鵬程先生之《江西詩社宗派研究》、伍曉蔓先生之《江西宗派研究》、林湘華先生之《"江西詩派"研究》乃其中代表。莫先生之作有開創之功，立論平實，對江西詩派諸人之具體創作解讀細緻。龔先生之作則從宋代文化的角度力圖深入分析江

---

① 陳忻：《宋代洛學與文學研究》，中國社會科學出版社，2009。

西詩派組織形式的形成原因，語言簡練，多有發明，龔先生之作長於文化綜論，但在具體研究方面較爲粗略。伍曉蔓先生之作，以對《江西宗派圖》的寫定年代的考辨開篇，基於"江西宗派"之名稱含義及維系其成爲文學流派之共同文學理念的考察，對江西詩派諸人之創作進行了詳細的梳理，力圖解答"元祐文學後爲什麼是黃庭堅而非蘇軾成爲青年士子主要效法的對象？江西詩風在南宋長盛不歇，在後世還屢次重扇，有什麼内在的理由"[①]。林湘華先生之作則運用西方文論，對江西詩派之詩論觀點進行深入的解讀，主要從符號論美學的角度解釋北宋中葉古文運動之文論轉向江西詩派文論的原因與必然。伍先生力圖解答的問題已經觸及江西詩派意義中最重要一環，但四位先生之論著皆單純從文學角度考察江西諸人之創作與詩論，而江西諸人儒者意識甚爲自覺，其所認爲的本位文化亦是儒學，如不能從其儒學思想、儒者本位的角度審視其文學思想、具體創作，則難以對其詩論形成原因有準確而深入的揭示，自然也就難以解釋江西詩風在南宋及後世發生持續影響力的現象。其他討論江西詩派之文論與作家個案研究，亦大體存在以上的問題。

　　從以上研究現狀的分析來看，不論在兩宋之交理學思想的研究上，還是在理學思想與文學的交叉研究上，學界目前的研究都略顯不足。而在江西詩派的研究上則基本忽視了其儒學淵源在其詩論形成、具體創作上的影響。這與此時期文學、學術的重要地位不符，也未能揭示兩宋之交的理學學派、文學流派在兩宋之交的文化重組、文學流變中之作用。學界之研究成果，或關注個案，或偏重現象、時代、詩學思潮等整體研究，而將個案與整體相結合，實現共時性與歷時性並重的研究是比較缺乏的。在理學與文學觀念、文學創作的交叉研究上，論者大多關注的是理學與文學之宏觀關系，而對於士大夫理學在具體詩歌創作中所起作用、在詩學發展及詩歌風格演變中所扮演之角色的關注尚顯不足。此外，目前之研究方法大多側重於理論應用，即在文藝理論的層面對此一時期理學與文學之關系進行宏觀、總體的論述，而基於文本的細讀，深入考察該時期學術流變之脈絡、發展之方向及其原因，並在此基礎上探明該時期理學與文學相互影響的發生機制，則是亟須解決的問題，亦是目前研究的不足之處。此研究之薄弱處將是本書之著力處，而目前在方

[①]　伍曉蔓：《江西宗派研究》，四川大學博士學位論文，2004，第19頁。

法上所忽略的文本細讀，是本書所著重強調、運用之基礎方法、主要方法；而研究視角上所缺位的兩宋之交儒學嬗變之歷史學術語境，也將是本書切入之視角。

三　研究思路與擬解決的關鍵問題

如前所述，兩宋之交之文學創作亦是宋代文學的一個重要組成部分，因而基於該時期儒學思想演變之學術背景對該時期理學思想、文學創作、文論觀念變化進行研究，不但具有進一步推進兩宋之交文學研究的意義，亦有深化該時期學術與文學交叉研究的意義。故而目前學界不少學者對其進行了一定程度的考察，但目前學界的研究或對某一群體之文學關注不足、研究不深，如湖湘學派之文學；或懸置了某一群體之儒學淵源而僅關注其文學、文論，如江西詩派；或在兩方面皆有不足，如龜山學派之研究，由此也帶來了研究深度和系統性上的缺乏。這是目前學界研究的一個薄弱環節，也是亟須系統化、深入化、具體化研究的一個環節。因此，對兩宋之交理學道論嬗變與詩文流變進行深入、細緻研究，具有填補空白與推進理學研究的意義，也具有深化兩宋之交的文化傳播研究、文學流變研究的意義。

本書擬以湖湘學派、龜山學派以及江西詩派之道論與文學之相互關係爲研究對象，對於三大群體在不同發展階段的學術思想的嬗變軌迹與過程予以全面的梳理，對於三大群體理學思想嬗變影響下的文學觀、文藝思想之演變以及具體的文學創作進行徹底的考察。雖然涉及內容較多，層次較爲複雜，但本書在具體的研究中，以理學道論與文學創作以及道論演變與文學流變關係爲主線。

在具體的操作過程中，本書擬在梳理三大群體的形成與確立、發展與分化的基礎上，從其理學道論的特徵、道論支配下的文學觀、文學觀的演進等三方面來考察三大群體理學思想與文學的關係，並進一步從文學創作論、審美風格論、審美境界論三方面著手，對其文學思想進行系統深入的探討。在關注三大群體整體理學特徵及文學特徵的同時，本書還將以群體內的主要學者、作家爲主要關注對象，首先從歷時性的角度切入，深入考察其思想形態的構建過程與文學觀點、創作特點的形成過程；其次通過共時性的比較，細緻分析三大群體道論嬗變與其文學思想演進及創作特點變化之關係；最後從理學學者與同期文人士大夫的交往入手，尋繹理學與文學交互影響的關係，以該時期突出之美學風格、凸顯之文論話語與該時期理學之關係爲對象，通過典型而詳細的論辯，力圖對這種交互影響予以清晰的定位與集中的考察。

本書擬解決的關鍵問題，即研究的重點與難點，主要集中在以下三個方面。首先在於對三大群體理學思想發展軌迹的梳理與勾勒上，在於對其理學思想特點的細緻考察上。其次在於三大群體理學思想對其文學觀、文藝思想特點之形成具有哪些影響上，在於其理學思想之嬗變與其文學創作之流變的關係應該如何揭示上。最後，三大群體之理學思想、文學創作及文論觀點，對當時之文壇産生了何種程度的影響，爲當時之文學觀念的形成變化提供什麼樣的理論滋養，亦是本書著力探討的問題。

在群體內主要成員的道論與文學的研究方面，本書力圖突破傳統文學研究停留在勾勒文學思想内容、描述藝術特色的藩籬。本書將從研究對象道論特點的分析切入，即從研究對象價值觀所決定的關注視野切入，分析其關注視野、思想來源、知識構成的獨特性，在此基礎上深入考察其詩歌典故來源、審美風格趨向、審美範式選擇、基本詩學觀點之形成與發展等問題，冀從此角度實現對該時期文學研究的深入化，實現對其獨特文學風格形成的細緻分析。

四　研究特色及研究方法

簡而言之，本書的研究特色及創新點主要體現在研究内容和研究方法兩個方面。

在研究内容方面，本書首次將兩宋之交的湖湘學派、龜山學派及江西詩派置於儒學學術演變的視域下予以觀照。此三大群體作爲兩宋變異之文化重組中思想界的重要流派，其道論與其文學創作在當時思想界和文學界都具有舉足輕重的地位，將其作爲研究對象在選題上具有開創性的意義。本書對於探討兩宋之交的思想發展與文學流變之關係亦有細緻化、系統化的意義。其中關於群體内主要人物的思想體系與文學創作的分析與研究，有助於實現兩宋之交理學學派道論與文學關係研究的深化。

在研究方法方面，本書將遵循以下原則與方法：文學研究與哲學研究相結合、歷時性與共時性相結合、點與面相結合、尋繹闡釋與歷史還原相結合。

（一）文學研究與哲學研究方法相結合

文學創作是由作家來完成的，因而對於文學創作的研究不能與作家思想形態相割裂。兩宋之交以儒者自我定位的學者與詩人，皆具有明確的構建自我完整思想形態的意識，而理學強調對主體情性、日常行爲的規範以及理學所培養起的對生命體驗、精神境界追求的重視，往往形諸文學創作，使這些"學人"的文學創作呈現出了與"詩人"不同的特點，亦使此時期"詩人"之作不同於此前。因而，探討該時期的文學創作必須實現文學研究與哲學研究的結合，具體而言是與理學研究的結合，從理學的角度解析其思想形態的構建特點與其文學創作的關係。馮友蘭先生認爲："道學並不是給人一種知識，而是予人一種受用。"[1] 理學從哲學角度而言是對宇宙本源的探尋，從主體的角度來看則是對主體精神世界的觀照，是引導主體通過思想認識、身體力行等方面達到與道爲一的境界，如此則主體之精神可以從根本上得以安立，從而獲得一種精神上的自由、自在、和樂與充實。因此，本書在對該時期學者、詩人之思想進行考察時，將著重從其學說建構旨在實現精神境界提升的角度出發，注意從文本細讀的基礎上尋繹並勾勒其關注個體生命的一以貫之的修養理論系統。如此，則不僅能最爲直接地實現其理學思想研究的深化，亦可從文學乃人學的角度尋繹其理學思想影響文學創作的軌迹。

（二）歷時性與共時性相結合

在歷時性方面，本書將立足於湖湘學派、龜山學派及江西詩派道論及文學創作的發展變化，以及二者在發展變化中的相互滲透與聯繫，從這個角度細緻解析三大群體內諸人對儒學經典研究的變化，對儒學義理建構的變化以及對修養工夫闡發的變化，並力圖在這一種細緻分析的基礎上來探討這些變化與詩歌創作的關係以及與詩歌發展的關係。在共時性方面通過對不同發展時期的諸人思想、文學觀念、具體的創作成果的對比，對其道論的變化與文學創作變化有何關聯給予明確的定位。

---

[1] 《馮友蘭全集》第十卷，河南人民出版社，2000，第 116 頁。

（三）點與面相結合

此處所言之"點與面"的關係，即個案研究與整體研究的關係。本書力圖應用"點""面"結合的方式來進行，即由"點"（個案）的研究來輻射"面"（整體），將個案的研究放在兩宋之交儒學理論發展的學術背景下，力圖通過這種點與面的結合來做到前述歷時性和共時性的統一。具體而言即是將主要作家的個案研究與三大群體所處的思想發展階段、文學發展階段相結合，以對此幾位主要人物的個案研究爲主綫帶動三大群體道論與文學創作之關係的整體研究。

（四）尋繹闡釋與歷史還原相結合

我們在面對古人留下的寶貴的優秀文學作品時，要想盡可能做到對他們的正確理解，就需要儘量回歸古代世界，儘量還原過去的存在，儘量忠實地按照古人的思維方式來理解他們。不能够用現代的理論來硬套，將古人的作品当作現代理論的注釋，而是要儘量在對古代資料充分解讀的基礎上發表言論。但是，古代的語境不可能還原，故而借鑒現代的學術方法或思想來考察所研究的對象是現代學術研究所必需的方式。從此角度出發，本書力圖在文獻細讀的基礎上實現尋繹闡釋與歷史還原的較好結合。

理學之"道"從哲學的角度而言是指天地萬物的本源，從人生的角度來看則是關注主體的安身立命。因而本書在對龜山理學的研究中，著重從理學關注個體精神境界的角度出發，注重勾勒龜山學派諸人注重精神境界修養提升的一以貫之、圓融無礙的理學體系，而盡量避免過多運用現代哲學術語而形成重複闡釋的現象。

第一編

湖湘學派道論與詩學研究

第一章　湖湘學派理學思想概述

湖湘學派奠基於胡安國，經胡寅、胡宏昆仲而得以發揚光大，至張栻則形成與朱熹、呂祖謙、陸九淵等齊名之勢。其學術思想具有一脈相承的連續性，同時又在胡寅、胡宏手中呈現出創新性的發見與變化。其理學思想基本達到了由本體開出工夫、由工夫證入本體的一以貫之特性，尤其是胡宏命、性、心的邏輯建構，打破了天理、人心的二元模式，分別賦予命、性基本規律與普遍規律的特質，以性作爲連接本體與主體、形上與形下的關鍵。在心體探究上，胡宏引入的"性"使得已發與未發之界限更容易界定，亦使得儒學修養切實可行。而胡安國之《春秋》學則在繼承程頤的基礎上有所推進，呈現明顯的歷史哲學的意識，開出了南宋經學歷史哲學研究的發展向度。同時，胡氏三父子與曾幾、呂本中等文苑色彩濃厚之士大夫有論學、交往之經歷，其理學思想亦得以與文學相碰撞，形成了獨具特色的詩文創作風格，亦是南渡時期文學創作之重要組成部分。

第一節　倫理、本體與心體
——湖湘學派學術思想的三個維度與發展脈絡

按照桑兵先生《中國思想學術史上的道統與派分》一文的標準，學派的形成應以宗師、學說、治學方法、師承與傳人的譜系化以及流變等爲依準[①]，而湖湘學派則形成了以胡氏三父子爲早期核心，張栻、胡大時爲後起核心人物的學派譜系。湖湘學派之治學方法及基本觀點在張栻時定型，但胡氏三父子哲學思想之間的接續與發展及相互關係，則無疑是湖湘學派學術思想的形成史。往昔，學界論及湖湘學派的譜系與流變時，往往各自論述學派中人的思想體系，對彼此聯繫及思想之接續與發

---

① 桑兵:《中國思想學術史上的道統與派分》,《中國社會科學》2006 年第 3 期。

展則語焉不詳，故本章擬在爬梳胡氏三父子思想關係的基礎上，對湖湘學派學術觀點的形成有一個清晰的認識。

一　儒學倫理：學術的理論基點與出發點

對倫理的强調與重視乃儒學之特色，如孔子云："君子之道，造端乎夫婦；及其至也，察乎天地。"①《論語·顔淵》亦載："齊景公問政於孔子。孔子對曰：'君君，臣臣，父父，子子。'公曰：'善哉！信如君不君，臣不臣，父不父，子不子，雖有粟，吾得而食諸？'"②重視倫理使得儒家學説導向了對於秩序的追求，由此延伸出了仁義禮智等倫理道德規範。孔子學説的形成與春秋末期禮崩樂壞的史實有關，司馬遷言："《春秋》之中，弑君三十六，亡國五十二，諸侯奔走不得保其社稷者不可勝數。"③依張德勝先生之言，這一時期是中國歷史上的一個"失範"時期，故孔子力圖通過禮樂的重建，解決當時社會"失範"的問題。張德勝認爲："禮的意義，其實有狹義與廣義兩解。狹義的禮，專指儀式節文；廣義的禮，則等同社會學所説的規範，亦指行爲的準則、指南。無論廣義的禮，還是狹義的禮，都與社會秩序有密切關係。"④因此，儒學對倫理的重視與强調，最終目的在於通過禮樂制度的重建，解決社會秩序"失範"而引起的動蕩。

無獨有偶，胡氏三父子生存的兩宋之交，由於新法的推行造成了士大夫階層的撕裂，新黨、舊黨的相互傾軋，不僅造成了統治階層的内耗，亦使國策反復無常，"紹述""更化"的輪回使國力衰減，而異族入侵的外患則最終造成了二聖北狩、江山陵夷的後果。在胡氏三父子看來，是秩序破壞的"失範"造成了當時的惡果，如胡安國於上高宗趙構書中指出："變銓法而官制紊，變軍法而兵政弛，變泉貨法而輕重失平，變學校法而風俗衰薄，變榷茶法而刑獄滋熾，變鹽鈔法而征賦倍增，變漕運法而倉廩空竭，法既屢變，吏得爲奸，民受其弊。"⑤胡安國即認爲王安石變法，破壞了原有的社會秩序、統治秩序而造成了國本的動摇，

---

① （宋）朱熹：《四書章句集注·中庸章句》，中華書局，1983，第23頁。
② （宋）朱熹：《四書章句集注·論語集注》卷六，第136頁。
③ （漢）司馬遷：《史記》卷一百三十"太史公自序"，中華書局，1959，第3297頁。
④ 張德勝：《儒家倫理與社會秩序》，上海人民出版社，2007，第36頁。
⑤ （宋）胡寅：《先公行狀》，《斐然集》卷二十五，第528頁。

此爲北宋敗亡的内因。胡寅亦認爲："治天下者必取篤實躬行之士，而舍浮華輕薄之人。所以美教化，善風俗。本朝自熙寧以前，皆守此道。至王安石以佛老之似，亂周孔之實，絶滅史學，倡説虚無，以同天下之習。其習既同，於今五十年，士以空言相高而不適於實用，以行事爲粗迹，曰不足道也。其或蹈規矩，守廉隅，稍異於衆，則群嘲而族笑之，以爲異類，紛紛肆行，以至敗國。"① 胡寅亦認爲王安石變法，破壞了原有的人才培養、選拔的秩序，造成了不務實用、不尚廉耻的士風，而風俗的澆薄最終導致了北宋的覆亡。胡宏則更爲激進地指出："人皆知安石廢祖宗法令，而不知其並與祖宗之道廢之也。"② 胡宏認爲北宋的覆亡，表面來看是王安石新法對於祖宗法制的破壞，而根本原因是支配祖宗之法運行的内在精神被廢棄。這種"失範"不僅是外在秩序的"失範"，更是内在精神的迷失與紊亂。

因此，胡氏三父子哲學體系的構建，皆有使社會秩序重歸正常而求萬世治安的内在訴求。社會是以個體爲基礎而組織構建起來的，個體的社會組織關係則始自家庭，《周易·序卦》云："有天地，然後有萬物；有萬物，然後有男女；有男女，然後有夫婦；有夫婦，然後有父子；有父子，然後有君臣；有君臣，然後有上下；有上下，然後禮義有所錯。"③ 程頤繼承了這種觀點，認爲："夫婦，人倫之本，故當先正。"④ 將夫婦作爲人倫之本，因有男女故有夫婦。隨著人類的繁衍，則夫婦衍生出父子、君臣，因此夫婦乃"三綱"之始，人類社會由此産生，禮義由此産生。

夫婦、父子、君臣等先秦儒家論述的内容，以及私淑洛學的學術淵源，則使胡氏父子將人倫作爲其哲學體系構建的起點與基點。如胡安國認爲："三綱，軍國政事之本，人道所由立也。三綱正則基於治而興，三綱淪則習於亂而亡。"⑤ 夫婦、父子、君臣是國家政事的最終之本，遵循三綱之規律確立制度，則可順應規律而長治久安，否則就會招致災難性的社會後果。同時，胡安國將三綱看作"人道所由立"，亦包含了三

① （宋）胡寅：《上皇帝萬言書》，《斐然集》卷十六，第 347 頁。
② （宋）胡宏：《胡宏集》，第 88 頁。
③ （宋）朱熹：《周易本義》，中華書局，2009，第 269 頁。
④ （宋）程顥、程頤著，王孝魚校點《二程集·河南程氏經解》卷四 "春秋傳"，中華書局，2004，第 1088 頁。
⑤ （宋）胡寅：《先公行狀》，《斐然集》卷二十五，第 544 頁。

綱亦是個體存在獲得意義之規範的認識。襄公三十年宋伯姬之舍失火，左右勸其避火時，伯姬以"婦人之義，傅姆不在，宵不下堂"爲由拒絕，並因此被焚而亡，胡安國却認爲："世衰道微，暴行交作，女德不貞，婦道不明，能全其節，守死不回，見於《春秋》者，宋伯姬爾。聖人冠以夫謚，書於《春秋》曰'葬宋共姬'，以著其賢行，勵天下之婦道也。"① 對這種迂腐之舉，胡安國却給予高度的評價，原因即在於胡安國認爲個體恪守規範才能獲得存在的意義，正如張德勝所言："規範的作用不光是節制行爲，而且賦予生活意義。人失去了規範，也就失去了生活的成法。"② 因此，三綱不但是家國政事之本，亦是個體獲得意義所必須重視的規範。由此，基於三綱而産生的仁、義等倫理道德，則作爲規範的外在表現而進入了胡安國理學思想的範疇，胡安國認爲："故體元者人主之職，而調元者宰相之事。元，即仁也；仁，人心也。"③ 君主之職就是理解"仁"之内涵，不僅行爲符合"仁"之要求，政令的制定亦應與"仁"相符。同時，胡安國將"義"理解爲秩序的表現："苟爲以利，使爲人臣者懷利以事其君，爲人子者懷利以事其父，爲人弟者懷利以事其兄。諸侯必曰何以利吾國，大夫必曰何以利吾家，士庶人必曰何以利吾身，上下交征利，不至於篡弑奪攘，則不厭矣。……以明有國者必正其義，不謀其利，杜亡國敗家之本也。"④ 表面似爲義利之辨，其實則是認爲"義"乃規範、秩序，若囿於利而違背之，則必引發災難性的社會後果。

胡寅承襲胡安國觀點，亦認爲人倫乃秩序與規範："昔孔子作《春秋》以示萬世，人君南面之術，無不備載，而其大要，則在父子君臣之義而已。"⑤ 但相對於胡安國，胡寅將内在的人倫關係與外在的秩序規範結合得更加緊密，並且以"理""禮""義"與人倫建立起聯繫："有天地則必有萬物，有萬物則必有男女，有男女則必有夫婦，有夫婦則必有父子，有父子則必有君臣，有君臣則必有上下，有上下則禮義必有所措，非人以智巧强爲之也。各歸其實而名生焉，俾不亂其倫而教設焉。

---

① （宋）胡安國《春秋胡氏傳》，第 383 頁。
② 張德勝：《儒家倫理與社會秩序》，第 11 頁。
③ （宋）胡安國：《春秋胡氏傳》卷一"隱公上"，第 2 頁。
④ （宋）胡安國：《春秋胡氏傳》卷二"隱公中"，第 23 頁。
⑤ （宋）胡寅：《論遣使箚子》，《斐然集》卷十一，第 228 頁。

故聖人以名教爲大。"① 胡寅認爲禮義等規範乃是基於夫婦、父子、君臣
的人倫關係而自然生成的，並非外在力量强加約束而形成的。胡寅進而
認爲"理"是規律、規範、秩序的總稱："子拜父，臣拜君，自有天地
以來未之有改，所謂天之常理，國之典憲也。"② 又説："父子、君臣，理
之不可易也。"③ "人之所以事父母者，非爲利也，乃天理自然不可解於心
也。"④ 首先，"理""天理"集中表現於人倫方面。其次，"理""天理"
的性質之一是秩序、規範。相對於乃父多於倫理層面解釋"義"之内涵
及表現，胡寅則將"義"之内涵提升到了普遍性的秩序層面："是故各
得宜者，中國聖人謂之義。斯義也，君子小人之所以差，華夏夷狄之所
以分，伯術王道之所以不同，聖學異端之所以殊絶。"⑤ 又説："何謂正？
天尊地卑，君臣之義不可易也。"⑥ 正因爲"義"具有普遍性的秩序、規
範的意義，故胡寅往往"理""義"並舉："聖賢自一衣食一居處之微，
而興澤被四海，並育萬物之政者，理義而已矣。"⑦ "曾不知理義悦心，則
關百聖、俟千載而無疑。"⑧ 不難看出，相對於乃父胡安國由歷史與現實
治亂展開哲學體系的構建，胡寅更多的是從哲學角度闡發人倫的意義，
在人倫關係與秩序規範之間建立聯繫的意識更加强烈，並且胡寅將由人
倫而引申出的"禮""理""義"上升到普遍意義的高度。這是胡寅對胡
安國思想的推進，但二者的出發點與理論基點則皆爲人倫，具有高度的
一致性。

　　胡宏雖然對於人倫關係與規範秩序的論述不多，但不難看出其與
父兄觀點的一致，如胡宏認爲："夫婦之道，人醜之者，以淫欲爲事也；
聖人安之者，以保合爲義也。接而知有禮焉，交而知有道焉，惟敬者爲
能守而勿失也。《語》曰：'樂而不淫'，則得性命之正矣。謂之淫欲者，
非陋庸人而何？"⑨ 胡宏認爲"禮""義"孕育自夫婦之道，其秩序源自人
倫。在此方面雖然胡宏之觀點不出其父兄之範疇，但亦有所發展。相對

---

① （宋）胡寅：《崇正辯》卷三，中華書局，1993，第 143 頁。
② （宋）胡寅：《崇正辯》卷三，第 144 頁。
③ （宋）胡寅：《崇正辯》卷二，第 79 頁。
④ （宋）胡寅：《崇正辯》卷二，第 90 頁。
⑤ （宋）胡寅：《義齋記》，《斐然集》卷二十，第 425 頁。
⑥ （宋）胡寅：《無逸傳》，《斐然集》卷二十二，第 472 頁。
⑦ （宋）胡寅：《成都施氏義田記》，《斐然集》卷二十一，第 439 頁。
⑧ （宋）胡寅：《建州重修學記》，《斐然集》卷二十一，第 442 頁。
⑨ （宋）胡宏：《知言·陰陽》，《胡宏集》，第 7 頁。

於其父胡安國多在倫理層面解釋"仁""義"，相比於其兄胡寅將"義"上升到普遍秩序的層面而少言"仁"，胡宏不但"仁""義"並舉，而且在普遍性的高度界定了二者之内涵："道非仁不立。孝者，仁之基也。仁者，道之生也。義者，仁之質也。"① 胡宏認爲"仁"的基礎是"孝"，即事親敬長的仁愛情感，而仁愛是"老吾老以及人之老，幼吾幼以及人之幼"，是有其範圍與推演規律的，不同於墨子的兼愛，故就此意義而言，仁本身即具有秩序與規範的屬性，故而"義者，仁之質也"。在此基礎上，胡宏認爲"義有定體，仁無定用"②，即"義"有固定的外在表現形式，而"仁"既是人人皆具之屬性，又處於抽象、潛在的狀態，需要後天的識察方能變爲現實："仁者，天地之心也。心不盡用，君子而不仁者，有矣。"③ 胡宏將"仁"釋爲"天地之心"，認爲"仁"乃客觀精神在主體的體現，如主體不進行後天的識察，則處於日用而不知的狀態，即"君子而不仁"。因此，胡宏認爲："道者，體用之總名。仁，其體；義，其用。合體與用，斯爲道矣。"④ 胡宏不但承襲了父兄觀點，而且彌補了胡寅賦予"義"普遍秩序之意義而忽視"仁"之探究的缺陷，將"義"視作"仁"之外在表現。在此基礎上，胡宏認爲三代之治源自制度的建設符合"仁"："仁心，立政之本也。均田，爲政之先也。田里不均，雖有仁心而民不被其澤矣。井田者，聖人均田之要法也。恩意聯屬，姦宄不容，少而不散，多而不亂。農賦既定，軍制亦明矣。三王之所以王者，以其能制天下之田里，政立仁施，雖匹夫匹婦一衣一食，如解衣衣之，如推食食之。其於萬物，誠有調燮之法以佐贊乾坤化育之功，非如後世之君不仁於民也。"⑤

因此，不難看出胡氏三父子基於現實的治亂，認爲國勢的衰微與混亂源自秩序的"失範"，並且基於這種認識展開了哲學體系的建構。他們充分重視儒學倫理之意義，並力圖賦予其普遍秩序、普遍規範的意義，這是胡氏父子哲學的理論基點與出發點。從其發展脈絡來看，胡安國基於人倫關係而展開了哲學思辨與體系建構，其從規範建立的角度，理解人倫關係與倫理道德的學術路徑基本呈現，但顯而未彰。胡寅則

---

① （宋）胡宏：《知言·修身》，《胡宏集》，第4頁。
② （宋）胡宏：《知言·修身》，《胡宏集》，第5頁。
③ （宋）胡宏：《知言·天命》，《胡宏集》，第4頁。
④ （宋）胡宏：《知言·陰陽》，《胡宏集》，第10頁。
⑤ （宋）胡宏：《知言·文王》，《胡宏集》，第19頁。

在人倫關係與倫理道德的聯繫上更加自覺，並且賦予"義"普遍秩序的意義。胡宏則發展了父兄之思想，彌補了胡寅重"義"而略"仁"的缺陷，通過對"仁"的解釋，胡宏將"仁""義"連爲一體，"仁"爲體，"義"爲用；"仁"爲"義"之質，"義"爲"仁"之形。

二　本體的追尋：秩序合理性依據探索中的學術脈絡

胡氏三父子皆認爲北宋的覆亡乃秩序失範的必然結果，因此皆從秩序重建的角度展開其哲學思考。至於如何重建秩序，胡氏父子皆從人倫關係的角度進行推演，以之作爲貫穿家國政事與個體修養的主綫。由此而論，人倫關係以及基於此而形成的道德倫理爲何存在，以之作爲秩序重建基點的合理性何在，這兩個問題即成爲其哲學體系構建必須解決的問題。對此，胡氏父子三人皆進行了相關思考，而他們對此問題的解決亦呈現日趨自覺且漸次完善的趨勢。

對於以人倫關係作爲秩序重建基點合理性的原因，胡安國並未作出直接的解答，其基本沿襲程頤的觀點，如程頤認爲："夫婦，人倫之本，故當先正。"① 胡安國亦認爲："夫婦人倫之本，朝廷風化之原。"② 至於人倫爲何成爲秩序重建的基點，胡安國認爲："有夫婦然後有父子，有父子然後有君臣，夫婦人倫之本也。"③ 其並未有多少理論的創見，只是基於日常生活的經驗，認爲人有男女，故有夫婦、父子，然後社會基於家庭而產生，從而有君臣家國等一系列的組織。因此，按照由小至大的順序，夫婦及由此而延伸出的倫理關係即爲秩序重建的基點。而胡寅、胡宏卻在此方面作出了不小的理論貢獻。

（一）氣與理：胡寅本體論的構建

胡寅則在其父觀點的基礎上更近一層，首先以"氣"來解釋世界與人類的產生："蓋通天下一氣耳，大而爲天地，細而爲昆蟲，明而爲日月，幽而爲鬼神，皆囿乎一氣，而人則氣之最秀者也。"④ 天地萬物皆乃"氣"化生而出的產物，而人則爲萬物之靈。同時，人之賢愚夭壽皆是

---

① （宋）程顥、程頤著，王孝魚校點《二程集·河南程氏經解》卷四"春秋傳"，第1088頁。
② （宋）胡安國：《春秋胡氏傳》卷一"隱公上"，第1頁。
③ （宋）胡安國：《春秋胡氏傳》卷一"隱公上"，第8頁。
④ （宋）胡寅：《無逸傳》，《斐然集》卷二十二，第462頁。

因爲稟氣之不同："顏回、伯夷之生也，得氣之清而不厚，故賢而不免乎夭貧。盜跖、莊蹻之生也，得氣之戾而不薄，故惡而猶得其年壽。此皆氣之偏也。若四凶當舜之時，則有流放竄殛之刑，元凱當堯之時，則有奮庸亮采之美，此則氣之正也。"[①] 又説："人之稟氣不同，或昏、或明、或巧、或拙、或静、或躁、或剛、或柔，千條萬端，非一言可盡也。"[②] 胡寅用稟氣的不同來解釋人類社會的多樣性，不僅如此，胡寅還以之來解釋中華、夷狄之分："天地雖大，然中央者，氣之正也。以人物觀之，非東夷、西戎、南蠻、北狄所可比也。天地與人均是一氣，生於地者既如此，則精氣之著乎天者亦必然矣。"[③] 胡寅用樸素的惟物主義，解釋了世界、人類的産生以及世界的多樣性。由此，則人類社會的運行規律、運行秩序是如何産生，又是如何呈現的問題，即成爲胡寅思想所要解決的問題。胡寅認爲"氣"孕育出了作爲天地萬物運行規律的"理"："天地之間，形運於氣。氣，陰陽也，絪緼渾淪，未嘗相離，故散爲萬物，消息而不窮，形氣合而理事著。"[④] 胡寅認爲有"氣"故有"理"，至於"理"表現形式如何，胡寅認爲："父子、君臣，理之不可易也。"[⑤] "人之所以事父母者，非爲利也，乃天理自然不可解於心也。"[⑥] 因此，"理"乃是規律性之存在，其在人類社會的表現即爲夫婦、父子、君臣等人倫關係，以及在此基礎上形成的禮、義等倫理道德："作詩者比興於物，皆人所共見。所謂比興者，發乎情，止乎禮義，大抵皆人倫之際，學者窮理之要也。……父子君臣，理之宗也。"[⑦] 在胡寅看來，若要洞悉人類社會的正確運行規律，就應從父子君臣等倫理關係的觀察與瞭解入手。與此相應，秩序重建必須本自人倫關係、人倫道德的合理性。胡寅以"氣"作爲一切實在的最終本原，有"氣"故有"理"，"理"爲"氣"的運行規律，表現在人類社會則爲人倫關係與道德規範。胡寅用樸素的惟物主義建構起"氣"本論，由此解釋秩序重建本自人倫關係的合理性。從構建本體論的角度爲秩序重建尋找理論依據，胡寅力

---

① （宋）胡寅：《崇正辯》卷一，第 22 頁。
② （宋）胡寅：《崇正辯》卷一，第 30 頁。
③ （宋）胡寅：《崇正辯》卷一，第 22 頁。
④ （宋）胡寅：《致堂讀史管見》卷八，《續修四庫全書·史部》第 448 册，第 532 頁。
⑤ （宋）胡寅：《崇正辯》卷二，第 79 頁。
⑥ （宋）胡寅：《崇正辯》卷二，第 90 頁。
⑦ （宋）胡寅：《崇正辯》卷三，第 166 頁。

圖從此角度實現對胡安國思想的延伸。

不難看出胡寅的思路與斯多亞學派有極爲相似的地方，斯多亞學派代表學者克呂西普認爲：“因爲我們個人的本性都是宇宙本性的一部分，因此，人生的終極意義可以定義作是順從本性而生活，不做人類的共同法律慣常禁止的事情。貫穿萬物的正確理性與作爲萬物的主宰和統治者的宙斯是同一的。”[①] 人倫關係、倫理規範即宇宙本性“理”的表現，如人人皆順從人倫關係而生活，不違背道德規範，社會就可保持有序之狀態。因此，對於宇宙本性、主體本性的認識至關重要。而胡寅雖然有將宇宙本性“理”的闡發作爲敦重人倫、構建理論體系的自覺意識，但其對於“理”的闡發略顯粗疏，只是提出了這一概念，而在其外在表現、內在規律的探究上皆有所不及。而且“理”是單向度地體現在人倫方面的，類似獨立於主體之外的客觀規律，而主體則居於從屬地位，必須遵循人倫關係、道德規範。

（二）命與性：胡宏本體論的構建

胡宏的哲學思想重心在宇宙本性的闡發上，胡宏亦認爲“氣”爲一切實在的最終本原，其廣義本體論的認識與其兄胡寅一致：“一氣大息，震蕩無垠，海宇變動，山勃川湮，人消物盡，舊迹亡滅，是所以爲鴻荒之世歟？氣復而滋，萬物化生，日以益衆。”[②] “氣”化生出天地萬物、人類生靈。而在認識宇宙本性的狹義本體論[③]方面，胡宏則體現了與胡寅不同的特色。

程顥云：“吾學雖有所受，天理二字却是自家體貼出來。”[④] 基於此，二程及其門人形成了天理與人心的二元邏輯體系。而胡宏却基於對《中庸》“天命之謂性，率性之謂道”的闡發，建構起了命、性、心的三元邏輯體系，其言曰：“誠者，命之道乎！中者，性之道乎！仁者，心之道乎！惟仁者爲能盡性至命。”[⑤] “誠，天命。中，天性。仁，天心。理性

---

① 〔古羅馬〕拉爾修：《名哲言行録》第七卷第八十八節，參見苗力田主編《古希臘哲學》，中國人民大學出版社，1989，第 602~603 頁。

② （宋）胡宏：《知言·一氣》，《胡宏集》，第 27 頁。

③ 關於廣義本體論與狹義本體論的內涵，見馮契、徐孝通主編《外國哲學大辭典》，上海辭書出版社，2000，第 146 頁。

④ （宋）程顥、程頤著，王孝魚校點《二程集·河南程氏外書》卷十二，第 424 頁。

⑤ （宋）胡宏：《知言·天命》，《胡宏集》，第 1 頁。

以立命，惟仁者能之。"① 其思想包含了兩個層面的意義：其一，命、性、心各自具有不同的內涵與屬性，即命與誠、性與中、心與仁；其二，主體之心可以認識"性"與"命"，而進路是"盡性至命""理性以立命"，而主體認識的基礎則是"仁"。從中不難看出胡宏由倫理規範"仁"出發，進而建構宇宙本體，以之作爲其理論依據的思路。其界定"仁"之內涵曰："仁者，道之生也。義者，仁之質也。"② 又説："仁者，天地之心也。心不盡用，君子而不仁，有矣。"③ 胡宏認爲"仁"爲宇宙本性（抑或説客觀精神）在主體中之體現，主體通過理解"仁"，並依"仁"之規範而行，則可實現對"命""性"的理解。至於"命""性"之關係，胡宏認爲："天命不已，故人生無窮。具耳目、鼻口、手足而成身，合父子、君臣、夫婦、長幼、朋友而成世，非有假於外而强成之也，是性然矣。"④ 首先，"天命"乃最高客觀規律，其化生天地萬物。其次，"天命"體現在人類社會就是夫婦、父子、君臣的倫理關係，即"性"。因此，"命"的屬性是"誠"，即"不爲堯存，不爲桀亡"，支配宇宙的運行、歷史的變遷。"性"的屬性是"中"，主體應恪守人倫，愛親敬長，不偏不倚，行於所當行，止於所當止。主體居仁由義，遵循規範，則可從容"中"道，實現對"性"的體認；在此基礎上操而存之，則可實現對"命"的理解："人盡其心，則可與言仁矣；心窮其理，則可與言性矣；性存其誠，則可與言命矣。"⑤

這種命、性、心的邏輯體系是對二程思想的突破，如程頤曰："窮理盡性，以至於命，三事一時並了，元無次序。不可將窮理作知之事。若實窮得理，即性命亦可了。"⑥ 又曰："窮理、盡性、至命一事也。才窮理便盡性，盡性便至命。"⑦ 程頤即認爲窮理、盡性乃是同一過程、同一行爲。而胡宏則通過界定命、性的不同內涵，形成了心、性、命的多層次認識進路。另外，胡宏對"性"的屬性界定，爲其"仁"的倫理規範提供了更具合理性的理論依據。胡宏界定"性"曰："形而在上者謂之

---

① （宋）胡宏：《知言·漢文》，《胡宏集》，第41頁。
② （宋）胡宏：《知言·修身》，《胡宏集》，第4頁。
③ （宋）胡宏：《知言·天命》，《胡宏集》，第4頁。
④ （宋）胡宏：《知言·修身》，《胡宏集》，第6頁。
⑤ （宋）胡宏：《知言·紛華》，《胡宏集》，第26頁。
⑥ （宋）程顥、程頤著，王孝魚校點《二程集·河南程氏遺書》卷二上，第15頁。
⑦ （宋）程顥、程頤著，王孝魚校點《二程集·河南程氏外書》卷十一，第410頁。

性，形而在下者謂之物。性有大體，人盡之矣。一人之性，萬物備之矣。論其體，則渾淪乎天地，博浹於萬物，雖聖人，無得而名焉。論其生，則散而萬殊，善惡吉凶百行俱載，不可掩遏，論至於是，則知物有定性，而性無定體矣。"①"性"具有具體規律的性質，因而體現在事物中，"性"以千差萬別的形式出現。事物的妍媸美醜、壽夭大小，乃至生存消亡，皆爲"性"之流行。因而主體應滅除私欲，順天賦之本性而爲："生本無可好，人之所以好生者，以欲也；死本無可惡，人之所以惡死者，亦以欲也。生，求稱其欲；死，懼失其欲。衝衝天地之間，莫不以欲爲事，而心學不傳矣。"②主體滅除私欲，則基於人倫關係而産生的仁、義等天賦本性即顯現出來，如此則能按照本性而生存。

（三）本體的細化明晰與倫理規範存在合理之關係

斯多亞學派的觀點認爲："哲人沒有激情，雖然並不是沒有感情。他不爲恐懼或情欲所左右，而是以'意志'代替欲望，以'審慎'代替恐懼。……他的有限生命中的幸福和永恒的宙斯一樣。他的内在價值不低於任何其他理性存在，甚至不低於宙斯自己。他是自己生活的主宰，能根據自己的自由抉擇把生活合規則地引向極致，摹仿哲人即是達到智慧的一條有效途徑。"③胡宏認爲："人欲盛，則於天理昏。"④因此滅除多餘之欲望，則能順應本性而存在，這與斯多亞學派認爲有德性之人不爲恐懼、情欲所左右何其類似。此外，居仁由義，基於對自然生成之人倫關係的體認來規約自我行爲，即合規則地將生活引向極致。在這裏，主體内在價值、自然本性與宇宙本性是否具有一致性就成爲關鍵。胡宏通過命、性的探究與追尋，爲人之自然本性，也就是爲倫理規範建立了理論基礎，使主體按照自然本性生存，即居仁由義具備了更充足的合理性。

表面來看，胡宏偏重哲學的思辨，而未沿襲胡寅樸素惟物主義的思路，但其形而上的理論探索，却改善了胡寅"理"之建構的粗略。另外，胡宏以"仁"爲"盡性至命""理性以立命"的主綫，不但呼應了之前以"仁"統籌倫理規範的觀點，亦賦予主體内在價值與宇宙本性同

---

① （宋）胡宏：《釋疑孟》，《胡宏集》，第319頁。
② （宋）胡宏：《知言·文王》，《胡宏集》，第18頁。
③ 苗力田、李毓章主編《西方哲學史新編》，人民出版社，2015，第141頁。
④ （宋）胡宏：《知言·紛華》，《胡宏集》，第24頁。

質的意義，主體不再居於從屬地位，而因其本身即具備的意義獲得了存在價值，也爲主體能盡性至命注入了主觀能動性，胡宏在這方面又對乃兄胡寅的理論缺陷進行了彌補。

三　心體之内涵與功用：先驗認識論的提出與推演

順應本性，居仁由義，按照倫理規範重建秩序，不僅需要本體的理論依據，還需要界定主體認識能力、認知規律，由此心體的内涵與功用即成爲不可回避的問題，而心體的探究亦是湖湘學派的主要特色與重要理論貢獻之一。

在胡氏父子之前，二程也多言及"心"，如："聖賢千言萬語，只是欲人將已放之心，約之使反，復入身來，自能尋向上去，下學而上達也。"[①] "學者須敬守此心，不可急迫，當栽培深厚，涵泳於其間，然後可以自得。"[②] 二程意識到了心體的作用，亦强調心體的工夫，但對心體的功用與規律則未曾觸及。楊時亦大略如此，其修養理論雖然以"於喜怒哀樂未發之時，以心驗之，時中之義自見"[③]爲中心，但亦未對心體進行系統的探究與明確的説明。而胡安國即對此進行了明確的説明，其在《答贛川曾幾書》中明確指出："夫良知不慮而知，良能不學而能，此愛親敬長之本心也。"[④] 胡安國認爲愛親敬長即良知、良能的本心，即心體具有與生俱來的先驗性與普遍性，所謂"不起不滅心之體，方起方滅心之用"[⑤]。故而，心體具備認識天理的可能性，所謂"無所不在者理也，無所不有者心也"[⑥]，而修養的過程則是："物物致察，宛轉歸己，則心與理不昧，故知循理者，士也。物物皆備，反身而誠，則心與理不違，故樂循理者，君子也。天理合德，四時合序，則心與理一，無事乎循矣，故一以貫之，聖人也。"[⑦] 首先，"宛轉歸己""反身而誠""心與理一"，皆是基於心體具有先驗性的前提而言。其次，士、君子、聖人的三種境界，亦可謂修養的三個階段，皆藉由主體之心體而達到。修養的實質則

---

① （宋）程顥、程頤著，王孝魚校點《二程集·河南程氏遺書》卷一，第5頁。
② （宋）程顥、程頤著，王孝魚校點《二程集·河南程氏遺書》卷二上，第14頁。
③ （宋）楊時：《答胡康侯其一》，《楊龜山先生全集》卷二十，臺灣學生書局，1974，第856頁。
④ （宋）胡安國：《答贛川曾幾書》，載胡寅《斐然集》卷二十五，第557頁。
⑤ （宋）胡安國：《答贛川曾幾書》，載胡寅《斐然集》卷二十五，第557頁。
⑥ （宋）胡安國：《答贛川曾幾書》，載胡寅《斐然集》卷二十五，第556頁。
⑦ （宋）胡安國：《答贛川曾幾書》，載胡寅《斐然集》卷二十五，第556頁。

是通過後天的典籍學習與切身實踐，將先驗的心體由潛在狀態激活，使之通過主體的活動轉變爲現實，從"心與理不昧"的知識性理解，通過實踐達到"心與理不違"的狀態，再通過長期的操存最終上升到"心與理一"的與道冥符的狀態。外在的知識獲取與實踐活動，必須回歸自我，通過心體先驗能力的體認而與自我精神合二爲一，此爲胡安國所認爲的修養工夫的實質。其《春秋傳序》就是這種觀點的表述："去聖既遠，欲因遺經窺測聖人之用，豈易能乎？然世有先後，人心之所同然一爾。苟得其所同然者，雖越宇宙，若見聖人親炙之也。"① 但兩宋變易的現實使胡安國將主要精力投入《春秋》學的研究中，未對心體之辨作出更進一步的深入解釋。

胡寅的哲學思想因與佛教空本論區別的需要，多從樸素惟物主義的角度展開，但對心體的作用亦有所觸及，胡寅認爲修養的過程應始自儒學經典的學習，而最終要回歸心體的體認："思聖人之言，窮萬物之理，反求諸心。"② 又説："故窮經旨而不歸之義理，則經必不明，索義理而不歸之於心，則理必不得，心不得理，則心也、理也、經也，猶風馬牛之不相及也。"③ 胡寅強調經典的學習、義理的闡發要回歸心體的體認，同時心體的體認與境界的提升又要對經典的學習起到反哺作用："心無理不該，以言乎遠莫之禦也。去而不能推，則視之不見，聽之不聞，痒痾疾痛之不知。存而善推，則潛天地，撫四海，致千歲之日至，而知百世之損益。"④ 其觀點與乃父胡安國大體一致，雖然強調了心體的體認對經典學習的反哺意義，但關於心體的內涵和功用却並無實質性的推進。

而胡宏則明確肯定心體的先驗性："此心宰制萬物，象不能滯，形不能槀，名不能榮辱，利不能窮通，幽贊於鬼神，明行乎禮樂，經綸天下，充周咸遍，日新無息。雖先聖作乎無始，而後聖作乎無窮，本無二性，又豈有陰陽寒暑之累，死生古今之間哉？是故學爲聖人者，必務識心之體焉。"⑤ 胡宏認爲不論聖賢還是凡庸，皆具有心體的先驗能力。同時，心體之先驗能力又具有超越時空的普遍意義：

---

① （宋）胡安國：《春秋胡氏傳》之"春秋傳序"，第 2 頁。
② （宋）胡寅：《崇正辯序》，《斐然集》卷十九，第 392 頁。
③ （宋）胡寅：《致堂讀史管見》卷二十四，《續修四庫全書·史部》第 449 册，第 156 頁。
④ （宋）胡寅：《陳氏永慕亭記》，《斐然集》卷二十，第 426 頁。
⑤ （宋）胡宏：《不息齋記》，《胡宏集》，第 155 頁。

或問："心有死生乎?"曰："無死生。"曰："然則人死,其心安在?"曰："子既知其死矣,而問安在耶?"或曰："何謂也?"曰："夫惟不死,是以知之,又何問焉?"或者未達。胡子笑曰："甚哉!子之蔽也,子無以形觀心,而以心觀心,則知之矣。"①

胡宏認爲心體具有先驗能力,不僅如此,心體之先驗能力人人皆有,故而人有生死,而此先驗能力以人之思想爲載體而一直存在。心體不但具有先驗能力,而且與命、性同質:"凡人之生,粹然天地之心,道義完具,無適無莫,不可以善惡辨,不可以是非分,無過也,無不及也。此中之所以名也。"②按照胡宏"中者,性之道乎""中,天性"的解釋,主體生而具備自明之理,其認知能力與規律符合客觀規律,而規律並不能以善惡、是非等價值觀念來衡量,這亦是"性"之性質"中"的表現。至於心體的先驗能力是如何體現的,胡宏認爲:"竊謂人有不仁,心無不仁,此要約處不可毫釐差。"③又説:"仁,人心也。"④在胡宏看來,"仁"是心體的天然屬性,亦是心體先驗能力最明顯、最集中的體現。在胡宏的哲學體系建構過程中,"仁"是倫理規範的核心,亦是客觀精神命、性賦予主體之屬性,還是心體先驗能力的集中體現。"仁"這一倫理規範不但是胡宏理學思想的理論出發點,還貫穿本體構建、心體内涵與能力的界定中,起到了"一以貫之"的作用,正如其所言:"惟仁者爲能一以貫天下之道,是故欲知一貫之道者,必先求仁;欲求仁者,必先識心。'忠恕'者,天地之心也。人而主忠行恕,求仁之方也。施諸己而不願,亦勿施於人,即主忠行恕之實也。"⑤"仁"是心體先驗能力的集中表現,亦是修養理論一以貫之的主綫。而識"仁"之道,在於主忠行恕。如此,則抽象的"仁"落實到了"忠恕"這一切實可行的倫理規範中,從而具有可見性與可行性。

胡安國拓展了二程關於心體内涵的探究,賦予了心體先驗的認知能力,由此形成了客觀知識的學習要回歸心體,最終達到"心與理一"

---

① (宋)朱熹:《宋朱熹胡子知言疑義》,《胡宏集》"附録一",第333頁。
② (宋)朱熹:《宋朱熹胡子知言疑義》,《胡宏集》"附録一",第332頁。
③ (宋)胡宏:《論語指南》,《胡宏集》,第311頁。
④ (宋)胡宏:《論語指南》,《胡宏集》,第315頁。
⑤ (宋)胡宏:《論語指南》,《胡宏集》,第305頁。

之境界的修養論，而其"學以能變化氣質爲功"①就是以心體先驗能力爲中心之修養論的反映。而胡寅在心體內涵與功用的探究方面，創見不多，基本承襲胡安國觀點，但強調了心體體認對經典學習的反哺意義，形成了學習經典、反思內心、提升境界三者回環往復、遞相促進的理論體系。而胡宏則在心體的內涵及功用的探究上用功頗多，創見頗大，他一方面堅持心體的先驗，並指出心與性、命本體的同質性，由此賦予主體識察心體以"盡性至命"的可能；另一方面則明確指出心體先驗能力的表現是"仁"，並進一步指出"主忠行恕"乃求"仁"之法，爲主體修養過程中將心體先驗能力由潛在轉變爲現實指明了切實可行之方。

四 "五峰不滿其兄之學"的實質

全祖望云："五峰不滿其兄之學，故致堂之傳不廣。"②自全氏語出，學界多將胡寅學說流傳不廣的原因歸爲胡宏不滿其兄之學，如何俊先生認爲："胡宏生前對胡安國的學術立場雖是繼承，即張栻所謂'卒傳文定公之學'，但學術思想不再通過史學來傳達，而是直接由哲學來闡述，與胡安國不同。對於兄長胡寅之學則明顯表示不滿。"③何先生指出了胡宏學術思想直接由哲學來闡述，符合史實。而關於胡宏不滿胡寅之學的論點則顯然受全祖望之影響。而胡宏究竟有無不滿其兄之學？如有，不滿原因爲何？這是探究湖湘學術發展所必須面對的問題。

胡宏學術觀點與其兄胡寅相同處甚多。首先，在"氣"之認識方面，如前所述，二者皆認爲"氣"爲一切實在的最終本原，化生天地萬物、人類生靈。其次，在抽象規律與具象實在之關係的體認方面，二者不止觀點一致，而且語句類似。胡寅曰："物無不可用，用之盡其理，可謂道矣乎？非邪？言道而弃物，體妙而用粗，或以爲精，吾見其二於物也。"④胡宏曰："道不能無物而自道，物不能無道而自物。道之有物，猶風之有動，猶水之有流也，夫孰能間之？

---

① （宋）胡寅：《先公行狀》，《斐然集》卷二十五，第558頁。
② （清）黃宗羲著，（清）全祖望補修，陳金生、梁運華點校《宋元學案》卷四十一，第1340~1341頁。
③ 何俊：《南宋儒學建構》，上海人民出版社，2004，第75頁。
④ （宋）胡寅：《衡岳寺新開石渠記》，《斐然集》卷二十，第416頁。

故離物求道者，妄而已矣。"①在此方面，胡氏昆仲皆持樸素惟物主義的觀點。最後，在心體的作用方面，二者皆講求"推"。胡寅曰："心無理不該，以言乎遠莫之禦也。去而不能推，則視之不見，聽之不聞，痒痾疾痛之不知。存而善推，則潛天地，撫四海，致千歲之日至，而知百世之損益。"②胡宏曰："天下莫大於心，患在不能推之爾。……不能推，故人物內外不能一也。"③二者觀點的一致、用語的相似，可謂一目瞭然。

除去部分觀點的相似外，二者哲學思想並非互相排斥的關係，而是具有很大程度的互補性。自胡安國從人倫關係、道德規範展開哲學的思考與體系的建構以來，胡寅在其父基礎上，以"氣"爲一切實在的最終本原，解釋了天地萬物、人類生靈的産生與物質本原的問題，又以"理"爲天地萬物運動的規律，爲人倫關係的形成建立了理論依據。但其關於"理"的論述比較粗略，而關於主體心體的探究亦無大的創見，造成了"理"爲外在規律而主體從屬意味濃厚的情況，這顯然存在割裂體用的危險。而胡宏首先在倫理規範的認識上，承襲二程"義、禮、知、信皆仁也"④的觀點，以"仁"統籌倫理規範；而後在本體構建方面，打破天理、人心的二元模式，建立命、性、心的三元邏輯體系。在保持其兄胡寅"氣"之廣義本體論的基礎上，胡宏用命、性關係的探究在狹義本體論方面實現了突破。本體工夫的完善、邏輯體系的完備，使胡宏從倫理關係出發構建哲學體系的合理性更加充分，在其兄胡寅思考的基礎上更進一步。此外，在心體的探究上，胡宏不但承襲其父心體具有先驗能力的觀點，而且賦予心體與命、性本體的同質屬性，使得主體的修養不再是被動地恪守倫理，而是可以通過修養入於聖人閫域。同時，胡宏又將心體先驗能力的集中表現界定爲"仁"，而"主忠行恕"乃求仁之方，爲主體將潛在的先驗能力轉變爲現實指明了切實可行之理路。胡宏不但承襲了其父兄倫理、本體、心體的學術維度，而且以"仁"貫穿始終，最終呈現了一以貫之的體系性。

因此，胡宏學術思路與其兄具有一致性，而其用功之處正是胡寅學

---

① （宋）胡宏：《知言·修身》，《胡宏集》，第4頁。
② （宋）胡寅：《陳氏永慕亭記》，《斐然集》卷二十，第426頁。
③ （宋）胡宏：《知言·紛華》，《胡宏集》，第25頁。
④ （宋）程顥、程頤著，王孝魚校點《二程集·河南程氏遺書》卷二上，第16頁。

術的缺陷、不足處，而其哲學體系亦實現了對其兄學術的部分覆蓋與極大超越，此爲"致堂之傳不廣"的根本原因。至於胡宏不滿其兄之學，朱熹云："南軒只說五峰說底是，致堂說底皆不是。"①張栻乃胡宏高足，黃宗羲所謂"五峰之門得南軒而有耀"②，張栻之言或爲胡宏不滿其兄之學的由來，但張栻隨侍胡宏時間不長，其《答陳平甫》云："始時聞五峰胡先生之名，見其話言而心服之，時時以書質疑求益。辛巳之歲，方獲拜之於文定公書堂，先生顧其愚而誨之，所以長善救失蓋有在言語之外者。然僅得一再見耳而先生没。"③而張栻於學術觀點上偏好胡宏，朱熹即云："便是南軒主胡五峰而抑致堂。某以爲不必如此，致堂亦自有好處。"④因此，胡宏不滿其兄之學，或爲張栻揣測，也或爲張栻之學術觀點。胡氏昆仲感情甚深，胡宏曾有詩懷念兄長云："又見雁南飛，遠人音信稀。東風吹夢去，一見貌顧顧。"⑤胡宏不滿其兄之學或爲事實，但其學術走向與其哲學體系的構建，無疑起到了彌補胡寅學術缺陷的實際效果，這是胡宏對其兄胡寅的高度尊敬。

第二節　湖湘學派之歷史哲學特色與淵源流變
——以胡安國對程頤《春秋》學的繼承發展爲中心

學派之得名，在於其相對突出之治學理念與研究模式，湖湘學派之所以成爲兩宋之交著名的理學學派，原因即在其《春秋》詮釋中形成的歷史哲學研究特色。胡安國的《春秋傳》與程頤《春秋傳》關係密切，在詮釋思路、對《春秋》性質的界定、歷史主體的認識與歷史規律的考察等方面皆體現出一致性，但又在深度與廣度上進行了拓展。而後胡寅、胡宏沿此學術理路繼續發展，旨在從建構本體的角度爲胡安國歷史哲學的研究奠定理論基礎，由此越出了歷史哲學的研究領域而向哲學更深更廣的方向發展。

---

① （宋）黎靖德編，王星賢校點《朱子語類》卷二十，第458頁。
② （清）黃宗羲著，全祖望補修，陳金生、梁運華點校《宋元學案》卷五十，第1635頁。
③ （宋）張栻:《答陳平甫》,《張南軒先生文集》卷二,《叢書集成初編》本，商務印書館，1937，第23頁。
④ （宋）黎靖德編，王星賢校點《朱子語類》卷二十，第458頁。
⑤ （宋）胡宏:《憶伯氏三首》其三,《胡宏集》，第79頁。

一　胡安國對程頤《春秋傳》詮釋思路的借鑒與發展

中國古代思想家往往通過解釋經典的方式闡述其哲學思想，湖湘學派也是如此，湖湘學派之歷史哲學思想集中體現在對歷史的研究中，尤其體現在《春秋》學的著述中。胡安國的《春秋傳》在對《春秋》性質的認識、《春秋》的詮釋方法上繼承程頤，同時又體現出深度與廣度的拓展。

（一）程頤對《春秋》性質的認識及其詮釋思路

關於《春秋》的性質，程頤《春秋傳序》中言："夫子當周之末，以聖人不復作也，順天應時之治不復有也，於是作《春秋》爲百王不易之大法，所謂'考諸三王而不謬，建諸天地而不悖，質諸鬼神而無疑，百世以俟聖人而不惑'者也。……後世以史視《春秋》，謂褒善貶惡而已，至於經世之大法，則不知也。"[1] 程頤認爲《春秋》雖以歷史爲載體，但其價值已然超越歷史，孔子作《春秋》之目的在於通過筆削魯史而表達自我關於歷史主體、歷史規律的認識，在於通過歷史的整理而表達自我於歷史觀照中所體悟到的超越歷史的、具有普遍性的某種意義與規律性認識。因此，程頤一方面對後世視《春秋》爲史不滿，另一方面認爲《春秋》是"百王不易之大法"，是"經世之大法"，具有超越歷史的普遍性。沃爾什認爲："歷史哲學通常指哲學研究的兩個相互關聯的分支。其一是對歷史學進行哲學分析，即對歷史學家的工作進行邏輯的、概念的和認識論的探究。其二是指這樣的試圖：在歷史事件的整個過程中或歷史進程的一般性質中去發現某種超出通常的歷史學工作理解之外的含義或意義。"[2] 從此角度而言，程頤顯然認爲《春秋》是孔子對魯史進行探究的產物，孔子目的是基於對歷史進程的觀照而發現某種普遍性的規律。程頤認爲："大抵聖人以道不得用，故考古驗今，參取百王之中制，斷之以義也。"[3] 程頤對《春秋》的認識顯然將《春秋》納入了歷史哲學的範疇。如此，則發現孔子寄寓《春秋》中的、關於歷史普遍性規律的認識，成爲程頤治《春秋》的首要目的。

至於如何洞悉孔子寓於《春秋》之意，程頤認爲《春秋》是孔子之

---

① （宋）程頤：《春秋傳序》，《二程集·河南程氏經説》卷四，第 1125 頁。
② 轉引自莊國雄、馬擁軍、孫承叔《歷史哲學》，復旦大學出版社，2004，第 1 頁。
③ （宋）程顥、程頤著，王孝魚校點《二程集·河南程氏遺書》卷十八，第 245 頁。

意的體現，實現對《春秋》的深入理解莫過於先行洞悉聖人之意，因此本自四書以解《春秋》即爲不二之途：“嘗語學者，且先讀《論語》《孟子》，更讀一經，然後看《春秋》，先識得箇義理，方可看《春秋》。”①又云：“《春秋》是是非非，因人之行事，不過當年數人而已，窮理之要也。學者不必他求，學《春秋》可以盡道矣，然以通《語》、《孟》爲先。”②因此從四書的研習中所體悟之理，便成爲程頤解《春秋》時的依據，亦是其在《春秋》歷史事件解讀中作出價值判斷的依據。如其評魯威公之爲政時曰：“魯威公弑君而自立，其無歲不及諸侯之盟會者，所以結外援而自固也，及遠與戎盟，《春秋》危之而書至者，以謂：戎也苟不知鄭、齊、陳之黨惡而同爲不義，則必執之矣，此居夷浮海之意也。”③程頤將孔子“道不濟，乘桴浮於海”與《春秋》魯威公爲政的解讀相關聯，其以四書會通《春秋》的思路可謂不言自明。這是對漢唐儒學學者依傍《公羊》《穀梁》大義以解《春秋》的突破。

在《春秋》與三傳關係的處理方面，程頤亦體現出不同於前代儒學學者的特色。《河南程氏遺書》載：“棣問：‘看《春秋》如何看？’先生曰：‘某年二十時看《春秋》，黃贄隅問某如何看，某答曰：以傳考經之事迹，以經別傳之真僞。’”④程頤認爲如欲實現對《春秋》的準確理解，不應忽視《春秋》本身而一味求之於傳，而應經傳互證，經爲本，傳爲輔：“《春秋》，傳爲案，經爲斷。”⑤《春秋》三傳之間，程頤又認爲《左傳》優於《公羊》《穀梁》：“又問：‘《公》《穀》如何？’曰：‘又次於左氏。’”⑥而《左傳》優於《公羊》《穀梁》之原因，程頤並未說明。同時，程頤表達了不可盡信《左傳》的態度：“問：‘《左傳》可信否？’曰：‘不可全信，信其可信者耳。’”⑦其可信與不可信應以“傳爲案，經爲斷”的原則爲準，因此四庫館臣評曰：“漢晉以來，藉《左氏》以知經義，宋元以後，更藉《左氏》以杜臆說矣。”⑧其評基本合乎史實，但其“杜臆說”之語則顯然未準確認識到宋儒之學術貢獻。對宋代儒

① （宋）程顥、程頤著，王孝魚校點《二程集·河南程氏遺書》卷十五，第 164 頁。
② （宋）程顥、程頤著，王孝魚校點《二程集·河南程氏粹言》卷一，第 1200 頁。
③ （宋）程顥、程頤著，王孝魚校點《二程集·河南程氏粹言》卷一，第 1202 頁。
④ （宋）程顥、程頤著，王孝魚校點《二程集·河南程氏遺書》卷二十二上，第 279 頁。
⑤ （宋）程顥、程頤著，王孝魚校點《二程集·河南程氏遺書》卷十五，第 164 頁。
⑥ （宋）程顥、程頤著，王孝魚校點《二程集·河南程氏遺書》卷二十，第 266 頁。
⑦ （宋）程顥、程頤著，王孝魚校點《二程集·河南程氏遺書》卷二十，第 266 頁
⑧ （清）紀昀總纂《四庫全書總目提要》卷二十六，第 681 頁。

學學者而言，《春秋》去聖已遠，如欲實現對《春秋》的深入理解，莫過於史、評結合，而《左傳》作爲年代接近《春秋》且敘事較爲詳盡的著作，自然爲不可忽視之文獻。至於義理的闡發，古今學者皆基於史實的解讀而發己見，崇古而賤今，以古爲是，而以宋儒爲"臆說"，顯然有失公允。

在《春秋》的具體解讀中，程頤又注重"例"的爬梳歸納與原因探究。程頤認爲《春秋》並非孔子對歷史的機械記錄，而是孔子依照一定原則刪定魯史的成果，其中原則的體現形式之一就是書寫的體例。如其自述曰："《春秋》事在二月則書王二月，事在三月則書王三月，無事則書天時，書首月。蓋有事則道在事，無事則存天時，正王朔。天時備則歲功成，王道存則人理立，《春秋》之大義也。"①認爲孔子記錄史實發生之時間遵循一定的原則，而此原則包含了孔子的哲學思想。又如程頤釋《春秋》關於會盟記載的原則曰："凡盟，内爲主稱'及'，外爲主稱'會'。在魯地，雖外爲主，亦稱'及'，彼來而及之也。兩國已上則稱'會'，彼盟而往會之也。"②程頤通過自己的細緻觀察，認爲《春秋》關於會盟的記載亦遵循一定的原則，且體現了孔子的尊王意識。

（二）胡安國對《春秋》性質的認識及其詮釋思路

與程頤基本一致，胡安國認爲《春秋》乃超越歷史的經典文獻："《春秋》乃仲尼親筆，門人高弟不措一詞，實經世大典。見諸行事，非空言比也。"③又云："《春秋》魯史爾，仲尼就加筆削，乃史外傳心之要典也。"④其子胡寅回憶胡安國對《春秋》的認識說："公益自信，研窮玩索者二十餘年，以爲天下事物無不備於《春秋》。"⑤首先，胡安國認爲《春秋》乃孔子筆削魯史而成，而孔子的刪定行爲本身就是孔子史學思想的一種體現。因此，《春秋》既是歷史本體，亦是沉潛著孔子史學思想的研究對象。而在歷史哲學的幾種形態中，史學觀爲其中一種，"史學觀的對象是史學。由於史學是史學主體和史學對象雙向互動的結果，所以在第二種形態的歷史哲學中，史學主體和史學對象，以及兩者之間

---

① （宋）程顥、程頤著，王孝魚校點《二程集·河南程氏粹言》卷一，第 1201 頁。
② （宋）程顥、程頤著，王孝魚校點《二程集·河南程氏經說》卷四，第 1087 頁。
③ （宋）胡寅：《先公行狀》，《斐然集》卷二十五，第 550 頁。
④ （宋）胡安國：《春秋傳序》，《春秋胡氏傳》，第 1 頁。
⑤ （宋）胡寅：《先公行狀》，《斐然集》卷二十五，第 552 頁。

的關係一同進入了歷史哲學的考察範圍"①。因此,胡安國對《春秋》的認識亦與程頤一致,屬於歷史哲學的範疇。其次,程頤視《春秋》爲"百王不易之大法""經世之大法",認爲《春秋》具備歷時性普遍政治意義。胡安國認爲《春秋》乃"史外傳心之要典""天下事物無有不備於《春秋》",《春秋》之價值不但超越了歷史,而且具有涵蓋政治、人事的普遍意義。學者研習之,不但可知歷史治亂規律,而且能識得聖人所傳之心,亦有助於自我道德修養。胡安國對於《春秋》性質的認識,繼承程頤觀點,而且賦予了《春秋》更爲廣闊的價值領域和更爲重大的普遍意義。

　　既然《春秋》乃孔子關於歷史、人生思考的寄寓,在如何正確識察聖人之意方面,胡安國一方面繼承了程頤本自四書以解《春秋》的思路,明確闡述了其對儒學經典的認識,認爲:"《詩》以正情,《書》以制事,《禮》以成行,《樂》以養和,《易》以明變,垂教亦備矣。則曷爲作《春秋》? 子曰:'我欲載之空言,不如見之於行事之深切著明也。'"②亦是主張從會通儒學經典的角度,實現對《春秋》的深入理解。但胡安國在程頤的基礎上更進一步,從主體心體先驗的角度,強調"心"在解經中的作用,其《春秋傳序》針對去聖久遠如何識得聖人之意時説:"世有先後,人心之所同然一爾。苟得其所同然者,雖越宇宙,若見聖人親炙之也,而《春秋》之權度在我矣。"③在"叙傳授"中云:"萬物紛錯懸諸天,衆言淆亂折諸聖,要在反求於心,斷之以理,精擇而慎取之,則美玉之與砥砆,必有能辨之者。"④相比於程頤將聖人之意作爲客觀知識而進行考察的思路,胡安國認爲主體之心體具有先驗性,如此則就其邏輯推演而言,必定存在主體通過反求諸己的識察工夫而領悟聖人之意的可能。同時,賦予心體先驗性的思路,亦使自我通過詮釋《春秋》而會得聖人之意的學術行爲具有更強的理論可行性與邏輯説服力。

　　在具體的詮釋過程中,胡安國繼承了程頤史實多採《左傳》而兼顧《公羊》《穀梁》的思路,其自述曰:"故今所傳,事按《左氏》,義

---

① 莊國雄、馬擁軍、孫承叔:《歷史哲學》,第56頁。
② (宋)胡安國:《春秋胡氏傳》卷三十"哀公下",第502頁。
③ (宋)胡安國:《春秋胡氏傳》之"春秋傳序",第2頁。
④ (宋)胡安國:《春秋胡氏傳》之"叙傳授",第13頁。

採《公羊》《穀梁》之精者，大綱本孟子，而微詞多以程氏之說爲證云。"①胡安國在三傳的取捨方面沿襲程頤之思路，更在其《春秋傳》"叙傳授"中明確詮釋原則，體現了進一步明確程頤治學思路的趨勢。在以"例"解《春秋》方面，胡安國不但沿襲了程頤這一思路，而且對此進行了規律性的總結與思考，其"明類例"云："《春秋》之文，有事同則詞同者，後人因謂之例。然有事同而詞異，則其例變矣。是故正例非聖人莫能立，變例非聖人莫能裁；正例天地之常經，變例古今之通誼。"②胡安國不但認爲孔子在《春秋》的書寫中遵循一定的體例，而且對於體例的形成原因進行了思考，胡安國認爲歷史事件雖有始有終，但歷史的進程無始無終，而且支配歷史演進的絕對精神使歷史的發展變化具有某種規律性，這種規律性的總結即"正例"與"變例"。柯林伍德認爲："史家所研究的過去並非死掉的過去，而是在某種意義上目前依然活著的過去。因此，史學所研究的對象就不是事件，而是'歷程'；事件有始有終，但歷程則無始無終而只有轉化。歷程 P1 轉化爲 P2，但兩者之間並沒有一條界綫標誌著 P1 的結束和 P2 的開始。P1 並沒有而且永遠也不會有結束，它只是改變了形式而成爲 P2。"③在胡安國看來，各類歷史事件並非孤立的存在，而是因絕對精神的支配而不停轉化，比如《春秋》關於國君之葬的記載與否，胡安國認爲："宋殤、齊昭告亂書弑矣，而經不書葬，是討其賊而不葬者也。晉主夏盟，在景公時告喪書日矣，而經不書葬，是諱其辱而不葬者也。魯、宋盟會未嘗不同，而三世不葬，是治其罪而不葬者也。吳、楚之君書卒者十，亦有親送於西門之外者矣，而經不書葬，是避其號而不葬者也。怠於禮而不往，弱其君而不會，無其事闕其文，魯史之舊也。討其賊而不葬，諱其辱而不葬，治其罪而不葬，避其號而不葬，聖人所削，《春秋》之法也。"④國君之卒不可勝計，但不書葬者無過於此四種原因，某一事件雖已結束，但歷史進程却只有轉化。因此胡安國認爲《春秋》的詮釋重點在於探究支配歷史進程的絕對精神方面，如其所言："惟窮理精義，於例中見法，例外通類者，斯得之矣。"⑤

---

① （宋）胡安國：《春秋胡氏傳》之"叙傳授"，第 13~14 頁。
② （宋）胡安國：《春秋胡氏傳》之"明類例"，第 11 頁。
③ 轉引自何兆武、陳啓能《當代西方史學理論》，上海社會科學院出版社，2003，第 164 頁。
④ （宋）胡安國：《春秋胡氏傳》卷一"隱公上"，第 13 頁。
⑤ （宋）胡安國：《春秋胡氏傳》之"明類例"，第 11 頁。

綜上所述，胡安國在《春秋》的性質認識上承襲程頤觀點，從歷史哲學的角度闡發聖人之意，但又賦予了《春秋》更爲廣闊的價值領域和更爲重大的普遍意義。在《春秋》的詮釋方面，胡安國以心體的先驗性使自我會得聖人之意的學術行爲更具理論可行性與邏輯説服力。而在具體的詮釋過程中，胡安國更注重探究《春秋》類例的形成原因及其意義，強調從此角度實現對聖人之意、支配歷史演進之絕對精神的識察。

二 程頤、胡安國關於歷史主體的認識及其作用的闡發

程頤認爲《春秋》乃"百王不易之大法""經世之大法"，顯然程頤從認識《春秋》意義的角度體察歷史發展規律、揭示歷史能動性根源。程頤認爲"理""天理"是宇宙的絕對精神，具有超越時空的普遍意義："理則天下只是一箇理，故推至四海而準，須是質諸天地，考諸三王不易之理。故敬則只是敬此者也，仁是仁此者也，信是信此者也。"[1] 因此"理"是天地萬物乃至人類社會存在發展的最高規律，是"天地人物公共的法則"[2]。而"理"在人類社會中的具體表現即"禮"，程頤認爲："視聽言動，非理不爲，即是禮，禮即是理也。"[3] 以此爲依據，程頤在具體的解經過程中，將符合禮義之行爲定性爲循"理"而爲，並認爲孔子作《春秋》的目的，即在於指出何者乃遵循天理之爲，何者爲背離天理之舉。程頤認爲："鼓萬物而不與聖人同憂，天理鼓動萬物如此。聖人循天理而欲萬物同之，所以有憂患。"[4] 天理是支配天地萬物、人類社會運行的最高規律，而聖人則實現了對天理的體認，聖人所願者乃天地萬物循天理而爲，所憂慮與所批判者則是背離天理之行爲。故而在具體的《春秋》詮釋中，程頤以"理""天理"代替了"禮"，並以之作爲評判歷史人物行爲的標準，如評桓公三年"齊侯、衛侯胥命於蒲"曰："二國爲會，約言相命而不爲盟詛，近於理也，故善之。"[5] 以齊侯、衛侯在蒲地會談而不私自結盟爲符合天理之行爲，故而聖人稱許之。又如評文公五年春"王使榮叔歸含且賵"曰："天子成妾母爲夫人，亂倫之甚，

---

① （宋）程顥、程頤著，王孝魚校點《二程集·河南程氏遺書》卷二上，第38頁。
② 姜廣輝：《"道學"思潮與經學革新——二程的經學思想與〈伊川易傳〉再認識》，載姜廣輝主編《經學今詮四編》（《中國哲學》第二十五輯），第286頁。
③ （宋）程顥、程頤著，王孝魚校點《二程集·河南程氏遺書》卷十五，第144頁。
④ （宋）程顥、程頤著，王孝魚校點《二程集·河南程氏遺書》卷五，第78頁。
⑤ （宋）程顥、程頤著，王孝魚校點《二程集·河南程氏經説》卷四，第1102頁。

失天理矣。不稱天，義已明。稱叔，存禮也。'王使召伯來會葬'，天子
以妾母同嫡，亂天理，故不稱天。聖人於此，尤謹其戒。"① 認爲妾母僭
嫡位的有違禮法之事不但是失範亂倫之表現，还是"亂天理"之行爲。
符合禮法是順應天理的表現，故而孔子在此方面尤爲關切。顯然，程頤
認爲，作爲最高精神的天理支配著人類社會的運行。"歷史主體是歷史
過程的能動性根源，是任何歷史哲學思想體系的基礎和靈魂"②，程頤所
認爲的歷史主體顯然是"鼓動萬物"的天理，而天理的具體體現則是
禮。處於歷史進程中的人則需要認識到天理的支配性規律的意義，並從
遵循禮法、禮義的層面使自己的思想行爲符合天理。

　　胡安國對於歷史主體的認識承襲程頤之觀點，高標天理，以之爲
宇宙萬物的運行規律，視之爲推動歷史發展變化的根源。胡安國認爲：
"中國之所以爲中國，以禮義也。一失則爲夷狄，再失則爲禽獸，人類
滅矣。"③ "人之所以爲人，中國之所以爲中國，信義而已矣。一失則爲
夷狄，再失則爲禽獸。禽獸逼人，人將相食。自春秋末世，至於六國亡
秦，變詐並興，傾危成俗，河決魚爛，不可壅而收之，皆失信棄義之
明驗也。"④ 禮義顯然是人類生存發展的必要因素，也是天理的表現："義
者，天理之公，正其義則推之天下國家而可行。"⑤ 從此角度推演，則天
理就是人類社會存在的支配性精神，人類社會的治亂則以能否遵循天理
爲標準。

　　胡安國在承襲程頤觀點的基礎上亦有所發展，集中體現在對天理絕
對精神性質的強調與作用範圍的界定。程頤評桓公二年"宋督弒其君與
夷及其大夫孔父"曰："桓公無王，而書王正月，正宋督之皋也。弒逆
之罪，不以王法正之，天理滅矣。督雖無王，而天理未嘗亡也。"⑥ 程頤
認爲弒君乃無視天理存在的行爲，但天理作爲絕對精神，其存在與作
用並未消亡。胡安國則進一步發揮了天理絕對精神的論點，其評"鄭
伯克段於鄢"曰："鄭莊公志殺其弟，使餬其口於四方，自以爲保國之
計得也。然身没未幾，而世嫡出奔，庶孽奪正，公子互爭，兵革不息，

---

① （宋）程顥、程頤著，王孝魚校點《二程集・河南程氏經説》卷四，第 1114 頁。
② 莊國雄、馬擁軍、孫承叔：《歷史哲學》，第 64 頁。
③ （宋）胡安國：《春秋胡氏傳》卷十二"僖公中"，第 182 頁。
④ （宋）胡安國：《春秋胡氏傳》卷二十四"昭公上"，第 408 頁。
⑤ （宋）胡安國：《春秋胡氏傳》卷四"桓公上"，第 43 頁。
⑥ （宋）程顥、程頤著，王孝魚校點《二程集・河南程氏經説》卷四，第 1101 頁。

忽、儀、亹、突之際，其禍憯矣。亂之初生也，起於一念之不善，後世則而象之，至於兄弟相殘，國內大亂，民人思保其室家而不得，不亦酷乎？有國者所以必循天理，而不可以私欲滅之也。莊公之事，可以爲永鑒矣。"① 胡安國認爲鄭莊公蓄意殺弟，有違人倫，故而暫得權位之穩固，却造成身後子嗣争權的内亂，此爲鄭莊公違背天理之惡果。不僅如此，胡安國還基於對歷史事件的考察，揭示了違反天理招致懲罰的原理："諸侯修睦以蕃王室，所主者義爾。苟爲以利，使爲人臣者懷利以事其君，爲人子者懷利以事其父，爲人弟者懷利以事其兄。諸侯必曰何以利吾國，大夫必曰何以利吾家，士庶人必曰何以利吾身，上下交征利，不至於篡弑奪攘則不厭矣。"② 遵循禮義等天理具體體現之人倫道德，則可獲得自身的良好發展；反之，則會因爲誘於利、置天理不顧而陷於失範無序之狀態。胡安國由此推演，基於理一分殊，天理爲絕對精神，雖以抽象形式存在，但天理通過人之行爲體現在歷史及現實的各個層面、各類事件中，因此胡安國以天理爲評價弑逆、朝聘、逆女、卒葬、會盟、討賊等歷史事件的標準。胡安國認爲天理作爲絕對精神，不但體現在人類社會、歷史發展中，而且不以人之意志爲轉移。人若通過遵循禮義等倫理秩序的方式來循天理而行，則能實現家庭、社會、國家的有序發展；若泯滅人倫、挑戰天理，則會招致災難性的後果。

程頤、胡安國關於天理乃歷史主體的認識，究其實質，是將天理作爲絕對精神，它獨立於天地萬物與人類社會而存在，並且作爲最高規律支配天地萬物及人類社會的發展。這與黑格爾認爲歷史的主體是精神、理性相類似，黑格爾認爲"'理性'是宇宙的實體"，"是宇宙的無限的權力"，"是萬物的無限的內容，是萬物的精華和真相"③，而"理性是世界的主宰"④，黑格爾進而認爲："這種理性，在它的最具體的形式裏，便是上帝。上帝統治著世界，而'世界歷史'便是上帝的實際行政，便是上帝計劃的見諸實行。……理性便是要領悟上帝的神聖工作。"⑤ 在程頤與胡安國看來，天理即歷史的能動根源，屬於精神、理性意義上的存在，人只有理解這種精神、理性並依此運行規律而行，才能使自我的存

---

① （宋）胡安國：《春秋胡氏傳》卷六 "桓公下"，第 68 頁。
② （宋）胡安國：《春秋胡氏傳》卷二 "隱公中"，第 23 頁。
③ 〔德〕黑格爾：《歷史哲學》，上海書店出版社，1999，第 9 頁。
④ 〔德〕黑格爾：《歷史哲學》，第 9 頁。
⑤ 〔德〕黑格爾：《歷史哲學》，第 38 頁。

在具有合乎天理的意義，才能推動歷史朝良好方向發展。

三 胡安國對程頤歷史單位認識的發展及意義

程頤認爲："夫婦，人倫之本。"① "人倫者，天理也。"② 故而在其哲學體系中，天理這一天地人物的公共法則、宇宙最高規律，其最基礎的體現形式即夫婦。另外，按照儒家修身齊家治國平天下的順序，家庭顯然是最基礎的社會單位，亦是儒家禮樂文化最基礎的存在單位。湯因比認爲 "歷史研究可以自行說明問題的單位" 是 "我們稱之爲社會的某一類人群"③，其所謂 "社會的某一類人群" 即某種文明體，因而歷史研究的最小單位是文明："我所說的文明，是指歷史研究的最小單位。"④ 而家庭作爲儒家禮樂文化最爲基礎的體現，顯然在程頤的思想體系中屬於歷史研究最小單位。程頤論述宗子法時云："今無宗子法，故朝廷無世臣。若立宗子法，則人知尊祖重本，人既重本，則朝廷之勢自尊。古者子弟從父兄，今父兄從子弟，由不知本也。……只有一箇尊卑上下之分，然後順從而不亂也。若無法以聯屬之，安可？且立宗子法，亦是天理。譬如木，必從根直上一榦，亦必有旁枝。又如水雖遠，必有正源，亦必有分派處，自然之勢也。"⑤ 在程頤看來，尊祖重本體現在父子、兄弟之義中，而此倫理價值的實現形式即是家族秩序的構建，此亦是天理的具體表現。程頤雖未繼續論述由夫婦而組織的家庭在倫理秩序中的意義，但其邏輯思路却是以家庭爲歷史研究的單位。但其《春秋傳》著重對《春秋》所記歷史事件符合天理與否進行評判，未將家庭作爲歷史研究單位的思路具體貫穿其中。

胡安國則不但延續了程頤的思路，而且將以家庭爲歷史研究單位當作貫穿其歷史哲學的主旨。胡安國認爲："有男女然後有夫婦，有夫婦然後有父子，故《春秋》慎男女之配，重大婚之禮，以爲人倫之本也，事有大於此者乎？"⑥ 又云："有夫婦，然後有父子；有父子，然後有君

---

① （宋）程顥、程頤著，王孝魚校點《二程集·河南程氏經說》卷四，第1088頁。
② （宋）程顥、程頤著，王孝魚校點《二程集·河南程氏遺書》卷七，第394頁。
③ 〔英〕湯因比：《歷史研究》（上），上海人民出版社，1986，第14頁。
④ 〔英〕湯因比：《歷史經受著考驗》，浙江人民出版社，1988，第190頁。
⑤ （宋）程顥、程頤著，王孝魚校點《二程集·河南程氏遺書》卷十八，第242頁。
⑥ （宋）胡安國：《春秋胡氏傳》卷二十 "成公下"，第318頁。

臣。夫婦，人倫之本也。”①在胡安國看來，夫婦乃是禮義等倫理觀念産生的源頭，因此基於夫婦而組成的家庭即歷史考察的基本單位。這也是胡安國在《春秋》的具體解讀中以夫婦人倫爲準的原因。如其認爲魯桓公被弑原因在於夫綱不振：“公於齊姜委曲從順，若水從地，無所不可。故爲亂者文姜，而《春秋》罪桓公，治其本也。《易》曰：‘夫夫婦婦而家道正。’夫不夫，則婦不婦矣。乾者，夫道也，以乘御爲才；坤者，婦道也，以順承爲事。《易》著於乾、坤述其理，《春秋》施於桓公見其用。”②胡安國認爲魯桓公不能以夫婦之道齊家，一切順從文姜，乾坤易位，終有身死齊國之悲劇。胡安國評價諸侯之內政亦往往從家庭這一歷史單位的角度進行考察，其釋文公元年“楚世子商臣弑其君頵”曰：“嫡妾必正，而楚子多愛；立子必長，而楚國之舉常在少者；養世子不可不慎也，而以潘崇爲之師；侍膳問安，世子職也，而多置宮甲。降而不憾，憾而能眕者鮮矣。乃欲黜兄而立其弟，謀及婦人，宜其敗也。”③認爲楚國之所以發生弑君之事，原因在於不尊夫婦、父子之義，嫡妾不正，故有廢長立幼之事；夫婦易位，故有婦人預政之事。總之，源自家道不正，淆亂人倫秩序。胡安國以家庭爲儒家禮樂文明之基層單位，並以之觀照歷史的思路可謂不言自明。

不僅如此，是否遵循基於家庭而産生的人倫秩序，亦是胡安國用以衡量諸侯關係是否得當的標準。比如胡安國釋宣公九年“楚子伐鄭，晉郤缺帥師救鄭”曰：“楚兵加鄭數矣，或稱‘人’，或稱爵，何也？鄭自晉成公初立，舍楚而從中國，正也。楚人爲是興師而加鄭，不義矣。故宣公三年，書‘人’、書‘侵’，罪之也。次年，鄭公子歸生弑其君，諸侯未有聲罪致討者，而楚師至焉，故特書‘爵’，與之也。然興師動衆，賊則不討，惟服鄭之爲事，則非義舉矣。”④楚國屢次征伐鄭國，而《春秋》時而稱“楚人”，時而稱“楚子”，原因在於以其行爲是否合乎“義”來評判。如鄭國發生弑君之事，楚國出兵干涉，此時稱爵；而鄭國舍棄不守禮義之楚國而尋求晉之保護，此之謂舍夷狄而從華夏，是歸附禮義文明的舉動，楚國因此征伐之，則被《春秋》以“人”貶稱之。

① （宋）胡安國：《春秋胡氏傳》卷一“隱公上”，第 8 頁。
② （宋）胡安國：《春秋胡氏傳》卷六“桓公下”，“公與夫人姜氏遂如齊”條，第 80 頁。
③ （宋）胡安國：《春秋胡氏傳》卷十四“文公上”，第 212~213 頁。
④ （宋）胡安國：《春秋胡氏傳》卷十七“宣公中”，第 269 頁。

　　胡安國以家庭爲歷史單位，不僅貫穿《春秋》的詮釋始終，而且有意識地以此作爲評判歷史事件、歷史人物的標準，不僅是對程頤思路的發展，而且具有以下三種意義。其一，以家庭爲歷史單位，實現了與先秦儒家三綱五常的對接，不但豐富了先秦儒學，而且亦爲自我理論尋得了理論依託，使這種思路更具説服力。其二，以夫婦爲人倫之本，以源自於此的父子、君臣之義爲觀照歷史的視角。胡安國這種思路，表明了天理這一抽象的絶對精神是如何體現於具體人事的，這爲個體遵循天理指明了具體方式與具體途徑。其三，天理作爲程頤、胡安國所認爲的歷史主體，其如何作用於歷史實踐顯然是其主體地位能否成立的關鍵，而胡安國以基於夫婦人倫而產生的家庭作爲歷史單位，並以之作爲考察歷史一以貫之的原則，在揭示天理這一歷史主體如何作用於人事之餘，爲天理作爲歷史主體的合理性提供了理論依據。

四　程頤、胡安國對歷史規律的認識與應對

　　程頤《春秋傳序》釋孔子作《春秋》原因曰：“二帝而上，聖賢世出，隨時有作，順乎風氣之宜，不先天以開人，必因時而立政。暨乎三王迭興，三重既備，子丑寅之建正，忠質文之更尚，人道備矣，天道周矣。聖人既不復作，有天下者，雖欲倣古之迹，亦私意妄爲而已。事之謬，秦至以建亥爲正；道之悖，漢專以智力持世。豈復知先王之道也？夫子當周之末，以聖人不復作也，順天應時之治不復有也，於是作《春秋》爲百王不易之大法。”① 不難看出，程頤認爲上古三代乃是理想的治世，而歷史的發展則是一個不斷退化的過程。胡安國之認識與程頤基本一致，其論及孔子作《春秋》之原因時説：“周道衰微，乾綱解紐，亂臣賊子接迹當世，人欲肆而天理滅矣。”② 隱含著以未衰時之“周道”爲治世的認識。其評“西狩獲麟”時曰：“故《春秋》天子之事，聖人之用，撥亂反正之書。考諸三王而不繆，建諸天地而不悖，質諸鬼神而無疑。”③ 其中“撥亂反正”之語，即以春秋“亂臣賊子接迹當世”爲亂，而以西周成康之時爲治世；而“反正”之語，既有回到正確軌道之意，又含有崇尚西周之治的意圖。程頤、胡安國將上古三代理解爲理想中的

---

① （宋）程顥、程頤著，王孝魚校點《二程集·河南程氏經説》卷四，第 1124~1125 頁。
② （宋）胡安國：《春秋胡氏傳·春秋傳序》，第 1 頁。
③ （宋）胡安國：《春秋胡氏傳》卷三十“哀公下”，第 502 頁。

治世，上古三代的政治模式也是完美的政治模式。就其實質而言，這是通過對歷史的重新理解和解釋，構建出一個理想的治世，以之衡量歷史的進程與當下的現實。依傍經典的解釋提出自我對歷史的理解，不僅使自我觀點具備依傍經典而產生的較強説服力，亦使得自我學説具備評價歷史與批判當下的合理性。

　　既然歷史是不斷退化的過程，是禮義等倫理秩序不斷被挑戰的過程，那麼個體在歷史進程中應如何自處，即其歷史哲學中實現歷史規律的認識後所必須面對的問題。對此，程頤論述不多，但胡安國却有意識地進行了針對性論述，其評莊公六年"王人子突救衛"曰："或曰：子突，王之子弟也。用兵大事，而委諸子弟，使無成功，故書'人'以譏之。必若此言，是《春秋》以成敗論事而不計理也。使諸侯苟顧逆順之理，子突雖微，自足以申王命矣。彼既肆行，莫之顧也。雖天子親臨，將有請從如祝聃者，況其下乎？子突不勝五國，使之得入也，其亦不幸焉爾矣。幸不幸，命也；守義循理者，法也。君子行法以俟命，故其褒貶如此。"①胡安國首先駁斥了用兵無功之説，進而認爲子突之舉，不問時勢之得失，合乎天理之至當。至於成功與否，則委順天命，不做強求。其評桓公二年"蔡侯、鄭伯會於鄧"曰："夫天下莫大於理，莫強於信義。循天理，惇信義，以自守其國家，荊楚雖大，何懼焉？不知本此，事醜德齊，莫能相尚，則以地之大小、力之強弱分勝負矣。觀諸侯會盟離合之迹，而夷夏盛衰之由可考也。觀《春秋》進退與奪抑揚之旨，則知安中夏待四夷之道矣。"②胡安國認爲循理而爲，惇重信義，則可不畏強敵。反之，違背天理，雖可保暫時平安，後必有傾覆之憂。其評昭公四年"楚子、蔡侯……會於申"時，更是明確指出："聖人以天自處，賢者聽天所命。《春秋》之法，以人合天，不任於天；以義立命，不委於命，而宇宙在其手者也。"③強調以積極主動的態度，體認天理後，使自我之所思所行皆合乎天理，此之爲"以人合天""以義立命"，而不應以"任於天""委於命"之放任自流態度自處。

　　胡安國關於歷史進程中個體如何自處的論述，既帶有時代思潮之特色，亦從哲學思想建構的角度賦予個體以存在意義。陳寅恪先生言：

---

① （宋）胡安國：《春秋胡氏傳》卷七"莊公上"，第92頁。
② （宋）胡安國：《春秋胡氏傳》卷四"桓公上"，第48頁。
③ （宋）胡安國：《春秋胡氏傳》卷二十四"昭公上"，第397頁。

"歐陽永叔少學韓昌黎之文，晚撰《五代史記》，作《義兒》、《馮道》諸傳，貶斥勢利，崇尚氣節，遂一匡五代之澆漓，返之淳正。"① 宋初，歐陽修等士大夫有鑒於晚唐五代藩鎮割據的現實，認爲士風澆薄、崇尚名利源自信仰的缺失，故而通過一系列的文化活動，力圖通過重建道統而塑造一代詩風，在以歐陽修爲代表的一代士人影響下，北宋形成了"天下爭自濯磨，以通經學古爲高，以救時行道爲賢，以犯顏納説爲忠"②。胡安國對個體在歷史進程中如何自處的論述，無疑帶有宋代士風的鮮明印記。同時，又是對孔子"知其不可而爲之"精神的發展，先前儒學倡言禮義，但多停留於倫理層面，標明了規範而未作詳細的理論詮釋。而胡安國依據其天理的本體體認，提出"以人合天""以義立命"的個體自處原則，不但用倫理乃天理在人事中之具體體現回答了恪守人倫之必要，而且賦予了個體遵循天理、不問時勢如何之非功利人生態度的崇高感。

程頤、胡安國均以天理爲歷史主體，認爲天理是絕對精神，具有最高規律的特質，這與黑格爾關於絕對精神的論述極其接近，但黑格爾認爲："世界歷史無非是'自由'意識的進展。"③ 歷史的主體是先於人並支配著人的精神，儘管人具備主觀能動性，但人之所作所爲皆是"理性狡計"的體現，作爲歷史主體的"理性"促使人爲它工作，而"理性"本身"始終留在後方，在背景裏，不受騷擾，也不受侵犯"，在"特殊的東西同特殊的東西相互鬥爭"中實現自己④。在黑格爾的歷史哲學中，人的主觀能動性無疑存在被過度壓制的情況，而且因歷史乃絕對精神、理性的自爲過程，人之活動意義與價值亦被置於無足輕重的地位。而胡安國關於體認到歷史規律後個體如何自處的論述，則無疑肯定了個體活動的意義與價值，通過賦予個體生命意義的方式，爲個體建立信仰，使個體更有遵循歷史規律的主觀動機。

五　歷史哲學：胡寅、胡安國哲學體系建構的出發點

胡安國承襲程頤《春秋傳》的基本觀點，以天理作爲評判歷史事件、歷史人物的標準，以天理爲歷史主體。而在具體的詮釋過程中，胡

---

① 陳寅恪：《贈蔣秉南序》，《寒柳堂集》，生活·讀書·新知三聯書店，2000，第 182 頁。
② 〔宋〕蘇軾：《六一居士集叙》，《蘇軾文集》卷十，中華書局，1986，第 316 頁。
③ 〔德〕黑格爾：《歷史哲學》，第 19 頁。
④ 〔德〕黑格爾：《歷史哲學》，第 34 頁。

安國本自齊家治國平天下的順序以及夫婦、父子、君臣的倫理推演順序，以基於夫婦而形成之家庭爲儒家文明之衍生組織，以之爲歷史單位，並在具體的詮釋過程中慣常從夫婦家庭的角度解析歷史事件發生原因。顯然，胡安國《春秋傳》的重點是論述儒學所謂"道"如何體現在歷史實踐中，正如其自述："是故《春秋》見諸行事，非空言比也。"[①] 又說："故君子以謂五經之有《春秋》，猶法律之有斷例也。"[②] 如此，則以下兩個問題是胡安國歷史哲學進一步發展完善所必需回答的，即聖人之道究竟應當如何理解，人倫秩序存在的合理性與原因應如何解釋。其子胡寅與胡宏的學術思想皆源自對這兩個問題的思考。

　　胡寅對儒學經典有如此認識："以《詩》理情而養性，以《書》監古而決今，以《易》從道而隨時，以《春秋》正己而正物。"[③] 胡寅認爲《詩經》可用以涵養性情，《尚書》乃通古察今之著作，《周易》乃萬物變易規律的記載，而《春秋》則爲立身處世之準則的體現。而《論語》則是聖人之道的集中體現："《論語》一書爲仁道樞管。"[④] 又云："《論語》一書，蓋先聖與門弟子問答之微言，學者求道之要也。"[⑤] 因此，胡寅著《論語詳說》，力圖直接通過《論語》的解讀洞悉聖人之意，雖此書散佚不存，但學術觀點上"主胡五峰而抑致堂"[⑥] 的張栻亦承認其價值："胡明仲《論語詳說》雖未能的當，然其間辯説，似亦有益於學者也。"[⑦] 另外，胡安國《春秋傳》關於歷史主體之認識、歷史單位之界定、歷史規律之總結是否具有普遍意義，亦是後起學者所面臨之問題，胡寅著《讀史管見》既是對乃父胡安國思路的延續，又是對胡安國歷史哲學思想的印證與推演。其侄胡大壯之《讀史管見序》即指出了二者學術理念的關聯："文定公（胡安國）……纂修《春秋傳》，弘綱大義，日月著明。二百四十二年之後至於五代，司馬文正所述《資治通鑑》，事雖備而立義少，伯父（胡寅）用《春秋》經旨尚論詳評，是是非非，治亂善惡如白黑之可辨。後人能法治而戒亂，趨善而趨惡。人君則可以保天下安兆

①　（宋）胡安國：《春秋胡氏傳·春秋傳序》，第 1 頁。
②　（宋）胡安國：《春秋胡氏傳·春秋傳序》，第 2 頁。
③　（宋）胡寅：《岳州學記》，《斐然集》卷二十，第 429 頁。
④　（宋）胡寅：《魯語詳說序》，《斐然集》卷十九，第 405 頁。
⑤　（宋）胡寅：《上蔡論語解後序》，《斐然集》卷十九，第 394 頁。
⑥　（宋）黎靖德編，王星賢校點《朱子語類》卷二十，第 458 頁。
⑦　（宋）張栻：《答朱元晦秘書》，《張栻集》卷二十一，岳麓書社，2010，第 687 頁。

民而爲明君，人臣則能致其身盡臣節而爲良臣，士庶則可以不陷於不義而保其家。於天地間，豈小補云乎哉？”①胡寅此書，無疑是在《春秋》之後的歷史考察中來印證其父關於《春秋》乃“百王之法度，萬世之準繩”之觀點。胡寅的學術實踐，不僅體現了深究聖人之道的意圖，亦彰顯了用史評專著推廣胡安國歷史哲學的努力。

胡寅《論語詳説》雖散佚，但從其《斐然集》部分文章與《讀史管見》中理學觀點的還原來看，其關於本體的探究以“氣”爲一切實在的最終本原，以“理”爲天地萬物、人類社會的運行規律，而“理”最集中的表現是夫婦、父子、君臣的人倫關係，雖從樸素惟物主義的角度解釋了人倫產生即存在的合理性，但大體乃《周易》此論的推演：“有天地，然後有萬物；有萬物，然後有男女；有男女，然後有夫婦；有夫婦，然後有父子；有父子，然後有君臣；有君臣，然後有上下；有上下，然後禮義有所錯。”②而胡宏的學術實踐則體現出對胡寅學術缺陷進行彌補的趨勢，其《知言》重在構建本體，通過命、性、心三元邏輯體系的建構，不但從完善本體論的角度解釋了人倫秩序的產生與存在，亦建立起了精微細緻的修養理論體系。朱熹云：“文定大綱説得正，微細處，五峰尤精，大綱却有病。”“胡文定説得較疏，然好；五峰説得密，然有病。”③朱熹雖與胡宏學術觀點有異，但亦指出了胡宏在哲學思辯方面努力探究，以完善乃父學説的事實。同時，朱熹論述胡寅、胡宏昆仲學術側重不同曰：“明仲嘗畏五峰議論精確，五峰亦嘗不有其兄，嘗欲焚其《論語解》，並《讀史管見》。以今觀之，殊不然，如《論語》《管見》中雖有粗處，亦多明白。至五峰議論，反似好高之過。”④抛開朱熹對二者學術觀點認可的不同，不難看出朱熹認爲胡宏有意在本體建構等哲學思辯層面完善胡安國的學説，而並不讚同其兄觀點的態度。同時，胡宏著《皇王大紀》，採用《春秋》體例，其《與彪德美》中有云：“史書自威烈王三十三年而下，其年紀、世次、興亡，大致嘗略考之矣。自是而上，及鴻荒之世，所可知者，則未嘗深考之也。今博取群書，取其中於理、不至誣罔聖人者，用編年爲紀，如《通鑑》，然名之曰《皇王

① （宋）胡大壯：《讀史管見序》，《讀史管見》上册，《續修四庫全書》第280册，第409~410頁。
② （宋）朱熹：《周易本義》，第269頁。
③ （宋）黎靖德編，王星賢校點《朱子語類》卷一百一，第2579頁。
④ （宋）黎靖德編，王星賢校點《朱子語類》卷一百一，第2594頁。

大紀》。考據三代，雖未精當，然亦粗有條理，可辨王伯，不至紛紛駁雜，如前史所記也。"[1]明確體現了與其父兄一致的學術發展向度，且胡宏在具體論述中多直接引用《春秋》原文。而其《易外傳》則採用了與《春秋傳》《讀史管見》相反的思路，四庫館臣曰："其《易外傳》，皆以史證經。"[2]即全用歷史史實作爲案例來解釋經文義理[3]，這無疑是對胡安國學術思路的回溯，亦可謂對胡安國學術思想的逆向印證。

綜合胡宏的學術實踐來看，其總體格局是經史互證，義理的闡發與史實的認識遞相促進，正如其自述："史之有經，猶身之支體有脈絡也。《易》《詩》《書》《春秋》，所謂經也。經之有史，猶身之脈絡有支體也。支體具，脈絡存，孰能得其生乎？"[4]

從胡寅、胡宏昆仲的學術實踐來看，雖二者學術傾向與重點有別，但皆本自對其父《春秋傳》歷史哲學思想的完善，甚至可以說歷史哲學是胡寅、胡宏學術體系建構的源頭。真德秀云："胡文定公以所聞於程氏者設教衡嶽之下，其所爲《春秋傳》，專以息邪説、距詖行、扶皇極、正人心爲本。自熙寧後，此學廢絕，公書一出，大義復明。其子致堂、五峰二先生又以得於家庭者，進則施諸用，退則淑其徒，所著《論語詳説》《讀史》《知言》等書，皆有益於後學。"[5]真德秀不但肯定了胡氏三父子的學術貢獻，而且將胡寅《論語詳説》《讀史管見》與胡宏《知言》相並論，既是二者代表性著作影響巨大的反映，《春秋傳》與胡寅、胡宏三書並置亦隱約折射出四部學術著作之間存在內在聯繫的事實。

---

① （宋）胡宏：《與彪德美》，《胡宏集》，第136頁。
② （清）紀昀總纂《四庫全書總目提要》，第4073頁。
③ 詳論見續曉瓊《略論胡宏"以史證經"的易學思想》，載《周易文化研究》2010年第1期。
④ （宋）胡宏：《皇王大紀序》，《胡宏集》，第165頁。
⑤ （宋）真德秀：《勸學文》，《西山先生真文忠公文集》卷四十，《萬有文庫》本，商務印書館，1937，第702頁。

第二章　胡安國理學思想與《春秋傳》的歷史哲學

作爲湖湘學派學術奠基者的胡安國，其理學思想既有對程頤、楊時的繼承與借鑒，强調主敬的修養工夫與心體的先驗存在，同時，又高標人倫，將其作爲修養工夫一以貫之的主綫；既樹立了崇高的修養目標，又使主體的修養有迹可循，體現出了與佛禪學説的區別。與此同時，其强烈的實踐精神，使其投入大量的精力於《春秋》的大意闡發上。其《春秋傳》將《春秋》定性爲孔子删定後的魯史，探討的是史學主體孔子與史學對象《春秋》的關係，從歷史哲學的角度出發，對歷史主體、歷史單位、歷史規律以及歷史認識等方面進行了明確的界定。而胡安國之歷史觀認爲歷史並未因其逝去而變爲陳迹，過去一直存在於當前，歷史事件雖有始有終，而進程則只存在轉化而没有始終。在孔子時代如此，在他所處的時代亦是如此。這使其《春秋》學的詮釋維度是側重從中追尋歷史演進中的普遍規律與普遍意義，目的則是用以觀照當世。

第一節　胡安國理學思想體系

學界關於胡安國的關注不可謂少，但大多集中在胡安國《春秋傳》上，如徐建勇先生的《胡安國〈春秋傳〉的理學特徵》《從義例到理——胡安國〈春秋傳〉理學思想的發展》等，何俊先生的《胡安國理學與史學相融及其影響》，王雷松先生的《義理旨趣與經世致用的結合——胡安國〈春秋傳〉主旨探究》，等等。而《春秋傳》乃胡安國以爲《春秋》作傳之形式闡發自我之理學思想，按其自述即爲："惟窮理精義，於例中見法，例外通類。"[①] 朱熹認爲胡安國於《春秋傳》中"今

---

① （宋）胡安國：《春秋胡氏傳》之 "明類例"，第 1 頁。

理會得一箇義理後，將他事來處置，合於義理者爲是，不合於義理者爲非”①。朱熹認爲胡安國的書乃典型的以六經注我的形式來詮釋《春秋》。故而，胡安國本身之理學思想體系究竟如何，乃是研究其《春秋傳》不可回避的問題。胡安國的理學修養理論借鑒了程頤“主敬”、格物致知，同時又在致知的範圍、方式、目的三方面進行了細化，形成了以人倫的辨明與恪守爲一以貫之的、連接內聖外王的主綫。而其關於“理”與“心”的認識與二者關係的辨別，則既有對二程、楊時的繼承，又彰顯了彌合先驗、後學兩種認識論的理路，這對於南宋儒學的建構無疑具有導夫先路的意義。

一　致知窮理：修養方式的論述

胡寅《先公行狀》云：“士子問學，公教之，大抵以立志爲先，以忠信爲本，以致知爲窮理之門，以主敬爲持養之道。”②可見胡安國認爲“致知爲窮理之門”，其《答贛川曾幾書》亦云：“聖門之學，則以致知爲始，窮理爲要，知至理得，不昧本心，如日方中，萬象畢見，則不疑其所行而內外合也。”③胡安國“致知爲始，窮理爲要”的觀點，一方面體現了對於客觀知識學習的重視，乃是強調對外的探究；另一方面則將“理”的理解和“致知”的目的以及如何踐行的問題置於爲學的首要位置。對此，胡安國論述曰：“四端固有非外鑠，五典天叙不可違。在人則一心也，在物則一理也。充四端可以成性，惇五典可以盡倫，性成而倫盡，斯不二矣。”④“四端”乃孟子所謂：“惻隱之心，仁之端也；羞惡之心，義之端也；辭讓之心，禮之端也；是非之心，智之端也。”⑤“仁義禮智，非由外鑠我也，我固有之也，弗思耳矣。”⑥在孟子看來，仁義禮智乃人生來具備的倫理品質，只不過昧者日用而不知，無此自覺意識而已。此處之“五典”當是五常，《尚書·泰誓下》“狎侮五常”，唐孔穎達疏云：“五常即五典，謂父義、母慈、兄友、弟恭、子孝。”⑦在胡安

---

① （宋）黎靖德編，王星賢校點《朱子語類》卷八十三，第 2152 頁。
② （宋）胡寅：《先公行狀》，《斐然集》卷二十五，第 556 頁。
③ （宋）胡安國：《答贛川曾幾書》，載胡寅《先公行狀》，《斐然集》卷二十五，第 557 頁。
④ （宋）胡安國：《答贛川曾幾書》，載胡寅《先公行狀》，《斐然集》卷二十五，第 557 頁。
⑤ （宋）朱熹：《四書章句集注·孟子集注》卷三，第 238 頁。
⑥ （宋）朱熹：《四書章句集注·孟子集注》卷十二，第 328 頁。
⑦ （唐）孔穎達：《尚書正義》，《十三經注疏》本，上海古籍出版社，第 182 頁。

國看來，仁義禮智"四端"即人之與生俱來的本性，即人之爲人首要具備的品性，是之爲"四端固有"；而"五典"既是人基於自然情感而生發出的倫理道德，亦是最高規律在人類社會中的具體表現之一，是之爲"五典天叙"。"充四端可以成性"，此處之"性"當是《中庸》"天命之謂性"，胡安國認爲修養主體通過對仁義禮智意識的努力培養和自覺踐行，則能"成性"，即符合最高規律的要求。而"惇五典可以盡倫"，則強調尊重五常之秩序，能使主體之言行舉動皆符合人倫秩序。無獨有偶，胡安國在《春秋傳序》中認爲孔子作《春秋》的原因是："周道衰微，乾綱解紐，亂臣賊子接迹當世，人欲肆而天理滅。"孔子爲了改變這種局面："假魯史以寓王法，撥亂世反之正。叙先後之倫，而典自此可惇；秩上下之分，而禮自此可庸。"① 不難看出，胡安國認爲明先後上下的人倫秩序，則可驅散人欲而會得天理。人類社會中的人倫、客觀世界中的秩序，皆是天理的展現，此爲"在人則一心也，在物則一理也"。胡安國認爲遵守上下尊卑的人倫秩序，乃儒者"一以貫之""斯不二矣"的修養理念。因此，致知的目的在於明上下尊卑的人倫秩序，而所窮之"理"即爲天理。

在明確了致知的目的和"理"的理解後，胡安國對如何致知進行了理論闡述，也通過自我的行爲予以實踐説明。首先，胡安國認爲儒學典籍乃是聖人之意得以傳承的載體："然《中庸》之義不傳久矣，自頤兄弟始發明之，然後知其可思而得也。……然孔孟之道不傳久矣，自頤弟兄始發明之，然後知其可學而至也。"② 這既是對程頤學術的稱美，其"可思而得""可學而至"之語，又彰顯了胡安國認爲通過典籍的學習可以洞悉聖人之道的觀點。同時，胡安國又稱讚程頤曰："夫程頤之文，於《易》則由理以明象，而知體用之一原；於《春秋》則見諸行事，而知聖人之大用；於諸經《語》《孟》則發其微旨，以示求仁之方，入德之序。"③ "由理以明象""見諸行事""發其微旨"之語，既是對程頤學術特徵的概括，亦體現了胡安國意欲通過對儒學典籍作義理的闡發、形而上的解讀以明聖人之道的治學主張。而其子胡寅的記載則印證了這一點："麟經之外，《語》《孟》《易》《詩》《書》《中庸》《資治通鑑》，周

---

① （宋）胡安國：《春秋胡氏傳》之"春秋傳序"，第 1 頁。
② （宋）胡寅：《先公行狀》，《斐然集》卷二十五，第 554 頁。
③ （宋）胡寅：《先公行狀》，《斐然集》卷二十五，第 554 頁。

而復始，至老孜孜，常不自足。"①可見胡安國對儒學典籍的重視，而其治學重點除傳統五經外又有《孟子》《中庸》，則是其"私淑洛學"②之學術淵源的體現。對於儒學經典，胡安國又作了以下的認定："公好惡，則發乎《詩》之情；酌古今，則貫乎《書》之事；興常典，則體乎《禮》之經；本忠恕，則導乎《樂》之和；著權制，則盡乎《易》之變。百王之法度，萬世之準繩，皆在此書。故君子以謂五經之有《春秋》，猶法律之有斷例也。學是經者，信窮理之要矣。"③胡安國認爲爲學之要在於"窮理"，在於明人倫秩序，而《春秋》就是以事例明君臣之義的作品，故而孟子認爲"孔子成《春秋》而亂臣賊子懼"④。

　　胡安國認爲爲學之要在於明人倫，而在仁義禮智等人倫道德中，胡安國又極爲強調義，其釋成公十三年"會晉侯、齊侯、宋公……伐秦"時曰："其義得行，則臣必敬於君，子必敬於父，天理必存，人欲必消，大倫必正。"⑤臣敬君，子敬父，既符合義的要求，亦是天理的體現，依其自述即："義者，天理之公正，正其義則推之天下國家而可行。"⑥由義而行，上下尊卑得其宜，則主體舉動必符合禮，故而胡安國又極爲強調禮的重要性，其評價莊公"會杞伯姬於洮"曰："伯姬，莊公之女，非事而特會於洮，愛其女之過，而不能節之以禮，此《春秋》之所禁也。"⑦胡安國認爲魯莊公不能秉國君之義而行，而由其私情驅使，故而不合乎禮。評閔公元年冬"齊仲孫來"曰："鄰有弑逆，則當聲罪戒嚴，修方伯之職以奉天討，而更使計謀之士窺覘虛實，有乘亂取國之心，則使臣非以禮矣。"⑧胡安國認爲齊侯不盡方伯之職，不僅放任魯國弑逆行爲，而且派使節以窺探虛實，是爲不義之舉，故曰"使臣非以禮矣"。因此，胡安國認爲人倫乃天理之體現，故而致知之要在於從對儒學典籍的學習中明人倫大節。而人倫大節中最重要的莫過於義，故而胡安國極

① （宋）胡寅：《先公行狀》，《斐然集》卷二十五，第 556 頁。
② 全祖望曰："私淑洛學而大成者，胡文定公其人也。文定從謝、楊、游三先生以求學統，而其言曰：'三先生義兼師友，然吾之自得於《遺書》者爲多。'"《宋元學案》卷三十四"武夷學案"，中華書局，1986，第 1170 頁。
③ （宋）胡安國：《春秋胡氏傳》之"春秋傳序"，第 2 頁。
④ （宋）朱熹：《四書章句集注·孟子集注》卷六，第 273 頁。
⑤ （宋）胡安國：《春秋胡氏傳》卷二十"成公下"，第 324~325 頁。
⑥ （宋）胡安國：《春秋胡氏傳》卷四"桓公上"，第 43 頁。
⑦ （宋）胡安國：《春秋胡氏傳》卷九"莊公下"，第 126 頁。
⑧ （宋）胡安國：《春秋胡氏傳》卷十"閔公"，第 139 頁。

爲强調義，這顯然受程頤的影響，程頤釋"敬以直内，義以方外"曰：
"敬立而内直，義形而外方。義形於外，非在外也。"① 義是主體内在對秩
序的認同及自覺踐行意識，而與義相對應的則是外在的禮，故而胡安國
又極爲强調對禮的恪守。

　　胡安國認爲致知不但體現在理論學習上，還應以身驗之，自覺踐
行，而不是僅僅流於知識性瞭解的膚淺層面。胡安國極爲重視將儒學經
典的義理體會用之以規整自我修養，以實現境界的提升。其子胡寅回憶
道："公性本剛急，及其老也，氣宇冲澹，容貌雍穆，若無喜怒者，即
知和樂而有毅然不可犯之象，望之嚴威，而薰然可親。"② 胡安國本人修
養的變化就是深切認同儒學倫理規範並切身踐行的結果。胡安國的踐行
意識不但體現在内在的自我約束中，還體現在外在的應事接物中，即强
調舉止皆合禮義要求。其子胡寅《先公行狀》中的記載則印證了這一
點："公之使湖北也，楊（時）尚爲府教授，謝（良佐）爲應城宰。公
質疑訪道，禮之甚恭。來見而去，必端笏正立目送之。僚屬驚異，吏民
聳觀。鄒公浩聞之，歎曰：'將軍北面帥師降敵，此事人間久寂寂。'謝
公嘗語朱震曰：'胡康侯正如大冬嚴雪，百草萎死，而松柏挺然獨秀者
也。'"③ 胡安國不以官長之尊而居傲，而在問學論道方面師事下僚楊時、
謝良佐，故使鄒浩感嘆，且得松柏挺秀之美譽。不僅在應事接物方面
如此，在日常起居方面胡安國亦恪守禮儀，據其子胡寅回憶："（安國）
年寢高矣，加以疾病，而謹飭於禮無異平時。每歲釀酒一斛，備家廟
薦享，造麴蘗，治秫米，潔器用，節齊量，無不躬視。於其祭也，沐
浴盛服，率子孫諸婦各執其事。方享則敬，已祭必哀，濟濟促促，如
祖考之臨之也。禮成，置酒五行，分胙内外，雖亂離遷次，衣食或不
給，而奉先未嘗闕。"④ 其持身之嚴可謂無以復加，足可見其踐行儒學倫
理的堅定與自覺。

　　綜上，胡安國認爲爲學之要在於致知窮理，所窮之理即天理，因天
理的集中展現是四端五典，故而胡安國强調明人倫乃致知目的。而在如
何致知方面，胡安國提倡經典的研習與切身的踐行。其修養理論體現了

---

① （宋）程顥、程頤著，王孝魚校點《二程集·周易程氏傳》卷一，第712頁。
② （宋）胡寅：《先公行狀》，《斐然集》卷二十五，第558頁。
③ （宋）胡寅：《先公行狀》，《斐然集》卷二十五，第558頁。
④ （宋）胡寅：《先公行狀》，《斐然集》卷二十五，第558～559頁。

以外向型的求索内化爲内在涵養的特點，强調客觀知識的獲得與自我修養的結合。

二　心與理一：主體認知規律的體認與修養境界的界定

在完成對致知窮理爲爲學之要的論述後，修養主體如何達到聖人境界、何爲聖人境界等成爲急需面對的問題。對此，胡安國在界定"心"之體用的基礎上論述了聖人境界的表現以及修養進路。

胡安國首先面對的是去聖賢千載之遠，能否領悟並且達到聖賢境界這一問題，胡安國認爲："去聖既遠，欲因遺經窺測聖人之用，豈易能乎？然世有先後，人心之所同然一爾。苟得其所同然者，雖越宇宙，若見聖人親炙之也。"[1] 胡安國認爲雖然距聖賢時代已過千年，但主體的認知規律、認知能力是一致的，若能實現對主體認知規律、認知能力的正確詮釋，則聖人之境界必能領悟。如此則理解並達到聖人境界的關鍵就在於"心"，關於"心"的體用，胡安國在《答贛川曾幾書》中釋曰："夫自本自根，自古以固存者，即起滅心是也。不起不滅心之體，方起方滅心之用。體用一源，顯微無間。能操而常存者，動亦存，靜亦存，雖百起百滅，心固自若也。"[2] 胡安國認爲古人、今人雖相距千年，但其"心"則一。而關於"心"的活動規律，胡安國引用了程頤"體用一源，顯微無間"之語來解釋。程頤此言出自《易傳序》："至微者理也，至著者象也。體用一源，顯微無間。"[3] 程頤之意乃謂天理是抽象的，但其無所不在，無所不包。而具象的"象"則是天理的體現，亦是天理作用的結果。胡安國認爲："夫頤之文，於《易》則由理以明象，而知體用之一源。"[4] 胡安國論"心"而曰"體用一源，顯微無間"，顯然是移植程頤理路來釋"心"，其意應爲"心"乃天理的具體表現，其所具備的認知能力、認知規律等主觀能動性亦是天理作用的結果。因此，主體可藉由"心"實現對天理的體認，同時因"心"是天理的展現，故而亦具備天理的作用。

修養主體皆有是"心"，因而欲臻聖人之境，則必須對"心"之能

---

①　（宋）胡安國：《春秋胡氏傳》之"春秋傳序"，第 2 頁。

②　（宋）胡寅：《先公行狀》，《斐然集》卷二十五，第 557 頁。

③　（宋）程顥、程頤著，王孝魚校點《二程集·周易程氏傳》，第 689 頁。

④　（宋）胡安國：《答贛川曾幾書》，載胡寅《先公行狀》，《斐然集》卷二十五，第 554 頁。

力、規律進行長期而細微的體察："是以善學者，動亦察，静亦察，無時而不察也。持之以敬，養之以和，事至物來，隨感而應。燕居獨處，亦不坐馳，不必言致其精明以待事物之至也。"①胡安國認爲修養主體應當在動、静中體察"心"體。在無事時使"心"保持在一種"敬"的狀態，如此則在應事時"隨感而應"，自然而爲且不逾矩，並且這種體察要無處不在，即使是日常起居中，也應時時體察"心"體之作用與規律。至於如何才能達到這種狀態，胡安國從反面予以了説明："心有所憤怒而弗能忍，則不得其正。有所貪欲而弗能窒，則不得其正。有所蔽惑而弗能斷，則不得其正。有所畏怯而弗能自强，則不得其正。"②即應該消除所有欲念，不怒、不貪、不惑、不怯，保持一種"和"的狀態，所謂"養之以和"是也。這顯然有楊時闡釋孟子"勿忘，勿助長"的影響在内，楊時云："必有事焉，勿忘也，勿正勿助長也。助長，老子所謂益生也。益生，不祥。忘與助長所趨雖異，而其爲害則同矣。循其自然而順養之，無加損焉，則無二者之害矣。"③通過長期的操存，"心"體能保持在純正中和的狀態中，故能發而皆中節。與楊時一致，胡安國强調正心的重要性："心者，身之本也；身者，家之本也；家者，國之本也；國者，天下之本也。能正其心，則朝廷、百官、萬民莫不一於正，安與治所由興也。"④胡安國認爲正心乃齊家治國平天下之本。胡、楊二人在荆南多有交往，胡安國自述爲"義兼師友"⑤，受楊時影響也屬正常。但不同於楊時的内向式探究，胡安國認爲"心"之爲用集中體現在人倫方面："夫良知不慮而知，良能不學而能，此愛親敬長之本心也。"⑥胡安國認爲良知良能是人生來具有的，是愛親敬長的"本心"，也就是説，"心"體最常發揮作用的領域在於人倫方面，而其最集中的表現則爲"愛親敬長"，即仁、義。胡安國進而認爲，明了"心"體之能力與規律後："儒者擴而充之，達於天下，立萬世之大經，經正而庶民興，邪慝息矣。"⑦不難看出，胡安國雖然有著體察"心"體的内向式探究意

---

① （宋）胡安國：《答贛川曾幾書》，載胡寅《先公行狀》，《斐然集》卷二十五，第 557 頁。
② （宋）胡安國：《正心論》，載胡寅《先公行狀》，《斐然集》卷二十五，第 547 頁。
③ （宋）楊時：《楊龜山先生全集》卷八，第 406 頁。
④ （宋）胡寅：《先公行狀》，《斐然集》卷二十五，第 547 頁。
⑤ （清）黃宗羲著，（清）全祖望補修，陳金生、梁運華點校《宋元學案》卷四十三"武夷學案"，第 1173 頁。
⑥ （宋）胡安國：《答贛川曾幾書》，載胡寅《先公行狀》，《斐然集》卷二十五，第 557 頁。
⑦ （宋）胡安國：《答贛川曾幾書》，載胡寅《先公行狀》，《斐然集》卷二十五，第 557 頁。

識，但這種内向式的探究應以外向式的實踐爲前提。這種邏輯關係，胡安國在南渡後呈給宋高宗的《正心論》中表述得最爲清晰："正心之道，先致其知而誠其意。"①致知方能正心，與楊時區別即在於此。

在對"心"體的能力與規律進行了詳細的論述後，胡安國對聖人境界亦進行了界定："無所不在者理也，無所不有者心也。物物致察，宛轉歸己，則心與理不昧。故知循理者，士也。物物皆備，反身而誠，則心與理不違。故樂循理者，君子也。天理合德，四時合序，則心與理一，無事乎循矣。故一以貫之，聖人也。"②胡安國所説的"士""君子""聖人"表面看是一種分類，實質是修養的階段性劃分。雖然孟子認同"人皆可以爲堯舜"，但仍須"服堯之服，誦堯之言，行堯之行"③。胡安國本身也認爲："學佛者，其語則欲一聞便悟，其行則欲一超直入。縱有是理，必無是人。如舜，可謂上上根矣。然猶好問，猶察言，猶取諸人以爲善。獨聞斯行之，若決江河，與人異耳。今以中才欲了此事，不從博學、審問、慎思、明辨、篤行以求之，則亦何以異於談飲食而欲療饑渴乎?"④因此，人非生而聖賢，皆須由致知以成德，故而士、君子、聖人當是遞進的三種狀態。胡安國認爲"理"無所不在，而主體之"心"也無所不有，所以主體可由"心"而會得"理"。其具體方式則是前述的致知，但致知所得還應"宛轉歸己"。因爲"心"爲天理的展現，具備天理的作用，所以主體應該以"心"來驗致知所得得當與否、可行與否。因此，在致知的過程中以"心"驗之，明瞭"心"體能力與規律，明瞭天理的存在與體現，此之謂"士"。通過長期的修養，在外向的知識獲得不停地經由"心"體驗證後，"心"之思慮與天理相符，此之謂君子。在君子的基礎上日新其功，直至舉手投足於無思無慮間皆符合天理，此爲聖人之境界。其中，"心與理不昧"的境界乃處於知識性瞭解的層面，所學尚未作用於自我修養。而"心與理不違"的"樂循理"狀態，則是經過一定的修養後，主體的精神與"理"漸合，且能在循"理"而爲中體驗到和樂。"心與理一"則是歷經長期的操存，主體精神與"理"和若符節，無思無慮而動靜語默皆合乎"理"。胡安國認

---

① （宋）胡安國:《正心論》，載胡寅《先公行狀》，《斐然集》卷二十五，第547頁。
② （宋）胡安國:《答贛川曾幾書》，載胡寅《先公行狀》，《斐然集》卷二十五，第556頁。
③ （宋）朱熹:《四書章句集注·孟子集注》卷十二，第339頁。
④ （宋）胡安國:《答贛川曾幾書》，載胡寅《先公行狀》，《斐然集》卷二十五，第557頁。

爲 "學以能變化氣質爲功" ①，其關於修養境界的論述則顯然是這種强調切身實踐觀點的細化闡述。

三　人倫大本：個體修養、内聖外王的貫穿主旨

胡安國在《答贛川曾幾書》中兩次提到 "一以貫之"："一以貫之，知之至也。" "一以貫之，聖人也。" ②至於 "一以貫之" 的内涵，胡安國在回答曾幾 "四端五典每事擴充，亦未免物物致察，猶非一以貫之之要" 時説："充四端可以成性，惇五典可以盡倫，性成而倫盡，斯不二矣。" ③胡安國認爲具體的修養雖千頭萬緒，但對仁義禮智等人與生俱來之倫理道德的自覺體認及切身踐行，乃貫穿修養過程始終的主旨。胡安國於《春秋傳》中評僖公三十三年 "晉人及姜戎敗秦于殽" 曰："君臣父子去仁義，懷利以相與，利之所在，則從之矣，何有於君父？故一失則夷狄，再失則禽獸，而大倫滅矣。《春秋》人晉子而狄秦，所以立人道存天理也。" ④背仁義而從利，則大倫滅而天理不存。相反，如恪守仁義，則人道大倫可立，天理能存。

關於仁義的産生，儒學認爲是來源於夫婦父子君臣的倫理關係，《周易·序卦》云："有天地，然後有萬物；有萬物，然後有男女；有男女，然後有夫婦；有夫婦，然後有父子；有父子，然後有君臣；有君臣，然後有上下；有上下，然後禮義有所錯。" ⑤程頤繼承了這種觀點，其《春秋傳》釋隱公元年 "秋七月，天王使宰咺來歸惠公仲子之賵" 曰："夫婦，人倫之本，故當先正。" ⑥將夫婦作爲人倫之本，因有男女故有夫婦。隨著人類的繁衍，則夫婦衍生出父子、君臣，因此夫婦乃 "三綱" 之始，人類社會由此産生，禮義由此産生。"私淑洛學而大成者" 的胡安國，不但認爲程頤學術修養高妙，"禁使不得從頤之學，是猶欲納之室而使不得由户也" ⑦，而且認爲《春秋》乃 "史外傳心之要典" ⑧。

---

① （宋）胡寅：《先公行狀》，《斐然集》卷二十五，第 558 頁。
② （宋）胡安國：《答贛川曾幾書》，載胡寅《先公行狀》，《斐然集》卷二十五，第 556 頁。
③ （宋）胡安國：《答贛川曾幾書》，載胡寅《先公行狀》，《斐然集》卷二十五，第 557 頁。
④ （宋）胡安國：《春秋胡氏傳》卷十三 "僖公下"，第 205~206 頁。
⑤ （宋）朱熹：《周易本義》，第 269 頁。
⑥ （宋）程顥、程頤著，王孝魚校點《二程集·河南程氏經解》卷四 "春秋傳"，第 1088 頁。
⑦ （宋）胡寅：《先公行狀》，《斐然集》卷二十五，第 554 頁。
⑧ （宋）胡安國：《春秋胡氏傳》之 "進表"，第 7 頁。

故而，胡安國繼承《周易・序卦》及程頤《春秋傳》中夫婦乃三綱之始的觀點，並在歷史事件的解讀中發明聖人之意，如釋“成公九年春，王正月，杞伯來逆叔姬之喪以歸”曰：“凡筆於經者，皆經邦大訓也。杞叔姬一女子爾，而四書於策，何也？”《春秋》言簡意賅，“仲尼因事屬詞，深切著明”①，而並非諸侯君王等重要人物的女子杞叔姬竟然出現了四次，原因在於：“有男女然後有夫婦，有夫婦然後有父子，故《春秋》慎男女之配，重大婚之禮，以爲人倫之本也，事有大於此者乎？”②夫婦乃人倫之本，故而聖人於此詳細記録，以惇後世人倫教化。釋隱公二年十月“伯姬歸於紀”曰：“有夫婦，然後有父子；有父子，然後有君臣。夫婦，人倫之本也。逆女必親，使大夫非正也。入《春秋》之始，名宰咺歸賵以譏亂法；書履緰逆女，以志變常。衆妾之分定矣，大昏之禮嚴矣。”③胡安國認爲孔子之所以在婚娶禮節上如此關注，是因爲人倫綱紀的產生順序是由夫婦而衍生出父子君臣。因此，主體在修養過程中由識人倫、守禮義而會得天理，乃不二之方式。

　　同時，胡安國認爲對夫婦父子君臣的人倫關係遵從與否是國家安定與否的關鍵，其《立政論》中有云：“三綱，軍國政事之本，人道所由立也。三綱正則基於治而興，三綱淪則習於亂而亡。《春秋》宋華督有不赦之惡，齊、魯、陳、鄭同會以成其惡，受賂而歸。天子不討，方伯不征，咸自以爲利也。未幾，陳有五父之亂，齊有無知之亂，鄭有子突、亹、儀之亂，魯有叔牙、慶父之亂，數十年間，四國舛逆，幾至喪亡。”④胡安國認爲四諸侯放任宋華督的原因，是對三綱重要性沒有清醒的認識，是以四國先後發生變亂，幾至喪亡。而同時，人倫大本的存在與否、遵從與否，亦是辨別文明與野蠻的標誌，如釋僖公五年八月“諸侯盟於首止”曰：“中國之爲中國，以有父子君臣之大倫也。一失而爲夷狄矣。”⑤襄公三十年十月蔡景公被弑，晉、齊、宋、衛等國會盟澶淵，胡安國評曰：“人之所以異於禽獸，中國之所以貴於夷狄，以其有父子之親、君臣之義爾。世子弑親，是夷狄禽獸之不若也。而不知討，豈不

①　（宋）胡安國：《春秋胡氏傳》之“進表”，第 6 頁。
②　（宋）胡安國：《春秋胡氏傳》卷二十“成公下”，第 318 頁。
③　（宋）胡安國：《春秋胡氏傳》卷一“隱公上”，第 8 頁。
④　（宋）胡安國：《立政論》，載胡寅《先公行狀》，《斐然集》卷二十五，第 544 頁。
⑤　（宋）胡安國：《春秋胡氏傳》卷十一“僖公上”，第 155 頁。

廢人倫、滅天理乎?"①胡安國不但認爲人倫的存在與遵守是中華、夷狄之分的關鍵,還認爲放任人倫泯滅的行爲是違背天理。因此,不論爲君還是爲臣,都應樹立以人倫大本爲重的意識,並切身踐行,如此方能正心誠意,國治而天下平。

胡安國高標人倫,認爲主體與生俱來的仁義道德屬性,即産生於夫婦父子君臣的人倫關係。因而主體在修養過程中應該重視人倫,愛親敬長。同時,基於人倫關係而産生的君臣之義,乃是國家得以確立的根本,是文明與否的辨别標誌。順從並恪守人倫大本,則國治而天下平;人倫泯滅則四夷交侵,必馴致敗亡。如此,胡安國將人倫作爲溝通形而上與形而下的關鍵,貫穿内聖與外王爲一體。胡安國的這種觀點,基於倫理而推廣至政治領域,並爲主體指明了一以貫之且切實可見、明白可行的修養方向。

四　先驗後學:胡安國對二程、楊時理學思想的借鑒與彌合

胡安國理學思想體系的建構,有著明顯的二程、楊時思想的影響印記,但又發展深化二程、楊時的思想。這主要體現在對程頤"格物"方式、修養境界的細化上,體現在對外向致知與内在涵養兩種認識論的彌合上。

二程認爲:"理則天下只是一箇理,故推至四海而準,須是質諸天地,考諸三王不易之理。"②"理"乃是客觀存在的,因此主體需要向外求索方能會得,至於如何會得天理,程頤認爲:"人患事繁累,思慮蔽固,只是不得其要。要在明善,明善在乎格物窮理,窮至於物理,則漸久後天下之物皆能窮,只是一理。"③又認爲:"須是今日格一件,明日又格一件,積習既多,然後脱然自有貫通處。"④程頤認爲主體必須格物致知以窮理,通過長期的努力,則可實現貫通。至於如何格物,程頤又論述曰:"凡一物上有一理,須是窮致其理。窮理亦多端,或讀書,講明義理,或論古今人物,别其是非,或應接事物而處其當,皆窮理也。"⑤

---

① (宋)胡安國:《春秋胡氏傳》卷二十三"襄公下",第384頁。
② (宋)程顥、程頤著,王孝魚校點《二程集·河南程氏遺書》卷二上,第38頁。
③ (宋)程顥、程頤著,王孝魚校點《二程集·河南程氏遺書》卷十五,第144頁。
④ (宋)程顥、程頤著,王孝魚校點《二程集·河南程氏遺書》卷十八,第188頁。
⑤ (宋)程顥、程頤著,王孝魚校點《二程集·河南程氏遺書》卷十八,第188頁。

此爲程頤格物致知以窮理的大致脈絡。胡安國將格物、致知、窮理簡化爲致知窮理，並且將致知的範圍通過文字論述與切身實踐進行了界定，即强調在儒學經典的研習中闡發聖人義理，然後切身實踐以期"變化氣質"，不但明確了致知的方式與範圍，而且析爲理論學習與切身實踐相促進的兩方面。在致知的主要内容上，胡安國高標人倫，更加突出了程頤關於人倫重要性的觀點，並以之作爲個體修養的貫穿主綫、内聖外王的連接關鍵。這無疑是對二程思想的進一步深化與細化。並且在修養境界的界定上，程頤只言"漸久後天下之物皆能窮""脱然自有貫通處"，但胡安國却用士、君子、聖人三種境界來細化之，且將三者之狀態概括爲"心與理不昧""心與理不違""心與理一"，這無疑爲學者標識了修養進路，使修養過程變得更加切實可行。此之爲對二程思想的細化與發展。

　　二程之間亦有微妙之差別，程顥更注重個體内在微妙體驗的探究，程頤更重外在客觀知識的學習。二者之門人因其秉性，在治學上亦呈現出各自特色，全祖望云："明道喜龜山，伊川喜上蔡，蓋其氣象相似也。"[1] 楊時即繼承了程顥闡發内在微妙體驗的治學思路，强調體驗未發之中："《中庸》曰：'喜怒哀樂未發謂之中，發而皆中節謂之和。'學者當於喜怒哀樂未發之際，以心體之，則中之義自見。執而勿失，無人欲之私焉，發必中節矣。發而中節，中固未嘗亡也。"[2] 楊時認爲修養主體應當於自我意識活動接近静止狀態時，體驗思維没有活動時的内心狀態，在這種内向的直覺觀照中，主體便能體驗到"中"爲何物。保持"中"而不喪失，主體就能達到一個極高的精神境界。這種認識論與胡塞爾現象學方法的"懸置"有相通處，胡塞爾認爲："實際上，一切人都在看'觀念''本質'，並可以説持續地看它們，在自己的思維中運用它們，也做出本質判斷；只是因爲基於他們的認識論觀點，他們對這些概念做了錯誤解釋。"[3] 因此要獲得對事物本質的認識，需要對一切意識中現存的觀念存而不論，即胡塞爾所謂之"懸置"[4]。同時，胡塞爾認爲：

---

[1] （清）黃宗羲著，（清）全祖望補修，陳金生、梁運華點校《宋元學案》卷二十五"龜山學案"，第 944 頁。

[2] （宋）楊時：《答學者其一》，《楊龜山先生全集》卷二十一，第 898 頁。

[3] 〔德〕胡塞爾：《純粹現象學通論》，李幼蒸譯，商務印書館，1992，第 81 頁。

[4] 關於懸置，胡塞爾解釋説："我們所進行的哲學 epoche（懸置）經明確地表述之後就在於完全中止任何有關先前哲學學説内容的判斷，並在此中止作用的限制内來進行我們的全部論證。"《純粹現象學通論》，第 74 頁。

"每一偶然事物按其意義已具有一種可被純粹把握的本質，並因而具有一種艾多斯可被歸入種種一般性等級的本質真理。"[1] 事物與其本質是不可分離的，而事物的本質可通過直接把握而獲得。楊時的未發之中即類似於胡塞爾的"懸置"。就其本質而言，這是一種先驗的認識論，即認爲由人心智生發出的觀念和概念具有自主存在的性質，而認識的目的則是發現這種觀念和概念。

胡安國在與楊時的交游過程中當接觸了楊時的爲學理念，但他對程頤學術的服膺，使其有用外向求索中和先驗認識的意識。胡安國在論"心"體之能力與規律時，明確表示："不起不滅心之體。"[2] 顯然是認爲"心"體先於人的意識與活動而存在，即"心"體爲先驗的存在。胡安國又概括三種境界的修養方式爲："物物致察，宛轉歸己""物物皆備，反身而誠""心與理一，無事乎循矣"。不難看出，雖然胡安國強調儒學經典學習與切身踐行的外向式致知工夫，但這種致知工夫要以"宛轉歸己""反身而誠"的方式來驗證。而其"心與理一"的最高境界界定，則彰顯了胡安國認爲"心"與"理"具有同質性，可由長期的操存與修養而達到二者合一的狀態。因此，胡安國的認識論仍然屬於先驗的範疇，所不同於楊時的是胡安國認爲致知在正心之前："正心之道，先致其知而誠其意。"[3] 胡安國認爲"心"具有先驗的認知能力，所謂"良知不慮而知，良能不學而能"[4]。但這種能力處於潛在狀態，需要通過後天的"致知"方能轉變爲現實狀態。正如何俊先生所論："致知的外向求學與主敬的内向誠意，其實是正心之兩翼。因此以心爲體，以致知與誠意爲工夫，而致知又爲誠意之基礎，構成了對洛學消化以後胡安國的基本思想。"[5] 但何先生認爲胡安國"以外向性的致知作爲内傾性的涵養的基礎"[6]，則有顛倒二者關係的嫌疑，胡安國雖然強調外向性的致知，但致知後仍需"宛轉歸己""反身而誠"，又認爲通過長期操存可以達到"心與理一"的境界，顯然是將致知作爲先行工夫，致知所得要以内在體驗來判斷，最終亦是要回歸到内在的體驗上。

---

① 〔德〕胡塞爾：《純粹現象學通論》，第 50 頁。
② （宋）胡安國：《答贛川曾幾書》，載胡寅《先公行狀》，《斐然集》卷二十五，第 557 頁。
③ （宋）胡安國：《正心論》，載胡寅《先公行狀》，《斐然集》卷二十五，第 547 頁。
④ （宋）胡安國：《答贛川曾幾書》，載胡寅《先公行狀》，《斐然集》卷二十五，第 557 頁。
⑤ 何俊：《南宋儒學建構》，上海人民出版社，2004，第 67 頁。
⑥ 何俊：《南宋儒學建構》，第 66 頁。

　　靖康之難後國勢風雨飄搖，胡安國將主要精力投入歷史興替的《春秋》學研究上，但其彌合先驗後學的思路與方式以及對於“心”體的探究，無疑呈現了不同於以楊時爲代表的龜山一系學者的特色。而且胡安國的思想體系也影響了胡寅、胡宏，胡寅延續了其《春秋》學的特色，在歷史的解讀中闡發儒學義理，而且以人倫爲本構建修養體系。胡宏則延續了乃父“心”體探索的方向，内向性趨勢更爲明顯，決定了湖湘學派的發展方向。胡氏昆仲治學重點的不同，也造成了“五峰不滿其兄之學，故致堂之傳不廣”[①]的學術公案。

第二節　胡安國《春秋傳》的歷史哲學意識

　　《春秋傳》乃胡安國窮一生精力而著成，是其最爲重要的一部著作，其自述撰述過程曰：“某之初學也。用功十年，遍覽家，欲多求博取，以會要妙，然但得其糟粕耳。又十年，時有省發，遂集衆傳，附以己説，猶未敢以爲得也。又五年，去者或取，取者或去，己説之不可於心者尚多有之。又五年，書向成。舊説之得存者寡矣。及此二年，所習似益察，所造似益深，乃知聖人之旨益無窮，信非言論所能盡也。”[②]故而此書實乃胡安國思想之載體，亦是研究胡安國思想所必須面對的關鍵。但學界歷來之研究，都將重點都放在了胡安國《春秋傳》内容的歸納及所承載之義理的爬梳上。這種靜態的分析與歸納，誠然在具體性的研究上實現了推進。但胡安國《春秋傳》一書的撰述性質，以及由性質認識而延伸出的研究，方是切中《春秋傳》價值及學術意義肯綮的研究。

　　《春秋傳》乃是胡安國歷史哲學意識的實踐。歷史哲學幾種形態中，其一是“歷史觀”，“歷史觀的對象是歷史本體。此時期，歷史哲學本身就是一種歷史認識，歷史哲學的主體因而同時是一種史學主體”。其二是“史學觀”，“史學觀的對象是史學。由於史學是史學主體和史學對象雙向互動的結果，所以在第二種形態的歷史哲學中，史學主體和史學對象，以及兩者之間的關係一同進入了歷史哲學的考察範圍”[③]。胡安國認

---

①　（清）黃宗羲著，（清）全祖望補修，陳金生、梁運華點校《宋元學案》卷四十一“衡麓學案”，第 1340~1341 頁。

②　（宋）胡寅：《先公行狀》，《斐然集》卷二十五，第 553 頁。

③　莊國雄、馬擁軍、孫承叔：《歷史哲學》，第 56 頁。

爲："《春秋》魯史爾，仲尼就加筆削，乃史外傳心之要典也。"① 又認爲《春秋》乃孔子"假魯史以寓王法，撥亂世反之正"②的著作。胡安國認爲《春秋》乃是孔子對魯史的刪定，而孔子的刪定行爲本身就是孔子史學思想的一種體現。因此，《春秋》既是歷史本體，亦沉潛著孔子史學思想的研究對象，故而胡安國《春秋傳》一書應置於歷史哲學的視域下加以考察，如此方能在宏觀方面明確其學術價值與意義，在微觀方面對其體例安排、事例選取、詮釋策略等方面特點的彰顯原因有本質的認識。

一 《春秋傳》的詮釋維度、詮釋思路及其成因

胡安國對於《春秋》一書的性質認識，遠承兩漢儒學，近宗二程洛學。董仲舒認爲："周道衰廢，孔子爲司寇，諸侯害之，大夫壅之。孔子知言之不用，道之不行也，是非二百四十二年之中，以爲天下儀表，貶天子，退諸侯，討大夫，以達王事而已矣。子曰：'我欲載之空言，不如見之於行事之深切著明也。'"③董仲舒之意，乃謂被孔子刪定的《春秋》，在其"微言大義"中寄寓了聖人的褒貶之意。因此司馬遷認爲："《春秋》辨是非，故長於治人。……《春秋》以道義，撥亂世反之正，莫近於《春秋》。"④司馬遷之意，乃謂《春秋》中隱含了孔子關於歷史變化原因分析的價值判斷，目的在於再淳風俗，爲國家社會由亂趨治提供借鑒。被胡安國認爲"於《春秋》則見諸行事，而知聖人之用"的程頤，亦有以下的認識："《詩》《書》載道之文，《春秋》聖人之用。"⑤"《詩》《書》如藥方，《春秋》如用藥治疾，聖人之用全在此書。"⑥因此，在兩漢以至宋代的代表性儒學家眼中，《春秋》乃"經"之範疇，其價值在於其中蘊含的哲學思想，而不是已成陳迹的歷史事件，正如皮錫瑞所言："據朱子之說，可知學者當以《春秋》爲經，不當以《春秋》爲史。當重《春秋》之義，不當重《春秋》之事。……若捨置

① （宋）胡安國：《春秋胡氏傳》之"春秋傳序"，第 1 頁。
② （宋）胡安國：《春秋胡氏傳》之"春秋傳序"，第 1 頁。
③ （西漢）司馬遷：《史記》卷一百三十"太史公自序"引董仲舒言，中華書局，1959，第 3297 頁。
④ （西漢）司馬遷：《史記》卷一百三十"太史公自序"，第 3297 頁。
⑤ （宋）程顥、程頤著，王孝魚校點《二程集·河南程氏遺書》卷二上，第 19 頁。
⑥ （宋）程顥、程頤著，王孝魚校點《二程集·河南程氏遺書》卷二上，第 19 頁。

而求傳，捨義而論事，則不過較量齊魯之短長。"①

　　因此，胡安國繼承了前賢之説，捨傳而求經，因事以求義，胡安國曾如此評價儒學經典："《詩》以正情，《書》以制事，《禮》以成行，《樂》以養和，《易》以明變，垂教亦備矣。則曷爲作《春秋》？子曰：'我欲載之空言，不如見之於行事之深切著明也。'"②從中可以看出兩點。其一，胡安國將《春秋》視作經書，認爲《春秋》關注的是歷史進程中人類所面對的普遍性的問題。正如其《春秋傳序》亦云："百王之法度，萬世之準繩，皆在此書。故君子以謂五經之有《春秋》，猶法律之有斷例也。"③其二，胡安國將《春秋》視作孔子思想的載體，認爲"空言"只能言明義理，而"見之於行事"則是將儒學義理落到實處，以義理可形諸實踐的事實，明示後學聖人之道的可行。前者預示了胡安國以儒學義理解《春秋》的發展趨勢，而後者則彰顯了胡安國關注的是孔子思想在《春秋》中的展現，即需要處理的是史學主體與史學對象之間的關係，預示了其歷史哲學的研究視角。

　　胡安國認爲其所處的時代是："人欲日長，天理日消，其效使夷狄亂華，莫之遏也。"④因而《春秋傳》要達到的目的是："尊君父，討亂賊，闢邪説，正人心，用夏變夷，大法略具，庶幾聖王經世之志，小有補云。"⑤就其表層而言，仿佛是以往史家借古鑒今的功能性史學觀的再現。但與以往史家"鑒於往事，有資於治道"的泛泛而論不同，胡安國《春秋傳》的主題以人倫色彩濃厚的哲學劃分爲標準，如尊君父、討亂賊等，且由具體而抽象、由事功而義理的層次漸進感鮮明。所以，胡安國《春秋傳》的詮釋目的絶不是僅僅局限於簡單的經世致用範疇，其詮釋的維度體現了超越時間以追尋普遍意義、普遍規律的意圖。胡安國《春秋傳》詮釋目的、詮釋維度的哲學設定，源自其《春秋》解讀中所發掘的無處不在的普遍規律，更與胡安國對歷史的哲學認識有關。大體而言，其原因在於以下兩個方面。

　　其一，胡安國堅信孟子所認爲的孔子作《春秋》的目的，並在《春秋傳》"述綱領"中徵引孟子此言："《春秋》，天子之事也。昔者禹抑洪

---

① （清）皮錫瑞：《經學通論·春秋》，中華書局，1954，第72頁。
② （宋）胡安國：《春秋胡氏傳》卷三十"哀公下"，第502頁。
③ （宋）胡安國：《春秋胡氏傳》之"春秋傳序"，第2頁。
④ （宋）胡安國：《春秋胡氏傳》之"春秋傳序"，第2頁。
⑤ （宋）胡安國：《春秋胡氏傳》之"春秋傳序"，第2頁。

水而天下平，周公膺戎狄驅猛獸而百姓寧，孔子成《春秋》而亂臣賊子懼。"[1] 胡安國認爲孔子《春秋》是針對如此現實而作："世衰道微，邪説暴行有作，臣弑其君者有之，子弑其父者有之。"[2] 胡安國繼承孟子的觀點，認爲孔子《春秋》所記之事，絶不是歷史陳迹的機械記録，而是含有主觀的取捨、現實的目的，是因爲歷史中發生的一切仍存在於當下的現實中，如臣弑君、子弑父的悖逆作亂一直在上演。克羅齊認爲："歷史絶不是關於死亡的歷史，而是關於生活的歷史。"[3] 因此，人們之所以記録歷史，不是源自對逝去的過去的興趣，而是因爲當前生活的需要，是對仍然存在於當前生活中的過去因素的關注。孔子因其所生活時代的世衰道微、禮崩樂壞而删定魯史，選擇性記録與當下同質的歷史事件，故而"亂臣賊子俱"。胡安國進而認爲孔子删定的，不只是在孔子時代存在的同質性的歷史事件，在胡安國生活的時代仍然存在，而且具有普遍意義。胡安國身處兩宋變易之際，金人南侵，江山陵夷，亂臣賊子接迹當世，與春秋之際何其相類。故而胡安國力圖在《春秋》的解讀中發掘普遍意義。建炎元年，胡安國上書宋高宗指出崇寧以來爲政之"九失"，在對"九失"羅列後，全部以《春秋》之事與之對應。比如胡安國認爲爲政第一"失"爲先令"臣庶争言天下事"而後打擊報復[4]，在後文中胡安國如此比附："夫有生不可無信，聖人以信急於食，君子以信重於生。按《春秋》幽之盟，魯莊公在會而不書者。齊侯始伯，仗義以盟，莊公叛之，首失大信。仲尼以爲大惡，故諱不書公，以爲後戒。願自今慎出詔令，無令反復，以去弃信之一失。"[5] 胡安國認爲不論爲人還是爲政都要守信重義，爲政若朝令夕改，不能取信於人，則必衆叛親離。孔子"幽之盟"的記録中魯莊公在會而孔子不書其名，意在通過無視魯莊公而彰顯對於失信行爲的譴責。"九失"之八與《春秋》的類比則更爲典型：

　　　　用兵暴亂，軍旅數起，南復渠陽，西收隍都，建石泉於成都，

---

① （宋）胡安國：《春秋胡氏傳》之"述綱領"，第9頁。
② （宋）朱熹：《四書章句集注·孟子集注》卷六，第272頁。
③ 〔意〕貝奈戴托·克羅齊著，〔英〕安斯利英譯《歷史學的理論和實際》，傅任敢譯，商務印書館，1986，第69頁。
④ （宋）胡寅：《先公行狀》，《斐然集》卷二十五，第527頁。
⑤ （宋）胡寅：《先公行狀》，《斐然集》卷二十五，第529頁。

置珍播於巴峽，開古平於五嶺，築振武於河外，餽運艱險，勞民費財，積怨連禍，實基於此，八失也。

　　古者不以蠻夷弊中國，《春秋》內諸夏而外四夷，齊侯伐山戎，爲燕闢地，貶而書人，戒勤遠略也。人君職在養民，有國必先固本。按《春秋》凡臺囿門厩土木之工，必書於冊者，重民力也。願自今修明軍政，保固邦本，以去外事邊功之八失。[1]

　　胡安國認爲神宗、哲宗的熙河之役，雖拓地兩千餘里，但耗費巨大，造成徽、欽二帝執政時府庫匱乏之財政窘況，此亦是丟失中原原因之一。而孔子在《春秋》中對齊國征伐山戎的評價已經標明了"勤遠略"而傷國本乃不可取之政，故而人君應以保國固本爲首要任務。不獨上高宗書如此，胡安國在寄楊時書、寄許景衡書、寄秦檜書皆是以《春秋》事類比今事的結構。何兆武先生在解釋克羅齊"一切真歷史都是當代史"的觀點時説："過去並不是不存在的或已經不存在了，過去就存在於當前之中。人們的精神或生活，實際上就是這些人的過去之存在於當前，而且它是當前的最真實的存在。如果没有當前活生生的精神存在，那麽説過去存在就只能是一句空話。"[2] 胡安國對於《春秋》的認識即是如此，認爲孔子記録歷史事件的標準在於事件雖已成過往，但其中之規律、精神並非陳迹，而是在當下仍然存在。胡安國進而認爲孔子所記之事亦存在於他存在的當下，故而具有普遍意義。正是基於此，《春秋》才是"萬世之準繩"。

　　其二，胡安國不但在宏觀上將孔子作《春秋》的意旨理解爲孔子洞悉過去存在於當前之中，還在微觀上認爲歷史事件有始有終，而歷史進程則無始無終。這種觀點極類柯林伍德歷史觀念的第一條原理："史家所研究的過去並非死掉的過去，而是在某種意義上目前依然活著的過去。因此，史學所研究的對象就不是事件，而是'歷程'；事件有始有終，但歷程則無始無終而只有轉化。歷程 P1 轉化爲 P2，但兩者之間並没有一條界綫標誌著 P1 的結束和 P2 的開始。P1 並没有而且永遠也不

―――――――――

① （宋）胡寅：《先公行狀》，《斐然集》卷二十五，第 530 頁。
② 何兆武、陳啓能：《當代西方史學理論》，上海社會科學院出版社，2003，第 139 頁。

會結束，它只是改變了形式而成爲 P2。"① 在胡安國看來，雖然歷史綿延千載，但有不變的精神貫穿其中，比如男女夫婦父子之義則自有生民以來即存在，故而人倫大本始自婚嫁，是以《春秋》屢書諸侯婚嫁之事。以其評"杞叔姬來歸""郯伯姬來歸"爲例：

> 　　內女出，書之策者，男女居室，人之大倫也。婚姻之禮廢，則夫婦之道苦，淫辟之罪多矣。……《春秋》內女出、夫人歸，凡男女之際，詳書於策，所以正人倫之本也，其旨微矣。②
>
> 　　《春秋》於內女，其歸其出錄之詳者，男女居室，人之大倫也。男子生而願爲之有室，女子生而願爲之有家。父母之心，人皆有之，而不能爲之擇家與室，則夫婦之道苦，淫辟之罪多矣。王法所重，人倫之本，錄之詳也，爲世戒也。③

　　在胡安國看來，雖"杞叔姬來歸"之事已經結束，但男女婚配之事則一直在進行，雖地點、人物發生變化，但婚配之禮、男女大倫並未變化，正如歷程 P1 轉化爲 P2。不獨男女婚配，在臣弒君、子弒父頻繁發生的春秋，胡安國認爲處於弒君事件中的臣子，因義與利的選擇不同而以兩種模式存在："君弒而大夫死於其難，《春秋》書之者，其所取也。……夫審事物之重輕者，權也；權重輕而處之得其宜者，義也。大宰督亦死於閔公之難，削而不書者，身有罪也。惠伯死於子惡之難，亦削而不書者，非君命也。召忽死於子糾之難，孔子比於匹夫匹婦之諒，自經於溝瀆而莫之知者，所事不正也。……若仇牧、荀息立乎人之本朝，執國之政，而君見弒不以其私也，雖欲勿死，焉得而勿死？聖人書而弗削，以爲求利焉而逃其難者之勸也。惟此義不行，然後有視棄其君猶土梗弁髦，曾莫之省，而三綱絕矣。"④ 胡安國認爲處弒君事件中之臣子因其由義而行、因利而動的兩種動機而形成了兩種模式，雖世態千變而此進程則只此二端。這亦可視作胡安國"明類例"原則的實踐，其言

---

① 何兆武、陳啓能：《當代西方史學理論》，第 164 頁。
② （宋）胡安國：《春秋胡氏傳》卷十八 "宣公下"，第 290 頁。
③ （宋）胡安國：《春秋胡氏傳》卷十九 "成公上"，第 307 頁。
④ （宋）胡安國：《春秋胡氏傳》卷八 "莊公中"，第 106 頁。

曰:"《春秋》之文,有事同則詞同,後人因謂之例。然有事同而詞異,則其例變矣。……正例天地之常經,變例古今之通誼。"①

胡安國《春秋傳》的詮釋維度是側重追尋歷史演進中的普遍規律,目的則是用以觀照當世。這源自他對孔子與《春秋》關係的考察,即史學主體與史學對象關係的追索。而其思慮所得是歷史並未因其逝去而變爲陳迹,過去一直存在於當前,歷史事件有始有終,而歷史進程則只存在轉化而沒有始終。在孔子時代如此,在他所處的當下亦是如此。因此,《春秋》因"萬事之準繩"的特質而成爲"百王之法度"。

二　《春秋傳》關於歷史主體及其作用的認識

胡安國《春秋傳》是對於歷史的理解,那麼歷史的能動性根源是什麼,即何爲歷史主體,這是其必須面對的問題。同時,歷史是人類社會發展變化的過程,"哲學起源於對人類生存和發展的關懷,它的起點和終點都是人類的生活世界,因此從某種意義講,哲學就是關於人類生存與發展的一種沉思;哲學的智慧就是關於人類生存和發展的智慧"②。因此,歷史的能動性根源與人類生存發展的關係,是研究歷史並追尋普遍意義者所亟須解決的問題。胡安國在這個問題的思考上,承襲二程之學,高標"天理",認爲"天理"是宇宙萬物生存發展的規律。二程認爲:"理則天下只是一箇理,故推至四海而準,須是質諸天地,考諸三王不易之理。故敬則只是敬此者也,仁是仁此者也,信是信此者也。"③"理"是最高的哲學範疇,是世界統一性的最後基礎,是天地萬物生民必須遵循的最高原則。同時,"理"又是客觀存在的:"莫之爲而爲,莫之致而致,便是天理。"④天理是客觀存在,不以人的意志爲轉移的,亦不因時而變易,具有超越時間與空間的普遍性:"天理云者,這一箇道理更有甚窮已?不爲堯存,不爲桀亡。人得之者,故大行不加,窮居不損。"⑤同時,二程認爲"天理"這一抽象的潛在的規律可以通過具體的人類行爲來體現,而人生具有的倫理道德即是天理的體現,比

---

①　(宋)胡安國:《春秋胡氏傳》之"明類例",第1頁。
②　莊國雄、馬擁軍、孫承叔:《歷史哲學》,第66~67頁。
③　(宋)程顥、程頤著,王孝魚校點《二程集·河南程氏遺書》卷二上,第38頁。
④　(宋)程顥、程頤著,王孝魚校點《二程集·河南程氏遺書》卷十八,第215頁。
⑤　(宋)程顥、程頤著,王孝魚校點《二程集·河南程氏遺書》卷二上,第31頁。

如二程言"禮即是理也"①，"忠恕一以貫之，忠者天理，恕者人道"②。同時，"天理人欲，此消彼長"，"無人欲，即皆天理"。

胡安國在《春秋》的解讀上，繼承了二程的觀點，以"天理"爲客觀的存在，而此客觀存在必須經由人的活動方能呈現爲現實。胡安國評僖公九年冬"晉里克殺其君之子奚齊"時說："天理根於人心，雖以私欲滅之，而有不可滅也。《春秋》書此，以明獻公之罪，抑人欲之私，示天理之公，爲後世戒，其義大矣。"③胡安國認爲"天理"乃宇宙萬物運行規律，"人心"之認知能力與規律既是"天理"的展現，亦與"天理"具有同質性。雖一人、一時因私欲而滅"天理"，但"天理"仍然存在，並通過其他人、其他方式展現出來，此爲孔子"示天理之公，爲後世戒"的根據。這與黑格爾關於歷史主體的認識頗爲類似，黑格爾認爲歷史的主體是精神，是理性，"由於'理性'和在'理性'之中，一切現實才能存在和生存"，"理性是世界的主宰，世界因此是一種合理的過程"④，黑格爾進而認爲："這種理性，在它的最具體的形式裏，便是上帝。上帝統治著世界，而'世界歷史'便是上帝的實際行政，便是上帝計劃的見諸實行。……理性便是要領悟上帝的神聖工作。"⑤宋儒所認爲的，作爲歷史主體的"天理"，正與黑格爾的絕對精神類似，是一種外在於人的客觀存在規律，其變化發展不由人之主觀意志所左右。但是此規律之運行，又不能脫離人之存在，相反，卻必須通過人之行爲加以實現。依宋儒之歷史觀，天理的集中展現是人倫，三綱五常即天理之體現，不容挑戰，一旦違背，即會遭到歷史規律的懲罰，造成災難性的社會後果。

胡安國對《春秋》的解讀，無不貫穿著上述認識。桓公十一年"鄭伯寤生卒"，胡安國評曰："鄭莊公志殺其弟，使瓻其口於四方，自以爲保國之計得也。然身沒未幾而世嫡出奔，庶孽奪正，公子五爭，兵革不息，忽、儀、亹、突之際，其禍慘矣。亂之初生也，起於一念之不善，後世則而象之，至於兄弟相殘，國內大亂，民人思保其室家而不得，不亦酷乎？有國者所以必循天理，而不可以私欲滅之也。莊公之事，可以

---

① （宋）程顥、程頤著，王孝魚校點《二程集·河南程氏遺書》卷十五，第144頁。
② （宋）程顥、程頤著，王孝魚校點《二程集·河南程氏遺書》卷，第124頁。
③ 〔宋〕胡安國：《春秋胡氏傳》卷十一"僖公上"，第160頁。
④ 〔德〕黑格爾：《歷史哲學》，第9頁。
⑤ 〔德〕黑格爾：《歷史哲學》，第38頁。

爲永鑒矣。"^①不難看出，胡安國認爲鄭莊公蓄意殺弟，先養弟成亂而後
"克段於鄢"。這種行爲不顧兄弟之義，是以私欲滅天理，故而上行下
效，莊公去世後四子奪位而鄭國大亂。同時，胡安國認爲"天理"的具
體表現形式乃是倫理道德，尤其表現在禮、義方面。桓公元年"公會鄭
伯於垂，鄭伯以璧假許田"，胡安國評曰："魯，山東之國，與祊爲鄰；
鄭，畿內之邦，許田近地也。以此易彼，各利於國，而聖人乃以爲惡而
隱之，獨何歟？曰：利者，人欲之私，放於利必至奪攘而後厭；義者，
天理之公，正其義則推之天下國家而可行。"^②本爲鄭、魯互惠互利之
事，胡安國却認爲孔子將此定性爲見利忘義之行爲，由此引出義乃"天
理"具體表現、利爲"人欲"之私的觀點。其評隱公六年春"鄭人來輸
平"曰："諸侯修睦以蕃王室，所主者義爾。……上下交征利，不至於
篡弑奪攘則不厭矣。故特稱'輸平'，以明有國者必正其義，不謀其利，
杜亡國敗家之本也。"^③因此從爲政的角度而言，國君逐利而行，則臣子
亦必效法。國君的權力、地位、財富必將成爲臣子逐利之心所覬覦的對
象，篡弑奪攘即由此而生。因此，胡安國認爲"以禮制欲則治，以欲敗
禮則亂"^④。

　　同時，禮義的産生是由於"有男女，然後有夫婦；有夫婦，然後有
父子；有父子，然後有君臣；有君臣，然後有上下；有上下，然後禮義
有所錯"^⑤。胡安國認爲："有夫婦，然後有父子；有父子，然後有君臣。
夫婦，人倫之本也。"^⑥因此，居仁由義不僅是爲政治國所必須遵循的符
合"天理"的方式，亦是個體順"天理"而行的不二途徑："爲國以義
不以利，如以利，則上下交征而國必危矣。爲己以義不以利，如以利，
則患得患失亦無所不至矣。"^⑦因此，胡安國極爲重視處於歷史進程中之
個體行爲，其評僖公十六年"夏四月丙申鄫季姬卒"時，揣摩聖人筆削
之意曰："宋伯姬在家爲淑女，既嫁爲賢婦，死於義而不回，此行之超
絕卓異者。既書其葬，又載其諡。僖公鍾愛季姬，使自擇配，季姬不能

① （宋）胡安國：《春秋胡氏傳》卷六"桓公下"，第 68 頁。
② （宋）胡安國：《春秋胡氏傳》卷四"桓公上"，第 43 頁。
③ （宋）胡安國：《春秋胡氏傳》卷二"隱公中"，第 23 頁。
④ （宋）胡安國：《春秋胡氏傳》卷二十"成公下"，第 318 頁。
⑤ （宋）朱熹：《周易本義》，第 269 頁。
⑥ （宋）胡安國：《春秋胡氏傳》卷一"隱公上"，第 8 頁。
⑦ （宋）胡安國：《春秋胡氏傳》卷二十四"昭公上"，五年"夏，莒牟夷以牟婁及防，兹來奔"
　　條，第 399 頁。

自克以禮，恃愛而行。雖書其卒，因奪其葬。所以謹夫婦之道，正人倫之統，明王教之始也。"①胡安國認為孔子將伯姬的葬與謚書於《春秋》，就是認可其恪守夫婦之禮。相反，對於不合禮之事，胡安國之評則必有所發揮，如其評文公二年"公子遂如齊納幣"曰："婚姻常事不書，其書納幣者，喪未終而圖婚也。夫娶在三年之外矣，則何譏乎？《春秋》論事莫重乎志，志敬而節具，與之知禮；志和而音雅，與之知樂；志哀而居約，與之知喪。非虛加之也，重志之謂也。此皆使人私欲不行，閑邪復禮之意。"②胡安國即認為普通婚姻孔子不書，而此處書之，原因在於公子遂乃是三年居喪期娶親，此為逾禮之行為，故而孔子記之，以為後人克己復禮之警示。胡安國認為個體居仁由義則行為自可順應"天理"，由此則家齊身修；反之，則"夫婦之道苦，淫僻之罪多矣"，必將受到歷史規律的懲罰。

馬克思評價黑格爾歷史哲學時指出黑格爾的"主體，就是神，就是絕對精神，就是自己知道自己並且自己實現自己的理念，現實的人和現實的自然界不過成為這個潛在的、非現實的人和這個非現實的自然界的賓詞、象徵"③。黑格爾關於歷史主體的認識誠然有其局限性，卻與胡安國歷史主體及其作用的認識有相通處，胡安國"私淑洛學"的學術淵源使其承襲二程關於"天理"的理論，以"天理"為客觀存在的規律，這與黑格爾"理性是世界的主宰"的邏輯極其相似。同時，胡安國認為"天理"這種精神性的客觀存在需要由人之行為顯現出來。而處於歷史進程中的個體，則需要順"天理"而行，其方式即居仁由義，恪守三綱。因此，胡安國對於歷史主體及其作用的認識，以"天理"的作用為歷史的能動性根源，因此順應"天理"與否便成為推動、阻礙歷史進程的標準。對於如何順應"天理"，胡安國又從"天理"顯現於人類是為仁義等倫理道德的角度，強調居仁由義是個體生命尋得安頓以免"患得患失亦無所不至"的惟一選擇，亦是為政治國必須遵循的原則。

三 《春秋傳》歷史單位的界定及其貫穿主旨

湯因比認為："歷史研究可以自行說明問題的單位既不是一個民族

---

① （宋）胡安國：《春秋胡氏傳》卷十二"僖公中"，第 173 頁。
② （宋）胡安國：《春秋胡氏傳》卷十四"文公上"，第 215 頁。
③ 〔德〕馬克思：《1844 年經濟學—哲學手稿》，人民出版社，1979，第 129 頁。

國家，也不是另一個極端的人類全體，而是我們稱之爲社會的某一群人類。"①雖然歷史單位成熟的劃分始自近代歷史哲學的成熟，但歷史研究中的這種意識則早已存在。胡安國用以觀照《春秋》的歷史單位，乃是春秋時期周王室治下的諸侯國，從其屢次申言大一統之意即可看出，如："加王於正者，公羊言'大一統'是也。"②"此國政之歸於一也，若乃關私門，廢公道，各以便宜行事，是人自爲政，謬於春秋大一統之義矣。"③同時，各諸侯國因周室衰微，皆有相當的自主性，故而在具體的詮釋過程中，各諸侯國及諸侯家室亦是研究的單位。而"研究歷史不僅要從一國一民族的内部，而且要從一國一民族的外部，從一國一民族與他國他民族的關係中進行研究。人類史是人類不斷從地域走向世界融合的過程；自從歷史進入世界史以來，人類的歷史就不再是孤立的地域發展史，而是世界各民族互相影響、互相滲透的過程"④，雖然在春秋時期人類歷史尚未進入世界史的發展時期，但中原各諸侯國與南、北方少數民族之關係亦愈發緊密，因此華夷關係亦是胡安國歷史研究的單位。其歷史單位的劃分因其研究的角度和需要，呈現出了小至諸侯家室、大至華夷之辨的彈性，具體而言，即按照"齊家治國平天下"的原則，以儒學修養順序爲歷史單位由小至大的劃分原則，即從家、國、國與國之關係、華夷之辨的順序進行考察。但胡安國在考察過程中用禮義作爲貫穿歷史單位研究的主旨，體現了一以貫之的研究方法。

首先，胡安國認爲："有男女然後有夫婦，有夫婦然後有父子，故《春秋》慎男女之配，重大婚之禮，以爲人倫之本也。"⑤按照儒家齊家治國平天下的順序，齊家乃居於首位，亦是由微而至大的首要。而齊家的方式無外乎遵從禮制："《易》曰：'夫夫婦婦而家道正。'夫不夫，則婦不婦矣。乾者，夫道也，以乘御爲才；坤者，婦道也，以順承爲事。《易》著於乾、坤述其理，《春秋》施於桓公見其用。"⑥而魯桓公不能以此正道齊家，"公於齊姜委曲順從，若水從地，無所不可"⑦，因此招致被

---

① 〔英〕湯因比：《歷史研究》（上），第 14 頁。
② （宋）胡安國：《春秋胡氏傳》卷一 "隱公上" 隱公元年 "春王正月" 條，第 2~3 頁。
③ （宋）胡安國：《春秋胡氏傳》卷三 "隱公下" 隱公十一年 "冬十有一月壬辰公薨" 條，第 38 頁。
④ 莊國雄、馬擁軍、孫承叔：《歷史哲學》，第 104 頁。
⑤ （宋）胡安國：《春秋胡氏傳》卷二十 "成公下"，第 318 頁。
⑥ （宋）胡安國：《春秋胡氏傳》卷六 "桓公下"，"公與夫人姜氏遂如齊" 條，第 80 頁。
⑦ （宋）胡安國：《春秋胡氏傳》卷六 "桓公下"，第 80 頁。

弑之命運，胡安國因此認爲："爲亂者文姜，而《春秋》罪桓公，治其本也。"無獨有偶，胡安國評定公十四年"衛世子蒯聵出奔宋"曰："靈公無道，不能正家，以危其國本，至使父子相殘，毀滅天理之所由著矣。"[1] 胡安國認爲衛靈公寵愛縱容南子，造成其身後世子出逃、國政大亂的後果。因此，在胡安國《春秋傳》中因衡量方式的一致，考察順序的由微而著，歷史單位以家室爲社會有機體的基礎組織，齊家的方式則是恪守夫婦禮制。有夫婦然後有父子，在父子之間恪守禮制，居仁由義的行爲準則更爲凸顯。胡安國分析昭公二十二年"王室亂"之原因曰："治外者先自內，治遠者先自近。本亂而末治者，否矣。景王寵愛子朝，使孽子配適，以本亂者，其言'王室'，譏國本之不正也。"[2] 胡安國認爲周景王不循禮制，過於寵愛庶子朝，形成了嫡庶相爭的局面，從而造成了國家統治階層的撕裂，乃是家不齊以致國亂的典型。爲父應循禮制，爲子亦應如此，其評桓公二年"冬公至自唐"時曰："凡爲人子者，出必告，反必面，事亡如事存，故君行必告廟，反必奠而後入，禮也。出必告行，反必告至，常事爾。"[3] 強調人子應見微知著，在日常的灑掃應對中恪守孝道。其評"秦人來歸僖公成風之襚"時闡發孔子之意曰："尊崇風氏立爲夫人者，僖公也。故書'僖公成風'，所以正後世之爲人子者，當明子道，不可行僭亂之禮，以賤其父。聖人垂戒之義明矣。"[4] 強調爲人子者不可僭越禮制，應尊崇其父，如此則能父嚴子孝，家齊身修。總之，胡安國在考察社會基礎組織形式的歷史單位家室時，以遵守禮制與否來作爲判斷能否身修家齊的標準。

其次，諸侯國乃基於家庭組織而形成，故而胡安國認爲諸侯國治亂之關鍵在於君臣關係的處理上。胡安國認爲君爲臣綱，故魯國隱、莊、閔、僖四公之元年不書即位的原因是："仲尼削之也。古者諸侯繼世襲封，則内必有所承；爵位土田，受之天子，則上必有所稟。内不承國於先君，上不稟命於天子，諸大夫扳己以立而遂立焉，是與爭亂造端，而篡弑所由起也。《春秋》首絀隱公，以明大法，父子君臣之倫正矣。"[5] 即魯國的四公皆非受命於周天子，乃自行登位，此有違"大一統"之旨，

---

① （宋）胡安國：《春秋胡氏傳》卷二十八 "定公下"，第 475 頁。
② （宋）胡安國：《春秋胡氏傳》卷二十六 "昭公下"，第 433 頁。
③ （宋）胡安國：《春秋胡氏傳》卷四 "桓公上"，第 49 頁。
④ （宋）胡安國：《春秋胡氏傳》卷十五 "文公下"，第 230 頁。
⑤ （宋）胡安國：《春秋胡氏傳》卷一 "隱公上"，第 3 頁。

更是昧於君臣之義的表現。置君臣之義於不顧，則必生篡弒之事。所以孔子不書其即位，意在彰顯君爲臣綱之意。因此，爲臣者應如以子事父一般盡忠於國君：“人子不以非所得而加之於父，是爲孝；人臣不以非所得而加之於君，是爲忠。”① 即使國君不守君道，臣子也不可以篡弒加之。文公十六年，宋人弒其君杵臼，胡安國評曰：“君無道而弒之，可乎？諸侯殺其大夫，雖當於罪，若不歸司寇，猶有專殺之嫌，以爲不臣矣。況於北面歸戴，奉之以爲君也。故曰：‘人臣無將，將而必誅。’昭公無道，聖人以弒君之罪歸宋人者，以明三綱人道之大倫，君臣之義不可廢也。然則有土之君可以肆於民上而無誅乎？諸侯無道，天子方伯在焉，臣子國人其何居？死於其職，而明於去就從違之義，斯可矣。”② 胡安國認爲即使國君無道，亦有天子方伯約束之，臣下如認爲國君無道，則可退而獨善其身，不可悖君臣之義而行篡弒之事。因此，在考察政權這一歷史單位時，胡安國認爲君臣之義乃維繫政權平穩安定的關鍵因素，君臣秉義而行則國治民安；相反，如由利而行，見利忘義則必將招致禍亂：“君臣父子去仁義，懷利以相與，利之所在，則從之矣，何有于君父？故一失則夷狄，再失則禽獸，而大倫滅矣。”③ 同時，在諸侯國關係的處理上，胡安國亦認爲信乎義乃爲正道：“天下莫大於理，莫強於信義。循天理，惇信義，以自守其國家，荊楚雖大，何懼焉？”④

　　最後，在中原諸國與南北方少數民族共存的歷史單位的考察中，胡安國亦以禮義作爲區別二者的標準，居仁由義亦是正確處理二者關係的關鍵。胡安國正視了夷夏並存的局面，進而認爲華夏居中爲正，應以夷狄事諸夏，而不應反其道行之：“中國之有戎狄，猶君子之有小人，內君子外小人爲‘泰’，內小人外君子爲‘否’。《春秋》聖人傾否之書，內中國而外四夷，使之各安其所也。無不覆載者，王德之體；內中國外四夷者，王道之用。”⑤ 胡安國用處理君子、小人的方式喻夷夏關係，爲其內中國外夷狄尋得理論支持。在華夷的區別上，胡安國認爲有無禮義文明乃是關鍵：“《春秋》固天子之事也，而尤謹於華夷之辨。中國之所

---

①　（宋）胡安國：《春秋胡氏傳》卷六“桓公下”，“癸巳葬蔡桓侯”條，第 79 頁。
②　（宋）胡安國：《春秋胡氏傳》卷十五“文公下”，第 240 頁。
③　（宋）胡安國：《春秋胡氏傳》卷十三“僖公下”，第 205~206 頁。
④　（宋）胡安國：《春秋胡氏傳》卷四“桓公上”，第 48 頁。
⑤　（宋）胡安國：《春秋胡氏傳》卷一“隱公上”，第 6 頁。

以爲中國，以禮義也。一失則爲夷狄，再失則爲禽獸，人類滅矣。"[①] "人之所以異於禽獸，中國之所以貴於夷狄，以其有父子之親、君臣之義耳。"[②] 同時，在夷夏關係上，胡安國主張以夏化夷："吳、楚聖賢之後，見周之弱，王靈不及，僭擬名號，此以夏而變於夷者也。……夫《春秋》立法謹嚴，而宅心忠恕。嚴於立法，故僭號稱王，則深加貶黜，比之夷狄，以正君臣之義。恕以宅心，故内雖不使與中國同，外亦不使與夷狄等，思善悔過，向慕中國，則進之而不拒，此慎用刑、重絶人之意也。"[③] 他認爲吳、楚雖爲聖人之後，但因不守禮義故而變夏爲夷。但如其遵從仁義等倫理道德，則亦可由夷而爲夏。其理論大致不出前輩儒家學者之論述。

"歷史研究的單位並不是隨意劃分的，也不盡根據研究的角度和需要來確定，而必須反映歷史變遷的客觀事實。"[④] 胡安國對於歷史單位的劃分，基本是按照儒學齊家治國平天下的順序而進行的，而其天理體現在禮義等倫理道德的哲學認識，則使其將家、國、天下作爲歷史單位而加以考察。同時，在考察過程中，胡安國以禮義作爲貫穿主旨，作爲齊家治國平天下的標準，彰顯了其基於倫理而解讀歷史政治演變的詮釋原則。

四 《春秋傳》對歷史規律及歷史認識的界定

胡安國《春秋傳序》中論及孔子作《春秋》之原因時説："周道衰微，乾綱解紐，亂臣賊子接迹當世，人欲肆而天理滅矣。"[⑤] 透露出其以未衰微時之"周道"爲治世的觀點。其哀公十四年"西狩獲麟"的評語中亦有如下之語："故《春秋》天子之事，聖人之用，撥亂反正之書。考諸三王而不繆，建諸天地而不悖，質諸鬼神而無疑。"[⑥] 其中之"撥亂反正"亦有以春秋"亂臣賊子接迹當世"爲亂，而以西周成康之時爲治世；其"反之正"，既有回到正確軌道之意，又含有崇尚西周之治的意圖。同時，胡安國在叙述治《春秋》之原因時説："先聖親手筆削之書，

---

① （宋）胡安國：《春秋胡氏傳》卷十一"僖公上"，僖公二十三"冬十一月杞子卒"條，第182頁。
② （宋）胡安國：《春秋胡氏傳》卷二十三"襄公下"，"冬十月葬蔡景公"條，第384頁。
③ （宋）胡安國：《春秋胡氏傳》卷十五"文公下"，"冬楚子使椒來聘"條，第229頁。
④ 莊國雄、馬擁軍、孫承叔：《歷史哲學》，第104頁。
⑤ （宋）胡安國：《春秋胡氏傳·春秋傳序》，第1頁。
⑥ （宋）胡安國：《春秋胡氏傳》卷三十"哀公下"，第502頁。

乃使人主不得聞講説，學士不得相傳習，亂倫滅理，用夷變夏，殆由此乎？①胡安國在學術上私淑程頤，以王安石新學爲非。但王安石之歷史觀點乃是"天變不足畏，祖宗不足法，人言不足恤"，乃典型的歷史進化論。從胡安國對"三王"時代的傾慕，到胡安國認爲歷史的發展是天理、人欲鬥爭的認識，再到胡安國對王安石新學的排斥，不難看出其歷史退化論的歷史規律認識。

　　胡安國歷史退化論的認識形成，就其淵源而言，乃是受孔、孟等先秦儒學之影響，同時又帶有宋代士大夫群體認知的特色。孔子云："大道之行也，與三代之英，丘未之逮也，而有志焉。大道之行也，天下爲公，選賢與能，講信修睦。故人不獨親其親，不獨子其子，使老有所終，壯有所用，幼有所長，矜寡孤獨廢疾者皆有所養；男有分，女有歸。貨，惡其棄於地也，不必藏於己；力，惡其不出於身也，不必爲己。是故謀閉而不興，盜竊亂賊而不作，故外户而不閉，是謂大同。"②在孔子看來，上古三代乃是"大同"，是人類發展的黃金時期，而後則人心不古，盜竊亂賊頻出。因此"人類黃金時代在過去，不在將來。自從黃金時代過去後，歷史的運動一直是逐步退化的運動。因此，拯救人類，不在於創新，而在於復古。"③這種觀點爲宋儒所繼承，如歐陽修認爲："堯、舜、三代之際，王政修明，禮義之教充於天下。"④李覯也認爲："昔三代之人，自非大頑頓，盡可以爲君子，何者？仁義禮樂之教，浸淫於下，自鄉祖國，則皆有學。師必賢，友必善，所以養耳目鼻口百體之具，莫非至正也。"⑤胡安國受此影響甚深，《宋史》載："時發策大要，崇復熙寧、元豐之制，安國推明《大學》，以漸復三代爲對。"⑥呂祖謙評胡安國《春秋傳》曰："胡文定《春秋傳》，多拈出《禮》運'天下爲公'意思。……胡氏乃屢言《春秋》有意於'天下爲公'之世，此乃綱領本源，不容有差。"⑦呂祖謙雖是分析胡安國《春秋》學的詮釋原則，但不難看出呂祖謙亦認爲胡氏持崇奉三代的歷史退化論觀點。章笑力先

---

① （宋）胡寅：《先公行狀》，《斐然集》卷二十五，第552頁。
② （唐）孔穎達等正義《禮記正義》卷二十一，《十三經注疏》本，第1413~1414頁。
③ 馮友蘭：《中國哲學簡史》，北京大學出版社，1985，第188頁。
④ （宋）歐陽修：《本論中》，《歐陽修全集》卷十七，中華書局，2001，第288頁。
⑤ （宋）李覯：《與章秘校書》，《李覯集》卷二十七，中華書局，1981，第282頁。
⑥ 《宋史》卷四百三十五"胡安國傳"，中華書局，1977，第12909頁。
⑦ （宋）呂祖謙：《與朱侍講》，《東萊集·別集》卷八，《景印文淵閣四庫全書》第1150册，第243頁。

生分析歷史退化論的出現原因："由於歷史巨變導致現實社會的無秩序感和人們道德水準的下降，並且完美的社會政治理想又無法實現，於是有一部分思想家、史學家提出歷史回歸先前的主張。這種主張認爲當下發生的變化是醜陋骯髒的，先前是大治的時代，代表著正義進步和高道德水準，人類應該回到先前的年代。"[1] 胡安國生活的時代，正值兩宋變易，江山陵夷，其崇奉三代而以現實爲劣，這種觀點的産生亦有時代原因。同時，王安石持歷史進化論觀點，胡安國認爲王安石以歷史進化論觀點而推行的變法，是"亂倫滅理"，是不師古代先賢，無祖無宗，滅絕天理。胡安國於其上高宗書中論曰："崇寧以來，事不稽古，奸臣擅朝，濁亂天下。"[2] 在胡安國看來，遠不師古聖先賢，今無視祖宗成法，遂致靖康之難、二帝北狩，實乃國家禍亂之由。對王安石新學的反撥，亦是胡安國歷史退化論觀點的成因之一。

胡安國持歷史退化論，認爲歷史的主體是天理，而三代以降的歷史乃人欲泛濫而天理淹没的過程，那麽認識歷史規律的關鍵就在於會通天理，順天理而行。胡安國接受了程頤"理一分殊"的觀點，認爲"事應雖殊，其理一也"[3]，"其事雖殊，其理一耳"[4]，即萬事萬物之情態雖不一，但其存在、發展、消亡皆是天理的展現。而作爲認識主體的人，與天理的關係如何，胡安國認爲"天人一理也，萬物一氣也"[5]，即天理與人心具有同質性，人心之認知能力、認知規律亦是天理的展現。因此，主體可由自心而識得天理，進而認識歷史規律。胡安國認爲孔子就是如此實現對歷史規律認識的："聖人會人物於一身，萬象異形而同體；通古今於一息，百王異世而同神。於土皆安而無所避也，於我皆真而無所妄也。"[6] 同時胡安國認爲心體具有先驗的普遍性："然世有先後，人心之所同然一爾。苟得其所同然者，雖越宇宙，若見聖人親炙之也。"[7] 又説："由孟子而來，至今千有餘歲矣，其書未亡，其出於人心者猶在。"[8] 雖然時代變遷，但人心具有的先驗性則古今一致，因此可以由自身之心與聖

---

① 章笑力：《歷史進化論》，蘇州大學出版社，2014，第2頁。
② （宋）胡寅：《先公行狀》，《斐然集》卷二十五，第527頁。
③ （宋）胡安國：《春秋胡氏傳》卷三十"哀公下"，第501頁。
④ （宋）胡安國：《春秋胡氏傳》卷四"桓公上"，第46頁。
⑤ （宋）胡安國：《春秋胡氏傳》卷十九"成公上"，第297頁。
⑥ （宋）胡安國：《春秋胡氏傳》卷二十八"定公下"，第468頁。
⑦ （宋）胡安國：《春秋胡氏傳·春秋傳序》，第2頁。
⑧ （宋）胡安國：《春秋胡氏傳》卷三十"哀公下"，第503頁。

人之心的會通，實現對聖人之意、歷史規律的認識。因此，主體可由後天的學習，識得心體，進而會通天理，實現對歷史規律的認識。這與人文主義的歷史認識論極爲接近："人文主義則認爲，在歷史認識中，自我不僅不是認識的障礙，反而是認識的前提。既然歷史學是過去經驗在歷史學家心靈中的重演，當然離不開歷史學家的心靈。"①

---

① 莊國雄、馬擁軍、孫承叔:《歷史哲學》，第 248 頁。

第三章　胡寅理學體系與文學創作

　　作爲湖湘學派承前啓後的關鍵學者，胡寅在理學的傳承上體現了對其父胡安國的深化與拓展，其理學體系在一切實在最終本原的界定上，借鑒張載"氣"説，將"氣"作爲本體，以之體現與佛教空本論的區別，又以"理"爲天地萬物運行之規律，以"心"爲溝通主體客體的關捩。在探究"内聖"的基礎上，胡寅又對爲君爲臣的"外王"作了界定，形成了内聖外王的完整體系。胡寅之詩歌創作，在創作理論、師法對象、句法組織、典故運用以及内容書寫等方面皆體現了與其理學修養緊密相關的特點，既有宗杜學黄之時代詩風的特點，又有攝典儒經以用於叙事關鍵處的自我之獨創，還有書寫體味"生生之謂易"之冲融和樂心境的理學特色。

第一節　本氣、窮理、盡心：胡寅理學思想
體系的建構特點

　　作爲一個有著明確傳承儒學意識的士大夫，胡寅在儒學發明上作了諸多的努力，其儒學體系大體沿襲其父胡安國的理論，但又有所增益，獨創之處頗爲突出，呈現體用兼備、一以貫之的完整格局。但目前關於胡寅之研究，或關注於其某類著作[①]，或重在闡發其某類思想觀點。[②] 雖亦有關於胡寅理學體系的研究，如《胡寅的哲學思想》《胡寅的理學思想》，但前者只是對胡寅哲學思想的氣本論、求知論、無神論等三大特點進行簡要概述，後者則是胡寅批佛思想、修道論、宇宙觀的總結，皆未對胡寅一以貫之的理學體系進行系統的闡發。《宋元學案》全祖望案語指出："武夷諸子，致堂、五峰最著，而其學又分爲二。五峰不滿其

[①]　如何俊《胡寅〈崇正辯〉論》，載《浙江大學學報》(人文社會科學版) 2001 年第 5 期；尹業初《胡寅歷史政治哲學研究——以〈致堂讀史管見〉爲中心》，博士學位論文，南開大學，2012。

[②]　如劉依平《胡寅的佛學批判與宋代儒學的自我認同》，載《深圳大學學報》(人文社會科學版) 2015 年第 3 期；曹宇峰《胡寅排佛思想中的政治理念》，載《山西大學學報》(社會科學版) 2010 年第 5 期。

兄之學，故致堂之傳不廣。"^①胡宏不滿胡寅之學的原因何在，胡寅理學
體系建構的特點何在，整體面貌如何，這些都是深化湖湘學派研究不可
回避的問題。

胡寅著述頗豐，有《崇正辯》《斐然集》《讀史管見》《論語詳説》，
《論語詳説》應是其集中闡發儒學修養工夫的著作，惜其早已散佚。雖
然如此，對胡寅現存著述中關於儒學修養的相關論述進行細緻的爬梳，
基本可以探明其理學體系。大體而言，胡寅理學體系既有對世界一切實
在最終本性的界定，又有對主體如何認識世界運行規律之"理"的探
究；既有實現主體道德精神圓滿的深刻體悟，又有踐行於現實生活中的
自覺意識。

一　氣：一切實在的最終本原

宇宙的本原與本體乃歷代學人所探究之重要命題，對宇宙本源與本
體的認識亦是某類學説得以確立的哲學之本。在此方面，兩漢至宋前的
儒者大多繼承先秦成説，相比之下佛教的宇宙論則更爲宏大精妙，對士
大夫產生了極强的吸引力，故得以風行於世。出於重建道統，與佛教對
抗的目的，宋儒試圖通過宇宙論的重建來解除儒學的信仰危機。周敦頤
作《太極圖》，張載則提出了氣論。胡寅認爲："蓋通天下一氣耳，大而
爲天地，細而爲昆蟲，明而爲日月，幽而爲鬼神，皆囿乎一氣，而人
則氣之最秀者也。"^②胡寅認爲宇宙萬物皆氣演變而來，作爲萬物之靈的
人亦不例外。胡寅又從生活經驗的角度繼續推演曰："天者，積氣之極，
非有形色。今以物觀之，輕清之氣必上浮，重濁之質必下墜。天地，物
之最大者也，故知天者積氣之極也。日月星辰，積氣之有光耀者也。風
雷電霆霜露雨雪，氣之感觸變動升降聚散而爲之者也。如此觀之，豈不
簡易明白，人可共知乎？"^③不論是天地日月、昆蟲草木等具體存在，還
是雨雪霜露、風雷電霆等自然現象，"皆囿乎一氣"，即都是由氣的運行
所造就的。

在確立了"氣"的本原地位之後，胡寅吸收了張載關學的思想成

---

① （清）黄宗羲著，（清）全祖望補修，陳金生、梁運華點校《宋元學案》卷四十一"衡麓學
　案"，第 1340 頁。
② （宋）胡寅：《無逸傳》，《斐然集》卷二十二，第 462 頁。
③ （宋）胡寅：《崇正辯》卷三下，第 161 頁

分。張載認爲："一物兩體,氣也。一故神,兩故化,此天之所以參也。兩不立,則一不可見,一不可見,則兩之用息,兩在故不測,推行於一。""兩體者,虛實也,動靜也,聚散也,清濁也,其究一而已,有兩則有一,是太極也。"① 張載認爲世間萬物皆存在著對立而統一的矛盾,如太極由陰陽的對立統一而組成,其他諸如一與兩、虛與實、聚與散等,無不存在於一切事物當中。有此對立統一的矛盾存在,事物才會產生、發展、消亡。胡寅充分借鑒了這種觀點,並以之來解釋世界的產生:"萬物無獨立者,必有其對。《正蒙》曰:'不有兩,則無一。一不可見,則之用息矣。'是以天地絪縕,萬物化醇;男女構精,萬物化生。"② 事物皆是由對立統一的矛盾體演化而來,對立統一存在於各個事物、各類層次上,絕不存在由某種單一性質的質料演變而成的事物。故而胡寅認爲佛教之失就在於以"獨"爲萬物生成運行的原則:"孔子曰:'君子之道,造端乎夫婦,及其至也,察乎天地。'彼佛者有見於淫欲,無見於天理,故以獨往爲至道。差之毫釐,失之千里,此之謂也。"③

在充分借鑒張載思想的基礎上,胡寅進行推演,認爲氣有陰、陽兩種屬性,世界則是陰陽二氣和合的產物:"太和絪縕,二儀肇分,清濁奠位,乾坤爲門。"④ 陰陽二氣聚則生,散則亡,宇宙事物的成與毀,實則就是陰陽二氣運動的聚與散:

陰陽之氣,分爲天地,凝爲日月,轉爲四時,散爲萬物。升降、晦明、消息、聚散,皆氣之運,未有能外之而獨立者也。聚則成,散則壞。盈虛相蕩,一息不留,未嘗止也,安得言在?不成則壞,不壞則成,皆可耳聞目見而心知也,安得言空?是故中國傳聖人之道者正之,曰:"有成壞,無住空。"佛以世界終歸於空,故其道以空爲至。然實不能空也,佛強空之耳。⑤

---

① (宋)張載:《張載集·橫渠易說》"下經"之"說卦",中華書局,1978,第233頁。
② (宋)胡寅:《崇正辯》卷三,第119頁。
③ (宋)胡寅:《崇正辯》卷三,第119頁。
④ (宋)胡寅:《叙古千文》,《斐然集》卷三十,第642頁。
⑤ (宋)胡寅:《崇正辯》卷一,第7頁。

胡寅融攝程頤"有成壞，無住空"的觀點，既申明了自我關於世界本原的認識，又駁斥了佛教"空"的本體論。既然宇宙萬物皆乃陰陽二氣運動變化而致，何以世界會呈現出多樣性？何以國有華夷中外之辨，人有賢愚壽夭之分，物有妍媸大小之別？對此，胡寅以稟氣不同故有差異來解釋之："天地雖大，然中央者，氣之正也。以人物觀之，非東夷、西戎、南蠻、北狄所可比也。天地與人均是一氣，生於地者既如此，則精氣之著乎天者亦必然矣。"① 他認爲中國之所以應居於正統地位，是因爲地處乾坤之正從而得氣之正。在解釋人何以有賢愚壽夭之別時，胡寅亦以稟氣不同釋之："顏回、伯夷之生也，得氣之清而不厚，故賢而不免乎夭貧。盜跖、莊蹻之生也，得氣之戾而不薄，故惡而猶得其年壽。此皆氣之偏也。若四凶當舜之時，則有流放竄殛之刑，元凱當堯之時，則有奮庸亮采之美，此則氣之正也。"② 又説："人之稟氣不同，或昏、或明、或巧、或拙、或靜、或躁、或剛、或柔，千條萬端，非一言可盡也。"③ 胡寅認爲萬事萬物皆乃氣之聚散運作而形成，而其多樣性源自稟氣的不同。佛禪學説以"空"爲本體，從其空的本原視世間萬物皆爲平等不二。相對於佛禪學説，胡寅此論可謂直面世界的多樣性并作出積極的解釋。既用樸素惟物主義的方法界定"氣"爲世界的本原，結合生活經驗駁斥佛禪學説的空本原論，又在世界多樣性原因的解釋上與佛禪學説的萬物平等不二劃清界限。既申明己説，又駁斥他説，可謂有破有立。

胡寅將"氣"視爲一切實在的最終本原，既是有的放矢，針對佛教而提出，同時亦是直面當時儒學發展狀況而作出的回應。何俊先生在總結南宋初儒學的發展特點時指出："自二程體認出'天理'二字而加以高標以後，雖然氣的概念没有完全從理學的話語中消失，但是，作爲價值之源的自然，其形式性遮掩了實在性，進而使觀念的陳式壓倒並桎梏了'源頭活水'，加之洛學强調直面人生、由一己之心性來把握本體確立價值的方法，更使價值源於自然的性質變得非常模糊。南渡以後的理學發展完全由洛學中開出，理學所欲確立的價值體系因爲主體確認它的起點，即格物，被界定爲反身而誠，支撐價值體系的本體論依據便幾乎

---

① （宋）胡寅：《崇正辯》卷一，第 22 頁。
② （宋）胡寅：《崇正辯》卷一，第 22 頁。
③ （宋）胡寅：《崇正辯》卷一，第 30 頁。

被擱置了。"① 本體論依據的被擱置導致了一系列儒佛混同，甚至以佛解儒的顯現，比如與胡寅同氣相投的張九成即言在"反求諸己"方面"釋氏疑近之矣"，又説佛禪學説"有孤高之絶體，無敷榮之大用"②。張九成已經部分肯定了佛禪學説的價值，就連南渡之初的洛學宗師楊時，也因爲忽視本體的探求而一味體驗"喜怒哀樂未發之謂中"，而得出了如此結論："儒佛之論，造其極致，則所差杪忽耳。"③ 南渡前後的儒學，因懸置本體的探討而導致了本位立場的動摇，乃至出現儒釋混同的發展趨勢，當此之時胡寅所論有著正本清源的意義。

二　理：天地萬物的運行規律

在確立了一切實在的最終本原爲"氣"後，宇宙萬物的變化規律是如何生成運行的，而處於天地之間的主體又應該如何自處，成爲必須面對且亟須解决的問題。胡寅對此進行了系統的思考，並作了詳細的説明。

胡寅首先指出："有天地則必有萬物，有萬物則必有男女，有男女則必有夫婦，有夫婦則必有父子，有父子則必有君臣，有君臣則必有上下，有上下則禮義必有所措，非人以智巧强爲之也。各歸其實而名生焉，俾不亂其倫而教設焉。故聖人以明教爲大。"④ 作爲一切實在最終本原的"氣"，孕育出了天地，有了天地於是有萬物與人類。如同氣有陰陽，故人有男女。從人類繁衍的角度來講，有男女故有夫婦，有夫婦故有父子。推而廣之，則有君臣尊卑。有夫婦、父子、君臣、尊卑等分别後，社會若要存在發展則需要有聯繫的紐帶與共守的秩序，故而禮、義由此而生，正如其所言："天下有自然之勢，十年之聚，必有傑出；百人之衆，必有雄長。力不能相勝，則智爲之宗；智不能相役，則德爲之主。君臣上下之分，由此而立。禮樂刑政之具，由此而行。非人以私意造而爲之。"⑤ 不但指出了以德爲宗的必然性與合理性，亦指出了禮樂是自然生成的、維持人類社會的秩序。這種基於人倫道德而産生的禮

① 何俊：《胡寅〈崇正辯〉論》，載《浙江大學學報》（人文社會科學版）2001 年第 5 期。
② （宋）張九成：《横浦集》卷五，《景印文淵閣四庫全書》第 1138 册，第 320 頁下 ~321 頁上。
③ （宋）楊時：《與楊仲遠》其六，《楊龜山先生全集》卷十六，第 754 頁。
④ （宋）胡寅：《崇正辯》卷三，第 143 頁。
⑤ （宋）胡寅：《崇正辯》卷三，第 148 頁。

樂，其意義乃至重要性又是如何？胡寅進一步論述道："子拜父，臣拜君，自有天地以來未之改，所謂天之常理，國之典憲也。"① 又説："父子君臣，理之不可易也。"② "人之所以事父母者，非爲利也，乃天理自然不可解於心也。"③ 胡寅通過道德本體化的方式推演出"理"是"氣"生成天地萬物後的運行規律，"理"則起源於夫婦、父子、君臣等人類社會秩序的自然形成中。簡而言之，"氣"爲一切存在的最終本原，孕育出了天地萬物運行規律的"理"："天地之間，形運於氣。氣，陰陽也，絪縕渾淪，未嘗相離，故散爲萬物，消息而不窮，形氣合而理事著。"④

因此，胡寅認爲儒家學説之所以歷千載而恒在，原因在於儒學是在正確認識"理"的基礎上形成的："儒書之要，莫過乎《五經》、鄒、魯之語，是七書者，上下關千五百餘歲，非一聖賢所言，總集百有餘卷而已。既經仲尼裁正，理益明，道益著，三才以立，萬世無弊，違之則與人道遠焉。未嘗丁寧學者收藏夸眩，以私心是之。而所以至於今存而不廢者，蓋人生所共由，自不可離故也。"⑤ 正是因爲儒家經典所宣揚的是人之爲人所必須具備的特質，是人日用而不可離的特質，所謂"人生所共由，自不可離"。儒學是對這種自然生成特質的忠實反應與歸納，故而能歷千載而彌新："聖人之教，因人本有是非之心而教之，使是其所當是，非其所當非，是非不亂，則天下之事定矣。"⑥ 至於"人生所共由"的内容是如何，即"理"的具體表現是如何，修養主體如何才能實現對"理"的正確理解，如何才能使自我行爲符合"理"之要求。胡寅首先指出，"理"的最主要的表現形式乃是在人倫道德基礎上所形成的仁義："作詩者比興於物，皆人所共見。所謂比興者，發乎情，止乎禮義，大抵皆人倫之際，學者窮理之要也。……父子君臣，理之宗也。"⑦ 作爲主體，識得"理"的關鍵在於"人倫之際"，而所謂"人倫"則是父子君臣。而禮義與父子君臣的關係又是如何，胡寅解釋曰："仁者事親，義者事君。中國，人道之大宗也。故自二帝三王以至鄒魯之聖人，

---

① （宋）胡寅：《崇正辯》卷三，第 144 頁。
② （宋）胡寅：《崇正辯》卷二，第 79 頁。
③ （宋）胡寅：《崇正辯》卷二，第 90 頁。
④ （宋）胡寅：《致堂讀史管見》卷八，《續修四庫全書·史部》第 280 册，第 532 頁。
⑤ （宋）胡寅：《桂陽監永寧寺輪藏記》，《斐然集》卷二十，第 413 頁。
⑥ （宋）胡寅：《崇正辯》卷二下，第 92 頁。
⑦ （宋）胡寅：《崇正辯》卷三下，第 166 頁。

或在上，或在下，或見於行事，或垂於經訓，皆以仁義爲教也。"①仁義即"理"的具體顯現，亦是人與生俱來的特質，因而主體如欲由學者門地而入於聖人閫域，恪守仁義即不二途徑。

關於仁義，胡寅又進行了分別論述，其論仁曰："先聖先師爲此，所以有教。救學者於多歧，欲歸之於至當，故曰'吾道一以貫之'。一者，仁也。聖門之徒皆學爲仁，夫子言行，莫非仁也，其在《論語》者著矣。"②又曰："仁者，人之本心，大中至正，是是昭昭，未嘗亡也。"③仁是聖人一以貫之的中心，而仁源自事親時發自内心的敬愛。但出於對抗佛禪學説兼以明確自我特色的需要，胡寅對仁愛的範圍界定頗爲嚴苛，佛禪學説觀點認爲："在家以養口體視温清爲孝者，其孝小；出家得道而升濟父母于人天之上者，其孝大。"胡寅於《崇正辯》中駁斥曰："佛之所謂大孝，乃其父所謂大不孝耳。借使佛之説盡行，人皆無父，則斯民之種必至殄絶，而佛法亦不得傳矣。人皆無君，則爭奪屠膾相殘相食，而佛之黨亦無以自立矣，此理之易見者。"④仁愛應該有其原則與範圍，故而胡寅極爲强調"義"的重要性："是故各得宜者，中國聖人謂之義。斯義也，君子小人之所以差，華夏夷狄之所以分，伯術王道之所以不同，聖學異端之所以殊絶。"⑤在胡寅看來，仁源自敬愛，對應的是樂；而義强調秩序，對應的是禮："夫仁有厚薄，義有重輕。擇義之重，則禮由是起；居仁之厚，則樂自是樂。"⑥胡寅認爲代表秩序的義是儒學區別於其他學説的重要標誌，亦是天地萬物運行規律之"理"的集中彰顯："天下有至正之理，自有天地生人以來至於今日不可改者，存之則爲正心，行之則爲正道，言之則爲正論，盡之則爲正人。先王用是建立注措，而謂之正法也。何謂正？天尊地卑，君臣之義，不可易也。"⑦因此，出於辨明"異端"的需要，胡寅往往義、理並舉，如："小人不知義理，習於所熟，以爲君臣上下猶朋輩然，恃憑威靈，無有紀極。"⑧胡寅將無視君臣尊卑界限的行爲視爲"不知義理"，其"義理"强調秩序

---

① （宋）胡寅：《崇正辯》卷二下，第 101 頁。
② （宋）胡寅：《魯語詳説序》，《斐然集》卷十九，第 403 頁。
③ （宋）胡寅：《魯語詳説序》，《斐然集》卷十九，第 404 頁。
④ （宋）胡寅：《崇正辯序》，《斐然集》卷十九，第 393 頁。
⑤ （宋）胡寅：《義齋記》，《斐然集》卷二十，第 425 頁。
⑥ （宋）胡寅：《寄劉致中書》，《斐然集》卷十七，第 365~366 頁。
⑦ （宋）胡寅：《無逸傳》，《斐然集》卷二十二，第 472 頁。
⑧ （宋）胡寅：《上皇帝萬言書》，《斐然集》卷十六，第 347 頁。

之特色昭然可見。諸如此類理、義並提尚有許多，如："聖賢自一衣食一居處之微，而興澤被四海，並育萬物之政者，理義而已矣。"[1]"曾不知理義悦心，則關百聖、俟千載而無疑。"[2]

因此，胡寅認爲"氣"孕育萬物，有"氣"故而有"理"，所謂"形氣合而理事著"。而天地萬物運行規律的"理"，其集中體現在夫婦、父子、君臣等人倫尊卑秩序上，即所謂"義理莫大於人倫，人倫莫重於父母"[3]。

三　心：本體主體的溝通關捩

在界定了一切實在的最終本原爲"氣"，胡寅進一步明確了關於天地萬物發展變化規律的生成及具體表現的認識，由此主體如何認識規律，如何實現道德的圓滿、境界的提升從而會得天理、安頓心靈，則成爲不可回避的關鍵問題。對此胡寅高標心體，在肯定主體存在價值與認識能動性的基礎上，提出了盡心窮理的修養進路。

胡寅認爲萬物運行規律之"理"無處不在，修行主體本身即是理的具體展現形式之一，故而胡寅認爲體與用不可分離，其於《先公行狀》中收錄了胡安國的《答贛川曾幾書》書，其中胡安國引用程頤之言："體用一源，顯微無間。"[4]胡寅於行狀中收錄之，本身即反映了胡寅對此之關注，而其《崇正辯》中的再次引用則無疑反映了其對此觀點的深刻認同[5]。其《衡岳寺新開石渠記》中言："實有是理，故實有是心。實有是心，故實有是事。實有是事，故實有是物。實有是物，故實有是用。"[6]胡寅認爲"理"爲客觀存在之規律，而"心"本身就是"理"的具體表現之一，故而"實有是理，故實有是心"。同時，主體具有主觀能動性，因此便與客觀世界、客觀事物等實際存在發生接觸，"心""事""物"由此聯繫在一起。胡寅認爲"理"必須以客觀存在爲載體："物無不可用，用之盡其理，可謂道矣乎？非邪？言道而弃物，

---

① （宋）胡寅：《成都施氏義田記》，《斐然集》卷二十一，第 439 頁。
② （宋）胡寅：《建州重修學記》，《斐然集》卷二十一，第 442 頁。
③ （宋）胡寅：《致堂讀史管見》卷二十，《續修四庫全書·史部》第 281 册，第 1328 頁。
④ （宋）程頤：《易傳序》，《二程集·周易程氏轉》，第 689 頁。
⑤ （宋）胡寅：《崇正辯》卷三上："中國有道者明之曰：'體用一源，顯微無間。'"第 123 頁。
⑥ （宋）胡寅：《斐然集》卷二十，第 417 頁。

體妙而用粗，或以爲精，吾見其二於物也。"① 脱離客觀存在的 "物" 而求 "道" 窮 "理"，必然墜入虛妄境地。因此，主體應該承認客觀世界的真實存在，在對客觀存在的探求中明 "理"："蓋事各有理，物各有能，不知物之能則不足以役物，不知事之理則不足以揆事。"②

與此同時，人爲宇宙萬物之靈者，其 "心" 又具有特殊的主觀能動性："蓋人心無常也，操之則存，捨之則亡，罔念則狂，克念則聖。使成王聽周公之訓，則有及於文王之理。使成王而忽周公之訓，則有同於商紂之道。"③ 主體具有能動性，上可爲聖，下能至愚。如何實現上達爲聖，胡寅認爲當以通 "理"、窮 "理"。

> 大學之道，格物、誠意以正其心而修其身。格物者，窮盡物理之謂也。理無不盡，則異端邪説不能移惑。而其意必誠，其心必正，而身可修矣。推而齊家治國平天下，無所往而不當，蓋通於理故也。理有不盡，則偏蔽差舛，雖欲誠意，意不可得誠，雖欲正心，心不可得正。身且未能自善，而況敢言及人乎？聖道不傳，此由也。④

> 聖學以心爲本，佛氏亦然，而不同也。聖人教人正其心，心所同然者，謂理也、義也。窮理而精義，則心之體用全矣。⑤

主體之 "心" 必須用之以窮 "理" 才能保持 "正" 的狀態，由此方能入於聖人之閾域。

如何才能窮理，窮理之途徑又是如何，則成了進一步需要解決的問題。胡寅認爲："思聖人之言，窮萬物之理，反求諸心。"⑥ 會得天理，應當從對 "聖人之言" 即儒學經典的學習入手，在熟習 "聖人之言" 這一客觀知識後，還應用之來規約自我，驗之於心，即 "反求諸心"。至於儒學經典的學習方式，胡寅又進行了如下的總結："以《詩》理情而養性，以《書》監古而決今，以《易》從道而隨時，以《春秋》正己

---

① （宋）胡寅：《衡岳寺新開石渠記》，《斐然集》卷二十，第416頁。
② （宋）胡寅：《崇正辯》卷二，第80~81頁。
③ （宋）胡寅：《無逸傳》，《斐然集》卷二十二，第470頁。
④ （宋）胡寅：《崇正辯》卷三，第154頁。
⑤ （宋）胡寅：《崇正辯》卷二，第48頁。
⑥ （宋）胡寅：《崇正辯序》，《崇正辯》卷十九，第4頁。

而正物。心日廣，體日胖，德日進，業日修。用則致君堯、舜，措俗成、康；捨則獨善其身，不願乎外。"①曾經從學於楊時的經歷，亦使胡寅極爲重視《論語》，他曾著有《論語詳説》，亦曾言："《論語》一書爲仁道樞管。"②值得注意的是，胡寅認爲對儒家經典的學習並不是被動地接受，因主體具有能動性，還應該時刻反思，即用所習得之儒學知識規約自我，故而胡寅又提出了"克己"的修養方式："孔子教人以克己爲要。克己者，以義理勝其私意也。凡人志意云爲，試以一日之中，自加考校，由私意而動者十有八九，由義理而動者十無一二，故克己最難。有志之士，未有不由此而進德者。"③胡寅的思路即通過儒學經典的學習，培養仁義等倫理信念，用習得之"義理"規約自我，通過長期的操存，以期獲得境界的提升。其《岳州學記》總結了爲學之二難："故學而得正，一難也。明善審是，擇中庸，知正當，不身踐之猶無有也，是二難也。"④其"不身踐之猶無有"的提法，不但強調以會得之"理"規約自我，亦倡導通過主體在現實中的踐行來判斷所得是否爲正。胡寅認爲通過長期的操存，達到"舉心之所包者各臻其理，盡心也"⑤的程度後，還應該以境界提升後的"心"來推而廣之："心無理不該，以言乎遠莫之禦也。去而不能推，則視之不見，聽之不聞，痒痾疾痛之不知。存而善推，則潛天地，撫四海，致千歲之日至，而知百世之損益。"⑥"存而善推"不僅是主體單向度的應事接物，而且是要"反求諸心"，反哺於經典的學習與境界的提升："故窮經旨而不歸之義理，則經必不明，索義理而不歸之於心，則理必不得，心不得理，則心也、理也、經也，猶風馬牛之不相及也。"⑦胡寅的論述，其適用範圍不僅是應事接物、奉親事君，應該還包括了對儒學經典的思考，踐行工夫亦可反哺經典的學習與體會。由此，經典詮釋、内心反思、境界提升三者形成了一種回環往復、遞相促進的關係，如下圖所示：

---

① （宋）胡寅：《岳州學記》，《斐然集》卷二十，第 429 頁。
② （宋）胡寅：《魯語詳説序》，《斐然集》卷十九，第 405 頁。
③ （宋）胡寅：《左氏傳故事》，《斐然集》卷二十三，第 478 頁。
④ （宋）胡寅：《岳州學記》，《斐然集》卷二十，第 428 頁。
⑤ （宋）胡寅：《崇正辯》卷二，第 96 頁。
⑥ （宋）胡寅：《陳氏永慕亭記》，《斐然集》卷二十，第 426 頁。
⑦ （宋）胡寅：《致堂讀史管見》卷二十四，《續修四庫全書·史部》第 281 册，第 156 頁。

```
                          ┌──────────┐
                          │ 内心反思 │
                          └──────────┘
              ┌──────────┐   ↗     │
              │ 經典詮釋 │         ↓
              └──────────┘   ↘ ┌──────────┐
                              │ 境界提升 │
                              └──────────┘
```

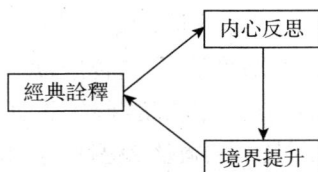

胡寅此論，重心在於理論與實踐的交互促進，這不但具有强烈的實踐精神，亦避免了會得天理、禮義的過程墜入冥思玄想與佛禪學説難以區别的弊端。

胡寅認爲通過上述方式的長期修養，則聖人境界必能達到。至於聖人境界，胡寅進行了如下的界定："聖人心即是理，理即是心，以一貫之，莫能障者。是是非非，曲曲直直，各得其所，物自付物，我無與焉。"① "聖人之道，無爲而無不爲。……聖人與道爲一，己即是理。無所用思，不思而中；無所用爲，不勉而中。……聖人未嘗勞心役智，從事於務，而喜怒哀樂必中節，動容周旋必中禮，其道可與天下共由也。"② 其"心即是理，理即是心"與"與道爲一"之論，並非將心作爲本體與研究對象，而是一種長期操存後達到的"隨心所欲而不逾矩"的境界。

從以上論述不難看出，胡寅理學體系，涵蓋了對一切存在最終本原的界定、對天地萬物運行規律的認識以及對主體如何入於聖人闃域的探求，形成了一個體用兼備、下學上達的完整體系。不同於當時儒者如楊時一系偏重於關注自我成聖的"内聖"，胡寅强烈的實踐精神使其對爲君、爲臣之道亦進行了詳細的闡述，其用意不僅在於構建形成"内聖"理論，還欲在"外王"層面有所建樹。

四 爲君與爲臣：内聖的外化與外王的實現

胡寅認爲君臣雖有尊卑之别，但因皆處天下，同爲生民，有其共同之處；同時又因一者尊而在上，一者卑而在下，職責與地位不同，故而又有所分别。因此，胡寅對於爲君、爲臣之道進行了分别論述，這個關於外王的層面與前述内聖的探索互爲羽翼，形成了胡寅的理學體系。

關於爲君，胡寅認爲："朕惟帝王之治，求端于天，本天理而時措

---

① （宋）胡寅：《崇正辯》卷二，第69頁。
② （宋）胡寅：《崇正辯》卷三，第120頁。

之。"①可見胡寅認爲君王雖位居九五，但作爲生民之一，仍需盡心窮理，即"本天理"。所不同者，人君由其地位之崇高，天下安危係於一身，故而需要超越普通士人的一些品質，胡寅認爲："爲天子而居天位，必有天德。何謂天德？剛健中正純粹是也。剛則不屈，健則不息，中則不倚，正則不邪，純則不已，粹則不雜。屈於物欲，非剛也；有始無卒，非健也；執一廢百，非中也；背義就利，非正也；或作或輟，非純也；所守偏駁，非粹也。"②人君具備如此品格之後，還需要在任人、納諫、知兵三個方面注意。

關於任人，胡寅論曰："其在人，則陽明盛而德性用，消人欲而存天理之賢人也。人君視其德之大小、器之淺深，列於庶位，使之代天工治天職，而食天祿以撫天民，則五典惇而天序建，五禮庸而天秩行，五服章而天命休，五刑用而天討當。"③人君通過後天的修養，具備剛健中正純粹之品質後，本自大公无私之心，通過觀察人臣之才，使之各當其職，則國家如同人之一體，人君如同頭腦，臣下如同四肢，"猶人一身，四肢百體，皆仰乎首"，首腦清晰，四肢靈活，則國家大治。

關於納諫，胡寅認爲："賢主於其臣，欲其諫己焉。"④臣下之諫言不但可以指出人君之過失，人君亦可以通過諫言瞭解各種信息，從而制定適當的國策："（君主）深居九重，勢高而疏。雖聰明而不敢自以爲聰明，方且正心誠意，循天之理，而寄視聽於正直忠良之士，以明四目而達四聰，然後天下之事、萬物之微，無不昭晰，而無能蔽之者。"⑤

關於知兵，處於兩宋變易、圖存救亡之際，胡寅對軍事尤爲注重，認爲君主應該緊握兵權："兵權，有國之司命，聖王執而不失。……自堯、舜至康王，帝王垂世之法備矣，而莫不謹於兵權，老子所謂'利器不可以示人者'，然則人主可失此權乎？奸臣擅國，未有不兼掌兵權，其弑父與君，未有不得兵權而能之也。人主失此權，是舉太阿授人以柄，難乎其免矣。"⑥胡寅還認爲，君主雖不必親自統軍，但不可不熟悉軍事："人主雖不當親兵，而不可不知用兵之道。古之聖王未有不知用

①　（宋）胡寅：《朱震轉一官》，《斐然集》卷十四，第 295 頁。
②　（宋）胡寅：《致堂讀史管見》卷一，《續修四庫全書·史部》第 280 冊，第 426 頁。
③　（宋）胡寅：《致堂讀史管見》卷一，《續修四庫全書·史部》第 280 冊，第 426 頁。
④　（宋）胡寅：《致堂讀史管見》卷一，《續修四庫全書·史部》第 280 冊，第 413 頁。
⑤　（宋）胡寅：《致堂讀史管見》卷十五，《續修四庫全書·史部》第 281 冊，第 12 頁。
⑥　（宋）胡寅：《致堂讀史管見》卷十四，《續修四庫全書·史部》第 280 冊，第 641~642 頁。

兵之道而能制世禦俗者，惟知用兵之道，故擇賢將而付之兵，專任責成而已。"① 胡寅認爲君主不但要具備上述品格，在任人、納諫、知兵三個方面下足工夫，還應該勤修政事："人君致思於謹守正道，嚴恭寅畏，日慎一日，不敢自逸。"② "朝以聽政，晝以訪問，夕以修令，夜儆百工，使無惛淫而後即安，則又有賢后妃雞鳴儆戒，或中夜以思，坐以待旦而行之。"③

關於爲臣，胡寅首先認爲臣子要對君臣關係有清醒的認識，胡寅認爲君臣是因"義"聚合關聯："君臣以義合，異乎子之事父母矣。子事父母，恐傷其懷，以微言見吾之志，父母不從，又敬不違，此諫父母之道也。人臣之義，當正色直辭，以盡匡救，雖不可於衆中肆然詆訏，亦豈可含糊必求屏處而後諫耶？"④ 正因由義而關聯爲一體，臣子才應該直言進諫，不可由於畏懼君主權威或囿於私利而當言不言。胡寅還認爲臣子當謹守臣職，言其所當言，而不能不在其位而謀其政。胡寅評唐懿宗時"國子司業韋殷裕告郭淑妃陰事，上大怒，杖殺之"曰："孔子曰：'君子思不出其位。'子產曰：'行無越思。'不學之人，固不知此矣。韋殷裕身爲師儒，是由文學選，宜亦讀聖人之教，何乃從事於告訏耶。懿宗殺之，淫刑甚矣，淫刑人能譏之，殷裕出位而言，又言非所宜言，得無罪乎？"⑤ 胡寅認爲唐懿宗杖殺大臣乃是"淫刑"，人人得以抨之，而韋殷裕的越級言事也不可取。其論固然迂闊，卻是由胡寅基於君臣父子倫理關係而構建起的哲學體系所決定的。胡寅認爲士大夫應保持品格的獨立不倚："士君子立身當特立，行己當獨行。如竹箭松柏，無待乎依倚附麗而後成者也。"⑥ 如此才能立朝時持身公正，恪守君臣之義；若時之不來，亦可以退藏於下，立德立言。他評價趙岐躲避政治追殺，而著成《孟子章句》時說："古之君子不用於時，困厄患難，乃有立德立言以自見於後者。"⑦ 以胡寅一生事迹衡量之，其行迹也確如其所論，雖與秦檜有世交，但寧可投荒萬死，亦不與其同流合污，可謂持身正直，挺節無

---

① （宋）胡寅：《致堂讀史管見》卷二十二，《續修四庫全書・史部》第 281 册，第 134 頁。
② （宋）胡寅：《崇正辯》卷三，第 126 頁。
③ （宋）胡寅：《致堂讀史管見》卷十六，《續修四庫全書・史部》第 281 册，第 21 頁
④ （宋）胡寅：《致堂讀史管見》卷七，《續修四庫全書・史部》第 280 册，第 518 頁。
⑤ （宋）胡寅：《致堂讀史管見》卷二十六，《續修四庫全書・史部》第 281 册，第 193 頁。
⑥ （宋）胡寅：《致堂讀史管見》卷八，《續修四庫全書・史部》第 280 册，第 531 頁。
⑦ （宋）胡寅：《致堂讀史管見》卷四，《續修四庫全書・史部》第 280 册，第 474 頁。

所污。在貶所又著成《讀史管見》，以闡發聖人之意，明治亂之理，可謂立德立言兼而有之。

　　胡寅關於爲君與爲臣的論述，是其理學體系"外王"的部分，彰顯了其強烈的關注現實治亂的實踐精神，既是其父胡安國的治學理念的延續，又有其自我的獨立思考在內。

五　胡寅理學體系的意義和局限

　　胡寅通過本體論的確定與修養方式的探索，建構起了一個體用兼備、內聖與外王兼而有之的理學體系。胡寅的貢獻集中表現在兩個方面。其一是高揚"氣"本論，在本體論的建構上用樸素惟物主義的方式與佛教的"空"本論劃清了界限，這在當時具有正本清源的意義，故而全祖望讚之曰："然當洛學陷入異端之日，致堂獨崛然不染，亦已賢哉，故朱子亦多取焉。"[①] 其二是在對經典詮釋、內心反思與境界提升三者關係的闡發上，胡寅明確指出："思聖人之言，窮萬物之理，反求諸心。"又強調要"存而善推""克己"，其修養體系圍繞"經旨""義理""心"三者之關係建構起來，這與朱熹之理學頗爲接近，潘德容先生指出："在他（朱熹）的詮釋理論中，已是兼顧到了作者本意、文本原義和讀者所悟之義三個層面的意義，他把它們視爲理解過程中三個依次遞進的環節。"[②] 這也正是朱熹頗爲讚賞胡寅的原因，朱熹在與弟子談及對《易》之"兌"卦的理解時說："到了順天應人，是言順天理、應人心，胡致堂《管見》中辨這箇也好。"[③] 朱熹將"天理"視作客觀存在，"人心"乃主觀能動，這與胡寅之説非常接近，其稱讚胡寅原因正在於此。在湖湘學派內部大多不喜胡寅之學時，朱熹也往往維護胡寅，如："致堂多有説得好處，或有文定、五峰説不到處。"[④]"今觀明仲説較平正。"[⑤] 朱熹喜胡寅之學的原因大體正在於二者修養體系的接近。"氣"本論的高揚與經典詮釋、內心反思與境界提升三者回環往復、遞相促進之修養體系的建構，皆是胡寅對宋室南渡初期理學的貢獻，亦

---

① （清）黃宗羲著，（清）全祖望補修，陳金生、梁運華點校《宋元學案》卷四十一"衡麓學案"，前引書，第 1341 頁。
② 潘德容：《詮釋學導論》，廣西師範大學出版社，2015，第 14 頁。
③ （宋）黎靖德編，王星賢校點《朱子語類》卷七十三，第 1863 頁。
④ （宋）黎靖德編，王星賢校點《朱子語類》卷二十，第 458 頁。
⑤ （宋）黎靖德編，王星賢校點《朱子語類》卷一百一，第 2582 頁。

是其學不可磨滅的閃光點。

儘管胡寅之學涵蓋了本體與修養、內聖與外王，但其學説也並非毫髮無失。通觀胡寅的理學體系，可以看出有"氣"故有"理"，而"理"最集中的表現是夫婦、父子、君臣的人倫關係，故而主體若要達到"心即是理，理即是心"的境界，首先要做的即是奉親事君，這可謂是孔子此言的演繹："君子之道，造端乎夫婦，及其至也，察乎天地。"其理論的創新性甚低，所言大多不出先秦儒學的範疇。此外，胡寅學説，實踐精神強烈是其特色，但形而上體系的建構却是其所短。相比於同時代的楊時、張九成，胡寅雖然避免了滑入佛禪修養體系的弊端，却在形上學的論述上毫無建樹。爲救其弊，胡宏更重於形上學體系的建構，朱熹論及胡氏昆仲之學時説："《論語》《管見》中雖有粗處，亦多明白，至五峰議論，反以好高之過。"[1] 此爲"五峰不滿其兄之學"原因。也正如何俊、范立舟所論："胡宏治學，重理學而輕史學。胡宏生前對胡安國的學術立場是繼承……但學術思想不再通過史學來傳達，而是直接由哲學來闡述，與胡安國是不同的，對於兄長胡寅之學則明顯表示不滿。"[2] 胡寅延續其父治學，一方面於史論中闡發聖人大意，另一方面強調奉親事君、踐行人倫之實踐而短於形上學體系的建構。胡宏對此之不滿，則昭示了其學形而上色彩濃厚的發展趨勢。

第二節　枯木葩華，踵步蘇黃：
胡寅詩學理念與詩歌創作

作爲南渡之際儒林著名學者，胡寅對詩歌的理解却呈現了不同於同時代理學家的特點，而其獨特的詩學理念也使其詩歌創作呈現了自我特色，既帶有當時詩壇的風習，又帶有鮮明的理學特色，而其詩學理念與詩歌創作也體現了當時詩學與理學結合的新趨勢。在創作論上，胡寅提出了"枯木之心幻出葩華"的創作理念，既肯定了詩歌書寫主體性情之正的作用，亦主張靜中"觀萬物自得意"的創作方式。在師法對象的選擇上，胡寅體現出了宗杜而學蘇黃的特點，與江西詩派之創作理念等無二致，乃江西詩派之同調。而其理學修養則使其詩歌風格呈現"生生之

---

[1] （宋）黎靖德編，王星賢校點《朱子語類》卷一百一，第 2594 頁。
[2] 何俊、范立舟：《南宋思想史》，上海古籍出版社，2008，第 65 頁。

謂易"的沖融和樂。

一　逸懷浩氣，枯木玄酒：胡寅的詩歌創作論

胡寅《斐然集》前五卷皆爲詩，存詩數量不在少數。就其實際行動來看，胡寅對於詩歌乃至文學並不持單純否定的態度。胡寅對詩學觀念的闡述，雖然並不多見，但系統而具體，涵蓋了詩歌功能、審美標準、創作方式等三個方面，集中體現在《向薌林酒邊集後序》一文中。胡寅此文雖是爲友人向子諲詞集所作之序，但胡寅關於詩歌本質的認識卻因此而出："詞曲者，古樂府之末造也。古樂府者，詩之旁行也。詩出於《離騷》楚詞，而《離騷》者，變風、變雅之意。怨而迫，哀而傷者也。其發乎情則同，而止乎禮義則異。"① 胡寅認爲詩歌的源頭是以《離騷》爲代表的楚辭，而楚辭本身即變風、變雅，"怨而迫，哀而傷"乃其區別於《詩經》風、雅之作的特徵。那麼可以看出，胡寅認爲詩歌的特徵即是"怨而迫，哀而傷"。而胡寅"發乎情則同，而止乎禮義則異"之語，則是認爲詩歌的創作與風雅都是作者性情的抒發，所謂司馬遷之"《詩》三百篇，大抵聖賢發憤之所爲作也"。但《詩》之風雅發乎情，同時又沒有逾越儒學仁義的道德規範，而詩歌與風雅的區別則在於一者"止乎禮義"，一者越乎禮義。這明顯是孔子"詩可以怨"觀點的另類闡釋，曾作《論語詳説》且認爲"《論語》一書，爲仁道樞管"② 的胡寅，持此論調不難理解。但一直強調"居仁由義之爲道"③ 的胡寅，對"止乎禮義則異"的詩歌未作否定之價值判斷，則反映了胡寅在詩道體認上與當時文苑中人相似的觀點，如黃庭堅認爲："其人忠信篤敬，抱道而居，與時乖逢，遇物悲喜，同牀而不察，並世而不聞，情之所不能堪，因發於呻吟調笑之聲，胸次釋然，而聞者亦有所勸勉。"④ 詩歌可以使人之情緒在揮發之後"胸次釋然"回歸正常。胡寅未對詩歌"發乎情則同，而止乎禮義則異"之功能作出價值判斷，一則有爲友人作序之需求，二則胡寅認爲通過"詩可以怨"的功能，詩人在完成情緒的宣泄後可以回歸

---

① （宋）胡寅：《向薌林酒邊集後序》，《斐然集》卷十九，第 402~403 頁。
② （宋）胡寅：《魯語詳説序》，《斐然集》卷十九，第 405 頁。
③ （宋）胡寅：《崇正辯序》，《斐然集》卷十九，第 393 頁。
④ （宋）黃庭堅：《書王知載〈胸山雜詠〉後》，《黃庭堅全集・正集》卷二十五，劉琳、李勇先、王蓉貴校點，四川大學出版社，2001，第 665 頁。

居仁由義的狀態。

在對詩歌功能進行界定之後，胡寅繼續寫道："名之曰曲，以其曲盡人情耳。方之曲藝，猶不逮焉；其去《曲禮》，則益遠矣。然文章豪放之士，鮮不寄意於此者，隨亦自掃其迹，曰謔浪游戲而已也。唐人爲之最工，柳耆卿後出，掩衆製而盡其妙，好之者以爲不可復加。及眉山蘇氏，一洗綺羅香澤之態，擺脱綢繆宛轉之度，使人登高望遠，舉首高歌，而逸懷浩氣超然乎塵垢之外，於是《花間》爲皂隸，而柳氏爲輿臺矣。"[1] 胡寅回顧了唐以來詞體文學的發展，指出蘇軾 "以詩爲詞" 的貢獻，即實現了内容的雅正與風格的高邁。這使得詞洗盡鉛華而登大雅之堂，也就是實現了詞體文學的雅化。而其 "逸懷浩氣超然乎塵垢之外" 之語，則在完成蘇軾詞作美學特徵概括的同時，於不經意中流露出了其文學審美的標準，即以超越流俗的剛健崇高爲上。

緊承其上，胡寅在給予向子諲之詞崇高評價的同時，提出了關於創作論的見解："薌林居士，步趨蘇堂而嚌其胾者也。觀其退江北所作於後，而進江南所作於前。以枯木之心，幻出葩華，酌玄酒之尊，弃置醇味。非染而不色，安能及此？"[2] 所謂 "玄酒"，《禮記正義》"尊有玄酒，教民不忘本也"，孔穎達注曰："大古無酒，用水而已。"[3] 從文句結構來看，"以枯木之心，幻出葩華" 對應的是 "步趨蘇堂而嚌其胾"；"酌玄酒之尊，弃置醇味" 對應的是 "退江北所作於後，而進江南所作於前"。胡寅用 "玄酒" 之喻指出向子諲江南之作是洗盡鉛華而回歸本真，自然平淡而超越流俗；而 "以枯木之心，幻出葩華" 則是嚌胾蘇軾，是達到上述創作境界所採用的方式。

心如枯木，則無所萌動，是處身於静而觀萬物生意。對此，蘇軾多有論述，其《送參寥師》云："欲令詩語妙，無厭空且静。静故了群動，空故納萬境。"[4] 其《上曾丞相書》云："幽居默處，而觀萬物之變，盡自然之理。"[5] 其《朝辭赴定州論事狀》云："處静而觀動，則萬物之情畢陳於前。"[6] 蘇軾所論之處静而觀動，接近審美時的心理距離説，並無明顯

---

① （宋）胡寅：《向薌林酒邊集後序》，《斐然集》卷十九，第 403 頁。
② （宋）胡寅：《向薌林酒邊集後序》，《斐然集》卷十九，第 403 頁。
③ （宋）孔穎達：《禮記正義》，《十三經註疏》本，第 1684 頁。
④ （宋）蘇軾：《送參寥師》，《蘇軾詩集合注》卷十七，上海古籍出版社，2001，第 864 頁。
⑤ （宋）蘇軾：《蘇軾文集》卷四十八，中華書局，1986，第 1379 頁。
⑥ （宋）蘇軾：《蘇軾文集》卷三十六，第 1019 頁。

的儒學理論色彩，却容易與理學修養產生共鳴，程顥曰："謂定者，静亦定，動亦定，無將迎，無内外。……夫天地之常，以其心普萬物而無心；聖人之常，以其情順萬事而無情。故君子之學，莫若廓然而大公，物來而順應。……與其非外而是内，不若内外之兩忘也。兩忘，則澄然無事矣。無事則定，定則明，明則何物之爲累哉？聖人之喜，以物之當喜；聖人之怒，以物之當怒。喜怒不繫於心而繫於物，聖人未嘗絶物而不應也。"① 程顥認爲滅除一己之私欲，以非功利性的心態應事接物，則能洞悉萬物之本質，從容中道而不逾矩。雖身處俗世，但能於應事接物中保持精神的自由與心靈的安頓。以二程傳人自居的胡寅認爲修養的最高境界是："聖人心即是理，理即是心，以一貫之，莫能障者。是是非非，曲曲直直，各得其所，物自付物，我無與焉。"② 所論大致未出程顥範疇，胡寅認爲主體若能通過長期的修養，達到舉手投足、所思所慮皆符合"理"之要求的境界，則外界事、物的情態畢現眼前，主體則既能應事接物，從事世俗具體事務，亦能不帶私欲而保持精神的獨立，正如其所言之"物自付物，我無與焉"。同時胡寅認爲："物無不可用，用之盡其理，可謂道矣乎。"③ 胡寅强調在與外界（物）發生關係的同時來體認"道"，之前所述的觀物態度與這種修養方式相結合，則必然導向主體和客體的生命共感，即在格物時體驗"生生之謂易"的和樂；以"枯木之心"觀萬物生意，從萬物生意中獲得生命體驗以"幻出范華"。

胡寅對於詩歌功能的認識，使其多將自我情緒形諸篇什，慣常於吟風弄月、望花隨柳時用越乎禮義的"不自持"方式，實現情緒的宣泄。胡寅這種詩歌特點的生成是由其關於詩歌與風雅之作"發乎情則同，而止乎禮義則異"的認識決定的。與此同時，胡寅關於審美標準、創作理念的認識則體現在詩歌師法對象的選擇與題材內容的呈現上。

二　躍步蘇黄，同調江西：師法對象的選擇與句法層面的體現

胡寅身處兩宋變易之際，當時之詩壇主流是後期之江西詩派。通觀《斐然集》前五卷之詩歌，不難看出胡寅詩歌呈現了學韓宗杜、追慕蘇黄的取法特點，體現在句法層面上，胡寅詩歌創作則呈現了同調

① （宋）程顥、程頤著，王孝魚校點《二程集·河南程氏粹言》，第 1262~1263 頁。
② （宋）胡寅：《崇正辯》卷二，第 69 頁。
③ （宋）胡寅：《衡岳寺新開石渠記》，《斐然集》卷二十，第 416 頁。

江西的特色。

（一）師法對象的選擇與其原因

　　胡寅並未明言在詩歌創作上取法何人，但從其詩歌創作中不難看出其前代學杜、韓而本朝尊蘇、黃的師法情況。其《送黃彥達歸建安》之"歲晚懸鶉百結穿，坐寒我亦無青氈"本自杜甫《戲簡鄭廣文兼呈蘇司業》之"才名三十年，坐客寒無氈"。《題浯溪》之"徙倚碑前三太息，江水東流豈終極"本自杜甫《哀江頭》之"人生有情淚沾臆，江草江花豈終極"。其《和彥達新居》之"但慚城市遠，兼味止葵藿"則本自杜甫"盤餐市遠無兼味，樽酒家貧只舊醅"。其《碧泉芍藥四首》其二之"林影溪光風力微，黃鸝隔葉囀還飛。從教萬點飄浮去，賴有庭花願不違"則用杜甫《曲江二首》其一之"一片花飛減却春風，風飄萬點正愁人。且看欲盡花經眼，莫厭傷多酒入脣"。其《再美勸農》之"詎能皆辟穀，漫道獨餐霞"則用杜甫《空囊》之"翠柏苦猶食，晨霞高可餐"。而其《和叔夏海棠次東坡韻》"老坡有詠記江城，少陵無句慚巴蜀"之句，則關注到杜甫居蜀期間不賦海棠的現象[①]，其對杜詩的熟悉程度由此可見。

　　而胡寅對蘇軾詩歌頗爲推崇，不僅有《和叔夏海棠次東坡韻》這種異代次韻之作，亦有關於蘇軾詩歌的評論與詩語的化用，其《和信仲喜雨二首》其一"一篇可嗣東坡記，北榭今成喜雨亭"之句即是如此。而其《以墨一品餉叔夏》開篇之"人墨兩相磨，此語昔賢嘆"則是化用蘇軾《次韻答舒教授觀余所藏墨》之"非人磨墨墨磨人，瓶應未罄罍先恥"。其《和邢子友》模仿蘇軾的痕迹極爲明顯，該詩首聯"可憐喋訟汩華年，賴有神交肯惠然"和尾聯"安得小舟銜尾去，風檣激箭不須鞭"與蘇軾《臨江仙》"長恨此身非我有，何時忘却營營，小舟從此逝，江海寄餘生"何其類似！而其《和堅伯梅六題：一孤芳，二山間，三雪中，四水邊，五月下，六雨後。每題二絕，禁犯本題及風花雪月天粉玉香山水字，十二絕》則屬白戰體之範疇。關於白戰體，嘉祐四年，蘇軾作《江上值雪，效歐陽體，限不以鹽、玉、鶴、鷺、絮、蝶、飛、舞之類爲比，仍不使皓、白、潔、素等字，次子由韻》。元祐六年，蘇軾作

---

① 關於此現象，詳見沈揚《經典缺失的詮釋與補亡——論宋人對"杜甫不賦海棠"的討論與書寫》，《文學遺産》2014 年第 5 期。

《聚星堂雪》詩，詩序言：“忽憶歐陽文忠公作守時，雪中約客賦詩，禁體物語，於艱難中特出奇麗。”周裕鍇先生認爲：“蘇軾所説的‘白戰’，即‘禁體物語’，其目的乃在‘於艱難中特出奇麗’。可見，‘白戰’的規則是不能使用前人詠物詩中常見而成套話的詩歌語言，詩人必須在無所憑依的艱難情況下，自選奇字、生字、難字，創造出奇麗的境界。歸根到底，‘白戰’是一場詩人用全新的語言抗擊陳舊的語言的戰爭。當然，‘白戰’也包含了詩人之戰的成分，即參戰的詩人必須遵守規則，在‘禁體物語’的共同前提下來比試詩歌語言的自創功夫。”[①] 胡寅之作，可謂用實際行動追慕元祐先賢，亦可見當時文壇習氣對其浸染之深。

除此之外，胡寅詩歌中化用黃庭堅詩句者更爲明顯，且比比皆是。其《竹枕》之“得意大槐宮，古今真夢爾”本自黃庭堅“千里追奔兩蝸角，百年得意大槐宮”；其《寄題義陵吳簿義方堂》之“一生幾兩屐，身後糞土棄”、《和彥達新居》之“平生五車勤”以及《以墨一品餉叔夏》之“平生幾兩屐，何用積不散”則顯然化用了黃庭堅《和答錢穆父詠猩猩毛筆》之“平生幾兩屐，身後五車書”。其《和叔夏水仙時見於宣卿坐上叔夏折一枝以歸八絕》其八之“爲花求偶豈全無，梅與山礬姊弟如。我已冥心薌澤觀，何須江水對軒渠”則化用了黃庭堅《王充道送水仙花五十枝欣然會心爲之作詠》之“含香體素欲傾城，山礬是弟梅是兄。坐對真成被花惱，出門一笑大江橫”。《和陳生三首》其三尾聯“晚交況得陳丘子，不但波瀾子建親”，用同姓事比同姓人，而且讚譽友人父子德比陳寔，而詩親曹植，化用黃庭堅《次韻高子勉十首》其一之“行布佺期近，飛揚子建親”。胡寅除宗法杜、蘇、黃之外，亦有明顯取法韓愈之作，如其《題全州礦岩》頗類韓愈《山石》，以文爲詩，且妥帖自然；《賦吳守友石臺》連用九個或字句，明顯模仿韓愈《南山詩》之手法。

從其詩歌涉及前賢之作的情況來看，胡寅取法杜甫、黃庭堅、蘇軾最多，與江西詩派“工部百世祖，涪翁一燈傳”[②] 的師承譜系認定等無二致，這是時代文風在胡寅身上的體現。張毅先生總結北宋末期文壇情況

---

① 周裕鍇：《以戰喻詩：略論宋詩中的“詩戰”之喻及其創作心理》，《文學遺產》2012 年第 3 期。
② （宋）曾幾：《東軒小室即事五首》其四，《茶山集》卷二，中國書店影印《四庫全書》本，2018，第 44~45 頁。

説："從呂本中作《江西詩派圖》的北宋政和年間，到楊萬里、陸游等開始以自己的面目出現在詩壇的南宋隆興初年，約五十年，蘇黃詩風及其文學思想的影響在文學創作領域一直處於主導地位。"[①] "這一時期的作家不出於黃，則入於蘇。"[②] 而這段時間正是胡寅成長的青年時期，容肇祖先生考證："胡寅十九歲，即由荊門貢太學，二十四歲，中進士甲科。"[③] 按，胡寅生於公元 1098 年，其入貢太學當在政和七年（1117），登進士第當在宣和四年（1122）。該時期之科舉雖然經歷了由詩賦策論到詩賦經義的考試形式變化，雖然有"詩賦優越論"與"經義優越論"之爭[④]，但詩賦作爲考試內容却一直延續了下來。胡寅《岳州學記》中概括學之五失，"則有役於記誦者焉，則有耽於文詞者焉"[⑤] 爲其中兩種，其《建州重修學記》中所概括學者之失，其中又有"記誦詞藻爲事業"[⑥]。這種批判顯然是胡寅以其親身經歷爲基礎的總結，而從其逆反式的批判中，既能看出其傳承洛學的強烈意識，亦可看出胡寅身爲士子受過嚴苛的詩賦考試教育的事實。胡寅所受教育與當時文壇風氣相結合，促進了其追步蘇黃而同調江西的詩歌審美取向，同時，"就客觀社會環境而言，當時被禁的元祐學術既指蘇黃詩學，也指二程理學，共同的政治遭遇也易使本來分歧較大的派別在某些方面找到共同點"[⑦]。

（二）句法：師法對象選擇的體現

黃庭堅論詩喜提"句法"，句法雖包含多方面內容，但詩歌的展現是依附於一定的語言組織形式而完成的，因此詩歌語言的組織形式是最能直觀體現詩歌風格的要素，而黃庭堅所論之句法亦是著眼於此，如范溫《潛溪詩眼》中載："句法之學，自是一家工夫。昔嘗問山谷：'耕田欲雨刈欲晴，去得順風來者怨。'山谷云：'不如"千巖無人萬壑静，十步回頭五步坐"。'"此專論句法，不論義理。蓋七言詩，四字三字作兩節也。"[⑧] 黃庭堅認爲較好之一聯，即出句與對句也由兩個主謂句式組成，

---

① 張毅：《宋代文學思想史》，中華書局，2004，第 144 頁。
② 張毅：《宋代文學思想史》，第 145 頁。
③ 容肇祖：《崇正辯·斐然集》之"點校説明"，第 1 頁。
④ 詳見祝尚書《宋代科舉與文學考論》，大象出版社，2006，第 190~198 頁。
⑤ （宋）胡寅：《岳州學記》，《斐然集》卷二十，第 428 頁。
⑥ （宋）胡寅：《建州重修學記》，《斐然集》卷二十一，第 443 頁。
⑦ 張毅：《宋代文學思想史》，第 152 頁。
⑧ （宋）范溫：《潛溪詩眼》，《宋詩話輯佚》本，中華書局，1980，第 330 頁。

且在節奏上剛好與四三式的七言節奏相符合。《石林詩話》載："如彥謙《題漢高廟》：'耳聞明主提三尺，眼見愚民盜一杯'，（庭堅）每稱賞不已，多示學者以爲模式。"①黃庭堅稱賞唐彥謙詩，既有對其用典妥帖的讚賞，亦包含對其語言組織形式的關注。唐彥謙此聯詩即是多主語、多謂語的一種組織形式，黃庭堅"多示學者以爲模式"的行爲，則彰顯了他注重詩歌句式組織的自覺意識。無獨有偶，《王直方詩話》載："山谷謂洪龜父云：'甥最愛老舅詩中何等篇？'龜父舉'蜂房各自開戶牖，蟻穴或夢封侯王'，及'黃塵不解涴明月，碧樹爲我生凉秋'，以爲絕類工部。山谷云：'得之矣。'"②洪朋所舉山谷二聯詩就起句式結構而言皆爲主謂式，與"桃李春風一杯酒"等意象連綴而成之詩句相比，其流動性强且富有力度，與杜甫《白帝城最高樓》的頷聯、頸聯"峽坼雲霾龍虎卧，江清日抱黿鼉游。扶桑西枝對斷石，弱水東影隨長流"頗爲相類。而黃庭堅"得之矣"的反應，則彰顯了他注重此種詩歌句法組織方式的自覺意識。

而胡寅詩歌宗法蘇黃、同調江西的集中表現，在於律詩中二聯語言組織形式的接近，即多主語、多謂語之句式運用頗多，以其《和彥達》爲例：

> 扶藤有興即東西，不用花驄向月嘶。閒看浮雲倚危嶠，静臨流水瞰寒溪。過頻幸樂雞豚社，歸暮何憂虎豹蹊。肯似世塵名利客，班荆折柳悵分携。③

首聯述自我之生活常態，興來即杖藜閒行。頷聯則採多謂語之組織形式，倚在危嶠上看流雲，立於水畔而觀溪水，出句有"看""倚"，對句有"臨""瞰"，各有兩個動詞作爲謂語。頸聯緊承其上，言經常經過且極爲喜歡鄉人祭祀土地神後的聚餐活動，因此歸去已晚但不懼怕單獨行走於野獸出没之小路，出句有"過""樂"，對句有"歸""憂"，亦是各用兩個動詞形成多謂語的組織形式。頷聯、頸聯的這種多謂語組織形

---

① （宋）胡仔：《苕溪漁隱叢話》卷二十二引，人民文學出版社，1962，第 144 頁。此較《歷代詩話》本《石林詩話》所載較詳。
② （宋）王直方：《王直方詩話》，《宋詩話輯佚》本，第 53~54 頁。
③ （宋）胡寅：《和彥達》，《斐然集》卷四，第 101 頁。

式，使得句式流動，搖曳生姿，表達作者此時遺忘名利、心靈通脫的自在和樂。這與後期江西詩派的詩學理念一脈相通，韓駒廣為稱道的《夜泊寧陵》中二聯云："旦辭杞國風微北，夜泊寧陵月正南。老樹挾霜鳴窣窣，寒花承露落毿毿。"① 就其語言組織形式來看，即為多謂語之形態。《詩人玉屑》載："人問詩法於呂公居仁，居仁令參此詩以為法。"② 胡寅的詩歌創作實踐可謂與當時江西詩派之理念不謀而合。

胡寅對黃庭堅句法的借鑒，還體現出了襲而有變的趨勢，體現在律詩創作中，就是一聯用多謂語、多主語式語言組織形式，而另一聯則用單謂語、單主語的形式。二者組合在一起，形成張弛有度、疏密結合的用語特點，以其《和彥達至日木冰》為例。

> 千林木稼苦低垂，惟有長松不受欺。蘭雪方懷蕭愨句，河冰還讀鮑照詩。臥聞寫竹驚殘夢，戲折寒枝調小兒。寄語達官不須怕，勉旂戈甲渡淮師。③

該詩首聯破題，點明草木掛冰，節序大寒。頷聯則言眼前蘭雪讓其憶起蕭愨詩句，河水凍凝引發其詠鮑照詩之情懷，此聯出句、對句各有"懷""讀"動詞。頸聯則言其聽聞雪落筠竹而從殘夢中醒來，故而折下帶冰寒枝來戲弄小兒。此聯之出句有"聞""驚"，對句有"折""調"，各有兩個動詞，在主語省略的情況下形成了多謂語的句法。中二聯的這種組織形式，形成了先疏後密、先弛後張的格局，可謂宗法黃庭堅及江西詩派的句法而又能寓變於其中。

除此之外，胡寅還慣常於律詩中二聯中一聯用虛詞承接，另一聯全以實詞填就，用如此方式呈現出疏密結合、張弛有度的句式結構特點，以其《又和錦阜登高》為例。

> 久廢危亭也待時，俄然榱棟出鎡基。已應氣象軒城表，更覺登臨冠海湄。萬里秋風宜落帽，四並高會稱傳卮。幽人但把東籬菊，

---

① （宋）韓駒：《陵陽集》卷三，《景印文淵閣四庫全書》第 1133 冊，臺灣商務印書館，1983，第 792 頁。

② （宋）魏慶之：《詩人玉屑》卷六，中華書局，2007，第 180 頁。

③ （宋）胡寅：《和彥達至日木冰》，《斐然集》卷四，第 87 頁。

坐看南山久未移。①

　　首聯切題寫登高遠眺之所，頷聯則用虛詞"已應""更覺"來增補"氣象軒城表""登臨冠海湄"，似將兩個五言句補爲七言句，句首用虛詞引領則起到了舒緩節奏的效果。頸聯則用傳統七言模式，以實詞填就，聲調磊落，氣象開闊。在此基礎上化用陶淵明詩意作結。中二聯的結構可謂奇正相生，有流動之姿，亦有端莊之態。其《送姜醫與能仁西堂印老能仁韋宙讀書之地》之中二聯亦是如此："百叠亂山秋思杳，半巖修竹歲寒親。不須招手游蓮社，且可冥心捨筏津。"②頷聯全以實詞填就，而頸聯則以虛詞引領，形成前定而後動之語言節奏。諸如此類的手法，在胡寅律詩創作中隨處可見，比如："借床未暇桑三宿，解飯還須水一瓢。風外野雲俱淡蕩，雨餘秋氣亦蕭條。"③所不同者，頷聯之虛詞夾於中間，起連接作用，而頸聯則全以實詞填就。整體而言亦是前疏後密、前流動而後靜態。又如："不問落花隨水遠，最憐修竹伴人閒。非求垣屋須窮僻，自愛巾車得往還。"④前用多謂語式組織形成，而後以虛詞引領；前密而後疏，前張而後弛。

　　胡寅此種手法多見於七律創作中，其五律中亦有存在，如《和彥仲長汀鋪留題》："瘦馬鞭猶懶，長亭室正虛。五言留敗壁，一飯飽新蔬。閱世但如許，浮生寧願餘。茅檐與藻梲，等觀是蘧廬。"⑤首言自己行道遲遲，故而到長亭之時，友人已然離去。頷聯寫看到友人題壁之篇什，言"飽新蔬"之舒暢。但在語言組織上卻用主謂式，呈現在讀者面前的是詩留於敗壁，飯吃的是新蔬，將舒緩閒暇之情思以簡勁扼要之形式呈現。頸聯則用虛詞於句末，不但起到放緩節奏，與頷聯之簡勁形成對比，而且應和了作者欲以脫去名利之心態應事接物，冀餘生如此度過的悠然心態。頷聯、頸聯前緊而後弛，前勁健而後容與，二者形成奇正相合的結構。

　　繆鉞先生認爲："宋詩造句之標準，在求生新，求深遠，求曲折。蓋唐人佳句，多渾然天成，而其流弊爲凡熟、卑近、陳腐，所謂'十首以

――――――――――

①（宋）胡寅：《又和錦阜登高》，《斐然集》卷五，第 126 頁。

②（宋）胡寅：《送姜醫與能仁西堂印老能仁韋宙讀書之地》，《斐然集》卷四，第 101 頁。

③（宋）胡寅：《過明田寺會楊李二生於碧玉三首》其一，《斐然集》卷四，第 95 頁。

④（宋）胡寅：《和唐堅伯留題莊舍》，《斐然集》卷四，第 101 頁。

⑤（宋）胡寅：《和彥仲長汀鋪留題》，《斐然集》卷四，第 107 頁。

上，語意稍同。'故宋人力矯之。"又説："最妙之法，即在用平常詞字，施以新配合，則有奇境遠意，似未經人道，而又不覺怪誕。"①指出了宋詩在具體的字詞組合上與唐詩的不同，而繆先生所謂"新配合"的表現之一，就是將句式變而爲多主語、多謂語的形式，如此則句式流動而具動態感，且能實現信息量的擴充疊加，避免句式風格的熟軟平滑。胡寅的詩歌創作，在宗法蘇黃、追步江西的同時，亦進行了自我創新，是對宋詩創作手法的豐富。

三 攝典儒經，用於關捩：理學修養在詩歌語言與結構層面的體現

詩歌語言系統的發展是一個逐漸擴展又不斷總結的過程，唐初《初學記》《藝文類聚》等類書的編定，即是詩歌語言系統的一次總結。詩歌語言在中唐之後漸趨成型並穩定下來，晚唐詩歌創作即出現了複句、複字的現象，宋初仍然延續了這種風氣。至楊憶、劉筠、錢惟演等西崑詩人的涌現，詩歌語言系統揭開了豐富發展的序幕。《溫公續詩話》載劉筠酷愛《初學記》，至謂："非止初學，可爲終身記。"②而楊億、錢惟演等人編纂《册府元龜》的經歷，使西崑詩人博覽群書，李貴先生認爲："西崑詩人生活的時代，各種類書廣爲傳播，他們有機會泛覽採擷，以爲詩料。"③這使西崑詩歌典故豐贍，同時也導致了其用典類書化的趨勢，周裕鍇先生認爲："其詩堆砌典故而語僻難曉，修飾辭章而近於浮艷，詠物詩尤似類書的詩化。"④用典類書化現象的出現，反映出詩歌語言系統固化的事實。延至北宋中後期，隨著詩文革新運動的展開，士大夫有意運用新的語言進行詩歌創作，"近來朝野客，無座不談禪"⑤的語境，使得士大夫多以佛學用語、典故入詩。劉克莊即指出了黃庭堅"蒐獵古書，穿穴異聞，作爲古律，自成一家"⑥的特點，翁方綱亦對宋詩語言系統擴充在宋詩風貌鑄就中的作用給予了重視："宋人精詣，全

---

① 繆鉞：《論宋詩》，《繆鉞全集》第二卷，河北教育出版社，2004，第 160 頁。
② （宋）司馬光：《溫公續詩話》，《歷代詩話》本，中華書局，1981，第 281 頁。
③ 李貴：《中唐至北宋的典範選擇與詩歌因革》，復旦大學出版社，2012，第 123 頁。
④ 周裕鍇等編《中國古代文學》（下册），重慶大學出版社，2010，第 274 頁。
⑤ （宋）司馬光：《戲呈堯夫》，《溫國文正司馬公文集》卷十五，《四部叢刊初編》本，第 171 頁下。
⑥ （宋）劉克莊：《江西詩派總序》，《宋詩話全編》，江蘇古籍出版社，1998，第 8570 頁。

在刻抉入裏，而皆從各自讀書學古中來，所以不蹈襲唐人也。"①

　　而隨著理學的興起，詩歌語言系統也在發生相應的變化，體現在胡寅詩歌創作中，就是儒學典故的融攝與運用。胡寅有著強烈的儒學傳承意識，而且極爲強調經典的學習，胡寅認爲："子思得之曾子，曾子傳之仲尼，其言在《語》《孟》《中庸》之中。"②強調爲學應當"以《詩》理情而養性，以《書》監古而決今，以《易》從道而隨時，以《春秋》正己而正物"③。這種爲學特點使其對儒學經典極爲熟稔，而對佛禪學説的敵對態度又使其迥異於同時期詩人以禪語、公案入詩，而是走上了融攝儒學典故的創作之路。如其《和余汝霖雪七絶》其四："周宣闢國號中宗，六月興師灑汗同。莫爲苦寒辭出塞，采薇歸戍亦論功。"④兩聯皆用周宣王西征獫狁之典故，上句出自《詩經·小雅·六月》"六月棲棲，戎車既飭"，六月備戰，故而"灑汗同"；下句則化自《小雅·采薇》之"今我來思，雨雪霏霏"，歸時雨雪，是爲苦寒出塞。而其《賦向宣卿有裕堂，堂在伊山，桓伊舊隱也》一詩則最爲典型。

　　　　仕進行所志，退居適吾情。本無顛暝患，那有得失驚。想彼貪者狼，跋疐不少寧。又哀觸藩羝，兩角掛紫荆。君子但居易，肯與世轍爭？彼以戚戚終，我以坦坦生。⑤

　　詩之前二聯言士大夫之仕進，當以行儒者之志，致君堯舜、有補教化爲目的，而時不來也，則退居鄉里，詩書自娛。無利禄之熏心，則進退自如，没有得失顛暝之憂患。三、四聯則極力形容小人進退失據之狼狽。三聯用《詩經·豳風》之"狼跋其胡，載疐其尾"。四聯用《周易·大壯》"上六"："羝羊觸藩，不能退，不能遂，無攸利，艱則吉"⑥。五聯用《中庸》之"君子居易以俟命，小人行險以徼幸"⑦，言君子當安時處順，不應與世俗之人作名利之爭。尾聯則化用《論語·述而》"君

　　① （清）翁方綱：《石洲詩話》，《談龍録·石洲詩話》本，人民文學出版社，1981，第 120 頁。
　　② （宋）胡寅：《岳州學記》，《斐然集》卷二十，第 429 頁。
　　③ （宋）胡寅：《岳州學記》，《斐然集》卷二十，第 429 頁。
　　④ （宋）胡寅：《和余汝霖雪七絶·其四》，《斐然集》卷三，第 63 頁。
　　⑤ （宋）胡寅：《賦向宣卿有裕堂，堂在伊山，桓伊舊隱也》，《斐然集》卷二，第 37 頁。
　　⑥ （宋）朱熹：《周易本義》，第 139 頁。
　　⑦ （宋）朱熹：《四書章句集注·中庸章句》，第 24 頁。

子坦蕩蕩，小人長戚戚”①一句，言自我已脱去名利之想，坦蕩舒泰，彼小人則囿於利禄，進退失據故多憂戚。全詩語言簡練，典故新穎，將胡寅自我進退裕如之心態與對官場汲汲名利之徒的諷刺揮灑無餘。

胡寅融攝儒學典故後的使用頗有規律，胡寅多將所攝取自儒經的典故融入一種意緒的表達和情感的展現中，使典故所承載之儒學意蘊爲全詩之整體服務。其具體表現大致有二：一爲將儒學典故運用於詩之末尾或篇首，以此凸顯出儒學義理，同時也達到增强詩歌語言張力的藝術效果；二爲將儒學典故用於詩歌中間之一聯或數聯，使之融入全篇，起到增强全篇層次感的作用。

（一）“迹象”的陳列與“不定點”的營造——儒學典故在詩歌篇末、篇首的運用

胡寅多於詩歌篇首、篇末運用儒學典故，以其《仁仲小圃》爲例。

> 白雲不爲輕風起，閒影融融映秋水。静中觀物萬象呈，借問此心何所始。蚊飛蠓過那足問，要識人生行樂耳。君開小圃富幽致，自外而觀如畫裹。陶公高興只柴桑，晏子之居徒近市。春歸森森青竹上，秋盡離離從草靡。歲華流轉只常在，月魄盈虧未嘗死。經綸胸次自開泰，語笑尊前即傾否。君知消息何處來，於穆我師純不已。②

胡寅因其弟胡宏開小圃而作詩，詩中寫自己静中觀物所得，歲華流轉、月魄盈虧、春歸竹青、秋盡草靡，無處不是天理流行化育的體現；静中觀物，不僅能見萬物生機，還能在觀物時主體與客體産生的生命共感中，體悟天理的生發之仁。其末句言自己能獲得這悠然和樂的體悟，是因爲“於穆我師純不已”。此句出自《周頌·爲天之命》之“維天之命，於穆不已。於乎不顯，文王之德之純”。胡寅用之，言儒家聖人將美好之天道體會記録下來，我等後學才能獲得這種觀物時的體驗。詩歌之創作目的是傳遞某種意緒或者情緒，這本身就是一種叙述行爲，因此

---

① （宋）朱熹：《四書章句集注·論語章句》，第102頁。
② （宋）胡寅：《仁仲小圃》，《斐然集》卷二，第39頁。

詩歌亦可歸於廣義的敘事作品的範疇。羅蘭·巴爾特將敘事作品分爲功能、行爲、叙述三個層次。羅蘭·巴爾特認爲："一種功能只有當它在一個行動元的全部行爲中占有地位時才具有意義；而這一行爲本身又因爲交給一個自身具有代碼的話語、得到叙述才獲得終極意義。"① 該詩的前幾聯與末句形成一個完整的叙述行爲，而末句則在前八聯的基礎上，叙述作者靜中觀物後內心和樂的獲得途徑。胡寅用這種含蓄的方式，筆鋒一轉，由前面具體的景物描寫轉而爲抽象的義理總結，讀者需要調動自我之儒學理解方能領悟。末句依附於前面的叙述，同時又升華了前述觀物之體悟。

　　諸如此類的手法，在胡寅詩歌中極爲常見。其《再美勸農》云："邦本古攸重，民天辭匪夸。詎能皆辟穀，漫道獨餐霞。一笑爲良繭，力耕無賣花。信知豳七月，於耜起周家。"② 首聯言勸課農桑乃安民之要；頷聯言人食五穀而生，辟穀、餐霞絶無可能；頸聯則用鄭谷詩"禾黍不陽艷，競栽桃李春。翻令力耕者，半作賣花人"，言農人在其勸誠督促下勤於耕織，無鄭谷所謂輟耕賣花者；而尾聯用《豳風·七月》"三之日於耜，四之日舉趾"，認爲周代之治來源於上行勸課、下勤耕織的國策。羅蘭·巴爾特又將功能層分爲兩類：歸併類與分布類。歸併類"包括所有的'迹象'"，這類單位"是一個雖然多少有些模糊，但對故事意義必不可少的概念"，而且"要懂得一個迹象有什麼用，就必須過渡到高一級的層次去，因爲只有在那裏迹象的含義才能得到解釋"③。該詩尾聯所用之典故看似可有可無，但其出現既提升了前述主張的意義，亦賦予詩意以依附於儒學經典而獲得存在的合理性。《送余澤還義興》末二聯之"一區衡山勿負約，三絶麟經更涵粹。得時而駕諒不免，有使且寄相思字"、《題關雲長廟》尾聯之"坐令宇宙間，禮樂興炳蔚"、《寄題義陵吳簿義方堂》尾聯之"勿忘先師言，亦何必曰利"、《和劉仲固痛飲四疊》其一末句之"頹然一榻誰料理，子思之側知無人"等，率皆如此。

　　胡寅還慣常於詩歌之開篇使用儒學典故，以之引領全篇，借典故承載之儒學意蘊，奠定詩歌崇高的基調。《和黃執禮六首》其二首聯云：

① 〔法〕羅蘭·巴爾特：《叙事作品結構分析導論》，張寅德譯，《叙述學研究》，中國社會科學出版社，1989，第9~10頁。
② 〔宋〕胡寅：《再美勸農》，《斐然集》卷五，第123頁。
③ 〔法〕羅蘭·巴爾特：《叙事作品結構分析導論》，第13頁。

"賜牆那及仲尼宮，妄意堅高立下風。"① 用《論語·子張》中子貢之語：
"譬之宮牆，賜之牆也及肩，窺見室家之好。夫子之牆數仞，不得其門
而入，不見宗廟之美，百官之富。"② 以此勸戒友人，不可循固陋之習與
人爭勝，當篤學力行，以聖人境界爲標的。《和韓司諫叔夏樂谷五吟》
之"布被"，開篇即云："昔年司馬公，清德如伯夷。簞瓢不改樂，又似
吾先師。平生一布被，天地乃吾知。豈比平津侯，挾詐坐受嗤。"③ 首句
言司馬光如伯夷般品節高邁，又如顏回一般安貧樂道，亦能應孔子讚顏
回之語；而後用司馬光《訓儉示康》中"公雖自信清約，外人頗有公孫
布被之譏"，在盛讚司馬光簡樸品格之餘，切"布被"之題；緊接著以
公孫弘"弘爲布被，食不重肉"，"而又緣飾以儒術，上大説之"的反
面例子爲襯托，引出對友人的讚頌。其所用之事、所用之語，雖非出自
儒學經典，但與儒學相關。其他如《寄趙、張二相三首》其一之開篇：
"賢哲不同才，論心則皆仁。去就不同趨，惟義乃可親。"④《送黎才翁往
荆門》之開篇："聖道原來不易窮，君今何處覓同風。唐虞世遠精神在，
鄒魯人歸事業崇。"⑤《和汝霖三首》其二之開篇："聖門功業海同深，大
禹猶曾惜寸陰。"⑥ 皆用儒學典故於開端，且宕開一筆，看似與所寫之題
不相關，但通過後來的反轉而切題，既達到出人意表之效果，又以典故
之儒學義理奠定詩歌之崇高基調。

胡寅於篇首、篇末用儒學典故入詩，用典故所承載的儒學義理引領
或挽結全篇，起到引人注目之效果，引導讀者參與詩歌的理解，從而完
成義理的宣揚。英伽登認爲讀者的閱讀是一種創造性活動："（讀者）補
充再現客體在本文中沒有確定的許多方面。……我把這種補充確定叫做
再現客體的具體化。在具體化中，讀者進行著一種特殊的創造活動。他
利用從許多可能的或可允許的要素中選擇出來的要素，主動地借助於想
象'填補'了許多不定點。一般説來，作出'選擇'在讀者方面並沒有
一種自覺的，特別是系統闡述的意向。他只是使自己的想象擺脱羈絆，

---

① （宋）胡寅：《和黃執禮六首·其二》，《斐然集》卷五，第124頁。
② （宋）朱熹：《四書章句集注·論語集注》卷十，第192頁。
③ （宋）胡寅：《和韓司諫叔夏樂谷五吟》，《斐然集》卷一，第11頁。
④ （宋）胡寅：《寄趙、張二相三首·其一》，《斐然集》卷一，第9頁。
⑤ （宋）胡寅：《送黎才翁往荆門》，《斐然集》卷三，第50頁。
⑥ （宋）胡寅：《和汝霖三首·其二》，《斐然集》卷三，第65頁。

用一系列新要素來補充對象，以使它們看起來是完全確定的。"[①] 胡寅於篇首或篇末使用儒學典故，抽象的義理往往出現在具象的描述之前或之後，這種突兀的出現引起了讀者關注並解讀的效果。於胡寅而言，在讀者的參與過程中，義理的宣揚也就完成了。

（二）儒學典故運用的"核心"與"催化"作用——儒學典故在詩歌中段的運用

胡寅還往往於詩歌中段運用儒學典故，使之服務於詩歌的整體敘述，使詩歌具備層次鮮明的特點。如前所述，羅蘭·巴爾特將敘事作品分爲功能、行爲與敘述三個層次，其中功能層又分爲歸併類與分布類。與歸併類需要過渡到一個較高層次才能辯讀出其意義不同，分布類是在同一層次上的，分布類的描述是爲後面的敘述服務的。分布類因具體單位的性質不同，可劃分爲核心和催化，其中核心的"惟一條件是功能依據的行爲爲故事的下文打開（或者維持，或者關閉）一個邏輯選擇"[②]，而催化則是依附主要功能，起著增強、削弱等作用："一筆一語表面是多餘的，然而它始終具有一個話語功能。它使話語加快、減慢、重新開始；它簡述、預述、有時甚至造成迷惑。凡是記錄下來的東西總是以值得記錄的重要東西的面貌出現的，因此催化不斷地觸發話語的語義張力，不斷地説：曾經具有、將要具有意義。"[③]

胡寅詩歌往往於詩歌中段的轉折處運用儒學典故，在完成敘事的同時，以靜定照物這一獨特方式賦予敘事行爲以更多的意義，起到"催化"的作用，增強詩歌的層次感與表現力。以其《賦吳守友石臺》爲例。

> 南圃繚粉牆，幽徑便蠟屐。蒙然遇高蔭，炎景不予赫。天成一高坫，爲印子雲宅。大藤如虬龍，陟降蜿尾脊。青冥寧茂葉，何異張翠帟。想見春風時，紫蕤濃可摘。富哉他山骨，輂致羅鐵碧。或如虁桐斷，或若林筍刺。或如五老拳，或若大華擘。或如虎方踞，或若貚欲躑。或崎難著足，或坦可敷席。或倚以憩憊，或坐以對弈。

① 〔波蘭〕英伽登：《對文學的藝術作品的認識》，陳燕谷、曉未譯，中國文聯出版公司，1988，第53頁。
② 〔法〕羅蘭·巴爾特：《敘事作品結構分析導論》，第14頁。
③ 〔法〕羅蘭·巴爾特：《敘事作品結構分析導論》，第15~16頁。

廣輪兩拓手，叢秀不迫窄。何須猰貐座，方丈出戲劇。況論芥子中，
不與須彌隔。有之則似之，知君介如石。石中有良玉，終古不變易。
茲游謝蘭亭，何用嘆陳迹。①

　　該詩首先介紹了友人石臺的幽静處所與宜人的周邊環境，緊承其
上，胡寅切"石臺"之題，模仿韓愈《南山詩》之手法，運用十個
"或"字句詳細描述石臺之"石"形態的多樣。在完成對眼前所見之景
物實在與多樣的描述後，胡寅轉而寫石臺之寬廣，從大小的角度引入
佛教芥子須彌之論。《景德傳燈録》載："問教云：'須彌納芥子，芥子
納須彌。如何是須彌？'師曰：'穿破汝心。'曰：'如何是芥子？'師曰：
'塞却汝眼。'"②意爲諸相非真，鉅細可相容。而胡寅之理學觀點與此
相反，其樸素惟物主義的"氣"本論認爲："言道而弃物，體妙而用粗，
或以爲精，吾見其二於物也。"③强調客觀存在與主體認知相互制約的關
係，芥子須彌大小迥異，斷無相容之理。所以能見爲有，不見爲無，眼
前的存在皆爲真實，這種實事求是的理念與友人的品格一致。胡寅以曲
喻的方式將叙述方向掉轉到對友人品格的讚美上。此處，胡寅用《周
易·豫》之"六二"："介於石，不終日，貞吉。"④比喻友人高潔堅定、
不隨時變易的氣節，言其不僅是不隨波逐流之貞石，而且乃石中之玉。
既讚其爲氣節高邁中之卓越者，又暗寓孔子"君子比德於玉"於其中。
雖逝者如斯，春秋代序，但此合乎"理"之節操、道德却可超越時間而
永存。在此基礎上，胡寅作結，言君子應以聖人之道爲依歸，而不必似
王羲之《蘭亭集序》中的感慨"俯仰之間皆爲陳迹"。詠物而歸結到對
主體道德精神的讚頌，本爲宋人常用手法，但胡寅在詩歌轉折處引入佛
禪學説作爲襯托，然後融攝與主題相關之儒學典故爲詩句，在駁斥佛禪
學説之同時，完成對友人品格的讚美。此詩典故的運用及出現位置，顯
然在叙事上起到了羅蘭·巴爾特所言之用"功能依據的行爲爲故事的下
文打開一個邏輯選擇"的作用。
　　胡寅之《和彥冲》則是另外一種情况。

---

① （宋）胡寅：《賦吴守友石臺》，《斐然集》卷二，第 30 頁。
② （宋）道原：《景德傳燈録》，《大正藏》第 51 卷，臺北佛陀教育基金會 1990 年影印版，400 頁下。
③ （宋）胡寅：《衡岳寺新開石渠記》，《斐然集》卷二十，第 416 頁。
④ （宋）朱熹：《周易本義》，第 88 頁。

　　詩腑五字城，酒腸九曲灣。興來摧高堅，觴至輸潺湲。舂此山澗曲，素緇邀緇裘。人境俱寄陶，陋巷同樂顏。新黍釀初熟，小槽泣微潛。僅堪代湯茗，敢望頹玉山。獨餘要眇音，超然難追攀。所賴見寬假，悲鳴三日間。清風又吹句，玉佩崢瑤環。使我發深省，迷蕪自除刪。得意言語外，放懷天地間。人生貴知心，願言長往還。①

　　該詩脈絡大致如下：首先叙友人耽詩好酒；然後寫友人之居所位置及生活狀態，用陶淵明“結廬在人境，而無車馬喧”來稱美彦冲居處的清雅，又用孔子“一簞食，一瓢飲，在陋巷，人不堪其憂，回也不改其樂”之語，稱美友人以道爲依歸而忘生活之簡陋；而後又言自己雖拙於唱和，但得友人之詩足以發蒙，最後結出“長往還”之意。從其整體結構來看，孔子讚顏回之語的化用之句，並未起到關鍵的轉折詩意的作用，但胡寅認爲：“乃聖賢之文言也，言非有意于文，本深則末茂，形大則聲閎。”②友人境界堪比顏回，才有清邁之詩。因此，此處儒學典故的運用起到的是羅蘭·巴爾特所謂“催化”的作用，“催化不斷地觸發話語的語義張力，不斷地説：曾經具有、將要具有意義”。此種情況在胡寅詩歌中相比前者爲多，如《游將軍巖》中段之“以君智慧鎧，與我忠信胄”，《送余澤還義興》之“已窮孟軻不動處，得喪窮通歸一致”，《贈陳生》之“仲由身負米，豈顧人嗤笑”，《送張倩歸衡嶽》之“愛君溫克姿，不被歡伯繞”，等等。

　　胡應麟《詩藪》在論及詩歌用事時曰：“詩自摹景述情外，則有用事而已。用事非詩正體，然景物有限，格調易窮，一律千篇，祇供厭飫。欲觀人筆力才詣，全在阿堵中。且古體小言，姑置可也，大篇長律，非此何以成章？”③胡寅注重引儒學典故入詩，凝聚儒學典故所表之意，使之融入全詩，在完成叙事的同時，使儒學典故所帶入的獨特意義起到“核心”或“催化”的作用，增強全詩的層次感，以達到更好的抒情表意之效果。

---

① （宋）胡寅：《和彦冲》，《斐然集》卷二，第33頁。
② （宋）胡寅：《洙泗文集序》，《斐然集》卷十九，第401頁。
③ （明）胡應麟：《詩藪》，上海古籍出版社，1979，第64頁。

四　生生謂易，冲融和樂：静中見動的生命體悟

如果説儒學典故運用是胡寅理學思想在詩歌創作中的顯性表現，那麼書寫自己静中觀物之體悟則是其理學修養工夫在詩歌創作中的隱性表現。静中觀物、照見萬物生生之謂易的天理生發之仁，於主體客體的生命共感中獲得冲融和樂的體驗，是胡寅理學修養工夫在詩歌創作中的體現。同時，胡寅"以枯木之心幻出葩華"的創作理念，使其以"無將迎，無内外"之心態觀照外物，故能以虚静空明之内心照見自然界的勃勃生機，因此胡寅詩歌中"青""翠""秀"之形容景物生機勃勃的詞語出現得頗爲頻繁，如"天葩艷然出翠被，倚檻裊裊傳秋香"，"潤騰百年樟，翠寫千丈松"，"青冥寨茂葉，何異張翠帝。想見春風時，紫蕊濃可摘"，"華髮結乳頂，空翠誰掃拂"，"窺園細看百卉動，陟榭滿抱千峰翠"，"北風草木傷遲暮，秀嶺長松色如故"，"新詩秀色摇京洛，詞鋒生使侵疆拓"，"老龍卧頹波，秀木森嵬峙"，"孤松將秀嶺，萬竹已摇秋"，等等。胡寅頻頻用"青""翠""秀"等詞形容景物生機勃勃的狀態，正是本自"枯木之心"，心"無將迎，無内外"，則澄然清明，那麼寧静的内心就能照見萬物生生不息的變化，正如周裕鍇先生論及儒家的觀物時所言："就其觀的方式而言，它注意的是宇宙生生不息的精神，活潑潑的生機。鳶飛魚躍，草長水流，物之生意與人之靈氣相融合，天人合一，道心化爲詩心。"[①]

《横浦日新》載："明道先生書窗前有茂草覆砌，或勸之芟，明道曰：'不可，欲常見造物生意。'又置盆池畜小魚數尾，時時觀之，或問其故，曰：'欲觀萬物自得意。'"[②] 這是格物致知在日常生活中的踐行方式之一，强調自我感受與"造物生意"的契合，與詩化的證道等無二致，亦是移情現象的一種。胡寅詩歌中去"青""翠""秀"等詞，也確實有儒學"欲觀萬物自得意"的意味。以其《曉乘大霧訪仲固》中"青""翠""秀"景物觀照的意義分析爲例。

稚金不耐老火鑄，有烈秋陽尚驕倨。汗流亭午憶淒風，氣應佳辰欣白露。朝來開窗迷眼界，霧色無邊莽回互。誰爲夜半有力者，

---

① 周裕鍇：《宋代詩學通論》，上海古籍出版社，2008，第366頁。
② （宋）于恕：《横浦日新》，《四庫全書存目叢書》子部第83册，齊魯書社，1995，第241頁。

竅負群山著何處。却驅滄海白潮來，濤浪初平不成怒。人家慘澹暗漁浦，水墨微茫認煙樹。我行有似江湖雀，彼岸應怪浮杯渡。從教弱水三萬里，一棹桃源未迷路。忽然五霞漏激射，清飈作陣翻空鶩。渤澥盡輸無極底，祖龍枉被徐生誤。雲屏儼映蓬嶠蠱，鳳翼鶱帶瀛洲嫮。連蒼接翠層疊青，秀色著絢忘初素。前觀象罔非夢迷，後矚離婁豈驚寤。真化自然相隱顯，幻士謬爾生智故。有真無幻信誕分，此境易透亦難覰。要知萬理無不實，聚散一致此焉悟。常記向時聞劇論，知自少年得真趣。風雲變態襟抱開，山水之樂仁智具。胡爲颦呻不料理，冰炭受坐癉鬼怖。願君讀此一醒然，未負當年少陵句。①

　　該詩爲胡寅霧中訪友之所見所得，開篇即寫天熱難耐，動輒汗流浹背，故無時不思節序轉化。而白露時節剛好大霧蒙蒙，開窗望去，群山杳無蹤迹，白霧彌淪天地。緊接著，胡寅寫途中所見，漁浦人家慘澹難辨，煙樹微茫如水墨中所有。又以想象中別人的視角入手，將自我入畫：在他人看來，輕棹而行之我，應模糊如曲水上之流觴。霧中行舟，宛如行於弱水之上，艱難緩慢，所幸未迷桃源之路而登岸。在盡述霧中所見所得後，胡寅用"忽然五霞漏激射"驀然翻轉，寫霞光顯露，清風襲來，霧氣消散。之前因大霧迷蒙所生之錯覺全然消逝，如同秦始皇被徐福欺騙一般。此時，實景顯現，聳立之山峰因其層疊依偎而顯得更加蒼翠挺秀，之前被大霧遮擋視綫時如墜夢境，而此刻妍嬿畢現，自感前如目盲而現如離婁之能視千里之外。萬物是美好而真實之存在，縱被遮蔽而真實終會顯現，因此胡寅發出"萬理無不實"的感慨，這也是他氣本論樸素惟物主義的體現。"風雲"一聯則化用前賢程顥詩句："萬物静觀皆自得，四時佳興與人同。道通天地有形外，思入風雲變態中。"② 在風雲變態的觀照中，襟懷盡開，體會到聖人"仁者樂山，智者樂水"的情懷。胡寅認爲只有在真實存在的觀照中方能體會天道之運行，"言道而弃物，體妙而用粗，或以爲精，吾見其二於物也"③。因而，胡寅勸誡友人"有病宜須藥石攻"，不應迷信怪力亂神之術，以早日擺脫癉疾之

---

① （宋）胡寅：《曉乘大霧訪仲固》，《斐然集》卷二，第31頁。
② （宋）程顥：《秋日偶成二首》，《二程集·河南程氏文集》卷三，第482頁。
③ （宋）胡寅：《衡岳寺新開石渠記》，《斐然集》卷二十，第416頁。

折磨。

胡寅此詩，章法謹然，先以大霧迷蒙景物的描寫開篇，並以之爲鋪墊，來襯托真實景物顯現後的美好，接著由具象景物的描寫過渡到抽象義理的體會中，然後作結。其中以生機勃勃之蒼翠形象出現的真實景物，乃是作者體悟聖人義理所憑藉的媒介。其詩意生成的過程，正是孔子"道外無物，物外無道"思想的推演。這種體物模式在胡寅詩歌中頗爲常見，其《和洪秀才八首》其五亦是如此："栽花爲事業，種林是謀猷。不羨兩蝸角，從教雙鬢秋。登樓山抹黛，垂釣水澄眸。此樂應誰侶，雩風昔從游。"① 遠山抹黛、碧潭澄眸，在青翠山水的觀照中，體味到"浴乎沂，風乎舞雩，詠而歸"的悠然和樂的氣象。該詩其三，亦是在"孤松將秀嶺，萬竹已搖秋"中生發出"此生當皎皎，毋作夢中游"之致力於聖人之學的勉勵。

除上述情況外，胡寅"以枯木之心幻出葩華"的創作理念，還以無迹可尋的渾然形式表現靜中觀物所獲得的冲融和樂。相比於在青、翠、秀之勃勃景物的觀照中體會天理之存在，這類詩歌中的理學脈絡更加隱蔽，也因其渾然一體而更具詩性審美。其《和仲固》一詩就是典型的理學觀照所得：

> 多謝春風吹雨晴，出邀今日計初程。去隨碧潤襯衹上，歸與閒雲澹沲行。順理以觀皆有趣，會心之樂最難名。山間桃柳寧知此，斂笑舒顰亦自情。②

春風吹晴，閒步出游，去時有碧潤羽毛初生之鳥兒習飛爲伴，歸來與悠然流走之閒雲同行。"道外無物，物外無道"，萬物皆爲天理之體現，故而以"枯木之心"處靜觀之，萬物自在自爲的發展特點显而易見。而主體作爲萬物之靈，其存在規律和生存之道與萬物有異乎？這是"在静穆的觀照中，將自己的生命與宇宙生命打成一片，從萬物的生機中獲得一份生命的欣悦"③。"會心之樂"即是如此而生，在這種積極的物我交感中，山間的桃李似乎都是自在和樂的存在，仿佛飽含情思而"斂

---

① （宋）胡寅：《和洪秀才八首·其五》，《斐然集》卷五，第 116 頁。
② （宋）胡寅：《和仲固》，《斐然集》卷四，第 110 頁。
③ 周裕鍇：《宋代詩學通論》，第 365 頁。

笑舒顰"。這顯然是程顥《偶成》的另類演繹："雲淡風輕近午天，傍花隨柳過前川。時人不識余心樂，將謂偷閒學少年。"① 其《潭溪秋碧》一詩亦是如此："秋容何處佳，淡泊寄寒水。無滓湛遥天，我心正如此。"② 以虛靜之"枯木之心"見湛然無滓之秋水，頓覺物我兩忘。錢鍾書先生論及理趣曰："若夫理趣，則理寓物中，物包理内，物秉理成，理因物顯。賦物以明理，非取譬於近，乃舉例以概也。"③ 又釋"例概"曰："鳥語花香即秉天地浩然之氣，而浩然之氣亦流露於鳥語花香之中，此所謂例概也。"④ 胡寅此類詩歌所用之手法即錢先生所言之"例概"，本自"枯木之心"，在對事物的觀照中會得悠然自在的仁者境界。

　　在靜觀萬物時體察自我内心，從而獲得生生之謂易的體驗，依胡寅之自述即爲"靜中觀物萬象呈，借問此心何所始"，這亦是其理學修養工夫形諸詩歌的表現，胡寅認爲："故窮經旨而不歸之義理，則經必不明，索義理而不歸之於心，則理必不得。"⑤ 在格物中致知明理，而所明之理又應該推於應事接物中，在這種循環往復中，主體境界自可"苟日新，日日新"。因此，胡寅一再書寫自我"渾然與物同體"的感受，如其《和楊秀才二首》其一："林下何所樂，放懷天地中。青山供客眼，明月與君同。靜聽蕉窗雨，閒披芰沼風。未忘蒿目意，時一夢周公。"⑥ 因體會到生生之謂易的自在和樂，故而放懷天地之間，見青山明月、聽夜雨芭蕉、感風拂芰荷，無往而不自在，這種"例概"手法的運用，可謂將"浴乎沂，風乎舞雩，詠而歸"之氣象泛化爲詩性的表達。晚年身處貶所的胡寅，更是常常用這種情懷化解謫居之苦，其《同蔣德施諸人賞簡園梨花》詩云：

　　　　君不見，韓退之，招唤劉師命，醉賞長安西郭梨，青天白日交相映。豈料炎荒中，好事如簡翁。彫冰剪玉春不融，二十五樹高籠松。風流八仙携草具，輕陰閣雨相隨去。朝同去，暮同歸，回頭翠

---

① （宋）程顥、程頤著，王孝魚校點《二程集・河南程氏文集》卷三，第 476 頁。
② （宋）胡寅：《潭溪秋碧》，《斐然集》卷二，第 36 頁。
③ 錢鍾書：《談藝録》，生活・讀書・新知三聯書店，2007，第 571~572 頁。
④ 錢鍾書：《談藝録》，第 572 頁。
⑤ （宋）胡寅：《致堂讀史管見》卷二十四，《續修四庫全書・史部》第 281 冊，第 156 頁。
⑥ （宋）胡寅：《和楊秀才二首・其一》，《斐然集》卷五，第 117 頁。

微，明日玉花飛。①

詩以雜言形式出之，先言唐代韓愈、劉師命賞梨花之盛事，亦暗以韓愈被貶陽山時作《聞梨花發贈劉師命》來自比。但與韓愈“今日相逢瘴海頭，共驚爛漫開正月”之憂傷不同，胡寅在與友人雨中快意出游賞花的行爲描寫中，流露出“風乎舞雩”的自在和樂。尤其是“輕陰閣雨相隨去”一句，本自王維“輕陰閣小雨，深院晝慵開”，而反用其意，更爲此詩注入了“隨心所欲而不逾矩”的灑脱自在、“渾然與物同體”的冲融和樂。

總之，胡寅詩歌特色鮮明，在創作理論、師法對象、句法安排、典故運用與内容呈現等方面均彰顯自我特色。其理學修養使其創作論肯定了詩歌書寫創作主體性情之正的作用，爲其以“枯木之心幻出葩華”的創作論提供了理論依據。而其所處時代及自我秉性，使其在師法對象上呈現了宗杜而踵步蘇黄的特點，這在其詩歌句法的語言組織形式上體現得尤爲明顯。同時，其理學修養使其在辟佛的同時，慣常使用儒學典故入詩，不但賦予詩歌崇高的儒學意義，而且具有擴充詩歌語言體系的客觀意義。其“枯木之心幻出葩華”的創作論，使其往往書寫靜中“觀萬物自得意”的體會，使其詩歌呈現“生生之謂易”的悠然和樂的藝術特點。

---

① （宋）胡寅:《同蔣德施諸人賞簡圃梨花》,《斐然集》卷二，第46頁。

第四章　胡宏理學思想與其詩歌創作

胡宏理學思想遠師二程，近宗其父胡安國，一方面繼承了二程以天理爲客觀精神的基本觀點；另一方面承襲其父心體先驗的認識論。但胡宏對於理學思想的發展作了極大的推進，胡宏打破了天理、人心這一客觀精神與先驗主體的二元結構體系，於二者之間植入了"性"這一哲學範疇，形成了命、性、心三元的邏輯體系，並分別賦予命、性基本規律與普遍規律的特質，以性爲連接本體與主體、形上與形下的關鍵。在心體探究上，胡宏引入的性使已發與未發之界限更容易界定，亦使得儒學修養切實可行。其哲學思想則使得發而中節的性情規範、盡性至命的修養理路和與道冥符的境界體驗形諸詩歌創作，使其詩歌呈現觀物會理、意與物會的理趣美。

第一節　命、性、心：胡宏理學思想體系建構特點及其意義

全祖望曰："紹興諸儒，所造莫出五峰之上。其所作《知言》，東萊以爲過於《正蒙》，卒開湖湘之學統。"[①] 全祖望認爲胡宏之哲學成就在南渡諸儒中首屈一指，而且指出其治學路徑及方向奠定了湖湘學派發展基調的學術成就。衡之以史實，也確如全氏所言。胡宏之理學思想一方面繼承了二程、楊時、胡安國對於客觀精神"天理"的探尋，另一方面則體現了對前賢思想的創造性拓展。具體而言，胡宏用"天命""命"等同於客觀精神之"天理"，另外在傳統的天理、人心二者之間植入"性"這一哲學範疇，打破天理、人心二元式邏輯關係，形成了命、性、心之互相關聯的三元哲學體系。往昔之論者，或未能從宏觀角度勾勒出胡宏

---

① （清）黃宗羲著，（清）全祖望補修，陳金生、梁運華點校《宋元學案》卷四十二 "五峰學案"，第 1366 頁。

思想體系的全貌，或概念辨之不明以致本體、規律混爲一談，遂致對五峰學術之認識愈發紛亂。此節擬在辨明相關概念的基礎上，對胡宏《知言》《五峰集》中所載思想進行細緻梳理，以實現對胡宏哲學體系及其意義的全面認識。

一 盡性至命："性"之概念提出及其內涵辨析

本體論的探究向來是哲學的重要命題之一，關於本體論，"大體上説，馬克思以前的哲學所用的本體論有廣義狹義之別。廣義指一切實在的最終本性，這種本性需要通過認識論而得到認識，因而研究一切實在的最終本性爲本體論，研究如何認識則爲認識論，這是以本體論與認識論相對稱。從狹義説，則在廣義的本體論中又有宇宙的起源與結構的研究和宇宙本性的研究，前者爲宇宙論，後者爲本體論，這是以本體論與宇宙論相對稱"[1]。從廣義本體論的角度而言，胡宏持"氣"本體論的樸素惟物主義的觀點："一氣大息，震蕩無垠，海宇變動，山勃川湮，人消物盡，舊迹亡滅，是所以爲鴻荒之世歟？氣復而滋，萬物化生，日以益衆。"[2]胡宏認爲天地萬物乃"氣"演變而來，"氣"即爲一切實在的最終本性。這與其兄胡寅觀點基本一致："陰陽之氣，分爲天地，凝爲日月，轉爲四時，散爲萬物。"[3]而在狹義本體論的認識層面，宇宙本性可由主體通過思想而感知，故體現爲宇宙萬物規律的認識。在此層面，胡宏不但對宇宙萬物之規律進行了界定，而且將其細緻區分爲基本規律與具體規律兩個層面，其於《知言》開篇道："誠者，命之道乎！中者，性之道乎！仁者，心之道乎！惟仁者爲能盡性至命。"[4]"心"，毋庸置疑，即是主體的認識能力與認識規律，其"盡性至命"之言則明白無誤，標明了"命"乃位階最高之客觀精神、客觀規律，而"性"乃僅次於"命"之規律性的精神。這種排列方式不止一次出現在胡宏的《知言》中，如：

> 誠，天命。中，天性。仁，天心。理性以立命，惟仁者能之。[5]

---

[1] 馮契、徐孝通主編《外國哲學大辭典》，上海辭書出版社，2000，第146頁。
[2] （宋）胡宏：《知言·一氣》，《胡宏集》，第27頁。
[3] （宋）胡寅：《崇正辯》卷一，第7頁。
[4] （宋）胡宏：《知言·天命》，《胡宏集》，第1頁。
[5] （宋）胡宏：《知言·漢文》，《胡宏集》，第41頁。

天下莫大於心，患在不能推之爾。莫久於性，患在不能順之爾。莫成於命，患在不能信之爾。不能推，故人物內外不能一也。不能順，故死生晝夜不能通也。不能信，故富貴賤貧不能安也。[①]

胡宏命、性、心三元邏輯體系的排列，指出主體充分發揮"心"之作用，依"仁"而立，然後"理性以立命"，由"心"到"性"再到"命"的修養過程彰顯無遺。而後胡宏從主體修養的角度闡發修養過程，即主體本自對自我"心"體的識察，推而廣之，達到順"性"、信"命"的境界。顯然在此狹義本體論層面，胡宏之哲學體系乃以"命"爲最高本體。

胡宏命、性、心三元邏輯體系的建構，其獨特處在於最高客觀精神與主體之間植入了"性"這一哲學概念，這顯然始自對《中庸》"天命之謂性，率性之謂道"的闡發，其高足張栻《知言》序曰：

> 或問於栻曰："《論語》一書，未嘗明言性，而子思《中庸》，獨於首章一言之，至於孟子，始道性善，然其爲說則已簡矣。今先生是書於論性特詳焉，無乃與聖賢之意異乎？"栻應之曰："無以異也。夫子雖未嘗指言性，而子貢蓋嘗識之曰：'夫子之文章，可得而聞也。夫子之言性與天道，不可得而聞也。'是豈真不可得而聞哉？蓋夫子之文章，無非性與天道之流行也。"[②]

那麼，作爲連接主體與客觀精神的"性"，其與"命""心"之關係，則是胡宏哲學體系建構必須面對的問題。關於"命"與"性"之關係，胡宏首先認爲"天命"乃客觀精神："人事有是非，天命不囿於是非，超然於是非之表，然後能平天下之事也。或是或非，則在人矣，雖聖人不能免也。"[③]"天命"乃客觀存在的規律，亦是最高精神，其獨立於萬物而存在，但通過人事而體現出來。即使是聖人，其動靜語默亦不能脫離"天命"範疇而存在。胡宏進而認爲，"天命"這種基本規律、

---

① （宋）胡宏：《知言·紛華》，《胡宏集》，第 25 頁。
② （宋）張栻：《宋張栻胡子知言序》，《胡宏集》"附錄二"，第 338~339 頁。
③ （宋）胡宏：《知言·義理》，《胡宏集》，第 30 頁。

最高精神是通過 "性" 這種具體的規律作用於人類社會的，其論 "命"
與 "性" 之關係曰："天命不已，故人生無窮。具耳目、鼻口、手足而
成身，合父子、君臣、夫婦、長幼、朋友而成世，非有假於外而強成之
也，是性然矣。聖人明於大倫，理於萬物，暢於四肢，達於天地，一以
貫之。性外無物，物外無性，是故成己成物，無可無不可焉。"① 胡宏認
爲 "天命" 乃最高客觀精神，作用在人類社會，就是人類社會因夫婦、
父子、君臣而形成的仁義等倫理秩序，這種倫理秩序的形成就是 "性"
之作用的顯現。因此，"天命" 爲基本規律，"性" 則爲具體規律，二者
存在位階上的差異。

關於 "性" 之內涵，胡宏認爲："天命之謂性，流行發見於日用之
間。"② 胡宏認爲 "性" 這一具體規律會在日常生活中體現出來，經由人
之認識、實踐而由潛在轉變爲現實。在《釋疑孟》之 "辨" 中，胡宏進
一步論述："形而在上者謂之性，形而在下者謂之物。性有大體，人盡
之矣。一人之性，萬物備之矣。論其體，則渾淪乎天地，博浹於萬物，
雖聖人，無得而名焉。論其生，則散而萬殊，善惡吉凶百行俱載，不
可掩遏，論至於是，則知物有定性，而性無定體矣。"③ 作爲具體規律的
"性" 體現在具體事物當中即有其確定的規範性，雖然萬物之大小、壽
夭各不相同，但其皆爲具體規律 "性" 之表現。也就是説，"性" 是支
配萬物存在、生成、發展的具體規律，千差萬別之事物因 "性" 而成
就各自，但其背後的規律則爲 "性"，胡宏又將其表述爲："觀萬物之流
行，其性則異；察萬物之本性，其源則一。"④ 這明顯帶有二程 "理一分
殊" 的色彩，如程顥認爲："《中庸》始言一理，中散爲萬事，末復合爲
一理。"⑤ 因此，"性" 乃具體規律，因其具有客觀性，故而不能以善惡等
價值判斷衡量之：

　　或問性曰："性也者，天地之所以立也。"曰："然。則孟軻氏、
荀卿氏、揚雄氏之以善惡言性也，非歟？"曰："性也者，天地鬼神

①（宋）胡宏：《知言·修身》,《胡宏集》，第 6 頁。
②（宋）胡宏：《知言·復義》,《胡宏集》，第 39 頁。
③（宋）胡宏：《釋疑孟》,《胡宏集》，第 319 頁。
④（宋）胡宏：《知言·往來》,《胡宏集》，第 14 頁。
⑤（宋）程顥、程頤著，王孝魚校點《二程集·河南程氏遺書》卷十四，第 140 頁。

之奧也，善不足以言之，况惡乎？"或者問曰："何謂也？"曰："宏聞之先君子曰：'孟子所以獨出諸儒之表者，以其知性也。'宏請曰：'何謂也？'先君子曰：'孟子道性善云者，嘆美之詞，不與惡對。'"①

　　胡宏同意其父觀點，認爲性乃規律之精神，具有客觀性，又與"天命"具有同質性，乃"天命"的體現。"天命""性"爲規律之正，乃正確規律的忠實體現，所謂"誠，天命"。故而順性而爲則可使萬物各得其宜，因此"性"善不與惡對。在"性"的認識上，胡宏認爲"性"乃萬物得以生成、存在、發展的規律性精神，而其屢次言及"天命之謂性""理性以立命""盡性至命"，則顯然在"性"之上還有"命"這一位階更高之客觀精神存在。陳來先生認爲："'性'不僅是個人性的觀念，也是個宇宙本體的概念。作爲宇宙本體的'性'是超乎善惡的，是天地萬物賴以生存的根據。"②陳先生顯然忽略了胡宏關於"性""命"關係的論述，而因"性"不是第一性的規律，故在胡宏思想體系中絕不處於本體位置。

　　在"性"與"心"的關係上，首先，胡宏認爲"命""性""心"三者具有同質性，其言曰："天命爲性，人性爲心。不行己之欲，不用己之智，而循天之理，所以求盡其心也。"③又説："萬物生於天，萬事宰於心。性，天命也；命，人心也。"④不難看出，胡宏認爲"天命"爲最高之客觀精神，"性"乃反映最高客觀精神的具體規律，而"天命"與"性"都在"心"的層面體現出來，藉由"心"從潛在轉爲現實，因此主體可以由"心"而"盡性至命"。所以胡宏重申曰："天命之謂性。性，天下之大本也。堯、舜、禹、湯、文王、仲尼六君子先後相詔，必曰心而不曰性，何也？曰：心也者，知天地，宰萬物，以成性者也。六君子，盡心者也，故能立天下之大本，人至於今賴焉。"⑤胡宏一方面將"性"置於客觀規律、客觀精神的高度；另一方面則認爲主體之"心"是"以成性者也"，即"性"這一宇宙客觀、具體規律，必須經

① （宋）朱熹：《宋朱熹胡子知言疑義》，《胡宏集》"附錄一"，第333頁。
② 陳來：《宋明理學》，華東師範大學出版社，2004，第119頁。
③ （宋）胡宏：《知言·天命》，《胡宏集》，第4頁。
④ （宋）胡宏：《知言·修身》，《胡宏集》，第6頁。
⑤ （宋）朱熹：《宋朱熹胡子知言疑義》，《胡宏集》"附錄一"，第328頁。

由“心”方能呈現出來。這是基於“心”體具有先驗性而展開的邏輯推演。而張栻與朱熹則主張改爲“心”“主性情者也”①，則顯然是將“心”看作“性”的從屬，而忽略了“心”體的先驗以及與“性”“命”的同質。同時，胡宏發展了格物致知的理論，其認爲：“事物屬於性，君子不謂之性也，必有心焉，而後能治。裁制屬諸心，君子不謂之心也，必有性焉，然後能存。”②胡宏在對“心”與“性”關係的探究中，認爲規律可以由主體通過思想而識察，而主體感知規律的方式則是通過觀察事物，因爲“事物屬於性”，而主體識察之標的乃是以事物爲顯現載體的規律——“性”。其次，主體由“心”識察到的乃是與“心”具有同質性的客觀精神“性”，識察活動本身也是“性”的顯現，而非“心”體獨立於“性”的活動，故而“裁制屬諸心，君子不謂之心”。同時，胡宏認爲“心”具有主觀能動性，並不僅僅是“性”的被動反映：“性譬諸水乎，則心猶水之下，情猶水之瀾，欲猶水之波浪。”③胡宏用比喻説明“心”與“性”具有同質性，但“心”具有情、欲，而情、欲的作用（瀾、浪）則會使“心”偏離“性”的基本屬性（静）。因此，主體由“心”盡“性”則必須滅除情、欲之影響：“欲修身平天下者，必先知天。欲知天者，必先識心。欲識心者，必先識乾。乾者，天之性情也。乾道變化，各正性命，命之所以不已，性之所以不一，物之所以萬殊也。萬物之性，動殖、小大、高下各有分焉，循其性而不以欲亂，則無一物不得其所。非知道者，孰能識之？”④胡宏認爲主體如滅除私欲，從事物呈現的秩序來識察其紛繁蕪雜現象背後的規律，則可由“心”盡“性”，即“循其性而不以欲亂”。

因此，一方面，胡宏繼承了二程天理、人欲的基本邏輯框架，認爲“人欲盛，則於天理昏”⑤，故主體之“心”應該滅除人欲以會通天理；另一方面，胡宏在探究宇宙運行規律時，在主體與天理之間植入了“性”這一概念。胡宏認爲修養的順序乃是“人盡其心，則可與言仁矣。心窮其理，則可與言性矣。性存其誠，則可與言命矣”⑥，因此，胡宏著力構

---

① （宋）朱熹：《宋朱熹胡子知言疑義》，《胡宏集》“附錄一”，第 328 頁。
② （宋）胡宏：《知言·紛華》，《胡宏集》，第 25 頁。
③ （宋）胡宏：《知言·往來》，《胡宏集》，第 13 頁。
④ （宋）胡宏：《知言·漢文》，《胡宏集》，第 41 頁。
⑤ （宋）胡宏：《知言·紛華》，《胡宏集》，第 24 頁。
⑥ （宋）胡宏：《知言·紛華》，《胡宏集》，第 26 頁。

建的乃是"心""性""命"的三元邏輯體系，而其引入"性"這一哲學
範疇，則在"命"之基本規律下，又賦予了"性"具體規律的屬性，在
狹義本體論的探究上亦有所突破。

二　連接本體與主體、貫通形上與形下："性"在胡宏哲學體系中的作用

往昔論者皆認爲湖湘學派具有强烈的現實精神，其依據就是湖湘學
派學者大多關注現實治亂，如胡安國之作《春秋傳》，意在闡發儒學義
理，使後人知治亂之由。胡宏不但有《上光堯皇帝書》這類針砭時弊的
作品，還有論及歷史制度與治亂之由的作品，更耐人尋味的是，胡宏多
次論及法制。這種迥異於前輩儒學學者的學術特點，其呈現原因與理論
依據顯然是研究胡宏思想所亟須探討的，亦對豐富該時期理學研究具有
相當的意義。

（一）連接本體與主體："性"在個體修養中之作用

胡宏著力構建"命""性""心"的三元邏輯體系，其中"命"爲第
一性的，具有基本規律的性質，而"性"則居於其次，基本屬於具體
規律的範疇："乾者，天之性情也。乾道變化，各正性命。命之所以不
已，性之所以不一，物之所以萬殊也。"[1]同時，胡宏認爲"性"在人類
社會的集中體現就是夫婦、父子、君臣等倫理關係："天地，聖人之父
母。聖人，天地之子也。有父母，則有子矣。有子，則有父母矣。此萬
物之所以著見、道之所以名也。非聖人能名道也，有是道則有是名也。
聖人指明其體曰性，指明其用曰心。性不能不動，動則心矣。聖人傳
心，教天下以仁也。"[2]"其體曰性"則顯然是認爲父母、子女之倫理關係
的形成乃是"性"這一具體規律的體現，而主體之"心"與"性"具有
同質性，而且其認知能力與規律又是"性"的具體表現。無獨有偶，胡
宏於《知言》中詳細推演曰："是故聖人順萬物之性，惇五典，庸五禮，
章五服，用五刑，賢愚有別，親疏有倫，貴賤有序，高下有等，輕重有
權，體萬物而昭明之，各當其用，一物不遺，聖人之教可謂至矣。"[3]又

---

① （宋）胡宏：《知言·漢文》，《胡宏集》，第41頁。
② （宋）朱熹：《宋朱熹胡子知言疑義》，《胡宏集》"附錄一"，第336頁。
③ （宋）胡宏：《知言·漢文》，《胡宏集》，第41頁。

説：“萬物萬事，性之質也。因質以致用，人之道也。人也者，天地之全也，而何以知其全乎？萬物有有父子之親者焉，有有君臣之統者焉，有有報本反始之禮者焉，有有兄弟之序者焉，有有救災恤患之義者焉，有有夫婦之別者焉。”① 因此，“性”之規律性體現在人類社會即爲夫婦、父子、君臣等倫理關係，而倫理秩序既是“性”的顯現，亦是主體“盡性至命”所必須遵循的規則。依胡宏之言即爲：“天下之事，人倫爲重，舍人倫而矜細行以欺世盜名者，君子不與也。”②

既以人倫爲重，則從個體修養角度而言，遵從仁、義等人倫道德則可使自我言行符合人倫秩序，故而胡宏一再強調仁、義之重要性：“陰陽成象而天道著矣，剛柔成質而地道著矣，仁義成德而人道著矣。”③ 因爲“心”與“性”“命”具有同質性，故而胡宏在強調仁、義之時，認爲“仁”乃主體本自具有之性質，乃“性”之體現，其言曰：“仁者，天地之心也。心不盡用，君子而不仁者，有矣。”④ 所以主體應當識察自我本具之“仁”的作用，然後施之於日用，如此才能“盡性至命”：“自觀我者而言，事至而知起，則我之仁可見也。事不至而知不起，則我之仁不可見也。自我而言，心與天地同流，夫何間之？”⑤ 至於如何識察“仁”，胡宏認爲：“惟仁者爲能一以貫天下之道，是故欲知一貫之道者，必先求仁，欲求仁者，必先識心。忠恕者，天地之心也。人而主忠行恕，求仁之方也。施諸己而不願，亦勿施於人，即主忠行恕之實也。”⑥ 胡宏認爲求“仁”之方在於主忠恕，即“己所不欲勿施於人”。胡宏認爲與“仁”相關聯之“義”，乃倫理道德外在施用的規範，從個體修養的層面而言，“仁”爲體，“義”爲用：“義有定體，仁無定用。”⑦ “道者，體用之總名。仁，其體；義，其用。合體與用，斯爲道矣。”⑧ 這明顯是對程頤“義以方外”的繼承與發揮。

綜上，“性”上承“命”而下形諸“心”，在“心”層面又以“仁”之形式顯現。由此，“性”便成爲連接本體與主體的關捩。

---

① （宋）胡宏：《知言·往來》，《胡宏集》，第 14 頁。
② （宋）胡宏：《釋疑孟》，《胡宏集》，第 320 頁。
③ （宋）胡宏：《知言·修身》，《胡宏集》，第 6 頁。
④ （宋）胡宏：《知言·天命》，《胡宏集》，第 4 頁。
⑤ （宋）胡宏：《知言·好惡》，《胡宏集》，第 12 頁。
⑥ （宋）胡宏：《論語指南》，《胡宏集》，第 305 頁。
⑦ （宋）胡宏：《知言·修身》，《胡宏集》，第 5 頁。
⑧ （宋）胡宏：《知言·陰陽》，《胡宏集》，第 10 頁。

（二）貫通形上與形下：“性”與法制構建之關係

在胡宏“命”“性”“心”三元邏輯體系中，“性”屬具體規律，位階上低於“命”之基本規律。因“性”具體規律的設定，它便具備形諸人類社會秩序的邏輯可能。在微觀而基礎的層面自然是夫婦、父子等人倫秩序，“是故聖人順萬物之性，惇五典，庸五禮”；而在宏觀的層面則可拓展延伸至君臣、家國等法制國策的制定，胡宏認爲：“天命之謂性。王者受命於天，宰制天下。其所以祭天地者，盡其心以成吾性耳，非有天神地祇在吾度外，有形體狀貌可得見而承事之也。”① 胡宏雖意在説明祭天地之原因，但由“性”體現在禮制等層面的思路則很明顯。雖有微觀、宏觀之別，但因“性”集中體現在人倫方面，故而都以“仁”爲基點。胡宏認爲“性”這一具體規律形諸國策、法制層面，主要是基於聖人對“命”“性”的深切體認，按照符合仁、義的方式而制定：“法制者，道德之顯爾。道德者，法制之隱爾。天地之心，生生不窮者也，必有春秋冬夏之節，風雨霜露之變，然後生物之功遂。有道德結於民心，而無法制者，爲無用，無用者亡。有法制繫於民身，而無道德者爲無體，無體者滅。是故法立制定，苟非其人，亦不可行也。”② 法制爲道德的顯性表現，同時亦是聖人所立，正確反映了“性”之規律。而且胡宏認爲道德是法制的內在精神，法制是道德的外在保障，二者互爲羽翼。如欲實現理想的政治統治，必須德法兼備，道德教化和相應的法律規定缺一不可。相對於前輩儒學學者高談性命而鄙薄法制，胡宏此論頗有獨到處。

胡宏認爲良好的法制乃“性”這一具體規律的正確反映，並以此爲基點展開了對於歷史法制演變的反思。胡宏認爲三代之治乃最理想的歷史時期，而支撐三代之治的即爲當時的法制：“仁心，立政之本也；均田，爲政之先也。田里不均，雖有仁心，而民不被其澤矣。井田者，聖人均田之要法也，恩意聯屬，姦宄不容，少而不散，多而不亂，農賦既定，軍制亦明矣。三王之所以王者，以其能制天下之田里，政立仁施，雖匹夫匹婦，一衣一食，如解衣衣之，推食食之。其於萬物，誠有調燮之法，以佐贊乾坤化育之功，非如後世之君不仁於民也。”③ 胡宏將

① （宋）胡宏：《皇王大紀·周禮禮樂》，《胡宏集》，第 253 頁。
② （宋）胡宏：《知言·修身》，《胡宏集》，第 6 頁。
③ （宋）胡宏：《知言·文王》，《胡宏集》，第 19 頁。

具體的制度歸結爲道德因素，把均田的制度看成仁心的體現，充分反映了儒家以道德規範爲基礎的政治倫理思想。而聖人之"仁心"則是合乎"性"之規律的，因此三代法制即是"性"的具體化。與前賢儒學家泛論三代風俗淳樸不同，胡宏認爲三代之治的出現，乃是聖人順"性"立制所達到的：

> 井田、封建，施仁恩之大綱也。①

> 聖人有不忍人之心，斯有不忍人之政矣。封建諸侯，仁政之大者也。秦人專利，削除封建，郡縣天下，天運方否。②

> 井田、封建、學校、軍制，皆聖人竭心思致用之大者也。秦漢而下興者，雖是英雄，亦豈能勝於聖人哉？改制立法，出其私意，一世不如一世。至於近世，壞亂極矣。③

胡宏認爲井田、封建等三代制度乃"仁"之體現，而秦漢以來的郡縣制則是君主私欲泛濫的"專利"產物。正因如此，天下才陷入興替轉化的紛亂狀態："天下之大，不與天下共。一人不好善，則天下之賢才盡廢，寇盜紛起，彊敵憑陵。"④胡宏不僅認爲歷史之治與亂，取決於是否準確而忠實地制定、執行符合"性"之法制，還認爲金人南侵、國勢衰微的原因在於王安石新法違反了"性"之規律："及本朝開基，太祖皇帝受命，市不改肆，得之以大功，受之以天命。綱本既正，神化斯孚，削平僭偽，如指諸掌。西北二邊雖有動搖，終焉稽首。及丞相王安石輕用己私，紛更法令，不能興教化、弭奸邪心以來遠人，乃行青苗，建市易，置保甲，治兵將，始有富國强兵，窺伺邊隅之計，棄誠而懷詐，興利而忘義，尚功而悖道。人皆知安石廢祖宗法令，而不知其並與祖宗之道廢之也。"⑤胡宏對王安石新法的批評，認爲其逐利而背義，犯了廢棄祖宗之道的根本性錯誤，導致在具體的法令制定上擾民誤國。胡宏關於良好法制乃"性"之體現的見解，與斯多亞學派對於自然法

---

① （宋）胡宏：《與彪德美》，《胡宏集》，第139頁。
② （宋）胡宏：《皇王大紀·千八百國》，《胡宏集》，第230~231頁。
③ （宋）胡宏：《與張敬夫》，《胡宏集》，第131頁。
④ （宋）胡宏：《皇王大紀·千八百國》，《胡宏集》，第231頁。
⑤ （宋）胡宏：《上光堯皇帝書》，《胡宏集》，第88頁。

的界定頗有相通處，斯多亞學派認爲：“德性是自然引導我們所趨的目的……有德性地生活等於根據自然的實際過程中的經驗而生活。我們每個人的本性都是整個宇宙的本性的一部分。因而目的就可定義爲順從自然而生活。換句話説，順從我們每個人自己的本性以及宇宙的本性而生活。在這種生活中，我們禁絶一切爲萬物的共同法律所不允許的行爲。共同法律即是貫穿萬物的正確理性，與宙斯———一切存在物的主宰和統治者——相等同。當所有的行爲都促進個人的精神與宇宙統治者的意志相和諧時，這件事物就構成了幸福之人的德性以及生活的寧静安定。”[1]

與前輩儒學家相比，胡宏在堅持儒家人倫思想的基本前提下，強調“性”所體現的社會運行規律，必須通過聖賢所制之法，才能得到落實，從而達到天下大治的理想狀態。這與儒家學者一般只重心性義理，輕視法制律令的態度，有著較爲明顯的區别。另外，儒家對法家的批判，歷來集中在義利的層面，認爲法家追求現實利益，不談人倫綱常，是捨大就小，放棄了更爲重要的價值。胡宏則指出，法家所推行的法制，由於背離了作爲天地正道的倫理規範，因此只能獲得眼前利益，長遠來看，必定會引發嚴重的社會危機，即便從利益角度衡量，也是不足取的。

胡宏認爲“性”乃具體規律，體現在主體“心”之層面上，合乎“性”之要求的即是“仁”這一倫理概念。而歷史上的三代之治，就是通過聖王本自仁心而制定的法制來實現的。胡宏的這種理論思路，不但賦予了貫穿形上與形下的主綫作用，而且實現了對傳統儒學思想的拓展。

三　先驗與已發：胡宏關於“心”體的界定與闡發

在明確了“命”“性”乃宇宙運行的客觀規律、客觀精神之後，“心”體的能力與規律如何，便成了“盡性至命”所需要解決的問題。

胡宏持先驗認識論，認爲“心”體本身即是“命”“性”的體現，具有“盡性至命”之能力：“此心宰制萬物，象不能滯，形不能嬰，名不能榮辱，利不能窮通，幽贊於鬼神，明行乎禮樂，經綸天下，充周咸遍，日新無息。雖先聖作乎無始，而後聖作乎無窮，本無二性，又豈有陰陽寒暑之累，死生古今之間哉？是故學爲聖人者，必務識心之體

---

[1]　苗力田：《古希臘哲學》，第40頁。

焉。"① "心"體具有先驗性，因此在此層面上，聖人與凡人無異。不同的是聖人有著識察"心"體爲用而後遵循其規律的自覺性："曾不知此心本於天性，不可磨滅，妙道精義具在於是。聖人則寂然不動，感而遂通，而百姓則日用而不知耳，蓋不可以有適莫也。"② 人皆有本自具足之"心"，但凡人日用而不知，故而需要通過後天的學習識察"心"體之內涵和規律，藉此"盡性至命"："人雖備天道，必學然後識，習然後能，能然後用，用無不利，惟樂天者能之。"③ 人之"心"體爲天道、天命之體現，但處於潛在狀態，須經由後天的學習才能轉爲現實存在。

在通過何種方式才能識察"心"體並將其轉爲現實的問題上，胡宏認爲"心"體雖是"命""性"的體現，與二者具有同質性，亦有合乎客觀規律的屬性，本質無善無惡："凡人之生，粹然天地之心，道義完具，無適無莫，不可以善惡辨，不可以是非分，無過也，無不及也。此中之所以名也。"④ 又説："竊謂人有不仁，心無不仁，此要約處不可毫釐差。"⑤ 在胡宏看來，"心"本自具有合乎"命""性"的屬性，而"仁"即是這種屬性的集中表現，這顯然是對孟子"惻隱之心，仁之端"的闡發。但"心"又具有強烈的主觀能動性，既能爲善，亦能爲惡："心無不在，本天道變化，爲世俗酬酢，參天地，備萬物。人之爲道，至大也，至善也。放而不知求，耳目聞見爲己蔽，父子夫婦爲己累，衣裘飲食爲己欲，既失其本矣，猶皆曰我有知，論事之是非，方人之短長，終不知其陷溺者，悲夫。"⑥ 如此，則主體修養的任務與標的就凸顯出來了，即識察"心"體之合乎"命""性"的屬性，克服"心"體流入人欲的弊端。

首先，在識察"心"體本然屬性方面，胡宏認爲必須注重後天的學習，其言曰："夫理，天命也；義，人心也。惟天命至微，惟人心好動。微則難知，動則易亂。欲著其微，欲靜其動，則莫過乎學矣。學之道，莫過乎繹孔子、孟軻之遺文。"⑦ 使"心"體不因外界利欲的觸發

---

① （宋）胡宏：《不息齋記》，《胡宏集》，第 155 頁。
② （宋）胡宏：《與原仲兄書二首》其一，《胡宏集》，第 120 頁。
③ （宋）胡宏：《知言·好惡》，《胡宏集》，第 11 頁。
④ （宋）朱熹：《宋朱熹胡子知言疑義》，《胡宏集》"附錄一"，第 332 頁。
⑤ （宋）胡宏：《論語指南》，《胡宏集》，第 311 頁。
⑥ （宋）朱熹：《宋朱熹胡子知言疑義》，《胡宏集》"附錄一"，第 331 頁。
⑦ （宋）胡宏：《知言·義理》，《胡宏集》，第 29 頁。

而保持"静"之狀態，必須學習儒家經典，從典籍記載的聖賢言行中尋繹治"心"之道。胡宏進而認爲主體於典籍學習中識察"心"體後，不應停留在知識性瞭解的層面，還應切身踐行："故務聖人之道者，必先致知，及超然有所見，方力行以終之。"①這種踐行不僅是將所學施於應事接物，還需要反思自我之内在思維活動、外在言行舉止。胡宏認爲："夫人皆生而無知，能親師取友，然後有知者也。"②其意即主體必須通過後天的學習才能致知，"親師取友"不僅包含了學以致知的内容，"親""取"二字的使用亦暗含在與師友相處中切身踐行的内容。胡宏認爲識察"心"體後的切身踐行，則可使主體境界入於聖人閫域："人之生也，良知良能，根於天，拘於己，汩於事，誘於物，故無所不用學也。學必習，習必熟，熟必久，久則天，天則神。天則不慮而行，神則不期而應。"③規範"心"體的活動，通過長期的踐行，達到不自覺之活動皆符合"仁"之要求，即"不慮而行"，"不期而應"。

　　其次，在克服"心"體流入人欲的弊端方面，胡宏認爲必須在日用之中識察"心"體之本自屬性："齊王見牛而不忍殺，此良心之苗裔，因利欲之間而見者也。一有見焉，操而存之，存而養之，養而充之，以至于大，大而不已，與天同矣。此心在人，其發見之端不同，要在識之而已。"④識察到"心"體之本自屬性後，還需要涵養操存之，以期達到隨心所欲而不逾矩的境界。值得注意的是，胡宏的這種識察的方向是自我"心"體，最終目的是回歸"心"之體悟上，故而與程頤之外向式格物不同，程頤認爲"凡一物上有一理，須是窮致其理"，修養主體通過長期的"格物"而後"積習既多，然後脱然自有貫通處"⑤。而胡宏則認爲"心"體具有先驗性，本自具足，可在任意一事的體察中洞悉"心"之本性："'維天之命，於穆不已'，聖人知天命存於身者，淵源無窮，故施於民者溥博無盡，而事功不同也。知之，則於一事功可以盡聖人之蘊；不知，則一事功而已矣，不足以言聖人也。"⑥儘管"心"體之本然屬性可由任意一事的體察中獲得，但識得"心"體後却須長期操存之，

---

① （宋）胡宏：《知言·大學》，《胡宏集》，第 34 頁。
② （宋）胡宏：《知言·漢文》，《胡宏集》，第 43 頁。
③ （宋）胡宏：《知言·義理》，《胡宏集》，第 31 頁。
④ （宋）朱熹：《宋朱熹胡子知言疑義》，《胡宏集》"附錄一"，第 335 頁
⑤ （宋）程顥、程頤著，王孝魚校點《二程集·河南程氏遺書》卷十八，第 188 頁。
⑥ （宋）胡宏：《知言·陰陽》，《胡宏集》，第 9 頁。

這種涵養操存的過程就是主"敬"的過程，胡宏認爲孔子境界之高妙就是主敬所致："天道至誠，故無息。人道主敬，所以求合乎天也。孔子自志學至於從心所欲不逾矩，敬道之成也。敬也者，君子之所以終身也。"① 又説："敬者，聖門用功之妙道也。"② 這種修養工夫，基本源自程頤"敬以直內"，但修養的標的則是滅除"心"體流入人欲之弊端，從而使其保持在符合"命""性"的範圍內。

此外，在"心"體的活動規律方面，胡宏不認可楊時體驗"未發之中"的修養方式，胡宏認爲："中者，性之道，言未發也。誠者，命之道，言實理也。仁者，心之道，言發動之端也。"③ 由於其"命""性""心"三元邏輯體系的結構，胡宏將未發視爲"性"，而"心"爲已發。此外，胡宏認爲"心"之已發便會産生"情"："（宏）曰：'未發時便是性。'仲思曰：'如此則是喜怒哀樂未發便是性，既發便是情。'曰：'然。'"④ 而主體之修養，就是體驗"心"體已發，將由私欲而生之"情"滅除，保持一種澹然沖漠的非功利狀態："竊謂未發只可言性，已發乃可言心，故伊川曰'中者所以狀性之體段'，而不言狀心之體段也。心之體段，則聖人無思也，無爲也，寂然不動感而遂通天下之故是也。未發之時，聖人與衆生同一性；已發，則無思無爲，寂然不動，感而遂通天下之故，聖人之所獨。夫聖人盡性，故感物而靜，無有遠近幽深，遂知來物；衆生不能盡性，故感物而動，然後朋從爾思，而不得其正矣。"⑤ 胡宏這種修養理念，在肯定"心"體具有先驗性的前提下，比較明確地區分了未發與已發的界限，相對於楊時的體驗"未發之中"，顯然更有可實踐性。

胡宏評價門生黃祖舜"下學而上達，非於下學之外復有上達也"的觀點，認爲"其言妙矣"⑥，原因即在於胡宏認爲"心"具有先驗性，下學的目的是識得"心"體，並以此"盡性至命"，因此下學與上達並非兩種途徑，而是合二爲一的、境界不斷提升的過程。而胡宏關於"心"體本然屬性的認識、活動規律的探究，則爲"盡性至命"指明了可由

---

① （宋）胡宏：《知言·一氣》，《胡宏集》，第 28 頁。
② （宋）胡宏：《知言·大學》，《胡宏集》，第 34 頁。
③ （宋）胡宏：《知言》之"附錄"，《景印文淵閣四庫全書》第 703 册，第 150 頁。
④ （宋）胡宏：《知言》之"附錄"，《景印文淵閣四庫全書》第 703 册，第 151 頁。
⑤ （宋）胡宏：《與曾吉甫書三首》其二，《胡宏集》，第 115 頁。
⑥ （宋）胡宏：《論語指南》，《胡宏集》，第 316 頁。

之途。

四　胡宏理學體系建構特點及其意義

首先，胡宏理學思想最顯著的特點是"命""性""心"的三元邏輯體系，這顯然是對天理、人心二元體系的突破與豐富，亦在狹義本體論的探究上作出了巨大的理論貢獻。往昔論者顯然未曾注意到胡宏此一理論特點，如侯外廬等主編的《宋明理學史》即將"性"與"命"等同，該著一方面認爲胡宏哲學體系中"性爲宇宙本體"[①]，另一方面又說："在胡宏看來，性與理既有其同的一面，又有其異的一面，所謂同，指同屬天命。"[②]依此邏輯，既然"性"屬於"天命"，那麼"性"即不居於第一性的地位，如此則何以成爲"本體"？該書又將胡宏的觀點等同於程頤、朱熹的："程、朱也有類似的觀點，如程頤説：'理也，性也，命也，三者未嘗有異。窮理則盡性，盡性則知天命矣。'朱熹説：'天即理也，命即性也，性即理也。'説明胡宏與程、朱在性理觀上有相同之處，他們都把性、理與天命直接聯繫起來，視性、理同屬天命。"[③]在胡宏哲學體系中，"性"屬於"天命"，而程頤、朱熹則未必如此認爲，如程頤之"盡性則知天命"，顯然與胡宏"盡性至命""理性以立命"不同。不難看出，胡宏哲學體系中，"命"之位階顯然高於"性"。而陳來先生則直接無視胡宏命—性—心或心—性—命的排列方式，直接認爲"性的概念在胡宏思想體系中被高度地本體化了，成爲宇宙的究竟根源"[④]。學界對於胡宏思想的認識，一方面帶有強烈的先入爲主的意識，即認爲胡宏深受二程之影響；另一方面則因爲胡宏學術思想傳承的斷裂，而有意無意地忽略了胡宏對"命""性"關係的論述，從而肢解了胡宏"命""性""心"的三元邏輯體系。學界對胡宏三元邏輯體系的忽視，導致不僅沒有全面認識胡宏的理論框架，忽視了胡宏對理學思想的突破與貢獻，也未能從"性"的具體規律角度出發，對胡宏大量論及法制構建問題的原因及理論依據作出合理的解釋，更沒有實現對胡宏理學思想價值的把握。

---

① 侯外廬等：《宋明理學史》，人民出版社，1984，第 291 頁。
② 侯外廬等：《宋明理學史》，第 292 頁。
③ 侯外廬等：《宋明理學史》，第 292~293 頁。
④ 陳來：《宋明理學》，第 117 頁。

　　其次，胡宏一方面認爲"心"體具有先驗性，賦予了主體可以通過識察内心而會通天理、天命的可能；另一方面則不同於楊時的體驗未發之中的類似玄想而難以把握，楊時認爲："道心之微，非精一其孰能執之？惟道心之微，而驗之於喜怒哀樂未發之際，則其義自見，非言論所及也。堯諮舜，舜命禹，三聖相授，惟中而已。"[①] 而胡宏則在承認心體具有先驗性的同時，强調經由後學將"心"體潛在的先驗能力轉變爲現實存在，認爲"學之道，莫過乎繹孔子、孟軻之遺文"[②]，還强調力行、居敬等修養工夫，另外强調將經由後學而獲得的對"性"這一具體規律的體認，付諸社會實踐中，即關注現實的法律制定，如此則主體修養由本體到主體、由形而上到形而下的體系完備地構建了起來。其理論體系不同於純粹的内向式探究，也與之前的程頤、之後的朱熹將天理視爲純粹外在的外向式追索不同，而是體現出了對二者的融通與調和，其著眼點在於可操作性與可實踐性。從中國哲學思想發展來看，内向式探究與外向式追索，二者的邏輯理論推演到極致，前者會導致虚無主義，而後者則會導致無視主體價值的傾向，象山心學與晦庵理學之爭就是如此。從西方哲學發展來看，惟理論與經驗論的邏輯發展到極致亦與之類似，如休謨將經驗主義推到極致所導致的不可知論，而惟理論發展到極致就等於承認人乃生而知之，不假外求，與常識不符。從此角度來看，胡宏的理論既堅持了主體的先驗性，認爲主體具備認識自我、世界的能力；又强調通過後天的學習可將主體先驗的認識能力由潛在變爲現實，將轉爲現實的先驗能力施用於實踐與生活。胡宏所構建的思想體系，不但在理學發展史上有非凡的價值，在世界哲學史上亦觸及了惟理論與經驗論的彌合問題，顯然應得到更多的重視。

　　最後，胡宏這種"命""性""心"三元的邏輯體系，及由"性"引申出的"仁"來制定法律的思路，與托馬斯·阿奎那的社會倫理學説頗爲接近。托馬斯·阿奎那將人類社會及體制看成宇宙體系的一個典型的層次，在這個層次中通行著在別的層次表現爲不同方式的相同原則。這與胡宏天命、"性"支配著外在事物與人類社會的運轉的觀點頗爲類似，托馬斯·阿奎那還將法律分爲永恒法（神的自然法）、自然法（人的自然法）、人法（人的成文法）和神法（神的成文法，主要是《聖經》）

---

① （宋）楊時：《楊龜山先生全集》卷十四，第703頁。
② （宋）胡宏：《知言·義理》，《胡宏集》，第29頁。

四種類型。"永恒法是神創造世界、統治世界的範本"①，整个宇宙是由神的理性支配的，而神的理性是沒有时间界限的、永恒的。這與胡宏高揚"天命"頗爲類似。同時，人是具有理性的，上帝的理性體現在人之具體存在中，"他們在某種程度上分享神的智慧，並產生一種自然的傾向以從事適當的行動和目的，這種理性動物之參與永恒法，就叫做自然法"②。在胡宏思想體系中，"命"具有第一位階，具有基本規律的性質；而"性"則作爲具體規律而存在，人類社會的組成、倫理道德的產生、主體思維的規律，皆是"性"之體現，這與阿奎那"自然法"的界定又頗爲吻合。而在自然法的基礎上又會產生人法，"一切由人制定的法律，只要來自自然法，就都和理性相一致。如果一種人法在任何一點與自然法相矛盾，它就不再是合法的，而寧可說是法律的一種虧損了"③。胡宏將井田、封建等三代法制看作聖王仁心之體現，是對"性"的準確反映，故而成就了三代之治的理想政治。而後代則因君主私欲，法制乖離"性"，故而陷入興替紛亂的惡性循環中。這與阿奎那的人法理論頗爲接近。總之，如果將胡宏思想與阿奎納社會倫理學說做一個對比，不難看出，永恒法相當於"命"，自然法相當於"性"，人法就是各個時代具體的政治制度和法律法規。按照胡宏的觀點，只有通過"心"，正確把握"性"，人間的制度法令才具有正當性。

儘管胡宏的理學思想體系建構具有相當的獨特性與前瞻性，但其思想也有矛盾處，如其將"氣"視爲世界物質本原，又認爲"氣之流行，性爲之主"④，"非性無物，非氣無形，性其氣之本乎"⑤。按照胡宏之前命—性—心的位階排列方式，此處"性"占據了本屬"命"的位置。這是胡宏思想的矛盾處，也或許與其思想不同階段的發展有關。

第二節　胡宏理學思想視域下的詩歌創作

胡宏詩歌數量並不多，客觀而論，其詩歌成就亦不高。但其理學思想形諸詩歌創作，却使其詩歌呈現出獨特的哲學意味。這主要體現在發

---

① 苗力田、李毓章主編《西方哲學史新編》，第 218 頁。
② 《阿奎那政治著作選》，馬清槐譯，商務印書館，1982，第 107 頁。
③ 《阿奎那政治著作選》，第 116 頁。
④ （宋）胡宏：《知言·事物》，《胡宏集》，第 22 頁。
⑤ （宋）胡宏：《知言·事物》，《胡宏集》，第 22 頁。

而中節的情感要求在詩歌中的體現、對"性"之理解促動下生成的萬物各得其宜的審美感受、動靜語默與道冥符的生命體驗等三個方面。雖然胡宏的詩歌數量與成就有限，但他的詩歌呈現了與其理學修養息息相關的内在特徵，具有分殊之景、情以一理貫之的哲理意蘊，而且昭示了南宋理學詩與理趣詩的發展趨勢。

一 "發而中節"情感規範的詩歌體現

作爲名著一時的理學大家，胡宏與其理學前輩一樣，持重道輕文的觀點，其《知言·大學》中有言："學道者，正如學射，才持弓矢，必先知的，然後可以積習而求中的矣。……若志不在於的，苟欲玩其辭而已，是謂口耳之學，曾何足云？夫留情於章句之間，固遠勝於博弈戲豫者，特以一斑自喜，何其小也？"① 胡宏認爲，相對於探究聖賢之道的儒學，文學乃游戲謔浪之術。溺於文章之學雖然遠勝博弈，但不足道也。胡宏進而認爲："若徒掇拾章句，馳騖爲文采，藉之取富貴，緣飾以儒雅，汲汲計升沉，領光景以快情遂欲，誇妻妾而耀鄉里者，是吾棄我經天緯地，建三才，備萬物，至大至妙，不貲之身於一物之小也，其不仁孰甚焉。"② 胡宏認爲耽於文章之學以取富貴，是乖離儒者之道，是自棄"不仁"之舉。但胡宏又認爲聖人之道應以文爲載體而傳承："自堯舜之盛，暨乎孔子，風氣浸漓，上無明王，下無賢佐，至道泯然其將絕。苟非載以文而指示焉，則後世雖有間氣英明之士，亦且惑於異端，天下幾何其不流而入於禽獸也。"③ 不難看出，胡宏所否定的是偏離探究儒者之道的文字，反之，載道之文則值得肯定。

文學作品乃作者"應物斯感"的情感表達，即使是探究儒者之道的義理之文，亦難以脱離作者的主觀感情因素。而胡宏對"情"則有自我獨特的理解，他認爲："性譬諸水乎，則心猶水之下，情猶水之瀾，欲猶水之波浪。"④ 胡宏用比喻説明"心"與"性"具有同質性，而"心"具有情、欲。同時，胡宏又認爲"情"乃"已發"："（宏）曰：'未發時便是性。'仲思曰：'如此則是喜怒哀樂未發便是性，既發便是情。'曰：

---

① （宋）胡宏：《知言·大學》，《胡宏集》，第33~34頁。
② （宋）胡宏：《邵州學記》，《胡宏集》，第150頁。
③ （宋）胡宏：《程子雅言後序》，《胡宏集》，第158~159頁。
④ （宋）胡宏：《知言·往來》，《胡宏集》，第13頁。

'然。'"①如此，則人非木石而皆有"情"，聖人與庸人的不同即在於前者之情"發而中節"，後者之情"不中節"："然則何以別於衆人乎？聖人發而中節，而衆人不中節也。中節者爲是，不中節者爲非。挾是而行則爲正，挾非而行則爲邪。正者爲善，邪者爲惡。"②也就是説，聖人情感的表達，於無意間皆合乎道之要求，而庸人則泥於私情。這顯然受楊時"執中"説的影響，楊時認爲："《中庸》曰：'喜怒哀樂未發謂之中，發而皆中節謂之和。'學者當於喜怒哀樂未發之際，以心體之，則中之義自見，執而勿失，無人欲之私焉，發必中節矣，發而中節，中固未嘗亡也。孔子之慟，孟子之喜，因其可慟可喜而已，於孔孟何有哉？其慟也，其喜也，中固自若也。"③聖人與衆人一樣有情，只是聖人之情無人欲之私，胡宏也持相同觀點："凡天命所有而衆人有之者，聖人皆有之。人以情爲有累也，聖人不去情；人以才爲有害也，聖人不病才；人以欲爲不善也，聖人不絕欲；人以術爲傷德也，聖人不棄術；人以憂爲非達也，聖人不忘憂；人以怨爲非宏也，聖人不釋怨。"④那麼，如何達到聖人發而中節的境界？胡宏認爲首先要重視外在的學習："窮理盡性以成吾仁，則知天下無大事，而見天下無固物。雖有怒，怒而不遷矣；雖有欲，欲而不淫矣。"⑤通過外向式的窮理盡性工夫，明了"性"之爲用，則主體之思慮與行止自可符合聖人之道，做到"發而中節"。其次則強調內向式的心體涵養工夫："情一流則難遏，氣一動則難平。流而後遏，動而後平，是以難也。察而養之於未流，則不至於用遏矣；察而養之於未動，則不至於用平矣。是故察之有素，則雖嬰於物而不惑；養之有素，則雖激於物而不悖。"⑥這種"察而養之"於"未流""未動"的工夫，就是楊時體驗"喜怒哀樂之未發"修養論的另類闡釋。這種通過內外修養而滅除私情的"情"，曾亦先生將其定義爲"天地之情，是廓然大公的情"⑦，"所謂廓然大公，即是人心不蔽於情之自然所極處，而同時將他者收攝在吾心之中。換言之，當我之情自然發動時，同時亦包含

---

① （宋）胡宏：《知言》之"附錄"，《景印文淵閣四庫全書》第 703 册，第 151 頁。
② （宋）朱熹：《宋朱熹胡子知言疑義》，《胡宏集》"附錄一"，第 334 頁。
③ （宋）楊時：《答學者其一》，《楊龜山先生全集》卷二十一，第 898 頁。
④ （宋）朱熹：《宋朱熹胡子知言疑義》，《胡宏集》"附錄一"，第 333~334 頁。
⑤ （宋）胡宏：《知言·紛華》，《胡宏集》，第 25 頁。
⑥ （宋）胡宏：《知言·一氣》，《胡宏集》，第 28 頁。
⑦ 曾亦：《本體與工夫》，上海人民出版社，2007，第 95 頁。

對他者的一種關注在內。"① 這種 "情" 脫離了一己的得失憂患，既能順萬物之性而行，又能行於灑掃日用而不離道。

如此，於詩文寫作中書寫自我 "發而中節" 之情，雖不是直接探討儒學義理之文，但因其表現的是流行於日用中的聖人之道，故而亦屬載道之文的範疇，如此則實現了與 "掇拾章句" 之 "口耳之學" 的不同，而具有存在的合理性。

胡宏認爲："天下之事，人倫爲重，舍人倫而矜細行以欺世盜名者，君子不與也。"② 因此，敦重人倫即爲儒者修養之基本，故而思親念友之題材則因其符合人倫之要求而獲得了存在之合理性。胡宏詩歌中就有多處涉及兄長胡寅，如《中秋對月憶伯仲》："人在西南分楚越，天轉金風更淒切。此時何事最關情，團圓獨對中秋月。"③ 此詩情感真切，不事雕琢，應爲胡寅臨安爲官時胡宏寄贈之作，胡氏昆仲一則棲於南楚，一則寄身越地，當中秋月圓之際而兄弟飄零，各在一涯，共睹明月却不得相見，與白居易 "共看明月應垂淚，一夜鄉心五處同" 有異曲同工之妙。又如《憶伯氏三首》：

> 又見雁南飛，遠行人未歸。西風吹白髮，肌瘦不勝衣。
> 又見雁南飛，行人幾歲歸。朔風吹病體，獨對雪霏霏。
> 又見雁南飛，遠人音信稀。東風吹夢去，一見貌頎頎。④

三詩皆以 "又見雁南飛" 起興，既言節序變化，又暗含了年華流逝之感。前二首極訴兄弟思念之苦，不事雕鏤，從自我白髮叢生、病體羸弱之境況，生出年華流逝恐兄弟歡會之日無多的沉重感慨。而第三首則言日有所思故夜有所夢，夢中見兄長頎整之貌而盡歡會之樂，以夢境之和樂反襯現實之孤獨。以對兄長的思念統領全篇，一氣直下，以意動人。胡宏評價二程之語言時說："無文之言，猶璞玉也，雕琢者在於玉工，吾能存之而已。"⑤ 而此詩則可視爲胡宏的 "無文之言"，自然天成，

---

① 曾亦：《本體與工夫》，第 99 頁。
② （宋）胡宏：《釋疑孟》，《胡宏集》，第 320 頁。
③ （宋）胡宏：《胡宏集》，第 73 頁。
④ （宋）胡宏：《胡宏集》，第 79 頁。
⑤ （宋）胡宏：《程子雅言後序》，《胡宏集》，第 160 頁。

猶如璞玉。正因胡氏昆仲感情頗深，故而分別時思念甚深，而同行時則和樂無比，紹興十三年，胡寅自永州卸任，歸南嶽，與胡宏同行[①]，途中胡宏作詩云：

> 江村沙暖蔞蒿長，味比枸杞新甘香。茁茁荻芽生近渚，紫花臺菜初未嘗。白羊烏牸俱在牧，茅舍竹籬是故鄉。人生未必須富貴，萬事且願身康強。徑買官場舊醑酒，共醉春風殊未央。[②]

胡寅幾次請辭、請改宮祠未許之後，終於任滿得以回鄉，昆仲同行，可謂得雁行之實。胡宏此詩，首二聯用白描手法寫途中所見，春風回暖，蔞蒿、荻芽生滿岸畔，從采掇以供廚饌的目前聯想，生發出今後兄弟團聚的鄉居之樂。第三聯則更進一步，從途中所見鄉村茅舍比鄰、牛羊共牧的和諧寧靜，暢想故鄉亦必如此，可謂反用"雖信美而非吾土"之意。末二聯作結，言希望弟兄二人今後身體康健，共醉春風，悠游卒歲。全詩從眼前所見之景的描寫與聯想起筆，盡述今後鄉居生活和樂美好的想象。此詩雖與前述昆仲分離時思念的孤苦形成強烈的對比，但其內在精神皆本自敦重人倫的基本修養要求。胡寅《先公行狀》載其父胡安國臨終前對諸子的告誡："二弟問疾，泣而撫之。至於諸子，則正容曰：'事兄友弟。'遂不復語。"[③]寅、宏兄弟二人可謂踐行了胡安國之期許。

除親人分離之苦、相聚之樂的書寫符合人倫要求外，同氣相求的友朋之情亦因符合人倫而進入胡宏的詩歌創作，如《挽孫奇父》：

> 英雄割據裔，少年事豪俊。名勝翻然交，仁義以身徇。南州作吏師，西洛陪先進。情高尚禮樂，代季見戎陳。王師頻潰遯，我憤嬰疾疢。草廬臥江漢，僚幕資才俊。昭昭心自知，蹇蹇步不迅。乘風忽遠去，炎嶺善持慎。先君有顧懷，丈人踐忠信。相從寓衡山，時許闚牆仞。胸中學海深，舌本詞源濬。老矣猶詩書，飢來只薇莤。

---

① 容肇祖：《胡寅年譜》，《斐然集》"附錄一"，第687頁。
② （宋）胡宏：《同伯氏還峽》，《胡宏集》，第58頁。
③ （宋）胡寅：《先公行狀》，《斐然集》卷二十五，第559頁。

　　馬革誓裹尸，氣凛如秦蕳。無力獻廟堂，使得致忠藎。據古論孔周，及今佐堯舜。吁嗟民多瘼，慘戚天不愁。熒熒輀車行，遙遙渚宮殯。治命能不渝，有子孝而順。①

　　胡宏此詩乃爲挽友人而作，首四聯爲一節，敘友人出身江東孫氏，少年豪俊但敦儒好文，曾問學於二程。自"王師"至"吁嗟"爲一節，盡述孫奇父心憂國事，雖未能盡展其用，而愛國憂時之心遠而彌篤，"馬革誓裹尸，氣凛如秦蕳"是也。閒居時窮研聖人之道，"老矣猶詩書，飢來只薇蔽"，則暗用孔子"一簞食，一瓢飲，在陋巷，人不堪其憂，回也不改其樂"語，以之讚揚其儒學修養之高妙。末二聯結出對孫奇父襟懷難展、終老水濱的極度惋惜。全詩意脈連貫，感情真摯，將對同道中人事業不競、襟懷難展的同情與惋惜揮灑無餘。其他寄贈友人之詩如《送友人歸荆南》之"曉月子規驚別夢，冥冥空有淚痕濺。臨歧相贈要切語，慎勿使我空華巔。"亦是情感真摯，意脈直露，不假雕飾。

　　胡宏身處兩宋變易之際，衰微的國勢使其救亡圖存、關心國事之情懷亦屢次形諸詩歌，胡宏即視靖康之恥爲"萬世不磨之辱，臣子必報之仇"②。因此，書寫家國情懷的此類詩歌因其君臣家國大義的倫理屬性，亦屬"發而中節"的範疇。如其《碧泉九日有感》其一："祝融地勢東南俯，西北星辰拱漢關。冷落山河憑玉几，凋殘名物損朱顏。西風凛凛鵰空搏，朔雪飄飄雁亦寒。正恐中原消息斷，問誰曾到五陵間。"③山河冷落，明物凋殘，西風凛冽，霜雪飄揚，既是寫景，亦用比興手法寫出了金人南侵、國勢衰微的危急現實。身處亂世，而自我年華空逝，鬢髮斑白，有心報國做九霄之鵰，卻襟懷難展只能爲霜雪孤雁。沉重的家國之感、黍離之悲彌漫其間。而其《偶書》一詩則用故作曠達之筆，從反面寫此家國之感："一丘自足更何營，萬里神州長在眼。莫愁風景異山河，晴天雲蔭清峰晚。"④一丘自可容身，捨此不必貪求。但神州在眼，風雨飄搖的現實使人不得不焦慮萬端。而第二聯則反用《世說新語》"風景不殊，正自有山河之異"之語，言此地雖非中原，但雲蔭清峰之

---

① （宋）胡宏：《胡宏集》，第69頁。
② （宋）胡宏：《上光堯皇帝書》，《胡宏集》，第86頁。
③ （宋）胡宏：《胡宏集》，第64頁。
④ （宋）胡宏：《胡宏集》，第75頁。

佳景亦可使人忘懷。故作豁達，正話反説，既寄寓了自我的家國憂思，
又諷刺了耽於安樂的權貴。而其《别全當可》一詩則是以樂景襯哀情：
"一别賢關二十年，人間萬事儘悠然。堪嗟烽火干戈地，元是衣冠禮樂
天。騎馬相逢南紀道，離尊同舉大江邊。此時景色如秋色，自古丹青妙
莫傳。"① 亂世相逢，感慨萬千，當日相識之繁華禮樂地，今日已是干戈
戎馬之區。今日重逢，離樽同舉，江畔秋氣高明，宛如圖畫，而同飲之
二人內心却沉痛無比，與杜甫"戎馬關山比，憑軒涕泗流"詩意類似。

　　總之，"發而中節"的理學修養論，使胡宏認同人之情感的合理性，
而思親念友、黍離之悲則因符合人倫規範而成爲"發而中節"的情緒表
達，屬於聖人之道流行於日用的表現，故而基於親友、家國之人倫情懷
的題材，成爲胡宏詩歌的一部分。而其"無文之言，猶璞玉也"的語言
觀，則使胡宏這類詩歌呈現以意爲主、一氣直下的單向結構和多用白
描、不假雕飾的語言風格。

二　盡性至命：修養理路的詩化表現

　　胡宏構建起了命、性、心的三元邏輯思維體系，其中"命"爲本
體，具有基本規律的性質，而"性"則具有具體規律的性質。胡宏認
爲："誠者，命之道乎！中者，性之道乎！仁者，心之道乎！惟仁者爲
能盡性至命。"② "誠，天命。中，天性。仁，天心。理性以立命，惟仁者
能之。"③ "心"即主體的認識能力與認識規律，主體如充分發揮"心"之
作用，依"仁"而立，則可以"盡性至命""理性以立命"。同時，胡宏
界定"性"之內涵曰："天命之謂性，流行發見於日用之間。"④ 胡宏認爲
"性"這一具體規律會在日常生活中體現出來，而主體也可通過對具體
事物乃至自我內心的識察而洞悉"性"之規律："事物屬於性，君子不
謂之性也，必有心焉，而後能治。裁制屬諸心，君子不謂之心也，必有
性焉，然後能存。"⑤ 規律可以由主體通過思想而識察，而主體感知規律
的方式則是觀察事物，因爲"事物屬於性"，而主體識察之標的乃是以

---

① （宋）胡宏：《胡宏集》，第 66~67 頁。
② （宋）胡宏：《知言·天命》，《胡宏集》，第 1 頁。
③ （宋）胡宏：《知言·漢文》，《胡宏集》，第 41 頁。
④ （宋）胡宏：《知言·復義》，《胡宏集》，第 39 頁。
⑤ （宋）胡宏：《知言·紛華》，《胡宏集》，第 25 頁。

事物爲顯現載體的規律——"性"。此外，主體由"心"識察到的乃是與"心"具有同質性的客觀精神"性"，識察活動本身也是"性"的顯現，而非"心"體獨立於"性"的活動，這是因爲"心"體具有先驗性，與"命""性"具有同質性："天命爲性，人性爲心。"①"性，天命也；命，人心也。"②而"命""性"須經由"心"體的活動而由潛在變爲現實："心也者，知天地，宰萬物，以成性者也。"③因此，主體可由外界事物觀照中，體察"心"體之爲用，進而"盡性至命"。這一理學思想體現在日常生活中，即存在呈現爲由觀物而反求内心之審美體驗的可能。

如前所述，胡宏認爲"天命"與"性"流行於日用之中，那麼主體即可在日用之間通過外在觀物、内在識察而體味"天命"與"性"之存在與作用。以其《圃景大吟呈伯氏》爲例：

> 青鞋黄帽侵晨起，杖策徐行聽流水。雲輕淡月欲明時，竹裏清風開太始。山鐘間發催天曙，廟鼓連聲動群耳。東山青樹映霞明，西嶺朱樓眇烟裏。樵夫荷斧晨出山，漁子攜魚午趨市。静看岐路人營營，獨坐小亭秋靡靡。已知物理時常改，因見天工神不死。胸中浩蕩一乾坤，世上榮枯均泰否。悠然種植得佳趣，春意生生自無已。④

晨起杖策徐行，流水淙淙，雲輕月淡，清風拂竹，早霞映樹，遠處寺院之鐘鼓聲此起彼伏，一派萬物各得其宜、生生不息的景象。天命不已，不爲堯存，不爲桀亡，世間萬物皆爲"天命"與"性"在日用間的體現，不獨自然界之事物如此，樵夫晨出勞作，漁家攜魚趨市，人事亦同。詩人則静中觀動，看衆生營營，觀秋意靡靡，而體味到支配人類社會存在與自然事物變化的客觀規律的存在，所謂"物理時常改"而"天工神不死"。因此發出了順應這一客觀規律，忘却私情私欲而悠然自得的和樂感慨。而其《和伯氏》一詩，由觀物而識得天命與性之流行的思路則更加明顯，詩云："爲園非是學樊須，鋤罷歸來又讀書。董子不窺

---

① （宋）胡宏：《知言·天命》，《胡宏集》，第4頁。
② （宋）胡宏：《知言·修身》，《胡宏集》，第6頁。
③ （宋）朱熹：《宋朱熹胡子知言疑義》，《胡宏集》"附録一"，第328頁。
④ （宋）胡宏：《胡宏集》，第52頁。

緣底事，陶公成趣愛吾廬。華枝瘦日應攙舉，草色回春莫剗除。長遣簡中消息在，此生何處不安居。"①《論語》載："樊遲請學稼，子曰：'吾不如老農。'請學爲圃。曰：'吾不如老圃。'樊遲出。子曰：'小人哉，樊須也！'"②詩之首聯反用其意，言開園並非學樊須，而是欲觀萬物自然以體驗"天命"與"性"之流行，而"鋤罷歸來又讀書"既是自我生活狀態的描寫，亦是其"心"體先驗須經由後學而轉變爲現實之修養理論的展現："夫理，天命也；義，人心也。惟天命至微，惟人心好動。微則難知，動則易亂。欲著其微，欲靜其動，則莫過乎學矣。學之道，莫過乎繹孔子、孟軻之遺文。"③頷聯用董仲舒、陶淵明典故，一正一反，言董仲舒專心篤學，希慕聖人之道，以致三年不窺園，不察事物之情態，不從自我生命與外界自然的共感中體悟天命，則何能達聖人境界？反不若陶淵明之自然通脫。而頸聯則用程顥事，《橫浦日新》中載程顥窗前芳草覆砌，有人勸其芟除，程顥曰："不可，欲常見造物生意"，書中又言程顥於盆中養小魚數尾，"欲觀萬物自得意"④，胡宏用此典，反映了其以本真之內心體察、觀想外界，從萬物之生生不息中獲得與自我生命共感的修養過程。由此結出尾聯，體驗到"天命之謂性，流行發見於日用間"則自可達到生命的安頓境界，故而隨心所欲而不逾矩，是爲"此生何處不安居"。尾聯與蘇軾"此心安處是吾鄉"相類，但其安心的方式則因有精微儒學修養理論的支撐，而化育出了更爲哲理化的意蘊。

　　體驗"天命"與"性"在日用中之流行，不僅可以會通天理，亦可以減除見道理不透徹而產生的私情，如其《春日郊行》一詩："東郊野馬爛氛氳，聊駕柴車問訊春。遠草綠沉煙霧裏，高花紅照綺羅新。迎風柳占鶯啼處，帶雨泥融燕觜勻。動植自私還自足，天邊愁殺踏青人。"⑤《莊子·逍遙游》云："野馬也，塵埃也，生物之以息相吹也。"成玄英注之曰："青春之時，陽氣發動，遙望藪澤，猶如奔馬，故謂之野馬。"⑥於此陽氣發動、萬物欣欣之際，駕車踏青尋春。見草色連天，紅花搖曳，柳暗故聞鶯啼而不見其形，雨足泥軟故引歸燕銜泥補巢。萬物之存

① （宋）胡宏：《胡宏集》，第 63 頁。
② （宋）朱熹：《四書章句集注·論語集注》卷七"子路第三十三"，第 142 頁。
③ （宋）胡宏：《知言·義理》，《胡宏集》，第 29 頁。
④ （宋）于恕：《橫浦日新》，《四庫全書存目叢書》子部第 83 冊，第 241 頁。
⑤ （宋）胡宏：《胡宏集》，第 61 頁。
⑥ （清）郭慶藩：《莊子集釋》，中華書局，2012，第 7 頁。

在皆乃"天命"與"性"流行之表現，庸人不見此理，故以春歸爲喜，
以春去爲悲；而作者則因參透此理，順"性"而爲地消解了節序變遷的
悲傷。其《雲月》則是在觀物以體"性"的過程中，化解"月有陰晴
圓缺"之時光流逝悲感之作："朝看南山雲，暮看西山月。雲物時有無，
月魄遞盈闕。月明雲昭章，雲散月奇絶。屈伸至理中，莫道吾生拙。"①
其《知言》有言："觀日月之盈虛，知陰陽之消息；觀陰陽之消息，知聖
人之進退。"②此詩可謂胡宏這一理學觀點的詩化表達。

　　胡宏這類詩歌，究其實質，乃是體驗"天命"與"性""流行發見
於日用間"之修養理論的文學表達。胡宏認爲作爲具體規律的"性"屬
性爲善且不與惡對："宏聞之先君子曰：'孟子所以獨出諸儒之表者，以
其知性也。'宏請曰：'何謂也？'先君子曰：'孟子道性善云者，嘆美之
詞，不與惡對。'"③胡宏認爲"天命""性"爲規律之正，乃正確規律的
忠實體現，所謂"誠，天命"。故而順性而爲則可使萬物各得其宜，因
此"性"善不與惡對。如此，則於現實生活中體驗"性"之流行即可獲
得一種洞悉存在本質的和樂，因此胡宏這類詩歌，於春容暇豫的風貌中
注入了哲理思辯的氣質，耐人尋味。

三　與道冥符：境界體認的詩美傳遞

　　胡宏於《程子雅言前序》中讚美二程之人生境界："若夫中春風
日，拂拂融融，蓋其和也。風冽而霜凝，蓋其蕭也。山之定止，萬貨
滋生，蓋其德也。川奔放而來無盡，蓋其應也。四時更代，蓋其變化
也。莫知其所以然，蓋先生之神明不可得而測也。其爲人也，可謂大
而化矣，吾將以之爲天。"④與其說是對二程境界的理解，毋寧説是胡
宏理想人生境界的另類表達。胡宏認爲主體本自"心"體之先驗能力，
通過後天的修養，可以達到聖人境界："曾不知此心本於天性，不可磨
滅，妙道精義具在於是。聖人則寂然不動，感而遂通，而百姓則日用
而不知耳，蓋不可以有適莫也。"⑤感而遂通，盡性至命之後，則主體仍

---

① （宋）胡宏：《胡宏集》，第53頁。
② （宋）胡宏：《知言·天命》，《胡宏集》，第1頁。
③ （宋）朱熹：《宋朱熹胡子知言疑義》，《胡宏集》"附録一"，第333頁。
④ （宋）胡宏：《胡宏集》，第157~158頁。
⑤ （宋）胡宏：《與原仲兄書二首》其一，《胡宏集》，第120頁。

然存於世間與庸人無異，但其應事接物則因境界之高妙而體現悠然和樂、自然無爲的氣度。

這種與道冥符之境界形諸日用，則往往會表現爲胸懷灑脱、渾然與物同體的和樂自然，胡宏《小圃將成》即此中代表。

　　　我愛青山好，衡山鎮南極。連峰叠翠西池西，五峰新亭面相直。喬嶽峥嶸天地中，飄零身寄衡山側。衡山之峰七十二，奔走芙蓉盡供職。紫蓋峰頭走日東，不朝芙蓉理莫測。芙蓉峰巓栖白鶴，今人不見雙飛翼。應是赤霄隨鳳游，遠向青田謀雁食。逍遥九皋鳴聞天，奇蹤只許群仙識。平生苦無適俗韻，置身大禹巡方域。雲舒烟卷試懷抱，月下風前得消息。四時有酒兼有花，百年無喪亦無得。儘教人作畫圖傳，杖藜見我看山色。①

　　首句之"我愛青山好"包含强烈的價值取向與情感色彩，而後從各個角度描寫衡山的巍峨、景色的秀麗以及自我的聯想，而後筆鋒一轉，寫自我"苦無適俗韻"，故卜居於此。"雲舒烟卷試懷抱，月下風前得消息"即自我心境的書寫，懷抱同雲卷舒，思慮隨乎風月，可謂"渾然與物同體"②之仁者情懷、"情順萬事而無情"③之聖賢境界的體悟。正因與道冥符，故而平居無異於人，有酒有花，但能忘却得喪而盡性至命。最後以自我入畫作結，欲將自我抽象的瞬間感悟化爲具象的繪畫而定格，挽結此詩的同時，進一步凸顯了自我胸懷灑脱的和樂情懷。

　　這種與道冥符境界的表現，多於瞬間感悟中現出，因此更多地體現在胡宏的律詩創作中，其《水石》一詩即"渾然與物同體"情懷的書寫："水石平生性所便，栽花種柳亦天然。春風花發游人見，秋月雲收照我員。玩意隴雲情自逸，放懷天理道無偏。坐消白石千峰下，長嘯一聲箕斗邊。"④主體之生命亦是"天命"與"性"之展現，行於所當行，

---

① （宋）胡宏：《胡宏集》，第 56 頁。
② （宋）程顥、程頤著，王孝魚校點《二程集·河南程氏遺書》卷二上："學者須先識仁，仁者渾然與物同體。"第 17 頁。
③ （宋）程顥、程頤著，王孝魚校點《二程集·河南程氏粹言》卷二："夫天地之常，以其心普萬物而無心；聖人之常，以其情順萬事而無情。"第 1263 頁。
④ （宋）胡宏：《胡宏集》，第 63~64 頁。

止於所當止，處於客觀規律之中，亦符合客觀規律之要求。故而栽花種柳既爲日常生活，又可從中體悟"天命"與"性"在日用中之流行，故而不論春風花發之時，還是秋月雲收之際，自我皆因識得客觀精神之運行而無怨無喜。頸聯、尾聯則爲自我境界的表現，自我胸懷灑脱，與物同體，情順萬事而無情，不滯於物，亦不與物絶，故而既能觀隴雲而情自逸，又能坐白石千峰以消永日，還能長嘯山林優游度日。既放心自在，又不離於道。其《雨急》一詩，"情順萬事而無情"的特色則更爲鮮明："雨急落花零亂，風微吹草蒙茸。花亦何心怨雨，草都無意酬風。"[1]雨急花落，風吹草長，但花不怨雨，草不酬風，因爲"天命之謂性，流行發見於日用間"，即一切演變皆乃天道之流行，故不須怨，亦無須愁。

　　這類詩歌彰顯的是主體修養的境界，與道冥符是其精神内核；"渾然與物同體"與"情順萬事而無情"則是其外在的審美標準。紹興三十六年，朱熹卧病山間，因諸師友召其入朝爲官，故而作詩答之："先生去上芸香閣，閣老新峨豸角冠。留取幽人卧空谷，一川風月要人看。""甕牖前頭列畫屏，晚來相對静儀刑。浮雲一任閒舒卷，萬古青山只麼青。"[2]《宋名臣言行録》載胡宏見其詩，認爲"其言有體而無用"[3]。胡宏言其"詞甚妙而意未員"[4]。朱熹此詩情懷高妙，不願厠身官場，但在胡宏看來有體無情、詞妙意虧，因朱熹詩意表現出的是取一川風月、看萬古青山，捨芸香閣、棄豸角冠。在胡宏看來，朱熹詩體現出的境界修養，雖然合乎儒者抱道自居之道德要求，却未能達到"情順萬事而無情"之境界，因其取捨之間，愛憎之意隱然可見。有愛憎取捨，則心不平，心不平則自然不能"渾然與物同體""情順萬事而無情"，因而胡宏答詩曰：

　　　　雲出青山得自由，西郊未解如薰憂。欲識青山最青處，雲物萬古生無休。

---

① （宋）胡宏：《胡宏集》，第 78 頁。
② （宋）朱熹：《寄籍溪胡丈及劉恭父二首》，《朱子全書·晦庵先生朱文公文集》卷二，上海古籍出版社、安徽教育出版社，2002，第 282 頁。
③ （宋）朱熹撰，（宋）李幼武補《宋名臣言行録·外集》卷十一，《景印文淵閣四庫全書》第 449 册，第 756 頁。
④ （宋）胡宏：《胡宏集》，第 77 頁。

幽人偏愛青山好，爲是青山青不老。山中雲出雨乾坤，洗過一番山更好。

天生風月散人間，人間不止山中好。若也清明滿懷抱，到處氛埃任除掃。①

胡宏這一組詩，前二首和朱熹之意，言萬物皆依"天命""性"之規律而演化，乃規律之正的表現，識得此中奧妙方可獲得精神的自由，故見"萬古生無休""青山青不老"而生發出"洗過一番山更好"的和樂自在。而第三首則言人事與自然皆依"天命"與"性"之規律演化，因此不可偏愛自然而厭惡人世，若達到聖人"情順萬事而無情"之境界，則行於所當行，止於所當止，無論閒居還是出仕皆可合乎聖賢之道，是爲"若也清明滿懷抱，到處氛埃任除掃"。羅大經《鶴林玉露》評及此詩曰："杜陵詩云：'雨晴山不改，晴罷峽如新。'言或雨或晴，山之體本無改變。然既雨初晴，則山之精神煥然乃如新焉。朱文公《寄籍溪胡原仲》詩云：'甕牖前頭翠作屏，晚來相對靜儀刑。浮雲一任閒舒卷，萬古青山只麽青。'胡五峰見之，以爲有體而無用，乃廣之曰：'幽人偏愛青山好，爲是青山青不老。山中雲出雨乾坤，洗出一番青更好。'文公用杜上句意，五峰用杜下句意。然杜只是寫物，二公則以喻道。"②羅大經雖是探尋二者詩句淵源所自，但亦指出了二者以之喻道的事實。而羅氏言外之意亦不難看出，即朱、胡一取杜詩上句，一點化杜詩下句，不同的審美選擇表現了不同的道體體認。

胡宏在論及二程境界之時，既指出了其和、肅的特質，又指出了其道德品格於日用中的表現，即"川奔放而來無盡，蓋其應也。四時更代，蓋其變化也"。與道冥符故動靜語默皆合乎道，物來則應，順"性"而行，與物同體而又不滯於物。這類似於審美的非功利性心態，與事物保持著一定的心理距離，故能放心自在，和樂自然。胡宏的這類詩歌乃本自自我修養境界推而廣之，類似於一種審美的移情作用，乃由內而外的推演方式。而前述"盡性至命"的觀物以識察"心"體的詩歌，則爲由外而內。二者皆爲胡宏理學修養工夫在詩歌創作中的體現，亦使其詩

---

① （宋）胡宏：《胡宏集》，第 77 頁。
② （宋）羅大經：《鶴林玉露・乙編》卷六 "雨晴詩"，中華書局，1983，第 221 頁。

歌呈現出和樂自在的儒者情懷與盡性至命的思辯意藴。

四　胡宏詩歌創作的詩學價值與意義

胡宏認爲"性"是支配萬物存在、生成、發展的具體規律，千差萬別之事物因"性"而成就各自，但其背後的規律則爲"性"："觀萬物之流行，其性則異；察萬物之本性，其源則一。"[1] 胡宏詩歌創作，一則本自"發而中節"之修養理論，在詩歌中書寫其性情之正，因其敦重人倫的儒學修養基本，思親念友、家國君臣之情則因具備倫理的合理性而進入了詩歌。而主體愛親敬長的自然情感之生成與表現，亦是"性"的流行。與此同時，主體之修養除識察自我内心外，還應在應事接物中體察"天命"與"性"的流行，即"觀萬物之流行""察萬物之本性"也。這使胡宏慣常於日常生活的體驗中生發出"盡性至命"的感悟，而胡宏又認爲有所體悟之後應推而廣之："天下莫大於心，患在不能推之爾。……不能推，故人物内外不能一也。"[2] 這種修養理論又使得胡宏將儒學義理、仁者情懷付諸日常生活。二者的結合即造成了胡宏詩歌以書寫日常生活體驗爲主，側重表現"渾然與物同體""情順萬事而無情"之感悟的特點。這種以内在體驗爲中心的創作模式，其精神内核是主體對"天命""性"這種客觀精神的理解，因其有理論基點，故能散爲萬事而歸於一心。

錢鍾書先生論及理趣的詩化體現時説："蓋任何景物，橫側看皆五光十色；任何情懷，反復説皆千頭萬緒；非筆墨所易詳盡。倘鋪張描畫，徒爲元遺山所譏杜陵之'砥砆'而已。掛一漏萬，何如舉一反三。道理則不然，散爲萬殊，聚則一貫；執簡以御繁，觀博以取約，故妙道可以要言，著語不多，而至理全賅。顧人心道心之危微，天一地一之清寧，雖是名言，無當詩妙，以其爲直説之理，無烘襯而洋溢以出之趣也。理趣作用，亦不出舉一反三。然所舉者事物，所反者道理，寓意視言情寫景不同。……惟一味説理，則於興觀群怨之旨，背道而馳，乃不泛説理，狀物態以明理；不空言道，寫器用之載道。拈形而下者，以明形而上；使寥廓無象者，託物以起興，恍惚無朕者，著述而如見，譬之

---

① （宋）胡宏：《知言·往來》，《胡宏集》，前引書，第14頁。
② （宋）胡宏：《知言·紛華》，《胡宏集》，前引書，第25頁。

無極太極，結而爲兩儀四象；鳥語花香，而浩蕩之春寓焉；眉梢眼角，而芳悱之情傳焉；舉萬殊之一殊，以見一貫之無不貫，所謂理趣者，此也。”①錢先生之言頗重肯綮，景物、情緒千變萬化，文學如沉迷於再現世間景物、世人情緒，則必雜亂無章。而道理則是景物、人情背後的規律，具體表現千變萬化則其實體則一。但文學如只論道理，則枯燥乏味。因此，優秀的文學作品應以理爲依據，描寫理在景物、情緒中的體現，如此則能連接抽象與具象，貫通形上與形下，形成理趣。而胡宏詩歌創作，本自其命、性、心三元邏輯體系，以“性”爲事物背後之具體規律，而詩歌則爲由物以盡“性”、本“性”以觀物的產物，這無疑符合錢先生關於理趣美的標準，亦在江西詩派占主流的詩壇之外，以學者之詩的形成開創了另一個詩歌審美領域。

許總先生主編之《理學文藝史綱》論及宋代理學詩之發展時曰：“理學詩除直接言理者外，尤多吟詠性情之作。……這一現象表面上似乎與理學家否定文學的緣情特性相矛盾，但實際上理學的深刻之處恰恰在於使傳統儒學由外在的社會之學內化爲內在的心性之學，因此它又是理學發展之必然及其題中應有之義，只不過此所謂性情，已經理學的提純與净化……人之性情亦與詩之形式一樣皆被納入理學之規範與軌道，成爲運行哲理之思的載體與媒介。”②胡宏詩歌即完全符合此論,而其表達被理學净化、提純情感的創作特點，對南宋理學詩歌、理趣詩亦具有導夫先路的意義。

---

① 錢鍾書:《談藝録》，第 562~563 頁。
② 許總等:《理學文藝史綱》，江蘇教育出版社，2001，第 96~97 頁。

第二編
甌山學派道論與詩學研究

第一章　龜山學派概述

龜山學派，顧名思義，因其創立者楊時號龜山先生而得名，又因程顥送楊時南歸時"吾道南矣"①之語，而被稱爲道南學派。楊時先後師承程顥、程頤昆仲，其後歷知瀏陽、餘杭、蕭山三縣，又曾入朝爲秘書郎、著作郎等官。楊時弟子衆多，尤以羅從彥、陳淵、張九成、朱松、王蘋、李郁等人最爲著名。其中羅從彥一系經李侗而傳至朱熹，遂啓南宋理學之盛；而張九成從另一個方向發展了楊時學説，其學説與陸九淵心學在很大程度上具有相通之處，朱熹即認爲"子韶一轉而爲陸子靜"②，侯外廬等先生亦認同這一觀點，稱"從思想發展史的邏輯上來説，確實是這樣"③。龜山學派諸人之活動時間，大致處於兩宋之交，他們在理學發展史上所處之階段是二程至朱熹、陸九淵的中間階段。同時，楊時"與胡安國往來講論尤多"④，對於湖湘學派所產生之影響亦不可小視。故而，龜山學派在兩宋之交的學術發展，尤其是理學的發展傳承中居於重要地位。而龜山學派則經歷了一個由確立、發展再到分化的過程，而其發展亦可視爲二程理學的再變與發生影響的過程。

第一節　龜山學派的確立

所謂學派，是個體或群體與其學術前輩先後建立聯繫過程的合體。故而，研究某一學派，首先應該以宗師、學説、治學方法、師承與傳人的譜系化以及流變等爲依准，立足相關文獻資料，對學派中人與其所師承之學術前輩發生聯繫的過程予以詳細的觀照。其次應該從學派内的差異和學派與其他學派聯繫的角度，來考察並把握學派特性。最

---

① （元）《宋史》卷四百二十八"楊時傳"，第 12738 頁。
② （宋）朱熹撰，（宋）李幼武補《宋名臣言行録·外集》卷七，《景印文淵閣四庫全書》第 449 册，第 721 頁下。
③ 侯外廬等：《宋明理學史》，第 304 頁。
④ 《宋史》卷四百二十八，第 12743 頁。

後則應考察學派在時人及後人觀念世界中的形成、發展與變化，因爲學派往往不是當事人的自我標榜，而是在後人的論述中逐漸成形的，後人不僅僅是發現流派、定義流派，還參與流派的形成。[①]

一　受教龜山、傳承洛學——共同的師承與追求所促成的龜山學派

學派之成立，首先在於學派諸人具有共同的師承，有著傳承某種學説的自覺意識。龜山學派就是如此。龜山學派作爲一個學派，首先在於學派中人都有相同的師承淵源，即都以楊時爲師，其次在於學派中人都有明確的傳承二程伊洛學術的自覺意識。

楊時熙寧九年進士及第之後，調官不赴，轉而前往潁昌師從程顥，程顥去世後，楊時於元祐八年再次北上師從程頤。其後楊時歷任瀏陽、餘杭、蕭山知縣，後因張舜民之薦舉得任荆州教授，崇寧五年又入朝爲秘書郎、著作郎。《宋史》載楊時入朝前“安於州縣，未嘗求聞達而德望日重，四方之士不遠千里從之游”，《宋名臣言行録·外集》卷九亦載：“龜山既受學於程氏，歸以其説教授東南，一時學者翕然趨之。”[②]可見楊時在入朝之前就已經開始了授徒講學活動。《楊龜山先生全集》卷十至卷十三爲“語録”，是當時龜山門人所記，其中依次爲“荆州所聞”“京師所聞”“餘杭所聞”“南都所聞”“毗陵所聞”“蕭山所聞”，按語録下所注之年月，依次爲崇寧三年、崇寧五年、大觀元年、大觀三年、政和元年、政和二年楊時講學時門人所記。楊時開始傳授伊洛學術的時期，亦是龜山學派之輪廓逐漸浮現的時期。在此一時期，羅從彦、陳淵、張九成等人皆前來問學。

在楊時諸弟子中，後世最爲著名者當數羅從彦。羅氏之所以最爲著名，皆因其再傳至朱熹，遂集理學之大成。《宋史·羅從彦傳》載：“聞同郡楊時得河南程氏學，慨然慕之，及時爲蕭山令，遂徒步往學焉。時熟察之，乃喜曰：‘惟從彦可與言道。’於是日益以親，時弟子千餘人，無及從彦者。從彦初見時三日，即驚汗浹背，曰：‘不至是，幾虚

---

① 現已有學者對學派研究的方法及關鍵作出了論述，如桑兵先生《中國學術思想史上的學術與統分》，載《中國社會科學》2006年第3期。

② （宋）朱熹撰，（宋）李幼武補《宋名臣言行録·外集》卷九，《景印文淵閣四庫全書》第449冊，第743頁上。

過一生矣！'"① 又《楊龜山先生全集》卷十二"餘杭所聞"中，有"仲素問""語羅仲素曰""語羅仲素"等七條，可以推知，在楊時知餘杭、蕭山縣時，羅從彥即已投入龜山門下，而其"不至是，幾虛過一生矣"的感慨，亦表明了羅從彥對楊時學行的敬仰，而楊時"惟從彥可與言道"的讚賞及"學而不聞道猶不學也"②的勸勉，也彰顯了楊時對羅從彥的高度評價。後來羅從彥也確實肩負起了傳承師道、光大洛學的責任，全祖望評之曰："一傳為延平則邃矣，再傳為晦翁則大矣。……甚矣，弟子之有光於師也！"③

在楊時諸弟子中，與其淵源最深，隨侍時間最久者當數陳淵。陳淵，字知默，初名漸，又字幾叟，南劍州沙縣人（今福建沙縣），是北宋末年名臣陳瓘之侄孫。而楊時與陳瓘義兼師友，或因陳瓘之舉薦，陳淵後就學於楊時。陳淵在《與胡少汲尚書》中叙述自己求學經歷時曰："淵少時學於叔祖了齋，其後二十五六歲始獲承教於龜山楊先生，因授室焉。"④ 其《答范益謙郎中》亦曰："又五六年，始見龜山，因得出其門下，龜山蓋學於伊洛而得其傳者。"⑤ 其於《答游定夫》中亦自述曰："始，某過建陽，問道於將樂楊公，公憐而教之，既而許妻以女。道路南北，迨三年然後成昏。成昏今一年矣，非惟貪緣葭莩之幸，實有幸於得畢其學問之素志，庶幾不虛作一世人也。"⑥ 從中不難看出陳淵師事楊時學習二程理學的自覺意識。而楊時對陳淵亦頗為器重，《宋元學案》載："先生幼穎悟異常兒，得聞家學。十有八歲，首領鄉薦，名聲藉甚，顧慊然以所學不在是。聞楊文靖得伊洛之傳，上書執弟子禮，以伊尹之所覺、周公之所思、孔子之所貫、顏子之所樂請益焉。文靖得書，以為深識聖賢旨趣，遂以子妻之。"⑦ 胡寅亦讚陳淵曰："默堂蓋龜山之回、騫也，其授受不差而訓明有素矣。"⑧ 陳淵與楊時的淵源使其

① 《宋史》卷四百二十八"羅從彥傳"，第12743頁。
② （宋）楊時：《楊龜山先生全集》卷十二，第620頁。
③ （清）黃宗羲著，（清）全祖望補修，陳金生、梁運華點校《宋元學案》卷三十九"豫章學案"，第1269頁。
④ （宋）陳淵：《默堂集》卷十八，《景印文淵閣四庫全書》第1139冊，第472頁下。
⑤ （宋）陳淵：《默堂集》卷十九，《景印文淵閣四庫全書》第1139冊，第491頁上。
⑥ （宋）陳淵：《默堂集》卷十五，《景印文淵閣四庫全書》第1139冊，第421頁。
⑦ （清）黃宗羲著，（清）全祖望補修，陳金生、梁運華點校《宋元學案》卷三十八"默堂學案"，第1265頁。
⑧ （宋）胡寅：《復齋記》，《斐然集》卷二十一，第447頁。

成爲龜山門下最重要的弟子之一，他對楊時學説的傳播貢獻甚大，全祖望評其曰："龜山弟子遍天下，默堂以愛婿爲首座。其力排王氏之學，不愧於師門矣！"①

李郁與陳淵皆爲楊時之婿，李郁字光祖，《閩中理學淵源考》卷六載："從舅氏陳忠肅公學，逾冠乃見龜山而請業焉。龜山一見奇之，妻以第三女。是時龜山以程氏説教授東南，一時學者翕然趨之，而龜山每告之曰：'道之所以傳，固不在於文字，而古之聖賢所以爲聖賢者，其用心必有在矣。'及請見於餘杭，則其告之亦曰：'學者當知古人之學何所用心，學之將以何用。……'公退求其説，不合，因取《論》、《孟》讀之，晝夜不懈，十有八年乃涣然有得，龜山蓋深許之。"②可見，李郁師承楊時乃是不爭之事實，而楊時對李郁的讚許，也顯示了楊時對其之認可。

張九成在楊時弟子中文名最顯，九成字子韶，錢塘人。《宋史》載："其先開封人，徙居錢塘。游京師，從楊時學。權貴托人致幣曰：'肯從吾游，當薦之館閣。'九成笑曰：'王良尚羞與嬖奚乘，吾可爲貴游客耶？'"③張九成早年游歷京師，不但表現出對楊時學問的嚮往，而且展示了面對仕進捷徑誘惑時不肯隨世俯仰的氣節。紹興二年，朝廷策試進士，九成慷慨陳詞，直言不諱，痛陳宋金形勢，認爲"去讒節欲，遠佞防奸"爲中興之道。又論及宦官參政之弊，建議"當使之安掃除之役，凡結交往來者有禁，干預政事者必誅"，因得考官賞識，選爲廷試第一，被宋高宗欽選爲狀元。而楊時對其品行給予了極高的評價："廷對自中興以來未之有，非剛大之氣，不爲得喪回屈，不能爲也。"④張九成在其後的治學上師承楊時，於《春秋》《尚書》以及四書等儒學經典的闡釋上用力頗深。同時，張九成與大慧宗杲交往甚密，受其影響頗深，故張九成在治學上多援引禪學論證方法，這使張九成成爲龜山弟子中頗具特色的一位，朱熹《雜學辨》評之曰："張公始學於龜山之門，而逃儒以歸於釋。既自以爲有得矣。……凡張氏所論著，皆陽儒而陰釋。其離合

---

① （清）黃宗羲著，（清）全祖望補修，陳金生、梁運華點校《宋元學案》卷三十八"默堂學案"，第1264頁。
② （清）李清馥：《閩中理學淵源考》卷六，《景印文淵閣四庫全書》第460冊，第112頁下～第113頁上。
③ （元）《宋史》卷三百七十四"張九成傳"，第11577頁。
④ （元）《宋史》卷三百七十四"張九成傳"，第11578·頁。

出入之際，務在愚一世之耳目。"① 朱熹對張九成之抨擊，是其站在自我學術立場上的一家之言，但張九成的學説及其傳播卻在客觀上起到了發展豐富楊時學説的作用，故而全祖望評之曰："龜山弟子以風節光顯者，無如橫浦，而駁學亦以橫浦爲最。晦翁斥其書，比之洪水猛獸之災，其可畏哉！然橫浦之羽翼聖門者，正未可泯也。"②

朱熹之父朱松亦曾受學於龜山，並與陳淵、蕭顗、羅從彥等龜山門人交往甚密，是龜山門下重要弟子之一。朱熹爲其父所作之《行狀》，述及朱松不因文名顯於當時而沾沾自喜，而是喟然歎曰："是則昌矣，如去道愈遠，何則？"因此，朱松"發憤折節益，取六經諸史百氏之書伏而讀之，以求天下國家興亡理亂之變，與夫一時君子所以應時合變先後本末之序，期於有以發爲議論、措之事業如賈長沙、陸宣公之爲者。既又得浦城蕭公顗子莊、劍浦羅公從彥仲素而與之游，則聞龜山楊氏所傳河洛之學，獨得古先聖賢不傳之遺意，於是益自刻屬，痛刮浮華以趨本實，日誦《大學》《中庸》之書，以用力於致知誠意之地。"③ 其後朱松退居建溪之時，亦"日以討尋舊學爲事，手抄口誦不懈益虔"④。其在與陳淵的唱和詩中稱讚楊時曰："屹屹龜山障末流，藩牆一望渺無由。"⑤ 而其所作之《楊遵道墓誌銘》更是明言其對楊時的敬仰，以及對楊時所傳承之伊洛學説的嚮往："屹屹龜山，淵源伊洛。如星之斗，以表後學。"⑥

除上述數人之外，廖剛、潘良貴亦曾受學於龜山門下。廖剛字用中，亦是福建沙縣人。《宋史》載廖剛"少從陳瓘、楊時學"⑦，而《朱子語類》中多有論及楊時與廖剛討論利義之辨的問題，張九成《橫浦日新》中載："昔廖剛尚書問龜山先生以治心修身之術，先生以《舜跖》一章使剛求之。"⑧ 可見廖剛亦就此一理學核心問題請教於楊時，亦可視

① （宋）朱熹：《張無垢中庸解》，《朱子全書》第 22 册，第 3473 頁。
② （清）黄宗羲著，（清）全祖望補修，陳金生、梁運華點校《宋元學案》卷四十"橫浦學案"，第 1302~1303 頁。
③ （宋）朱松：《韋齋集》卷首之"行狀"，《景印文淵閣四庫全書》第 1133 册，第 429 頁下。
④ （宋）朱松：《韋齋集》卷首之"行狀"，《景印文淵閣四庫全書》第 1133 册，第 435 頁上。
⑤ （宋）朱松：《和幾叟秋日南浦十絶句簡子莊寄幾叟》其三，《韋齋集》卷五，《景印文淵閣四庫全書》第 1133 册，第 480 頁上。
⑥ （宋）朱松：《韋齋集》卷十二，《景印文淵閣四庫全書》第 1133 册，第 543 頁上。
⑦ （元）《宋史》卷三百七十四，第 11590 頁。
⑧ （清）黄宗羲著，（清）全祖望補修，陳金生、梁運華點校《宋元學案》卷二十五"龜山學案"，第 967 頁。

爲楊時門人。潘良貴，字子賤，號默成居士，《浙江舊志》載："紹興間，龜山寓金華,潘默成從之游。"[①]《宋元學案》之"范許諸儒學案"中言："顧當南北宋之交，關、洛之書盛行浙東，永嘉九先生而後，默成一輩多屬楊、尹之徒。"[②] 可見，潘良貴受楊時之影響也當不小。

上述諸弟子中，羅從彥、陳淵、張九成、朱松、廖剛、潘良貴六人皆有文集傳世。除此六人外，依《宋元學案》之統計，尚有蕭顗、王居正、趙敦臨、高閌、林宋卿等人曾受學於楊時，惜其文集散佚，而其理學思想與文學創作亦不可考。此外，楊時之各弟子亦以傳承洛學而自任，各自門人衆多，著名者如李侗、沈度、韓元吉等。故而，以楊時爲核心，以羅、陳、張、朱、廖、潘等第一代嫡傳弟子爲主，以李侗、沈度、韓元吉等龜山再傳爲輔，龜山學派的師承譜系大致可見。該譜系以楊時爲核心，呈逐層外擴的鬆散梯次結構。在此師承譜系外，王蘋、胡安國、胡宏等楊時同道的存在，使龜山學派具備了與其他學派、學人切磋交往的機會。而此師承淵源使得龜山學派初步具備了學派的特徵。

二　交往切磋、互相砥礪──相互認可及勸勉切磋强化了學派的群體意識

除宗師及研習傳承之學説的相同外，學派中人的交往切磋、互相砥礪亦是學派確立的一個重要因素。學派成員的切磋砥礪，不但在學術研習上有相互促進的作用，亦會使其團體自覺意識得到增強。龜山學派之成員相互交往頗爲頻繁，在交往中的相互認同、切磋砥礪亦加深了彼此間的聯繫，客觀上增強了其傳承師説的意識，起到了相互促進的作用。

在龜山門人中，除張九成、潘良貴之外，其他皆爲福建籍學人。籍貫相近這一地緣優勢不但增進了彼此間的親近感，亦爲他們的交往切磋提供了便利條件。陳淵、李郁、羅從彥、朱松之交往即頗爲密切，其中尤以陳羅二人交往最爲密切。《豫章文集》附錄之"事實"載："默堂陳幾叟與先生俱游龜山門，情好尤密，定交幾四十年。"[③]《閩中理學淵源

---

① 轉引自《宋元學案》卷二十五"龜山學案"之馮雲濠案語所引，第964頁。
② （清）黃宗羲著，（清）全祖望補修，陳金生、梁運華點校《宋元學案》卷四十五，第1439頁。
③ （宋）羅從彥:《豫章文集》卷十四,《景印文淵閣四庫全書》第1135册，第759頁上。

考》謂"先生（羅從彦）與默堂亦多往復問辨"①，今存二者文集中多有二人相互寄贈之詩文、書信。陳淵曾作書寄羅從彦，述及二者之切磋曰："比年朋友道絶，自去歲還里，相與者既寡，幸而得一二人，往往朝夕往來，惟以戲笑爲樂，故平居行己則有過而莫吾正，讀書則有疑而莫吾釋，用是大懼。自得吾仲素，乃復有切磨論難之益，而今而後知學之可進矣。"②而其《默堂集》卷十九之《答羅仲素》一文則與羅氏詳細論辯儒者之道，認爲伊尹之出處去就，詮釋了儒者之道"一以貫之"的特徵："伊尹處畎畝之中，由是以樂堯舜之道，言道之所在無間於畎畝也，吾奚爲不自得哉？雖窮居無歉矣。然樂於畎畝推而之天下一也，此其所以幡然而改。其改之也，改其故迹而已，豈改此道也？夫惟此道素行於畎畝之中，則致是君、澤是民亦此道耳，故曰合内外之道也。"③陳淵還在《和羅仲素寄子静長篇》一詩中表達了對羅從彦理學精純的敬佩，其於詩之序言中言道："示所與子静長篇，論高而理正，讀之感歎不能自已。"而其詩之前半則曰："龜山絶壑蟠豫章，秀幹往往參天長。十年收拾多散亡，只有太白追蟾光。知君所得不可詳，宴坐鐔溪名益彰。獨嘗爲我露其鋩，盡掃楊墨揮韓莊。邇來黃面稍侵疆，劍藏於室矢在房。分將肌肉剜爲瘡，猶説道心乃平常。"④詩中，陳淵巧妙地從羅從彦被學子稱爲"豫章先生"入手，取其字面意思，盛讚羅氏良材美質，猶如參天之豫章，纂繼並光大龜山學説，爲他人所不及。而《道南源委》亦載陳淵曾稱羅氏曰："自得仲素，日聞所未聞，奧學清節，南州冠冕也。"⑤而羅從彦亦在與陳淵的書信中對陳淵導引後進以光大"聖學"之意圖予以贊同："從彦承喻，聖道甚微，有能於後生中得一個半個可以與聞於此，庶幾傳者愈廣，吾道不孤，又何難之不易也。"⑥其後，羅從彦又向陳淵推薦李侗，展示了二者在光大洛學上的志同道合。從二人之交往來看，既有關於理學問題的探討，亦有傳承光大洛學的相互砥礪與勸勉。

---

① （清）李清馥：《閩中理學淵源考》卷四，《景印文淵閣四庫全書》第460册，第51頁上。
② （宋）陳淵：《答羅仲素》，《默堂集》卷十五，《景印文淵閣四庫全書》第1139册，第423頁下～424頁上。
③ （宋）陳淵：《默堂集》卷十九，《景印文淵閣四庫全書》第1139册，第488頁上。
④ （宋）陳淵：《默堂集》卷五，《景印文淵閣四庫全書》第1139册，第326頁上。
⑤ （明）朱衡：《道南源委》卷二，同治正誼堂本，第2頁。
⑥ （宋）羅從彦：《與陳默堂書》，《豫章文集》卷十二，《景印文淵閣四庫全書》第1135册，第753頁下。

　　陳淵和李郁皆與陳瓘有親屬關係，且都爲楊時之婿，故兩人之交往亦頗爲密切。陳淵《默堂集》卷十七有《答李光祖》書七封，其一中有言曰："以公往者屢曾爲親應舉，恐有所迫耳，若高尚其事，善始而能終之，此固朋友之所願也。今之所處，實無不盡，自兹益茂先業，恢舊家之風，昭龜山之訓，庶其在此。"[①]李郁欲絶意於仕進，陳淵引《易》之"蠱"卦上的上九爻辭，稱其"不事王侯，高尚其事"，勸勉李郁著意於探求學問，以此來"恢舊家之風，昭龜山之訓"，勸勉之意，明白可見。而其《答李光祖》其五，面對李郁以其論述求正於己的情況，陳淵自謙曰："龜山之於二程先生相去一間耳，而明道之於孟子，未知所先後也。二程於孟子，蓋聞而知之者，龜山於明道，又見而知之。龜山不可及矣，而其所以垂世傳遠者，猶未能無恨，況學於龜山者，初無所見聞，偶爲吾友所知，便欲享尪人以壯者之食而強之負重，其果足以勝其任乎？"[②]而後稱讚李郁曰："光祖之學，凡出龜山之門者未見其比。"[③]而《答李光祖》其六則就李郁所作之《易傳序》而論《易》之旨歸，切磋論辯甚爲詳細。而其《答李光祖》其七，則以范純仁與司馬光論辯切磋爲榜樣，來自我砥礪："范蜀公與司馬溫公議論往復至五七反，猶各守所見不變。當年柬牘具在，若尚氣者之爲，而二公情義金石膠漆也。……然翰墨往來亦止於叙寒溫而已，過不自知，學無所進，職此之由。古人以文會友，以友輔仁，似不如此。惟吾光祖不以世俗待我，有書見及，未嘗不以規誨爲先，此意厚矣，敢不奉承？此所以不揆淺陋，凡有所疑，必欲就正也。"[④]從中可以推知，二人往來論辯切磋之密切。此外，陳淵還多有與李似祖、李興祖書信，李氏昆仲皆曾從楊時游，陳淵與李氏昆仲的交往切磋，使得龜山學派内部聯繫更爲緊密，也起到了在理學研習上相互促進的作用。

　　至於陳淵與朱松之交往情況，從朱松《和幾叟秋日南浦十絶句簡子莊寄幾叟》這一組詩可以推知。該組詩之其一、其二、其十曰：

　　　　心親千里不辭遙，咫尺衡門接市橋。萬卷舌端真歷歷，一丘胸

① （宋）陳淵：《默堂集》卷十七，《景印文淵閣四庫全書》第 1139 册，第 455 頁上。
② （宋）陳淵：《默堂集》卷十七，《景印文淵閣四庫全書》第 1139 册，第 458 頁下。
③ （宋）陳淵：《默堂集》卷十七，《景印文淵閣四庫全書》第 1139 册，第 458 頁下。
④ （宋）陳淵：《默堂集》卷十七，《景印文淵閣四庫全書》第 1139 册，第 459 頁下。

次更囂囂。

平生學道著功深，世事縈人負此心。賴有關西門下士，洛川流派得重尋。

不見陳公歲又除，七峰深處食無魚。終煩指似龜山路，會使人疑得異書。①

其一讚賞陳淵學養之豐富，胸次之灑落。其二表達了對楊時傳承洛學，使斯文不墜於地的敬仰。其十則將陳淵看作龜山先生之衣鉢傳人，"終煩指似龜山路，會使人疑得異書"則彰顯了朱松對陳淵傳承師説，理學高深的敬佩之情。而陳淵亦有《答朱喬年吏部》一文，從其"不敢以罪迹累人……故以喬年亦不果頻問起居"②之語，可以推知二人交往當比較密切。

值得注意的是，陳淵、羅從彥、李郁、朱松等人現存文集中，除陳淵《默堂集》中有答弟子問"子韶云爲人乃求人之知"之語，其他諸人文集中並無與張九成直接往來之記載。究其原因，當是張九成入仕，屢遭貶謫，長期謫居於邵州、南安，與居於福建之龜山門人交往較少。故而，龜山門人，在陳、羅、李、朱之外，張九成別爲一派，張九成文名顯於高宗朝，士子從其游者頗多，《宋元學案》載："于恕曰：'舅氏平日師友弟子間，如凌季文、喻子才、樊茂實、汪聖錫，其人物如何？'橫浦曰：'季文醇厚謹畏，遇事有不可犯者。子才學問有理趣，和易而知幾。茂實沈静。聖錫敏悟，操履有守。'"③可知同張九成交游最密者有凌景夏、喻樗、樊光遠、汪應辰等人。其中喻樗、樊光遠等皆無文集傳世，惟汪應辰著有《文定集》，其卷十《讀龍川別志》載："無垢居士昔與某言：'讀書考古人行事，既已信其大節，若小疵當闕而勿論。'"④卷十四《與吕逢吉》其二中亦載有汪應辰問張九成治心養性之方法⑤。《宋元學案》亦有關於其他諸人問學於張九成之事迹，兹不贅述。因其仕宦

① （宋）朱松：《韋齋集》卷五，《景印文淵閣四庫全書》第 1133 册，第 480 頁上。
② （宋）陳淵：《默堂集》卷十八，《景印文淵閣四庫全書》第 1139 册，第 474 頁。
③ （清）黄宗羲著，（清）全祖望補修，陳金生、梁運華點校《宋元學案》卷四十"横浦學案"，第 1324 頁。
④ （宋）汪應辰：《文定集》卷十，《景印文淵閣四庫全書》第 1138 册，第 681 頁下。
⑤ （宋）汪應辰：《文定集》卷十四，《景印文淵閣四庫全書》第 1138 册，第 718 頁。

經歷，張九成長期講學於浙江、江西，促進了龜山理學在浙江、江西的傳播，擴大了理學的影響，全祖望評其"橫浦之羽翼聖門者，正未可泯"，當是爲此而發。

可見，龜山門人大體分爲兩個系統，一是以陳淵、羅從彥爲主的福建籍學者系統，二是以張九成爲核心的浙江、江西學者系統[①]。龜山門人之兩大系統之間直接的交流較少，但是各自系統内部的交往十分密切，這不僅增強了其傳承理學的自覺意識，有利於學問鑽研上的進步，亦增強了龜山門人的團體意識。凡此種種，皆使龜山學派具備了學派應有之特徵。

三 力攻新學、排斥佛禪——駁斥"異端"學説彰顯了傳承師説的責任感

學派成員在師法對象、學説傳承上的一致，也使他們對於其他學説，尤其是對與其所師承學説相對立者往往持排斥攻擊的態度，龜山學派諸人就是如此。在兩宋之交，理學與王安石新學的鬥爭日趨激烈，隨著理學體系的日漸完善，其具備了與佛禪學説相抗衡的理論深度，理學中人對佛禪學説的駁斥也逐漸增多。龜山學派諸人的理學立場和其師楊時的言傳身教，皆使龜山學派諸人對王安石新學及佛禪學説持攻擊、駁斥態度。

（一）力攻新學

楊時師承二程，在對待新學的態度上也與二程相似，而其對王安石新學的攻擊則更甚於二程。除在啓引後學時抨擊新學，楊時還著有《神宗日録辨》《王氏字説辨》，對王安石新法多持反對態度，在其論時事之劄子中亦多論及新法之弊。

龜山學派諸人亦沿襲了楊時的觀點，如羅從彥"見王安石用事則痛心疾首"[②]，撰《尊堯録》力攻王安石新法及新學。陳淵《十二月上殿劄子》中有言曰："自王氏之學達於天下，其徒尊之與孔子等，動之以卓詭之行，而矜之以華麗之文，如以錦繡蒙覆陷穽，悦而從之鮮不墜

---

① 喻樗，南昌人；汪應辰，信州人；樊光遠，錢塘人；于恕，錢塘人。

② （清）李清馥：《閩中理學淵源考》卷四，《景印文淵閣四庫全書》第 460 册，第 51 頁下。

者，行之六十餘年，其禍已見。"①其《與十弟》中亦曰："王氏自熙豐以來，發明六經，固嘗以孔孟自任。然六十餘年間，瀆貨害民，開邊生事，壞已成之良法，啓欺蔽之幸門，遂使敵人侵擾，二聖播越，生民塗炭，中國失守。蓋自古禍亂未有如此之酷者，誰實兆之？"②皆將王安石新法、新學看作北宋敗亡的主因，而其《答廖用中正言》則表示欲實現宋朝中興，首先必黜斥新學："王氏之學不熄則祖宗之治不復，祖宗之治不復則中興之功不成。"③廖剛亦抨擊王安石新學曰："蓋學必以堯舜禹湯文武周孔爲師，而外乎此者，皆他道也。異時王安石以該洽辨給，凌轢一世，自以前無古人後無來者，然其學駁雜無統，頗僻失中，乃至分文析字旁引曲證以行其臆説，殆孟軻所謂邪説淫辭之害正者也。……如安石之學術，大抵專功尚利，輕改作而廢典常，樂軟熟而賤名節，使天下靡靡日入於偷而莫之悟，其爲害亦深矣。"④張九成亦將王安石新學看作北宋覆亡之主因，其《盡言集序》有言曰："介甫所學者申韓，而文之以六經。……介甫一傳而得呂太尉，再傳而得蔡新州，三傳而得章丞相，四傳而得蔡太師，五傳而得王太傅，介甫學行使二聖北狩，夷狄亂華。"⑤

龜山學派諸人對待新學的這種排斥態度，從反面彰顯了其對理學的篤信，是其以傳承光大洛學爲自我肩負的一種必然表現。

（二）駁斥佛禪

佛禪學説與王安石新學一道被視爲"異端"學説，也遭到了龜山學派諸人的駁斥。在理學興起發展的諸多促進因素中，佛禪學説的外部刺激是不可忽視的。因而，從北宋初期之古文學家柳開、石介等，到理學的奠基者程顥、程頤，儒學陣營對佛禪學説的駁斥一直未曾停息。與宋初儒者承襲韓愈學説"人其人、火其書、廬其居"不同，理學家對佛禪學説的批評在理論高度上有了很大的提升，其駁斥佛禪學説的著眼點則集中在了佛禪學説的立論點上，如楊時《形色天性》一文，就是從理學

---

① （宋）陳淵：《默堂集》卷十二，《景印文淵閣四庫全書》第 1139 冊，第 371 頁下。
② （宋）陳淵：《默堂集》卷十九，《景印文淵閣四庫全書》第 1139 冊，第 493 頁下。
③ （宋）陳淵：《默堂集》卷十六，《景印文淵閣四庫全書》第 1139 冊，第 432 頁下。
④ （宋）廖剛：《論王氏學劄子》，《高峰文集》卷一，《景印文淵閣四庫全書》第 1142 冊，第 315 頁上。
⑤ （宋）張九成：《橫浦集》卷十六，《景印文淵閣四庫全書》第 1138 冊，第 407 頁上。

“形色即天性也，則踐形斯盡性矣”的觀點出發，認爲“異端之學自以爲精微之論，其徒累千百言不能竟其義，故學者莫知適從，而去道益遠矣”①。楊時對禪宗“無心即道”的理論亦提出了批評，其曰：“六經不言無心，惟佛氏言之，亦不言修性，惟揚雄言之。心不可無，性不假修，故《易》止言‘洗心盡性’，《記》言‘正心尊德性’，《孟子》之言‘存心養性’，佛氏和順於道德之意蓋有之，理於義則未也。”②禪宗多用呵佛罵祖之峻烈機鋒啓引後學，楊時對此亦提出了自己的看法，認爲：“聖人以爲尋常事者，莊周則誇言，莊周之博乃禪家呵佛罵祖之類是。”③楊時對儒釋之辨的論述尚有許多，兹不贅述。

　　龜山門人在儒釋之辨這一問題上承襲乃師觀點，對佛禪學説批評甚多。陳淵即認爲佛禪學説割裂“道”“義”，“捨義而言道”，其在《答翁子静論陶淵明》中説道：“捨義而言道，自聖學不傳之後，其弊至今尚在，則佛之徒是已。”④而其《三經義辨止載朱公有益學者之詞》其二亦曰：“自聖學不傳，學者各任其意，則有捨義而言道者，佛之徒是也。”⑤羅從彦在《勉李愿中五首》其一中寫道：“聖道由來自坦夷，休迷佛學惑他岐。死灰槁木渾無用，緣置心官不肯思。”⑥其自注云：“學道以思爲上，孟子曰：‘心之官則思。’《書》曰：‘思曰睿，睿作聖，惟狂克念作聖。’佛法一切反是。”對佛禪學説無思無慮近道之學説提出了批評，他勉勵後學應遠離佛禪學説而著意於儒學。羅從彦在《尊堯録》中，針對趙普稱讚宋太宗“陛下以堯舜之道治世，以浮屠之教修心，聖智高遠，洞悟真理”之語，説道：“佛氏之學端有悟入處，其言近理，其道宏博，世儒所不能窺。……然絶乎人倫，外乎世務，非堯舜孔子之道也。夫治己治人，其究一也。堯曰：‘諮爾舜，天之歷數在爾躬，允執其中。四海困窮，天禄永終。’舜亦以命禹。所謂中者果何物也耶？故堯舜之世，垂拱無爲而天下大治。若趙普者乃析而二之，蓋不知言者也。”⑦雖是對趙普的指斥，但從其語意中可以推知，羅從彦認爲佛禪學説割裂修身與

---

① （宋）楊時：《楊龜山先生全集》卷八，第 420 頁。
② （宋）楊時：《楊龜山先生全集》卷十，第 468 頁。
③ （宋）楊時：《楊龜山先生全集》卷十，第 468 頁。
④ （宋）陳淵：《默堂集》卷十六，《景印文淵閣四庫全書》第 1139 册，第 426 頁下。
⑤ （宋）陳淵：《默堂集》卷十七，《景印文淵閣四庫全書》第 1139 册，第 450 頁下。
⑥ （宋）羅從彦：《豫章文集》卷十三，《景印文淵閣四庫全書》第 1135 册，第 755 頁上。
⑦ （宋）羅從彦：《豫章文集》卷三，《景印文淵閣四庫全書》第 1135 册，第 669 頁上。

治世，不如儒學之從容中道、"一以貫之"，能將主體内在修養與待人接物緊密結合。總之，龜山門下之福建學者系統，對佛禪學說持部分肯定的态度，在儒釋之辨上則明確堅持儒學立場並駁斥之。

而以張九成爲首的浙江、江西籍學者系統，則對佛禪學說的吸收借鑒頗多。黄震曾評張氏學說曰："横浦先生憂深懇切，堅苦特立，近世傑然之士也，惟交游杲老，浸淫佛學，於孔門正學，未必無似是之非。學者雖尊其人，而不可不審其説。"① 張九成雖與大慧宗杲過從甚密，其學説又多援引禪理，但依然嚴守儒釋之辨，他在《陳氏考妣墓銘》中稱讚陳母"平生不奉佛，不信陰陽方術之書，不惑荒幻奇譎之説，毅然若篤道君子也"②。在《孟聲遠字序》中，針對友人不茹葷腥、不娶妻室的行爲，他用儒家倫理來勸説："聖莫如堯舜周孔，而娶而茹葷，子欲何爲乎？人倫之大，莫大於三綱，而夫婦居其一，其可忽諸？子其抑心從吾聖人之道，直情徑行非吾門所貴，亦豈余所望於子哉？"③ 其儒者立場的自我認定彰顯無疑。故而，張九成雖對佛禪學說借鑒頗多，但在儒者立場的認定上頗爲堅定。

因而，對與其師承學説相對立者，龜山門人大體持排斥、攻擊之態度，尤其表現在對待新學與佛禪學説上。這種針對"異端"學説的態度，正彰顯了他們對傳承光大洛學的强烈責任感，以及對二程洛學、龜山學説的篤信。

四　程門正宗、倡道東南——龜山學派在時人及後人論述中的定型與成立

如前所述，學派之形成與得名，往往並不是當事者的自我標榜，而是来自後人的論述與描述，後人不僅僅是發現學派，後人的認識與解釋還參與著學派的形成。龜山學派也不例外。最早關於龜山學派的認識，来自南宋學者對楊時倡道東南，開啓南宋理學之盛的論述。朱熹首先認爲楊時是程門嫡傳："伊川之門，謝上蔡自禪門來，其説亦有差。張思叔最後進，然深惜其早世！使天予之年，殆不可量。其他門人多出仕宦

① （清）黄宗羲著，（清）全祖望補修，陳金生、梁運華點校《宋元學案》卷四十"横浦學案"，第 1317 頁。
② （宋）張九成：《横浦集》卷二十，《景印文淵閣四庫全書》第 1138 册，第 442 頁上。
③ （宋）張九成：《横浦集》卷十六，《景印文淵閣四庫全書》第 1138 册，第 405 頁下。

四方，研磨亦少。楊龜山最老，其所得亦深。"① 他認爲楊時是程門弟子中修養最深者。此外，朱熹撰文紀念其師李侗時寫道："初龜山先生倡道東南，士之游其門者甚衆，然語其潛思力行、任重詣極如羅公，蓋一人而已，先生既從之學。"② 又曰："不幸天喪斯文，而先生没矣，龜山之所聞於程夫子而授之羅公者，至是而不得其傳矣。"③ 可見朱熹自我認定爲龜山門人之再傳弟子。稍後之黃震曰：

> 程門高弟如謝上蔡、楊龜山末流皆不免略染禪學，惟尹和靖堅守不變，其後龜山幸三傳而得朱文公，始袞萃諸家而辨析之，程門之學因以大明。故愚所讀先儒諸書，始於濂溪，終於文公所傳之勉齋，以究正學之終始焉，次以龜山、上蔡以見其流雖異而源則同焉。又次以和靖，以見源雖異而其流有不變者焉。次以橫浦三陸，以見其源流之益別焉。然上蔡、龜山雖均爲略染禪學，而龜山傳之羅仲素，羅仲素傳之李延平，延平亦主澄心靜坐，乃反能救文公之幾陷禪學，一轉爲大中至正之歸。④

黃震辨析理學諸家學説之正，從其所論中不難看出，二程傳楊時，楊時倡道東南，開啓南宋理學之盛的觀念，在南宋時已爲學者所認同。

對龜山學派之譜系的認識，元明兩代學者也延續了南宋學者的觀點，元代柳貫曰："道南之學，肇於龜山楊氏，而豫章羅氏、延平李氏實繼起而纂承之。"⑤ 蘇天爵曰："龜山楊先生載道而南，豫章延平相繼而出，子朱子擴而大之，聖賢之學遂因經傳復明於世。"⑥ 虞集之《光澤縣雲巖書院記》中亦有言曰："昔周子、程子作於聖遠言湮千載之下，而程子門人楊中立氏之歸閩也，叔子歎曰：'吾道南矣'，宋既南渡，中立氏以其學傳諸豫章羅氏、延平李氏，至於朱子而益大顯明焉。"⑦《明儒言

---

① （宋）黎靖德編，王星賢點校《朱子語類》卷一百〇一，第 2555 頁。
② （宋）朱熹：《延平答問》，《朱子全書》第 13 册，第 349~350 頁。
③ （宋）朱熹：《延平答問》，《朱子全書》第 13 册，第 352 頁。
④ （宋）黃震：《黃氏日抄》卷四十三，《景印文淵閣四庫全書》第 708 册，第 228~229 頁。
⑤ （元）柳貫撰，（明）宋濂編《待制集》卷十二，《景印文淵閣四庫全書》第 1210 册，第 513 頁上。
⑥ （元）蘇天爵：《題泉州士子贈崔宗禮詩後》，《滋溪文稿》卷三十，第 510 頁。
⑦ （元）虞集：《道園學古錄》卷八，《景印文淵閣四庫全書》第 1207 册，第 126 頁下。

行録》載金賁亨語："在閩發明晦庵之學，乃辟道南書院以崇祀五先生，復詮次其人。如明道之表裏洞徹，莫見瑕疵；如龜山之終日不言，嗒然而飲人以和；如豫章與人並立而使人化，有若春風之發物；如延平之冰壺秋月，瑩徹無瑕；如晦庵之心度澄瑩無渣滓。特爲表章，參驗考證源流，明揭書院中。"① 其將程顥、楊時、羅從彥、李侗、朱熹列爲道南書院所崇祀之五人，實際上是對龜山學派之譜系源流的一種認定。延至清代，學者對龜山學派譜系之論述頗多，其觀點大體與元明學者相似，其中以朱軾最具代表性，在所撰之《史傳三編》中，朱軾寫道："名賢之澤豈不遠哉，閩僻在嶠外，道術之興，自龜山始。當南宋時，河洛關隴之間學者寥寥而閩士相踵起，推其流派之所自洪，固知朱子之爲功大，然後海先河，則龜山之澤也。"② 從後世學者對龜山學派譜系的認識與論述來看，龜山學派在師承與傳人譜系化這一點上具備了一個學派應有之特徵。

而龜山學派之名稱，最早見於明代朱衡編纂之《道南源委》一書，朱衡在該書之"凡例"中叙述編纂是書之準則："是編既名道南，凡所載諸儒皆自楊、游以下，其楊、游以上如漳中蔡蒙齋及海濱四先生，非不立説著書，昌明聖學，然不得以道南名，故不與録。"③ 不難看出其以"道南"來命名楊時及其弟子所構成的學術團體的自覺意識。而李清馥《閩中理學淵源考》首列"文靖楊龜山先生時學派"，明確將楊時及其弟子所構成的團體，視爲一個特徵明顯的學派。《閩中理學淵源考》原序云："曰淵源者，是書以龜山載道南來，羅李遞傳，集成於朱，而上溯周程，以傳千載不傳之秘者也。故以龜山冠冕編首，各從派係，遞列相承，不以世次論其先後，而以師承訂其旨歸也。"④ 可見，延至清代，龜山學派或道南學派之名已在當時學者之觀念中大體形成。

此外，當時及後世學者亦對龜山學派的治學特點給予了簡單的概括。宋胡安國曰："吾於謝、游、楊三公皆義兼師友，實尊信之。若論其傳授，却自有來歷。據龜山所見在《中庸》，自明道先生所授；

---

① （清）沈佳：《明儒言行録·續録》卷二，《明代傳記叢刊》本，臺灣明文書局，1991，第725~726頁。
② （明）朱軾：《史傳三編》卷五，《景印文淵閣四庫全書》第459冊，第78頁上。
③ （明）朱衡：《道南源委》之"凡例"，同治正誼堂本，第1頁。
④ （清）李清馥：《閩中理學淵源考》之"原序"，《景印文淵閣四庫全書》第460冊，第2頁下。

吾所聞在《春秋》，自伊川先生所發。"① 對於楊時之治學特點給予了簡單的概括。真德秀在《西山讀書記》中寫道："五峰胡氏初見龜山先生，問爲學之方，先生令讀《論語》，問何爲要，曰熟讀。"② 從中亦可見楊時治學特點之一是側重對《中庸》《論語》的義理闡發。朱熹則從修養方式上概括了龜山學派的特點，其曰："龜山之學云：'以身體之，以心驗之，從容自得於燕閒靜一之中。'李先生學於龜山，其源流是如此。曰：'龜山只是要閒散，然却讀書。尹和靖便不讀書。'"③ 明代王陽明亦指出了龜山學派修養理論的一脈相承："李先生教人，大抵令於靜中體認大本未發時氣象分明，即處事應物，自然中節。此乃龜山門下相傳指訣。"④ 清人李清馥亦指出："濂洛元公開主靜之宗，又伊洛二先生訓門人常以靜坐嘆其善學，厥後龜山遞傳豫章以及延平祖述師說，引學者爲入道之根。朱子嘗言：'李先生教人，大抵令於靜中體認大本未發時氣象分明，即處事應物自然中節，此乃龜山門下相傳指訣。'"⑤

綜上所述，龜山學派在宗師上的一致，以及在師承學說、治學方式上的一脈相承，當時學者以及後世學者對此有著基本一致而明確的認識。也正是在時人及後人的論述、概括中，龜山學派作爲一個學派的特徵日漸鮮明，其作爲一個學派而被關注也是自然而然之事了。

第二節　龜山門人對楊時經學研究的繼承與發展

如前所述，楊時繼承了二程注重闡發儒學經典義理的治學特點，而作爲倡道東南的龜山學派創立者，他亦通過言傳身教，使門人在耳濡目染中繼承了此種治學特點。而龜山弟子對於楊時的學說並不是單純的接受，而是有側重地繼承並發展。同時，在這種有側重的繼承與發展中，龜山學派也開始呈現分化的趨勢。

---

① （宋）朱熹：《伊洛淵源録》卷十，《朱子全書》第 12 册，第 1056~1057 頁。
② （宋）真德秀：《語孟要指》，《西山讀書記》卷二十四，《景印文淵閣四庫全書》第 705 册，第 738 頁下。
③ （宋）黎靖德編，王星賢點校《朱子語類》卷一百一十三，第 2741 頁。
④ （明）王陽明：《答何叔景》，《王陽明全集》卷三，上海古籍出版社，2011，第 154 頁。
⑤ （清）李清馥：《閩中理學淵源考》卷五，《景印文淵閣四庫全書》第 460 册，第 61 頁上。

一　上溯聖人之心，明確修養方向——龜山門人的《春秋》學、《尚書》學研究與發展趨勢

（一）龜山門人對楊時《春秋》學的繼承與發展

龜山學派諸人秉承了楊時的治學特點，對於《春秋》頗爲關注。在《春秋》的研究方面，張九成、羅從彥二人用力較多，且有相關論述存世，如羅從彥著有《春秋解》《春秋指歸》《春秋釋例》等，可惜皆不傳於今，但其《春秋指歸序》如今尚存，可以一窺其《春秋》學之概況。而張九成《橫浦集》卷十三之《邇英春秋進講》和卷十四之《春秋講義》，皆爲探討其《春秋》研究提供了文獻資料。學派中其他學者，雖無專門論及《春秋》的文章與專著存世，但從他們與友人的書信中也可以窺見他們關於《春秋》的見解。

從龜山學派諸人對《春秋》的整體研究來看，他們基本秉承了楊時的觀點。在對《春秋》性質的認定上，首先，龜山門人認爲《春秋》是對天子之道的記載，如陳淵認爲："伊川先生曰：'《春秋》，聖人之用也。'學聖人而見其用，無餘蘊矣。略窺一二，驗之於心，推之於事，皆可施行，深切著明，如見聖人筆削而躬授之計。"[1] 他稱讚胡安國的《春秋》研究曰："至如論齊晉之事，重道義而輕功利，此自孟子以後，儒者所未嘗及。"[2] 其次，龜山門人認爲《春秋》是對歷史治亂之理的記載。羅從彥《春秋指歸序》對《春秋》的性質有如下判定："《春秋》之法乃百王不易之通法也，聖人以謂三王不可復回，且慮後世聖王之不作也，故作此一書以遺惠後人，使後之作者不必德若湯武，亦足以起三代之治也。"[3] 張九成之《鄉黨統論》亦有言曰："孔子之心盡發於《鄉黨》，孔子之用盡著於《春秋》，不學《鄉黨》無以知《春秋》之用，不學《春秋》無以知《鄉黨》之神。"[4] 從對《春秋》性質的認定上來看，龜山門人大多秉承了楊時的觀點，即認爲《春秋》是歷史治亂之理的記載。

與學派中其他學者不同，張九成在此基礎上又有所推進，認爲《春

---

[1] （宋）陳淵：《與胡康侯侍講》其四，《默堂集》卷十七，《景印文淵閣四庫全書》第 1139 冊，第 446 頁下。
[2] （宋）陳淵：《默堂集》卷十七，《景印文淵閣四庫全書》第 1139 冊，第 447 頁上。
[3] （宋）羅從彥：《豫章文集》卷十二，《景印文淵閣四庫全書》第 1135 冊，第 749 頁下。
[4] （宋）張九成：《橫浦集》卷五，《景印文淵閣四庫全書》第 1138 冊，第 326 頁下。

秋》是孔子發明王道的作品，而孔子對王道的發明，體現在其對歷史事件別具特色的書寫中，張氏於其《春秋講義》"發題"中寫道："聖人以謂王道在我，而時不遇湯武，位不登三事，無復見之行事。於是寓魯史於筆削，以見王道之設施焉。夫舊史自得之魯國，而《春秋》乃傳諸門人弟子，意以傳天下來世，初不以示人也。彼魯史者特一實錄爾，安知所謂王道哉？予奪抑揚，夫子以王道注之筆削。其筆也，見聖心之所在；其削也，見聖心之所歸。學者儻於筆削之間，上溯聖人之心，乃知夫子雖千古而常在也。"[①]張九成認爲《春秋》是孔子內心意志的一種展現，所以從《春秋》中可以窺見聖人之心，進而明確自我修養的目的與方向："竊惟《春秋》之書乃性命之文，史外傳心之要典。……世之論者皆以春秋爲褒貶之書，而不知其爲王道之要。嗚呼，王道豈止褒貶哉？顧其筆削之間，生成造化幾與天地同功。"[②]這比楊時將《春秋》的闡釋引向現實治亂更進一步。

張九成對《春秋》的性質判定使其在具體的闡釋過程中側重於探討聖人對歷史事件的看法，並注重將對聖人之意的領會與自我修養的方向結合起來。其《邇英春秋進講》之"夏，曹伯來朝"條中，曹文公不朝周天子而朝魯國國君，張九成認爲這是曹文公因魯國國力強於曹國而心生畏懼所以前來媾好，對於聖人記載這一事件的意圖，張氏分析曰："以力加人者，力盡則禍至，以德懷人者，亘千古而常在也，何以言之？夫齊、楚、晉不務德，而以力劫制小國，及其子孫有死於松柏之間者，有以六千里而爲仇人役者，有分爲三國而並於秦者。秦亦不悟，以力兼併，一夫作難而七廟隳，是以力劫人之禍也。若夫大禹以至宣王，名高萬代，德冠百王，後世言治者莫不以爲稱首。"[③]《春秋》中一條關於不起眼事件的記載，在張九成的闡釋下，變成了聖人勸誡後人修德懷遠、勿以強制手段迫人臣服的書寫。而張九成對"齊人歸公孫敖之喪"一條的闡釋，亦彰顯了這種闡釋策略："聖人之意若曰：魯使奔襄王之喪，乃不至而歸，宜不容於天下矣。又奔莒爲亂倫逆理之事而莒受之，莒容不忠不友淫亂之賊，莒爲有罪。齊不能正典刑使卒於齊，齊爲有罪。魯不能戮其死而受其喪，魯爲有罪。此聖人所以詳言之，以見三國之失

① （宋）張九成：《橫浦集》卷十四，《景印文淵閣四庫全書》第 1138 册，第 389 頁上。
② （宋）張九成：《橫浦集》卷十四，《景印文淵閣四庫全書》第 1138 册，第 391 頁上。
③ （宋）張九成：《橫浦集》卷十三，《景印文淵閣四庫全書》第 1138 册，第 381 頁上。

刑也。"① 爲政者應警誡臣子，公孫敖之流理應被法辦嚴懲；而臣子應從
"筆削之間，上溯聖人之心"，明瞭聖人關於君子應以氣節自勵、應進德
修業的教誨。

張九成對《春秋》的闡釋，注重對"聖人之心"的探求，這種闡釋
策略使張九成的《春秋》學指向的是主體的内在修養，而不再是現實治
亂。這是張九成《春秋》學的最大特點，亦是張氏對楊時《春秋》學的
發展。

（二）龜山門人對楊時《尚書》學的繼承與發展

龜山門人對《尚書》的研究，以張九成最爲著名，《宋史·藝文志》
載其著有《尚書詳説》五十卷，惜今不傳。但宋黃倫之《尚書精義》收
集宋人關於此經之説，其中對張九成之説引用尤多，可從中一窺張九成
《尚書》學之特點。同時，《橫浦集》卷六至卷十一爲張九成的《書傳統
論》，是研究張氏《尚書》學的重要文獻資料。

張九成的《尚書》學與其《春秋》學在闡釋策略上一以貫之，皆注
重闡發聖人之心志，以期將對經典的闡發引入主體内在修養的完善中。
張九成曾曰："六經之書焚燒無餘，而出於人心者常在，則經非紙上語，
乃人心中理耳。"② 其論《吕刑》曰："聖人取以爲書而不廢何也？曰：訓
辭深厚，意旨懇切，穆乎有三代之風，淵乎有廣載之作。"③ 其釋《文侯
之命》曰："然則此書何足存而孔子不删去，何也？蓋存之以著平王之
罪，與《胤征》同也。"④ 皆注重探求聖人之意。

闡發聖人之意是爲了體會聖人之意，從而明確修養的方向、途徑與
目的。因而，張九成之解《尚書》多在還原聖人之意的同時，將其與主
體之修養相結合。其於《伊訓論》中曰："太甲守成當以愛敬爲主，湯
如此盛德，猶從諫好古，故爲君爲臣皆盡其道，而以忠恕爲歸，所以有
天下。"他強調忠恕在持身修養中的重要性。其《召誥論》中曰："何謂
敬，妄慮不起，百邪不生，是敬也。顧此敬處，即天命也。惟有歷年，
夫何足怪。不敬則思慮紛亂，私邪橫生，其去天命遠矣。早墜厥命，亦

---

① （宋）張九成：《橫浦集》卷十三，《景印文淵閣四庫全書》第1138册，第382頁上。
② （清）黃宗羲著，（清）全祖望補修、陳金生、梁運華點校《宋元學案》卷四十"橫浦學案"，
  第1305頁。
③ （宋）張九成：《橫浦集》卷十一，《景印文淵閣四庫全書》第1138册，第364頁下。
④ （宋）張九成：《橫浦集》卷十一，《景印文淵閣四庫全書》第1138册，第365頁上。

何怪乎。人常言天命在彼，今而後知天命不遠，在我而已。何以知其在我哉，行吾敬則是天命，豈非天命在我乎？”則是秉承二程之修養特點，啓示後學注重持敬在修養中的重要性。

在繼承前輩學説的同時，張九成之《尚書》學表現出了鮮明的特點，創新之處尤多。簡而言之就是强調明心在修養中的作用，通過向内探求的明心，以求邁入聖人之閫域。張九成首先指出心外無理，欲識得天理，須反求諸己，其釋《洪範》“皇極”曰：“皇極，九疇之本也。子思曰：‘喜怒哀樂之未發，謂之中。’又曰：‘中者，天下之大本，致中和，天地位焉，萬物育焉。’中之大如此，人人皆具此大中，特無人發明之耳。”①中爲天下之大本，而“人人皆具有此大中”，因而反求諸己方能識得“大中”，方能識得天理所在。張九成釋《益稷》“賡歌”時又曰：“天下之理，一處明則萬理皆明，一處暗則萬理皆暗。舜因禹夔之説，乃悟萬事皆自己出。”②心外無理，萬事皆由自己内心所生，因而欲名天理，惟有盡吾心方可，故其於《金縢論》中曰：“造化何在，吾心而已矣。吾心如此，其大而或者以人欲而狹之，殊可悲也。孟子深識此理，故曰：‘盡其心者知其性也。’知其性則知天矣，存其心養其性，所以事天也。夫知天在盡心，而事天在存心，則人之於心，其可不謹乎？”③指出盡心與存心是識得天理的關鍵。

張九成盡心、存心之説雖有禪學因素，但並未走向追求空寂的禪學理路，而是强調與現實結合，其意乃謂通過盡心、存心以明瞭天理，而後施之於待人接物、治學求道等日常生活中，最終達到有補於世的目的，其本質亦是走修身齊家治國平天下之路綫。其不同之處則在於張九成强調盡心、存心在修身中之關鍵作用。如何通過盡心、存心以臻於聖人之境？張九成認爲惟有通過力學方能存天理去人欲，從而達到心、理合一的境界，即聖人之境界：“夫自寬至强，皆天與之性也，自栗至義，皆學問之力也。任性而行，必致大過，以學問輔之，則成有用之德矣。”④存心盡心之要在於力學的觀點隱然可見。而其對“咸有一德”的闡釋，則更明確地顯示此一觀點。

---

① （宋）黄倫：《尚書精義》卷二十九，《景印文淵閣四庫全書》第58册，第463頁下。
② （宋）黄倫：《尚書精義》卷八，《景印文淵閣四庫全書》第58册，第227頁下~228頁下。
③ （宋）張九成：《横浦集》卷九，《景印文淵閣四庫全書》第1138册，第353頁上。
④ （宋）黄倫：《尚書精義》卷七，《景印文淵閣四庫全書》第58册，第211頁下。

　　蓋德者，得也。一德者，其所得終不可亂也。儻非真有所得，其能不亂乎？《記》曰：“人生而靜，天之性也。”是人生本自有得也。又曰：“感於物而後動，性之欲也。”是感物而動，已墮於欲，而非本體也。天下有真能得其天性者，則有感而應，應而不流人欲，每不能爲吾害，雖千變萬化，而吾所得原不亂也，此一德之謂也。非篤信好學，超然自有開寤者，其能强爲之哉？夫天難諶，命靡常，天命不可保如此，吾有一德，天在此，命亦在此，誰謂不可保乎？吾德不一，是墮於人欲矣。①

　　欲識見人生本自有得之心，非篤信好學不可。在主體通過力學而盡心存心之後，張九成認爲還應“廣大之、日新之”以求更進一步。他通過太甲之例來闡述這一主張：

　　太甲悔過乃憤而啓，乃悱而發，不可謂無所得矣，然又不可止此以自足也。既有所得，當廣大之日新之。故既有所得之後，方且主善爲師而無常師，此蓋所謂廣大之日新之也。然而廣大之、日新之則可捨吾當時所得則不可，故曰善無常主，協於克一。②

　　一方面修養主體應堅守自我通過盡心存心而明瞭的修養方向，另一方面應力學篤行，如此方能實現向聖人闃域邁進的目的。
　　一方面，張九成之《尚書》學秉承了楊時的觀點，注重闡釋其政治意義，如其論《堯典》曰：“後世人主讀此書者，味此名者，撫心自問曰：‘吾之德果如堯乎？吾之用賢果如堯乎？同天如堯乎？知人識變如堯乎？’審曰能之，不足高也，特人主常道爾。如未能焉，宜如何哉？”③强調《堯典》對人君治國的借鑒意義。而其論《太甲》則是從臣子的角度詮釋爲臣之道。另一方面，張九成並非亦步亦趨地沿襲其師楊時的觀

---

① （宋）張九成：《橫浦集》卷七，《景印文淵閣四庫全書》第 1138 册，第 336 頁下 ~337 頁上。
② （宋）張九成：《橫浦集》卷七，《景印文淵閣四庫全書》第 1138 册，第 337 頁下。
③ （宋）張九成：《橫浦集》卷六，《景印文淵閣四庫全書》第 1138 册，第 327 頁下。

點與治學路徑，而是力求創新。其《尚書》學的創新則在於將義理的闡釋與主體的修養方式、方向結合起來，而其反求諸己、存心盡心以明天理的修養主張貫穿其對《尚書》的闡釋中，使其《尚書》學富於創新精神而特色鮮明。

二 闡發修養方式，強調反求諸己——龜山門人的四書學研究及其發展趨勢

《大學》《中庸》《論語》《孟子》被二程拈出作爲治學之門徑，楊時秉承其師觀點，著力於四書的研究。他亦通過言傳身教將這種治學路徑影響到了其門下弟子，故龜山學派諸人著力於四書的研讀，他們對四書論述的相關資料，則爲探討龜山學派諸人對楊時四書學的繼承與發展情況提供了可能。

（一）龜山門人對楊時《大學》《中庸》研究的繼承與發展

如前所述，楊時認爲《大學》與《中庸》是互爲表裏的關係："《大學》一篇，聖學之門户，其取道至徑，故二程多令初學者讀之。蓋《大學》自正心誠意，至治國家天下，只一理，此《中庸》所謂合内外之道也。"[1]龜山門人大多繼承了楊時的這一觀點，注重二者的互補關係。如陳淵《答晦之叔》曰："《大學》云：'知止而後有定，定而後能静，静而後能安，安而後能慮，慮而後能得。'此合内外之道也。……世人終身役役於塵勞妄想之中，醉生夢死莫覺莫悟，其原在於不知止而求定耳。間有自修之士，乃避事而求道，夫事焉可避哉？無事則道亦無矣。故惟止而求定者，乃期於慮而得也。至於慮而得，則灑掃應對之際莫非妙用，而天下國家蓋不足爲矣，而況於一身乎？"[2]陳淵認爲研習《大學》可以使修養主體明確所追求之精神境界，使其具備明確的修養目標，從而在灑掃應對等日常生活問學中皆有可以約束自我的行爲準則，惟此方有臻於聖人境界的可能。羅從彦在爲朱松所作之《韋齋記》中亦曰："夫《中庸》之書，世之學者盡心以知性，躬行以盡性者也。而其始則曰：'喜怒哀樂之未發，謂之中。'其終則曰：'夫焉有所倚，肫肫其仁，

---

① （宋）楊時：《楊龜山先生全集》卷十一，第 561 頁。
② （宋）陳淵：《默堂集》卷十五，《景印文淵閣四庫全書》第 1139 册，第 423 頁下。

淵淵其淵，浩浩其天。'此言何謂也，差之毫釐，謬以千里。故《大學》之道在知所止而已。苟知所止，則知學之先後，不知所止，則於學無自而進矣。"[1]羅從彥認爲中庸之境界，始自喜怒哀樂未發之中這一抽象而細微的心理狀態，而其極致則是深厚長遠且難以形容的，故而絲毫之差能致千里之謬；而《大學》則爲修養主體指明了具體的修養境界，使修養主體有章可尋，在精神人格修養過程中不誤入歧途。而張九成在秉承楊時觀點的同時，又有所發揮，他將《大學》關於主體修養的論述進一步具體化。《上李泰發參政書》曰：

> 大學之道，先王所以宣聖人之用也。……過此以往則致知以格物，格物以知至，知至以誠意，誠意以正心，正心以齊家，齊家以治國，治國以平天下，此所謂大學之道也，所以宣聖人之用也。昔吾夫子傳斯道於洙泗間，顏子得之，故其爲學也，不遷怒，不貳過。曾子得之，故其爲學也，動容貌，正顏色，出辭氣。惜乎顏子短命，其學不傳。曾子傳斯道於子思，故子思有《中庸》之論，子思傳斯道於孟子，故孟子有仁義之説。[2]

張九成認爲《中庸》源自曾參之學，而曾參之學的關鍵則在於"動容貌，正顏色，出辭氣"，側重對精神氣度的培養。因而，要達到中庸這一極高明的境界，首先應明確修養的目標與方向，即《大學》所言之"止於至善"。對於如何方能"止於至善"這一問題，張九成認爲應從"動容貌，正顏色，出辭氣"這一精神氣度的培養著手。

同時，張九成在治學中強調原本聖人之心的特色，這在其對《大學》《中庸》的研究中頗爲顯著。張九成認爲《大學》格物致知的治學修身方式，應注重對聖人之心的勾抉與體察，惟有明瞭聖人之心，方能體會天理，從而入於聖人之閫域。其曰：

> 學者儻未遽得聖人之心，莫若先明《大學》之道。夫《大學》

---

[1] （宋）羅從彥：《豫章文集》卷十二，《景印文淵閣四庫全書》第1135册，第751頁下。
[2] （宋）張九成：《橫浦集》卷十八，《景印文淵閣四庫全書》第1138册，第414頁下。

之道何道也，王道也。王道何在，在致知格物也。格物者，窮理之謂也。天下之理無一之不窮，則幾微之生無不極其所至矣。故曰物格而後知至，知至而後意誠，意誠而後心正，心正而後身修，身修而後家齊，家齊而後國治，國治而後天下平。儻知格物之學則可以知聖人之心，知聖人之心則知聖人之筆削，知聖人之筆削，則雖生乎千百載之下，一讀《春秋》乃如歷鄒魯之國，登洙泗之堂，親見吾夫子之威儀，親聞吾夫子之謦欬，親傳吾夫子之心法，既得其心，則飲食寢處灑掃應對無非吾夫子之運用。①

　　格物致知是爲了明聖人之心，明聖人之心方能明確自我修養的目標，由此才能實現精神修養的更進一層。而如何方能明瞭聖人之心？張九成認爲應反求諸己："夫學者以格物爲先，格物者，窮理之謂也。窮一心之理以通天下之理，窮一事之理以通萬事之理。"②張九成認爲"中者，天下之大本。……人人皆具此大中，特無人發明之耳。"③未發之"中"爲天下之大本，亦即天理，此大本人人具有，而聖人之心與天理相合，故而人人皆具有成聖之可能。成聖之關鍵，即識得聖人之心的關鍵，也就是"窮一心之理"，即反求諸己，通過對自我認知、對自我性情與外界變遷之關係的認知，體味天理的存在及發生規律，由此達到對天理的體認，進而進入聖人之闑域。如其論《尚書·金縢》時所說："惟學問之深者，人欲不行，驚憂之迫者，人欲暫散，故此心發見焉。此心既見，則天理在我耳。"④又曰："造化何在，吾心而已。"⑤因而，欲識得天理，必須反求諸己，從對自我內心的體察開始。張九成對《大學》《中庸》的闡發，強調反求諸己，暗含了其"心學"化的發展趨勢。

　　龜山門人繼承了楊時的治學特點，注重對《大學》《中庸》的闡發。其中張九成創見尤多，他秉承楊時之觀點，認爲二書互爲表裏，張九成之創新之處在於將《大學》關於主體修養的論述進一步具體化，

---

① （宋）張九成：《橫浦集》卷十四，《景印文淵閣四庫全書》第1138冊，第389頁下~390頁上。
② （宋）張九成：《重建贛州學記》，《橫浦集》卷十七，《景印文淵閣四庫全書》第1138冊，第412頁上。
③ （宋）黃倫：《尚書精義》卷二十九，《景印文淵閣四庫全書》第58冊，第463頁下。
④ （宋）張九成：《橫浦集》卷九，《景印文淵閣四庫全書》第1138冊，第352頁下。
⑤ （宋）張九成：《橫浦集》卷九，《景印文淵閣四庫全書》第1138冊，第352頁上。

强調"動容貌，正顏色，出辭氣"的精神氣度培養。此外，在格物致知的事物及方式上，張九成主張反求諸己以尋得自身本有之天理。

（二）龜山門人對楊時《論語》《孟子》研究的繼承

龜山門人秉承二程洛學及楊時之治學方式，極爲重視對《論語》《孟子》的闡發。其中陳淵與張九成對這兩部經典的闡發最具代表性。

陳淵《看〈論語〉四首》其一曰："明明孔子能毋四，的的曾參所貴三。一部魯論開聖域，古人無死要重參。"[1] 而其《越州道中雜詩十三首》其三亦曰："世儒讀《論語》，未脱小兒氣。豈悟無絃琴，中藏千古意。顏淵默然處，曾子亦心醉。處處儻逢渠，字字皆有味。"[2] 而其《默堂集》中又有《解〈論語〉十二段》，皆彰顯了陳淵對《論語》的重視。陳淵將《論語》視爲如何達到聖人境界的具體闡釋，其《講〈論語〉序》對《論語》之性質概括如下："《論語》之書，載孔子與其群弟子問辨之言，當時學者相與守之以傳後世者也。然自秦漢以來，以迄於今，其間以儒自名者，窺其藩籬則有之矣，入其門升其堂而踐其閫奥者實無一二焉。嗚呼！《論語》之難知也如此，非其書之難知，道之難知故也。"[3] 聖人之道寓於《論語》之中，而對此書的解讀則是體悟聖人之道的關鍵，是明瞭如何方能達到聖人境界的必由之路。對此書的解讀，陳淵主張以心驗之，其曰："以吾心之權衡，驗當時之問答，其初也即此而下學，其終也非離此而上達，從容自得於幽閒之中，而超然默會於意言之表，古之知道者亦必由之。"[4] 陳淵釋《論語》之"仁在其中矣"曰："仁，人心也。求之於外則不足以得仁矣。"[5] 而其《代人上梅節推》中亦曰："妙道無窮，方寸之間索之而愈有，爲聖爲賢，皆由心造耳。"[6] "仁"之品質人人皆有，反求諸己，才能識"仁"，而爲聖爲賢之關鍵也在於反求諸己。因而，研讀《論語》之關鍵即在於以心驗之，心外無道，道在心中，以吾心而求諸《論語》，則聖人之意可見，因聖人之心與吾心無異也。而求得吾心的關鍵則在於滅除各種偏見與不合理之欲望。

---

① （宋）陳淵：《默堂集》卷五，《景印文淵閣四庫全書》第 1139 册，第 322 頁下。
② （宋）陳淵：《默堂集》卷五，《景印文淵閣四庫全書》第 1139 册，第 323 頁上。
③ （宋）陳淵：《默堂集》卷二十，《景印文淵閣四庫全書》第 1139 册，第 506 頁下。
④ （宋）陳淵：《默堂集》卷二十，《景印文淵閣四庫全書》第 1139 册，第 507 頁上。
⑤ （宋）陳淵：《默堂集》卷二十，《景印文淵閣四庫全書》第 1139 册，第 513 頁上。
⑥ （宋）陳淵：《默堂集》卷十五，《景印文淵閣四庫全書》第 1139 册，第 411 頁上。

　　　　然臣嘗聞之師曰："心有私焉，過也。仁而不私，則無過矣。心有偏焉，過也。心而不偏，則無過矣。心有利焉，過也。義而忘利，則無過矣。"是三者，正心也，理義之心也。過或生焉，如太空之有雲霧，乍起乍滅，而空之體常自若也。如明鑑之有塵埃，或去或留，而鑑之體常自若也。於此乎知之，則偏私與利將無所容矣。是之爲說，見於《論語》之所謂仁，子思之所謂誠，孟子之所謂性。①

　　無欲無私的本心即聖人之心，孔子所言之仁、子思所言之誠、孟子所言之性皆寓於其中，而識得本心之要，則在於滅除偏、私、欲。
　　陳淵對《論語》的闡發，側重從反求諸己以明瞭本心的角度進行，這種闡釋策略彰顯了其向内探求的心學化發展趨勢。
　　張九成對《論語》的闡釋，著眼點在於對《論語》之修養工夫的發揮，其中，張九成尤爲重視"三省"之學，而張九成之創新處則在於將"三省"之學落在實處，即強調通過"三省"之學而達到容貌的恭敬、氣質的誠信、辭氣的從容。其曰："曾子所以致此者，蓋其學之有素也。曾子自三省之學日加踐履，一旦入於一以貫之之地，其曰戰戰兢兢者，三省之狀也。觀其臨死將絶之言曰：'人之將死，其言也善。君子所貴乎道者三，動容貌，斯遠暴慢矣；正顏色，斯近信矣；出辭氣，斯遠鄙倍矣。'……至於容貌、顏色、辭氣，則在我而已，動而遠暴慢，正而近信，出而遠鄙倍，是其中養之有素也，故指以爲君子之道。……三省既久，天理自明，曾子之學，孔子之心，堯舜禹湯文武之所傳，當一日而皆見矣。動容貌、正顏色、出辭氣，天下其有不治乎？"②"又以牙篦指動容貌、正顏色、出辭氣三語奏上曰：'此曾子三省之學也。曾子之學不似後世務爲博物多見，以矜駁誇耀於俗人也，專於爲己之學而已。夫容貌、顏色、辭氣豈他人之物乎，正吾在己之物耳。'又以牙篦指動字、正字、出字三字奏上曰：'此三字正三省用功處也。'"③曾參的三省吾身本爲"爲人謀而不忠乎？與朋友交而不信乎？傳不習乎？"張九成將其

①　（宋）陳淵：《默堂集》卷十四，《景印文淵閣四庫全書》第1139册，第405頁上。
②　（宋）張九成：《橫浦集》卷十三，《景印文淵閣四庫全書》第1138册，第382頁下~383頁上。
③　（宋）張九成：《橫浦集》卷十三，《景印文淵閣四庫全書》第1138册，第383頁下。

與《論語・泰伯》中曾子所強調的君子所應重視的三個方面結合起來，認爲修養主體如以"三省"約束自我，則其容貌、顏色、辭氣必與之前相異。爲人謀而忠，則其容貌無暴躁傲慢之態，即"遠暴慢"；與朋友交而信，則其氣質莊重近於誠信，即"正而近信"；而對於儒學經典的研習，則可使自己言辭和語氣謹慎高雅，即"遠鄙倍"。張九成將三省及經過三省之學修養後主體所達到的精神境界結合起來，將三省之學進一步具體化，其本質是強調在對自身的約束與修養中達到對天理的體認，是其向內探求，通過明心盡心以明"天理"之思想在治學中的展現。

相對於楊時，龜山門人陳淵、張九成更注重將對《論語》的闡釋與主體的具體修養方式結合，他們的闡釋皆注重尋得自我之本心，從對自我本心的追尋中探求天理之所在，暗含了吾心即天理的理論前提，彰顯了心學化的發展方向。

在二程所處時期，對於孟子，學者大體持兩種意見：一種是指斥孟子以仁義亂天下，如李覯；另一種是認爲"孟子有功於聖門，不可勝言"，"孟子有大功於世"，以二程爲代表。楊時繼承了二程的觀點，注重對《孟子》的研究。龜山門人又繼承了二程及楊時之觀點，羅從彥、陳淵、張九成三人對《孟子》的探討尤多。羅從彥的《豫章文集》論事説理多徵引《孟子》，以之作爲論事之依據，如引孟子王霸之語而論"皇王帝霸"[1]，引孟子"堯舜性之也"之語抨擊王安石"之於道只是説耳"[2]，引孟子四端之説而痛斥李林甫之爲政[3]等，基本爲轉述，創建不多。但他對《孟子》亦有義理上的闡發，如針對宋太宗認爲"五常之於人惟智不可常用，若禦戎制勝，臨機應變，舉爲權略可也，固非朝廷爲理之道也"，他説："孟子曰：'仁之實，事親是也；義之實，從兄是也；智之實，知斯二者弗去是也。'夫立人之道曰仁與義，仁，體也；義，用也，行而宜之之謂也。所謂智者，知此二者而已，及其行之也，若禹治水，然行其所無事而已矣，堯舜之治不出乎此。"[4]仁與義是人生而具有之自然屬性，真實無僞地展現這種本性即智，也就是

---

① （宋）羅從彥：《豫章文集》卷五，《景印文淵閣四庫全書》第1135册，第681頁下。
② （宋）羅從彥：《豫章文集》卷八，《景印文淵閣四庫全書》第1135册，第719頁下。
③ （宋）羅從彥：《豫章文集》卷十一，《景印文淵閣四庫全書》第1135册，第745頁下。
④ （宋）羅從彥：《豫章文集》卷三，《景印文淵閣四庫全書》第1135册，第668頁下。

“行其所無事”。堯舜之所以能成爲聖人、賢君，原因在於堯舜能本諸人之本性真實無僞地修身治國。因而，修養主體如欲達到聖人之境界，莫若真實無僞地待人處事，即本諸人生來具有之仁義本性修身處事。

陳淵亦表達了與羅從彦相似之觀點，其《答曹公訓》中有言曰：“所論故者，以利爲本，竊恐未然。《孟子》一部書始末只是分別義利，所以與諸子不同。舜跖之分，利與善之間耳，利既無取，則故非性明矣。而天下之言性者，惟故而已，豈其然哉？雖然，故出於自然亦可以言性，所惡於故者，爲其本於利也，亦何惡於智乎？蓋故非不善也，其害在利，智非不善也，其失在鑿而已。”①陳淵所言之“故”即人生而具有之本性，人之本性是合於仁義的，因而修養的目的即找尋人之本性，避免歪曲本性的“鑿”，亦應避免惑於“利”而迷失本性。同時，陳淵又認爲修養主體在明瞭道之所在後，在樹立了追尋儒者之道的信念後，應篤行之，將對道的追尋落到實處，其《上楊判官》曰：“《孟子》曰：‘可欲之謂善，有諸己之謂信。’人均有是善，當其未有諸己，聖賢之與愚衆何以異？及其既有諸己，則己自視了然，如數一二，夫是之謂信。古之人旦暮由是而行之，猶嬰兒之長而莫知其所增益也，爲聖爲賢，其或皆出於此乎？”②確立了對道的追求後，應“旦暮由是而行之”，由此方能爲聖爲賢。同時，陳淵又提倡見賢思齊的修養方法，其曰：“孟子曰：‘舜聞一善言，見一善行，若決江河，沛然莫之能禦。’夫聞見在外，而悟之以心，則所謂聞者自聞也，見者自見也，充其所以聞見之極，人孰不可。故顏子曰：‘舜何人也，予何人也，有爲者亦若是。’是則非舜獨能也審矣。”③人人皆可爲堯舜，而爲堯舜之關鍵則在於見賢思齊。善言、善行即賢之外在表現，而如何判斷善言、善行，陳淵認爲應“悟之以心”。這其中就暗含了一個前提，即人之本心是合於仁義，合於儒者之道的，以合於儒者之道的本心去判斷眼見、耳聞之別人言行，擇其善者而從之，由此才能達到儒者境界。這實際上亦是在向內探求、明心見性之後，再擇善而從之的修養方式。

張九成對《孟子》的闡發大體與陳淵相類，其《黃氏訓學説》云：

---

① （宋）陳淵：《默堂集》卷十九，《景印文淵閣四庫全書》第 1139 册，第 490 頁下。
② （宋）陳淵：《默堂集》卷十五，《景印文淵閣四庫全書》第 1139 册，第 408 頁下。
③ （宋）陳淵：《默堂集》卷十五，《景印文淵閣四庫全書》第 1139 册，第 410 頁上。

　　學當有本原，孝悌，人本原也。孝悌何以見乎？孟子曰："仁之實，事親是也。義之實，從兄是也。"其意以謂：欲知仁之實乎，即事親時是；欲知義之實乎，即從兄時是。使當事親時，愛戀眷慕，穆焉如春，斯即仁也。當從兄時，恭謹惟諾，肅焉如秋，斯即義也。知此二者即曰智，節文此二者即曰禮，樂此二者即曰樂。孟子又曰："樂則生矣，生則惡可已也，惡可已，則不知手之舞之，足之蹈之。"夫學至於樂，即仁義隨處而是，不止事親從兄時也，故謂之生。生則欲罷而不能，欲止而復起，目之所視，耳之所聽，口之所言，心之所思，雖無意於仁義，而仁義不吾違矣。①

　　其目的乃是通過日常生活中的身體力行，將孝悌等倫理觀念的認識內化爲生命體驗，從而使自己舉手投足皆合乎仁義。孝悌是"人之本原"，即人具有的本性，而修養之要即在於向內探求從而能明瞭本心。

　　陳淵與張九成對《孟子》的闡釋一如二人對《論語》的闡釋，以天理在人內心之中爲理論前提，強調修養的方式應爲向內探求、明心見性，並認爲惟有如此方能邁入聖人之閫域。

　　綜上所述，龜山門人繼承了楊時的治學特點，注重對儒學經典義理的闡發。龜山門人對經典的選擇呈現縮小的趨勢，龜山後學對《周易》《詩經》的關注逐漸減弱，而對四書的關注則大爲增強。龜山後學在對儒學經典的闡釋過程中，注重將義理的闡釋與主體的修養工夫結合起來，而其闡釋目的亦是爲主體之修養指明方向。此外，在具體的經典闡述過程中，龜山門人，特別是陳淵、張九成，尤爲注重將向內探求以明心見性的修養思想，貫注於經典的義理闡發中，這實則反映了龜山門人認爲天理存在於人心之中的思想事實，理在心中、心外無理成爲其闡釋經典的立論基礎。

第三節　龜山學派的發展與分化

　　龜山學派中人師承楊時，繼承並發展了楊時的治學特點，以光大洛

---

① （宋）張九成：《橫浦集》卷二十，《景印文淵閣四庫全書》第 1138 册，第 427 頁下～428 頁上。

學爲己任，注重對儒家經典作義理上的闡發。學説或思想體系一旦被提出，就成爲一種客觀存在，在被闡釋的過程中存在被延伸甚至被扭曲的可能，正如黑格爾所言："思想同時是生命力，自身産生其自身的活動力，這種活動力包含有否定性這一主要環節。"① 中國古代思想的表達主要是靠對經典的闡釋來實現的，所以作爲闡釋對象的經典文本的變化，其實説明了治學方向的轉變，因爲先前所依傍的經典文本已不能適應新的理論思維了。因此，龜山學派雖有相同的師承，並且以光大洛學爲己任，但思想傳承發展的規律使其學術研究及思想體系建構呈現了新的特點。這是理學體系的一種發展，亦是一種分化。

龜山學派的發展與變化反應在其治學實踐中，主要表現在闡釋對象的變化、闡釋策略的變化以及闡釋方法的變化三個方面。在闡釋對象上，他們由博返約，注重對《大學》《中庸》《論語》《孟子》的義理闡釋；對二程著力甚多的《春秋》《詩經》《周易》等經典，關注則逐漸減弱。在闡釋策略上，他們更注重將對經典義理的闡釋與自我具體的修養方法結合起來。在具體的闡釋方法上，由我注六經向六經注我演變。

一　由博返約，重視四書：闡釋對象的變化

龜山學派文本研究上的一個突出變化是由博返約，研究文本的範圍呈現縮小的趨勢。龜山學派諸人在經典闡釋上由博返約的直接體現，就是對《周易》《詩經》的關注度整體減弱，對《春秋》《尚書》的關注部分減弱，而對四書的重視程度整體增强。

《周易》是二程關注較多的儒學經典，程頤所撰之《伊川易傳》洋洋灑灑十五萬言，與同時期的同類著作相比，顯然是一部關於《周易》研究的巨著。楊時繼承二程之觀點，注重對《周易》的闡述，但其對《周易》的關注度顯然較二程大爲減弱。楊時雖然繼承了二程在《周易》研究上的基本觀點，但其文集中並没有專門探討《周易》的文章和著作，僅在與友人的書信中論及《周易》，如《答陳瑩中》其三、其四與《與游定夫》。對《周易》關注度的減弱在龜山門人中更爲突出。陳淵《默堂集》未載對《周易》探討的專文，只在《答陳了翁右司》《答邦美叔》中針對前輩及友人關於《周易》的闡述而提出

---

① 〔德〕黑格爾：《哲學史講演録·導言》，商務印書館，1997，第 54 頁。

自己的觀點，而張九成《橫浦集》、羅從彥《豫章文集》、朱松《韋齋集》、廖剛《高峰文集》中則無關於《周易》的論述。

龜山學派對《詩經》的關注度亦呈現了減弱的趨勢，楊時《龜山集》卷八《經解·詩義》今存三條關於《詩經》的論述，其對《詩經》之關注較二程大爲下降，而陳淵、張九成等人對《詩經》的關注較之楊時，又呈下降之趨勢。羅從彥曾著有《詩解》，惜其不存於世，其對《詩經》之研究概況已不可考。陳淵《默堂集》卷十一《論時事十一》之"用兵必先修政事"中有對《詩經》篇章所反映之時代的論述，除此之外，龜山學派其他諸人没有專文論及《詩經》的。

在《春秋》的研究上，龜山學派中羅從彥、張九成對此關注較多。據《豫章文集》，羅從彥曾著有《春秋解》《春秋指歸》《春秋釋例》，惜皆散佚。張九成《橫浦集》卷十三之《邇英春秋進講》、卷十四之《春秋講義》對於《春秋》之性質以及如何闡發《春秋》方能見聖人之心而識王道，皆給出了自己的見解。學派中其他諸人，雖有對於《春秋》的片段論述，但創見不多。

在《尚書》的研究上，除張九成著力甚多外，學派中其他人皆無相關論述與專文涉及。

從龜山學派諸人對《周易》《詩經》的研究來看，其整體的關注度呈減弱之趨勢。在《春秋》《尚書》的研究上，除張九成著力較多外，其他人對此二經的關注度亦呈減弱之趨勢。

與對《周易》《詩經》關注度的整體減弱和對《春秋》《尚書》關注度的部分減弱相比，龜山學派對四書的關注程度則呈現了增強的趨勢。陳淵《默堂集》就存有《解〈論語〉十二段》《講〈論語〉序》兩篇專文論及《論語》，其將《論語》定位爲對聖人之道的記載，是"當時學者相與守之以傳後世者"之書，並且對於如何達到聖人境界，提出了"以吾心之權衡，驗當時之問答"的方式，而"仁，人心也"的論斷亦彰顯了其向內探求，通過明心盡性以達聖人閫域的修養路徑。而其《答廖用中》論及《中庸》，《答晦之叔》論及《大學》，《答翁子静論陶淵明》論及《孟子》之"養氣"説，《答張子献給事》論及荀卿與揚雄不可與孟子相比，其文集中對四書的引用及論述尚有許多，皆彰顯了陳淵對於四書的重視，而其治學則以對《論語》的闡述爲門徑。羅從彥亦著有《語孟師説》《中庸説》，雖不存於今，但其對於闡發四書義理的重視可見一斑。而張九成在四書的探討上最爲深入，對四書亦最爲關注，其《四端論》探討孟子四端説，《鄉黨統論》論及《論語·鄉黨》，認爲"孔子之心盡發於《鄉黨》"。除此之外，張九成還著有《孟子拾遺》，對《孟子》進行了系統的闡發，並對修養主體如何達到聖人境界，提出了自己的見解。

龜山學派在經典闡釋對象選擇上的變化，反映了其治學特點的變化。自二程開始，《春秋》《尚書》《詩經》多被看作王道的體現，在歷史事件的叙述書寫中可以窺見聖人關於國家政治的觀點，更多指向外在現實。而《大學》《中庸》《論語》《孟子》則是聖人關於精神修養、精神境界追求的論述，涉及主體精神追求、價值理想、人生體驗、哲學思考等方面。簡而言之，《春秋》《尚書》等經典更多涉及的是"外王"，而四書則更多涉及"内聖"。内聖與外王互爲表裏，但内聖是外王的前提。余英時先生認爲："就宋代儒學史言，南宋理學的興盛也好像標誌著一種向内的發展趨勢。熙寧變法的挫折也許爲這一内向轉變提供了一個歷史的契機。儒家一向信奉'反求諸己'，'外王'不能實現主要還應歸咎於'内聖'尚未完成，與其'臨淵羨魚'不如'退而結網'，所以南宋理學家基本上投身於學術和教育工作。"[1] 余先生之論頗爲準確地指出了熙寧變法後的儒學發展趨勢。而龜山學派之治學重視四書的特點也正是這種内向發展趨勢的體現，是龜山學派對内聖强調的趨勢在學術探討中的體現。

二 闡發義理，涵養致用：闡釋策略的變化

龜山學派在經典闡釋上的重點發生變化的同時，其闡釋策略較之前輩學者，亦發生了一定程度的變化。大體而言，學派中人皆十分注重將經典義理的闡釋與修養工夫相結合。就本質而言，這亦是對内聖之學重視程度提高的一種表現。

理學最早被稱爲道學[2]，張載曾言："朝廷以道學、政術爲二事，此正自古之可憂者。"[3] 程頤在評價其兄程顥時説："家兄學術才行，爲一

---

① 余英時:《朱熹的歷史世界》下册，生活·讀書·新知三聯書店，2004，第398頁。
② 關於"道學"名稱由來及其内涵之界定，馮友蘭先生《中國哲學史新編》（下卷）第四十九章"通論道學"論之甚詳，此處兹不贅述。
③ （宋）張載:《答范巽之書》，《張載集》，第349頁。

時所重……其功業不得施於時，道學不及傳之書。"①張載與程頤所言之"道學"，雖不是一個具有確定含義的特殊學術系統的定名，但他們將道學二字連用，則彰顯了他們於治學中追尋聖人之道的自覺意識。在程頤後來的説法中，這一自覺意識作爲確定的含義用以概括其學術體系，他説："自予兄弟倡明道學，世方驚疑。"②道學已經成爲具有確定含義，即傳承聖人之道的學問。傳承聖人之道大體又可分爲兩個層面，其一是明瞭聖人之道，其二是達到聖人境界。前者的實現主要是以闡釋儒學經典爲依托，在經典的義理闡釋中獲得。而後者的實現則需要主體的踐行，即明瞭聖人之道後，通過主體自覺的躬行與實踐而達到。

　　龜山學派所處之時期，理學的基本理論體系已經構建完成，他們的任務是對既有思想體系的推進與傳播，一方面他們在明瞭聖人之道的方式上繼續探討，對儒學經典繼續進行義理上的發掘與發明；另一方面他們注重對修養工夫的探討，力求通過明確精神修養的次序與要領而達到聖人之境界。故而，他們注重從文本闡釋中吸收有關精神修養的理論，與前輩學者相比，他們文本闡釋的目的更爲明確，即與修養工夫的探討相結合。張九成、陳淵等人在這個方面尤爲突出。如張九成闡釋《尚書·舜典》命契作司徒，"敬敷五教，在寬"曰：

　　　契於是乃因其自然之性，乘閒暇時啓發其親遜之心，使之還其所固有，豈不美哉？夫所以啓發之者，亦優而柔之，使自趣之，饜而飫之，使自得之，若江河之潤，膏澤之浸，油然而不自知也。儻惟督迫之，驅逐之，則斯民將驚苦無聊，方晝思夜夢之不宵，何暇樂於從善乎？此孟子養氣所以有揠苗之喻，而契之敷教，所以有在寬之義也。③

　　張九成引《孟子》揠苗之説以證契"敷教在寬"之法的合理，其中"因其自然之性，乘閒暇時啓發其親遜之心，使之還其所固有"，則有與修養工夫相結合的意圖，説明學者如欲臻於聖人境界，惟有因自然

①　（宋）程頤：《上孫曼郎侍郎書》，《二程集·河南程氏文集》卷九，第603頁。
②　（宋）程頤：《祭李端伯文》，《二程集·河南程氏文集》卷十一，第643頁。
③　（宋）黃倫：《尚書精義》卷四，《景印文淵閣四庫全書》第58冊，第181頁下。

之性，啓發自我親遜之心，尋得自我本心。而其《上李泰發參政書》言及孔子傳道於洙泗間，"顏子得之，故其爲學也，不遷怒，不貳過。曾子得之，故其爲學也，動容貌，正顏色，出辭氣"，實則是言明，學者欲得聖人之道，無外乎"不遷怒，不貳過"，無外乎通過精神氣度的培養而達到容貌的恭敬、氣質的誠信、言辭的從容。而陳淵之《論心過》則是從學者應慎戒之處著手，認爲學者倘若能"仁而不私""心而無偏""義而忘利"，則其心可正，而聖人之堂奧不難至也。羅從彥引用孟子"仁之實，事親是也；義之實，從兄是也；智之實，知斯二者弗去是也"，認爲"所謂智者，知此二者而已，及其行之也，若禹治水，然行其所無事而已矣，堯舜之治不出乎此"，意在説明，學者如欲臻於聖人境界，應首先通過事親、從兄等日常生活尋得仁義，然後真實無僞地將之施於待人接物中，由此方能成堯成舜。

總之，龜山學派諸人在文本闡釋上較其前輩而言，其闡釋策略發生了明顯的傾斜，即更側重從文本闡釋中爲修養工夫尋得理論養分。這種變化是由龜山學派所處理學發展階段決定的，是理學這一思想體系在新的發展階段的要求所致。而龜山學派文本闡釋策略的變化，也使其學説並不是空談玄談，而是要落到實處，呈現與主體精神氣度、價值觀念培養緊密結合的特點。這使龜山學派諸人立身正直，在朝能以直言讜論有補國事，在野能以高潔情操化行一方。《宋史》讚楊時曰："晚居諫省僅九十日，凡所論列皆切於世道，而其大者則闢王氏經學，排靖康和議。"[1] 稱羅從彥"議論醇正"[2]，而陳淵、張九成在朝亦以直言讜論聞名，因惹怒秦檜而被罷職、貶謫，但二人皆不改其道。

三　明心盡性，六經注我：闡釋方法的變化

理學與之前的漢唐注疏治學相比，强調了人作爲道德實踐主體的能動性，倫理原則不僅是外在的權威，還是主體本身具有的屬性，因而人人皆可爲堯舜。從發展邏輯來講，對主體道德實踐能動性的進一步强調，乃是理學未來發展趨勢之一。麻天祥先生認爲，"理學的最高範疇是至大無外，至小無內的理。在外它是化生萬物的宇宙本體；在內它又

---

① 《宋史》卷四百二十八 "楊時傳"，第 12743 頁。
② 《宋史》卷四百二十八 "羅從彥傳"，第 12745 頁。

是心統性情的道德本體"①。人作爲道德主體，本身就決定著道德法則，故其明道方式則在於向內探求，明心盡心，找到自我之本心。

龜山學派在文本研究上的變化之一，是其具體的闡釋方法有向六經注我之方向發展的趨勢，這實際上是主體道德實踐能動性被強化的反映。在龜山學派學者的文本研究中，有時文本本身的意義已不是學者所追尋的對象，在對文本的闡釋過程中提出自我之見解，才是其治經之目的，簡而言之，即六經注我。

這種六經注我的闡釋方法，是張九成解經時的慣常手法，如其《孟子拾遺》釋"不能盡其才也"：

　　仁義禮智，人人所有，是人之才地皆可以爲堯舜。然而至於至愚極陋，與聖人或相倍蓰而無算者，不能盡其才地耳，非天之降才爾殊也，何謂盡？極惻隱之心，溯而上之，以求其所謂仁，既得此，則傍徨周浹於其間，使置之則塞乎天地，溥之則橫乎四海，無有絲毫不用其才力者，此之謂盡也。於義禮智亦復如此，其爲堯也舜也必矣。②

以闡述孟子章句之名，而行其申明自我言論之實，其意乃在於申明人人可爲堯舜之論以及如何爲賢爲聖之法。其論"申之以孝悌之義"曰：

　　孝悌之心，自孩提以至壯長，固自行之，第未有人發明之，使之知其義以見於用也。所謂義者何也，事親時愛戀眷慕，則孝心見矣。孝心見，仁之實也。從兄時恭謹惟諾，則悌心見矣，悌心見，義之實也。孟子以謂"智，知此二者；禮，節文此二者；樂，樂此二者"。……知其義而敬守之，天子之所以得天下也。③

①　麻天祥：《理學與禪學》，載《湖南師範大學學報》1996 年第 3 期。
②　（宋）張九成：《橫浦集》卷十五，《景印文淵閣四庫全書》第 1138 冊，第 396 頁上。
③　（宋）張九成：《橫浦集》卷十五，《景印文淵閣四庫全書》第 1138 冊，第 392 頁上。

在對孟子章句的闡釋中，申明樹立遵循孝悌的自覺意識是修養的關鍵。這種六經注我的闡釋手法，亦體現在張九成對《論語》的研究中，如他將曾參三省之學與"動容貌、正顏色、出辭氣"建立聯繫，界定了三省之學的目標及表現。這種闡釋方法被張九成普遍運用到解經治學中，如對《尚書》這部關乎歷史治亂，即更多關乎"外王"的經典，張九成亦以六經注我的方式，將對經文的闡釋導向對主體修養工夫的探討。如其釋《尚書·大禹謨》之"人心道心"，亦是在章句的解釋中申明心外無理、心即天理的理論：

> 夫所謂天下四方萬里事物之本，何物也？曰中而已矣。蓋天下，此心也；四方萬里，此心也；若事若物，此心也；此心即中也。中之難識也久矣，吾將即人心以求中乎？人心，人欲也，人欲無過而不危，何足以求中？又將即道心以求中乎？道心，天理也，天理至微而難見，何事而求中？曰：天理雖微而難見，惟精一者得之。精一者何也？曰：精則心專，入而不已；一則心專，致而不二。如此用心，則戒謹不睹，恐懼不聞，久而不變，天理自明，中其見矣，既得此中，則天下在此也，四方萬里在此也，若事若物在此也，信而執之以應天下四方萬里事物之變，蓋綽綽有餘裕矣。[1]

在對"人心道心"的解釋中，張九成就對天理存於心中，如何方能識得天理這一問題進行了闡述。同樣的闡釋方法也出現在陳淵的解經過程中，其《上楊判官》一書中有言曰："《孟子》曰：'可欲之謂善，有諸己之謂信。'人均有是善，當其未有諸己，聖賢之與愚眾何以異，及其既有諸己，則己自視了然，如數一二，夫是之謂信。古之人旦暮由是而行之，猶嬰兒之長而莫知其所增益也，爲聖爲賢，其或皆出於此乎？"[2]孟子之言成爲其對道的追求。

龜山學派學者六經注我之解經方式的運用，是他們對於主體道德實

---

① （宋）黃倫：《尚書精義》卷六，《景印文淵閣四庫全書》第58冊，第202頁下~203頁上。
② （宋）陳淵：《默堂集》卷十五，《景印文淵閣四庫全書》第1139冊，第408頁下。

踐能動性强調的一種具體表現，其理論依據是天理存於人心，向内探求、明心見性方能明道。這是龜山學派學者對洛學進行發展的一種具體實踐，是思想體系邏輯發展上的必然趨勢。

　　龜山學派對洛學的發展亦是學派開始分化的一種表現，歐陽佑《重刊羅先生文集序》曰："自龜山載道而歸也，程師即喜之曰'吾道南矣'。然成繼承匪人，抑何以演其源而揚其波耶？幸有豫章羅先生，受業龜山之門，獨得不傳之秘。故自有先生之學，一傳而爲李延平，再傳而爲朱晦庵，由是海濱鄒魯，於斯盛哉！"[①]歐陽佑站在朱學正宗的立場評價龜山學派，認爲羅從彦得洛學之真傳，而用"繼承匪人"來批評學派中其他學者。歐陽佑之言雖不甚公允，但從一個側面反映了龜山學派的分化。羅從彦沿襲師説，創見較少，而張九成、陳淵等則對洛學之發展作出了各自的努力。全祖望曰："朱子師有四，而其所推以爲得統者，稱延平，故因延平以推豫章，謂龜山門下千餘，獨豫章能任道。後世又以朱子故，共推之。然讀豫章之書，醇正則有之，其精警則未見也，恐其所造，亦祇在善人、有恒之間。龜山之門，篤實自當推橫浦，通才自當推湍石，多識前言往行當推紫微，知禮當推息齋。"[②]全祖望較爲公允地評價了龜山門人對理學發展之貢獻。而龜山學派其他人對理學之發展，具體而言即體現在文本研究選擇對象的變化上，體現在强調理在心中、向内探求的理論轉向上，而這導致了其文本研究方法向六經注我發展。簡而言之，龜山學派的發展與分化最爲顯著地體現在文本研究中，具體表現在闡釋對象、闡釋策略及闡釋方法的變化上。

---

① （宋）羅從彦：《羅豫章集》，《叢書集成初編》本，第 1 頁。
② （清）黄宗羲著，（清）全祖望補修，陳金生、梁運華點校《宋元學案》卷三十九 "豫章學案"，第 1278 頁。

第二章　程門高弟，倡道東南
——龜山學派創立者楊時的道論與文學

黃百家曰：“二程得孟子不傳之秘於遺經，以倡天下。而升堂覯奧，號稱高第者，游、楊、尹、謝、呂其最也。顧諸子各有所傳，而獨龜山之後，三傳而有朱子，使此道大光，衣被天下，則大程‘道南’目送之語，不可謂非前識也。”[①] 黃百家指出了楊時在理學發展過程中承洛啓閩的地位。同時，楊時又以文名顯於一時，四庫館臣評其曰：“本不以文章見重，而篤實質樸，要不失爲儒者之言。”[②] 明人陸深亦讚楊時曰：“龜山詩筆自好，大篇如《岳陽書事》開闔轉換，妙得蹊徑，如‘湖光上下天水融，中以日月分西東’之句尤爲奇偉，具見筆力。小詩如‘隔雨樓臺半有無’興致藹藹，描寫甚工。”[③] 皆對楊時的文學成就給予了較高的評價。作爲理學家的楊時，其一生著力於儒學義理的闡發和儒者之道的追尋，這使其文學創作彰顯出鮮明的理學特色，又使其文學創作處於理學修養的架構中，與其形而上的儒學追尋形成了水乳交融的態勢。故而，對於楊時文學的考察，必須以闡述其理學思想特點爲前提。

第一節　反身而誠，正心執中
——楊時理學體系的構架及其發展趨勢與意義

楊時《書銘》曰：“含其英，茹其實，精於思，貫於一。”[④] 表明其構建思想體系注重一以貫之的自覺意識，即注重思想體系構建的完整性與系統性。楊時在對二程學說進行有選擇性接受的同時，又進行了自我發揮，形成了獨具特色的理學思想體系，對理學發展進行了極富創新意義

---

① （清）黃宗羲著，（清）全祖望補修，陳金生、梁運華點校《宋元學案》卷二十五“龜山學案”，第947頁。
② （清）紀昀總纂《四庫全書總目提要》卷一百五十六，第4028頁。
③ （明）陸深：《儼山外集》卷十，《景印文淵閣四庫全書》第885冊，第56頁下。
④ （宋）楊時：《楊龜山先生全集》卷二十七，第1085頁。

的開拓。撮其大要，就是他發展了二程理學中向內探求以明心見性的一面，其理學思想主觀色彩極爲濃烈，彰顯了强烈的主體意識，在一定程度上體現了向心學化發展的趨勢。這主要體現在修持導向、修持方式和修持境界這三個方面。

一　萬物備我，反身而誠：修持導向

楊時秉承二程之思想，頗爲重視對《大學》《中庸》的研讀，《大學》通過格物致知以達正心誠意的理論經二程闡發後對楊時影響甚大。二程在格物致知方面的側重點不盡相同，程頤曰："格物窮理非是要盡窮天下之物，但於一事上窮盡，其他可以類推。至如言孝，其所以爲孝者如何？窮理如一事上窮不得，且別窮一事，或先其易者，或先其難者，各隨人深淺，如千蹊萬徑，皆可適國，但得一道入得便可。所以能窮者，只爲萬物皆是一理，至如一物一事，雖小，皆有是理。"[1] 程頤此處提出了見微知著的格物致知方式，認爲事物不管大小，皆是天理的體現。故而，洞徹事物本身所蘊含的道理，自然能會得"天理"。程頤又主張將這種格物致知的工夫落到實處，而不是流於玄談。在程頤與弟子問答的這則資料中，這一特點體現得頗爲充分：

> 或問："進修之術何先？"曰："莫先於正心誠意，誠意在致知，'致知在格物'。格，至也，如'祖考來格'之格。凡一物上有一理，須是窮致其理，窮理亦多端，或讀書，講明義理；或論古今人物，別其是非，或應事接物而處其當，皆窮理也。"或問："格物須物物格之，還只格一物而萬理皆知？"曰："怎生便會該通，若只格一物便通衆理，雖顏子亦不敢如此道。須是今日格一件，明日又格一件，積習既多，然後脱然自有貫通處。"[2]

程頤認爲格物致知的方式多種多樣，既可通過讀書而明理，又可通過品評歷史人物之得失以明理，還可通過對應事接物的省察而明理。但

---

[1] （宋）程顥、程頤著，王孝魚校點《二程集·河南程氏遺書》卷十五，第157頁。
[2] （宋）程顥、程頤著，王孝魚校點《二程集·河南程氏遺書》卷十八，第188頁。

是明理的過程是循序漸進的，不是如禪宗頓悟一般，而是"今日格一件，明日又格一件"的歸納式過程。同時，程頤又指出了所格之"物"的範圍："今人欲致知，須要格物，物不必謂事物然後謂之物也，自一身之中，至萬物之理，但理會得多，相次自然豁然有覺處。"① 自身亦屬於所格之"物"的範圍，這實際上暗含著"反身而誠"以明理的可能。其兄程顥則更爲強調修養主體的能動性，即強調對自我本身的省察，其曰："一人之心即天地之心，一物之理即萬物之理，一日之運即一歲之運。"② 又曰："只心便是天，盡之便知性，知性便知天，當處便認取，更不可外求。"③ 程顥認爲，人作爲萬物之靈，本身就是天理的一種體現，所以通過對自我的省察亦可會得天理。與程頤相比，程顥更重視自我省察在明理中的作用。

楊時先師承程顥後師從程頤，從學理淵源上來看，其更傾向於程顥乃是必然之事。在格物致知以正心誠意會得天理這方面的認識上，楊時確實體現出了比較接近程顥的特點，但是楊時並不是亦步亦趨地重複程顥的觀點，而是更爲突出主體在會得"天理"中的能動性。

楊時首先吸收了孟子仁義禮智等倫理觀念乃人與生俱來之自然屬性的理論，認爲人人皆可爲賢爲聖。《孟子》曰："惻隱之心，人皆有之；羞惡之心，人皆有之；恭敬之心，人皆有之；是非之心，人皆有之。惻隱之心，仁也；羞惡之心，義也；恭敬之心，禮也；是非之心，智也。仁義禮智，非由外鑠我也，我固有之也，弗思耳矣。故曰：'求則得之，捨則失之。'"④ 楊時吸收了孟子的這一理論，其曰："四端皆根於人心，與生俱生也。"⑤ 又曰："孟子言'仁，人心也'最爲親切。"⑥ 他在《答吳仲敢》中亦曰："《中庸》曰：'天命之謂性，率性之謂道。'仁義，性所有也。則捨仁義而言道者，固非也。"⑦ 所以人人皆可爲堯舜，而爲堯舜之關鍵即在於反躬內省，使自己具有踐行仁義禮智忠信孝友等倫理觀念的自覺意識。楊時《孟子解》在解釋"予，天民之先覺者也"

① （宋）程顥、程頤著，王孝魚校點《二程集·河南程氏遺書》卷十七，第181頁。
② （宋）程顥、程頤著，王孝魚校點《二程集·河南程氏遺書》卷二，第13頁。
③ （宋）程顥、程頤著，王孝魚校點《二程集·河南程氏遺書》卷二，第15頁。
④ （宋）朱熹：《四書章句集注·孟子集注》，第334~335頁。
⑤ （宋）楊時：《楊龜山先生全集》卷七，第366頁。原文爲"與生俱主也"，四庫本作"與生俱生"，據文意從四庫本。
⑥ （宋）楊時：《楊龜山先生全集》卷十一，第538頁。
⑦ （宋）楊時：《楊龜山先生全集》卷十七，第773頁。

時説："道一而已矣，人心之所同然，無二致也。聖人先得人心之所同然者，故伊尹曰：'予，天民之先覺者也，衆人特夢而未始覺耳。'而伊尹以斯道覺斯民，非外襲而取之以與民也，特覺之而已矣。"① 楊時著重闡發"覺"字，認爲聖人之所以能異於常人，正在於他們是"先覺者"，即實現對自我與生俱來的倫理信念的認識。楊時釋"堯舜之道孝弟而已"曰："堯舜之道豈遠乎哉？孝弟而已矣。弟不弟，乃在乎行止疾徐之間，人病不求耳。伊尹樂堯舜之道，即耕於有莘之野是已，寒而衣，饑而食，日出而作，晦而息，無非道也。孔子之相師，亦道也，百姓日用而不知耳。知之，則無適而非道也。"② 楊時對堯舜之道的解釋，側重生發人生而具有的社會屬性，即重視培養主體對履行孝悌的自覺性，只要做到孝悌，則不論身處何處，身居何位，都可以達到體認儒者之道的境界。百姓日用而不知，是説明百姓生而皆具有孝悌之本性，只是他們沒有體認並履行孝悌的自覺意識而已。

因此，向内探求，通過對自我本性、本心的認知而會得"天理"，即成爲修養主體必經之路，是爲堯爲舜之關鍵。楊時在《答李杭》中寫道：

堯舜之道曰孝弟，不過行止疾徐而已，皆人所日用，而昧者不知也。夏葛而冬裘，渴飲而饑食，日出而作，晦而息，無非道也。譬之莫不飲食而知味者鮮矣，推是而求之，則堯舜與人同，其可知也。已然而爲是道者，必先乎明善，然後知所以爲善也。明善在致知，致知在格物，號物之多至於萬，則物將有不可勝窮者。反身而誠，則舉天下之物在我矣。《詩》曰："天生烝民，有物有則。"凡形色具於吾身者，無非物也，而各有則焉，反而求之，則天下之理得矣。由是而通天下之志，類萬物之情，參天地之化，其則不遠矣。③

在《題蕭欲仁〈大學〉篇後》中，楊時亦表達了基本相似的觀點：

學始於致知，終於知止而止焉。致知在格物，物固不可勝窮也，

---

① （宋）楊時：《楊龜山先生全集》卷八，第 409~410 頁。
② （宋）楊時：《楊龜山先生全集》卷八，第 416 頁。
③ （宋）楊時：《答李杭》，《楊龜山先生全集》卷十八，第 798~799 頁。

反身而誠，則舉天下之物在我矣。《詩》曰："天生烝民，有物有則。"凡形色之具於吾身，無非物也，而各有則焉。目之於色，耳之於聲，口鼻之於臭味，接乎外而不得遁焉者，其必有以也。知其體物而不可遺，則天下之理得矣，天下之理得，則物與吾一也，無有能亂吾之知思，而意其有不誠乎？由是而通天下之志，類萬物之情，贊天地之化，其則不遠矣，則其知可不謂之至矣乎？知至矣，則宜有止也，譬之四方萬里之遠，苟無止焉，則將焉歸乎？故見其進，未見其止，孔子之所惜也。古之聖人自誠意正心至於平天下，其理一而已，所以合內外之道也。①

　　在楊時看來格物致知須由自身做起，也就是反求諸己，簡單而言就是先"誠"其身，內心保持在"誠"的狀態，用自我之本性、本心誠實無偽地應事接物，體察外界，則自己的舉止就能合乎中道，也就做到了"致知"。楊時用反求諸己的內省修養工夫，化解了物有萬端格之不盡的困局。

　　楊時於《答練質夫》一文中寫道："孟子曰：'萬物皆備於我，反身而誠，樂莫大焉。'知萬物皆備於我，則數雖多，反而求之於吾身可也。故曰盡己之性，則能盡人之性，盡人之性，則能盡物之性。以己與人、物，性無二故也，夫道豈難知難行哉？"②楊時這種化解物有萬端格之不盡之困局的觀點，究其本質是對主體意識的一種強調，是對主體認知能動性的一種空前重視。事物雖然是客觀存在的，但其意義需要主體來賦予，假若主體不曾關注到客觀事物，則其對於主體而言是沒有意義的。所以，欲明瞭"天理"，須從對自我的認知開始，須首先明瞭"百姓日用而不知"的人的本性，即仁義禮智等人與生俱來的倫理觀念。尋得自我本性後，誠實無偽地應事接物，則堯舜之境界不難至也："堯舜之道豈遠乎哉？孝第而已矣。弟不弟，乃在乎行止疾徐之間，人病不求耳。伊尹樂堯舜之道，即耕於有莘之野是已，寒而衣，饑而食，日出而作，晦而息，無非道也。孔子之相師，亦道也，百姓日用而不知耳。知之，

---

① （宋）楊時：《楊龜山先生全集》卷二十六，第 1057 頁。
② （宋）楊時：《楊龜山先生全集》卷二十一，第 916 頁。

則無適而非道也。"①

二　養直持敬，以正吾心：修持方式

　　仁義理智等倫理信念乃是修養主體與生俱來之自然屬性，明瞭這一道理後，主體就應通過自我的認知能力和實踐能力來明瞭仁義禮智爲何物及其具體表現如何。楊時將自我認知能力概括爲"心"，並認爲惟有充分重視"心"的認識和能動能力，才能會得天理。楊時《孟子解》釋"盡心"曰："盡其心然後能存心，知其性然後能養性，知天然後能事天，此其序也。"②明確指出了通過充分運用自我認知能力以會得天理的必要性。對自我認知能力的強調實際上就是將主體之修養導向反躬內省中，《龜山集》卷十二載：

　　　　《孟子》一部書只是要正人心，教人存心養性，收其放心，至論仁義禮智，則以惻隱羞惡辭讓是非之心爲之端，論邪說之害，則曰："生於其心，害於其政。"論事君，則欲格君心之非，正君而國定。千變萬化，只說從心上來。人能正心，則事無足爲者矣。《大學》之修身齊家治國平天下，其本只是正心誠意而已。③

　　楊時認爲仁義禮智本就是"心"生來具有的，主體欲會得"天理"，就必須"正心"。這樣問題就凸顯出來了，即"心"爲何物，具有何種功能，如何才能"正心""盡心"。對此，楊時亦進行了明確的論述：

　　　　仲素問："盡其心者知其性，如何是盡心底道理？"曰："未言盡心，須先理會心是何物。"又問曰："心之爲物，明白洞達，廣大靜一。若體會得了然分明，然後可以言盡。未理會得心，盡個甚？能盡其心，自然知性，不用問人。大抵須先理會仁之爲道，知仁則知心，知心則知性，是三者初無異也。橫渠作《西銘》，亦只是要學者

---

① （宋）楊時：《楊龜山先生全集》卷八，第416頁。
② （宋）楊時：《楊龜山先生全集》卷八，第416頁。
③ （宋）楊時：《楊龜山先生全集》卷十二，第588~589頁。

求仁而已。"①

　　針對羅從彥所問，楊時首先指出人作爲天地萬物之靈，具有認知自我及世界宇宙規律的能力，即"心之爲物，明白洞達，廣大静一"。明瞭"心"之認知能力後，主體應當"盡心"，即充分發揮"心"之認知功能。楊時認爲"盡心"應首先實現對自我本性的認知，而認知自我本性，則應從主體面對外界刺激時的反應入手，即從孟子所謂四端的體味中入手。孟子曰："惻隱之心，仁之端也；羞惡之心，義之端也；辭讓之心，禮之端也；是非之心，智之端也。"②在主體面對外界刺激時的反應的省察中，即可實現對仁義禮智等本性的自覺認知，實現了這種認知，即尋得了自我本心。

　　楊時進而認爲尋得自我本心後，主體應當自覺地順其自然地護持本心，使本心得其正，即"正心"，而"正心"的具體路徑即孟子所言之"勿忘勿助長"。楊時《孟子解》中釋"勿忘勿助長"曰："必有事焉，勿忘也，勿正勿助長也。助長，老子所謂益生也。益生，不祥。忘與助長所趨雖異，而其爲害則同矣。循其自然而順養之，無加損焉，則無二者之害矣。"③正心應是一個順其自然的過程，既不能揠苗助長，也不能放任自流。因此，如何既避免"正"與"助長"而又著力修養，如何既避免"忘"而又能心有所守，就是正心所必須面對的問題。楊時則通過"養直"説和"操存"説的提出，對上述兩個問題進行了破解。

　　《龜山集》卷十一載："問：'必有事焉，而勿正，心勿忘，勿助長。既不可忘，又不可助長，當如何著力？'曰：'孟子固曰："至大至剛以直養而無害"，則雖未嘗忘，亦不助長。'"④楊時在繼承孟子這一理論的同時，又進行了自我發揮，提出了"養直"説：

　　　　君子之治心養氣，接物應事，惟直而已，直則無所事矣。康子饋藥，孔子既拜而受之矣，乃曰："丘未達，不敢嘗。"此疑於拂人情，然聖人慎疾，豈敢嘗未達之藥？既不敢嘗，則直言之，何用委

①（宋）楊時：《楊龜山先生全集》卷十二，第626頁。
②（宋）朱熹：《四書章句集注·孟子集注》，第239頁。
③（宋）楊時：《楊龜山先生全集》卷八，第406頁。
④（宋）楊時：《楊龜山先生全集》卷十一，第549頁。

曲？微生高乞鄰醯以與人，是在今之君子蓋常事耳，顧亦何害，然孔子不以爲直。以所以辭康子之言觀之，信乎其不直也。《維摩經》云："直心是道場。"儒佛至此，實無二理，學者必欲進德，則行己不可不直。①

　　人之生也直，是以君子無所往而不用直。直則心得其正矣，以乞醯證父爲直，不得其正者也。古之於幼子，常示毋誑，所以養其直也。②

　　楊時所言之"直"即用自我之本性誠實無僞地應事接物，他認爲孔子受康子之藥，稱不熟藥理故不敢服，乃是孔子想法的真實表述，是其本心的展露。本心即赤子之心，其展露是循天理而爲的最直接的表現，是近道的行爲，故楊時説："赤子之心發而未離夫本也，故言大人。"③所以楊時又通過古人教育幼子勿作誑語之事，説明本著自我真實想法而誠實無僞地應事接物，就是本心的展現，惟有護持本心，才能有助於道德修養的更進一步，即朝著"大人"之閫域邁進。

　　楊時"養直"説之目的在於護持自我本心不因外界污染而變易，其核心在於"誠"，惟有誠實無僞地行事才能實現對本性的護持，其曰："《易》曰：'君子敬以直內，義以方外。'夫盡其誠心而無僞焉，所謂直也。若施之於事，則厚薄隆殺一定而不可易，爲有方矣。敬與義本無二，所主者敬，而義則自此出焉。故有內外之辨，其實義亦敬也。故孟子之言義曰：'行吾敬而已。'"④"直"是"盡其誠心而無僞"，但"盡其誠心"並不是爲所欲爲，而應是恭敬謹慎的，即"敬以直內"。楊時認爲："學者若不以敬爲事，便無用心處。"⑤惟有通過恭敬謹慎的反省，主體才能實現對自我本性的體認；在實現這種體認之後，主體應以通過反省而體悟到的本身具有的倫理信念來約束、規範自我行爲，即"義以方外"。"敬"爲認識自我本性，"義"是用自我本性應事接物，二者是一體之兩面，故而楊時曰"其實義亦敬也"。楊時用持敬理論來規範"養

---

① （宋）楊時：《楊龜山先生全集》卷十，第 532 頁。
② （宋）楊時：《楊龜山先生全集》卷十一，第 557~558 頁。
③ （宋）楊時：《楊龜山先生全集》卷八，第 412 頁。
④ （宋）楊時：《楊龜山先生全集》卷十一，第 547~548 頁。
⑤ （宋）楊時：《楊龜山先生全集》卷十三，第 661 頁。

直"，使"養直"工夫落到實處，又合乎仁義等倫理規範。

楊時結合持敬而提出的"養直"説，針對的是"勿正勿助長"而著力於修養的問題。同時，楊時對"勿忘"作了解釋，即"操存"：

> 問："操則存，如何？"曰："古之學者，視聽言動無非禮，所以操心也。至於無故不徹琴瑟，行則聞佩玉，登車則聞和鸞，蓋皆欲收其放心，不使惰慢邪僻之氣得而入焉。故曰'不有博弈者乎，爲之猶賢乎？'已夫博弈，非君子所爲，而云爾者，以是可以收其放心爾。説經義至不可踐履處，便非經義，若聖人之言，豈有人做不得處？學者所以不免求之釋老，爲其有高明處，如六經中自有妙理，却不深思，只於平易中認了，曾不知聖人將妙理只於尋常事説了。"①

楊時認爲古之學者時時存有慕道之心，時時不敢放縱自我。聖人之道蘊於"百姓日用"中，蘊於日常生活中，因此達到聖人之道的關鍵即在於時時存有慕道之心，用持敬的態度恭敬謹慎地對待每件事，爲之日久，則聖人之道自然可至。正如楊時答弟子問"操心"時所言："《書》云：'以禮制心'，所謂操也。如顔子克己復禮，最學者之要，若學至聖人，則不必操而常存。"②用仁義禮智等倫理概念約束、規範自我之想法乃至行爲，久而久之，自我之想法、行爲必能於不自覺中合於聖人之道，所以"若學至聖人，則不必操而長存"。達到"不必操而長存"的境界，就是達到了"率性"的境界，率性而爲却無不合於道，則達到了聖人之境界。故楊時在答弟子問性、命、天道時説："'天命之謂性，率性之謂道。'性、命、道三者一體而異名，初無二致也。故在天曰命，在人曰性，率性而行曰道，特所從言之異耳。所謂天道者，率性是也，豈遠乎哉？"③

楊時通過"養直"與"操存"，將孟子之"勿忘勿助長"進一步細化，爲修養主體之"正心"提出了更爲可行的方法。楊時所言之"正心"則强調主體應著力於追慕聖人之道，並且用合乎認知規律的方式，

---

① （宋）楊時：《楊龜山先生全集》卷十一，第 551~552 頁。
② （宋）楊時：《楊龜山先生全集》卷十一，第 553 頁。
③ （宋）楊時：《楊龜山先生全集》卷十四，第 684~685 頁。

順其自然地進行，而這正是楊時"反身而誠"之內向修養理論的進一步深化。

三　體驗未發，静以執中：修持境界

修養主體無論如何都不可能完全脱離外在世界、所處社會而單獨存在，在向內探求實現對自我本性的認知與護持之後，主體要面對的問題就是如何處理自我與外在世界的關係、自我在處理與外在世界關係時應持何種心態以及應具備何種精神風貌等，簡言之，即主體在應事接物時的心理狀態與精神表現。對此，楊時吸收了《中庸》的理論，認爲主體在處理與外界關係時應保持中和的心態，即"允執厥中"；達到了"中"之境界後，則"發而皆中節"，即情緒的流露皆合於道。楊時認爲這就是聖人的境界，也是"正心"的旨歸。《龜山集》卷十二載：

> 季常在京時，嘗問正心誠意如何便可以平天下，與之言："後世自是無人正心，若正得心，其效自然如此。此心一念之間豪髮有差便是不正，要得常正，除非聖人始得。且如吾輩，還敢便道自己心得其正否？此須是於喜怒哀樂未發之際能體所謂中，於喜怒哀樂之後能得所謂和，致中和，則天地可位，萬物可育，其於平天下何有？因論孟子直以禹稷比方顏子，只顏子在陋巷時，如禹稷事業便可爲之無難。若正心誠意不足以平天下，則禹稷功巍巍如此，如顏子者如何做得？"[1]

楊時明確指出正心誠意是爲了實現對喜怒哀樂未發之"中"的體驗與把握。體驗、把握"中"之狀態，進而能把握本於"中"的發而中節的"和"；達到了中和的精神境界，則達到了聖人之境界。這也是正心誠意以平天下的關鍵。因此，楊時又强調説："道心之微，非精一其孰能執之？惟道心之微，而驗之於喜怒哀樂未發之際，則其義自見，非言論所及也。堯諮舜，舜命禹，三聖相授，惟中而已。"[2]楊時强調在體驗

---

① （宋）楊時：《楊龜山先生全集》卷十二，第599~600頁。
② （宋）楊時：《楊龜山先生全集》卷十四，第703頁。

把握"中"的同時，將其與《尚書·大禹謨》中的"道心惟微，惟精惟一，允執厥中"結合起來論述，認爲喜怒哀樂未發之"中"即"允執厥中"之"中"。而《尚書·大禹謨》所謂"中"是"道心"，所以喜怒哀樂未發之"中"即是"道心"。而"道心惟微"，隱約微妙，極難把握，所以修養主體應擯棄一切紛擾和思慮，用一種內向的理性的直覺去體驗。楊時曰："《中庸》曰：'喜怒哀樂未發謂之中，發而皆中節謂之和。'學者當於喜怒哀樂未發之際，以心體之，則中之義自見。執而勿失，無人欲之私焉，發必中節矣。發而中節，中固未嘗忘也。"① 又曰："正心到寂然不動處，方是極致，以此感而遂通天下之故，其於平天下也何有。"② 這種內向式的直覺體驗，是主體經歷理性的思辨與認知之後才能具備的，只是理性的因素積澱於感性的直覺之下。修養主體應當盡力將自我之意識活動轉爲接近靜止的狀態，然後去體驗思維沒有活動時的內心狀態，在這種內向的直覺觀照中，主體便能體驗到"中"爲何物。保持"中"而不喪失，主體就能達到一個極高的精神境界。

正心誠意是內在修養工夫，平天下是儒者的外在追求，如何才能由前者達到後者，即如何才能彌合二者之間的空白，一直是儒學發展中的中心問題。楊時強調用"允執厥中"作爲彌合二者的方法，其曰："蓋《大學》自正心誠意至治國家天下只一理，此《中庸》所謂合內外之道也。若內外之道不合，則所守與所行自判而爲二矣。孔子曰：'子帥以正，孰敢不正。'子思曰：'君子篤恭而天下平。'孟子曰：'其身正而天下歸之。'皆明此也。"③ 其意乃謂學者首先應樹立正心誠意的意識，即追慕聖道的意識，其次應用合乎認知規律的方式，順其自然地進行，而所追慕之聖道就是喜怒哀樂未發之"中"，實現了對"中"的體驗與把握，則平天下不難至也。這就是《中庸》的意義所在，因爲惟有"允執厥中"，主體才能在應事接物時循"天理"而爲，去盡私欲而處事公正，從而"合內外之道"。楊時曰："人各有勝心，勝心去盡，而惟天理之循，則機巧變詐不作。若懷其勝心施之於事，必以一己之是非爲正，其間不能無窒礙處，又固執之不移，此機巧變詐之所由生也。孔子曰：'不知命，無以爲君子。'知命只是事事循天理而已，循天理則於事無固

---

① （宋）楊時：《答學者其一》，《楊龜山先生全集》卷二十一，第 898 頁。
② （宋）楊時：《楊龜山先生全集》卷十二，第 576 頁。
③ （宋）楊時：《楊龜山先生全集》卷十一，第 561~562 頁。

必，無固必則計較無所用。"①楊時所謂"勝心去盡"就是減除私欲後的
"中"的狀態，惟有"執中"才能合乎"天理"，才能處事公正，從而
"合內外之道"而達到聖人境界。

楊時在論及對儒學經典的理解時說："六經之義，驗之於心而然，
施之於行事而順，然後爲得。驗之於心而不然，施之於行事而不順，
則非所謂經義。"②這體現了楊時"六經注我"的文本研究特點。同
時，孔子"吾道一以貫之"的思想又爲楊時所吸收。故闡發六經之
義，將之融通爲一個一以貫之的體系，成爲楊時所追求之學術目的。
楊時將《中庸》之"中"闡釋爲"道心"，並認爲《尚書》"允執厥
中"之"中"與之同義。楊時這種將"中"釋爲"道心"的學術觀點
也爲後學所繼承，史浩之《尚書講義》在釋"道心惟微，惟精惟一，
允執厥中"時，即借鑒楊時之觀點，而其釋文也正可作爲楊時觀點的
注脚：

> 　　然則中者，君天下之綱領，而歷代帝王受命之符也。舜命禹之
> 言，堯蓋嘗以語舜矣。《魯語》所謂堯曰"諮爾舜"是也。且喜怒哀
> 樂之未發謂之中，既曰未發，何時而見此道心也，豈不微乎？惟其
> 發而中節，人始知其自中出也，不從中出，則喜怒哀樂四者之動，
> 吉凶悔吝生焉，此人心也，豈不危乎？夫心一而已，自其靜者言之，
> 則道心不可見；自其動者言之，則人心多妄作。惟能心悟而自得，
> 得其中於喜怒哀樂未發之前，則發而皆中節矣。孰不爲喜聖人之喜，
> 則天下鼓舞於春風和氣中矣；孰不爲怒聖人之怒，則一怒而安天下
> 之民矣。以至哀則爲禮以防萬民之僞，樂則爲樂以防萬民之情，以
> 其中節故也。然則何以知之，惟精惟一而已。精者，杳兮冥兮，不
> 專心致志則不得道心之靜也。一者，爲物不貳，一之所起，人心之
> 動也，有一則兩端具矣，兩端具，則可中取矣。不於一而中取，則
> 二三其德，而動罔不凶矣。舜執其兩端而用中於民，以其得一也。
> 得一者，心有所得於喜怒哀樂未發之前，所謂心悟也。通於一，則

---

① （宋）楊時：《楊龜山先生全集》卷十二，第611~612頁。
② （宋）楊時：《楊龜山先生全集》卷十，第514頁。

萬事畢矣。自道而出，惟一可以見，中道生一故也。堯舜禹三聖相授以一道，中而已矣。①

四庫館臣謂史浩此書：“其説皆順文演繹，頗近經幄講章之體。其説大抵以注疏爲主，參考諸儒而以己意融貫之。”②而史浩對“中”的闡釋，無疑受楊時影響甚大，甚至可以説是楊時論“中”的翻版。

四　楊時理學修養理論的意義及發展趨勢

楊時從物有萬端格之不盡轉而向內探求，講求反身而誠，並提出“養直”“操存”二説對孟子“勿忘勿助長”加以發揮，主張通過這種修養工夫達到正心的目的，而正心又是爲了達到“允執厥中”的最高境界。楊時通過長期的理論探求與身體力行，建構起一個一以貫之的理論體系，發展了二程理學重視主體實踐能力和認知能力的一面，體現了鮮明的內向式的發展趨勢。但楊時的理學體系也存在一些問題，最顯著的是與禪學修養有類似之處，某些環節甚至與禪學基本一致。

朱熹曰：“游、楊、謝三君子初皆學禪，後來餘習猶在。”③又説：“程門諸子在當時親見二程，至於釋氏，却多看不破，是不可曉。觀《中庸説》中可見。如龜山云‘吾儒與釋氏，其差只在秒忽之間’，某謂何止秒忽？直是從源頭便不同。”④他指出楊時學説與禪學頗爲類似的事實。楊時在“反身而誠”的理解上，存在“心學”化的傾向，與禪學極爲類似。朱熹曾駁斥楊時對“反身而誠”的理解：

問：“《中庸》始言一理，中散爲萬事，末復合爲一理。”云云曰：“如何説曉得一理了，萬事都在裏面？天下萬事萬物都要你逐一理會過，方得。所謂‘中散爲萬事’便是《中庸》。近世如龜山之論便是如此，以爲‘反身而誠’，則天下萬物之理皆備於我。萬物之理，須你逐一去看，理會過方可。如何會反身而誠了，天下萬物之

---

① （宋）史浩：《尚書講義》卷三，《景印文淵閣四庫全書》第56册，第193頁上~193頁下。
② （清）紀昀總纂《四庫全書總目提要》卷十一，第329頁。
③ （宋）黎靖德編，王星賢點校《朱子語類》卷一百〇一“程子門人”，第2556頁。
④ （宋）黎靖德編，王星賢點校《朱子語類》卷一百〇一“程子門人”，第2558頁。

理便自然備於我？成個甚麽？"①

　　朱熹認爲萬事萬物都是天理的體現，如自我在對外物的觀察中理會得天理的具體表現，再反省自我之修養是否符合天理，如果符合則"樂莫大焉"，如果不符合則當努力改正。其曰："'反身而誠'，孟子之意主於誠字，言反身而實有此理也。爲父而實有慈，爲子而實有孝，豈不快活？若反身不誠，是無此理。既無此理，但有恐懼而已，豈得樂哉？"②故"反身而誠"並不是完全擯棄外界而不論，而是强調自我的反省。而楊時强調只要反身向内探求，則自然可會得天理，暗含天理在自我心中的體認，與陸九淵"吾心即宇宙"極爲類似。這正是朱熹力斥其説的内在原因。

　　楊時對孟子"勿忘勿助長"之修養論的理解和闡發也與佛禪學説關係緊密，如其明言："《圓覺經》：'言作止任滅，是四病。'作即所謂助長，止即所謂不芸苗，任滅即是無事。"③他在對"勿忘勿助長"進行闡發時提出的"養直""操存"更是與佛禪學説有著不解之緣。

　　楊時説"養直"，認爲人生而具備仁義禮智等倫理信念，在悟得這種倫理信念後應護持之，使之不受外界染污。這與佛禪學説相似處頗多。《圓覺經》曰："一切衆生從無始來，種種顛倒，猶如迷人，四方易處，妄認四大爲自身相，六塵緣影爲自心相。譬彼病目，見空中花及第二月。善男子，空實無花。病者妄執。由妄執故，非惟惑此虛空自性，亦復迷彼實花生處，由此妄有輪轉生死，故名無明。善男子，此無明者，非實有體，如夢中人，夢時非無，及至於醒，了無所得。如衆空花，滅於虛空，不可説言有定滅處，何以故，無生處故。一切衆生，於無生中，妄見生滅，是故説名輪轉生死。"④《楞嚴經》亦曰："一切衆生，從無始來，迷己爲物，失於本心，爲物所轉。"⑤佛禪學説認爲衆生本具真如自性，但爲外界染污，真如自性迷失，所以墜入生死輪回之中而不能解脱。楊時所謂"赤子之心發而未離夫本也，故言大人"，就是自我本具真如自性的另類言説。所以楊時説："《維摩經》云：'直心是道

---

①　（宋）黎靖德編，王星賢點校《朱子語類》卷六十二"中庸一"，第 1489 頁。
②　（宋）黎靖德編，王星賢點校《朱子語類》卷六十"孟子十"，第 1435 頁。
③　（宋）楊時：《楊龜山先生全集》卷十三，第 659~660 頁。
④　（唐）佛陀多羅譯《大方廣圓覺修多羅了義經》，《大正藏》第 17 卷，第 913 頁下。
⑤　（唐）般剌蜜帝譯《大佛頂首楞嚴經》，《大正藏》第 19 卷，第 111 頁下。

場'，儒佛至此，實無二理。學者必欲進德，則行已不可不直。"① 借用佛禪學説，强調尋得自我本性方能實現對天理的體認。

佛禪學説稱人人具備真如自性，所以開悟之道就是尋得自我真如自性，並護持之不受染污。禪宗之牧牛説即是指此。《景德傳燈録》卷六"撫州石鞏慧藏禪師"中載："一日在厨中作務次，祖問曰：'作什麽？'曰：'牧牛。'祖曰：'作麽生牧？'曰：'一回入草去，便把鼻孔拽來。'祖曰：'子真牧牛。'"② 而《景德傳燈録》卷七"福州大安禪師"中則對反觀自心以了悟真如自性，而後小心護持之的覺悟、修行方式作了一次完整的叙述：

> 師即造於百丈，禮而問曰："學人欲求識佛，何者即是？"百丈曰："大似騎牛覓牛。"師曰："識後如何？"百丈曰："如人騎牛至家。"師曰："未審始終如何保任？"百丈曰："如牧牛人，執杖視之，不令犯人苗稼。"師自兹領旨更不馳求。……師上堂云："汝諸人總來就安求覓什麽？若欲作佛，汝自是佛，而却傍家走，忽忽如渴鹿趁陽焰，何時得相應去？阿爾欲作佛，但無如許多顛倒攀緣妄想、惡覺垢欲不净衆生之心，則汝便是初心正覺佛，更向何處別討所以？安在潙山三十来年，吃潙山飯，屙潙山屎，不學潙山禪。只看一頭水牯牛，若落路入草，便牽出；若犯人苗稼，即鞭撻。調伏既久，可憐生受人言語，如今變作個露地白牛，常在面前，終日露迥迥地，趁亦不去也。"③

公案中所言之"牛"，即自我"真如自性"，所謂"牧牛""調伏"都是指對真如自性的護持，"終日露迥迥地，趁亦不去"的"露地白牛"則是隨心所欲而不逾矩的一種象徵。佛禪學説認爲衆生本有佛性，成佛之過程不過是反觀自身，明瞭清净真如自性，而後小心護持之，使之不隨外物流轉而變遷，最後進入一個隨心所欲而不逾矩的自在自爲的境

---

① （宋）楊時：《楊龜山先生全集》卷十，第 532 頁。
② （宋）道原：《景德傳燈録》，《大正藏》第 51 卷，第 248 頁下。
③ （宋）道原：《景德傳燈録》，《大正藏》第 51 卷，第 267 頁中～第 267 頁下。

界。楊時"操存"説與之基本一致。楊時認爲學者應在實現對自我本有之倫理信念的自覺體認後，通過勿忘勿助長的"操存"而達到隨心所欲而不逾矩的境界，即"若學至聖人，則不必操而長存"。這與佛禪理論關於修養過程的論述，極爲類似，很難説楊時没有受到禪宗理論的影響。

楊時理學體系雖然最終指向的是現實，其立論也是肯定現實的意義，肯定絶對的倫理價值。但是其對"反身而誠""勿忘勿助長"的認識與"養直""操存"等修養理論的闡發，都有禪學的因子。而其"反身而誠"説更是存在走向"心學"的可能，這是楊時對理學發展的獨特貢獻，亦是其被朱熹等後世理學家批評的主要原因。

第二節　中正和樂，古樸閒雅
——楊時詩歌書寫主題及其詩歌風貌

楊時在著力探討儒學義理，建構自我學術體系的同時，亦作有大量的詩文，而其詩文亦獲得了時人及後人的讚譽。其詩歌彰顯了理學家獨有的"渾然與物同體"的胸襟，楊時慣常在書寫主體感受外界變化時展現自我精神氣度，營造出中正平和的詩歌境界。楊時詩歌書寫内容大致可以分爲三類：一是對傳承斯文之責任感的書寫；二是對自我通過反身而誠所體驗到的自在和樂境界的表現；三是對桑梓親友的思念。此三類書寫内容的選擇與其理學思想息息相關，是楊時理學强調自我情緒抒發應合乎儒者之道的文學表現，即"發而皆中節"的一種體現。同時，楊時對儒學經典的闡發與研究亦影響了其詩歌的用典、創作手法等，使其詩歌呈現古樸閒雅的整體風貌。

一　傳承斯文，追慕聖道：楊時詩歌書寫主題之一

作爲一個在光大二程理學上有著明確意識的學者，楊時多傾向於在詩歌中以勸勉友人、弟子以及自我砥礪的形式，來書寫其光大理學、追慕聖道的理想。而楊時對此種理想的書寫，大體可分爲兩種情況：一是在對友人及弟子的勸勉中自覺地書寫其對追慕聖道的期許；二是在與友人及弟子的寄贈之作中不自覺地流露其追慕之心。前者更彰顯其理學

追求，有些詩篇甚至可以說是以詩歌之形式來言說理學義理。相對於前者，楊時在後者中不自覺地流露對友人追慕聖道的期許，在情感抒發與義理言說的結合上更爲自然，達到了情理並重且韻味悠長的高度。

對於前者，《此日不再得示同學》即其中之代表：

　　此日不再得，頹波注扶桑。蹣蹣黃小群，毛髮忽已蒼。願言媚學子，共惜此日光。術業貴及時，勉之在青陽。行己慎所之，戒哉畏迷方。舜跖善利間，所差亦毫芒。富貴如浮雲，苟得非所臧。貧賤豈吾羞，逐物乃自戕。胼胝奏艱食，一瓢甘糟糠。所逢義適然，未殊行與藏。斯人已云没，簡編有遺芳。希顏亦顏徒，要在用心剛。譬猶適千里，駕言勿佪徨。驅馬日云遠，誰謂阻且長。末流學多歧，倚門誦韓莊。出入四寸間，雕鐫事辭章。學成欲何用，奔趨利名場。挾策博塞游，異趣均亡羊。我懶心意衰，撫事多遺忘。念子方妙齡，壯圖宜自強。至寶在高深，不憚勤梯航。茫茫定何求，所得安能常。萬物備吾身，求得捨即亡。雞犬猶知尋，自棄良可傷。欲爲君子儒，勿謂予言狂。[1]

該詩開篇即切入正題，勸勉學子應珍惜時光，致力於學業的精進。緊承其上，楊時又言，學子致力於學還應有正確的方向，應如虞舜一般“孜孜爲善”，追求道德的完善，勿以富貴爲矜，勿以貧賤爲羞。若道之所在，則處貧賤亦足以爲樂，即“胼胝奏艱食，一瓢甘糟糠”。同時，行藏在我，應以“義”爲準則，當處則處，當仕則仕。有了正確的治學方向，學子應當堅定信念致力於此，若能如此則聖人之閫域不難達至。至此，楊時筆鋒一轉，述說當時士風日下，學子多捨本逐末，以文辭矜誇於世，而於儒道則置之不問，從反面再次鞭策學子追慕聖道，勿同於流俗。詩篇之作結處，楊時用其理學觀念勸勉學子應“反身而誠”，明心見性以實現對儒者之道的體悟。他將理學義理的言說融注於詩歌之中，雖說教意味過重以致詩味淡薄，但仍可見其謀篇布局的井然有序、起承轉合的條理順暢。

---

[1] （宋）楊時：《楊龜山先生全集》卷三十八，第 1415~1416 頁。

如果説《此日不再得示同學》是説教意味過重的詩歌，那麽《和陳瑩中了齋自警六絶》則是以詩歌之形式言説理學義理，試以其三、其五爲例：

行藏須信執中難，時措應容道屢遷。一日全牛無肯綮，騞然投刃用方安。

聖門事業學須强，俚耳從來笑折揚。詭遇得禽非我事，但知無有是吾鄉。①

此爲楊時和陳瓘诗之作，陳瓘原詩爲：“過時不易始爲難，執處那知是變遷。度盡千山無鳥迹，不勞傳語報平安。”“仲由行行終身誦，師也堂堂帶上書。五柳却能知此意，無弦琴上賦歸與。”針對陳瓘不知如何方既能心有所守而又能“隨時變易以從道”的感慨，楊時勸其應“執中”，惟有執中而有權，則應事接物能如庖丁解牛般游刃有餘。這基本是其《孟子解》釋“執中無權猶執一也”的縮影，其曰：“禹思天下之溺猶己溺之，稷思天下之饑猶己饑之，至於股無胈、脛無毛，不當其可，與墨子摩頂放踵無以異也。顏子在陋巷，人不堪其憂，回也不改其樂，未嘗仕也。苟不當其可，則與楊氏之爲我亦無以異也。子莫執中，執爲我兼愛之中也，執中而無權，猶執一也。鄉鄰有鬥而不知閉户，室中有鬥而不知救，是亦猶執一耳，故孟子以爲賊道。禹稷顏回易地則皆然，以其有權也。權，猶權衡之權，量輕重而取中也，不能易地則皆然，是亦楊墨而已矣。”②墨子是執中而無權，故輕重不分，終身役役。而禹稷顏回則執中而有權，故僻居陋巷而有陋巷之樂，身居廟堂則能立德安民。所以執中有權，則應事接物能如庖丁解牛般游刃有餘、自在自爲而不逾矩。陳瓘後詩認爲“和順積中，英華發外”，而子由、子張面貌剛躁是其未能理會儒者之道，故現於外則爲强盛剛躁。所以陳瓘以陶淵明爲師法對象，言應置心平易，注重内在道德的修養。楊時之詩的前二句進一步勸勉陳瓘勿以流俗之非議而放鬆對儒者之道的追尋，後二句則指出了精神修養的最終目的——“但知無有是吾鄉”，即胸中不

---

① （宋）楊時：《楊龜山先生全集》卷四十二，第 1515~1516 頁。
② （宋）楊時：《楊龜山先生全集》卷八，第 417~418 頁。

置一物的悠游自在的"無有"境界。此處亦是其理學觀點融攝入詩的表現，楊時曾曰："誠者，天之道。思誠者，人之道。思之至於無思，則天之道也。"① 楊時所謂"思之至於無思"即通過自覺而長期的精神修養，達到隨心所欲而不逾矩的自在自爲境界，即胸中不置一物的悠游自在的"無有"境界。

楊時有意識地融攝理學義理入詩，雖在一定程度上消减了詩歌的韻味，但是理學義理所承載的獨特意蘊，也使其詩歌呈現哲理濃郁、頗耐咀嚼的特點。而楊時作詩寄贈友人時不自覺地流露出的對友人的期許，則在情感抒發和義理表達之間取得了較好的平衡，其《送鄭季常赴大學正》《送向和卿還京》二詩即是如此：

> 驅車出西城，眷言與君違。北顧臨康衢，問子將焉之。赤驥度
> 渥窪，終當飲瑤池。成都九軌道，一躍不可追。浮塵暗荊棘，捷徑
> 行多迷。長風戰秋林，零露沾人衣。青松不改柯，期子清霜時。②
>
> 江湖多秋風，惝恍夜不眠。念子將北歸，起視明星懸。君平翠
> 蚪姿，聳身蒼梧淵。高步臨八區，凌風上青天。妙質蘊荊璞，寧須
> 事磨鐫。贈言以爲別，妄意追前賢。聖言乃常珍，含咀真味全。奇
> 辭暫時好，過眼如飛煙。潔身忌廉潔，觸物冥虛船。吾方病羸苶，
> 市藥還自憐。明日隔長陂，相望空惘然。③

《送鄭季常赴大學正》首句化用《詩經·小雅·大東》之"睠言顧之，潸焉出涕"，將自己與友人相別的愁緒揮灑無餘。詩之中段運用比興手法，稱讚友人如駿馬，前程無量。而後言世路多艱，勸勉友人應篤實進取，勿迷戀捷徑而誤入歧途。作結處，再次運用比興手法，期許友人能如後凋之松柏，堅守操行、完善道德。《送向和卿還京》是楊時贈向子韶之作，其章法與前詩大體一致，亦是先運用起興手法，烘托出送別之愁緒，再讚頌友人良材美質，必可成大器。而後勸勉友人

---

① （宋）楊時：《楊龜山先生全集》卷七，第 374 頁。
② （宋）楊時：《楊龜山先生全集》卷三十八，第 1429 頁。
③ （宋）楊時：《楊龜山先生全集》卷三十八，第 1441~1442 頁。

應追慕聖道，著力於讀書治學，勿傾心於辭章翰墨之末技。同時應堅持自我之操守，勿以得失爲意。建炎年間，向子韶在淮寧知府任上，面對金兵圍困，帥衆堅守，城破後不屈而死，可謂用行動實踐了楊時的勸勉。

同時，在對友人讚賞稱頌的寄贈之作中，楊時亦多運用理學義理、儒學典故入詩，如其《寄題趙貫道後樂亭》一詩，先述説齊魯之地民風澆薄，無復孔子、孟軻之時的淳樸，而後稱讚趙貫道任平陽尉時以身作則，致力於移風易俗："百花爛成圃，幽禽哢春柔。問子胡不樂，我心殊未休。威明揉强梗，驕鷹化爲鳩。買犢解吳鈎，束身自鋤耰。"而後用自歎的形式，融攝曾點"風乎舞雩，詠而歸"的典故，結出相思之意："嗟予一漫叟，放浪猶虛舟。舞雩有清風，遺迹今在不。君乎去此矣，欲往將誰儔。寄言春服成，尚覬一來游。"[1]而楊時送別游酢、陳淵之作，則因其與二人交情深厚，將對二人之期許融入送別的書寫中：

> 黽勉吾將仕，謀身力已分。漆雕慚未信，子夏又離群。慘澹交情重，間關道路勤。至言宜遠寄，孤陋願頻聞。[2]
>
> 幾年夢想到親闈，身逐行雲萬里飛。茗水未殊沂上樂，春風無負舞雩歸。[3]

前詩，楊時於首聯言自己因出仕而與游酢離別，頷聯中楊時用孔子使漆雕開出仕而漆雕開以"吾斯之未能信也"推辭這一典故，言説自我出仕之慚愧；又用子夏離群索居之事，言分離後自己將獨學無友，由此爲希冀游酢常與之切磋學問作結理下伏筆。後詩，楊時用曾點之事，既表達了對陳淵回歸故里與家人團聚的欣羨，又包含了勸勉陳淵應以曾點氣象爲修養目標的期許。兩詩皆將別後對友人及弟子的期許，融會在儒學典故的運用中，如鹽入水，了無痕迹。

楊時將理學義理融入詩歌書寫，既有純粹説理之作，又有詩意與義理交融之作。前者説理意味較濃，在增强詩的哲理性的同時，削弱了詩

---

① （宋）楊時：《楊龜山先生全集》卷三十八，第1433~1434頁。
② （宋）楊時：《別游定夫》，《楊龜山先生全集》卷四十，第1467頁。
③ （宋）楊時：《送陳幾叟南歸》其三，《楊龜山先生全集》卷四十二，第1514頁。

的情致。後者則在義理言説和情感抒發上取得了較好的平衡，亦成爲楊時詩歌的主要特色之一。

二 反身而誠，自在和樂：楊時詩歌書寫主題之二

在楊時看來，世間之物無窮無盡，格之不盡，因此他從客觀事物之意義須由主體來賦予的角度出發，提倡反身而誠、明心見性的修養方式。這是其理學思想的核心，其關注對象廣闊，既可以是日常生活的灑掃應對，也可以是家國大事的論議評判。而詩歌是詩人對外界事物的感發的書寫，所以楊時反身而誠的理學思想與其詩歌創作關係緊密，不可分離。楊時反身而誠的理學修養是爲了達到隨心所欲而不逾矩的自在自爲境界，故而其指向是主體對自在和樂精神的追求。這在其詩歌創作中，大體可以表現爲兩種，一種是書寫自我對客觀事物觀照所得，並在此書寫中抽繹出具有一定普遍性理學意義的哲理；另一種是直接表現自我通過反身而誠的自我修養所體味到的自在和樂精神。

楊時反身而誠之修養理論的目的是會得"天理"，而"天理"又具有隨物賦形的特點，其表現是多種多樣的，如惻隱之心就是仁的一種表現。因此，反身而誠並不是直接指向對形而上的玄妙"天理"的體會，而是要明瞭一定的普遍性哲理，隨著明理的增多，"天理"自然可以會得。向外觀照而明理的理學思維方式，與情動於中而行之於外的詩歌創作思維具有相通之處，所以楊時多於詩歌創作中書寫其反身而誠所明之理。其《隱几》《遣懷》二詩曰：

> 上天不殞霜，萬木正鮮澤。青蒿與長松，各挺歲寒節。朔風吹沙寒，高嶺凍積雪。萬木已摧落，長松獨清潔。人生無艱危，君子竟何別。隱几試澄思，行藏易差轍。[1]
>
> 君子雖自嚴，至潔宜若污。昭昭揭日月，所向將蜎如。天地一阱中，逼仄身亦孤。游世在虛己，浩蕩與時俱。靈府有天游，環中真道樞。[2]

---

[1] （宋）楊時：《楊龜山先生全集》卷三十八，第 1436 頁。
[2] （宋）楊時：《楊龜山先生全集》卷三十八，第 1437~1438 頁。

前一首詩是楊時對自己內心瞬間感悟的書寫，楊時運用比興手法，認爲人之品行操守如同青蒿與長松，有易變與堅韌之別，時變世易，其節自現。該詩結句以"隱几試澄思，行藏易差轍"言説儒者應於自我之出處加倍注意，留給了讀者遐想的空間，即儒者應追求品行操守的堅貞不移，若所處環境惡劣艱難，則應將此看作對自我品格的一種磨礪。如此，方能實現道德修養的更進一層。後一首詩亦是楊時瞬間感悟的書寫，他認爲君子應堅守操行，不能"二三其德"，亦應執中而有權，即堅守操行的同時亦應有所權變。具體方式則是"游世在虛己"，即君子應堅守操行，不以得失爲意，如此則能當可則可，當否則否，達到"浩蕩與時俱"的境界。這實則亦是對楊時"執中無權猶執一"思想的言説。

人處於世，既有自覺的反思，也有"與物相刃相靡"之後的被動思考。上面所舉《隱几》《遺懷》二詩屬於前者。楊時還有大量書寫其應事接物後之思考的作品，以《過錢塘江迎潮》《閒居書事》二詩爲例：

銀潢翻空際天白，鯤怒鵬騫海波擘。湧雲噫氣聲怒號，萬馬馳車隨霹靂。低昂上下如桔橰，頃刻性命輕鴻毛。齎囊負笈有夷路，一日何事常千艘。因思羊腸盤九折，攀援蜀道愁狖猱。人生觸處有萬險，豈必此地多風濤。願言夷險不須問，莫負對酒持霜螯。①

虛庭幽草翠相環，默坐頹然草色間。玩意詩書千古近，放懷天地一身閒。疏窗風度聊欹枕，永巷人稀獨掩關。誰信紅塵隨處淨，不論城郭與青山。②

前一首詩是寫楊時觀錢塘江潮時所感，首先用各種比喻描繪錢塘江潮的壯闊、兇險，而後筆鋒一轉，言説世間處處艱險，更甚於錢塘江潮。人之處世，艱難險阻難以盡避，與其費盡心思趨利避害，不若以道爲依歸而心如不系之虛舟，隨意所之，即其末句所言"願言夷險不須

---

① （宋）楊時：《楊龜山先生全集》卷三十九，第 1460 頁。
② （宋）楊時：《楊龜山先生全集》卷四十一，第 1497 頁。

問，莫負對酒持霜螯"。後一首詩是楊時閒居時所見所感：庭院寂靜，青草幽幽，詩人閒坐其間，品味詩書，尚友古人，不置一物於胸中，感受到了自在悠閒、和樂安寧的快樂。因此，掩關獨處、迎風欹枕之閒居生活中即有真意存焉，只要反身而誠，則自在和樂無處不可覓得，不必在乎身處何方。

反身而誠體味到自在和樂的境界，會使主體之精神氣度發生變化，精神氣度的變化反過來又會使主體觀照外物時，感受精神的和樂安閒，這類似於審美上的移情現象。楊時多有此種詩作。其《縣齋書事寄張世賢》曰：

> 朝衙群吏集，戢戢同隊魚。暮衙群吏散，翩翩若驚鳧。歸來坐虛室，開編對璠璵。啓户闃無人，清風入吾廬。持杯邀明月，大嚼時與俱。跰躚步松陰，對影聊相娱。嗟予懶惰久，闊略與世疏。故人隔清湘，懷抱何由舒。爲問魯山翁，此意今何如。[1]

身處縣齋，公務繁忙，群吏早如魚群一般蜂擁而來處理公務，晚如歸巢鳧雁般離此而去。對此，楊時並未如杜甫一般發出"束帶發狂欲大叫"的鬱悶感慨，而是獨坐虛室，在清風吹拂中與聖賢詩書爲伴。當此之時，舉杯邀月、漫步松蔭自是難得之樂事。至此，之前縣衙公務的繁忙皆化爲詩人安閒自得精神的反襯。而此種安閒自得是詩人精神修養高妙的表現，詩人通過反身而誠的修養，明瞭生命的本真存在，實現了外物不能亂其心志的精神昇華。

這種通過反身而誠所獲得的自在和樂精神，亦使楊時在面對節序更改、年華逝去等歷來爲詩人所悲之事時，亦保持了內心的平靜與自得。以《秋晚偶成二首》《齒落書懷》二詩爲例。

> 纖纖晚雨洗秋容，庭樹蕭然策策風。萬籟自鳴群物外，四時長在不言中。坐臨流水襟懷冷，臥對浮雲世慮空。寂寞一塵吾自適，客嘲從更議揚雄。風飄浙瀝鬧諸鄰，却掃衡門澗世塵。天氣清明秋

---

① （宋）楊時：《楊龜山先生全集》卷三十八，第 1423 頁。

意態，夜光浮動月精神。流年漸覺侵雙鬢，生理從來付大鈞。臨水便同濠濮趣，翛然魚鳥自親人。①

　　身上蕭條事事空，齒牙凋落剩衰翁。渴心尚欠冰凌解，病骨長思藥力攻。文几倦親塵土暗，斷編慵理蠹魚封。南床穩臥陶公宅，枕上悠揚一榻風。②

　　晚秋之時，庭樹蕭然、風雨淅瀝，一派蕭殺景象，但楊時從"天何言哉，四時行焉，百物生焉"的角度出發，認爲這是"天理"的體現，故能不以萬物之變化而生悲喜，能"世慮空""付大鈞"。可見其精神氣度異於傳統詩人，在節序變遷面前能做到"吾自適"，能體會到"濠濮趣"。在自己牙齒掉落時，楊時也沒有如白居易一般感慨年華老去，而是將生命由壯變衰看作"天理"的一種表現，故能驅散悲愁情緒，書寫穩臥禪榻、沐風而眠的安閒。

　　正是反身而誠以會得天理的理學修養，使楊時在觀照外物時能保持内心的平和安寧，發之爲詩則表現出風韻灑脱、自在和樂的意蘊。故楊時在書寫對人生的瞬間感悟時，在書寫對外界的觀照時，皆傾向於表現其自在和樂的襟懷，甚至在書寫觀照外物的瞬間感觸中，亦帶有此種痕迹。其《直舍書事》並未書寫任何關於"直舍"的勞苦，而是在對池水初生、鳴蛙引吭的觀照中呈現了"生生之謂易"的樂趣，并通過"誰使幽庭當鼓吹，雨餘時聽作新聲"③的詩句流瀉而出。旅途中閒步東林道上，思及支遁、許詢之往事，楊時也並未感慨歷史的無情、時間的迅疾，而是吟唱出"我來欲問林間道，萬迭松聲自唱酬"④的灑脱詩句。

三　思鄉懷親，嚮往閒居：楊時詩歌書寫主題之三

　　楊時詩歌在傳承斯文之責任感的書寫上，在表達理學家自在和樂之精神氣度的書寫上，都體現了鮮明的理學特色。但楊時還有大量思鄉懷

---

① （宋）楊時：《楊龜山先生全集》卷四十一，第1491頁。
② （宋）楊時：《楊龜山先生全集》卷四十一，第1502~1503頁。
③ （宋）楊時：《楊龜山先生全集》卷四十二，第1527~1528頁。
④ （宋）楊時：《東林道上閒步三首》，《楊龜山先生全集》卷四十二，第1526頁。

親、嚮往閒居的詩作，這些詩作看似與理學家強調置心平易、自在和樂的修養相左，實則與楊時之理學思想一致，也與理學將倫理上升到形而上之本體的高度有關。

楊時在《答學者》其一中論及“執中”及“發而皆中節”時説：“《中庸》曰：‘喜怒哀樂未發謂之中，發而皆中節謂之和。’學者當於喜怒哀樂未發之際，以心體之，則中之義自見，執而勿失，無人欲之私焉，發必中節矣，發而中節，中固未嘗亡也。孔子之慟，孟子之喜，因其可慟可喜而已，於孔孟何有哉？其慟也，其喜也，中固自若也。鑒之照物，因物而異，形而鑒之，明未嘗異也。”① 楊時認爲“執中”並不是使人同於木石而滅除悲喜等情緒，而是使人之情緒的抒發合乎“天理”。同時，理學理論認爲忠信孝友等倫理是“天理”的體現，所以對親友的思念、對桑梓的牽掛都是人之本性的體現，是合乎“天理”的，也是“執中”之後發而中節的表現。因此，思親懷鄉、嚮往閒居成爲發而中節的情緒流露，亦因其合乎天理而具備了表達的合理性。

楊時思鄉懷親之作，大多寫於旅途之中，如《離家作二首》：

敗葉辭故枝，驚飆送微雨。田廬向收穫，城中亟完補。游子欲何之，道路修且阻。俛首謝田父，予生厭羈旅。

胡雁依朔風，群飛逐南翔。游子方北征，朔風吹我裳。攬轡望雲間，夜色正蒼蒼。空羨南歸翼，幽懷增感傷。②

楊時在詩中表達了強烈的厭倦漂泊仕宦生活的情緒。二詩首聯皆運用起興手法，或以對外界肅殺景物的描寫來烘托內心悲愁情緒，或以對深秋南飛之雁的描寫來襯托離鄉遠適的感傷。前一首詩在後幾聯中通過田父的挽留而渲染離鄉的無奈，後一首詩則直抒胸臆，描寫朔風吹衣而前路茫茫的感傷。對於故鄉親人的思念往往在久居異鄉之時更爲強烈，楊時曾在京師、杭州、虔州、徐州任職，一生中居於外地時光頗多，故楊時所作之思鄉詩思鄉懷親的情感更強烈，如《久不得家書》：

---

① （宋）楊時：《楊龜山先生全集》卷二十一，第 898 頁。
② （宋）楊時：《楊龜山先生全集》卷三十八，第 1442 頁。

　　鴥彼晨風飛，日暮歸鬱林。游子尚何得，但寄千里心。庭闈斑白親，憶念我亦深。云何彼無耗，徒役夢寐尋。有如在空谷，歲久想足音。竹篇一行書，貴可抵萬金。踟躕步前庭，復坐口欲瘖。淚墮不自知，便覺盈衣襟。人生本無待，豈受外物侵。歸當臥牛衣，竹籜橫荆簪。①

　　首句點化《詩經·秦風·晨風》之"鴥彼晨風，鬱彼北林"，運用起興之手法，述說晨風尚且能在日暮時有所歸宿，而在外之游子卻只能以書信寄託自己思鄉之情，由此引出對久不得家書之焦急煎熬心情的書寫。詩之作結處，楊時用"人生本無待，豈受外物侵"來自我勸解，並表明歸耕的心志。而此作結處亦包含理學義理的影子，即士生天地間，當以道德的完善爲追尋之標的，出處進退當順其自然，不應勉强追求外在的功名利禄。

　　楊時的思鄉懷親之詩還往往作於特殊的節序，如除夕、深秋等，例如《除夜感懷》《秋日有懷寄從弟表民》二詩。前一首詩在除夕闔家團聚之時述説獨居異鄉的孤獨與悲愁："二年爲客恨，千里倚門心。節物羅樽俎，兒童學語音。"②詩句對仗工穩、氣局開闊，將久居異鄉的無奈與悲涼灌注其中，使詩歌蒼涼悠遠而又傷感細膩。後一首詩則用"望雲愁雁序，回首憶鴒原"的典故點出兄弟之思，又在該詩的後半段化用陶淵明詩句，書寫離鄉背井的無奈："北圃蔬還盛，東軒菊想繁。飄零不相見，沾灑獨忘言。"③

　　與厭倦仕宦、思鄉懷親一樣，嚮往無拘無束的閒居生活，也是楊時詩歌的主要書寫内容之一。此類嚮往閒居生活的情懷，既體現在楊時自述心志的詩篇中，又表露於寄贈友人的詩中。《臨川驛偶成》《言溪早起》《感事》《縣齋書事》就是其中之代表，四首詩的尾聯分别是"尚思方技學，多病未能休""何時一疏放，把釣卧滄浪""投閒如有約，早晚問耕桑""平世功名歸稷禹，一瓢吾欲慕巢由"，明確表達了嚮往閒居生活的心志。而楊時在寄贈友人之作中既有對歸耕意願的書寫，又有追慕

①　（宋）楊時：《楊龜山先生全集》卷三十八，第 1419 頁。
②　（宋）楊時：《楊龜山先生全集》卷四十，第 1471 頁。
③　（宋）楊時：《楊龜山先生全集》卷四十，第 1473 頁。

簞食瓢飲之孔顏樂處的意蘊。楊時在荆州教授任上所作《荆州偶作》一
詩即是如此：

> 鄭公嗜阮流，野性本麋鹿。平生傲羲皇，白首就羈束。大寒客
> 無氈，官冷飯不足。顧予支離人，攘臂受餘粟。江魚尾盈尺，飽食
> 勝粱肉。荆山富樵蘇，丈室有餘燠。頑疏愧前哲，所得逾往躅。談
> 經追時好，俯仰負愧忸。流光逝不反，愁鬢日改綠。世道劫火燃，
> 不爐乃良玉。晚交定難恃，雲雨手翻覆。官居真蘧廬，束擔聊托宿。
> 求田意雖鄙，此計正宜速。歸尋谷口耕，勝賣成都卜。坐想帶經鋤，
> 倚耒聽布穀。①

楊時先是借用杜詩中廣文先生鄭虔的典故，既稱讚了友人學識的高
妙，又述説了其現狀的窘迫。而後又用"談經追時好，俯仰負愧忸"來
表達自己學業不精，以及以此不精之學業謀官的慚愧，爲歸耕願望的
書寫做好了鋪墊。而作結處之"坐想帶經鋤，倚耒聽布穀"，既表達了
對歸耕生活的嚮往，亦包含了潛心耕讀，追求道德完善之意。而《寄
練子安教授》之後半部分亦在書寫歸耕願望的同時，將追慕聖道之意
納入其中：

> 君不見扶藜臨巷蓬蓽居，短褐甕牖桑爲樞。擁門軒蓋何所慕，
> 藜根自飽非癯如。又不見揚雄寂寞守太玄，棄捐覆瓿真可憐。折腰
> 小吏昔所恥，田園須賦歸來篇。終當結屋蒼崖巔，期子相與臨清泉。
> 投簪解帶謝人世，拂塵披蠹親遺編。松粉檜老生青煙，雨餘風弄鳴
> 哀弦。低回野興有真意，浮名鵰雀過吾前。結歡膠漆常留連，從游
> 鹿豕終長年。②

其中"拂塵披蠹親遺編"書寫歸耕後，希望讀書治學以追慕聖道之

---

① （宋）楊時：《楊龜山先生全集》卷三十八，第 1428 頁。
② （宋）楊時：《楊龜山先生全集》卷三十九，第 1451 頁。又，"揚雄寂寞守太玄"原作"太元"，
據文意改。

意。楊時在歸耕之意的書寫中灌注著對孔顏樂處的嚮往，是其理學思想中“顏子在陋巷時，如禹稷事業便可爲之無難”的一種折射。既然現實不如意，仕宦艱險，不若回身向內，通過對孔顏樂處的追尋來實現對外在事功的追求。而理學“安於義命”一説，認爲儒者出處進退應順其自然，不可勉强，也使楊時之一再書寫歸耕願望具有了合理性。

四 發而中節的詩論與儒經詮釋對其詩風塑造的影響

楊時對體驗“中”之狀態的論述，使其强調主體性情之正，强調主體情緒的“發而皆中節”，這影響了楊時詩歌書寫內容的選擇。而楊時在建構理學體系時對儒學經典的闡釋與研究，則使其知識構成不同於同時期的文學家，體現在詩歌創作上，就是楊時在用典、寫作手法等方面不同於其他詩人，形成了自己獨特的詩歌風格。

（一）發而中節的詩論與詩歌書寫內容的選擇

楊時一方面秉承二程理學，强調置心平易，安於義命；另一方面又對“允執厥中”以及體驗“中”之心理狀態後主體的情緒抒發進行了詳細的討論。除在《答學者》其一中論及此命題外，在《與劉器之》中亦對此進行了詳細的論述：“《中庸》曰：‘喜怒哀樂之未發謂之中，發而皆中節謂之和。’四者一本於中，則怒不可獨謂惡之使也，怒而中節是謂達道。”[1]因此，體驗喜怒哀樂未發之“中”爲的是使主體之情緒抒發合乎道、中乎節，並不是滅除喜怒哀樂之情，也不是使主體心如死灰、形同槁木：“學者當於喜怒哀樂未發之際，以心體之，則中之義自見，執而勿失，無人欲之私焉，發必中節矣，發而中節，中固未嘗亡也。”[2]楊時强調用“執中”來規整主體之性情，用“執中”來滅除人欲之私，使主體一舉一動皆合乎“天理”，由此達到天人合一的境界。

楊時論證了主體具備七情六欲的合理性，並對主體性情的塑造、情緒的抒發進行了規範。詩歌情動於中而行於外的創作生發方式，可謂主體性情的一種外在表現，因此楊時對理學義理的探尋就與其文學創作產生了內在的關聯。這種關聯首先體現在詩歌書寫內容的規整上。楊時認

---

① （宋）楊時：《楊龜山先生全集》卷十九，第829頁。
② （宋）楊時：《楊龜山先生全集》卷二十一，第898頁。

爲詩歌是主體性情之正的書寫，不是怨懟怒張之情緒的發泄，故楊時認爲蘇軾詩歌流於謾罵，一味譏誚，有失性情之正。他又指出王令詩歌的不足："王逢原才高識遠，未必見道。觀其所著，乃高論怨誹之流，假使用之，亦何能爲？"① 楊時認爲王令未能體會儒者之道，導致其詩歌流於"高論怨誹"，遠離性情之正。與此相反，楊時稱讚陶淵明詩歌"冲澹深粹出於自然，若曾用力學，然後知淵明詩非著力之所能成"②，又稱讚周公遇謗時因其操行正直無暇，故能坦然自若，"何其安閒而不迫也"。所以楊時認爲創作主體應以儒者之道爲精神依歸，而詩歌創作是其不以得失爲意、順其自然心態的外在表現。因此，楊時的詩歌或書寫傳承斯文的責任感與崇高感，或書寫自己修養過程中反身而誠所體會到的自在和樂，或書寫合乎性情之正的思親懷鄉。

　　楊時身處王安石新法之後的新舊黨傾軋之時，又遭逢兩宋變易，但楊時詩歌對國家現實的治亂，則基本没有涉及。《龜山集》中，僅《檢田》一首對其任州縣基層官職時的生活有所涉及，但亦是歸於自我感慨："瘠壤僅容席，訟牒徒紛綸。齊魏兩蝸角，況復三家村。舉世競豪末，薄俗寧足論。吾衰過元亮，欲辨已忘言。"③ 與之截然不同的是，楊時的散文則對人才選用，宋金對峙時攻守之策的抉擇，如何平息福建、湖南盜賊等現實治亂問題言之甚多，甚詳。楊時詩歌與散文書寫内容呈現極大差異，其原因仍在於楊時對詩歌應書寫主體性情之正的認識上。儒者的自我定位往往會使他們在面對現實治亂時，生發出一種"許國不復爲身謀"的崇高使命感和强烈的責任感，而這往往會使他們在書寫國家治亂時墜入情緒化的表達，從而不能做到"執中"，不能滅除"人欲之私"。雖然楊時認爲如能本於"中"，則能"出怒不怒"，但"出怒不怒"之"怒"與怨懟怒張之怒的界限畢竟很難區別。故與其因書寫國家現實治亂而流於譏誚謾罵、怨懟怒張，不若將此内容從詩歌書寫中剔除，使詩歌創作之目的更加純粹，即成爲主體吟詠情性、有助體道的一種修養方式。因此，楊時本自其理學觀念對詩歌書寫内容進行了選擇，並對詩歌功能進行了界定，形成了較爲固定的書寫内容，即以表現主體内心感悟爲主，主體意識更爲彰顯的詩歌書寫内容。

---

① （宋）楊時：《楊龜山先生全集》卷十，第 482 頁。
② （宋）楊時：《楊龜山先生全集》卷十，第 472 頁。
③ （宋）楊時：《楊龜山先生全集》卷三十八，第 1441 頁。

（二）儒經詮釋與其詩風塑造之關係

如前所論，楊時對理學義理的闡發，多以闡釋儒學經典的形式進行。一方面，楊時通過對儒學經典的闡釋，言明自己的理學思想；另一方面，儒學經典本身蘊含的知識成分又對楊時產生影響。這體現在其理學思想的建構上，也對其詩歌創作有潛移默化的影響。文本研究對其詩歌風格塑造產生的影響，主要體現在兩個方面：一是詩歌用典上的主於六經，二是詩歌寫作手法上對《詩經》起興手法的借鑒。

關於前者，楊時對於四書的重視，使其常於詩歌中運用四書中的典故。如《此日不再得》中"富貴如浮雲，苟得非所臧"即本自《論語》"不義而富且貴，於我如浮雲"；"胼胝奏艱食，一瓢甘糟糠"，則本自顏回"一簞食，一瓢飲，在陋巷，人不堪其憂，回也不改其樂"。《藏春峽》其一"詠歸堂"之"點狂聖所與，聊欲繼餘芬"，則是化用《論語》中曾點氣象的典故。《送胡康侯使湖南》之"爲士貴弘毅，無忘味斯旨"則本自《論語》"士不可以不弘毅"。《別游定夫》中之"漆雕慚未信，子夏又離群"則是用《論語》中漆雕開不願出仕和子夏離群索居之典故，言說自我出仕的慚愧以及出仕後獨學無友的無奈。《送蔡安禮》之"眷言與君違，寤寐念往昔"與《送鄭季常赴大學正》之"驅車出西城，眷言與君違"，則皆出自《詩經·小雅·大東》之"睠言顧之，潸焉出涕"。諸如此類融攝儒學典故入詩的情況在楊時詩歌中尚有許多，茲不列舉。

楊時在詩歌中多用儒學典故，是由其文本研究的浸染所致，而此典故運用上的特點亦爲其詩歌注入了古樸高雅的意韻。《王直方詩話》載："山谷嘗謂余云：'作詩使《史》《漢》間全語，爲有氣骨。'後因讀浩然詩，見'以吾一日長''異方之樂令人悲'及'吾亦從此逝'，方悟山谷之言。"[1]王直方所引孟浩然詩，其典故皆出自《論語》，孟浩然的詩平淡簡遠、不尚雕飾，但對《論語》中孔子語的化用，却使其詩在平易之餘有了更多的文化意蘊，從而呈現出古樸高雅的風致。王直方認同黃庭堅"使《史》《漢》間全語，爲有氣骨"的觀點。楊時詩歌本身就有質樸的特點，將儒學典故入詩不但符合其不事雕琢的文論特點，亦使其詩歌在質樸之餘更加富有層次感和儒學意蘊，呈現出古樸閒雅的整體風格。

---

[1] （宋）王直方：《王直方詩話》，《宋詩話輯佚》本，第87~88頁。

　　關於後者，《詩經》六義之"興"依朱熹之解釋就是"先言他物以引起所詠之物也"，而對"他物"的選擇則要著眼於"他物"與"所詠之物"的內在關聯。如《關雎》中"關關雎鳩，在河之洲"，通過關雎鳥的成雙成對，暗示君子淑女理應相配，從而爲其後之抒情做好鋪墊。又如《葛藟》之"綿綿葛藟，在河之滸"，用相互纏繞的葛藟，從反面暗示與親人的流離失散、不能相聚，從而爲後文"終遠兄弟，謂他人父。謂他人父，亦不我顧"的哀歎渲染氣氛。楊時對《詩經》的研究，使其常於詩歌中運用起興手法，如之前所舉之《久不得家書》，開篇即運用起興手法渲染心情的悲涼："鴥彼晨風飛，日暮歸鬱林。"楊時將晨風看作日暮將要歸於"鬱林"之物，由此與自己久居異鄉不得還家建立起了內在聯繫，爲後文做好了鋪墊。而《歸雁》之首聯"天末驚風急，江湖夜思長"用起興手法爲頸聯"澤岸多繒弋，雲間乏稻粱"渲染悲涼氣氛。《送丁季深》之首聯"煙含疏柳綠蒙茸，杏頰桃英入眼紅"，以對生機勃勃景物的描寫開篇，以此來表達詩人與友人分離前得以相聚的內心欣悅。《汴上》則在開篇通過對落日時分注目於流雲之自我形象的刻畫，烘托出內心的百無聊賴："天上行雲曳白衣，半銜晴日在林扉。"

　　楊時對《詩經》起興手法的運用，使其詩歌在質樸之餘，避免了直露的缺陷，亦使其詩歌在形象性上與前輩理學家之詩作大不相同。明陸深曰："宋詩自道學諸公又一變，多主於義理而興寄體裁則鄙之爲末事。"[1] 而楊時對起興手法的重視與應用，則體現了其詩歌追求"主於義理"與"興寄"二者之平衡的努力，而其詩歌創作也在一定程度上達到了追求興寄而又主於義理的境界。

---

①　（明）陸深：《儼山外集》卷十，第 56 頁上 ~56 頁下。

第三章　陳淵道論與詩歌創作考察

陳淵，字幾叟，號默堂，人稱默堂先生，乃楊時之婿，一生以傳承並廣大師説爲己任。他在《答李光祖》其五中有言：“但來教以所著述取正於淵，且曰龜山云亡，吾道凋喪，學者鮮知利善之分，其責在不肖，則此言過矣。”[①] 可以推知，當時學者有以陳淵爲楊時之後儒林之首的稱譽。《宋元學案》亦評陳淵曰：“龜山弟子遍天下，默堂以愛婿爲首座。其力排王氏之學，不愧於師門矣！”[②] 可見陳淵在楊時諸弟子中地位尊顯。而陳淵確實也在傳承、廣大師説上用力頗多，並對楊時之理學體系進行了完善。陳淵理學思想構建的特點，決定了其對精神境界的理解與追求方式，從而對其文學觀及文學創作產生了顯著的影響。

第一節　爲賢爲聖，皆由心造
——陳淵對楊時理學的繼承與發展

陳淵在理學的探尋上，秉承乃師楊時之特點，極爲重視四書的義理闡發，主張通過文本研究而明確精神修養的方向與方式。體現在闡釋過程中，陳淵不但繼承了楊時對喜怒哀樂未發之“中”的重視，而且更加強調了主體的實踐能力，明確提出了“爲賢爲聖，皆由心造”的看法，從強化主體認知、實踐的角度對楊時理學體系進行了發展。

一　陳淵對楊時理學思想的繼承

陳淵秉承楊時的治學特點，注重對四書的闡發，尤其是《大學》《中庸》二書。陳淵在秉承師説，注重體驗喜怒哀樂未發之“中”的同

---

① （宋）陳淵：《答李光祖》其五，《默堂集》卷十七，《景印文淵閣四庫全書》第 1139 册，第 458 頁下。

② （清）黄宗羲著，（清）全祖望補修，陳金生、梁運華點校《宋元學案》卷三十八 “默堂學案”，第 1264 頁。

時，又對"誠"心、達到儒者之最高境界進行了發揮，對楊時的理學體系進行了豐富。陳淵對楊時學説的豐富，主要體現在對內心認知能力的進一步重視，簡言之，即更爲注重內心體驗在修養中的決定作用。

陳淵在《存誠齋銘並序》中自述："余嘗問所以爲道之方於龜山楊先生，先生曰：'《大學》之書，聖學之門庭也，是可讀而求之。'余退而學焉，觀其言修身齊家治國平天下之道，其本在於誠吾意而已。其説簡而盡，其理直而周，其用要而博。雖不敢疑，而未知其必可行也。已而質之先生，先生曰：'是，固然。'又辱教之曰：'《中庸》之書，大道之淵源也，是可讀而知之。'余又退而學焉，至其論至誠不息，其極至於不見而章，不動而變，無爲而成，則作而歎曰：'嗚呼！盛矣！誠若此，天下國家其不足爲也。'已又從而考之，則天之所以高明，地之所以博厚，山嶽之所以峙，江海之所以流，莫不以此。蓋嘗收視反聽，一塵之慮不萌於胸中，表裏洞然，機心自息，既自以爲知之矣。"[1] 從陳淵的自述中不難看出，陳淵對《大學》與《中庸》的闡發，集中在"誠"上。如何做到"誠"？陳淵解釋："收視反聽，一塵之慮不萌於胸中，表裏洞然，機心自息。"這種"一塵之慮不萌於胸中"實際上就是喜怒哀樂未發的一種心理狀態，陳淵宣導通過體驗喜怒哀樂未發時的心理狀態，來消除各種私欲，達到一種內心的中正平和，由此方能在應事接物時做到"誠"。所以陳淵在此銘文中寫道：

> 天地之道，爲物不貳。君子養心，致一而已。喜怒哀樂，未發其幾。意必固我，絶之於微。正當此時，寂然不動。有物感之，全體即用。是之謂一，匪一無誠。一日至焉，天下歸仁。我觀聖賢，異域殊世。惟是之存，若合符契。敬以爲宅，忠恕其門。自我譬之，推而及人。[2]

主體在實現對"中"的體驗後，應保持這種滅除私欲、誠實無僞的"中"，即"君子養心，致一而已"，如此方能在應事接物時使自我情緒的感發"皆中節"。陳淵對"中"之體驗的強調與重視，就是其秉承楊

---

[1] （宋）陳淵：《默堂集》卷二十，《景印文淵閣四庫全書》第 1139 册，第 499 頁下。
[2] （宋）陳淵：《默堂集》卷二十，《景印文淵閣四庫全書》第 1139 册，第 500 頁上。

時理學思想之核心理論的直接體現。

二 用心於內：陳淵理學修養論的指向

將對喜怒哀樂未發之"中"的體驗作爲道之極致，實際上就是將修養工夫落實在内心的體驗上，就是以内心體驗爲中心的一種修養方式。

陳淵在秉承楊時之觀點的同時，亦彰顯了自我之特色，這突出表現在他更爲重視修養工夫的重要作用，更爲重視向内探求在修養過程中的重要性。陳淵在《論心過》中寫道："心有私焉，過也。仁而不私，則無過矣。心有偏焉，過也。心而不偏，則無過矣。心有利焉，過也。義而忘利，則無過矣。是三者，正心也，理義之心也。過或生焉，如太空之有雲霧，乍起乍滅，而空之體常自若也。如明鑒之有塵埃，或去或留，而鑒之體常自若也。於此乎知之，則偏私與利將無所容矣。是之爲説，見於《論語》之所謂仁，子思之所謂誠，孟子之所謂性，堯舜之所以帝，禹湯文武之所以王。以心傳心，後之王者不可不知也。"① 陳淵認爲儒者之道應該是實現對仁義的理解之後，滅除私心、忘掉利欲，保持平和中正的心境，如此則不但能成孔孟聖賢，而且能爲禹稷之事業。其中陳淵"以心傳心"之説的提出，以及將實現對儒者之道理解的本心比喻爲太空、明鑒（鏡），則彰顯了陳淵認爲人生來即具備堯舜之資的觀點，這也預示了其反身而誠而爲堯爲舜的修養路徑。這也説明陳淵認爲天理在心中，如欲會得天理，就必須在自己内心上下工夫。在《上楊判官》中，陳淵寫道：

> 孟子曰："舜聞一善言，見一善行，若決江河，沛然莫之能禦。"夫聞見在外，而悟之以心，則所謂聞者自聞也，見者自見也。充其所以聞見之極，人孰不可？故顔子曰："舜何人也，予何人也，有爲者亦若是。"是則非舜獨能也審矣。故某嘗謂伊尹之所覺，周公之所思，孔子之所貫，顔子之所樂，亦是道也。其與舜之所爲，有以異乎？②

---

① （宋）陳淵：《默堂集》卷十四，《景印文淵閣四庫全書》第 1139 册，第 405 頁上。
② （宋）陳淵：《默堂集》卷十五，《景印文淵閣四庫全書》第 1139 册，第 410 頁上。

　　陳淵引用孟子之語，認爲舜之所以能成爲一代聖賢，原因不僅在於其孜孜爲善，而且在於舜聞善言、見善行之時，轉而思考自己如何能如別人一般出善言、爲善行，通過這種自我反思以及反思後的身體力行，會得“天理”。因爲“天理”是無處不在的，修養主體本身的認知規律也是“天理”的一種體現，所以陳淵認爲修養之要在於“聞見在外，而悟之以心”。陳淵進而提出：“夫然後知古之人所以泛應萬物者，曾不出吾方寸之地。”陳淵此語意爲古人泛應萬物者，不出今人之心，世變時移，而人心不變。所以古人能爲聖賢，今人亦可，這實質上是對天理在人心中這一命題的肯定。他在《答陳了翁》中寫道：“蓋孔子門人，所學莫不求有以知仁，知仁則道可進矣。未有不知仁而知道，未有不知道而知聖人者也。”① 而對悟道關鍵的“仁”，陳淵又解釋：“仁，人心也。求之於外則不足以得仁矣。”② 就此，陳淵的觀點不難看出，其認爲“天理”在人心中，會得天理的方式即反身而誠，體驗自我內心狀態。

　　“天理”在人心中，主體欲明瞭“天理”而達到聖人境界，則必須向內探求。至於如何向內探求，陳淵認爲應著意於讀書治學及應事接物，注重在總結其中規律的過程中反思自我，由此實現認識上的提升，從而實現道德修養的提升。陳淵《答羅仲素》論述了讀書治學對於道德修養的重要作用：“周公之過蓋微矣，如彼，其智豈不足以知管叔？而使之監殷者，篤於親親之恩而不暇擇故也。及其誅也，周公豈能無過？然周公終不以兄弟之私情而屈天下之公義，以王命正典刑，是所謂改。故曰：‘及其更也，人皆仰之。’以此而已，萬物無乎不備之處。仁在其中，反身而誠，無一物之非我不待外求而已得矣，何樂如之？然既知有是，則必體之，然後於仁不遠。强恕而行，則物我一矣，所以體此道也。”③ 通過對周公處事的分析，陳淵指出客觀事物存在的意義是由主體來賦予的，因此學者如欲悟得“天理”，則應著意於讀書治學，注重從中總結規律，思考聖人處事之用心。同樣，在對古今賢哲的師法中，亦

---

① （宋）陳淵：《默堂集》卷十五，《景印文淵閣四庫全書》第 1139 册，第 422 頁下。
② （宋）陳淵：《解論語十二段》之 “仁在其中”，《默堂集》卷二十，《景印文淵閣四庫全書》第 1139 册，第 513 頁上。
③ （宋）陳淵：《默堂集》卷十九，《景印文淵閣四庫全書》第 1139 册，第 488 頁上～488 頁下。

應注重思考賢者爲賢之因，由此才能實現自我道德修養的提升。在《容齋記》中，陳淵對楊時的讚譽及對自我反思後認識提升的書寫，即明確地表達了此一觀點：

> 始予客游大梁，幾年而楊先生職江陵學官，使招予以來。既至，方盛夏，南地本卑濕，而官舍狹陋，不庇風雨。其西南去古城不百步，草木蓊鬱，蛇虺蚊蚋之所匿伏，處則無以休其怠惰之情，出則無以宣其湫底之氣。予竊不樂，而先生安之，怡然如顏子之在陋巷，晏然如原憲之居環堵，出對賓客，入見子弟，常自若也，玆豈無得而然哉？故予每以是爲愧，且自狀其不學之過，而思夫人所以進此道者，已而胸中廓然，顧向之滯思了無毫髮可得，環視所居檐宇之隘，綽綽乎有餘地矣。則又存吾所固然之廣大於性，委吾所不可必之外物於命，自以謂室雖愈小，苟可以容吾身，處之不厭也。容齋之作，其此時乎。嗚呼！天地亦大矣，曾不能外吾方寸之地，則是身之在心，猶海中之一漚耳。萬物之理，大則不容，小則易措，故人能漚視其身者，必能隨所托而安之，蓬戶甕牖亦奚以爲戚哉？①

文中，陳淵叙述追隨楊時求學時心有所得的一段經歷。楊時雖身處偏遠之地且居所僻陋，但能安之若素，毫無怨憤之色，如顏回居陋巷、原憲在環堵。陳淵轉而思索爲何楊時能有如此氣象，而自己却戚戚然不樂於此。通過這種反思，陳淵實現了認識上的提升，認爲外物之意義都是由主體來賦予的，是謂"天地亦大矣，曾不能外吾方寸之地"，因此，心之爲物，廓然大公，能容天下萬物。此身與天下萬物相比則身爲微小，猶如一漚之於大海；而天下萬物之規律是大則難以容納，小則易於安置，所以明瞭此理，明瞭此身與世間萬物相比的渺小，自然不會因外在環境的惡劣而戚戚然不獲安居。

從以上分析可以看出，陳淵將楊時重視內心體驗的"執中"修養論進行了拓展，形成了以內心體驗爲中心的修養體系，極爲强調"心"的決定作用，即"爲賢爲聖，皆由心造"。同時，陳淵又從客觀事物的意

---

① （宋）陳淵：《默堂集》卷二十，《景印文淵閣四庫全書》第 1139 冊，第 500 頁下 ~501 頁上。

義須由主體賦予的角度出發，賦予修養主體無限認知能力。其天理在人心中，主體須反身而誠以會得天理的修養主張呼之欲出。

三　陳淵理學修養論的意義與缺陷

陳淵著重發揮了孟子"萬物皆備於我"的理論，從客觀事物的意義須由主體賦予的角度出發，強調主體在修養過程中應著意於讀書治學、應事接物，注重在總結規律、反思自我的基礎上實現認識的提升，然後在身體力行中，實現道德修養的進步。陳淵修養理論的出發點是主體之內心，終點又回到主體的內心上，正如陳淵在《代人上梅節推》一文中所指出的："妙道無窮，方寸之間索之而愈有，爲聖爲賢，皆由心造耳。"[①]與楊時相比，陳淵理學修養論"心學"化的特點更爲鮮明，他雖然沒有明確提出吾心即天理的説法，但其理論的前提以及最終的指向是心外無理、理在心中。這是楊時理學體系發展的必然走向，也是二程理學強調向內探求之一面的進一步發展。

陳淵此種修養理論雖是指向現實，但其修養方式與禪宗相似。禪宗強調向內探求以尋得本身具有之真如自性，進而通過對此真如自性的護持以達到隨緣任運之最高境界，陳淵《論心過》中太空流雲、鑒（鏡）面覆塵之論與禪宗修養論何其相似。所以，陳淵多於文章中運用佛學、禪學術語，如《存誠齋銘並序》曰："天理所在，如鏡如像。有來斯應，不與俱往。又如月影，散落萬川。定相不分，處處皆圓。"又曰："我作此齋，大可容膝。宴坐其間，虛而不迫。回光內照，隱几無言。氣專神凝，息調而淵。"[②]其中之"定相"即佛學術語，意爲"常住不變之相"。而"宴坐"出自《維摩經》："夫宴坐者。不於三界現身意，是爲宴坐；起滅定而現諸威儀，是爲宴坐；不捨道法而現凡夫事，是爲宴坐；心不住內亦不在外，是爲宴坐；於諸見不動而修行三十七品，是爲宴坐；不斷煩惱而入涅槃，是爲宴坐。若能如是坐者，佛所印可。"[③]"回光內照"亦是禪學術語，意謂收回向外尋求的眼光，返照自身自心，如"儞言下便自回光返照，更不別求，知身心與祖佛不別，當下無事，方名

---

①　（宋）陳淵：《默堂集》卷十五，《景印文淵閣四庫全書》第 1139 册，第 411 頁上。

②　（宋）陳淵：《默堂集》卷二十，《景印文淵閣四庫全書》第 1139 册，第 500 頁下。

③　（後秦）鳩摩羅什譯《維摩詰所説經》，《大正藏》第 14 卷，第 539 頁下。

得法"①。而其《答鄧志宏正言》一文,則稱讚友人所闡述之《楞嚴經》
意,可見其於佛禪學説並不是一味排斥,而是對其思想價值給予了充
分肯定,文中有言:"淵承示令弟所書楞嚴呪諦觀,惻然想見追慕之
誠。孤苦餘生,重之疾病,凡可以自盡者,心力俱廢,覩此勝緣,欽
歎之餘不知涕泗之横流也。所諭欲使不肖爲序以冠經首,固願附名其
間傳於無窮。"②

　　陳淵理學修養論接近佛禪學説,是其對楊時"反身而誠"以求"允
執厥中"理論進一步發展的必然結果,也是其"爲賢爲聖,皆由心造"
之修養論的必然走向。所以朱熹評曰:"看道理不可不仔細,程門高弟
如謝上蔡、游定夫、楊龜山輩,下稍皆入禪學去。必是程先生當初説得
高了,他們只睧見一截,少下面著實工夫,故流弊至此。"③又曰:"游、
楊、謝三君子初皆學禪,後來餘習猶在,故學之者多流於禪。"④但是陳
淵這種以内心體驗爲中心的修養理論,却與其文學創作尤其是遇物感發
的詩歌創作存在著内在的相通,從而使其修養理論滲入其中,使詩歌有
著明顯的理學印記。

第二節　平易自然,時露真趣
——陳淵道論影響下的詩歌創作

　　陳淵注重對理學義理的詩化表達,傾向於書寫自我在理學修養過程
中的内心感觸及觀物所得。同時,處於文苑與儒林交流之文化發展趨勢
下,陳淵的詩歌又呈現了文苑滲透儒林的色彩。其具體表現就是將理學
義理的言説以及自我對理學境界的感悟,寓於觀照外物所得的詩化表達
中,既爲其詩歌賦予了鮮明的哲理意藴,又保證了詩歌本有的文學特
徵。表現在具體的創作中,就是春花這一"生生之謂易"的象徵屢次出
現於詩篇中,這是書寫自我與物同體境界的崇高剛健、悠然和樂,也是
於行旅感懷的表達中,通過傾瀉思鄉懷親、嚮往閒居的心志使自我性情
歸之於正。

---

① (唐)慧然集《鎮州臨濟慧照禪師語録》,《大正藏》第47卷,第520頁上。
② (宋)陳淵:《默堂集》卷十九,《景印文淵閣四庫全書》第1139册,第487頁上。
③ (宋)黎靖德編,王星賢點校《朱子語類》卷一百〇一"程子門人",第2556頁。
④ (宋)黎靖德編,王星賢點校《朱子語類》卷一百〇一"程子門人",第2556頁。

一　春花：生生之謂易的象徵

如前所述，陳淵道論與詩歌創作具有相通之處，這使其詩歌具有明顯的理學特色。其中最爲顯著者，就是陳淵的詠物詩。陳淵的詠物詩中，所詠最多之物是花。不同於其他詩人之詠花詩或窮極寫物之能事而再現花之美麗，或借花之描寫訴説自我心志及氣節，陳淵之詠花詩，將花看作生機勃勃的象徵，是萬物生生之謂易的象徵。故主體對花的觀照，是對生命本真存在的一種欣賞，是自我活潑心性的一種外在展現。陳淵《歸自郡城見道中山礬盛開》與《和司錄行縣道中偶風雨有感之作六首》其四曰：

> 梅豆班班已滿枝，暗香猶未吐酴醾。和風暖日江南路，正是山礬爛漫時。①
> 酴醾臥雨有餘態，芍藥倚風無限情。正是江南花欲盡，淡雲來往日微明。②

前詩爲陳淵歸鄉途中所作。春日初至，歸鄉路上，即將回鄉與親人團聚，使詩人滿心欣悦，在煦暖春風中觀梅花凋謝後初生之梅子，聞酴醾未開時若有若無之香气，思及故鄉此時應是山礬遍野，一派生機。詩人書寫歸鄉之愉悦，從對花的觀照書寫開來，將歸鄉的喜悦寓於對花所代表的勃勃生機的欣賞中。後詩書寫風雨過後陳淵對花觀照之所得，酴醾臥雨、芍藥倚風，當此春日欲歸之時，詩人無喜無憂，閒觀淡雲來往，見初日微明。花代表著春天，而花之凋謝亦代表著生命的進一步演進。故而，如果將花看作生命生機勃勃的象徵，那麼花之凋謝，自也是生命本真存在的一種表現。正因如此，詩人才能在暮春時節，閒觀風雨之後花的凋落，保持内心的淡然平和，而不墜入傷春的情緒漩渦中。這種觀物態度，不止一次地出現在陳淵的詠花詩中：

> 野花無數不知名，映竹臨流若有情。掃盡殘紅春去後，亂山深

---

①　（宋）陳淵：《默堂集》卷八，《景印文淵閣四庫全書》第 1139 册，第 340 頁下。
②　（宋）陳淵：《默堂集》卷八，《景印文淵閣四庫全書》第 1139 册，第 339 頁下。

處眼增明。①

　　野梅飄盡喜春歸，又見溪桃片片飛。醉臥暖風呼不醒，亂紅無
數點人衣。②

　　前詩寫亂紅褪去，春日將盡，此一景象預示著夏日鬱鬱蔥蔥，又一
派生機盎然景象的出現。思及此，詩人自不會因春去花謝而悲愁，而是
嚮往著群山深處萬木翠綠的另一種生機。後詩亦是如此，梅花已謝，桃
花又落，詩人並未因時序變遷而心生悲慨，而是醉臥春風，任亂紅飛
去，襲人衣裾。

　　值得注意的是，陳淵詠花詩中對自我和樂精神的書寫，大多不是以
直陳的形式托出，而是用若隱若現之筆法，將自我之和樂寓於觀花時之
精神情態的書寫中。

　　直自江梅墮雪英，便遲幽艷到清明。楊花著地香初破，乞與愁
人一解酲。③

　　金明池道綠陰稠，萬點顛忙正可愁。馬上只貪看舞雪，不知飛
滿帽檐毹。④

　　冷艷幽香不可名，老年春去獨關情。林深霧暗何由見，賴有薰
風為證明。⑤

　　此三首絕句是詩人對觀花時之精神情態的書寫。第一首中，詩人通
過花香能解愁醉，來書寫自己聞花香時之情態，以此凸顯自我內心的淡
然欣悅。第二首，詩人書寫自我貪看漫天飛舞之楊花，不知不覺中帽檐

① （宋）陳淵：《自梅花村回道中書壁四首》其三，《默堂集》卷八，《景印文淵閣四庫全書》第
　　1139冊，第338頁下。
② （宋）陳淵：《泊舟延平二絕》其一，《默堂集》卷六，《景印文淵閣四庫全書》第1139冊，第
　　329頁下。
③ （宋）陳淵：《木香花二首》其二，《默堂集》卷二，《景印文淵閣四庫全書》第1139冊，第
　　311頁下。
④ （宋）陳淵：《和遵道楊花》，《默堂集》卷二，《景印文淵閣四庫全書》第1139冊，第311頁
　　下。
⑤ （宋）陳淵：《邑中諸公見和再用前韻》其三，《默堂集》卷八，《景印文淵閣四庫全書》第
　　1139冊，第338頁下。

已然沾滿飛絮，通過這一細節的描寫，將自我體味到楊花所代表之生機時的内心和樂現於言外。第三首，詩人自述年老而更關注節序變遷，故能通過隨風而至之香氣知曉深林煙霧遮掩中所開之花，通過對心理微妙活動之細節的刻畫，將其體味花所象徵之生機時的淡然欣悦，表現於無形之中。

　　這種將自我體味到生命本真存在而產生之和樂精神現於言外的手法，既是陳淵於觀花這一常境常態中悟理的表現，又是其以吟詠之形式述理的需要。惟有此種若隱若現，將自我和樂現於言外的手法，方能使詩歌具備語言的張力。周裕鍇先生認爲詩歌語言的張力："一方面激起讀者强烈的參與補充的願望，使得讀者必須運用自己的全部經驗來尋求斷裂兩極間的連接點，從而使詩歌獲得更加豐富的審美外延。另一方面，它使詩歌的意脈從對主題的執著中解脱出來，以'不窘於題'的瀟灑表現出一種藝術的自由以及精神的超越，從而傳達出某種生命了悟的感受。"[1] 陳淵詩歌這種手法的運用，是用開放式的結尾，引導讀者體味作者之精神氣度，從而更好地實現其表現自我精神的主觀意圖。此種手法在陳淵之詠花詩中隨處可見，但在《山寺早梅三首》其一、其二中表現得尤爲明顯。

　　　　竹籬茅舍近前溪，煙淡風微月上遲。認得暗香來去處，夜寒無路覓橫枝。

　　　　冰雪情懷未遽開，芝蘭風味已先回。故人隔歲無因見，一夜月明何處來。[2]

　　與前引三首絶句的欲説還休相比，在此處所引兩詩中，陳淵直抒愛花之意，甚至將早梅比作故人。這種對愛花情愫的書寫，實際上是給花賦予了生生之謂易的理學意義，賦予了梅花象徵生機勃勃之春天到來的意義。陳淵賦予花生生之謂易的理學意義的手法，不僅體現在詠花詩作中，還體現在其表意型詩歌中，如《次韻陸時可歲暮感懷》云：

---

① 周裕鍇：《宋代詩學通論》，第 460 頁。

② （宋）陳淵：《默堂集》卷八，《景印文淵閣四庫全書》第 1139 册，第 341 頁上。

　　小橋橫截一溪雲，隔岸遙通避世人。釣艇偶隨秋雁泊，吟窗今見臘梅新。煙塵已覺千山靜，雨露行看萬國春。詩酒暮年生處樂，一瓢歸去豈辭貧。①

　　詩之首聯叙友人遠離市井喧囂的居處，頷聯即用寫景之方式述友人之隱居生活，其中"臘梅新"即象徵著友人體味到生命本真存在。正因友人有如此之精神修爲，故能體現居陋巷而不改其樂的氣度，所以陳淵於此詩之尾聯用顏回簞瓢之樂的境界來讚譽友人。

　　陳淵詠花詩賦予春花"生生之謂易"的理學象徵意義，並通過詠花書寫自我對"生生之謂易"的深切體味，書寫在這種體味中所得的灑脱淡然、和樂安寧。這種灑脱淡然、和樂安寧之情懷的生出，是其理學修養的詩化表現，是以"天何言哉，四時行焉，百物生焉"之義理的深切體味爲基礎的。自然界之萬物遵循自然規律而生起變滅，作爲萬物之靈的人亦是天地萬物之一分子，其生命的存在亦是如此。故而，主體可從天地萬物的變化中，從時序節氣的變遷中，體味到生命本真的存在，體味到自我生命與世間萬物一樣的生起變滅，由此方能明瞭"天何言哉，四時行焉，百物生焉"的真切含義，方能滅除因生命、時序變遷所生之悲愁憂戚，從而達到"不以物喜，不以己悲"的淡然平靜、自在和樂。這種淡然平靜、自在和樂並不是因事物遂人之意而生之喜悅，而是一種隨心所欲不逾矩的灑脱。羅大經在《鶴林玉露》中概括這種心境時説：

　　吾輩學道，須是打疊教心下快活。古曰無悶，曰不慍，曰樂則生矣，曰樂莫大焉。夫子有曲肱飲水之樂，顏子有陋巷簞瓢之樂，曾點有浴沂詠歸之樂，曾參有履穿肘見、歌若金石之樂。周、程有愛蓮觀草、弄月吟風、望花隨柳之樂。學道而至於樂，方能真有所得。大概於世間一切聲色嗜好洗得净，一切榮辱得失得喪得破，然後快活意思方自此生。②

---

① （宋）陳淵：《默堂集》卷九，《景印文淵閣四庫全書》第 1139 册，第 343 頁下。
② （宋）羅大經：《鶴林玉露·丙編》卷二，第 273 頁。

正是這種學道而至於樂的理學修養，才使得陳淵的詠花詩，著意於書寫在對花的觀照中所體味到的生命的本真存在，書寫自我體味生命本真存在時所生之和樂。正如《書室獨坐》一詩所言："春入庭柯寸寸藍，風檐孤坐怯輕衫。青天白日從來好，柏樹桃花仔細參。"[①]

二　崇高剛健與悠然和樂：與物同體境界之瞬間感悟的書寫

理學所追求的最高境界是天人合一，而天人合一即主體會得天理之後，一舉一動皆合乎天理的一種最高境界。簡而言之，這種境界就是"渾然與物同體"的境界，既表現爲超越世俗的崇高剛健，又表現爲體味到自我生命與自然界萬物皆爲本真存在的悠然和樂。陳淵理學修養論以主體内心體驗爲中心的特點，使其詩歌更注重書寫主體内心因物所生之感受，更傾向於書寫主體觀物之所得。故而，"渾然與物同體"之體驗的書寫在陳淵詩歌中所占比重較大。陳淵對此體驗的書寫，既有本自此種體驗而有意爲之的詩篇，又有對自我瞬間感悟到"渾然與物同體"之境界的捕捉。

（一）崇高剛健：與物同體境界的有意書寫

"渾然與物同體"是主體減除私欲後誠實無僞且本真存在的一種生命狀態，與牽情於富貴貧賤的患得患失相比，這種生命狀態無疑是崇高超越的，而這種崇高超越則是主體減除私欲後無欲則剛、廓然大公精神的一種外在表現。作爲在理學修養工夫上著力探討的學者，陳淵對此體悟頗深，並行諸詩歌創作，其《立我軒》詩曰：

是身猶逆旅，真吾所寄耳。若人問真吾，本空何可擬。立我物必隨，我應爲物使。捐物更求我，是以物爲己。文章鏡面塵，富貴路傍屍。胡爲認而有，輾轉迷不已。此迷自何得，定以有我起。達人齊萬變，視彼猶視此。隤然天地間，形槁心如水。獨有長存者，萬劫不能死。夷齊與盜跖，趣操定誰美。是非儻難分，物我那相訿。

---

① （宋）陳淵：《默堂集》卷六，《景印文淵閣四庫全書》第 1139 册，第 331 頁上。

君懷經濟心，題榜故云爾。我乏異俗才，詩言亦其理。①

　　陳淵認爲，作爲修養主體，個體應當將自我視爲萬物之一部分，其本身是真實自然、誠實無僞的存在，不應有意識地對自我進行定位，即應滅除私欲，實現心態的廓然大公。"達人齊萬變，視彼猶視此"，明言修養的最高境界是"渾然與物同體"，惟有如此方能廓然大公、內外合一，達到道德修養的最高境界。正如《代人上杭州守》所云："蓋天地之氣，其稟之於人，與形俱生，與神同運，充乎四體而不見其畛。而人之在天地一氣之內，猶魚之泳於水也。夫能内外合一，同然無間，則體之充者固已塞乎天地之間矣。以是行乎萬物之表，富貴不能淫，威武不能屈，儀秦不能逞。其辭賁育不能奮，其勇雷厲風飛而莫測，其迹山藏海納而莫見其礙，故語其剛大無以尚之。此天下之士所以俯伏聽從而莫能與之抗也。"②此詩雖是對理學義理的詩化表達，但是作者對"渾然與物同體"境界的體驗，爲此詩注入了超越流俗的崇高剛健的氣韻。

　　陳淵多在與友人酬唱寄贈的詩篇中，通過書寫對"渾然與物同體"境界的體驗，來勉勵友人並砥礪自我。陳淵《又和時可》一詩就是對友人陸時可達到"渾然與物同體"境界的讚譽：

　　　　風御泠然幾過旬，異鄉窮臘作離人。淹留賴有交情重，翻覆從教俗態新。於世無求心似水，向人多可氣如春。也知已造顏原室，不恥人間賤與貧。③

　　詩之後半部分是對友人精神境界的書寫，陳淵讚譽陸時可"於世無求""向人多可"，就是基於對"渾然與物同體"境界的深切體驗，讚譽陸時可已深諳此境，胸中不置一物，達到了隨心所欲而不逾矩的境界，故能心如止水，怡然自得。尾聯中，陳淵將此境界等同於原憲、顏淵之境界，再次讚譽陸時可道德修養之高。《龜山語錄》載："問：'何謂屢空？'曰：'此顏子所以殆庶幾也，學至於聖人，則一物不留於胸次乃其

---

① （宋）陳淵：《默堂集》卷一，《景印文淵閣四庫全書》第 1139 册，第 302 頁下 ~303 頁上。
② （宋）陳淵：《默堂集》卷十六，《景印文淵閣四庫全書》第 1139 册，第 430 頁上 ~430 頁下。
③ （宋）陳淵：《默堂集》卷九，《景印文淵閣四庫全書》第 1139 册，第 343 頁下。

常也。'"① 雖没有直接的文獻依據證明"屢空"之問爲陳淵所發，但楊時之語却可作爲陳淵此詩的注脚。陳淵將理學對"渾然與物同體"境界的闡釋入詩，將理學所追求的崇高剛健精神注入詩歌，使其詩歌具有理學意蘊，具有剛健超越的内涵。

在讚譽友人達到私欲滅盡而與物同體境界的同時，陳淵亦用此境界來砥礪自我，其《次韻光祖閒居感懷》之後半云："霜雪豈不惡，松筠真奈摧。富貴如浮雲，於我何有哉？所嗟道不興，兹士猶塵埃。"② 詩人對世人汲汲於富貴而聖道不傳之現象深感不滿，同時勉勵友人兼自我砥礪。孔子曰："不義而富且貴，於我如浮雲。"陳淵認爲，儒者當追慕聖道，應以達到與物同體、滅除私欲的廓然大公境界爲修養之標的。陳淵《蕭山雪中寄季修》一詩寫道："吾生爲已疏，未即學耕耦。要令天下肥，自以一身後。"③ 仍然是在勉勵友人追慕聖道的同時，砥礪自我。

陳淵將對與物同體境界的體驗、追求，書寫於酬唱寄贈的詩篇中，將理學闡釋此境界時崇高剛健的一面引入詩歌創作中，從而使其詩歌具有崇高剛健之美。

（二）悠然和樂：與物同體境界之瞬間感悟的捕捉

"渾然與物同體"既表現爲超越流俗的崇高剛健，又表現爲主體體味到此境界時所産生的悠然和樂與自在自爲。前者是主體自覺追求這一境界時所體現出的精神風貌，後者則是主體在實現對此境界之體悟後，在應事接物時的精神表現。二者是一體之兩面，並行不悖的。在將主體追求與物同體境界時所體現的崇高剛健引入詩歌創作的同時，陳淵亦多通過書寫主體應事接物的瞬間感觸，將悠然和樂的精神氣度表現於詩篇之中。《小軒閑題二首》就是其中代表：

> 舍南舍北梅，牆裏牆外竹。逌然寄其間，不見一物俗。東風將小雨，夜漲春池綠。俯檻數龜魚，仰檐送鴻鵠。交情石投水，坐客冰照玉。從容得此生，已矣萬事足。誰言南軒小，正可陋華屋。但

---

① （宋）楊時：《楊龜山先生全集》卷十一，第 550 頁。
② （宋）陳淵：《默堂集》卷九，《景印文淵閣四庫全書》第 1139 册，第 344 頁上。
③ （宋）陳淵：《默堂集》卷一，《景印文淵閣四庫全書》第 1139 册，第 305 頁下。

恐世故攖，不容長處獨。

　　青山拱檐楹，淥水鑒毛髮。花香晚更清，鳥語靜不聒。客至不能飲，舉觴聊自罰。坐嘯激清風，起舞弄明月。是身如浮漚，起滅在溟渤。百年一彈指，何者爲不没。文章會消磨，名譽易衰歇。淵明吾之師，兹理久已達。①

　　二詩乃是詩人閒居所作，詩中盡述閒居之樂。風來雨至，春池水綠，黿魚爲伴，目送征鴻；晚聞花香，靜聽鳥語，舉杯自飲，迎風坐嘯。生活瑣事可樂處的發現，實則是對其體味到生命本真存在的一種表現，是對與物同體境界之瞬間感悟的書寫。正是體味到了與物同體的這種至樂，詩人才有了"但恐世故攖，不容長處獨"的感慨，才有了"淵明吾之師，兹理久已達"的感悟。

　　陳淵《玩月》一詩則通過書寫觀月時的瞬間感悟，將與物同體的和樂悠然寓於瑣事的書寫中：

　　據床招佳月，月轉床屢移。夜久風露凉，孤斟樂忘歸。冰輪擅空闊，是處留清輝。浮雲掃除盡，如與賞心期。我行萬物表，中空無一疵。光明遍十方，毫髮了無遺。心境互融澈，起坐迷東西。此生看此月，十年悄無時。它日客共飲，淋浪酒沾衣。十語久不契，此心惟自知。西風掃殘暑，秋色日益奇。憂國付鼎食，消閒屬山樓。恐妨此時樂，勿露囊中錐。②

　　該詩首叙賞月時的場景，風凉露生，詩人却獨坐忘歸。詩人在賞月時見浩瀚太空萬里無雲，月行其中，分外皎潔。此種場景猶如修養主體滅除私欲後内心的廓然大公，行於世間，無纖毫之物存於胸中的自在自得，是謂"我行萬物表，中空無一疵"。

　　對與物同體之瞬間感悟的捕捉，由於感悟的突發性及短暫性，陳淵更多運用絶句的形式來書寫，試觀其《等奔牛堰山亭》《約令德郊行

---

① （宋）陳淵：《默堂集》卷四，《景印文淵閣四庫全書》第 1139 册，第 318 頁下。
② （宋）陳淵：《默堂集》卷七，《景印文淵閣四庫全書》第 1139 册，第 335 頁下 ~336 頁上。

二首》：

> 桑陰濃處已深春，小市喧呼迥不聞。誰與山頭共游戲，静看禽鳥鬥紛紛。①
>
> 檐柳搖風拂面低，麥芽穿雪綠齊齊。憑君便作游春計，莫待花繁去路迷。
>
> 小雪纖纖蓋地皮，一翻風過忽成泥。東君似勸人行樂，不使塵埃趁馬蹄。②

看似書寫日常生活的閒暇自得，實則都有一個觀照的主體，即詩人本身。在第一首詩中，詩人處身於静，觀深春枝繁葉茂之桑樹，於瞬間體悟到"天何言哉，四時行焉"的"天理"，進而體會到自我生命與之同爲本真存在的愉悦，故能任市聲喧囂而此心如如，不爲所動。在後二首詩中，詩人觀照春日到來時柳條隨風而動、麥芽穿雪而出之景象，悟得生機無處不在，從而産生了渾然與物同體的欣悦，故約友人踏春。甚至春來雪融，道路泥濘，也成馬蹄不著塵埃的出游理由。

因此，理學對"渾然與物同體"之境界的追慕，使陳淵將自覺追慕此種境界而使主體具有的超越流俗的崇高剛健引入詩歌創作中，爲詩歌注入了崇高剛健之氣韻。同時，對"渾然與物同體"境界的體悟，使主體往往表現出悠然自得的精神風貌，表現爲胸中不置一物的和樂氣度。而陳淵捕捉這種瞬間感悟，將之行諸詩篇，使其詩歌呈現悠然和樂、從容不迫的風貌。

三　書寫性情之正的行旅思鄉詩作

理學將人之倫理看作"天理"的一種自然體現，故人之思親懷鄉，就是"天理"的一種表現。因此，書寫思鄉懷親、厭倦旅途漂泊的詩篇就具備了合理性。而這種題材進入詩歌創作，也豐富了理學詩歌的書寫主題，使創作主體不僅可以書寫自得和樂之精神，還可以書寫因思鄉懷

---

① （宋）陳淵：《默堂集》卷一，《景印文淵閣四庫全書》第1139册，第307頁上。
② （宋）陳淵：《默堂集》卷四，《景印文淵閣四庫全書》第1139册，第318頁下。

親、厭倦仕宦漂泊所生之悲愁。這也使主體之情緒通過吟詠得以舒緩，實現心境的平和。同時，思鄉懷親、厭倦仕宦亦是傳統詩歌的重要書寫主題之一，此類主題進入詩歌創作，亦帶有文苑對儒林滲透的成分，使理學家的此類詩歌更富文學性，藝術手法也更爲豐富。

陳淵文集中思鄉懷親、厭倦仕宦漂泊的詩歌頗多。與書寫與物同體的悠然和樂不同，此類詩歌或風格清壯、氣象開闊，或清麗委婉、淡而有味。他的《九日登樓二首》就是直抒懷鄉胸臆之作的代表：

> 久客驚秋意，天涯思不窮。三年猶北國，萬里對西風。時序悲歌裏，乾坤醉眼中。黃花一樽酒，千古此心同。

> 木落秋容淨，時平國勢雄。望雲心自遠，采菊興誰同。詩酒浮生過，功名一笑空。留連憑痛飲，冠幘任高風。①

前詩之首聯即直陳因節序變遷所生之強烈的思鄉之情，頷聯用三年、萬里的量詞對仗，進一步突出久客他鄉的悲涼，頸聯則落到實處，寫自己惟有飲酒悲歌抒思鄉之情，尾聯則用此情千載皆同的自我開解作結，在將情緒平復的同時，亦從反面將自我内心的思鄉情懷傾瀉無餘。後詩則用舒緩之節奏，以故作豁達之精神的書寫，從反面突出思鄉情緒的濃烈。首聯叙政治清明而又值佳節，理應爲可喜可樂之時，而頷聯却通過"采菊興誰同"，委婉地表達出詩人客居他鄉的孤獨與落寞。在頸聯與尾聯中，詩人通過刻畫自我詩酒自娛，視功名爲敝履的豁達形象，從反面凸顯出自我欲驅散思鄉之愁而不可得的哀傷。

陳淵寫詩多用白描，不事雕琢，但在思鄉之情的書寫中，陳淵却多用典故，以典故所承載的文化意蘊，更爲充分地表現强烈的思鄉懷親之情。其《錢塘書懷二首》曰：

> 遠客真秦贅，清時謝楚狂。斑衣辭故國，青佩久殊方。世俗蠻爭觸，餘生穀似臧。正須逃姓字，毋使異庚桑。

> 客舍連朝雨，春愁醉夢如。白雲千里目，黃犬萬金書。所幸交

---

①　（宋）陳淵：《默堂集》卷二，《景印文淵閣四庫全書》第 1139 册，第 308 頁下 ~309 頁上。

情薄，從來世事疏。只應狼疐尾，空自詠歸歟。①

前詩首聯用典出自《漢書·賈誼傳》"秦人家富子壯則出分，家貧子壯則出贅"，楚狂即接輿，陳淵用之，意在言說自己因時政清明而出仕，遠離桑梓，如同出贅之子，思鄉而難返。頷聯之斑衣出自《高士傳》："老萊子，楚人。少以孝行，養親極甘脆。年七十，父母猶存，萊子服斑斕之衣爲嬰兒戲於親。"青佩乃指學子，出自《詩經·鄭風·子衿》曰："青青子佩，悠悠我思。縱我不往，子寧不來。"陳淵用之，言自己老大之身本應盡孝於父母堂前，却求學在外，遠離鄉園。頸聯和尾聯連用《莊子》典故，蠻、觸出自《莊子·則陽》："有國於蝸之左角者，曰觸氏，有國於蝸之右角者，曰蠻氏，時相與爭地而戰，伏屍數萬，逐北旬有五日而後反。"穀、臧乃二人名也，《莊子·駢拇》："臧與穀二人相與牧羊而俱亡其羊，臧則挾策讀書，穀則博塞以游。事業不同，其於羊亡均也。""庚桑"乃庚桑楚，《莊子·庚桑楚》曰："庚桑，楚者，老子弟子，北居畏累之山。"陳淵之意乃謂，人生百年如白駒過隙，由此看來追逐功名利祿、道德文章，猶如蠻觸相爭般荒唐；人生之所得所失終究會歸於空無，不若放下世累，去過隱居的自在生活。後詩，首聯即叙身居客舍，當此陰雨綿綿之時，思及鄉園，爲下文之抒情做好鋪墊。頷聯之白雲、黃犬，用狄仁傑、陸機事，《舊唐書·狄仁傑傳》："仁傑赴并州，登太行山南望，見白雲孤飛，謂左右曰：'吾親所居在此雲下。'瞻望佇立久之，雲移乃行。"《晉書·陸機傳》載："機有駿犬，名曰黃耳，甚愛之。既而羈寓京師，久無家問，笑語犬曰：'我家絕無書信，汝能齎書取消息不？'犬搖尾作聲，機乃爲書以竹筒盛之，而系其頸。犬尋路南走，遂至其家，得報還洛，其後因以爲常。"陳淵此處用此二典，乃欲言明自己思鄉強烈，只能目送白雲南飛，却無家鄉的任何消息。尾聯又用《詩經·豳風·狼跋》："狼跋其胡，載疐其尾。公孫碩膚，赤舄幾幾。"用進退兩難之老狼，來形容自己欲進不可，欲歸不能的境遇。該詩通過典故的妥帖運用，一唱三歎地將自己思鄉而不可歸的情愫揮灑無餘。

諸如此類運用相關典故，以實現思鄉懷親、厭倦仕宦之意更好表達

① （宋）陳淵：《默堂集》卷四，《景印文淵閣四庫全書》第1139冊，第319頁上。

的手法，在陳淵詩歌中極爲常見，如《次韻安茂通同薛參議上巳日唱和》曰：“扁舟衝浪去，羸馬傍城行。飄泊傷春緒，艱難作吏情。豈無賢者樂，亦有聖人清。莫繼蘭亭會，愁連曲水生。”①其中之“聖人”即酒之代稱，《太平廣記》載：“徐邈，字景山。魏國初，建爲尚書郎。時科禁酒，而邈私飲沉醉，校事趙達問以曹事，邈曰：‘中聖人。’達白太祖，甚怒，度遼將軍鮮於輔平曰：‘醉客謂清酒爲聖人，濁酒爲賢人。邈性修慎，偶醉言耳。’”“曲水”則用王羲之《蘭亭集序》“曲水流觴”之典故，意指雅集。陳淵此處用此二典，意爲朋儕雅集實爲佳會，但恐自己赴會飲酒觸動厭倦仕宦之情，不但無法取樂，反而更增憂愁。其《和司錄行縣道中偶風雨有感之作六首》其一之後半：“遲暮歌終宴，淹留歎式微。更堪西去雁，聲逐晚雲歸。”詩中陳淵用《詩經·邶風·北門》“終窶且貧，莫知我艱”之語，述生計之艱難。又用《詩經·邶風·式微》中黎侯寓於衛不得歸國之典，比喻自己難以歸鄉。

陳淵此類詩作，用典貼切，對仗工穩，用典故所承載的意蘊來委婉表達思鄉懷親、厭倦漂泊的心志，從而使詩作呈現出氣象闊大、蒼涼悠遠的氣韻。陳淵稱讚胡安國《春秋傳》時說：“左右傳道於已絕復續之餘，所見既的，所守甚嚴，而文字之妙又足以絢發之，則其作聖賢於千載豈在他人乎？”②指出了修辭手法對於闡明義理的重要性。同樣，修辭手法的高妙，對言明心志亦有極爲重要的作用。而陳淵巧妙、貼切地運用典故，則無疑起到了更好地揮灑思鄉情緒的作用。

除此類思鄉懷親、厭倦仕宦漂泊的作品外，陳淵集中還有不少慨歎年華流逝的作品。此種情緒的産生與流露，實則是其理想與現實相左的一種反映，而且多與其思鄉懷親、厭倦仕宦漂泊的情緒交織一起，亦是後者的另一種表現。陳淵的這種情懷往往於對生活細節或細微事物的觀照中流露出來，故大多出現於陳淵的絕句中。陳淵《錢塘學中寄伯思六言五首》其一、其三、其四云：

　　門外鶯鶯短夢，窗間雨送清寒。亦有惜春情緒，分明不奈花殘。
　　劍水庭闈底處，茗溪水月彌深。綠草年年離恨，白雲日日歸心。

---

① （宋）陳淵：《默堂集》卷九，《景印文淵閣四庫全書》第 1139 册，第 345 頁下。
② （宋）陳淵：《與胡康侯侍讀》其一，《默堂集》卷十七，《景印文淵閣四庫全書》第 1139 册，第 447 頁下。

世路紅塵可厭，人情白首如新。便可閉門端坐，不須開眼看人。①

此引三首絕句，或寫惜春之思，或寫思鄉情愫，或寫厭倦世事，皆書寫主體內心的細微感觸，筆觸清新可人。

陳淵雖多有書寫厭倦世事紛擾和年華流逝的作品，常常表現思鄉懷親、厭倦仕宦的情感，但其詩中沒有情感的怒張和不加節制的傾泄，而是於平和中流露出淡淡的憂愁。但陳淵並不是如前代詩人，尤其是如唐代詩人那般，用激情宣洩的方式書寫內心的憂傷，他浸染理學，在情感抒發上更趨理性，往往以理性態度來節制情緒的抒發，而他的情感也通過這種吟詠歸之於正。換言之，是通過悲愁情感的書寫，實現內心的平和中正。正如其《邑中諸公見和再用前韻》詩所云："看盡愁人萬點紅，曉來雙鬢白於茸。他時儻記江南夢，畫我黃梅細雨中。"②前兩句直接將惜春傷懷之情現於篇章，而後兩句則是對友人所言之意：他日若回憶起今日唱和之事，則請將我置身黃梅細雨中的形象行諸圖畫。既表現出自己對此時節的偏愛，又化節序變遷、年華逝去的哀傷爲氣韻瀟灑的吟唱。其《病減枕上五首》其一亦是如此："階草無期日自生，獨余貧病破元正。春風一種生生意，誰道年來也世情。"③前兩句叙佳節抱病之窘狀，後兩句則用戲謔的口吻，慨歎誠實無僞"四時行焉"的"天道"似乎也存世故之心，蘇醒萬物却置自己於不顧。從中不難看出陳淵之創作目的，即用理性的態度節制情感的抒發，使情感通過吟詠而歸於平和中正。

四　自然生成的詩論與詩歌主題選擇及詩風塑造

四庫館臣評陳淵詩歌曰："爲詩不甚雕琢，時露真趣，異乎宋儒之以詩談理者。"④頗爲準確地指出了陳淵詩歌既具有理學之平易自然，又富有文學性的特徵。這種特徵的呈現從其詩歌主題的選擇來看，一是陳淵注重於詩歌中書寫理學"渾然與物同體"之體驗，二是陳淵接受文苑影響，將傳統詩歌表現內容納入詩歌書寫範圍，又用理學義理來規範這

① （宋）陳淵：《默堂集》卷四，《景印文淵閣四庫全書》第 1139 册，第 319 頁上。
② （宋）陳淵：《默堂集》卷八，《景印文淵閣四庫全書》第 1139 册，第 338 頁下。
③ （宋）陳淵：《默堂集》卷一，《景印文淵閣四庫全書》第 1139 册，第 306 頁上。
④ （清）紀昀總纂《四庫全書總目提要》卷一百五十八，第 4081 頁。

種内容的表現方式與目的。與此同時，這種特徵的出現，還與陳淵的詩論特點息息相關。

與其前輩理學家不同，陳淵明確地肯定了文學創作的意義，他在《看〈論語〉四首》其二中云："天道文章豈兩歧，雷聲淵默本同時。"①明確表達了道藝合一的文道觀。不僅如此，陳淵還對詩歌之本質及其創作方式提出了見解。《答鄧天啓》一文就是其詩論的系統表達。

> 今之詩，風雅之苗裔也。以之吟詠性情於居憂之時，君子於此宜有所不暇矣。三年不爲樂，樂必崩，宰我之疑問也。而孔子之言，如彼可不思乎。然詩道甚難，果有意爲之，當求之古之作者。自杜子美一鳴，今古鮮儷，方之風雅，尚未必皆合聖人之意，况其餘乎？以淵所聞，學而不師聖人，出言而倍之，以爲戲事，可乎？夫戲非徒無益，而於學爲有害，盡心力於無益而得其害，豈君子之志哉？其流則然矣，故淵嘗不欲作詩，非直以今日之罪逆遂不爲也。吾子偶好此，適當所不暇爲之，時姑置之，其亦可矣。至於他文，或直辭以述事，若太鄙朴則於理不瑩，稍加檃括使就句讀，固儒者之常度也。……大抵古人之學用心於内，夫用心於内，其事無窮。如得其門，則言語文章亦不足爲矣，是在學者所當汲汲者。②

陳淵認爲，作詩應當合乎風雅之意，而欲合乎此一要求，則應從道德修養上著手，即"用心於内"。"用心於内"是以對内心體驗的關注與反思爲中心，陳淵認爲通過這種方式可以實現道德修養的進步，主體道德修養超乎常人，則其精神氣度以及觀物之方式、觀物之所得自然有過人處，行諸詩篇則能達到高妙境界。所以陳淵説"如得其門，則言語文章亦不足爲矣"。從文中不難看出，陳淵不但強調主體精神修養對詩歌創作的決定作用，而且反對文章的雕琢修飾。

陳淵的這種詩論主張影響了其師法對象的選擇，所以他崇尚平淡自然的陶淵明。陳淵於《次韻令德答天啓》一詩中寫道："小枰妙語言，

---

① （宋）陳淵：《默堂集》卷五，《景印文淵閣四庫全書》第 1139 册，第 322 頁下。
② （宋）陳淵：《默堂集》卷十九，《景印文淵閣四庫全書》第 1139 册，第 484 頁上～484 頁下。

下筆初無難。曹郎更精深，一字不苟安。我師陶靖節，亦未游其藩。但
覺萬仞淵，中有蛟龍蟠。人言失故步，乃在學邯鄲。平淡恐未臻，先作
郊島寒。古來文墨士，十九姓字漫。尚賴相可否，鹽梅助鹹酸。"①其中，
陳淵明言其師法陶淵明，又説"亦未游其藩"，又説"人言失故步，乃
在學邯鄲"。陳淵是説其師範陶淵明乃在於師法陶氏的創作方式，即將
自我精神自然流露於詩篇中。陳淵《答翁子静論陶淵明》一文，引用蘇
轍之語讚賞淵明可貴之處在於"真"，其曰："蘇黄門稱淵明：'欲仕則
仕，不以求人爲嫌。欲已則已，不以去人爲高。饑則叩門以乞食，飽則
雞黍以延客，古今賢之，貴其真也。'若此語深得淵明之心矣。"②正是陶
淵明的這種"真"，才使陶詩皆是其真性情的流露，而没有虚誇的雕琢
與修飾。故陳淵自述曰："我詩實易成，淡薄非佳饌。"又曰："詩成稿不
存，物至情無累。"

　　至此，不難看出陳淵的詩論特點，首先要求創作主體通過自覺的道
德修養而實現精神的脱俗，其次在創作過程中應將自我真實感觸，不假
雕飾地直陳於詩歌。陳淵提倡詩歌應是主體精神的外在表現，是主體精
神的自然流露，是自然生成而非有意創作。所以陳淵重在通過其内心感
觸的表現，來書寫其對"渾然與物同體"之境界的體驗，書寫其思鄉懷
親這一性情之正的流露。在創作過程中，陳淵自然生成、真實表現自
我精神的創作方式，使其詩歌在平易自然之餘，亦帶有主體悠然和樂的
精神，從而"時露真趣"。在其書寫思鄉懷親等性情之正的詩作中，陳
淵借鑒文苑傳統，爲更好地抒情表意而多用典故，此類詩作在用典上較
其他詩作密集。但陳淵之用典亦是本自其學養，多融攝儒學經典常見之
語、常見之事，如多從《詩經》中融攝典故入詩。

　　總之，陳淵秉承理學傳統，反對文學創作的雕琢與修飾，強調主體
精神修養對文學創作的決定作用，同時又將詩歌看作主體精神的自然流
露，持自然生成的詩論觀點。這決定了其詩歌書寫主體體道的内容，同
時也使符合性情之正的思鄉懷親題材進入了詩歌書寫内容中。這種詩論
特點也使主體經自覺修養所具備的精神風貌形諸詩歌，使其詩歌呈現悠
然和樂的風格。

---

① （宋）陳淵：《默堂集》卷五，《景印文淵閣四庫全書》第 1139 册，第 325 頁上。
② （宋）陳淵：《默堂集》卷十六，《景印文淵閣四庫全書》第 1139 册，第 426 頁下。

第四章　張九成道論與詩學考察

　　張九成，字子韶，自號橫浦居士，錢塘人。紹興二年進士策試中被評爲廷試第一，被高宗擢爲狀元。後出任鎮東軍簽判，因與上司不和遂棄官回鄉，閉門講學。趙鼎爲相，力薦張九成，以太常博士被召，歷任著作佐郎、著作郎、宗政少卿權禮部侍郎兼侍讀兼權刑部侍郎等職。後因駁斥秦檜和議被貶邵州，又被貶南安達十四年之久。秦檜死，起知溫州，卒於任上。張九成早年即問學於楊時，後又與大慧宗杲等交往甚密，故其理學夾雜禪學，《宋史》稱："九成研思經學，多有訓解，然早與學佛者游，故其議論多偏。"[1]朱熹《雜學辨》駁斥四家學說，九成即是其中之一。但張九成對理學之貢獻並不可因其夾雜禪學而被否定，全祖望曰："龜山之門，篤實自當推橫浦。"[2]又曰："龜山弟子以風節光顯者，無如橫浦，而駁學亦以橫浦爲最。晦翁斥其書，比之洪水猛獸之災，其可畏哉！然橫浦之羽翼聖門者，正未可泯也。"[3]對張氏其人及其學皆給予了極高的評價。同時，張九成詩文富贍，在文學創作上用力甚多。其文學創作注重表現主體之精神氣度，有著明顯的理學印記，與其理學思想息息相關。故而，對張九成之理學思想及文學創作進行考察，不但有助於廓清楊時之後理學的發展脈絡與方向，亦能從個體的角度窺見南宋初期詩歌創作之一斑。

第一節　造化何在，吾心而已：張九成理學思想考察

　　張九成一生著述甚多，有著强烈的探求儒學義理的自覺意識。其理

---

[1]　《宋史》卷三百七十四 "張九成傳"，第 11579 頁。

[2]　（清）黃宗羲著，（清）全祖望補修，陳金生、梁運華點校《宋元學案》卷三十九 "豫章學案"，第 1278 頁。

[3]　（清）黃宗羲著，（清）全祖望補修，陳金生、梁運華點校《宋元學案》卷四十 "橫浦學案"，第 1302~1303 頁。

學思想多通過闡發儒學經典的形式表達，同時在與友人問道論學的書信中亦有體現。張九成通過對儒學經典的研讀與闡釋，提出了獨具特色的儒學修養理論。首先，張九成提出了"天人一心，本無彼此"以及"心即理"的理論，認爲若能去除私心、私欲則可會得"天理"，實現精神境界的升華而臻聖人之境。其次，張九成對如何去除私心、私欲進行了詳細的論述，其論述集中在對"克己""三省"以及"慎獨"的闡發上。張九成通過其理學立論以及對修養過程的詳細闡發，建立起了一個内外兼修、體用兼備的理學體系。張氏理學體系建構有著鮮明的禪學印記，是二程之後理學向"心學"方向發展的一個新里程碑。

一　天人一心，本無彼此：修養工夫的立論基礎

張九成秉承楊時理學的基本方向，注重向内探求，用心於内。其《答曾主簿》云："古人行有不得者，皆反求諸己，其身正而天下歸之。如使人人欲己意，則天下將不勝其責矣。躬自厚而薄責於人，則遠怨矣，怨乃我怨人，此聖人明訓也。"①明確指出惟有反求諸己，才能遠離與世不偶的怨憤，獲得内心的平靜。其《重建贛州學記》論及修養工夫："夫學者以格物爲先，格物者，窮理之謂也。窮一心之理以通天下之理，窮一事之理以通萬事之理。"②其中，張氏將"窮一心之理"作爲"通天下之理"的前提，彰顯其主張向内探求，通過對自我認知、自我性情與外界變遷之關係的體察，體味天理的存在及發生規律，由此達到對天理的體認，進入聖人閫域。

楊時"萬物皆備於我"故"反身而誠"的修養理論，其理論依據乃是程頤"性即理"之説。程頤認爲："自理言之謂之天，自稟受言之謂之性，自存諸人言之謂之心。"③因爲性稟受於理，所以説"性即理也，所謂理，性是也"④。故而，楊時"反身而誠"之向内用功的修養論，乃是講求盡心以知性，然後知天。而"天命之謂性"，本乎心性，所以能下學上達，知天合天。但是張九成在用心於内理論依據的確立上，呈現了與其師楊時的微妙差別。張九成在《金滕論》中寫道："夫天人一心，

① （宋）張九成：《横浦集》卷十八，《景印文淵閣四庫全書》第 1138 册，第 421 頁上。
② （宋）張九成：《横浦集》卷十七，《景印文淵閣四庫全書》第 1138 册，第 412 頁上。
③ （宋）程顥、程頤著，王孝魚校點《二程集·河南程氏遺書》卷二十二上，第 296~297 頁。
④ （宋）程顥、程頤著，王孝魚校點《二程集·河南程氏遺書》卷二十二上，第 292 頁。

本無彼此。自是學之不精，不能盡識，流蕩人欲，故此心不見爾。惟學問之深者，人欲不行；驚憂之迫者，人欲暫散，故此心發見焉。此心既見，則天理在我耳。"①這與其理學前輩程頤的觀點已經有了微妙而重要的區別，程頤認爲："在天爲命，在義爲理，在人爲性，主於身爲心，其實一也。"②又曰："窮理，盡性，至命，一事也。才窮理，便盡性，盡性便至命，因指柱曰：'此木可以爲柱，理也；其曲直者，性也；其所以曲直者，命也。理，性，命一而已。'"③在程頤看來，"天理"是至高至大的客觀存在的規律，無處不在，世間萬物之生存變滅皆本自"天理"。"天理"在人身上的體現即是"性"，如人之渴飲饑食、生老病死。同時，人有認知世界的能力，這種能力就是"心"。因此，會得"天理"，達到天人合一境界的方式，即是充分發揮人的認知能力，即"盡心"，由"盡心"而識得人稟之於天的"性"，"性"是"天理"的體現，故"才窮理，便盡性，盡性便至命"。張九成則認爲"天人一心，本無彼此"，言外之意即是外界事物之意義是由主體所賦予的，假如主體不曾理會、不曾關注，則外界事物對主體而言自無任何意義可言。同樣，"天理"雖是天地間至高至大的規律，但是對於未曾樹立追慕聖道之人而言，雖"日用"之，但不知"天理"，"天理"對其而言自無任何意義可言。反之，對著意聖門學問的主體而言，會得"天理"是其終極目標，所以"天理"之意義才能顯現。同時，"天理"作爲形而上的本體，本身是不可捉摸的，對"天理"的體察及會得之後的表現，只能通過主體的內心來顯現。從這個角度來看，天理與人心一體，是無彼此之分的。張九成正是基於這種認識，對"天理""人心"之關係進行了創造性的闡釋，以主體內心體驗爲中心，將體認"天理"、追慕聖道皆闡釋爲主體的內心活動。如《海昌童兒塔記》云："堯舜禹湯文武周孔之道具在人心，覺則爲聖賢，惑則爲愚爲不肖。"④《橫浦日新》中載張九成云："人皆有此心，何識之者少也？倘私智消亡，則此心見矣。此心見，則入孔子'四絕'之境矣。"⑤

在提出"天人一心，本無彼此"後，張九成還進一步提出了天下無

①　（宋）張九成：《橫浦集》卷九，《景印文淵閣四庫全書》第1138冊，第352頁下。
②　（宋）程顥、程頤著，王孝魚校點《二程集·河南程氏遺書》卷十八，第204頁。
③　（宋）程顥、程頤著，王孝魚校點《二程集·河南程氏外書》卷十一，第410頁。
④　（宋）張九成：《橫浦集》卷十七，《景印文淵閣四庫全書》第1138冊，第409頁上。
⑤　（宋）于恕輯《橫浦日新》，《四庫全書存目叢書》子部第83冊，第249頁下。

外乎吾心，天理在吾心中的論點。張九成在釋益稷庚歌時曰："天下之理，一處明則萬理皆明，一處暗則萬理皆暗。舜因禹夔之説，乃悟萬事皆自己出。"① 又曰："天止吾心而已矣，無求諸高高蒼蒼之間也。"② 其在《孟子傳》中云："一念之微，萬事之衆，萬物之多……心即理，理即心。内而一念，外而萬事，微而萬物，皆會歸在此，出入在此。"③ 天下在我心中，天理即在吾心中。所以，以吾心求諸六經，以吾心合聖人之心的方式來求理，則天理可明，聖人之閫域可達。因爲"人人有此大中"，聖人之心與吾心無異。王應麟《困學紀聞》卷三載："《孝經》引《詩》十，引《書》一。張子韶云：多與《詩》《書》意不相類，直取聖人之意而用之。是六經與聖人合，非聖人合六經也。或引或否，卷舒自然，非先考《詩》《書》而後立意也，六經即聖人之心，隨其所用，皆切事理，此用經之法。"④ 六經乃聖人之心，而吾心與聖人無異，是以六經亦乃吾心。這與陸九淵"六經皆我注脚"基本一致，故而黄宗羲評張九成曰："二程再傳，安定、濂溪三傳，陸學之先。"⑤

在强調"天人一心，本無彼此"的同時，張九成對如何達到天人合一境界，亦進行了詳細的論述。其在《金縢論》結尾處寫道："造化何在，吾心而已矣。吾心如此其大，而或者以人欲而狹之，殊可悲也。孟子深識此理，故曰'盡其心者知其性'也。知其性，則知天矣。存其心，養其性，所以事天也。夫知天在盡心，而事天在存心，則人之於心，其可不謹乎。"⑥ 張九成之意即天人一心，本無彼此，吾心即天，吾心即理，若能盡吾之誠心，則可契天地造化，臻天人合一之境。而衆人溺於人欲，故未能明"天理"。所以欲明"天理"，則應滅除私欲，盡自我之誠心。張九成在論及《尚書·大禹謨》"人心道心"時説：

夫所謂天下四方萬里事物之本，何物也？曰中而已矣。蓋天下此心也，四方萬里此心也，若事若物此心也，此心即中也。中之難

---

① （宋）黄倫：《尚書精義》卷八，《景印文淵閣四庫全書》第 58 册，第 227 頁下 ~228 頁上。
② （宋）黄倫：《尚書精義》卷三十二，《景印文淵閣四庫全書》第 58 册，第 493 頁下。
③ （宋）張九成：《孟子傳》，《景印文淵閣四庫全書》第 196 册，第 420 頁下 ~421 頁上。
④ （宋）王應麟著，（清）翁元圻等注《困學紀聞》卷三，上海古籍出版社，2008，第 446 頁。
⑤ （清）黄宗羲著，（清）全祖望補修，陳金生、梁運華點校《宋元學案》卷四十"横浦學案"，第 1301 頁。
⑥ （宋）張九成：《横浦集》卷九，《景印文淵閣四庫全書》第 1138 册，第 353 頁上。

識也久矣，吾將即人心以求中乎？人心，人欲也，人欲無過而不危，何足以求中。又將即道心以求中乎？道心，天理也。天理至微而難見，何事而求中？曰：天理雖微而難見，惟精一者得之。精一者何也，曰：精則心專，入而不已；一則心專，致而不二。如此用心，則戒謹不睹，恐懼不聞，久而不變，天理自明，中其見矣。既得此中，則天下在此也，四方萬里在此也，若事若物在此也。信而執之以應天下四方萬里事物之變，蓋綽綽有餘裕矣。①

張九成本自乃師楊時"允執厥中"之説，認爲"中"是天下萬物之本，張九成論及《洪範》"皇極"時説："皇極，九疇之本也。子思曰：'喜怒哀樂之未發謂之中。'又曰：'中者，天下之大本。致中和，天地位焉，萬物育焉。'中之大如此，人人皆具此大中，特無人發明之耳。"②人人皆有"中"之大本，故而實現對"中"的體驗，則"天理"自明。至於如何實現對"中"之體驗，張九成認爲"惟精惟一"才能"允執厥中"。即内心保持"精""一"的狀態。這種"精""一"的狀態，實則就是"持敬"工夫。張九成於《召誥論》中云："何謂敬，妄慮不起，百邪不生，是敬也。顧此敬處，即天命也。惟有歷年，夫何足怪。不敬則思慮紛亂，私邪橫生，其去天命遠矣。早墜厥命，亦何怪乎。人常言天命在彼，今而後知，天命不遠，在我而已。何以知其在我哉，行吾敬則是天命，豈非天命在我乎？"③周敦頤在回答學子問其修養之要訣時説："一爲要，一者無欲也，無欲則靜虛動直。"④二程昆仲借鑒了周敦頤的修養方式，又參之以《周易》的"敬以直内，義以方外"之説，提出了"持敬"的修養理論，如程頤曰："君子之遇事，無巨細，一於敬而已。"⑤又曰："涵養須用敬，進學則在致知。"⑥這種"敬"是要求主體内心處於"靜"的狀態，以此滅除紛亂的思緒，由此才能在應事接物時做

---

① 转引自（宋）黃倫《尚書精義》卷六，《景印文淵閣四庫全書》第58冊，第202頁下~203頁上。
② 转引自（宋）黃倫《尚書精義》卷二十九，《景印文淵閣四庫全書》第58冊，第463頁下。
③ （宋）張九成：《橫浦集》卷九，第355頁下。
④ （宋）周敦頤著，陳克明點校《周敦頤集》卷二，中華書局，1990，第31頁。
⑤ （宋）程顥、程頤著，王孝魚校點《二程集·河南程氏遺書》卷四，第73頁。
⑥ （宋）程顥、程頤著，王孝魚校點《二程集·河南程氏遺書》卷十八，第188頁。

到平和中正、舉止得體，合乎儒者之道。南宋理學家饒魯回答弟子"明道教人且靜坐，是如何"時説："此亦爲初學而言，蓋他從紛擾中來，此心不定，如野馬然，如何便做得工夫？故教他靜坐。待此心寧後，却做工夫。然亦非教他終只靜坐也，故下且字。"①因此，"持敬"的首要步驟即靜心。惟有靜心持敬，才能"惟精惟一"，才能"入而不已""致而不二"。《居士分燈録》載："（九成）十四游郡庠，閉合終日，寒折膠，暑爍金，不越户。限比舍生穴隙視之，則斂膝危坐，對置大編，若與神明爲伍，乃相驚服。"②可見，張九成對靜心持敬是深有體會的。

通過自我親身體驗以及對前輩學者修養理論的借鑒，張九成認爲通過靜心持敬，體驗内心之"中"，則自然可以會得"天理"，達到"天人一心，本無彼此"的境界。

二　克己力學，内省慎獨：修養路徑的具體闡述

張九成强調了向内用功，通過關注内心體驗而悟得儒者之道，提出了惟精惟一、靜心持敬的修養方法，同時，張九成又對如何向内用功以及如何靜心持敬提出了一套系統的看法。在《靜勝齋記》一文中，張九成寫道："物之不可勝也久矣，與其勝物，不若自勝。自勝如何，思慮潰亂，血氣飄盈，動者莫覺而靜者見之，見之則惡之矣，惡之則若居焚溺中，思有以脱去而弗得也。惡之又惡之，乃悟顏子克己之説，乃得曾子三省之説，乃入子思謹獨之説，使非心不萌，邪氣不入，而皇極之義、孔門之學於斯著焉。若夫人之是非富貴榮辱初不相關我，無勝彼之心，彼無勝我之念，彼我兩忘，天下之能事畢矣，自勝其大矣乎！"③張九成認爲處心於靜，通過克制思慮的混亂，尋得内心平靜、思慮專一，就能爲體悟顏回克己之説、曾子三省之學、子思慎獨之説提供充分條件。在這裏，張九成不但强調了處心於靜之修養方式的重要，而且指出了克己、三省、慎獨是明悟"皇極之義""孔門之學"的必經之路。言外之意即通過踐行處心於靜的持敬工夫，來做到克己、三省、慎獨，由

---

① （清）黄宗羲著，（清）全祖望補修，陳金生、梁運華點校《宋元學案》卷八十三"雙峰學案"，第 2813 頁。
② （明）朱時恩：《居士分燈録》，《卍新纂續藏經》第 86 册，臺北白馬精舍印經會 1989 年影印版，第 604 頁中。
③ （宋）張九成：《横浦集》卷十七，《景印文淵閣四庫全書》第 1138 册，第 411 頁上。

此實現自我精神境界的升華，達到“天人一心”的最高境界。

（一）克己説：精神境界升華的必經步驟

“克己復禮”出自《論語·顏淵》：“顏淵問仁，子曰：‘克己復禮爲仁，一日克己復禮，天下歸仁焉。爲仁由己，而由人乎哉？’顏淵曰：‘請問其目。’子曰：‘非禮勿視，非禮勿聽，非禮勿言，非禮勿動。’顏淵曰：‘回雖不敏，請事斯語矣。’”[1] 張九成吸取了這一理論並對其進行了發揮，他在《因與石月先生論仁遂作克己復禮爲仁説》中論述了“克己復禮”對於主體修養的重要性：

夫天下無一物之非理，亦無一物之非仁。有己則理暗，無己則理明。己者何也，人欲也。禮者何也，天理也。滅天理、窮人欲何由而得仁？滅人欲、盡天理於是乃爲仁。克己也者，滅人欲者也。己何自而克，人欲何自而滅乎？本乎學而已矣。其學安在，曰：禮而已矣。非禮勿視，視皆理也。非禮勿聽，聽皆理也。非禮勿言，非禮勿動，言動皆理也。夫視以禮，聽以禮，言動以禮，視聽言動一循乎天理之中，則人欲滅矣，私己克矣，天理明矣，天下皆歸於仁矣。克己復禮，此仁之正體也。[2]

張九成認爲天下萬物皆是“天理”的體現，欲識得天理必須首先通過學習明白何爲“禮”，明“禮”之後，則應嚴格約束自我行爲，使之符合“禮”的要求，由此才能實現對“仁”的體驗，並最終會得“天理”。在此基礎上，張九成對如何明瞭“禮”之內涵，如何達到“仁”之體驗，進行了詳細的論述。其在《黃氏訓學説》中有云：

學當有本原，孝悌，人本原也。孝悌何以見乎，孟子曰：“仁之實，事親是也。義之實，從兄是也。”其意以謂，欲知仁之實乎，即事親時是；欲知義之實乎，即從兄時是。使當事親時，愛戀眷慕，

---

① （宋）朱熹：《四書章句集注·論語集注》，第 132～133 頁。
② （宋）張九成：《橫浦集》卷十九，《景印文淵閣四庫全書》第 1138 册，第 426 頁上～426 頁下。

穆焉如春，斯即仁也。當從兄時，恭謹惟諾，肅焉如秋，斯即義也。
知此二者即曰智，節文此二者即曰禮，樂此二者即曰樂。孟子又曰：
"樂則生矣，生則惡可已也，惡可已，則不知手之舞之，足之蹈之。"
夫學至於樂，即仁義隨處而是，不止事親從兄時也，故謂之生。生
則欲罷而不能，欲止而復起，目之所視，耳之所聽，口之所言，心
之所思，雖無意於仁義，而仁義不吾違矣。①

張九成認爲孝悌是人生而具有的屬性，而"仁"生於"孝"，"義"
生於"悌"。所以，修養主體應從"事親""從兄"等日常活動中反思
自己的行爲及天性流露，培養起認同孝悌等倫理觀念的自覺意識，再通
過自己的全力踐行而使這些倫理觀念内化爲生命的一部分，使自己舉手
投足皆合乎仁義。張九成對如何使行爲符合仁義的論述，即是對"克己
復禮"說的進一步闡述。張九成在《孟子拾遺》中解釋"申之以孝悌之
義"與"學則三代共之，皆所以明人倫也"時，再次闡述了這一觀點：
"孝悌之心自孩提以至壯長，固自行之，第未有人發明之，使之知其義
以見於用也。所謂義者，何也？事親時愛戀眷慕，則孝心見矣，孝心
見，仁之實也。從兄時恭謹惟諾，則悌心見矣，悌心見，義之實也。"②
　　在强調通過對倫理觀念的踐行而達仁義境界的同時，張九成亦對衆
人無法體會仁義之實的原因進行了分析："夫父子、君臣、夫婦、兄弟、
朋友皆有天理在其間，日用之中，天理每於此而發見，第以人欲所汩，
無自而識之耳。"③衆人溺於人欲，不能克制私心，無法踐行孝悌等倫理
觀念，故不能達仁義之境。爲克服這種情況，張九成提出了相應的修養
方式："仁則覺，覺則神閒氣定，豈非安宅乎？不仁則昏，昏則念慮紛
亂，不得須臾寧矣。義則理，理則言忠信、行篤敬，豈非正路乎？不義
則亂，亂則邪僻與魑魅爲鄰矣。仁義豈它物哉，吾心而已矣。"④仁義是
内心認識的外在表現，若人不仁，則思緒混亂，内心牽於各種事務而不
得片刻安寧；若人不義，則難與君子爲伍而誤入歧途。因此欲實現對仁

① （宋）張九成：《横浦集》卷十九，《景印文淵閣四庫全書》第 1138 册，第 427 頁下。
② （宋）張九成：《横浦集》卷十五，《景印文淵閣四庫全書》第 1138 册，第 392 頁上。
③ （宋）張九成：《横浦集》卷十五，《景印文淵閣四庫全書》第 1138 册，第 393 頁下。
④ （宋）張九成：《横浦集》卷十五，《景印文淵閣四庫全書》第 1138 册，第 395 頁下。

義的深切體會，一方面必須從内心下工夫，收攝心性，孜孜爲善；另一方面則應約束自我行爲，"言忠信，行篤敬"，努力踐行孝悌忠信等倫理觀念。

除此之外，張九成還發揮了孟子的"四端"説。張氏《孟子拾遺》釋"不能盡其才也"時，對主體入於聖人閫域的方式進行了闡述："仁義禮智，人人所有，是人之才地皆可以爲堯舜。然而至於至愚極陋，與聖人或相倍蓰而無算者，不能盡其才地耳，非天之降才爾殊也，何謂盡？極惻隱之心，溯而上之，以求其所謂仁，既得此，則傍徨周浹於其間，使置之則塞乎天地，溥之則橫乎四海，無有絲毫不用其才力者，此之謂盡也。於義禮智亦復如此，其爲堯也舜也必矣。孟子開盡之一門以謂止在思耳，學者試思之。"[1] 在《四端論》中，張九成亦寫道："故孟子斷之曰：'凡有四端於我者，知皆擴而充之矣。若火之始然，泉之始達。'夫知之一字在我而不在人，知者，體認之意。今惻隱之狀愀然怛然，是吾仁也。吾既知其狀矣，則推而達之於人事之間，使血脈流通則擴而充之，即所謂推也。夫知之非艱，而推之爲艱。"[2] 孟子通過孺子入井而見者皆有不忍之心，指出人人皆有善根。張九成以孟子"四端"爲論據，指出欲達仁義之境，則需滅除爲利欲所薰染的私心，需找回自我之本心。由自我之本心觀察外部世界，依自我之本心應事接物，並在應事接物中強化這種本心。張九成認爲"此之爲盡也"，也就是孟子所言之"盡心"，並認爲惟有"盡心"才能識得仁義之爲物，才能成堯爲舜。

張九成之"克己"説除了關注自我精神修養，還強調推己及人。張氏《書傳統論》之《咸有一德論》曰："太甲悔過乃憤而啓，乃悱而發，不可謂無所得矣，然又不可止此以自足也。既有所得，當廣大之日新之。故既有所得之後，方且主善爲師而無常師，此蓋所謂廣大之日新之也。然而廣大日新之則可捨吾當時所得則不可，故曰善無常主，協於克一欲識一德之效。"[3] 其強調主體在實現對"德"的認知與體驗後，還應力行之，用自己所具備之德行來安黎民百姓，然而這些還不夠，還應使黎民百姓實現對"德"的認知，從而達到天下大治、再淳風俗的理想境界，其曰："夫聖人之道，夫婦之愚可以與知，夫婦之不肖可以能行焉。

---

① （宋）張九成：《橫浦集》卷十五，《景印文淵閣四庫全書》第 1138 册，第 396 頁上。
② （宋）張九成：《橫浦集》卷五，《景印文淵閣四庫全書》第 1138 册，第 325 頁上。
③ （宋）張九成：《橫浦集》卷七，《景印文淵閣四庫全書》第 1138 册，第 337 頁下。

儻以一德自止，以夫婦爲愚不肖不足與有言，此非真有所得也。真有所得者，必廣大必日新，使匹夫匹婦不得自盡，此少有所得而忽天下之人也，非一德之本也。惟日新而不已者，然後可與論一德。《詩》曰：'維天之命，於穆不已。'蓋曰天之所以爲天也，文王之德之純，蓋曰文王之所以爲文也，純亦不已。天不已，文王亦不已，則一德之不已，復何疑哉？"①

（二）三省説：對精神境界昇華後主體氣度展現的界定

"克己"説是張九成對主體體認仁義以達聖人境界的闡述，對主體之思想行爲如何能暗合仁義，張九成亦給予了關注。張九成對此方面的論述，集中在關於三省的闡述上。其《邇英春秋進講》在論述"齊人歸公孫敖之喪"時説：

> 曾子自三省之學日加踐履，一旦入於一以貫之之地，其曰戰戰兢兢者，三省之狀也。觀其臨死將絶之言曰："人之將死，其言也善。君子所貴乎道者三，動容貌，斯遠暴慢矣；正顏色，斯近信矣；出辭氣，斯遠鄙倍矣。籩豆之事則有司存。"是曾子平生所學，不區區於誦數博洽之間，專以治心修身爲務也。夫籩豆之事，付之有司。是誦數博洽，君子未嘗留意也。至於容貌、顏色、辭氣，則在我而已，動而遠暴慢，正而近信，出而遠鄙倍，是其中養之有素也，故指以爲君子之道。臣竊以謂三省之學，陛下不可不知也。今陛下夙興而朝，則當三省曰：夜之所爲，夢之所適，其是耶？非耶？夜分而寐，則當三省曰：晝之所爲，心之所思，其是耶？非耶？三省既久，天理自明，曾子之學，孔子之心，堯舜禹湯文武之所傳，當一日而皆見矣。動容貌、正顏色、出辭氣，天下其有不治乎？②

曾子三省之説出自《論語・學而》："曾子曰：'吾日三省吾身，爲

---

① （宋）張九成：《橫浦集》卷七，《景印文淵閣四庫全書》第 1138 册，第 337 頁下 ~338 頁上。
② （宋）張九成：《橫浦集》卷十三，《景印文淵閣四庫全書》第 1138 册，第 382 頁下 ~383 頁上。

人謀而不忠乎？與朋友交而不信乎？傳不習乎？'"①張九成將其與曾子
臨終之言建立起聯繫，認爲爲人謀而忠，則其容貌無暴躁傲慢之態，即
"遠暴慢"；與朋友交而信，則其氣質莊重近於誠信，即"正而近信"；
而對儒學經典的研習，則可使言辭和語氣謹慎高雅，即"遠鄙倍"。總
之，通過長久而自覺的内省，主體便可在精神氣度上呈現出平和、莊
重、高雅的氣象。張九成認爲修養主體一方面應克己復禮，注重自我思
想認識以及行爲舉止的合乎禮義，另一方面則應從自我儀表的規範著
手，如此内外兼修，則聖人閫域不難至也。所以張九成在勸誡高宗時
說："其論容曰：'君子之容舒遲，見所尊者齊邀，足容則重，手容則恭，
目容則端，頭容則直，口容則止，聲容則靜，氣容則肅，立容則德，色
容則莊。陛下想見此等人其心術如何，此三省之力也。顧此三語乃曾子
臨絕遺付之言，不可輕也。願陛下以心體之，則堯舜禹湯文武周孔之心
盡在陛下方寸中矣，遵而行之，此聖賢所望於後世之君也。"②這雖是對
君主的期許，但亦是張九成修養所得的表述。

"克己"說是張九成針對主體如何實現思想境界、精神境界升華而
提出的修養理論，其針對的是主體的内在認識。而"三省"說則是張九
成對主體精神氣度展現於外的論說，強調在踐行"克己復禮"的基礎上
對自我儀表行爲進行約束。二者互爲表裏，相互羽翼，缺一不可。

（三）慎獨說：對修養有得後應事接物的論說

《中庸》云："道也者，不可須臾離也，可離非道也。是故君子戒慎
乎其所不睹，恐懼乎其所不聞。莫見乎隱，莫顯乎微，故君子慎其獨
也。"③天理現於萬物之中，所以君子對未見未聞之事物，應以敬畏之心
待之。越是在暗處、細微處，君子越是要保持操守，不可一刻有違"天
理"。《橫浦日新》"慎獨"條載張九成曰："一念之善，則天神地祇祥風
和氣皆在於此；一念之惡，則妖星厲鬼凶荒札瘥皆在於此，是以君子慎
其獨。"④張九成接受了這一思想，並加以發揮，將其闡釋爲對主體應事
接物的要求，闡釋爲君子自處時應具備的品格。張九成釋《中庸》亦多
將其此一理解貫穿其中，如其釋"人皆曰予知"時曰："人皆用知於詮

---

① （宋）朱熹：《四書章句集注・論語集注》，第48頁。
② （宋）張九成：《橫浦集》卷十三，《景印文淵閣四庫全書》第1138册，第384頁上。
③ （宋）朱熹：《四書章句集注・中庸章句》，第17頁。
④ （宋）于恕輯：《橫浦日新》，《四庫全書存目叢書》第715册，第248頁上。

品是非，而不知用知於戒慎恐懼。使移詮品是非之心於戒慎恐懼，知孰大焉。"① 張九成認爲學者若明瞭"慎獨"之意，則能用心於内，用持敬守一的心態來自處，物來則應，順其自然，由此自能從容中道。又，張九成釋"君子之道費而隱"時曰："由戒慎恐懼以養喜怒哀樂，使爲中爲和，以位天地、育萬物。"② 釋"在上位不陵下"時説："君子自戒慎恐懼醖釀成中庸之道。"③ 釋"無憂者其惟文王乎"時云："戒慎恐懼，則無適而不在中和中，其無憂也必矣。"④ 在張九成看來，用持敬慎獨的心態來觀照外物，是喜怒哀樂未發之"中"的外在表現，因此發必中節，皆合於儒者之道。

　　用慎獨的方式來應事接物，强調的是主體泛應外物時的敬畏謹慎，而一旦明瞭如何處身行事方能從容中道，主體則應堅守操行，因爲"中其無憂也必矣"。故張九成一生堅守操行，在被貶時亦能本自"中必無憂"的體認而安之若素。《宋史》載："金人議和，九成謂趙鼎曰：'金實厭兵，而張虛聲以撼中國。'因言十事，彼誠能從吾所言，則與之和，使權在朝廷。鼎既罷，秦檜誘之曰：'且成檜此事。'九成曰：'九成胡爲異議，特不可輕易以苟安耳。'檜曰：'立朝須優游委曲。'九成曰：'未有枉己而能直人。'上問以和議，九成曰：'敵情多詐，不可不察。'因在經筵言西漢災異事，檜甚惡之，謫守邵州。"⑤ 面對秦檜的"立朝須優游委曲"的威脅，張九成堅持己見，甚至被貶亦在所不惜，足見其慎獨處身不是空談。而謫居南安期間，張九成曰："君子惟義所在，雖處污辱，未始不榮。若求以全名，則必墮詭僞，往往先自受辱矣。"⑥ 其本自對"中必無憂"之體認而安之若素的豁達胸襟卓然可見。

　　張九成在確立"天人一心，本無彼此"的理論基調後，提倡用心於内，並通過"克己"説、"三省"説與"慎獨"説，對修養過程中主體如何實現精神境界的升華、境界升華後的外在表現以及如何應事接物等問題，皆進行詳細的論述。並且，其修養三説互爲表裏，從内在精神的

① （宋）朱熹：《張無垢中庸解》，《朱子全書》第 24 册，第 3476 頁。
② （宋）朱熹：《張無垢中庸解》，《朱子全書》第 24 册，第 3477 頁。
③ （宋）朱熹：《張無垢中庸解》，《朱子全書》第 24 册，第 3480 頁。
④ （宋）朱熹：《張無垢中庸解》，《朱子全書》第 24 册，第 3482 頁。
⑤ （元）《宋史》卷三百七十四"張九成傳"，第 11578~11579 頁。
⑥ （清）黄宗羲著，（清）全祖望補修，陳金生、梁運華點校《宋元學案》卷四十"横浦學案"，第 1306 頁。

修養到精神的外在表現再到日用間之處事接物，內外兼修，體用兼備，形成了一個完整而系統的理學體系。

三 納釋於儒，自成己說：張九成理學體系建構的特點及意義

張九成"天人一心，本無彼此"的理學立論，認爲天理和人心没有彼此之分，天理存於人心中，此心即是天理。而修養的目的在於通過静心持敬以及克己、三省、慎獨等路徑而實現精神境界的升華，最終進入聖人境界。簡而言之，其理論是由心即理，其理論核心是通過修養實現境界的提升。

（一）會得天理以升華境界：張九成納釋於儒的表現

張九成之理學體系的建構，有著明顯的禪學印記，有明確將禪學理論用於儒學義理闡發的自覺意識。《釋氏稽古略》載：

> 九成謂前輩搢紳所立過人，伊洛名儒所造精妙，皆由悟心，因是參學究竟。初謁大通之嗣寶印禪師楚明，見佛日杲禪師於徑山，明悟心要，窮元盡性。至是辛酉年，佛日重其悟入，特爲上堂，引神臂弓以言之。是時軍國邊事，方議神臂弓之用，右相秦檜以爲譏議朝政，五月民佛日竄衡州，貶九成南安軍。九成謫居十四年，寓横浦僧舍，談經著書，皆學者之未聞。其《心傳録》曰："六經皆妙法也，然言者，道之賛，六經其賛道哉？囿於經則賛矣。"又曰："世間無非幻，人處幻中不知萬古紛紛，喜怒愛惡從何而起，以爲本有，則物不形；以爲本無，不可責之。如木石其間能自覺者，又是認幻爲覺。覺即幻也，無幻則不覺，因覺知幻，覺自不可著。况於喜怒愛惡之情乎，况於功名富貴之塵乎？"①

從以上文獻來看，張九成與禪學淵源甚深。而其關於伊洛名儒學問

高妙皆由悟心的見地，也成爲張氏參禪問道的動因。《居士分燈録》中
所載則更爲明確地彰顯了張九成借禪釋儒的思路："未幾留蘇氏館，一
夕如廁，因思惻隱之心乃仁之端，忽聞蛙鳴，豁然契悟，不覺自舉云：
'如何是祖師西來意？庭前柏樹子。'不覺大笑，汗下被體，述偈曰：
'春天月夜一聲蛙，撞破乾坤共一家。正恁麽時誰會得，嶺頭脚痛有玄
沙。'"①張九成思索惻隱之心仁之端時，聞蛙鳴而有得，並將這種體悟
與禪門著名典故"庭前柏樹子"相提並論。張九成之意，乃謂祖師西來
是爲傳授衆生覺悟解脱之道，而覺悟之道即是無思無慮用自我本心自在
自爲地生活，如同庭前柏樹一樣順四時而生長，無思無慮本真地存在。
體味儒者之道亦是如此，人生而具有惻隱之心，達聖人境界的方式即本
自自我初心，自然而然、滅除私欲、無思無慮地生活。其偈之意即"天
人一心，本無彼此"，自然界任何生命都是本真存在的，欲明瞭此理須
反求諸己，而不是矻矻窮年，向外探索。張九成的禪學造詣獲得了當時
禪門尊宿大慧宗杲的認可，其以"神臂弓"喻之："神臂弓一發，透過
千重甲。仔細拈來看，當甚臭皮韈。"②大慧宗杲讚九成思維敏捷，能破
除所有悟道之理障，猶如神臂弓能穿透重甲。於別人而言是"千重甲"
的悟道理障，於九成而言却是"臭皮韈"。其以"神臂弓"之敏捷思維，
破"臭皮韈"之悟道理障，當輕而易舉。其後，大慧宗杲教導九成曰：
"左右既得把柄入手，開導之際，當改頭換面，隨宜説法，使殊途同歸，
則住世、出世間，兩無遺憾矣。"③

張九成在致力於禪學而有所得之後，也確實將禪學思維方式引入儒
學的闡發中，其在《少儀論》中認爲佛禪學説在修養過程中的"反求諸
己"階段，即體驗喜怒哀樂未發之"中"的階段有與儒學相通者：

　　釋氏疑近之矣，然止於此而不進，以其乍脱人欲之營營而入天
理之大，其樂無涯，遂認廓然無物者爲極致。是故以堯舜禹湯文武
之功業爲塵垢，以父子君臣夫婦長幼爲贅疣，以天地日月春夏秋冬
爲夢幻，離天人，絶本末，决内外，竛竮無偶，其視臣弑君、子弑

① （明）朱時恩輯《居士分燈録》，《卍新纂續藏經》第 86 册，第 604 頁中。
② （明）朱時恩輯《居士分燈録》，《卍新纂續藏經》第 86 册，第 605 頁上。
③ （清）黄宗羲著，（清）全祖望補修《宋元學案》卷四十"横浦學案"，第 1317 頁。

父、兵革擾攘、歲時荒歉皆其門外事，枯槁索寞，無滋潤之氣，如
秋冬之時，萬木凋落，離暌敗絕，無復有婆娑庇覆之狀。又烏知夫
"冠者五六人，童子六七人，浴乎沂，風乎舞雩，詠而歸之"氣象也
乎？殆將滅五常、絕三綱，有孤高之絕體，無敷榮之大用，此其所
以得罪於聖人也。[1]

張九成雖是批評佛禪學者割裂體用，以心無所著爲極致，但是亦肯
定了佛禪學說在滅除人欲方面的理論貢獻。不同的是，張九成認爲儒者
之道，在滅除人欲後，還應以會得天理之心參與現實生活，以此心應事
接物，廣大之日新之從而達到"風乎舞雩"的聖人和樂境界。《橫浦心
傳錄》亦載其論佛學之語："佛氏說到身心皆空處爲上義，當孔子告顏
子以'一日克己復禮天下歸仁'，此是甚境界！或云其愚，或云坐忘，
而不知斯人物我都無了，如何擬議得。"[2] 張九成此處即認爲"克己復禮
天下歸仁"與佛教"身心皆空"是同一境界，而這也暗含了張氏援佛入
儒的思路。

從以上張九成對禪學的參悟與接受來看，張九成一方面接受了禪學
消除種種思慮而尋得自我本心的修養方式，即滅除私欲、私心；另一方
面將儒學修養過程看作一種精神境界的提升，是主體在認知上實現飛
躍，脫胎換骨進入了另一個更高的精神境界。對禪學理論的接受，影響
了張九成"天人一心，本無彼此"的"心即理"的理學立論，亦影響了
張九成對通過修養而實現境界升華的過程的理解。

（二）從朱熹對張九成的批判看橫浦心學的意義

張九成之理學體系簡而言之就是"心即理"，因此黃宗羲認爲橫浦
心學是"陸學之先"，而稍後於張九成的朱熹亦評之曰："子韶一轉而爲
陸子靜。"皆指出了張九成理學思想的特點。而朱熹對張九成理學的批
判，則從另一个方面彰顯了張九成理學的時代意義。

如前所述，張九成一方面提出"心即理"，認爲"天人一心，本無

---

① （宋）張九成：《橫浦集》卷五，《景印文淵閣四庫全書》第 1138 冊，第 320 頁下~321 頁上。
② （宋）于恕輯《無垢先生橫浦心傳錄》卷上，《四庫全書存目叢書》子部第 83 冊，第 187
頁上。

彼此”，另一方面指出修養過程是通過滅除私心私欲而實現境界的升華。
朱熹對此進行批判，《朱子語類》載：

> 實初見先生，先生問：“前此所見如何？”對以“欲察見私心”
> 云云。因舉張無垢“人心道心”解云：“精者深入而不已，一者專致
> 而無二，亦自有力。”曰：“人心、道心且要分別得界限分明，彼所
> 謂‘深入’者，若不察見，將入從何處去？”實曰：“人心者，喜怒
> 哀樂之已發。未發者，道心也。”曰：“然則已發者不謂之道心乎？”
> 實曰：“了翁言：‘人心即道心，道心即人心。’”曰：“然則人心何以
> 謂之‘危’，道心何以謂之‘微’？”實曰：“未發隱於內，故微。發
> 不中節，故危。是以聖人欲其精一，求合夫中。”曰：“不然。程子
> 曰：‘人心，人欲也。道心，天理也。’所謂人心者，是氣血和合做
> 成，嗜欲之類，皆從此出，故危。道心是本來稟受得仁義禮智之
> 心。聖人以此二者對待而言，正欲其察之精而守之一也。察之精，
> 則兩個界限分明；專一守著一個道心，不令人欲得以干犯。譬如一
> 物，判作兩片，便知得一個好，一個惡。堯舜所以授受之妙，不過
> 如此。”①

　　朱熹認爲修養主體的心性包含“人心”“道心”，修養之要乃在於分
別“人心”與“道心”，然後克制代表私欲的“人心”，專一持守代表
“天理”的“道心”。“天命之謂性，率性之謂道”，由此便能下學上達，
臻於天人合一之境界。朱熹基於其學術立場，對張九成“心即理”的立
論基點予以了駁斥。
　　張九成釋《中庸》曰：“格物致知之學，內而一念，外而萬事，無
不窮其終始，窮而又窮，以至於極盡之地，人欲都盡，一旦廓然，則
性善昭昭無可疑矣。”②此一段話將張九成“心即理”的理學核心理念及
修養之要展現無遺，而朱熹也駁之甚屬：“格物之學，二先生以來，諸
君子論之備矣。張氏之云，乃釋氏看話之法，非聖賢之遺旨也。呂舍

---

① （宋）黎靖德編，王星賢點校《朱子語類》卷七十八，第 2017~2018 頁。
② （宋）朱熹：《張無垢中庸解》，《朱子全書》第 24 册，第 3486 頁。

人《大學解》所論格物正與此同，愚亦已爲之辨矣。"①又在駁斥呂希哲《大學解》時說："致知格物，《大學》之端，始學之事也。一物格，則一知至，其功有漸，積久貫通，然後胸中判然，不疑所行，而意誠心正矣。然則所致之知固有淺深，豈遽以爲與堯舜同者，一旦忽然而見之也哉？此殆釋氏'一聞千悟''一超直入'之虛談，非聖門明善誠身之實務也。"②張九成"一旦廓然，則性善昭昭"與呂希哲"一旦忽然而見之"，即是論述修養過程中主體認知層次提升所促成的精神境界的升華。朱熹駁斥張九成，是因爲朱熹洞察了張九成學說與陸九淵"心學"的內在一致，正如侯外廬等人所言："朱熹對張九成的批駁，或他們間的對立，是宋代理學惟心主義内部的分歧和對立。"③

張九成的理學學說，代表了自二程以來向内探求，強調主體意識的一個方向，故張九成學說在當時影響頗大。陳亮在《與應仲實》中云："近世張給事學佛有見，晚從楊龜山學，自謂能悟其非、駕其説以鼓天下之學者靡然從之。家置其書，人習其法，幾纏縛膠固，雖世之所謂高明之士，往往溺於其中而不能以自出，其爲人心之害，何止於戰國之楊墨也。"④從陳亮"家置其書，人習其法"的描述來看，張九成之學說在當時流傳甚廣。而時人對九成之學也給予了充分的肯定，如陳振孫曰："無垢諸經解，大抵援引詳博，文義瀾翻，似乎少簡嚴而務欲開廣後學之見聞，使不墮於淺狹，故讀之者亦往往有得焉。"⑤充分肯定了張九成學說廣博而又自成體系的一面。四庫館臣也對橫浦學說給予了充分的肯定："史稱其早與學佛者游，故議論多偏，然根柢精邃，實卓然不愧爲大儒。"⑥

第二節　精識高標，意與物遇
——張九成道論影響下的詩歌創作論探析

張九成理學思想的一大特點是極爲重視主體的身體力行，強調將理

---

① （宋）朱熹:《張無垢中庸解》,《朱子全書》第 24 册，第 3486 頁。
② （宋）朱熹:《張無垢中庸解》,《朱子全書》第 24 册，第 3493 頁。
③ 侯外廬等:《宋明理學史》,第 316 頁。
④ （宋）陳亮:《龍川文集》卷十九,《叢書集成初編》本，第 220 頁。
⑤ （宋）陳振孫:《直齋書錄解題》卷二,上海古籍出版社,1987,第 31 頁。
⑥ （宋）張九成:《橫浦集》之四庫館臣案語,《景印文淵閣四庫全書》第 1138 册，第 293 頁下。

論的探求落實到具體的修養工夫中，其在《客觀余〈孝經傳〉感而有作》中寫道："如何臻至理，當從踐履論。"① 在《題晁無咎學說》中寫道："學不貴於言語，要須力於踐履。踐履到者其味長，乃盡見聖人用處。古之人所以優入聖域者，蓋自此路入也。"② 而本章第一節所論之"克己"說、"三省"說、"慎獨"說都是對身體力行的具體論述。這種對自我踐行的強調，使張九成的理學探求體現在了其思想的各個方面，亦對其詩歌理論及具體的詩歌創作影響甚巨，使其詩歌理論及創作呈現出鮮明的特點。

張九成現存的《橫浦集》《橫浦心傳録》《橫浦日新》中論及詩歌創作處甚多，涵蓋了對詩歌本質的闡述、對詩歌書寫內容的界定以及對詩歌功能的探討，這三個部分構成了一個相対完整的詩論系統。張九成在吸收同時代江西詩派理論的同時，又本自其理學理論，提出了自己的見解，形成了獨具一格的詩論框架。

一　吟詠性情，準則《詩經》—— 詩歌本質的論述與師法對象的提出

張九成認爲詩歌應是作者性情之正的書寫，《橫浦日新》論詩曰："古人作詩所以吟詠情性，如三百篇是也。後之作者往往務爲艱深之辭，若出於不得已而爲之者，非古人吟詠之意也。"③ 張九成一方面認爲詩歌的本質是對主體性情之正的書寫，《詩經》即是如此；另一方面則從創作論的角度指出，苦心爲"艱深之辭"是不可取的創作態度，因爲這會導致詩歌書寫內容遠離主體之真性情，而淪爲虛假的修飾與言説。因此，張九成認爲詩歌應是主體性情之正的自然流露，不是有意爲文的產物。其在《讀梅聖俞詩》中抨擊後輩之詩時說："後輩亦有作，豈曰不冥搜。雕琢傷正氣，磔裂無全牛。"④ 其在《庚午正月七夜自詠》中亦曰："文不貴雕蟲，詩尤惡鈎摘。粗豪真所畏，機巧非予匹。"⑤

---

① （宋）張九成：《橫浦集》卷一，《景印文淵閣四庫全書》第 1138 册，第 296 頁上。
② （宋）張九成：《題晁無咎學說》，《橫浦集》卷十九，《景印文淵閣四庫全書》第 1138 册，第 430 頁上。
③ （宋）于恕輯《橫浦日新》，《四庫全書存目叢書》子部第 83 册，第 252 頁上。
④ （宋）張九成：《橫浦集》卷一，《景印文淵閣四庫全書》第 1138 册，第 298 頁上。
⑤ （宋）張九成：《橫浦集》卷一，《景印文淵閣四庫全書》第 1138 册，第 299 頁下。

在對雕琢之創作方式提出批評的同時，張九成又以《詩經》爲藻鑒前人詩歌的標準，彰顯了其師法《詩經》的主張。張九成在評價陶淵明詩時曰："文字雕琢則傷正氣，作詩亦然。如陶靖節云：'采菊東籬下，悠然見南山''山氣日夕佳，飛鳥相與還。此中有真意，欲辯已忘言。'此真得三百篇之遺意。"① 其讚王粲曰："王仲宣贈蔡篤有'瞻望遐路，允企伊佇'，又有'雖則追慕，予思罔宣。瞻望東路，慘愴增歎'之語，又有'中心孔悼，涕泗漣洏。嗟爾君子，如何勿思'之語，大有變風之思，雜之《衛》詩中，何有不可。"② 又讚劉楨曰："劉公幹《贈從弟》二詩，興寄幽雅，有國風餘法。"③ 在論及前人詩作之失時，張九成亦以《詩經》爲標準："宣遠詠張子房詩有'息肩纏民思，靈集鑒未光。伊人感伐工，聿來扶興王。'又曰：'爵仇建蕭宰，定都護儲皇。'又曰：'鑾旌歷頹寢，飭象薦嘉賞。'又曰：'飧和忘微遠，延首詠太康。'此等詩句，皆刻畫，殊無三百篇風致。"④ 張九成所舉詩句皆生澀拗口，與之前所舉之陶淵明詩、劉楨詩之文從字順大相徑庭。而張九成關於學詩有得的論述則從正面昭示了其師法《詩經》的事實："予友施彥執讀杜詩，至'風吹客衣日杲杲，樹攪離思花冥冥'而有得。予讀毛詩，至'絺兮綌兮，淒其以風'而有得。"⑤ 張氏學詩有得肯定不只是從這一句詩悟入，但其將友人學杜詩有得與自己學《詩經》有得進行對比，正彰顯了其多師法《詩經》的事實。

不難看出，張九成認爲詩歌應是主體性情之正的自然流露，應以《詩經》爲師法對象，文從字順。

二　踐行孝悌，强調力學——詩歌書寫内容的界定及其與詩歌境界關係的論説

主體流露的性情之正是如何，即詩歌的書寫内容應爲何物，張九成從理學思想的角度對此進行了界定。他認爲性情之正應是主體悟得儒

---

① （宋）于恕輯《橫浦日新》，《四庫全書存目叢書》子部第 83 册，第 253 頁上。
② （宋）于恕輯《橫浦日新》，《四庫全書存目叢書》子部第 83 册，第 252 頁下。
③ （宋）于恕輯《橫浦日新》，《四庫全書存目叢書》子部第 83 册，第 252 頁下。
④ （宋）于恕輯《橫浦日新》，《四庫全書存目叢書》子部第 83 册，第 252 頁下。《文選》卷二十一作"息肩纏民思，靈鑒集朱光。伊人感代工，聿來扶興王"。"鑾旌歷頹寢，飾象薦嘉賞"。
⑤ （宋）于恕輯《橫浦日新》，《四庫全書存目叢書》子部第 83 册，第 253 頁上。

學至理之後的外在表現。其在《客觀余〈孝經傳〉感而有作》中寫道："如何臻至理，當從踐履論。跋涉經險阻，沖冒恤寒溫。孝弟作選鋒，道德嚴中軍。仰觀精俯察，萬象入見聞。不勞施斧鑿，筆下生煙雲。"① 張九成認爲詩歌應是"至理"的外在表現，而如何臻於"至理"之境，則應是從孝悌等倫理觀念的切實踐行做起。臻於"至理"，則無意爲文而文自妙，即"不勞施斧鑿，筆下生煙雲"。在《讀梅聖俞詩》中，張九成在抨擊後學之詩失於雕琢的同時，亦指出了後輩詩人之所以不能達到梅堯臣之高度，也在於他們未能達"理"："堙鬱暗大理，矜誇墮輕浮。"② 其在《祭呂居仁舍人》中寫道："聖學不傳，何啻千載。吟哦風月，組織文字。轉相祖述，謂此極致。正心修身，不復掛齒。孰如我公，師友淵源。文以宣之，詩以詠之。"③ 張九成稱讚呂本中詩文是其高妙精神境界的外在表現，而其高妙精神境界則是通過理學正心修身等修養工夫達到的。張九成這一觀點在《書呂秀才文後》中闡述得最爲詳細：

　　文之難久矣，而子之用意不苟，則是欲工其文也。然工其文而不工其意，則固無取於其文。有人焉濡筆布楮，握管下注，以俟喙之出，意迫句窘，則又耳聽目劖以幸其成、求其所謂，則牽合散斷，脈絡不貫，枝分體異，且欲收拾以爲一物得於自者，未有不竊笑爲戲，此病於工文者之過也。今吾子方且修於身孝於家而得稱於宗族鄉黨，則是子工於意者密矣。工於意者密，則惟意所寓。凡詳復而溫醇，畏內而舒外者，吾知其得於身也；氣和而下，禮曲而緩者，吾知其得於家也；不必而不失，不揚而不墜，不潔而不污，以自適其適者，則知其得於宗族鄉黨也。是以言不求備而自備，其體昭然。如世之用物可以長久而不廢，則古人所謂"行有餘力可以學文"者亦以兹歟。文而不爲用於世則已，果爲世之用也，則用之者必知之，知之者必好之矣。求惟知者之好，則無廢其工。故身也、家也、宗

---

① （宋）張九成：《橫浦集》卷一《景印文淵閣四庫全書》第 1138 册，第 296 頁上。
② （宋）張九成：《橫浦集》卷一，《景印文淵閣四庫全書》第 1138 册，第 298 頁上。
③ （宋）張九成：《橫浦集》卷二十，《景印文淵閣四庫全書》第 1138 册，第 433 頁上。

族鄉黨也，可以曲盡其意焉，而吾知惟子之好者必巫矣。①

　　張九成認爲欲工文必先工其意，而工其意則應首先做到"修於身""孝於家""稱於宗族鄉黨"，即切實踐行孝悌等倫理觀念。通過這種長時間踐行，主體自然會氣質莊重平和、舉止和緩閒雅、操守正直而從容於中道，故發之爲言則必然迥於流俗而高妙典雅。總之，性情之正應是主體內在修養充盈的必然結果，是體味到儒者之道而能踐行不渝的崇高操守。

　　如何會得"至理"而達到性情之正？除了於日常生活中踐行忠信孝悌等倫理觀念外，張九成還從文道合一的角度，指出了文道相長的規律，注重讀書治學與會得"至理"、從容中道的相互促進作用。《橫浦心傳錄》載："或問：'學文者多矜，學道者多退，理歟？'曰：'文至退處，學方有趣，不獨道也。然文外又安得別有個道？'"②體現了張氏文道合一的見解。所以謫居南安時，張九成攜冊讀書，終日不輟，其曾自述道："予老居煙瘴，親故相絕，賴有文字爲樂。"③《橫浦心傳錄》亦載："或問：'先生每日耽看文字朝夕忘倦，寢食俱廢，頗近乎癖矣。'先生曰：'使無味亦何必看？吾每看文字但覺其中有味，故所以忘其他。'"④張九成極爲重視讀書對於精神修養的重要作用，對讀書方式論述甚多。《橫浦日新》"涵詠"條曰："文字有眼目處，當涵詠之，使書味存於胸中，則益矣。韓子曰：'沈浸醲鬱、含英咀華。'正謂此也。"⑤《橫浦日新》"論語"條曰："凡讀《論語》，當涵詠其言，然後有味。"⑥張九成所謂"涵詠"即是強調在反復閱讀中，獲得獨特的體悟與見解，這樣才能實現對古人之意的更好理解，進而促進自我修養。故而，張九成強調貫穿博取而又有自我見地。其《孟子傳》卷三《梁惠王章句下》曰："學者之觀聖王不當泥於一語，局於一說，當取先王之書貫穿博取而讀之，

---

① （宋）于恕輯《橫浦日新》，《四庫全書存目叢書》子部第83冊，第207頁下~208頁上。
② （宋）于恕輯《無垢先生橫浦心傳錄》卷中，《四庫全書存目叢書》子部第83冊，第193頁上。
③ （宋）于恕輯《無垢先生橫浦心傳錄》卷下，《四庫全書存目叢書》子部第83冊，第220頁上。
④ （宋）于恕輯《無垢先生橫浦心傳錄》卷中，《四庫全書存目叢書》子部第83冊，第192頁上。
⑤ （宋）于恕輯《橫浦日新》，《四庫全書存目叢書》子部第83冊，第249頁上。
⑥ （宋）于恕輯《橫浦日新》，《四庫全書存目叢書》子部第83冊，第240頁上。

必合於人情乃已。"① 張氏所謂 "必合於人情" 即是強調讀者從自我角度出發，在讀書中得出自我見解。《橫浦心傳錄》卷中曰："或問：'觀文字如何觀？'先生曰：'先自家於所觀事理中具一見，不可隨其語去，恐古人亦有見不盡處，亦有用意深處，意在語外，則不為語奪。'"② 亦是強調讀書貴在能有所得。讀書有所得能實現認識上的提升，從而促進修身，由此亦能使文章議論迥異於俗人。《橫浦日新》論觀史之法："如看唐朝事，則若身預其中，人主情性如何，所命相如何，當時在朝士大夫，孰為君子，孰為小人；其處事，孰為當，孰為否，皆令胸次曉然，可以口講而指畫，則機會圓熟，他日臨事必過人矣。凡前古可喜可愕之事，皆當蓄之於心，以此發之筆下，則文章不為空言矣。"③《橫浦日新》"文集" 條亦曰：

> 書猶麴蘖，學者猶秫稻，秫稻必得麴蘖，則酒醴可成，不然，雖有秫稻，無所用之。今所讀之書，有其文雄深者，有其文典雅者，有富麗者，有俊逸者，合是數者，雜然列於胸中而咀嚼之，猶以麴蘖和秫稻也。醞釀既久，則凡發於文章，形於議論，必自然秀絶過人矣。故經史之外，百家文集，不可不觀也。④

因此，讀書當反復涵詠，貴在能獲得自我獨特體悟。這樣不但能實現認識的飛躍、境界的提升，亦能使主體於創作中體現出識見的高妙、學養的豐富，由此使創作達到較高的層次。

張九成《悼呂居仁舍人》詩曰："精識高標不世才，泉臺一掩悵難回。詞源斷是詩書力，句法端從踐履來。西掖北門聊爾耳，春風秋月亦悠哉。問君身後遺何物，只有窗間水一杯。"⑤ 此詩集中稱讚了呂本中的文學成就，首聯開門見山，稱讚呂本中 "精識高標" 的崇高人格難得一遇，頷聯、頸聯分別從 "精識""高標" 兩個方面說明呂本中文學境界

---

① （宋）張九成：《孟子傳》卷三，《景印文淵閣四庫全書》第 196 冊，第 259 頁。
② （宋）于恕輯《無垢先生橫浦心傳錄》卷中，《四庫全書存目叢書》子部第 83 冊，第 192 頁上。
③ （宋）于恕輯《橫浦日新》，《四庫全書存目叢書》子部第 83 冊，第 251 頁上。
④ （宋）于恕輯《橫浦日新》，《四庫全書存目叢書》子部第 83 冊，第 240 頁下。
⑤ （宋）張九成：《橫浦集》卷四，《景印文淵閣四庫全書》第 1138 冊，第 316 頁下。

高妙之所自。"詞源斷是詩書力"明確指出呂本中的讀書治學造就了其
"精識"，使其文學創作"詞源"廣大，氣局開闊。而"西掖北門""春
風秋月"則代指廟堂與江湖，張九成用"聊爾耳""亦悠哉"讚美呂本
中不以富貴爲喜、不以處窮爲憂的高妙人格境界，即"高標"。呂本中
的"精識高標"即是其文學境界高妙的緣由。此詩雖是對呂本中的稱
讚，亦是張九成詩論的一次集中展現，惟有做到"精識高標"，方能詩
文秀絶。強調讀書治學之方式即是爲達"精識"，注重踐行倫理觀念即
是爲臻"高標"境地。

　　張九成從主體內在修養的角度，對如何實現詩歌創作境界的高妙進
行了詳細的論説，認爲讀書治學、踐行倫理觀念則能使主體性情歸之於
正，從而使詩歌書寫內容合乎儒道要求，使詩歌境界高妙典雅。

三　意與物遇，詩以詠之——詩歌創作手法的探求

　　在根据理學義理界定了性情之正後，張九成亦對性情之正如何書寫
進行了論述。張九成認爲性情之正的書寫不應是單純的直陳，不應是蒼
白的説教，而應是"文以宣之，詩以詠之"，即應遵循文學創作的規律，
用文學的方式表現主體明瞭儒者之道而實現性情之正的精神氣象。《橫
浦心傳錄》載：

　　　　淵明云："雲無心以出岫，鳥倦飛而知還"，子美云："水流心
　　不競，雲在意俱遲。"若淵明與子美相易其語，則識者往往以謂子
　　美不及淵明矣。觀其"雲無心""鳥倦飛"則可知其本意。至於水
　　流而心不競，雲在而意俱遲，則與物初無間斷，氣更渾淪，難輕
　　議也。[1]

　　張九成認爲此一聯杜詩優於陶淵明句，理由在於陶淵明"雲無
心""鳥倦飛"過於彰顯主體心迹，有著爲表露心迹而刻畫的痕迹。而
杜詩則更好地做到了自我精神與外在景物的融合無間，水流雲飛極爲

---

[1]　（宋）于恕輯《無垢先生橫浦心傳錄》卷中，《四庫全書存目叢書》子部第 83 册，第 203 頁
　　上 ~203 頁下。

貼切地象徵了作者内心的閒暇自得、無拘無束，外在景物完美地融合在了對自我精神的書寫中，達到了表現自我精神與刻畫外界景物的圓融一體，即“渾淪”境界。所以，杜詩此句是意與物遇、自然生成的，故而優於陶淵明句。主體本自性情之正，應事接物時遇物感發，則詩歌自然就此生成。張九成認爲如此方是佳作。其在回憶友人刁文叔的一段文字中，表述了這一觀點：“每憶與刁文叔夏夜清坐僧室，風竹泠泠然有聲，遂詠前人避暑詩。文叔笑云：‘詩在言外，意與物遇，則詩已形於吾前。’予不覺失笑，時此趣最難得。予觀其言詩，論及言外趣，真有作者風味，又何必於言語間求之？”① 作詩欲臻高妙之境，關鍵在於把握瞬間的感觸，將主體精神集中地展現出來，即表現出“作者風味”。在與吕本中論詩時，張九成亦將此一主張貫穿其中：“嘗見吕居仁論詩，每句中須有一兩字響，響字乃妙指。如‘身輕一鳥過’‘飛燕受風斜’，‘過’字、‘受’字皆一句中響字也。某平生不能作詩，每讀白樂天詩便自意明，但不費力處便佳耳。嘗舉以告居仁，云：‘不費力極難，用意到者自知。’”② 文中所謂“不費力”即是對主體平和淡然精神與物相遇之瞬間感觸的書寫，也就是之前所言之“意與物遇”，自然生成。

　　值得注意的是，張九成所强調的意與物遇、自然生成，是以主體學養豐厚、境界高邁爲基礎的，是建立在讀書治學、修養明理的基礎上的。故而，張九成對讀書精博與作詩之關係的論述頗爲細緻，《橫浦心傳錄》載：

　　　　或問：“山谷《與王觀復書》云：詩文雖興寄高遠，而語言生硬不諧音律，或詞氣不逮初造意時，此特讀書未精博耳。”或曰：“謂今人往往讀書雖精博，而於詩詞多不諧音律，或詞氣不逮初造意者，此病又在何處？”先生曰：“學能通倫類者少，須是達理便自得趣。不然精博自精博，於詩全不幹事。穎悟者雖不甚讀書，下語便自可

---

① （宋）于恕輯《無垢先生橫浦心傳録》卷上，《四庫全書存目叢書》子部第 83 册，第 170 頁上。
② （宋）于恕輯《無垢先生橫浦心傳録》卷上，《四庫全書存目叢書》子部第 83 册，第 171 頁下 ~172 頁上。

喜。又不知山谷當時所見以此理推之否？"①

　　張九成針對門人的發問，認爲有人讀書精博却不長於詩詞創作，原因在於未能"通倫類"，即未能"達理"。張九成是批評此等人讀書則單純讀書，作詩便單純作詩，未能打通二者之壁壘。反之，如欲讀書精博且詩詞高妙，則應讀書治學提升精神境界，再於詩詞創作中將自我精神自然而然地表現出來。簡言之，即捕捉自我通過理學修養而達到的精神境界在應事接物時的瞬間感觸，將其以詩文創作的形式表現出來。《橫浦心傳錄》中另一則資料則更爲明顯地體現出了張九成這一思路："先生讀子美'野色更無山隔斷，山光直與水相通'，已而歡曰：'子美此詩非特爲山光野色。凡悟一道理透徹處，往往境界皆如此也。'"②杜甫此聯詩句本是描寫客觀景物，張九成則用"作者之心爲必然，讀者之心未必不然"的闡釋方式，將其看作理事無礙後通脫心境遇物感發的瞬間感受。意與物遇、自然生成的詩論，既能實現詩歌表現主體"明道"後之精神，又能爲詩歌注入豐富的哲理意蘊，使其平易自然却味之不盡。張九成此一觀點，在品評前代詩人作品時亦有流露："《文選》謝宣遠《戲馬臺》詩造語雖工，然不及建安七子有正氣矣。如'輕霞冠秋日，迅商薄清穹'豈曰不工，何如子建云'明月澄清景，列宿正參差'。"③同爲寫舉目所見之天空，《戲馬臺》用字考究，却造成了氣骨偏弱的缺陷，而曹植詩直書寓目所見，却氣局開闊，剛健有力。張九成認爲曹植詩之剛健在於"正氣"存於胸中，不難看出張九成強調意與物遇要以高妙人格境界爲基礎的詩論特點。

　　在強調本自自我理學修養而捕捉意與物遇之瞬間感觸的同時，張九成亦對具體的創作手法進行了探討。張九成認爲詩歌應表現事物情態以及主體自我之精神，而不是再現。《橫浦心傳錄》載："吾友施彦執工於詩，一日見其賦柳有'春風兩岸客來往，紅日一川鶯去留'，不見柳而柳自在其中，語亦工矣。而刁文叔《賦春時旅中一絶》有：'來時江梅

---

①　（宋）于恕輯《無垢先生橫浦心傳錄》卷上，《四庫全書存目叢書》子部第 83 册，第 174 頁下。

②　（宋）于恕輯《無垢先生橫浦心傳錄》卷上，《四庫全書存目叢書》子部第 83 册，第 168 頁上。仇兆鰲《杜詩詳注》"補注卷上"作"天光直與水相通"。

③　（宋）于恕輯《橫浦日新》，《四庫全書存目叢書》子部第 83 册，第 252 頁上～252 頁下。

散玉蕊，歸去麰麥如人深。桃花只解逗顏色，惟有垂楊知客心。'致思尤遠，不止工也。"① 張九成所舉之施彥執詩，雖未直接書寫柳之情態，却通過"客來往"必折柳，"鶯去留"必駐柳，引出賦岸畔之柳婀娜之意。而他所舉刁文叔詩，則通過游子在外所見四時景物的變化來引出人在羈旅身心疲憊的慨歎。二詩皆是通過景物描寫而表現出所詠之物的情態和主體的心境，這種表現手法的運用使詩歌含蓄蘊藉、情致搖曳，避免了直陳式的再現手法所造成的筋骨太露的缺陷。而其評吕本中詩亦是著眼於詩句表現手法的準確："《春日即事》云：'雪消池館初春後，人倚欄杆未暮時。'此自可入畫。人之情意、物之容態，二句盡之。"② 張九成評杜詩曰："'色侵書帙浄，陰過酒尊凉'，讀此二句不問，已知爲竹詩，子美過人，正以此爾。"③ 杜詩通過描寫詩人於竹陰下讀書、飲酒的愜意，來表現竹之情態，張评正著眼於此。張九成所提倡的此種詩歌手法，類似於惠洪《冷齋夜話》所言之"詩言其用不言其名"：

> 用事琢句，妙在言其用不言其名耳。此法惟荆公、東坡、山谷三老知之。荆公曰："含風鴨緑鱗鱗起，弄日鵝黄嫋嫋垂。"此言水、柳之用，而不言水、柳之名也。東坡《别子由》詩："猶勝相逢不相識，形容變盡語音存。"此用事而不言其名也。山谷曰："管城子無食肉相，孔方兄有絶交書。"又曰："語言少味無阿堵，冰雪相看有此君。"又曰："眼見人情如格五，心知世事等朝三。"④

惠洪所推崇的"言其用不言其名"，實質上是强調語言叙述方式上的改變，如惠洪所引之詩句，在所要表達的內容並無新奇，但言説方式的新變化却可給讀者造成語言上的强烈衝擊感。

---

① （宋）于恕輯《無垢先生橫浦心傳録》卷上，《四庫全書存目叢書》子部第83册，第170頁上。

② （宋）于恕輯《橫浦日新》，《四庫全書存目叢書》子部第83册，第248頁上。祝商書箋注《吕本中詩集箋注》作"人倚欄杆欲暮時"。

③ （宋）于恕輯《橫浦日新》，《四庫全書存目叢書》子部第83册，第248頁上。杜詩各本均作"色侵書帙晚"。

④ （宋）惠洪：《冷齋夜話》，《稀見本宋人詩話四種》本，江蘇古籍出版社，2002，第43頁。高克勤點校《王荆文公詩箋注》作"合風鴨緑鄰鄰起"。黄寶華點校《山谷詩集注》作"心知外物等朝三"。

　　總之，在詩歌創作手法上，張九成注重詩歌創作的規律，提倡用意與物遇、自然生成的方式，書寫創作主體遇物感發的瞬間感觸。張九成秉承了蘇軾、黃庭堅等元祐文人所重視的讀書精博對詩歌創作的重要性的觀點，同時又有所開拓。張氏本自其理學思想，將讀書精博看作提升精神境界的必要手段，精神境界的提升與自然生成的創作態度相結合，則主體之高邁精神必然滲透詩歌創作，則其詩必爲佳作。同時，張九成又接受了文苑的詩學理論，主張運用表現的手法來書寫主體通過理學修養所達到的精神境界在應事接物時的瞬間感觸。朱熹曰："張子韶文字，沛然猶有氣，開口見心，索性説出，使人皆知。"[1]朱熹所云之"開口見心"即是張九成自然生成詩論在具體創作中的體現，朱熹之語可謂準確概括了張九成文論指導下的創作特點。

　　張九成對詩歌創作手法的探索與其對詩歌本質的論述，以及對詩歌書寫内容的界定、對詩歌書寫内容與詩歌境界關係的論説結合在一起，構成了一個完整的理論系統。張氏之詩學理論不僅有著界定詩歌書寫内容、強調主體精神修養的理學印記，亦吸收了文苑的詩學理論，體現出兼容並包的特點，是南宋初儒林文苑合流程度加深的一個縮影。

第三節　和順積中，英華發外
——張九成道論影響下的詩歌創作考察

　　張九成在建構理學體系的同時，亦從文道合一的角度對詩歌本質及創作方式進行了詳細的論述。張九成將貫注著理學思想的詩學理論行諸實踐，亦使其詩歌創作在師法對象與題材選擇上呈現了自我之特色。同時，張九成長期謫居的人生經歷與其詩論及理學思想結合在一起，又使其文學書寫及詩化表達呈現了崇高壯美與悠然和樂相融無間的藝術特點。

一　遠紹《詩經》，近宗東坡：師法對象與題材選擇之關係

　　如前所述，《橫浦日新》載張九成論詩多以《詩經》爲標準，張九成自述其學詩有得亦始於對《詩經》"絺兮綌兮，淒其以風"的玩味，

---

[1]　（宋）黎靖德編，王星賢點校《朱子語類》卷一百三十九，第3316頁。

凡此皆彰顯了張氏遠紹《詩經》的詩學旨趣。此外,《橫浦日新》載張九成所評論之詩歌中,五言古詩十一首,七言律詩二首,五言律詩一首。同時,張九成文集中存詩四卷,其中五言古詩三卷,五言、七言律詩及絕句一卷。從中不難看出張九成對五言古體的重視,張九成對五言古體的熱衷,既與其遠紹《詩經》的詩學旨趣息息相關,又有其宗法元祐詩歌的因子在內。

　　詩歌究其本質是詩人情感的外在表現,是情動於中而形於外的產物。對此古人論之頗詳,《毛詩序》云:"詩者,志之所之也,在心爲志,發言爲詩。"① 孔穎達在《毛詩正義》中作了進一步的闡釋:"詩者,人志意之所之適也,雖有所適,猶未發口,蘊藏在心,謂之爲志,發見於言,乃名爲詩。言作詩者,所以舒心志憤懣,而卒成於歌詠。"② 二者皆指出了古代詩歌自產生之日起即具有的闡述自我心志的功用。《詩經》中既有如孔子所言可以興觀群怨的詩篇,亦有以表述自我心意爲目的的作品,如《王風·葛藟》:"綿綿葛藟,在河之滸。終遠兄弟,謂他人父。謂他人父,亦莫我顧。綿綿葛藟,在河之涘。終遠兄弟,謂他人母。謂他人母,亦莫我有。綿綿葛藟,在河之漘。終遠兄弟,謂他人昆。謂他人昆,亦莫我聞。"③ 又如《邶風·北門》:"自出北門,憂心殷殷。終窶且貧,莫知我艱。已焉哉!天實爲之,謂之何哉!王事適我,政事一埤益我。我入自外,室人交遍謫我。已焉哉!天實爲之,謂之何哉!王事敦我,政事一埤遺我。我入自外,室人交遍摧我。已焉哉!天實爲之,謂之何哉!"④ 再如《邶風·柏舟》:"泛彼柏舟,亦泛其流。耿耿不寐,如有隱憂。微我無酒,以敖以游。……日居月諸,胡迭而微?心之憂矣,如匪澣衣。靜言思之,不能奮飛。"⑤ 此三首詩皆是詩人心志的表白。張九成自覺意識頗爲强烈的儒者立場,使其對《詩經》頗爲重視,並將《詩經》作爲藻鑒前人詩歌的標準,觀其《橫浦日新》"詩"條即可得知。對《詩經》的重視與極度的熟悉,不可避免地使張九成極爲重視詩歌抒寫自我心志以實現心境平和的功用。而使張氏學詩有得的

---

① (漢)毛亨撰,(漢)鄭玄箋,(唐)孔穎達疏,龔抗雲等整理《毛詩正義》,北京大學出版社,1999,第 7 頁。
② (漢)毛亨撰,(漢)鄭玄箋,(唐)孔穎達疏,龔抗雲等整理《毛詩正義》,第 7 頁。
③ 程俊英、蔣見元:《詩經注析》,中華書局,1991,第 209 頁。
④ 程俊英、蔣見元:《詩經注析》,第 110 頁。
⑤ 程俊英、蔣見元:《詩經注析》,第 60 頁。

"絺兮綌兮，淒其以風"出自《詩經·邶風·綠衣》，亦是獨白性質較爲顯著的一首詩。所以張九成極爲重視詩歌表白心志的作用，十分重視詩歌通過書寫心志以使心境歸於平和的功用。

在宋代詩學背景下，詩人所探討的煉字、對偶、用事等大多是針對律詩創作而言的。這些因素與律詩本身固有的格律及用韻限制，使詩人的創作自由度相比於古體詩要低。與律詩相比，古體詩更容易實現心志表白的功用。同時，五言古體詩與七言詩相比更接近《詩經》的表述方式。因此，五言古體成爲張九成所偏好之詩歌形式。

與此同時，張九成受政治迫害、身居貶所的人生經歷，亦使其常於詩歌中表白心志，以此來緩解因貶謫而産生之心理壓力，並以此來堅定信念。張九成謫居橫浦二十餘年，居所的僻遠造成了其交游面的縮小。《竹軒記》云："子張子謫居大庾，借僧居數椽，閱七年即東窗種竹數竿，爲讀書之所，因牓之曰竹軒。客有見而問焉曰：'恥之於人大矣！今子不審出處，罔擇交游，致清議之靡容，紛彈射而痛詆，朋友擯絕，親戚包羞，遠竄荒陬，瘴癘之所侵，蛇虺之與鄰。謂子屏絕杜門，蔬食没齒，髡頭囁舌以祈哀於朝廷，而抱病於老死。不是之務，乃種植墾藝，造立名字，將磅礴偃息，自適於萬物之外，知恥者固如是乎？'"[①]張九成通過虛擬之客的發問，形象地描述了自己謫居橫浦時交游斷絕、翛然獨處的生活狀態。《橫浦心傳録》亦載張九成謫居南安時自述："予平生性又不喜游，然終日閉户，倚柱著書度日。"[②]長年謫居貶所交游斷絕的生活狀態，導致張九成表白心志的詠懷之作較多。尚永亮先生在分析柳宗元詩歌中古近體詩所占比重不同的成因時指出："古體詩是獨白方式的最佳載體。與近體詩相比，古體詩無嚴格的格律限制，無須過度的雕琢刻畫，詩體可長可短，自由靈活，最便於抒發深沉、複雜的思想感情。……換言之，過於短小的近體詩難以承載子厚極複雜豐富的感情鬱積，而其對形式格律的多般講求也必然會構成痛苦情緒直接抒發的某種障礙。於是，選擇較少形式限制的古體，自説自話，抒懷寫心，藉以減輕精神的苦悶，遂使得古體與獨白在這一層面針芥無違地吻合到了一起。"[③]尚先生對柳宗元的論述同樣適用於張九成。貶謫的經歷造成了其

---

① （宋）張九成:《橫浦集》卷十七，《景印文淵閣四庫全書》第 1138 册，第 411 頁上 ~411 頁下。
② （宋）于恕輯《無垢先生橫浦心傳録》卷上，《四庫全書存目叢書》子部第 83 册，第 184 頁下。
③ 尚永亮:《柳宗元古近體詩與表述類型之關聯及其創作動因》，載《文學遺産》2011 年第 3 期。

交游面的急劇縮小，情感的淤積則使張九成極爲重視詩歌抒發心志的功用。遠紹《詩經》的詩學旨趣，則又造成了張九成崇古的詩學特點。這些因素綜合在一起，遂使張九成詩歌出現了五言古體詩占壓倒性比重的情況。

除此之外，張九成推崇蘇軾，學習蘇軾古體詩亦是其偏重五言古體創作的一個原因。與當時理學家對蘇軾之學頗多批評不同，張九成對蘇軾之學問人品極爲推崇，甚至在其《尚書》研究中直接援引蘇軾之論，如在論《胤征》時稱讚蘇軾曰："東坡按《史記》及《春秋》傳晉魏絳、吳伍員所說，以見征義和出於羿擅國政之時，非仲康之意，其說詳明，信不誣矣。……讀書如東坡之見，可謂過人矣。"[①] 張九成之論《尚書》，引蘇軾之說有數十條之多，而引程頤、張載之說僅各一條，而其他諸儒之說則未明確引用，由此不難看出張九成對蘇軾的推崇。相同的貶謫經歷，使張九成對蘇軾的理解更深一層。蘇軾詩歌數量衆多，各體兼備，尤其擅長古體創作。張九成對蘇軾詩歌的學習，亦集中在對蘇軾古體詩的學習接受上，具體的表現即是對蘇軾詩歌的次韻追和。張九成《橫浦集》中存有張氏次韻東坡之作六首：《魯直上東坡古風坡和之因次其韻》二首、《讀東坡謫居三適輒次其韻》三首、《讀東坡疊嶂圖有感因次其韻》一首。除此之外，張九成現存集中並無追和他人之作，由此可以看出張氏對蘇軾的傾心與追慕，亦可以見出張氏對蘇軾詩歌的關注較多體現在了古體詩上。

綜上所述，張九成的貶謫經歷造成了其詩歌更加傾向於自我表白，而遠紹《詩經》的詩學旨趣則使其表現出了崇古的詩學追求，更使其詩歌創作偏重於五言古詩。同時，張九成對於蘇軾詩歌的推崇與學習集中在五言古詩上，這也是張九成詩歌偏重五言古體的一個重要因素。

二　道立神昌，素志不改：謫居心迹及自我砥礪的文學書寫

尚永亮先生在分析中唐元和貶謫詩人的執著意識與超越意識時指出："這兩種意識的共同點在於二者都表現出一種主體自我拯救的意向，都賦予人以源於苦難而超拔於苦難的自我提升、自我净化的力量，二者的不同之處在於執著型詩人對那幕導致自己被貶的政治悲劇始終耿耿於

---

① （宋）張九成：《橫浦集》卷六，《景印文淵閣四庫全書》第 1138 册，第 330 頁下 ~331 頁上。

懷，對自己堅持並爲之奮鬥過的理想信念始終難以棄置，對道德人格和
孤懷獨標的志節始終堅定地持守；而超越型詩人雖未放棄理想、改變志
節，但始終都有一種對志節、理想的消解因素，流露出一種‘憂喜心忘
便是禪’的超然意緒，藉以追求一種藝術化的自由人格境界。”[①] 張九成
在面對貶謫時表現出了素志不改而又追求自由超越的特點，一方面堅守
自我人格精神，始終不曾折腰於權貴；另一方面本自其理學修養，從中
找到孤懷獨標的道德與理論依據，力圖實現對當下苦難的超越。這與
宋型文化特點有關，更與張九成的理學修養有直接的關係。關於前者，
《橫浦心傳錄》載：

> 解潛太尉貶南安，臨訣之前越一日，焚香寂臥，令人來請，若
> 有所言者，因往省之，曰：“太尉平日所懷莫有不足者否？”解公遂
> 屏左右，垂淚云：“某平生惟仗忠義，誓與虜死以雪國恥，以不肯議
> 和遂爲秦公斥遠，此心惟天知之。”因謂之曰：“無愧此心足矣，何
> 必令人知？然人有不知者，事有真僞遲速耳。”解公云：“聞侍郎此
> 言，心下豁然。某今即去矣。”奄然而逝。予以謂武夫悍卒，其一念
> 正氣，尤盤礴不下，以待人訣，況吾儕讀聖賢書，安可以平日不正
> 此心？此與朝聞道夕死何異？[②]

　　張九成對解潛雖被遠斥而不改抗金主張的氣節給予了極高的評價，
認爲這與孔子所謂“朝聞道夕死可矣”無異。張九成對解潛的評價實則
亦是砥礪自我不改素志、堅持人格操守的一種表現。在堅守人格精神、
不改志節的同時，張九成沒有終日戚戚然不獲安居，也沒有一味沉浸在
被貶的傷痛中無法自拔，而是從理學修養中尋找精神寄託，用孔顏樂處
的體味來化解當下的困境。《橫浦心傳錄》載：

> 或問：“先生手執一紙扇過數夏，破即補之。一皮履污蔽闕裂，

---

① 尚永亮：《貶謫文化與貶謫文學：以中唐元和五大詩人之貶及其創作爲中心》之“自序”，蘭州
　大學出版社，2003，第6頁。
② （宋）于恕輯《無垢先生橫浦心傳錄》卷上，《四庫全書存目叢書》子部第83册，第171頁
　上~171頁下。

亦不易。頭上烏巾，用紗不過一二尺許，乃以疏布漬以墨汁作巾，至夏間裹之，或至墨汁流面，亦不問。筆用秃筆，紙用故紙。以至衣服飲食，皆不揀擇，粗惡尤甚。人乍見者，必以爲不情，而先生處之，平生不改，此是性邪？抑愛惜不肯妄用邪？若使愛惜，亦不應如此弊陋，深所未曉。"先生曰："汝且道我用心每日在甚處？若一一去頭至足理會此形骸，却費了多少工夫！我不被他使，且要我使他。此等語，須是學道之士、修行老僧方説得。入世人往往以我爲鄙吝，以我爲鄙陋，以我爲迂僻。我見世人役役，然爲此身所擾，自早至夜，應副他不暇，特可爲發一笑耳。"①

　　張九成謫居南安時不因居處的僻遠而心生嗟歎，反而更加儉樸。其能如此，則是本自其理學認識，專注於内在精神的修養，忽視外在生活的窘迫和個人際遇的坎坷。這正是張九成對其"君子惟義所在，雖處污辱，未始不榮"②之理學觀念的切身踐行。

　　張九成本自其理學修養，既堅守自我獨立不懼之人格精神，又力圖超越當下苦難。這使其詩歌中有頗多内容是書寫其信而見疑、忠而被謗，但内心淡然平和、素志不改的人格精神。謫居横浦九年時，張九成所作之《有感》，即是其中代表：

　　　　日月不知久，優游蕭寺居。臘月三十日，方驚歲又除。如此度九年，終朝樂有餘。後圃剩寒菜，水南多美魚。飯罷亦何爲，北窗工讀書。興來或意倦，玉軸時卷舒。旁人多失笑，謂我何迂疏。巍然王公門，胡不曳長裾？③

　　張九成運用獨白手法，在平易自然的訴説中，盡數列舉自己謫居生活閒暇無事、隨興讀書的樂趣。但其作結處通過別人嘲笑其不知權變，

────────────

① （宋）于恕輯《無垢先生横浦心傳録》卷中，《四庫全書存目叢書》子部第83册，第195頁上。
② （清）黃宗羲著，（清）全祖望補修，陳金生、梁運華點校《宋元學案》卷四十"横浦學案"，第1306頁。
③ （宋）張九成：《横浦集》卷二，《景印文淵閣四庫全書》第1138册，第303頁下。

不能干謁王公得以回朝的叙述，不僅從反面表達了對當時士大夫奔競之風的不滿與不屑，亦將其兀傲高邁之精神與獨立不懼之氣象現於言外，揮灑無餘。而其《和施彥執懷姚進道葉先覺韻》詩則在回應友人寄贈詩作之時，從正面表述了自我矢志不渝的情懷：

> 西湖十里山，春風一杯酒。兹興良不淺，何日落吾手。我讀君和詩，襟期一何厚。同生上下宇，共閱古今宙。死生何足云，餘年付美酎。佩印還故鄉，衣錦眩春晝。一時正兒嬉，千歲墮塵垢。所以賢達人，中懷元有守。試看窗日中，野馬互奔驟。區區竟何成，尚誇舌在口。宿習猶未除，新詩漫懷舊。環顧天地間，四海惟三友。兩老雖未死，二妙已先踣。生者豈其巧，死者亦非謬。君如悟斯契，萬事可懷袖。銅錢自如山，金印自如斗。只今定何在，腐骨久已朽。籬菊師淵明，庭草悲王胄。彼已升層霄，此猶鑿戶牖。浩歌君其聆，相看都皓首。①

全詩章法謹然，首先用"西湖十里山，春風一杯酒"稱讚施彥執之詩作摹物細緻，將西湖美景以及金榜題名之快意往事再現於文字之中。而後在稱讚友人襟懷高邁能照破死生之根的同時，又反復言説功名利祿乃身外之物，定會隨著時光流逝而湮没無聞。其在勸説友人當"中懷元有守"的同時，亦砥礪自我當專注於内在精神的修養，任他人爭名逐利，得如山金錢，佩如斗金印，而自己却以道德的完善爲旨歸，如此方能超越流俗，任歲月流逝而此心如如。

如前所述，張九成的詩歌有明顯的表述心志的獨白傾向。戴偉華先生認爲："獨白詩的産生與詩人的性格和際遇有相當大的聯繫。獨白詩常常産生於詩人情緒震蕩、心靈躁動不安之時，他們以詩爲手段，抒寫内心的痛楚，堅定自我人格的信心，表達對時局的擔憂和對政治的評價。"② 戴先生又總結獨白詩多以組詩形式出現，張九成亦是如此。其詩歌獨白的内容則在保持上述特點的同時，更爲集中地表現在了言説謫居

---

① （宋）張九成：《横浦集》卷二，《景印文淵閣四庫全書》第 1138 册，第 304 頁上。
② 戴偉華：《獨白：中國詩歌的一種表現形態》，載《中國社會科學》2003 年第 3 期。

時素志不改之心迹以及砥礪自我的表達上，其《擬古》組詩則回環往復
地表達了自己雖連遭貶斥，但不改素志的心迹。試以其《擬古》組詩其
一、其二、其五、其九爲例：

> 平居自相樂，忽焉成別離。君居天之南，我墮海之涯。四海豈
> 不大，非君誰我知。狡兔營三窟，鷦鷯安一枝。勿云千里遠，相見
> 無遲緩。精誠儻可通，指日日猶反。毋爲浪相思，我老尚能飯。①

> 天矯山頂松，蔥蒨門前柳。高低邈不同，日日滿窗牖。窮通端
> 似之，盡入乾坤手。願爲深閨女，勿學商人婦。閨女老彌貞，商婦
> 多失守。②

> 余生本無用，頹然落澗阿。饑食山頂薇，寒編松上蘿。豈敢怨
> 明時，貧賤固其宜。原憲樂窮巷，屈平愁深陂。度量何相越，道在
> 胡速遲。屈子則已矣，原子有餘輝。③

> 山色翠接藍，杯中酒如玉。飲酒彈瑶琴，漫奏流水曲。音微澹
> 無味，弦緩軫不促。不須苦求知，古人有遺躅。推琴一長嘯，清風
> 振吾屋。④

　　張九成《擬古》組詩其一，敍述了自己信而見疑、遠謫他方的個人
際遇，又寫友人與自己同爲天涯淪落人的境況。其雖以"毋爲浪相思，
我老尚能飯"寬解自己因被貶而生之苦悶憂愁，但强作豁達的情緒却隱
然可見。組詩其二，張九成運用興寄手法，砥礪自我當老而彌堅，堅守
正道，不改初心。組詩其五，張九成認爲屈原度量較原憲爲不及，其忠
而被謗後一味沉於哀怨不能自拔，不能認識到以道爲依歸則必可無憂的
道理，不若原憲之抱道而居，不以貧賤爲意。在人格精神塑造上師法對
象的選擇，昭示了詩人通過内在修養而超越當下苦難的意圖。而組詩其
九，張九成描寫居所山水的清幽可人、援琴飲酒的閒暇自得，作結處之

---

① （宋）張九成：《横浦集》卷二，《景印文淵閣四庫全書》第 1138 册，第 304 頁下。
② （宋）張九成：《横浦集》卷二，《景印文淵閣四庫全書》第 1138 册，第 304 頁下。
③ （宋）張九成：《横浦集》卷二，《景印文淵閣四庫全書》第 1138 册，第 305 頁上。
④ （宋）張九成：《横浦集》卷二，《景印文淵閣四庫全書》第 1138 册，第 305 頁下。

"推琴一長嘯，清風振吾屋"則將其灑脫之襟韻、超越之精神表現無餘。從組詩的意脈來看，張九成將自己從貶謫初期的强作豁達，到不改素志而又超越貶謫苦難的心路歷程，用詩歌以獨白的形式記錄了下來。平易自然、明白如話的文字與不改素志、砥礪自我的情懷結合在一起，使其組詩呈現了能以主體內在精神感動讀者的藝術風貌。

除此之外，張九成不改素志、孤懷獨標的情懷還往往以興寄的手法表現出來，《橫浦心傳録》載張九成見盆中石菖蒲所賦之詩：

> 清姿水石間，相得不可無。如人飽道義，其色長敷腴。不受塵土覆，自與人世殊。我何愛軒冕，冒昧名利途。聖人惡潔身，名士多自污。理亦顧其可，未應如此拘。往往不知者，假此爲穿窬。吾方存胸中，未敢執一隅。姑從吾所好，誰能復改圖。不若歸去來，無愧石上蒲。①

張九成見盆中石菖蒲之清姿搖曳，遂思及士之品行當高標獨樹、超越流俗，因而賦詩。其認爲士大夫當以道義爲行爲準則，不可索隱行怪般自污，亦不可違背道義而爭名逐利。惟有如此，方能造就高妙之人格境界，如石菖蒲般清潔脫俗。其《菖蒲》《十二月二十四夜賦梅花》二詩亦是如此，詩曰：

> 石盆養寒翠，六月如三冬。勿云數寸碧，意若千丈松。勁節凌孤竹，虬根蟠老龍。傲霜滋正氣，泣露眩春容。座有江湖趣，眼無塵土蹤。終朝澹相對，澆我磊磈胸。②

> 我來嶺下已七年，梅花日日鬥清妍。詩才有限思無盡，空把花枝歎晚煙。頗怪此花嵐瘴裏，獨抱高潔何娟娟。苦如靈均佩蘭芷，遠如元亮當醉眠。真香秀色看不足，雪花冰霰相後先。平生明明復皦皦，一嗅霜蕊知其天。固安冷落甘蠻蜑，不務輕舉巢神仙。他年若許中原

---

① （宋）于恕輯《無垢先生橫浦心傳録》卷上，《四庫全書存目叢書》子部第83冊，第169頁下。
② （宋）張九成：《橫浦集》卷一，《景印文淵閣四庫全書》第1138冊，第298頁上~298頁下。

去，攜汝同往西湖邊。更尋和靖廟何許，相與澹泊春風前。①

前詩亦是詠菖蒲，張九成此處用菖蒲之清節來砥礪自我當堅持操守、不改初心。後詩則通過對盛開於瘴癘之地梅花的詠讚，道出了詩人即使長居瘴癘之地，亦不改素志的兀傲、高尚情懷。

張九成運用興寄手法書寫不改素志之情懷的詩作，往往著眼於所詠之物的特性與高邁人格精神的內在相通，將詠物歸結到自我精神的書寫中，並通過這種書寫砥礪自我堅守正道，通過文學的書寫化解內心鬱結之情緒，冀以此實現心態的平和，超越當下的苦難。

總之，長年居於貶所的經歷，使張九成慣常於詩歌中書寫自己不改初心、抱道而居、堅守正道的胸襟情懷。貶所交游的稀少又使其書寫多以獨白與興寄詠懷的形式呈現。在自說自話的表述中，張九成本自理學修養不改素志而又能超越當下的人格境界完整地展現在了詩歌中，從而使其詩歌平易自然、不加雕飾而又氣韻崇高、味之不盡。

三 心閒氣正，吟風弄月：超越情懷與理學精神的詩化表達

理學修養的目的是使主體具備崇高超越的人生境界，實現主體與社會、自然的和諧共存，故而其導向的是主體平和悠游、自在淡然的精神體現。張九成的理學修養使其對此人生境界有著明確的追尋意識，而貶謫經歷則從另一個方面加劇了張九成通過"孔顏樂處"的和樂體驗，來超越當下苦難的意識。此外，張九成"心即理"的理學思想，使其極為關注自我內心狀態，他有著明確的通過內在修養以實現外在超越的意識。這些因素綜合在一起，遂使張九成詩歌呈現出心閒氣正的從容和吟風弄月的灑脫。

張九成長期謫居邵陽、南安，交游的稀少和喜好獨處的性格使其屏絕杜門，終日倚柱著書，《竹軒記》一文即記載了其生活的境況。然而，貶所清幽的山水卻在其出城時呈現於眼前，以江山之助的形式為詩人提供了詩材，使其詩歌風格秀麗、筆觸清新，以其《正月二十日出城》《二十六日復出城》《十二日出城見隔江茅舍可愛》三詩為例：

　　春風驅我出，騎馬到江頭。出門日已暮，獨游無獻酬。江山多

---

① （宋）張九成：《橫浦集》卷二，《景印文淵閣四庫全書》第 1138 冊，第 302 頁上 ~302 頁下。

景物，春色滿汀洲。隔岸花繞屋，斜陽明戍樓。人家漸成聚，炊煙天際浮。日落霧亦起，群山定在不。江柳故撩人，紫帽不肯休。風流乃如此，一笑忘百憂。隨行亦有酒，無地可遲留。聊寫我心耳，長歌思悠悠。①

杜門不肯出，既出不忍歸。借問胡爲爾，江山棲落暉。濯濯漱寒玉，青青入煙霏。柳色明沙岸，花枝作四圍。玉塔天外小，漁舟雲際微。興遠俗情斷，心閒人事稀。我本江湖人，誤落市朝機。計拙物多忤，身臞道則肥。所以此勝概，一見不我違。吟餘尚多思，白鳥背人飛。②

茅屋臨江上，四面惟柴荆。綠陰繞籬落，窗几一以明。門前灘水急，日與白鷗盟。不知何隱士，居此復何營。朝來四山碧，晚際沙鳥鳴。棋聲度竹靜，江深琴調清。終攜一尊酒，造門相對傾。心期羲皇上，安用知姓名。③

第一首詩，張九成首敘日暮獨自出游，接著寫沿途所見景物之清新可人：野花環繞中的茅屋，斜陽輝映下的戍樓。信馬而行，人家漸多，嬝嬝炊煙與日暮叢林所生之薄霧交織在一起，使遠處之群山若隱若現。驅馬前行時，垂楊枝條撫帽而過，撩人心意。觀此景物，則百憂可忘，縱使此處乃爲貶所，亦可以對酒當歌，悠游度日。第二首詩亦是寫出城所見，開篇詩人即言說杜門不出，若出游則必爲清新景物所牽引而不忍歸家。接著張九成寫觸目所見，近處青青翠竹聳入煙霏，楊柳之綠色輝映著白色沙岸，柳樹之下繁花錦簇，一派生機盎然之景。遠處玉塔矗立，天際漁舟蕩漾。當此之時，張九成筆鋒一轉，轉而自述對過往人生的反思，發出了"我本江湖人，誤落市朝機"的慨歎，而"計拙物多忤"所造成的遠謫此處的現實，却使自己"身臞道則肥"，於儒者之道的體會上精進良多，所以能見此勝景而内心生出淡然之欣悦。最後則以江畔獨吟目送白鳥遠去之詩人形象的塑造收尾，將創作主體超越當下而

---

① （宋）張九成：《橫浦集》卷一，《景印文淵閣四庫全書》第 1138 册，第 296 頁下。
② （宋）張九成：《橫浦集》卷一，《景印文淵閣四庫全書》第 1138 册，第 297 頁上。
③ （宋）張九成：《橫浦集》卷一，《景印文淵閣四庫全書》第 1138 册，第 297 頁上。

悠游裕如的心境現於言外，此開放式的結尾增强了詩歌語言的張力，給
人以無限之思。第三首詩則通過對想像中隱士形象與生活的書寫，表述
了詩人渴望於此歸隱的情懷。遠謫之處變爲了詩人理想生活的居所，其
人生境界的超越高邁與心境的坦然平和由此可見。

在書寫自己身居貶所却能本自豁達胸襟悠游自在吟風弄月的同時，
張九成亦以清壯高邁的風格呈現身居貶所時的超越心境。此類詩歌中，
主體心閒氣正的襟韻與不同流俗的高邁結合在一起，比一般詩人對閒適
生活的書寫更多了些嶙峋之風骨與浩然之正氣。以《辛未閏四月即事》
其五，《擬歸田園》其三、其四爲例：

> 種槿已五載，入門幽徑深。拒霜偶然植，亦解成清陰。晚凉新
> 浴罷，松風披我襟。終日岸巾坐，闃無人見尋。浩然媚幽獨，發興
> 付瑶琴。①

> 所居極幽深，事簡人迹稀。乘興或登山，興盡輒復歸。芝术足
> 吾糧，薜蘿富吾衣。一生澹無營，百事不我違。②

> 不必效沮溺，聊與世相娛。荒山無鄰里，人煙在村墟。所以近
> 城市，幽處卜吾居。門前草三徑，堂下柳五株。雖無羊酪羹，簞瓢
> 亦晏如。在我儻知足，清貧樂有餘。子雲作甘泉，相如賦子虛。嗟
> 我懶此學，篋中一字無。③

第一首詩，詩人無人見尋而絲毫沒有孤獨寂寞之感，其與木槿爲
伴，松風披襟，援琴賦曲，"君子以獨立不懼，遁世無悶"的詩人形象
躍然紙上。雖是對謫居閒暇生活的書寫，但亦彰顯了張九成遭貶謫而不
願隨時變易的氣節。《擬歸田園》其三，詩人雖身居貶所，却認爲此處
衣食富足，因此能"一生澹無營，百事不我違"。這種對閒暇情懷的書
寫，實則暗含了作者雖被遠斥而素志不改的兀傲情懷。《擬歸田園》其
四，詩人雖居僻遠之地，但能本自其儒學修養，簞食瓢飲，安貧樂道，
而不願爲司馬相如、揚雄之輩，以阿諛之文邀人主之歡顏。其兀傲獨立

---

① （宋）張九成：《橫浦集》卷二，《景印文淵閣四庫全書》第 1138 册，第 303 頁上。
② （宋）張九成：《橫浦集》卷三，《景印文淵閣四庫全書》第 1138 册，第 309 頁上。
③ （宋）張九成：《橫浦集》卷三，《景印文淵閣四庫全書》第 1138 册，第 309 頁上。

之人格精神以及超越流俗之高潔品格注入詩篇，使其詩作呈現出心閒氣正的氣韻。

張九成"意與物遇"的詩論觀亦使其在隨意揮灑的詩篇中體現了心閒氣正的風貌，《橫浦心傳錄》載：

> 寄處南安寶戒寺院，終日閉門著書，未始輒出。一日策杖到院門，秋深，芙蓉兩行，紅翠相映，照耀目光，遂成一絕："苦無人事擾閒居，贏得終年學著書。今日欣然出門去，秋風吹意滿芙蕖。"①

貶謫生活雖造成了交游稀少的境況，却使自己在儒學修養上進展頗大，而儒學修養的精進又使自己實現了對當下現實的超越。詩人出門見到秋日盛開之芙蕖所感到的心神清爽，正是其超越精神移情於外物觀照中的表現。此類詩篇在張九成《橫浦集》中極爲普遍，如其《秋晴》《聞桂香》：

> 秋空極清快，偶值數日陰。造物果何意，成此三日霖。晚來風色轉，天邊露遙岑。無言若有得，古人知我心。②
> 清晨未盥櫛，桂香遮秋風。不知此花意，何爲惱衰翁。舉頭復何有，燕雁書晴空。景物如此好，誰云吾道窮。③

前詩乃詩人秋日見風起雨停、晴空終現而作，作結之"無言若有得，古人知我心"則與蘇軾的"雲散月明誰點綴，天容海色本澄清"意蘊相似，乃謂清者自清，如同天空終會轉晴一般，彰顯了張九成雖被貶謫而不改初心的高潔操守。後詩乃對聞桂香之瞬間感觸的捕捉，秋風襲裾，桂香入鼻，矯首遠望，南去之鴻雁飛過晴空。身處此地，悠游終日，無人事之紛擾，更得每日欣賞如此勝景，可見吾道不窮，是爲"景物如此好，誰云吾道窮"。從中不難看出，子韶超越貶謫苦難的豁達胸

---

① （宋）于恕輯《無垢先生橫浦心傳錄》卷上，《四庫全書存目叢書》子部第 83 册，第 168 頁下 ~169 頁上。
② （宋）張九成：《橫浦集》卷三，《景印文淵閣四庫全書》第 1138 册，第 308 頁上。
③ （宋）張九成：《橫浦集》卷三，《景印文淵閣四庫全書》第 1138 册，第 308 頁下。

襟與自得心境。

張九成詩歌雖以五言古體爲主，但其超越精神與“意與物遇”詩論的結合，却使其絶句因能捕捉到閒居生活之自得自在的瞬間感觸而意蘊悠長。其《午睡》與《夏日即事》三首曰：

> 深杏小桃暄午畫，游絲飛絮攪長空。覺來一枕軒窗静，燕子雙雙西又東。①
>
> 寂寂柴門可設羅，惟餘柳色許相過。重簾半卷鳥聲樂，閒看爐煙篆髻螺。
>
> 心瑩是非都不入，神清魂夢亦無多。年來借問生何似，梅雨寒塘颭露荷。
>
> 萱草榴花照眼明，冰廳水閣晚風清。蕭然終日無人到，簾外時聞下子聲。②

其絶句或寫午睡醒來時所見之游絲、飛燕，或寫静坐時入目之嬝嬝爐煙、入耳之清脆鳥聲，或寫觀雨打荷葉之所思，或寫聽簾外落棋聲之所感，皆是以“意與物遇”的創作方式書寫超越自得之精神，而其信筆直書、不加雕飾的創作方式，不但是其自然生成詩論的具体踐行，亦更好地表現出了其内心的自得與超越。

張九成雖連遭貶謫，但其理學修養却使其通過精神境界的提升，實現了對貶謫之苦難的超越。張氏的這種精神境界的提升與其“意與物遇”詩論相結合，遂使其詩歌呈現了慣常表現主體心閒氣正之高邁氣韻的特點。張九成對此種情懷的書寫，不但使其達到了舒緩情緒、平和心境的目的，亦使其詩歌在平易自然、不加雕飾的同時，具有了意蘊悠長、味之不盡的風貌。

綜上所述，張九成的理學修養使其呈現了遠紹《詩經》、近宗東坡的詩學旨趣，這使其詩論有著明顯的崇古特點，具體表現即是强調詩作的平易自然，這使得張九成詩歌在題材選擇上偏好古體。此外，長年的

---

① （宋）張九成：《横浦集》卷四，《景印文淵閣四庫全書》第 1138 册，第 317 頁下。
② （宋）張九成：《横浦集》卷四，《景印文淵閣四庫全書》第 1138 册，第 318 頁下。

貶謫經歷，使其交游稀少，獨處之時較多，造就了張氏詩歌獨白特點較
爲鮮明的情況，而五言古體用韻較寬、篇幅可長可短較爲自由的特點則
適合了獨白性較强之詩歌的表述，故而張九成詩歌呈現了五言古體占壓
倒性優勢的題材選擇。而張九成詩歌獨白的内容則因其理學修養和人生
經歷，大體可以分爲兩類：一爲書寫其道立神昌、素志不改的心迹以自
我砥礪；二爲書寫其心閒氣正、吟風弄月的超越情懷。二者皆是以表現
其人格精神爲主，又是其"意與物遇"詩論的具體踐行，這造就了張九
成詩歌清壯超越與悠然和樂相融無間、平易自然與韻味悠長並行不悖的
藝術風貌。

第三編
江西宗派之儒學視域下的詩學研究

第一章　江西宗派儒學體系與其詩論概説

　　江西宗派之得名，源自呂本中所做《江西宗派圖》，但後世學者逐漸以"江西詩社""江西詩派"來概稱之，這在標明其文學特徵的同時，亦遮蔽了其作爲"宗派"的部分意義。[①]呂本中援引禪宗之"宗派"組織，以之概稱山谷後學，一方面彰顯了此流派與其他文學流派的區別，賦予了其獨特的特徵；另一方面則含有將"宗派"之求精神安頓、個體解脱與文學創作建立聯繫之意。考宗派中人之學術淵源，大多出入儒釋，如呂本中祖父乃呂希哲，系二程門人，謝逸、謝薖、饒節等皆游於滎陽門下，入"滎陽學案"；曾幾則游於胡安國門下，且有書信與胡安國、胡宏父子論及理學思想。呂本中亦先後與王直方、晁冲之、韓駒、徐俯、曾幾等有密切交往。故而，江西宗派不僅爲一文學流派，實亦與理學關係密切，其學術淵源、知識構成亦體現在了其詩學理論及詩歌創作中。研究江西宗派之著作、論文不計其數，但基於其知識構成的解析，立足於其儒釋淵源，展開對其詩論、詩藝的考察則不多見。故而，本書此處力圖尋繹江西宗派之儒學思想體系，以此展開對其詩學理論、詩歌藝術的考察。

第一節　江西宗派儒學修養的實踐哲學特徵

　　江西詩派往往作爲一個鬆散的文學流派而被納入文學研究的視域，但詩派内諸人如汪革、謝逸、饒節、晁冲之等人皆與呂希哲、呂本中祖孫有密切之往來，呂本中《師友雜志》載："崇寧初，予家宿州，汪信民爲州教授，黎確介然初登科，依妻家孫氏居。饒德操亦客孫氏，每從予家游。""謝無逸因汪信民獻書滎陽公，致師事之禮。且與予父子交。"[②]又："晁冲之叔用……大觀後，予至京師，始與游，相與如兄弟

[①] 本書行文時根據語境需要，"江西宗派""江西詩派""江西詩社"等並用，不拘一種。

[②] （宋）呂本中：《師友雜志》，《呂本中全集》本，第 1078 頁。

也。叔用從兄貫之季—……皆與友善。"① 呂本中又與曾幾、韓駒、徐俯等人有密切交往，且有酬唱詩文留存。故而江西詩派就其内部關係脈絡而言，乃是以呂氏家族爲核心的文人脈絡。《宋元學案》亦將謝逸、謝薖、汪革、饒節等定爲 "滎陽門人"。江西詩派之學術淵源與知識構成不可避免地會在其生命體驗的層面表現出來，即在觀照自我人生及日常生活的層面展現，如欲考察江西詩派之詩學觀念、具體創作，對其學術淵源的探究乃不可回避之環節。

一　實踐哲學：滎陽一系學術發展的向度及其必然

全祖望云："滎陽少年，不名一師。初學于焦千之，盧陵之再傳也。已而學于安定，學于泰山，學于康節，亦嘗學于王介甫，而歸宿于程氏。集益之功，至廣且大。然晚年又學佛，則申公家學未醇之害也。要之，滎陽之可以爲後世師者，終得力于儒。"② 不但指出了呂希哲轉益多師的求學經歷，而且指出了其出入儒釋的學術特點。同時，全祖望從儒學發展的源流梳理角度，認爲呂希哲學術的最終依歸乃是二程理學，其亦是作爲一儒學流派而傳世。而朱熹則基於自我學術立場，一方面指出呂希哲 "《呂公家傳》深有警悟人處，前輩涵養深厚乃如此"；另一方面則對其治學特點及學術傾向進行了批評："其論學殊有病，如云'不主一門，不私一説'，則博而雜矣。如云'直截勁捷，以造聖人'，則約而陋矣。舉此二端，可見其本末之皆病。此所以流於異學而不自知其非邪？"③ 認爲呂希哲在本體和工夫兩方面皆存在問題。朱熹還認爲："程門千言萬語，只要見儒者與釋氏不同處。而呂公學于程氏，意欲直造聖人，盡其平生之力，乃反見得佛與聖人合，豈不背戾之甚哉！"④ 認爲呂希哲混同儒釋，完全背離程頤學説。

後世學者對呂希哲的學術特點概括準確，但皆爲基於静態學術立場對其進行評判，如果將呂希哲置於理學動態的學術發展過程中，則可對其學術發展向度及學術態度有全新的認識。作爲理學的奠基者，二程明確界定了本體及其作用發生之方式。如程顥、程頤以 "天理" 作爲宇

---

① （宋）呂本中：《師友雜志》，《呂本中全集》本，第 1079 頁。
② （清）黄宗羲著，（清）全祖望補修《宋元學案》卷十三 "滎陽學案"，第 902 頁。
③ （宋）朱熹：《答林擇之》，《晦菴先生文集》卷四十三，《朱子全書》本，第 1970 頁。
④ （宋）朱熹：《答林擇之》，《晦菴先生文集》卷四十三，《朱子全書》本，第 1970 頁。

宙最高規律，以之作爲一切實在的最終本性，程顥云："吾學雖有所受，天理二字却是自家體貼出來。"[1] 同時又對"天理"與萬物之關係予以了標示，程顥認爲："《中庸》始言一理，中散爲萬事，末復合爲一理。"[2] 此即爲"理一分殊"，程顥認爲《中庸》篇首"天命之謂性"即開宗明義地講出了"理一"這一概念，後面則是描寫"萬事"，"萬事"皆源於"一理"，後又復歸於"一理"。程頤在回答楊時對《西銘》的疑問時，進一步推演曰："《西銘》明理一而分殊，墨氏則二本而無分。分殊之弊，私間而失仁；無分之罪，兼愛而無義。分立而推理一，以止私勝之流，仁之方也。無別而迷兼愛，以至於無父之極，義之賊也。"[3] 程頤認爲對一切人都應當仁愛，這是"理一"，但根據不同的對象，仁愛要有所差別、差異，這便是"分殊"；"理一"是指道德原則的統一，而"分殊"是指統一的道德原則表現爲不同的道德規範。同時，對於體用關係，程頤亦進行了細緻辨析："至微者，理也；至著者，象也。體用一源，顯微無間。"[4] 理存在於象中，即象識理；象爲理的體現，離理而無象。程頤又認爲："至顯者莫如事，至微者莫如理，而事理一致，微顯一源。古之君子所謂善學者，以其能通於此而已。"[5] 程頤以理作爲支配事物發展變化的最高規律，而事物則是理的表現，理爲體而事爲用，體用是統一的，體存在於用之中，用爲體的表現。在此基礎上，程頤提出了格物窮理和持敬的修養理論，爲後學指明了向上一路。

　　因此，在程頤之後，程門後學如欲光大乃師學說，途徑有二：或沿著其關於體用的論述而展開自我思考，或就其具體的修養理論展開進一步的探究。而呂希哲一系顯然更接近於後者，強調通過實踐證入本體，更爲關注自我精神的安頓與人生境界的提升。呂希哲認爲："祖孔子而宗孟軻，學之正也，苟異於此，皆學之不正也。先致其所知，然後修身，其爲功也易。蓋有知之而不能行者矣，雖然不免爲小人也。先修其身，然後求致其所知，其爲功也難。蓋有強力而行，而所知未至者矣，雖然，不害爲君子也。其所患者，誠身有道，不明乎善，則有流而入於

---

① （宋）程顥、程頤著，王孝魚校點《二程集·河南程氏外書》卷十二，第424頁。
② （宋）程顥、程頤著，王孝魚校點《二程集·河南程氏遺書》卷十四，第140頁。
③ （宋）朱熹撰，（宋）李幼武補《宋名臣言行錄·外集》卷四，《景印文淵閣四庫全書》第449冊，第685頁上。
④ （宋）程頤：《易傳序》，《二程集·河南程氏文集》卷八，第582頁。
⑤ （宋）程顥、程頤著，王孝魚校點《二程集·河南程氏遺書》卷二十五，第323頁。

異端者焉。知譬則目也，行譬則足也。"① 呂希哲首先指出儒學乃"學之正"，言外之意即佛禪老莊等乃異端。在此基礎上，呂希哲對儒學的修養進行了細緻辨析，他認爲先致知而後踐行，則存在知行不合一的情況，產生所謂"不免爲小人"的現象。而先修身，即先從實踐做起，則不存在知行脱離的問題，不害爲君子。但存在因知識瞭解的不足，或許導致境界略低的問題，亦存在因見識低下而流入佛禪異端的可能。呂希哲對知行的關係及孰先孰後的優勢、弊端顯然有著自覺的意識與深入的思考。

在二程高標"天理"本體，且作出"體用一源，顯微無間"的體用關係論斷後，呂希哲認爲"知"的問題顯然不存在，而"行"與"修其身""誠身"的問題顯然是有待實踐的關鍵問題。"修其身"與"誠身"不但是修養主體達到聖人境界必由之路，而且是修養主體通過切身的體驗，驗證"天理"存在、主體達到"渾然與物同體"境界的關鍵。正因如此，呂希哲《呂氏雜記》及呂本中相關著作中基本未見對"天理"内涵的理解之語，亦少見對體用關係的論述，反而有極多對修養方式、治學方式的論述，如呂希哲言："學有本末，循而下之至於末，循而上之至於本。灑掃應對進退，所以涵養浸潤而求至於道也。"② "君子直道而行，正其誼，不謀其利，明其道，不計其功是也。爲學者用力愈久，則愈見其深。"③ 前者強調於日用中踐行儒者之道，後者論述修身中直道而行的重要性。呂本中亦極爲強調實踐，如："後生學問，且須理會《曲禮》、《少儀》、《儀禮》等，學灑掃應對進退之事，及先理會《爾雅》訓詁等文字，然後可以語上，下學而上達，自此脱然有得，自然度越諸子也。不如此，則是躐等、犯分、陵節，終不能成。孰先傳焉，孰後倦焉，不可不察也。"④ 呂本中更爲具體地指出了灑掃應對與讀書治學之具體工夫的重要性。不僅如此，呂本中還指出："知天人一理，無上下内外之殊，然後能作禮樂。威儀升降，聲音節奏，感動人物，皆形容天理而已。'窮神知化'，由通於禮樂，不可誣也。"⑤ 其闡釋程頤學説，認爲作爲修養主體的人，亦是天理的體現，而禮樂制度則是聖人依照人之本

---

① （宋）呂希哲：《呂氏雜記》卷上，《景印文淵閣四庫全書》第 863 册，第 210 頁下。
② （宋）呂希哲：《呂氏雜記》卷上，《景印文淵閣四庫全書》第 863 册，第 209 頁下。
③ （宋）呂希哲：《呂氏雜記》卷上，《景印文淵閣四庫全書》第 863 册，第 210 頁下。
④ （宋）呂本中：《童蒙訓》卷上，《呂本中全集》本，第 984 頁。
⑤ （宋）呂本中：《紫微雜説》，《呂本中全集》本，第 1125 頁。

性而制定，故而通過恪守禮樂制度可以實現對自身蘊含之天理的體現。相對於呂希哲，呂本中明確强調主體的先驗性及其表現，如："孝弟者，人之本心。親生之膝下以養，父母日嚴，孩提之童無不知愛其親者；及其長也，無不知敬其兄也。然則愛親、敬兄之心，心之本如此，無有絲毫偏者，非勉强而爲之也。故聖人因嚴以教敬，因親以教愛，皆因其所固有而導之爾。仁者，身之本體也。孝弟，爲仁之本基而充之爾。"[1] 呂本中認爲仁乃主體先驗性的表現，而躬行孝弟則爲求仁之方。同時呂本中指出："性與天道要在以心聞……天道，即天理也。"[2] '仁，人心也。' 知物己本同，故無私心，無私心故能愛。"[3] 由此，求仁即識得本心的過程，而"天人一理"，"在物謂之理，在人謂之性，在天謂之命。至於命者，言盡天道也"[4]，如此，躬行孝悌、識得本心的求仁就成爲體認天理的具體工夫，呂本中從實踐證入本體的思路可謂彰顯無疑。

　　呂希哲、呂本中對具體修養工夫的闡述無甚獨到之處，亦是當時儒者所强調。但其少談本體，多論工夫，則無疑隱含視天理爲已然不須辨析之本體，他們缺乏對本體的探究興趣，而强調通過實踐工夫證入本體。值得注意的是程顥、程頤不但建構起了理學體系，而且自身的修養亦充盈純粹，《宋史》載："顥資性過人，充養有道，和粹之氣，盎於面背，門人交友從之數十年，亦未嘗見其忿厲之容，遇事優爲，雖當倉卒，不動聲色。"[5] 這正與其"渾然與物同體"之境界的論述相一致，可謂個體境界冥合了其學術觀點、修養理念。因此對後學而言，關於天理與修養工夫的論述，並不等於個人境界，對天理本體與修養工夫的知識瞭解也不等於獲得了精神的安頓。如欲獲得精神安頓、境界提升，必須基於知識瞭解，但又需要實現對知識性瞭解的突破，主體必須跨越語言文字的障礙，直奔生命的形上本體。儒學要解決的問題之一即個體精神的安頓問題，如程顥所言之"某自再見茂叔後，吟風弄月以歸，有'吾與點也'之意"[6]，這顯然具有生命體驗的特徵，如此它就應該將人導向實踐，而非僅僅抽象爲乾癟的概念。這需要通過個體經驗體認的方法而

---

① （宋）呂本中：《紫微雜説》，《呂本中全集》本，第 1118 頁。
② （宋）呂本中：《紫微雜説附録》，《呂本中全集》本，第 1177 頁。
③ （宋）呂本中：《紫微雜説》，《呂本中全集》本，第 1121~1122 頁。
④ （宋）呂本中：《紫微雜説》，《呂本中全集》本，第 1131 頁。
⑤ 《宋史》卷四百二十七，第 12716 頁。
⑥ （宋）程顥、程頤著，王孝魚校點《二程集·河南程氏遺書》卷三，第 59 頁。

達到，它要解決的不是與對象思維有關的知識論的問題，而是在無思無慮的存在境域中，消解一切生命的障蔽，以超邏輯、超理性的方法，直接透過意識層面契入心性本體，是一種生命體驗的工夫。

因此，在二程實現了對本體的界定及體用關係的論述後，儒學朝向實踐哲學的方向發展乃自然而言之趨勢，亦是後學通過實踐證入本體，且實現精神安頓的必然選擇。

二　由工夫證入本體：江西詩派諸人的儒學修養側重

在二程的學術體系中，天理作爲本體，體現在一切事物的存在中，"天理云者，這一箇道理，更有甚窮已？不爲堯存，不爲桀亡。人得之者，故大行不加，窮居不損。這上頭來，更怎生說得存亡加減？是佗元無少欠，百理具備"①。一切事物的存在、發展與變化皆乃天理的體現，天理是最爲可觀的存在，需要主體滅除私意方能實現對天理的體認，故而二程強調"誠"，強調滅除私意："只著一箇私意，便是餒，便是缺了佗浩然之氣處。'誠者物之終始，不誠無物。'這裏缺了佗，則便這裏没這物。浩然之氣又不待外至，是集義所生者。這一箇道理，不爲堯存，不爲桀亡。只是人不到佗這裏，知此便是明善。"②因此，程顥提出了定性說："夫天地之常，以其心普萬物而無心；聖人之常，以其情順萬事而無情。故君子之學，莫若廓然而大公，物來而順應。"③"與其非外而是内，不若内外之兩忘也。兩忘則澄然無事矣。無事則定，定則明，明則尚何物之爲累哉？聖人之喜，以物之當喜；聖人之怒，以物之當怒。是聖人之喜怒，不繫於心而繫於物也。"④陳來先生認爲："這個修養方法繼承了孟子'不動心'的思想，吸取了道家和佛教的心理修養經驗……强調人雖接觸事物，但不執著，不留戀於任何事物，從而使心靈擺脱紛擾而達到自由、平静、安寧的境界，並且始終是動中有定。"⑤程頤則强調涵養未發，"若言存養於喜怒哀樂未發之時，則可；若言求中於喜怒哀樂未發之前，則不可"⑥，"於喜怒哀樂未發之前，更怎生求？只平日涵養

① （宋）程顥、程頤著，王孝魚校點《二程集·河南程氏遺書》卷二上，第31頁。
② （宋）程顥、程頤著，王孝魚校點《二程集·河南程氏遺書》卷二上，第29頁。
③ （宋）程顥：《答橫渠張子厚先生書》，《二程集·河南程氏文集》卷二，第460頁。
④ （宋）程顥：《答橫渠張子厚先生書》，《二程集·河南程氏文集》卷二，第461頁。
⑤ 陳來：《宋明理學》，第66頁。
⑥ （宋）程顥、程頤著，王孝魚校點《二程集·河南程氏遺書》卷十八，第200頁。

便是，涵養久，則喜怒哀樂發自中節"①。陳來先生將"未發的存養或涵養"，定義爲"静中的主敬"②工夫。

作爲學術上轉益多師而又"歸宿于程氏"的吕希哲，他在由工夫證入本體的過程探究方面興趣尤大。吕希哲首先對聖人進行了界定，其言曰："堯舜，性者也，至俟命而已矣。汝州云：'堯舜，性與道合者也，其於爲善，則無意於爲善也，如此然後與道合。湯武則初未能盡合道，學而知之，反而至於此，然後爲聖人。'"③吕希哲認爲古代聖賢有兩種，一種是生而與道合，本身的所思所慮、動静語默皆完全符合天理；另一種則是通過後天的學習洞悉天理，然後"反而至於此"，即返回到内心的探求中，最終達到聖人境界。本體必然是主體生命本原性的存在依據。在内，本體規定著人的存在本質；在外，本體支配著人的思慮舉動。如本體在外，當然要外求，在外部事物的探究中獲得本體的認識；但如本體在主體的内部世界，主體本身即爲本體之體現，那麼應該通過内向的反思求得本體，並從心智最深層的結構中生發出本體的體驗。"道之外無物，物之外無道，是天地之間無適而非道也"④，因此主體本身即道的體現，實現對道的體認，自然不能忽視自我的反思。儘管"體用一源，顯微無間"，任何切割劃分，都有可能丢失作爲整體而大全的本體，但主體先證入内在心性廣袤無垠的形上超越之體，然後依此形上超越之體去涵攝一切存有。這就是吕希哲"反而至於此，然後爲聖人"的思路。因此，吕希哲極爲强調"無思"與"不動心"，如："思而得至於無思，行而得至於無爲，此所謂學而知之者也。《書》曰：'思曰睿，睿作聖。'"⑤"言學者當習不動，初習不動時但違其心，及人之憎惡已加之，捶楚殺害皆堅忍不動，久習自然不動矣。既不動，則曰我不動也。"⑥"思"與"動心"即心體的當下起用，借用西方理論術語，這是心理活動或意識活動，既不離人的心體，但也有可能異化，完全受制於人的物欲，反而遮蔽或背離了人的心體。如何達到"無思""不動心"的境界，吕希哲認爲當把握主體意識活動背後廣袤深邃的精神世界，吕希

① （宋）程顥、程頤著，王孝魚校點《二程集·河南程氏遺書》卷十八，第201頁。
② 陳來：《宋明理學》，第87頁。
③ （宋）吕希哲：《吕氏雜記》卷上，《景印文淵閣四庫全書》第863册，第210頁上。
④ （宋）程顥、程頤著，王孝魚校點《二程集·河南程氏遺書》卷四，第73頁。
⑤ （宋）吕希哲：《吕氏雜記》卷上，《景印文淵閣四庫全書》第863册，第209頁下。
⑥ （宋）吕希哲：《吕氏雜記》卷上，《景印文淵閣四庫全書》第863册，第210頁下。

哲認爲：

> 盡大地是箇自己，山河世界一切物象，皆是自己建立，猶如畫
> 夜云。既知如是，是則我、人、衆生、壽者種種違順，法非法相，
> 莫不皆空。若向這裏信得及，把得住，信得徹，便可隨緣消舊業，
> 任運著衣裳，飢來吃飯，困來打坐，更有何事求？坐禪習定者，如
> 牧牛人，瞥然在魔界，便謂牛已奔逸，起來作力牽回，繫在舊處，
> 如此不三兩回已疲勞矣。若知只是妄想，顛倒夢見牛走，忽然驚覺，
> 乃知牛本不動，常在舊處，自然不勞心力，通作一片。①

呂希哲認爲自我對外部世界的認識，都是心體在起作用的結果。心
體既然能展開起用爲意識活動，就説明意識活動背後還有一個廣袤深
邃的精神世界。只有把握好這個廣袤深邃的精神世界，即寂即用，即用
即寂，念念來自本心真性，才能確保念頭與心體打成一片，而不致被私
意、被物欲牽引流轉，才能達到“無思”與“不動心”。呂希哲進一步
強調通過“閒”與“誠”的工夫達到“無思”與“不動心”：“修身至於
樂，修之至也，則樂生矣，和氣薰蒸，鷙氣自消，煩慮定心乃強爲。學
者須先得其要閒邪，然後能存其誠。孰不爲言法，言言之長；孰不爲行
德，行行之宗也。”② 所謂“閒”與“誠”即是滅除私意，消除基於私意
而產生的任何思慮舉止。除了如如不動的心體本身固有的純粹靈性觀照
外，一切與對象發生關係的思維念慮均已完全消失。主體“定心”，心
靈既已回到寂然不動的自性本真世界，當然會產生感而遂通的神奇妙
用，透過無分無別的澄明精神境界，必然就有萬物一體實存睿識的當下
現量。而人與世界渾然合爲一體，則不僅主客的對立不復存在，即心與
物也浹然融爲一體。這基本是對程顥“定性”與程頤靜中持敬修養工夫
的進一步闡發，所不同者，呂希哲更重視心體的作用，認爲主體心中的
外部世界皆是心體作用的結果，所謂“盡大地是箇自己，山河世界一切
物象，皆是自己建立”。

　　相比於呂希哲，呂本中雖然較爲強調外向的格物窮理工夫，如“今

---

① （宋）呂希哲：《呂氏雜記》卷下，《景印文淵閣四庫全書》第 863 册，第 234 頁上。
② （宋）呂希哲：《呂氏雜記》卷上，《景印文淵閣四庫全書》第 863 册，第 210 頁下~211 頁上。

日記一事，明日記一事，久則自然貫穿。今日辨一理，明日辨一理，久則自然浹洽。今日行一難事，明日行一難事，久則自然堅固。涣然冰釋，怡然理順，久自得之，非偶然也。"①又説："學問工夫，全在浹洽涵養蘊蓄之久，左右採擇，一旦冰釋理順，自然逢原矣。"②但吕本中在外向的格物工夫與内向的生命體驗之間，顯然更看重後者，其言曰："薰陶漸染之功，與講究持論互相發明者也。要之薰陶之益，過於講究，知此理者，方可以語學也。"③"講究持論"顯然屬於外向的知識獲得，即吕希哲所謂"先致其知"；"薰陶漸染"即爲外在知識轉化爲個體經驗，即轉識成智。吕本中認爲内向的轉識成智的生命體驗，相比外向的知識獲得更爲重要，著眼點即在於向外求理的方法，固然能成就知識的世界，建構起知識的主體，但未必能成就道德的世界，建構起道德的主體。即要將知識的世界與道德的世界徹底打通，才能達到"涣然冰釋，怡然理順"的境地。故而吕本中强調内心的體驗，其《送方豐之秀才歸福唐》詩曰："求聖根源，惟正之守。正之不守，棄師背友。絲毫之僞，勿萌於心。無有内外，亦無淺深。"④認爲滅除私意的内在修養爲入聖人境界的根本工夫。不僅如此，吕本中還引入佛禪之"悟"，以之作爲生命體驗之關鍵工夫："周恭叔又説：'先生教人爲學，當自格物始。格物者，窮理之謂也。欲窮理，直須思始得，思之有悟處始可，不然所學者恐有限也。'"⑤"'萬物皆備於我矣''反身而誠，樂莫大焉'，是頓；'强恕而行，求仁莫近焉'，是漸。"⑥既然聖人境界，並不等於外在的知識獲得，那麼只能以無分别即心靈無限開放的方式直接與其覿面相逢。惟有主體境界獲得提升，外向性的修養才能在新的層面焕發出新的意義、新的作用，這就是"薰陶漸染"與"講究持論"互相促進、互相發明。

　　吕氏之學深刻影響了環聚於吕希哲、吕本中周圍的學子，如謝逸對"不動心"的强調即與吕希哲一致："蓋善養氣，然後不動心，不動心，然後見道明，見道明，然後坐見孟子於墻，食見孟子於羹，立則見其參

---

① （宋）吕本中：《紫微雜説》，《吕本中全集》本，第 1137 頁。
② （宋）吕本中：《紫微雜説》，《吕本中全集》本，第 1138 頁。
③ （宋）吕本中：《紫微雜説》，《吕本中全集》本，第 1131 頁。
④ （宋）吕本中著，韓西山校注《吕本中詩集校注》卷，中華書局，2017，第 1479 頁。
⑤ （宋）吕本中：《童蒙訓》卷下，《吕本中全集》本，第 1009 頁。
⑥ （宋）林之奇：《拙齋文集》卷一，《景印文淵閣四庫全書》第 1140 册，第 374 頁上。

於前者，無非孟子也。"① 受學於呂希哲，又與呂本中交往密切的江西詩派諸人，其基於自我體驗的實踐哲學，乃依據自己真切的生命存在體驗和客觀現實觀察，緊扣人的主體性及其道德實踐來展開的思想言說。人的心性本體及其行爲實踐本來即與最高宇宙規律——天理生息相通，當然不能不在天地萬物的創生化育過程中來爲自己定位。同時，要自我覺悟生命價值及其實踐活動的重要，只能服從内在的實存生命的真理而非外在的知識體系。因此，他們的哲學路徑乃是典型的由工夫證入本體，通過實踐達到對天理本體的真切體認，乃基於自我生命體驗來展開對宇宙人生的思考。

三　江西詩派實踐哲學的局限與意義

　　二程學説既包含了對天理本體的探究與詳細論述，亦詳細闡釋了如定性、涵養未發、持敬等具體修養工夫，可謂本體開出工夫，工夫證入本體，二者融合無間且遞相發明，形成了一個圓融的體系。但呂希哲、呂本中及江西詩派諸人，皆未有關於天理本體的論述與探究，而多關於個體證入本體的深思，雖其基於生命體驗的實踐哲學取向，具有驗證天理本體存在，體認本體作用的意義。但這種著眼於個體精神安頓的哲學走向卻是單一的，即只有工夫證入本體的部分，而缺失了由本體開出工夫的部分。

　　呂希哲曾言："先修其身，然後求致其所知，其爲功也難。蓋有强力而行，而所知未至者矣，雖然，不害爲君子也。其所患者，誠身有道，不明乎善，則有流而入於異端者焉。"② 爲了避免"流入異端"，呂希哲一方面强調"祖孔子而宗孟軻，學之正也"；另一方面則强調推己及人的擴充工夫："古之學者爲己，其終至於成物；今之學者爲人，其終至於喪已。"③ 又曰："修己以正人，謂之善政；修己以教人，謂之善教；修己以化人，謂之善化。以身化人者，吾見其人矣；以心化人者，未之見也。或問以身化人之人，曰横渠張先生。其人也，言忠信，行篤敬，

---

① （宋）謝逸：《浩然齋記》，《溪堂集》卷七，《景印文淵閣四庫全書》第 1122 册，第 522 頁下 ~523 頁上。
② （宋）呂希哲：《呂氏雜記》卷上，《景印文淵閣四庫全書》第 863 册，第 210 頁下。
③ （宋）呂希哲：《呂氏雜記》卷上，《景印文淵閣四庫全書》第 863 册，第 210 頁上。

聞其風者，從之游者，日遷善而不自知也。"①不但强調自我精神的安頓與境界的提升，亦强調"成物""善政""善教""善化"，及推而廣之、由己及人的工夫。曾被朱熹稱爲"子韶一轉而爲陸子静"②的張九成，其學術觀點亦强調内向的生命體驗，認爲"造化何在，吾心而已。……知其性，則知天矣。存其心，養其性，所以事天也。夫知天在盡心，而事天在存心，則人之於心，其可不謹乎。"③其學術傾向與吕氏一脈極爲接近，張久即認爲佛教"有孤高之絶體，無敷榮之大用，此其所以得罪於聖人也"④，因此吕希哲强調推己及人的擴充工夫，亦有與佛禪學説以個體解脱爲旨歸相區别之意。但其由本體開出工夫的一環畢竟缺失，這使其對修養工夫的探究朝著生命體驗的深處擴展，由此極易與佛教修行産生共鳴，吕希哲"直截勁捷，以造聖人"的理路，既是其通過生命體驗以臻聖人境界的濃縮表達，亦融攝了佛禪頓悟之説在内，朱熹認爲吕希哲"本末之皆病"即是敏鋭指出了其缺失本體開出工夫的一環，指出了其學重工夫修養而略本體論知的體系缺環。

正因其重工夫修養而略本體論知，吕氏一系才與佛禪極爲親近，相比於吕希哲，吕本中對佛禪學説的肯定更爲直接，其《師友雜志》即録入謝良佐答胡安國之語："儒異於禪，正在下學處。"⑤其弟子林之奇《拙齋文集》載："少蓬嘗問尹和靖：'釋氏至處，與吾儒有異否？'和靖曰：'未嘗有少不同，然只是塗轍異。釋氏一向做從空處去，吾儒並是實用。'"⑥對胡安國及其師尹焞之語的録入，本身即是贊同的表示。所謂儒學在於實用，而禪學"做從空處去"，即認爲儒學不但追求個體的精神安頓，還用以應事接物，而佛禪學説則只關注個體精神世界。雖言明儒學與佛禪學説的區别以及對佛禪學説的批評，但隱含著對佛禪學説在修養方法上的肯定。吕本中更是引入佛禪學説中的"悟"，以之作爲生命體驗中轉識成智的關鍵工夫，這正是重生命體驗而輕本體探究的學術基點決定的，也是其缺失本體開出工夫一環的必然走向，因此江西詩派

---

① （宋）吕希哲：《吕氏雜記》卷上，《景印文淵閣四庫全書》第 863 册，第 211 頁上。
② （宋）朱熹撰，（宋）李幼武補《宋名臣言行録·外集》卷七，《景印文淵閣四庫全書》第 449 册，第 721 頁下。
③ （宋）張九成：《横浦集》卷五，《景印文淵閣四庫全書》第 1138 册，第 353 頁上。
④ （宋）張九成：《横浦集》卷五，《景印文淵閣四庫全書》第 1138 册，第 320 頁下 ~321 頁上。
⑤ （宋）吕本中：《師友雜志》，《吕本中全集》本，第 1102 頁。
⑥ （宋）林之奇：《拙齋文集》卷一，《景印文淵閣四庫全書》第 1140 册，第 374 頁下。

諸人皆出入儒釋，謝逸"閒居多從衲子游，不喜對書生"①，還曾作《圓覺經皆證論序》，亦曾爲惠洪作《林間錄序》，而《佛祖歷代通載》亦載李彭爲大慧宗杲撰寫十首尊宿漁夫歌事，其禪學修養亦得到了惠洪之印可。饒節則削髮出家，成爲如璧上人，以致《宋元學案》評其曰："及其末路，遂爲緇衣，則可駭矣。甚至貽呂居仁詩，勸以胡牀趺坐，專意學道，何其謬也！"②而《歷朝釋氏資鑑》亦載韓駒曾問道於草堂善清禪師事③。江西宗派的實踐哲學取向只有由工夫證入本體，而缺失本體開出工夫的一環，一方面造成了呂希哲及其後學江西詩派諸人混同儒釋、援釋入儒的學術選擇；另一方面使他們的學術視野更加開闊，學術體系更加開放，對於佛禪學説對中國文化的貢獻能予以更爲客觀的評價。梁启超批評宋明理學時認爲："既採取佛説而損益之，何可諱其所自出，而反加以醜詆？"④呂希哲及其後學江西詩派諸人，可謂不諱其所出，雖其學不純，却没有梁任公所言之褊狹。

呂希哲，乃至受學於榮陽一系的江西詩派諸人，缺乏本體探究的興趣，而專意於工夫的探究，其原因或許是去二程未遠，在深深服膺二程天理本體之論的同時，自覺難以豐富發展之，故而更傾向於通過實踐的生命體驗工夫，證入本體而實現個體精神的安頓。同時又與當時日漸壓抑的政治環境有關，哲宗親政的紹聖元年，張商英上書云："願陛下無忘元祐時，章惇無忘汝州時，安燾無忘許昌時，李清臣、曾布無忘河陽時。"⑤不但道出了新黨諸人在元祐時期被打壓的憤恨，而且揭開了新黨對舊黨的傾軋序幕。哲宗痛恨對太皇太后高氏恭敬有加，而不將自己放在眼中的元祐大臣，"數數與臣僚論昔垂簾事，曰：'朕只見臀背。'"⑥因此，在哲宗親政後，舊黨中人無論朔黨、蜀黨還是洛黨，均遭貶斥。程頤被貶至涪陵，崇寧元年下令恢復新法的宋徽宗，還曾下令追毀其全部著作。紹聖元年，追奪司馬光、呂公著贈謚。紹聖四年二月"再竄呂大防等三十餘人"，其中"呂希哲和州，希純金州，希績光州"⑦，呂本中以

---

① （宋）惠洪：《冷齋夜話》，第 92 頁。
② （清）黃宗羲編，（清）全祖望補修，陳金生、梁運華點校《宋元學案》卷二十三 "榮陽學案"，第 913 頁。
③ 見釋熙仲《歷朝釋氏資鑑》，《卍新纂續藏經》第 76 册，第 246 頁上。
④ 梁启超：《清代學術概論》，中華書局，2010，第 12 頁。
⑤ （元）《宋史》卷三百五十一 "張商英傳"，第 11096 頁。
⑥ 蔡絛：《鐵圍山談叢》卷一，中華書局，1983，第 5 頁。
⑦ （宋）陳均著，許沛藻等點校《皇朝編年綱目備要》卷 ，中華書局，2006，第 599 頁。

遺表所補承務郎之官亦被追奪。在嚴酷的政治打壓中，二程後學的現實境遇非常壓抑，亦面臨著不同於前人的生存困境，在此人生境遇中，精神的安頓與現實的超越，顯然成了更爲迫切的需求。

四　詩可證道：江西詩派實踐哲學的影響

呂希哲及其後學之江西詩派諸人，由工夫證入本體的修養特點，實際上是以生命體驗的形式獲得對形而上之本體的感悟，這極易與詩歌創作產生共鳴，呂希哲《呂氏雜記》中即多有論及詩歌處，迥異於同時理學家之語。如："文靖公往嘗游越州，有詩曰：'賀家湖上天花寺，一一軒窗向水開。不用閉門防俗客，愛閒能有幾人來。'"① 呂希哲此處援引呂夷簡詩，原因即在於詩句表現出的春容閒暇氣度，與儒學"渾然與物同體"的和樂情懷有相通處。可見在呂希哲看來，生命體驗形諸詩歌，不但具有儒學意蘊，而且能起到"修己以化人"的儒學擴充效果。《呂氏雜記》又載："文靖公三入中書，後有詩曰：'政事堂前花盛開，去年春色又重來。主人雖在花應笑，鬢似秋霜心似灰。'"② 呂夷簡三入中書，位極人臣，卻言"心似灰"，這與呂希哲儒學修養中"無思"與"不動心"有接近處，主體內心滅除私意，由此因私意而生發出之愛富貴、惡貧賤之意亦必消除，因此能不論何時、何種境遇，主體皆可內心湛然，保持在寂然不動的自性本真世界內。又："魏野上寇萊公詩云：'好去上天辭富貴，卻來平地作神僊。'萊公既南貶，所過關津驛舍，皆題於窗壁。"③ 寇準在南遷之時，卻書寫魏野以富貴爲劣，以精神自由爲貴的詩句，在呂希哲看來這表現的是寇準超越人生困境的通脫，這與儒學的"定性"修養具有相似處，程顥認爲："故君子之學，莫若廓然而大公，物來而順應。"④ "廓然而大公"指消除了個人的私意，"聖人的'無情'只是沒有從私我利害出發的情感，他的情感順應於事物的來去，這樣，一切由於個人利害而產生的失望、不安、煩惱、苦悶、怨恨等不寧心境，都可以免

① （宋）呂希哲：《呂氏雜記》卷下，《景印文淵閣四庫全書》第 863 冊，第 220 頁上~220 頁下。
② （宋）呂希哲：《呂氏雜記》卷下，《景印文淵閣四庫全書》第 863 冊，第 220 頁下。
③ （宋）呂希哲：《呂氏雜記》卷下，《景印文淵閣四庫全書》第 863 冊，第 222 頁上。
④ （宋）程顥：《答橫渠張子厚先生書》，《二程集·河南程氏文集》卷二，第 460 頁。

除了"[①]。吕希哲記録寇準南遷時題寫魏野詩,意在以此爲例説明"定性"之表現。

　　吕希哲不僅多論詩,而且不同於同輩理學家的不作詩,《紫微詩話》載:"滎陽公紹聖中謫居歷陽,閉户却掃,不交人物。嘗有詩云:'老讀文書興易闌,須知養病不如閑。竹牀瓦枕虚堂上,卧看江南雨外山。'"[②]"滎陽公元符末起知單州,《登城樓詩》云:'斷霞孤鶩欲寒天,無復青山礙目前。世路崎嶇飽經歷,始知平地是神仙。'"[③]此處所引吕希哲二詩閑雅平和,殊無被貶的悲戚,可謂以詩歌表現自我"不動心"的生命體驗。不僅如此,吕希哲還以題詩之形式告誡後學,吕本中《童蒙訓》載:"崇寧間饒德操節、黎介然確、汪信民革,同寓宿州,論文會課,時時作詩,亦有略詆及時事者,滎陽公聞之,深不以爲然。時公疾病方愈,爲作《麥熟》、《繰絲》等曲詩,歌詠當世,以諷止饒、黎諸公。諸公得詩惄懼,遽詣公謝,且皆和公詩。如公之意,自此不復有前作矣。"[④]從中不難看出,吕希哲反對將詩歌作爲諷刺時政的工具,並自作詩以勸誡後學。凡此種種,皆與其師二程、同時期理學家有明顯的區別。就其表面來看,是"不主一門,不私一説"之學術觀點的表現;就其實質而言,是其實踐哲學導向生命體驗後,與詩歌創作必然産生的貫通。

　　吕本中雖同其祖父相似,有轉益多師的經歷,但全祖望認爲:"雖歷登楊、游、尹之門,而所守者世傳也。"[⑤]吕本中不但以詩名世,而且著有《江西宗派圖》,力圖通過梳理詩歌源流正變的方式,建構起詩歌傳統,這種嘗試雖難言成功,亦未獲得文壇的總體肯定,但吕本中作此嘗試,則與詩歌能表現其實踐哲學中的生命體驗不無關係。如其《閑居即事》詩:"新舊音書寂不來,略無一事可縈懷。春風寂寞花侵路,野寺荒凉草上階。剩欲出門留客坐,不妨扶杖看僧齋。無人會得龐公意,只道淵明是匹儕。"[⑥]在寂寞閑居生活中,在侵路春花、上階野

---

①　陳來:《宋明理學》,第66頁。
②　(宋)吕本中:《紫微詩話》,《歷代詩話》本,第366頁。
③　(宋)吕本中:《紫微詩話》,《歷代詩話》本,第366頁。
④　(宋)吕本中:《童蒙訓》卷下,《吕本中全集》本,第1000頁。
⑤　(清)黄宗羲著,(清)全祖望補修,陳金生、梁運華點校《宋元學案》卷三十六"紫微學案",第1234頁。
⑥　(宋)吕本中著,韓西山校注《吕本中詩集校注》卷十九,第1395頁。

草的觀照中，獲得自我生命與外界生命打成一片的欣悦。這與程顥有幾分類似："明道先生書窗前有茂草覆砌，或勸之芟，明道曰：'不可，欲常見造物生意。'又置盆池畜小魚數尾，時時觀之，或問其故，曰：'欲觀萬物自得意。'"① 這種以詩歌表現生命體驗，將生命體驗與詩歌思維貫通的傾向，亦體現在吕本中的同調詩人中，如李彭有詩云："雞回落雁渚，菊帶傲霜華。稍過郊墟雨，猶鳴官地蛙。層空聽隼擊，俯杖看蜂衙。妙趣誰能解，懷人天一涯。"② 歸自雁渚的雞群、綻放的菊花、池塘傳來的蛙鳴、翔於蒼穹之隼、忙忙碌碌之蜂，在對這些秋日物象的觀照中，詩人所感受到的"妙趣"即是"萬物自得意"。這種方式依周裕鍇先生之言，即是"在物我交感的過程中完成了自然與心靈的異質同構，天人合一，道心化爲詩心。這是一種充滿創造力的藝術思維方式"③。

從哲學體系而論，所謂道，即西方哲學概念中的本體，自然是居於體系中最核心、最基礎的地位，倫理學、認識論，都是從本體論中生發出來的，因此，在理學體系中，對於道的直接闡發，相對於關乎日常生活的修養工夫，確實在位階上更高。但是，從儒家思想傳承者個人的角度看去，情況却有所不同。道是至高無上的終極真理，是本體的所在，而通達道的方式，可以有不同的選擇。直接以理論思辨探討道的存在，這是一種方式；立足個人的生命體驗，以文學創作實踐對道的體悟，也是一種方式。從這個角度，詩歌創作，乃至詩歌傳統較之于道統，便不再具有細枝末節的劣勢，反而獲得了與道統並肩而立的地位。

綜上，由本體開出工夫，由工夫證入本體，乃"體用一源，顯微無間"的一個圓融整體，但吕希哲及其後學江西詩派，却重視工夫證入本體的一面，而忽視了對於本體的探究。這是其儒學體系不完備的表現，亦是其混同儒釋，將佛禪修行方式引入儒學的原因。這種學術情緒，雖然造成了其學不純的缺陷，也造成了學術上缺乏創見的事實，但其實踐哲學的發展向度，却使他們更加關注生命體驗在證入天理本體過程中的重要性，由此與詩歌創作實現了貫通，賦予了詩歌創作以證入本體的天

---

① 于恕輯《横浦日新》，《四庫全書存目叢書》第 715 册，齊魯書社，1995，第 241 頁。
② （宋）李彭：《日涉園集》卷七，《景印文淵閣四庫全書》第 1122 册，第 673 頁下。
③ 周裕鍇：《宋代詩學通論》，第 366 頁。

然合理地位，這是呂希哲及其後學江西詩派的貢獻。

第二節　江西宗派詩學觀念之變遷

　　江西宗派諸人喜言詩法，如《王直方詩話》、《潛溪詩眼》、呂本中《童蒙訓》等，但從歷時性角度梳理其變化軌迹，不難看出其詩學理論體現出師法對象的由約趨博、由今趨古，詩歌技法的由具體而宏觀，詩歌風格由瘦硬到自然，主體精神呈現的由隱到顯等四種趨勢。此趨勢彰顯無疑，即江西宗派諸人由師法黃庭堅入手，由入乎其內走向出乎其外，逐漸由亦步亦趨的效法走向自我創新。

一　師法對象的由約趨博、由今趨古

　　江西宗派之得名源自呂本中所作《江西宗派圖》，認爲：“歌詩至於豫章，始大出而力振之，後學者同作並和，盡發千古之祕，亡餘蘊矣。錄其名字曰江西宗派，其源流皆出豫章也。”[1] 在呂本中對詩壇圖景的認知中，黃庭堅居於當時詩壇的中心地位，山谷爲源，而其餘詩人皆爲其流。這不僅是呂本中的臆度，當時詩人確實大多宗法黃庭堅，與其或多或少地有著師承淵源，且皆流露出以黃庭堅爲詩壇主盟者的欽羨。洪朋《懷黃太史》詩云：“詩家今獨步，舅氏大名稀。屈宋堪奴僕，曹劉在指揮。”[2] 李彭《上黃太史魯直詩》讚黃庭堅云：“扈聖當元祐，雄名獨擅長。”“長庚萬里去，大雅百夫望。”又述己志曰：“勤我十年夢，持公一瓣香。聊堪比游夏，何敢似班揚。尚愧管中見，應須肘後方。他時解顏笑，何止獲升堂。”[3] 周行己《寄魯直學士》曰：“當今文伯眉陽蘇，新詞的皪垂明珠。我公江南獨繼步，名譽籍甚傳清都。”[4] 惠洪《跋山谷帖》云：“山谷翰墨風流，不減謝東山，而書詞鄭重，傾倒於華光如此。”[5] 江西宗派諸人親炙山谷以傳承詩法，對黃庭堅之文學與人格皆表現出了高度的讚許，並且形成了圍繞著黃庭堅的一個非正式文人團體。

---

① （宋）趙彥衛：《雲麓漫鈔》卷十四，中華書局，1996，第 244 頁。
② （宋）洪朋：《洪龜父集》卷下，《景印文淵閣四庫全書》第 1124 册，第 414 頁下。
③ （宋）李彭：《日涉園集》卷七，《景印文淵閣四庫全書》第 1122 册，第 677 頁下。
④ （宋）周行己：《浮沚集》卷八，《景印文淵閣四庫全書》第 1123 册，第 683 頁下。
⑤ （宋）惠洪：《石門文字禪》卷二十七，《四部叢刊初編》本，第 300 頁下。

　　龔鵬程先生指出："元祐以後，學黃者固多，學蘇者亦復不少，而不有眉山詩派者何？且江西詩人自歐公晏殊荊公以下多矣，勳位名望及其詩，皆不在山谷下，世之不學，而學山谷，又何耶？崇寧宣和以後，世諱詩學，以蘇黃爲厲禁，而江西流布天下，遠及金元；四靈江湖繼起，水心後村爲其護法，而推崇江西，謂爲詩家宗祖，嚴羽苦訾西江，自許爲取心肝劊子手，然其宗旨乃與之不謀而合。……故余曰：江西者不僅爲宋詩之代表，亦宋文化表現之典型。惟其與宋文化之社會結構、文化精神有關，故呂東萊作如此想、南北宋人作如此見；著於此批評意識與文化精神者如此，雖一時政治橫暴，何足以過之？雖迭遭誤解反對，抑何不與之暗合？蓋彼江西產生於宋文化與宋詩定性之際者，勢也！"[①]龔先生認爲黃庭堅之人格修養及其詩歌意蘊，乃宋型文化之典型代表，故而能成爲後學宗法之對象。伍曉蔓先生亦認爲："黃庭堅詩歌以煉意爲第一要義，屏棄凡俗、追求崇高，以智慧的觀照、道德的堅守、雅致的情趣，對日常生活的煩瑣、政治生活的荒誕進行消解、净化、提高，倔強中見姿態，枯淡中發膏腴。……山谷詩歌，對應著封建社會後期走向個體化、邊緣化、内省化的一部分知識份子的生存處境，作爲'末世詩人之言'的一種，具有普適性，容易引起深層次的共鳴。"[②]因黃庭堅之治心養氣之人格修養特點與詩歌體現出的内省化趨勢，不但冥合北宋末期儒學之發展，而且深契當時文人心態，故而成爲共同師法的對象。

　　後學宗法山谷，最爲集中的表現即是對其詩歌造詣的傾慕，體現在詩學觀念上，即奉山谷論詩之語爲圭臬，如現存《王直方詩話》中有相當大的篇幅乃王安石、蘇軾、黃庭堅等前輩論詩之語的記錄，其中四十多條乃是山谷論詩之語的記錄，涉及對偶、句法、立意以及佚事等，而惠洪《冷齋夜話》亦多山谷論詩語的記錄，如"點鐵成金"等，更有闡發山谷詩法而成之"奪胎換骨"[③]。范溫《潛溪詩眼》亦多載黃庭堅論詩語，如"詩貴工拙相半""句法"等。從中可以看出，親炙山谷之後學對山谷詩歌、詩法的重視，呂本中言晁冲之："衆人方學山谷詩時，晁

---

① 龔鵬程：《江西詩社宗派研究》，臺灣文史哲出版社，1983，第 204 頁。
② 伍曉蔓：《江西宗派研究》，巴蜀書社，2005，第 87 頁。
③ 關於"奪胎換骨"，周裕鍇先生認爲原名乃"奪胎法"與"換骨法"，乃惠洪總結，非黃庭堅原創。見《惠洪與奪胎換骨法——一樁文學史批評公案的重判》，載《文學遺產》2003 年第 6 期。

叔用冲之獨專學老杜。”① 可見當時以山谷詩爲學習對象者甚衆，亦折射出當時詩人專學山谷，觸及杜詩以及前代其他詩人者較少的事實。這既反映了當時詩壇硅步山谷的普遍現象，亦折射出當時詩人視野的狹窄。曾敏行《獨醒雜誌》載：“汪彦章爲豫章幕官。一日，會徐師川於南樓，問師川曰：‘作詩法門當如何入？’師川答曰：‘即此席間杯樣果蔬使令以至目力所及，皆詩也。但以意剪裁之，馳驟約束，觸類而長，皆當如人意，切不可閉門合目，作鐫空妄實之想也。’彦章領之逾月，復見師川曰：‘自受教後，准此程度，一字亦道不成。’”② 汪藻早年問詩法於徐俯，徐俯讓其直面日常生活，將自我的生活感觸形諸詩篇。汪藻逾月不能道一字，可見當時詩人在總結出的詩法中尋生計，一味模仿山谷之作，以致被詩法所異化，束縛了自我的藝術想象與創作。故而徐俯批評當時風氣曰：“近世人學詩，止於蘇、黃，又其上則有及老杜者。至六朝詩人，皆無人窺見。若學詩而不知有《選》詩，是大車無輗，小車無軏。”③ 後學對山谷人格、詩藝的服膺，反而導致了類似西崑體流行之時撏扯義山④ 趨勢的産生。

隨著亦步亦趨硅步山谷現象的盛行，江西宗派內部亦有對此之反思，前述徐俯語就是識見這種弊端的例證，而糾正之方則在於開闊視野、轉益多師。呂本中一方面強調對杜詩、山谷詩的揣摩，“學詩須熟看老杜、蘇、黃，亦先見體式，然後遍考他詩，自然工夫度越過人”⑤。另一方面強調對唐代詩人及漢魏詩人的學習，其言曰：“山谷論作詩法，當自舜皋陶《賡歌》及《五子之歌》以下，皆當精考。故予論詩，必斷自唐虞以下。”⑥ 展示了其廣取博收的開闊視野，但斷自唐虞以下，則詩人不可勝數，故而呂本中進一步將重點標示爲《詩經》、《楚辭》、“漢魏古詩”：“大概學詩，須以三百篇、《楚辭》及漢、魏間人詩爲主，方見古人妙處，自無齊梁間綺靡氣味也。”⑦ 又如：“讀《古詩十九首》及曹子

---

① （宋）呂本中：《紫微詩話》，《歷代詩話》本，第 361 頁。

② （宋）曾敏行：《獨醒雜誌》，《四庫全書》第 1039 册，第 545 頁上 ~545 頁下。

③ （宋）曾季貍：《艇齋詩話》，《歷代詩話續編》本，中華書局，1983，第 296~297 頁。

④ 劉攽：《中山詩話》：“祥符、天禧中，楊大年、錢文僖、晏元獻、劉子儀以文章立朝，爲詩皆宗尚李義山，號西崑體，後進多竊義山語句。賜宴，優人有爲義山者，衣服敗敝，告人曰：‘吾爲諸館職撏扯至此。’聞者歡笑。”

⑤ （宋）呂本中：《童蒙詩訓》，《宋詩話輯佚》本，第 603 頁。

⑥ （宋）呂本中著，韓酉山校注《呂本中詩集注》，第 240 頁。

⑦ （宋）呂本中：《童蒙詩訓》，《宋詩話輯佚》本，第 593 頁。

建詩，如‘明月入我牖，流光正徘徊’之類，詩皆思深遠而有餘意，言
有盡而意無窮也。學者當以此等詩常自涵養，自然下筆高妙。”①不僅如
此，呂本中還強調從先秦文獻中獲得創作的靈感：“讀《莊子》令人意
寬思大敢作。讀《左傳》便使人入法度，不敢容易，此二書不可偏廢
也。”②呂本中之儒學修養使其對先秦文獻較爲重視，由此也使其詩學視
野較爲開闊。無獨有偶，韓駒亦強調學詩應突破杜詩、東坡詩、山谷詩
的藩籬：“一日，有客攜所業謁公，客退，公觀之竟，語僕曰：‘此人多
讀東坡詩，大率作文須學古人，學古人尚恐不至古人，況學今人哉，其
不至古人也必矣。’”③韓駒即認爲學今人乃屋下架屋，終遜一層。韓駒推
崇陶淵明，認爲：“予觀古今詩人，惟韋蘇州得其清閒，尚不得其枯淡；
柳州獨得之，但恨其少遒爾。柳州詩不多，體亦備衆家，惟效陶詩是其
性所好，獨不可及也。”④認爲後世詩人中，韋應物得陶淵明之清閒，而
柳宗元得陶淵明之風神，後人不可及。既是對陶、韋、柳的評價，亦
是爲後學標明取法之對象。不僅如此，韓駒還給予白居易及晚唐諸家
以足夠重視：“公嘗曰：‘白樂天詩，今人多輕易之，大可憫矣。大率不
曾道得一言半句，乃輕薄至於非笑古人，此所以不遠到。’僕曰：‘杜子
美云：“楊王盧駱當時體，輕薄爲文哂未休。”正公之意也。’公曰：‘當
時人已如此。’”⑤“學詩須是有始有卒，自能名家，方不枉下工夫。如羅
隱、杜荀鶴輩，至卑弱，至今不能泯沒者，以其自成一家耳。”⑥凡此，
皆標示了後期江西宗派詩人對前期視野狹窄之弊端的糾正。

其實這種糾正亦與黃庭堅詩論暗合，黃庭堅強調“治心養性”與學
古之功的結合：“此事要須從治心養性中來，濟以學古之功。”⑦因此，黃
庭堅不但強調對杜詩的學習，亦重視先秦文獻：“往年嘗請問東坡先生
作文章之法，東坡云但熟讀《禮記·檀弓》當得之。既而取《檀弓》二
篇讀數百過，然後知後世作文章不及古人之病，如觀日月也。”⑧“若欲作
楚詞追配古人，直須熟讀楚詞，觀古人用意曲折處講學之，然後下筆。

① （宋）呂本中：《童蒙詩訓》，《宋詩話輯佚》本，第 585 頁。
② （宋）呂本中：《童蒙詩訓》，《宋詩話輯佚》本，第 592 頁。
③ （宋）魏慶之：《詩人玉屑》卷五，第 154 頁。
④ （宋）胡仔：《苕溪漁隱叢話·前集》卷四，第 26 頁。
⑤ （宋）魏慶之：《詩人玉屑》卷十六，第 499 頁。
⑥ （宋）魏慶之：《詩人玉屑》卷五，第 164 頁。
⑦ （宋）黃庭堅：《答秦少章帖》，《黃庭堅全集·正集》卷，第 1866 頁。
⑧ （宋）黃庭堅：《與王觀復書三首》其一，《黃庭堅全集·正集》卷十八，第 470~471 頁。

譬如巧女文繡妙一世，若欲作錦，必得錦機，乃能成錦爾。"① 黃庭堅一生不廢對前人作品的學習體會，且每勸後學讀老杜、李白、韓退之詩，司馬遷、韓愈文。

江西宗派後期詩人的詩論，一方面可以視爲回歸山谷詩學，抑或説暗合山谷詩學主張；另一方面則彰顯後期詩人對山谷創作境界如何達到的探索，具體的表現即是對山谷創作過程的思考。詩歌創作是一種不能與行動分離的活動，不能離開創作主體的活動而就文本論文本，而應就文本反思創作活動。因此後期江西宗派諸人，以韓駒、呂本中爲代表，他們對詩歌的思考皆轉入對佳作創作過程的反思，故他們對師法對象的界定，突破了杜、黃的藩籬，而將漢魏古詩、中晚唐詩作乃至先秦散文皆納入了其開闊的視野中。

二　技法探究的由具體而宏觀

與江西宗派後期諸人基本同時的陳巖肖曰："至山谷之詩，清新奇峭，頗造前人未嘗道處，自爲一家，此其妙也。至古體詩，不拘聲律，間有歇後語，亦清新奇峭之極也。然近時學其詩者，或未得其妙處，每有所作，必使聲韻拗捩，詞語艱澀，曰'江西格'也。此何爲哉？呂居仁作《江西詩社宗派圓》，以山谷爲祖，宜其規行矩步，必踵其迹。"② 從批判的角度指出了江西後學在用韻、用語、句法等方面宗法山谷，力圖達到生新瘦硬之藝術風格。李東陽云："唐人不言詩法，詩法多出宋，而宋人于詩無所得。所謂法者，不過一字一句，對偶雕琢之工，而天真興致，則未可與道。其高者失之捕風捉影，而卑者坐于黏皮帶骨，至於江西詩派極矣。"③ 李東陽雖基於詩必盛唐的文學立場，對宋詩乃至江西詩派大加貶斥，但批判之語亦指出了宋詩，尤其是江西詩派，注重對偶等具體技法的特點。

誠如批判者所言，江西宗派繼承了黃庭堅喜論詩歌技法的特點，在句法、對偶、用事等方面有著探求的意識。如《王直方詩話》即多記錄王安石、黃庭堅、蘇軾等人屬對、用事等具體技法的事例與觀點，最爲著名者如："舒王詩云：'投老歸來供奉班，塵埃無復見鍾山。何須更

---

① （宋）黃庭堅：《與王立之》，《黃庭堅全集·外集》卷二十一，第 1371 頁。
② （宋）陳巖肖：《庚溪詩話》卷下，《歷代詩話續編》本，第 182 頁。
③ （明）李東陽：《麓堂詩話》，《歷代詩話續編》本，第 1371 頁。

待黃粱熟，始信人間是夢間。'又云：'黃粱欲熟且流連，謾道春歸莫悵然。蝴蝶豈能知夢事，蓬蓬先堕晚花前。'又云：'客舍黃粱今始熟，鳥殘紅柿昔分甘。'蓋三用黃粱而意義皆妙。"[1]又錄入黃庭堅"寧律不諧，而不使句弱，寧用字不工，不使語澀"[2]之語，彰顯了對山谷句法理論的認同。又記有"作詩正如作雜劇，初時布置，臨了須打諢，方是出場"[3]之語，彰顯了對黃庭堅詩歌章法觀點的認同。伍曉蔓先生即指出王直方"注重詩歌的高格幽韻、用事煉字、繼承新變，持論中正，極有詩識。但其所論在蘇、黃詩學觀的籠罩之下，亦未見新的建樹"[4]。韓駒亦多關於詩歌技法的言論，如論用事曰："使事要事自我使，不可反爲事使。僕曰：'如公太一圖詩："不是峰頭十丈花，世間那得蓮如許！"當如是耶？'公徐曰：'事可使即使，不須强使耳。'"[5]又有論及下字之語："公嘗賦送宜黃丞周表卿詩云：'昔年束帶侍明光，曾見揮毫對御床。將爲驊騮已騰踏，不知鵾鶉尚摧藏。官居四合峰巒綠，驛路千林橘柚黃。莫戀鄉關留不去，漢廷今重甲科郎。'表卿既行久之，乃改'對'字作'照'字，蓋子瞻《送孫勉》詩云：'君爲淮南秀，文采照金殿。'注云：'君嘗攷中進士第一人也。'改'峰巒綠'爲'峰巒雨''橘柚黃'爲'橘柚霜'，改'莫戀鄉關留不去'作'莫爲艱難歸故里'，益見其工。"[6]皆立足於用字、用事而實現語言藝術的陌生化新穎效果。

　　這種詩學理論在爲後學指明入門路徑之餘，也造成了末學礫章裂句，耽於下字、對偶而忽略詩歌本身意義的弊端，韓駒即言："目前景物，自古及今，不知凡經幾人道。今人下筆，要不蹈襲，故有終篇無一字可解者。蓋欲新而反不可曉耳。"[7]又曰："唐末人詩，雖格致卑淺，然謂其非詩不可。今人作詩雖句語軒昂，止可遠聽，而其理則不可究。"[8]前者指出了當時詩人爲了求新、求生，反而造成了語不可曉的弊端，後者認爲唐末詩人之作，雖格調不高，但具有詩歌本質，而當時詩人則一味追求語句、聲韻的不俗，反而喪失了詩之爲詩最重要的屬性。故而韓

---

① （宋）王直方：《王直方詩話》，《宋詩話輯佚》本，第27~28頁。
② （宋）王直方：《王直方詩話》，《宋詩話輯佚》本，第5頁。
③ （宋）王直方：《王直方詩話》，《宋詩話輯佚》本，第14頁。
④ 伍曉蔓：《江西宗派研究》，第348頁。
⑤ （宋）魏慶之：《詩人玉屑》卷七，第218頁。
⑥ （宋）魏慶之：《詩人玉屑》卷八，第247頁。
⑦ （宋）魏慶之：《詩人玉屑》卷八，第265頁。
⑧ （宋）魏慶之：《詩人玉屑》卷十六，第516頁。

駒一方面提倡"語脈聯屬"："凡作詩，使人讀第一句知有第二句，讀第二句知有第三句，次第終篇，方爲至妙。如老杜：'莽莽天涯雨，江村獨立時。不愁巴道路，恐濕漢旌旗。'是也。"① 又云："大概作詩，要從首至尾，語脈聯屬，如有理詞狀。古詩云：'唤婢打鴉兒，莫教枝上啼。啼時驚妾夢，不得到遼西。'可爲標準。"② 提倡以意脈緊密貫連的方式，實現詩意的表達。另一方面則強調"命意"："凡作詩須命終篇之意，切勿以先得一句一聯，因而成章，如此則意不多屬。然古人亦不免如此，如述懷、即事之類，皆先成詩而後命題者也。""作詩必先命意，意正則思生，然後擇韻而用，如驅奴隸，此乃以韻承意，故首尾有序。今人非次韻詩，則遷意就韻，因韻求事，至於搜求小説佛書殆盡，使讀之者惘然不知其所以，良有自也。"③ 其名作《夜泊寧陵》則可謂其詩論的實踐，全詩句式接近日常語言，而且句與句之間承接緊密。首聯出句寫舟行之速，而對句則言明快速之因："扁舟東下"順風開帆而致。頷聯出句"且辭杞國"緊承"扁舟東下"，"夜泊寧陵"則爲"日馳三百里"之果。正因"風微北"，故而"老樹挾霜鳴窣窣"；正因"夜泊"，故見"寒花垂露"。尾聯則又回應首聯，起句大開，收束大闔，脈絡勾連，通體圓緊。故而吕本中教人"參此詩以爲法"④。

作爲後期江西宗派的重要作家，吕本中論詩雖強調句法，但亦呈現捨微觀而重宏觀的趨勢。其論詩多關注詩歌之整體韻味，如："李太白詩如'曉月出天山，蒼茫雲海間。長風一萬里，吹度玉門關'，及'沙墩至梁苑，二十五長亭。大舶夾雙櫓，中流鵝鸛鳴'之類，皆氣蓋一世，學者能熟味之，自然不褊淺矣。"⑤ 王安石編《四家詩選》，將李白置於韓愈、歐陽修之下，吴沆認爲："荆公置杜甫於第一，韓愈第二，永叔第三，太白第四。蓋謂永叔能兼韓、李之體，而近於正，故選焉耳。又謂李白無篇不説酒色，故顯擠於永叔之下，則此公用意亦已深矣。"⑥ 在詩壇宗杜而不學太白時，吕本中却發現了李白詩境界的開闊與風格的流暢，並主張以此救治江西宗派耽於屬對、用事等具體技法研習而造成

----

① （宋）魏慶之：《詩人玉屑》卷五，第 162 頁。
② （宋）魏慶之：《詩人玉屑》卷五，第 162 頁。
③ （宋）魏慶之：《詩人玉屑》卷六，第 171 頁。
④ （宋）魏慶之：《詩人玉屑》卷六，第 180 頁。
⑤ （宋）吕本中：《童蒙詩訓》，《宋詩話輯佚》本，第 585 頁。
⑥ （宋）吴沆：《環溪詩話》，《冷齋夜話・風月堂詩話・環溪詩話》本，中華書局，1988，第 131 頁。

的艱澀。此外，吕本中還呈現出以蘇濟黄的詩學思路，如其云："近世所當專學者惟東坡。"① 主張學者應體味蘇軾之揮灑自如，以之開闊眼界與思路。吕本中認爲要達到前人的創作境界，具體技法的探究乃細枝末節，强調於詩歌立意上著手："老杜詩云：'詩清立意新。'最是作詩用力處，蓋不可循習陳言，只規摹舊作也。魯直云：'隨人作詩終後人。'又云：'文章切忌隨人後。'此自魯直見處也。近世人學老杜多矣，左規右矩，不能稍出新意，終成屋下架屋，無所取長。獨魯直下語，未嘗似前人而卒與之合，此爲善學。如陳無己力盡規摹，已少變化。"② 後人之所以無甚成就，原因即在於泥於技法探究，而忽視詩歌所傳遞之情韻的鑄就。並且吕本中認爲蘇軾優於柳宗元處在於内在精神的高妙："東坡晚年叙事文字多法柳子厚，而豪邁之氣，非柳所能及也。"③ 故而，其詩論指向了個體的修養，修養充盈則立意高妙，自然迥出流俗。這亦是對黄庭堅治心養性之説的回歸，如黄庭堅在《與洪駒父書》中云："孝友忠信是此物之根本，極當加意，養以敦厚醇粹，使根深蒂固，然後枝葉茂爾。"④

整體而言，江西宗派對詩歌技法的探究，呈現出由微觀之用事、屬對、句法等的談論，漸趨於詩歌整體意藴的體味。雖然其所論並未出黄庭堅詩論之範疇，乃對黄庭堅詩論的發展，但這種變化無疑强化了山谷詩論中的宏觀一面，亦昭示了江西宗派詩歌創作風格的走向。

三　風格追慕的由瘦硬到自然

劉熙載云："宋西江名家學杜，幾於瘦硬通神。"⑤ 又曰："西崑體所以未入少陵室者，由文減其質也。質文不可偏勝，西江之矯西崑，浸而愈甚，宜乎復詒口實與。"⑥ 頗中肯綮地指出了江西宗派在矯正西崑體華靡風格時，走向了另一個極端，故而呈現生新瘦硬的整體風貌。衡之以江西宗派詩論，也確實存在對瘦硬風格的追求，如江西宗派早期之《王直方詩話》，一方面重視詩歌中主體精神之表現，而以再現客觀事物爲

---

① （宋）吕本中：《童蒙詩訓》，《宋詩話輯佚》本，第 605 頁。
② （宋）吕本中：《童蒙詩訓》，《宋詩話輯佚》本，第 596 頁。
③ （宋）吕本中：《童蒙詩訓》，《宋詩話輯佚》本，第 600 頁。
④ （宋）黄庭堅著，劉琳、李勇先、王蓉貴校點《黄庭堅全集·外集》卷二十一，第 1365 頁。
⑤ （清）劉熙載：《藝概》卷二，上海古籍出版社，1978，第 68 頁。
⑥ （清）劉熙載：《藝概》卷二，第 68 頁。

下：“邵堯夫《詠牡丹》云：‘施朱施粉色俱好，傾國傾城艷不同。’可謂言工，殊無高致。”[1] 另一方面則認爲理想之詩歌風格應於圓熟與老硬之間尋得平衡：“謝朓嘗語沈約曰：‘好詩圓美流轉如彈丸。’故東坡《答王鞏》云：‘新詩如彈丸。’及《送歐陽弼》云：‘中有清圓句，銅丸飛柘彈。’蓋謂詩貴圓熟也，然圓熟多失之平易，老硬多失之乾枯。不失於二者之間，可與古之作者並驅矣。”[2]

但這種主張在後期江西宗派詩人那裏發生了變化，呂本中即明確標示詩貴圓熟，如其《夏均父詩集序》云：“所謂活法者，規矩備具而能出於規矩之外，變化不測而卒亦不背規矩也。是道也，蓋有定法而無定法，無定法而有定法，知是者則可以語活法矣。世之學者，知規矩固已甚難，況能遽出規矩之外而有變化不測乎？謝元暉有言：‘好詩流轉圓美如彈丸。’此真活法也，元暉雖未能實踐此理，言亦至矣。”[3] 呂本中論詩高標“活法”，同時又以謝朓“好詩流轉圓美如彈丸”爲“真活法”，足可見其認可的詩歌風格乃圓熟自然。這一主張得到了曾幾的響應，其《讀呂居仁舊詩有懷其人作詩寄之》云：“居仁説活法，大意欲人悟。常言古作者，一一從此路。豈惟如是説，實亦造佳處。其圓如金彈，所向若脱兔。”[4] 錢鍾書先生認爲：“‘脱兔’正與‘金彈’同歸，而‘活法’復與‘圓’一致。圓言其體，比如金彈；活言其用，譬如脱兔。”[5] 錢先生又以西哲之語概括之：“談藝者嘗喻爲‘明珠走盤而不出於盤’，或‘駿馬性蟻封而不蹉跌’，甚至‘足療手銬而能舞蹈’。康德言想象力有‘自由紀律性’是其大意。以此諦説詩，則如歌德言：‘欲偉大，當收斂。受限制，大家始顯身手；有規律，吾儕得自由。’”[6] 那麼這種合乎規律的自由創作境界，所呈現的作品風貌應爲如何？呂本中將之界定爲自然，其言曰：“浩然詩：‘掛席幾千里，名山都未逢；泊舟潯陽郭，始見香爐峰。’但詳看此等語，自然高遠。”[7] “文潛詩，自然奇逸，非他人可及。如‘秋明樹外天’，‘客燈青映壁，城

---

① （宋）王直方：《王直方詩話》，《宋詩話輯佚》本，第 31 頁。
② （宋）王直方：《王直方詩話》，《宋詩話輯佚》本，第 16 頁。
③ （宋）王正德：《餘師録》卷三，《叢書集成初編》本，第 41~42 頁。
④ （宋）陳思編，（元）陳世隆補《兩宋名賢小集》卷一百九十，《景印文淵閣四庫全書》第 1363 册，前引書，第 545~546 頁。
⑤ 錢鍾書：《談藝録》，第 292 頁。
⑥ 錢鍾書：《談藝録》，第 292 頁。
⑦ （宋）吕本中：《童蒙詩訓》，《宋詩話輯佚》本，第 588 頁。

角冷吟霜'，'淺山寒帶水，旱日早吹風'，'川塢半夜雨，臥冷五更秋'之類，迥出時流，雖是天姿，亦學可及。學者若能常玩味此等語，自然有變化處也。"[1]不但以自然概括孟浩然詩風，更是認爲張耒詩歌之自然使其迥異於流俗的特質，學者應揣摩學習之。至於自然風格的鑄就，呂本中一方面強調通過對事物的細緻觀察來達到："醫書論脈之形狀，病之證驗，無一字妄發，乃於借物爲諭，尤見工夫。大抵見之既明，則發之於言語，自然分曉，觀此等書可見。"[2]另一方面則主張通過後期的潤色與修改，抹去雕琢痕迹而呈現自然狀態："謝無逸語汪信民云：'老杜有自然不做底語到極至處者，有雕琢語到極至處者。如"丹青不知老將至，富貴於我如浮雲"，此自然不做底語到極至處者也。如"金鐘大鏞在東序，冰壺玉衡懸清秋"，此雕琢語到極至處者也。'"[3]"老杜云：'新詩改罷自長吟'，文字頻改，工夫自出。近世歐公作文，先貼於壁，時加竄定，有終篇不留一字者。魯直長年多改定前作，此可見大略，如《宗室挽詩》云：'天網恢中夏，賓筵禁列侯'，後乃改云：'屬舉左官律，不通宗室侯'，此工夫自不同矣。"[4]劉克莊即窺破了其通過精思頻改而達到自然狀態的創作主張："余嘗以爲此序天下之至言也。然均所作似未能然，往往紫微公自道耳。所引謝宣城'好詩流轉圓美如彈丸'之語，余以宣城詩考之，如錦工機錦，玉人琢玉，極天下巧妙。窮巧極妙，然後能流轉圓美。"[5]

　　論詩方式由之前的偏重於用事、下字等具體技法，逐漸過渡到對詩歌整體韻味的把握，同時追求自然圓熟的一面，袁枚即認爲宋人論詩與其解經方式有關："大抵宋人好矜博雅，又好穿鑿，故此剜肉生瘡之説，不一而足。……凡此種種，其病皆始於鄭康成。"[6]龔鵬程先生亦認識到了這一點，故曰："詩學之通於經學，宋代經學之流變蓋亦與詩學相若。"[7]並認爲荆公新學興起時，受其《字説》等學術訓解風氣的影響，解詩多關注微觀，而後隨文人習禪而發生新變："坡翁經學，本以

----

① （宋）呂本中：《童蒙詩訓》，《宋詩話輯佚》本，第 593 頁。
② （宋）呂本中：《童蒙詩訓》，《宋詩話輯佚》本，第 605 頁。
③ （宋）呂本中：《童蒙詩訓》，《宋詩話輯佚》本，第 586 頁。
④ （宋）呂本中：《童蒙詩訓》，《宋詩話輯佚》本，第 586 頁。
⑤ （宋）劉克莊：《江西詩派小序》之"呂紫微"，《歷代詩話續編》本，第 485 頁。
⑥ （清）袁枚：《隨園詩話》，人民文學出版社，1982，第 21~22 頁。
⑦ 龔鵬程：《江西詩社宗派研究》，第 211 頁。

間雜佛老而著名，朱熹至以東坡《易解》、潁濱（蘇轍）《老子解》，合張無垢《中庸解》、呂氏《大學解》並駁之，謂之《雜學辨》，可見時人觀感。其論詩也，又有‘暫借好詩消永夜，每逢佳句輒參禪’‘台閣山林本無異，故應文字不離禪’之說，以爲‘正志完氣，所以言也’，則嚮之王霸顯之於外者，漸歸於性情之養，是以有黃庭堅江西之宗派，非偶然也。”① 龔先生意識到學術思想變化對文學領域的影響，認爲雜以佛老、追求超越人生境界，爲追求自然風格之因。此言不虛，但衡之以江西宗派後期詩人之學術淵源，不難發現北宋後期文苑儒林合流趨勢明顯，如謝逸、謝薖、饒節即游於呂希哲門下，曾幾乃胡安國門人，出身儒林世家的呂本中又與王直方、晁沖之、韓駒、徐俯等人交往密切，凡此，皆使儒學觀念對其產生了深刻影響。而程顥所言“渾然與物同體”之境界，其藝術風格亦是導向自然通脫，如朱熹即言：“明道先生作鄠縣主簿時有詩云：‘雲淡風輕近午天，傍花隨柳過前川。時人不識予心樂，將謂偷閒學少年。’看他胸中直是好，與曾點底事一般。”② 因此，江西宗派後期追慕之風格由瘦硬轉而爲自然，與儒學證道中“渾然與物同體”之修養境界追慕的滲透不無關係。

四 主體精神重視的由隱到顯

如前所述，江西宗派之詩論呈現了由微觀到宏觀的轉變，有重新强調主體修養對文學創作之決定作用的傾向，表面來看乃黃庭堅詩論的回歸，但後期江西宗派詩人對主體修養的理解則呈現異於山谷的內容。簡言之，即儒學的色彩更爲濃厚。

韓駒曰：“詩言志，當先正其心志，心志正，則道德仁義之語、高雅淳厚之義自具。三百篇中有美有刺，所謂‘思無邪’也。先具此質，却論工拙。”③ 其“道德仁義”無疑具有儒學的意味，而體認《詩經》有美刺，則無疑更爲看重《詩經》的經學價值，而非文學價值。呂本中亦與之接近，其《童蒙訓》中記錄祖父呂希哲之語曰：“滎陽公嘗言：‘後生初學，且須理會氣象，氣象好時，百事是當。氣象者，辭令容止，輕重疾徐，足以見之矣。不唯君子小人於此焉分，亦貴賤壽夭之所由定

---

① 龔鵬程：《江西詩社宗派研究》，第 212 頁。
② （宋）朱熹：《伊洛淵源錄》卷三，《叢書集成初編》本，第 27 頁。
③ （宋）魏慶之：《詩人玉屑》卷十三，第 368 頁。

也。'"①認爲修養的充盈會體現在言辭與容貌上，無疑是強調修養對於文學創作的重要性。而其直接將修養與文學創作貫連而論的語言則更多，如"居仁云：'文章須要説盡事情，如《韓非》諸書大略可見，至一唱三嘆有遺音者，則非有所養不能也。'"②"韓退之《答李翱書》、老泉《上歐陽公書》，最見爲文養氣之妙。"③"讀三蘇進策涵養吾氣，他日下筆自然文字霶霈，無咨齧處。"④"文章不分明指切而從容委曲，辭不迫切而意以獨至，惟《左傳》爲然。如當時諸國往來之辭，與當時君臣相告相誚之語，蓋可見矣。亦是當時聖人餘澤未遠，涵養自別，故詞氣不迫如此，非後世人專學言語者也。"⑤皆強調養氣的修養工夫對於文學創作的決定作用。凡此種種，著眼點皆在於增強主體精神表現力，以實現詩文中所表現之主體情懷的高妙，由此實現詩文意蘊、境界的拔升。正如張毅先生所論："理學家主張'正心誠意'，以詩作爲吟詠性情、涵養道德的工具，強調作詩須有溫柔敦厚之氣，這在江西詩派的創作中是得到了體現的。其基本精神是反對縱情任性，追求內斂的主體人格的自我完善。"⑥正因儒學精神的滲透，文學創作從詩文革新運動時期的"開口攬時事，論議爭煌煌"的昂揚向上，轉而爲以黃庭堅爲代表的，建立在對時代、自我清醒認識的狷介自守的氣格，又隨著理學體系的成熟完善，逐漸朝著"渾然與物同體"的自然和樂蛻變。

　　另外，講求對偶、用事、句法等具體技巧，反映的是詩歌在北宋中後期逐漸專業化的事實，故而司馬光云："文章之精者，盡在於詩；觀人文者，徒觀其詩，斯知其才之遠近矣。"⑦因爲詩歌占據了文體最高的位置，故而詩人產生通過具體的技法，來創作佳作的意識。這種工具理性的產生，始自中晚唐皎然《詩式》《金針詩格》等一系列詩法論著的出現，江西詩派對具體師法的探究乃這種思路的延續與深化。在具體技法理論繁興的同時，對於"技"這一工具理性的批評則從未停歇，石介基於儒學立場對西崑體及楊億的猛烈抨擊，即是個中代表，這

---

① （宋）吕本中：《童蒙訓》卷中，《吕本中全集》本，第 994 頁。
② （宋）吕本中：《童蒙詩訓》，《宋詩話輯佚》本，第 602 頁。
③ （宋）吕本中：《童蒙詩訓》，《宋詩話輯佚》本，第 602 頁。
④ （宋）吕本中：《童蒙詩訓》，《宋詩話輯佚》本，第 605 頁。
⑤ （宋）吕本中：《童蒙詩訓》，《宋詩話輯佚》本，第 599 頁。
⑥ 張毅：《宋代文學思想史》，第 152 頁。
⑦ （宋）司馬光：《馮亞詩集序》，《司馬光集》卷六十四，四川大學出版社，2010，第 1332 頁。

又彰顯了作爲價值理性之“道”對片面求“技”的反撥。因此，蘇軾主張“技”“道”兩進，彌合工具理性與價值理性，其《跋秦少游書》云：“技進而道不進，則不可，少游乃技道兩進也。”[①]《書李伯時山莊圖後》云：“雖然，有道有藝。有道而不藝，則物雖形於心，不形於手。”[②]至於道，則顯然屬於主體内在精神的範疇。而黄庭堅則將“道”引向了儒學，如其勸誡洪芻曰：“然孝友忠信，是此物（學問文章）之根本。”[③]《國經字説》中亦言：“忠信以爲經，義理以爲緯，則成文章矣。”[④]至吕本中，則“道”之内涵又生出變化，其認爲先秦文獻中人物語言典雅，乃“當時聖人餘澤未遠，涵養自別，故詞氣不迫如此”，出言的典雅，在於沾染“聖人餘澤”。

因此，在黄庭堅之後，江西宗派諸人論詩，主體精神漸漸由隱而顯，且更具自覺性，雖與蘇黄之持論接近，但其關於主體精神的理解則發生了變化，由蘇軾不繫於物的任運自在，轉而爲黄庭堅的狷介自守，又轉而爲氣象平和。這既是“道”“技”辯證關係的發展在詩論領域的投映，又體現了理學對文學的滲透。

---

① （宋）蘇軾：《蘇軾文集》卷六十九，第 2194 頁。
② （宋）蘇軾：《蘇軾文集》卷七十，第 2211 頁。
③ （宋）黄庭堅：《與洪駒父書》其一，《黄庭堅全集·外集》卷二十一，第 1365 頁。
④ （宋）黄庭堅著，劉琳、李勇先、王蓉貴校點《黄庭堅全集·正集》卷二十四，第 623 頁。

第二章 前期江西宗派諸人儒釋淵源與詩論形成

江西詩派諸人與其前輩詩人及前代詩人不同的一個顯著特點，即文苑儒林界限模糊，皆游於當時著名學者門下，全祖望即曰："因念世之操論者，每言學人不入詩派，詩人不入學派，吾友杭堇浦亦力主之。獨以爲是言也，蓋爲宋人發也，而殊不然。張芸叟之學出於橫渠，晁景迂之學出於涑水，汪清谿、謝無逸之學出於滎陽呂侍講，而山谷之學出於孫莘老，心折於范正獻公醇夫，此以詩人而入學派者。楊尹之門而有呂紫微之詩，胡文定公之門而有曾茶山之詩，湍石之門而有尤遂初之詩，清節先生之門而有楊誠齋之詩，此以學人而入詩派者也。"① 全氏之論，準確地指出了江西詩派諸人不僅以詩人自居，而且有吸收時代學術成果的學人意識。他們於學術上相互勉勵，自覺傳承伊洛淵源。而與此一時期學術發展上融通儒釋之趨勢相一致，他們對儒學、佛學皆表現出了極大的興趣。

江西詩派中除祖可、善權以及後來出家的饒節三位衲子外，其餘諸人亦與佛教淵源頗深且佛學造詣頗高，如惠洪稱讚李彭曰："予至石門，杲禪出商老詩偈巨軸，讀之茫然，知此道人蓋滑稽翰墨者也，又欲入社作雲庵客，試手說禪，便吞雲門臨濟，如虎生三日，氣已食牛。"② 此外，徐俯師從靈源惟清、圓悟克勤，謝逸與黃龍派詩僧惠洪、韓駒與大慧宗杲皆交往頗深。兼具詩人、學者兩重身份的江西詩派諸人對於儒釋學說的研習，不僅是爲了尋得心靈之安頓、精神之解脫，還有從中汲取養分以滋養自己之人格精神、提升自我之人生境界的自覺意識，更有將儒釋學說的研習與文學創作建立聯繫的自覺意識。尤其理學所强調的對主體情性、日常行爲的規範以及理學所培養起的對生命體驗、精神境界追求

---

① （清）全祖望：《寶甋集序》，《鮚埼亭集》卷三十二，《四部叢刊初編》本，第 341 頁下 ~342 頁上。
② （宋）惠洪：《跋李商老詩》，《石門文字禪》卷二十七，《四部叢刊初編》本，第 304 頁上。

的重視，不可避免地對士大夫的審美情趣、價值追求等方面産生深刻的
影響，使其詩論的生成過程及特點皆帶有較明顯的理學趣味。

第一節　江西詩派實踐哲學特點與詩歌書寫内容轉變

吕本中《江西宗派圖》曰："元和以後至國朝，歌詩之作或傳者，
多依效舊文，未盡所趣。惟豫章始大出而力振之，抑揚反覆，盡兼衆
體，而後學者同作並和，雖體制或異，要皆所傳者一。"[①] 吕氏認爲在他
生活的北宋後期，黄庭堅是詩壇師法的對象，反映了北宋後期詩壇普遍
學黄的事實。北宋後期詩人學黄原因複雜，歷來論者多認爲是黄庭堅詩
歌創作有迹可尋，但黄庭堅之所以能成爲後學師法之典範，從根本上來
講是其人格精神切合了時代要求。而處於當時人格精神、内在修養對文
學創作具有決定作用的文論環境下，江西詩派諸人對黄庭堅這一審美範
式的選擇，亦昭示了其詩美追求與黄氏聯繫緊密的特點。因而欲考察江
西詩派審美範式之選擇及其詩美追求，必須對其人格精神之塑造及内在
修養特點進行探討。而欲探討人格精神之塑造及内在修養特點，其儒釋
淵源及融通儒釋之方式則爲至關重要之環節。

一　江西詩派諸人儒學淵源及修養工夫特點論析

江西詩派諸人中汪革、謝逸、謝薖、饒節、吕本中皆爲吕希哲門
人，入"滎陽學案"，吕本中《童蒙訓》卷中載："崇寧初，滎陽公謫居
符離……饒德操節、黎介然確、汪信民革時皆在符離。每公疾病少間，
則必來見公而退，從楊公、趙公及公之子孫游焉。亦一時之盛也。"[②] 卷
下載："崇寧間饒德操節、黎介然確、汪信民革，同寓宿州，論文會課，
時時作詩，亦有略詆及時事者。滎陽公聞之，深不以爲然。時公疾病方
愈，爲作《麥熟》《繰絲》等曲詩，歌詠當世，以諷止饒、黎諸公。諸
公得詩憇懼，遽詣公謝，且皆和公詩。"[③] 從吕本中回憶來看，謝逸、饒
節、汪革等人早年即從吕希哲游，且其思想受吕希哲影響較大，《宋元
學案》評謝逸、謝薖兄弟曰："謝逸與弟薖皆學于侍講，當事以八行薦，

---

① （宋）胡仔:《苕溪漁隱叢話·前集》卷四十八所引，第 327 頁。
② （宋）吕本中:《童蒙訓》卷中，《吕本中全集》本，第 995 頁。
③ （宋）吕本中:《童蒙訓》卷下，《吕本中全集》本，第 1000 頁。

無逸力辭，兄弟終身老死布衣，其高節蓋得侍講之力。”①

余英時先生認爲：“理學家都深信王安石的失敗主要由於‘學術不正’；在這一理解下，他們努力發展‘内聖’之學，以爲重返‘外王’奠定堅固的精神基礎。‘外王’必自‘内聖’始，終於成爲了南宋理學家一個根深蒂固的中心信念。”②其實余先生所論之儒學發展的‘内聖’趨勢，在北宋後期已初現端倪。吕希哲之思想一大特點即高度重視“内聖”工夫，重視人格精神的塑造，在涵養工夫的闡發體悟方面著力甚多，《伊洛淵源録》卷七“吕侍講”中載：“公爲説書凡二年，日夕勸導人主以修身爲本，修身以正心誠意爲主，心正意誠，天下自化，不假他術。”③而吕希哲對於修養工夫的具體論述，則帶有與佛學相近的色彩，《伊洛淵源録》中載其“未嘗專主一説，不私一門。務略去枝葉，一意涵養，直截徑捷，以造聖人。”這與禪宗之强調通過自己的實證實悟，將經典中所論述抑或别人所傳授之禪理轉化爲個人經驗，有著相似之處。而其“直截徑捷”則與禪宗强調瞬間體悟是個人證悟過程中外在知識轉化爲個人體驗的關鍵，有著相通之處。書中又載：“公自少年，既從諸老先生學，當世善士悉友之矣。晚更從高僧圓照師宗本、證悟師修顒游，盡究其道，别白是非，斟酌深淺，而融通之。然後知佛之道與吾聖人合，本中嘗問公：‘二程先生所見如此高遠，何以却佛學？’公曰：‘只爲見得太近。’”④朱熹評其曰：“《吕公家傳》深有警悟人處，前輩涵養深厚乃如此。但其論學殊有病，如云‘不主一門，不私一説’，則博而雜矣。如云‘直截勁捷，以造聖人’，則約而陋矣。舉此二端，可見其本末之皆病。此所以流於異學而不自知其非邪？”⑤朱熹之論正指出了吕希哲在修養工夫的論述上兼具儒釋特點這一事實。

程顥、程頤以“天理”爲宇宙最高規律，以之爲一切實在的最終本性。程顥云：“吾學雖有所受，天理二字却是自家體貼出來。”⑥同時又對“天理”與萬物之關係予以了標示，程顥認爲：“《中庸》始言一理，中

---

① （清）黄宗羲著，（清）全祖望補修，陳金生、梁運華點校《宋元學案》卷二十三“滎陽學案”，第 911 頁。
② 余英時：《朱熹的歷史世界》，第 420 頁。
③ （宋）朱熹：《伊洛淵源録》，《叢書集成初編》本，第 66 頁。
④ （宋）朱熹：《伊洛淵源録》，《叢書集成初編》本，第 67 頁。
⑤ （宋）朱熹：《答林擇之》，《晦庵先生文集》卷四十三，《朱子全書》本，第 1970 頁。
⑥ （宋）程顥、程頤著，王孝魚校點《二程集·河南程氏外書》卷十二，第 424 頁。

散爲萬事，末復合爲一理。"①此即"理一分殊"。程頤以理作爲支配事物發展變化的最高規律，而事物則是理的表現，理爲體而事爲用，體用是統一的，體存在於用之中，用爲體的表現。在此基礎上，程頤提出了格物窮理和持敬的修養理論，爲後學指明了向上一路。吕希哲沿著二程關於體用的論述而展開自我思考，就其具體的修養理論展開進一步的探究，強調通過實踐證入本體，更爲關注自我精神的安頓與人生境界的提升。吕希哲認爲："祖孔子而宗孟軻，學之正也，苟異於此，皆學之不正也。先致其所知，然後修身，其爲功也易。蓋有知之而不能行者矣，雖然不免爲小人也。先修其身，然後求致其所知，其爲功也難。蓋有強力而行，而所知未至者矣，雖然，不害爲君子也。其所患者，誠身有道，不明乎善，則有流而入於異端者焉。知譬則目也，行譬則足也。"②吕希哲認爲先"修其身"，即先從實踐做起，則不存在知行脱離的問題，不害爲君子。但存在因知識瞭解的不足，或許導致境界略低的問題，亦存在因見識低下而流入佛禪異端的可能。吕希哲所處時期，二程對"天理"的本體論建構基本完成，因此吕希哲認爲爲學之要乃在於達到自我所思所慮、一舉一動與"天理"冥合的狀態，此爲修養之要，亦是主體實現心靈安頓的關鍵。吕本中則在吕希哲的基礎上更強調主體的先驗性及其表現，如："孝弟者，人之本心。親生之膝下以養，父母日嚴，孩提之童無不知愛其親者；及其長也，無不知敬其兄也。然則愛親、敬兄之心，心之本如此，無有絲毫偏者，非勉強而爲之也。故聖人因嚴以教敬，因親以教愛，皆因其所固有而導之爾。仁者，身之本體也。孝弟，爲仁之本基而充之爾。"③吕本中認爲仁乃主體先驗性的表現，而躬行孝悌則爲求仁之方。同時吕本中指出："性與天道要在以心聞……天道即天理也。"④吕希哲、吕本中對於具體修養工夫的闡述無甚獨到之處，亦是當時儒者所強調。但其少談本體，而多論工夫，則無疑隱含視天理爲已然不須辨析之本體，他們缺乏對本體的探究興趣，而強調通過實踐工夫而證入本體。

程顥云："某自再見茂叔後，吟風弄月以歸，有'吾與點也'之

---

① （宋）程顥、程頤著，王孝魚校點《二程集·河南程氏遺書》卷十四，第140頁。
② （宋）吕希哲：《吕氏雜記》卷上，《景印文淵閣四庫全書》第863册，第210頁下。
③ （宋）吕本中：《紫微雜説》，《吕本中全集》本，第1118頁。
④ （宋）吕本中：《紫微雜説拾遺》，《吕本中全集》本，第1177頁。

意。"① 其學顯然具有生命體驗的特徵，不難看出，程顥認爲儒學修養應該將修養主體導向實踐，導向個體的生活體驗，而非僅僅於修養中抽象出枯燥的概念。這需要通過個體經驗體認的方法而達到，它要解決的不是與對象思維有關的知識論的問題，而是在無思無慮的存在境域中，消解一切生命的障蔽，以超邏輯、超理性的方法，直接透過意識層面契入心性本體，究其本質，這是一種生命體驗的工夫。因此，吕希哲、吕本中祖孫之學及江西詩派諸人之儒學修養，皆有明顯朝著實踐哲學發展的方向，他們懸置了對"天理"本體的探究，而將注意力全部灌注於生命體驗方面，力圖通過內在的修養體味孔顏樂處，達到"吾與點也"之生命超越境界。其實踐哲學著眼於個體精神的安頓，其走向是單一的，即只有工夫證入本體的部分，而缺失了由本體開出工夫的部分。這固然造成了吕希哲及其後學江西詩派諸人混同儒釋、援釋入儒的學術選擇，但也使他們的學術視野更加開闊，學術體系更加開放，對於佛禪學説對中國文化的貢獻能予以更爲客觀的評價。

　　江西詩派諸人一方面以伊洛淵源之傳承者自居；另一方面著力於佛禪學説的研習，其著眼點與目的，則在於將佛禪證悟方式與儒家修養工夫相融通，尋繹佛禪修行與儒家"反求諸己"修養工夫的內在相通，以期打通禪家證悟方式與儒家修養方式。這種思路乃北宋中葉以來儒學修養工夫探究中之常見命題，如周敦頤令程頤、程顥"尋孔顏樂處，所樂何事"，吕希哲曰："後生初學，且須理會氣象。氣象好時，百事自當。"② 皆是著眼於打通儒佛修行方式，融通儒佛追慕境界。受此與佛學淵源深厚之濂溪、滎陽學派影響，江西詩派諸人之學佛亦著眼於此，而其此種自覺意識亦反映在了其詩歌創作中。

二　生命體驗：江西詩派諸人禪學修養特點

　　如前所述，江西詩派諸人的實踐哲學賦予其開放的學術思維，其通過實踐工夫而證入本體的思路，使其對佛禪學説的借鑒順理成章。江西詩派諸人與佛禪學説淵源甚深，其中以謝逸、李彭、韓駒、饒節爲最。惠洪《冷齋夜話》載："朱世英爲撫州，（謝逸）舉八行，不就，閒居多

───────────

① （宋）程顥、程頤著，王孝魚校點《二程集·河南程氏遺書》卷三，第 59 頁。
② （清）黃宗羲著，（清）全祖望補修，陳金生、梁運華點校《宋元學案》，第 904 頁。

從衲子游，不喜對書生。"① 謝逸曾作《圓覺經皆證論序》，亦曾爲惠洪作《林間録序》，而《佛祖歷代通載》亦載李彭爲大慧宗杲撰寫十首尊宿漁夫歌事，其禪學修養亦得到了惠洪之印可，惠洪並以"道人"稱之。韓駒則與大慧宗杲交往頗深，《雲臥紀譚》載："待制韓公子蒼與大慧老師厚善，及公僑寓臨川廣壽精舍，大慧入閩，取道過公，館於書齋幾半年。晨興相揖外，非時不許講，行不讓先後，坐不問賓主，蓋相忘於道術也。"② 饒節則參香巖智月禪師有得而祝髮出家，其寄吕本中書云："佛言一大事因緣，豈欺我哉！便向山河大地，草木叢林，墻壁瓦礫，雞鳴狗吠，著衣喫飯，舉手動足處，一一見本來面目。始悟無始以來，生死顛倒，爲物所轉。到這裏，如燈破暗，一時失却，豈不是無量大緣乎？"③ 其後饒節曾駐錫於杭州靈隱寺，講法於襄陽天寧寺，儼然成了禪林高僧。

　　江西詩派諸人研習佛禪學説有頗多共同處。首先，在佛教師承上，因江西詩派諸人中江西籍者或居於江西者較多，加之北宋江西禪宗黄龍派大盛的地域文化特點，故其所師承之禪宗宗師大多出自黄龍派。如謝逸與惠洪交往頗深，並爲惠洪作《林間録序》，李彭爲湛堂文準之俗家弟子並與大慧宗杲交情頗深，而韓駒、饒節等亦與宗杲爲至交，其受黄龍派影響則爲不可避免之事。黄龍派秉承臨濟宗之機鋒峻烈宗風，以"黄龍三關"啓引後學④，鈴木大拙認爲"禪存在於個人的一切經驗之中"，並指出禪之意義"只有經過長時間的訓練能夠洞察該體系的人才能明白其終極的意義。而且洞察所獲得的也不是所謂的'知識'，而是真實的日常生活的體驗"⑤。並進一步論述曰："禪本身没有經典的、獨斷的教義，如果一定説禪有什麽訓誡，那也都是從人們各自的心中産生出來的。"⑥ 黄龍惠南之設三關向學者發問，目的乃是用此新奇、峻烈方式，打亂參學者之定勢思維使其進入茫然無措之狀態，然

---

① （宋）惠洪：《冷齋夜話》，《稀見本宋人詩話四種》本，第 92 頁。
② （宋）曉瑩：《雲臥紀譚》，《卍新纂續藏經》第 86 册，第 663 頁下。
③ （宋）正受編《嘉泰普燈録》，《卍新纂續藏經》第 79 册，第 369 頁上。
④ 《五燈會元》載："師室中常問僧曰：'人人盡有生緣，上座生緣在何處？'正當問答交鋒，却復伸手曰：'我手何似佛手。'又問諸方參請，宗師所得，却復垂脚曰：'我脚何似驢脚？'三十餘年，示此三問。學者莫有契其旨。脱有酬者，師未嘗可否。叢林目之爲黄龍三關。"普濟編《五燈會元》卷十七，第 1108 頁。
⑤ 〔日〕鈴木大拙：《禪者的思索》，朱也譯，中國青年出版社，1989，第 6 頁。
⑥ 〔日〕鈴木大拙：《禪者的思索》，第 11 頁。

後引導參學者本自個人修行的體驗，使其結合切身體驗而對超越生死輪回、凡聖不二、無心即道等禪理有全新感想，從而將禪意佛理由學理性的瞭解轉變爲與個體修行之經驗實現對接，由此實現對禪理體悟上的提升。簡言之，這種峻烈的方式，目的是加速後學將學理性瞭解的禪理與個體經驗對接，即讓後學將別人所灌輸的禪理，通過調動對自己修行經驗的體味，而轉化成自我所體悟到的禪理。這也是禪宗一方面言説“佛法無用功處”；另一方面用超越邏輯思維之言語、方式啓引後學的原因。

延至北宋中後期，隨著士大夫佛學水平的普遍提高，禪宗中人側重通過明心見性、參話頭式的悟道方式來吸引士大夫[1]，即側重以宗教體驗來吸引士大夫。在這種情況下，江西詩派諸人之學佛亦帶有强烈的禪宗特色，即極爲强調從個人體驗的角度來體悟禪理，將學理性的瞭解轉化爲個體親證後的經驗，推崇無心即道的生存方式。《僧寶正續傳》卷六“徑山杲禪師”中載：“時李彭商老參道於準，師適有語曰：‘道須神悟，妙在心空。體之不假於聰明，得之頓超於聞見。’李歎賞曰：‘何必讀四庫書然後爲學哉！’因此爲方外交。”[2]宗杲之論即强調親證，即要擁有自我切身體驗，而李彭對宗杲的讚許，也正彰顯了宗杲之論深契其意這一事實。《歷朝釋氏資鑑》載：“（韓駒）嘗問道於草堂清禪師，致書云：‘近閱傳燈，言通意料，頗合於心。但世緣萬緒，情習千端，未易消釋，須有切要明心處，毋恡指教。’清答云：‘欲究此事，善惡二途皆勿萌於心，能障人智眼文字亦不必多看，塞自悟之門。’子蒼得此嚮導，述意云：‘鐘鼎山林無二致，閑中意趣静中身。都將聞見歸虛照，養性存心不問人。’師得之大喜。”[3]草堂善清即以“自悟”導引韓駒，其關於不看“智眼文字”、不應萌心於善惡二途的論述，亦是啓示韓駒應排除外界之干擾，以自我之生活經驗去體驗之。而韓駒“養性存心不問人”之語，亦顯示了他對於善清訓誡的準確理解。

注重參禪過程中的實證實悟，其目的則是使學人將無心即道的禪理轉化爲自己所擁有的個人經驗，從而達到隨緣任運的自在自爲境界。黃龍三關中之“我脚何似驢脚”即啓示學人應無思無慮方能進入自在自爲

---

① 參見拙文《北宋中後期文人學佛變化趨勢及原因論析》，《廈門廣播電視大學學報》2020 年第 4 期。
② （宋）祖琇：《僧寶正續傳》，《卍新纂續藏經》第 79 册，第 577 頁中。
③ （宋）釋熙仲：《歷朝釋氏資鑑》，《卍新纂續藏經》第 76 册，第 246 頁上。

之境界。在江西詩派諸人關於禪學體悟的論述中，亦多有對無心即道這一禪理之體悟的書寫。以詩爲例：

攀條弄藥不須忙，家有名園飲辟疆。但得胸懷了無累，塵中賓主可相忘。①

君參雲門禪，不遠爲君説。千里訪衰翁，草鞋三寸雪。此間禪亦無，一味有衰拙。乞君煮菜方，歸與雲門啜。②

孤舟泛湛水，心法已圓融。詩律期三昧，庵居役二空。住山須拙斧，閱世任寒蓬。慢著尋幽屨，雪泥殊未通。③

丹霞到了被人謾，選佛何曾異選官。爭似白雲無事客，茅簷冬日臥蒲團。④

其一意在説明胸中了無掛礙，則自可忘記座中誰爲賓誰爲主，亦可忘却世間之煩惱紛爭，從而便可自由縱橫、了無牽掛。其二詩人面對遍參叢林的友人，以"此間禪亦無"來應之，目的在於彰顯自己所體味到的無心即道之禪理，無思無慮，忘却世間所有即能獲得精神的安頓，道須反求諸己，何必外求？其三詩人述説自己心法圓融、了無掛礙，惟以作詩自娛，而"庵居役二空"則是言明自己不但將人生世事看作虛幻不實，即便連往昔所追尋、思慮之道亦看作空無。言下之意則是無心於世事，亦無心於禪悟，而後其又通過頸聯用比喻手法進一步言説之。其四詩人通過對丹霞天然禪師"選官何如選佛"之事的活用，言明若未能明瞭無心即道之理，即使是選佛，亦是墜於無明窟中。

要之，江西詩派諸人之習禪，側重於在具象的觀照中深入體味自我內心狀態，強調生命體驗中瞬間所得的重要作用，其多在詩歌中書寫自我親身體悟到的無心即道之禪理。

---

① （宋）謝逸：《和智伯絶句》其四，《溪堂集》卷五，《景印文淵閣四庫全書》第1122冊，第508頁下。

② （宋）韓駒：《謝彰上人遠自雲門見訪》，《陵陽集》卷二，第783頁下。

③ （宋）李彭：《次文虎韻戲暉書記》，《日涉園集》卷七，《景印文淵閣四庫全書》第1122冊，第673頁下。

④ （宋）饒節：《偶作》，《倚松詩集》卷二，《景印文淵閣四庫全書》第1117冊，第256頁下。

三　江西詩派諸人融通儒釋之實踐哲學特徵的文學表現

　　江西詩派諸人以詩名世，同時又有著儒學修養的自覺意識，這使其詩歌既有關於出處進退的價值選擇書寫，又有關於日常生活觀照中之生命體驗的詩化表達。其生命體驗多是於日常事物觀照中獲得的對道的瞬間感悟，抑或是對自我抱道而居之安閒自得狀態的書寫。李彭《和連雨獨飲》、《次九弟韻兼懷師川二首》其二乃其中代表：

　　　　力田勝巧宦，燕息自超然。懶覷竹素書，俯仰丘壑間。時時過祇園，亦復舞胎仙。偶然得歡趣，舉觴望青天。六鑿自無競，歘見象帝先。羲皇隔晨炊，坐見淳風還。磨蠍不少留，鼎鼎遂百年。但得會心侶，相對兩忘言。①

　　　　鴈回落雁渚，菊帶傲霜華。稍過郊墟雨，猶鳴官地蛙。層空聽隼擊，俯杖看蜂衙。妙趣誰能解，懷人天一涯。②

　　前詩大體是閑居自得之意的書寫，而其"六鑿自無競，歘見象帝先"，則是對自己在瞬間所感悟到的毫無掛礙、湛然澄明之心境的書寫。後者先寫眼前所見，秋雨過後郊原一派清爽之象，遠處雞群歸自雁渚，目下秋菊傲霜挺立，入耳有蛙鳴發於池塘，縱目有蒼鷹翔於穹宇。在對這些秋日物象的觀照中，詩人所感受到的"妙趣"就是抱道而居的安閒自得。詩人亦是將瞬間感悟用詩歌之形式言說之。同樣的對道之瞬間體悟的書寫，亦在呂本中詩歌中多次出現，其《新冬》之前半曰："西風吹禾黍，落日在陌巷。杖藜訪新冬，霜樹眇空曠。人煙村舍西，行旅古原上。晚山晴更好，秀色常在望。居閒得真趣，日欲就疏放。"③其自得安閒的心性在萬物生機中得到了證悟。而其《夏日書事》亦是在閑居觀照中，對自己心性證悟的書寫，其末句云："千秋陶淵明，此意渠亦會。"④而其《睡》內涵更爲豐富，詩曰："終日題詩詩不成，融融午睡夢

---

① （宋）李彭：《日涉園集》卷一，《景印文淵閣四庫全書》第1122冊，第617頁下。
② （宋）李彭：《日涉園集》卷七，《景印文淵閣四庫全書》第1122冊，第673頁下。
③ （宋）呂本中：《東萊詩集》卷二，《景印文淵閣四庫全書》第1136冊，第690頁下。
④ （宋）呂本中：《東萊詩集》卷一，《景印文淵閣四庫全書》第1136冊，第683頁上。

頻驚。覺來心緒都無事，牆外啼鶯一兩聲。"①題詩不就，睡夢頻驚，覺來心窗通透，了悟掛礙，惟聞黃鶯之嬌啼。題詩不就的過程化爲被捕捉到的詩境，亦將作者此時所體悟到的自我與萬物各得其是的欣然包含在內。《性理大全書》中載："明道書窗前有茂草覆砌，或勸之芟，曰：'不可，欲見造物生意。'"程顥對階前茂草的觀照，與江西詩派諸人強調觀照外物時的瞬間體悟有相同之處，正如周裕鍇先生所論："由於強調觀物過程中'自家意思'與'造物生意'的契合，即主體與客體的生命的美感，因此從本質上來說是一種詩化的證道方式，與審美的移情現象並無二致。"②

江西詩派諸人之實踐哲學強調實證實悟之過程，強調道體與個體生命體驗的彌合，反映在文學創作中，就是對治心養氣之修養工夫的重視及對污濁現實的疏離，在對污濁現實的清醒認識中明確自我堅守的意義，在治心養氣中充盈自我之精神。這是江西詩派諸人文學書寫的主要內容之一。謝逸在其《浩然齋記》中寫道：

　　士大夫平居燕間，望其容貌肅然以正，若不可屈以非義。聽其論議，高妙超然，遠出乎塵垢之外；觀其趨操，淡然不以名利爲懷，視天下之事，無足動其心者。一旦臨利害而驚，事權貴而佞，處富貴而驕，不幸而貧且賤焉，則憔悴失志，悲歌自憐，若天壤之間無所容其軀，是何者？不善養氣故也。蓋善養氣，然後不動心，不動心，然後見道明，見道明，然後坐見孟子於墻，食見孟子於羹，立則見其參於前者，無非孟子也。③

謝逸將士大夫臨利害而動心的原因歸結爲"不善養氣"，而謝逸關於"善養氣"之具體的外在表現的論述，則反映了他堅守儒者之道的明確意識。其《介庵記》亦是對此堅守儒者之道的言説："非其道不仕，非其賢不友，非其利不取，初若不合於世也，苟有合焉，確乎其不可拔

---

① （宋）呂本中：《東萊詩集》卷一，《景印文淵閣四庫全書》第1136册，第687頁上。
② 周裕鍇：《宋代詩學通論》，第365頁。
③ （宋）謝逸：《浩然齋記》，《溪堂集》卷七，《景印文淵閣四庫全書》第1122册，第522頁下~523頁上。

也，屬屬乎其不可間也，膠漆不足以爲固也，金石不足以爲堅也。借不合於今之世，其必合於後世矣。是其合，果不在乎通，而在乎介也。"[1]其所言之"介"，實則以儒者之道作爲自己立身處世之標準。同樣的論述在其詩歌中亦有之，其《和王立之見贈四首》其三曰："善養浩然氣，外澤心不癯。"其《端溪硯》詩，雖是寫物，但最終旨歸是心性修養："德重不傾側，中虚且淵静。置之案几間，吾身日三省。"李彭對此之自覺性亦十分强烈，其詩中多有對堅守儒者之道的書寫，如："養氣如晴虹，照映塞外春。""嚴霜知勁柏，大節見固窮。懷人居白下，抱道立黄中。""幽懷烏鳥樂，世故馬牛風。"韓駒《陽羨葛亞卿爲海陵尉作茸春軒余爲賦之》一詩在稱讚友人之品格時曰："青衫猶作布衣心，朱門却有田居樂。……甘窮自許元次山，蹈海還尋魯仲連。"而其《行次汝墳次韻悼夫天慶觀檜》一詩，則是通過對松不爲節序而變色之書寫，突出自己堅守儒者之道的自覺意識："紛紛物態逞，檜獨不自奇。雨露長鶴骨，風霜瘦龍皮。要經摧暴力，豈顧合抱遲。雖無艾納香，不著寄生枝。結根已千丈，凛凛誰寒之。"江西詩派諸人對儒者之道的堅守，其目的乃在於通過此種堅守，使道内化爲生命之一部分，將對道之理解由學理層面轉化爲個體的親身經驗，使自己之行爲在不自覺中符合道之要求，由此進入一個隨心所欲而不逾矩的境界，以之實現精神的安頓與對污濁現實的超越。

而關於融通儒釋所追慕之境界方面，江西詩派諸人的理學淵源使他們傾向於將學禪所體悟到的無心即道的隨緣任運境界，與儒家抱道而居、自得其樂的"孔顏樂處"境界相打通。《論語·先進》載孔子問諸門人之志，曾子曰："莫春者，春服既成，冠者五六人，童子六七人，浴乎沂，風乎舞雩，詠而歸。"[2]而在宋代理學家眼中，曾點之志則是一種理想的人生存在方式，如《伊洛淵源録》中載："學者須是胸懷擺脱得開始得。不見明道先生鄠縣主簿時有詩云：'雲淡風輕近午天，傍花隨柳過前川。時人不識予心樂，將謂偷閒學少年。'看他胸中直是好，與曾點底事一般。"[3]程顥之詩書寫自己從觀照外物中所感受到的生命欣

---

① （宋）謝逸：《介庵記》，《溪堂集》卷七，《景印文淵閣四庫全書》第 1122 册，第 523 頁上 ~523 頁下。

② （宋）朱熹：《四書章句集注》，第 130 頁。

③ （宋）朱熹：《伊洛淵源録》卷三，《叢書集成初編》本，第 27 頁。

悦，謝良佐將其比作曾點之志，正反映了宋人對此內聖精神追求的重視，而其內聖之追求就是抱道而居，將儒者之道內化爲生命之一部分，達到隨心所欲不逾矩的自在自爲境界。江西詩派諸人對此體會頗深，韓駒《陶氏一經堂詩並叙》：“夏侯勝曰：‘學經不明，不如歸畊。’使經明而歸畊，亦何不樂之有？觀勝之意，但欲射策取卿大夫而已，陋哉不足道也。”①韓駒之意即是強調若道存於胸中，無往而不適，也就是對抱道而居自爲可樂之事的言説。而這一精神追求在江西詩派諸人之詩歌中多次顯現。

　　無客且閉門，有興即賦詩。盤餐隨厚薄，妻兒同飽饑。讀書不求解，識字不必奇。拂榻卧清晝，隱几消良時。林鶯韻古木，萍魚闖幽池。敝廬亦足樂，陶令真吾師。②

　　寺近仙壇西復西，醉中信足路應迷。鳴條風勁凋蒲柳，掠岸雲低亂鸛鷖。簷外檀欒森翠巘，門前嵂屼跨清溪。葛巾藜杖真蕭散，何必狨鞍鞊月題。③

　　曩時阮步兵，韜照每沉醉。是身託麴蘖，真若有所避。誰知名教中，固自多樂地。花氣雜和風，相我曲肱睡。④

　　有宅一區聊解嘲，清風歷歷自鳴瓢。買山作隱吾無取，爲黍殺雞何用招。魚托么荷障斜日，籜隨新竹上層霄。笥中已了一生事，倒屍安能求度遼。⑤

　　第一首詩中，詩人之所以能不以飽饑爲憂，安於鄉居生活，原因在於其通過儒釋之修養工夫而使道內化爲生命之一部分，從而達到了隨心所欲、自在自爲境界。第二首詩亦是對到存於心中而無往不可之境界的書寫，而尾聯對此“葛巾藜杖”之蕭散生活的滿足，對縱馬飛

---

① （宋）韓駒：《陵陽集》卷二，第 778 頁下。
② （宋）謝逸：《敝廬遣興》，《溪堂集》卷一，《景印文淵閣四庫全書》第 1122 册，第 481 頁下。
③ （宋）謝逸：《和陳仲邦野步城西》，《溪堂集》卷四，《景印文淵閣四庫全書》第 1122 册，第 499 頁上。
④ （宋）李彭：《謝靈運詩云：“中爲天地物，今成鄙夫有。”取以爲韻遣興作十章兼寄雲叟》其四，《日涉園集》卷二，《景印文淵閣四庫全書》第 1122 册，第 629 頁下。
⑤ （宋）李彭：《卜居》，《日涉園集》卷八，《景印文淵閣四庫全書》第 1122 册，第 681 頁下。

馳之輕狂快意生活的揚棄，則凸顯了内聖之學對士子崇尚沉静平和之人生境界的影響。第三首詩則通過對阮籍佯狂乖張人生態度的批評，反襯出詩人對阮籍人生境界的超越，而這一無往而不自在的人生境界，正是詩人將道内化爲生命之一部分後所達到的。第四首詩，詩人沐浴在歷歷清風中，在對夕陽斜照中之荷葉、聳入雲霄之翠竹的觀照中，發出了一生之事已了的暢快吟唱，此亦是其抱道自居之安閑自得情懷的流露。

綜上所述，江西詩派諸人在融通儒釋上，繼承了濂溪、滎陽理學淵源，注重打通儒釋修行方式之界限，具體之理路就是將禪家所强調的道須實證實悟，引入儒家修養工夫中，使對儒者之道的理解由學理層面，轉化爲自我之親身體驗。並且，江西詩派諸人的禪學背景，使他們頗爲重視瞬間感觸在將道之認識轉化爲個體經驗中的重要性。此外，在所追慕之人生境界上，他們亦著力於將儒者之道與禪家之道實現融通，具體而言，就是强調通過修養工夫將道内化爲生命之一部分，從而達到隨心所欲而不逾矩的境界。這與禪宗通過親身體驗明瞭無心即道而達到的隨緣任運境界，具有極大的相通處。

四　實踐哲學向度下的人格範式選擇與詩美追求生成

伍曉蔓先生在其《江西宗派研究》一書中指出："'治心養氣'的人格修養，是理解黄庭堅讀書、爲文的關鍵，這與時代理學精神相通，是一種有典範意味的文化品格的建立。相對他來説，蘇軾激論天下事的文化人格，更多的是具有承前的意義。"[1] 而黄庭堅治心養氣的具體實踐則體現在其融通儒釋的努力中，其將學佛與儒學修養相融通的基本思路，則與江西詩派諸人相似處頗多，亦體現了當時文化發展的方向。正如王水照等先生所論："新變派詩歌中普遍而强烈的政治社會意識，到黄庭堅這裏大大减弱了，而新變派對個人日常生活的關注，尤其是歐陽修所注入的個人文化審美意識却大大增强而來。……黄庭堅從小接受儒道釋等各種思想教育，在政治形式日漸嚴酷的情况下，他的詩比王、蘇更加内斂而趨於個人文化生活感覺的表達，更多顯示出士人的審美情趣、價值取向，加上對技巧、法度、學力的重視，消釋了士人的激情，他將

---

[1]　伍曉蔓:《江西宗派研究》，第73頁。

'文人之詩' 改變爲 '學人之詩'，即所謂 '鍛煉精而情性遠' 的詩。"①
黃庭堅以其融通儒釋的思想特點及其學人之詩書寫士人審美品位、價值
取向的詩學取向成爲後學心目中的理想人格範式。

　　李彭在其《上黃太史魯直詩》詩中表達了對黃庭堅的傾慕："勤我十
年夢，持公一瓣香。聊堪比游夏，何敢似班揚。"而其所傾慕之黃庭堅
的品格，則是："長庚萬里去，大雅百夫望。老覺丹心壯，閑知清晝長。
珍蔬時入饌，荔子喜傳芳。世故跏趺遠，生涯嘯傲傍。甘爲劍外客，誰
念太官羊。"②頌揚黃庭堅以道爲精神依歸，在面對政治打壓之時，能保
持平和之心境。其中 "世故跏趺遠，生涯嘯傲傍"，則是對黃庭堅融通
儒釋而達此境界的認識。同一時期詩人高荷所作之《見黃太史》詩，稱
讚黃庭堅謫居時之精神狀態曰："別駕之戎叕，僑居傍葺菅。想知諸鳥
道，聞説異人寰。揚子家元窘，王維室久鰥。鵬來心破碎，猨叫淚潺
湲。達觀終難得，羈愁必易删。衆情相憫惻，靈物自恬憪。"③表達了他
對黃庭堅雖身在謫籍而無怨平和超越精神境界的由衷向往。

　　雖没有明確的文獻資料直接表明江西詩派中謝逸、饒節、韓駒等人
對黃氏人格精神的服膺，但他們的交游及互相砥礪，表明他們在立身
處世上與黃氏頗爲相近。如劉克莊評謝逸、謝邁昆仲曰："然弟兄在政、
宣間，科舉之外，有歧路可進身，韓子蒼諸人，或自鬻其技至貴顯，二
謝乃老死布衣，其高節亦不可及。"④其他如徐俯、汪革、吕本中等人皆
在立身處世上以高節顯於當時。而此數人與理學淵源頗深，並皆在佛學
研習上修爲頗深，這與黃庭堅以儒者之立場研習佛學、融通儒釋的思
想特點極爲接近。從中可以看出，黃庭堅人格精神塑造之人生境界追
求，符合當時文化發展之方向，代表一種典範意味的文化品格。因而，
黃庭堅之詩歌及其詩學思想在江西詩派中得到響應，並成爲其師法的對
象，深層次的原因正在於江西詩派諸人在人格精神塑造、所追慕之人生
境界上與黃庭堅相通。吕本中《童蒙訓》卷下載："紹聖、崇寧間，諸
公遷貶相繼，然往往自處不甚介意。龔彦和央貶化州，徒步徑往，以扇
乞錢，不以爲難也。張才叔庭堅貶象州，所居屋才一間，上漏下濕。屋

---

① 王水照等：《宋代文學通論》，第 113 頁。
② （宋）李彭：《上黃太史魯直詩》，《日涉園集》卷七，《景印文淵閣四庫全書》第 1122 册，第
　 677 頁下 ~678 頁上。
③ （清）厲鶚輯撰《宋詩紀事》卷三十三，上海古籍出版社，2013，第 861 頁。
④ （宋）劉克莊：《後村先生大全集》卷九十四 "序"，《四部叢刊初編》本，第 824 頁上。

中間以箔隔之，家人處箔內，才叔蹲屣端坐於箔外，日看佛書，了無厭色。凡此諸公皆平昔絕無富貴念，故遇事自然如此。如使世念不忘，富貴之心尚在，遇事艱難，縱欲堅忍，亦必有不懌之容、勉強之色矣。"① 呂本中對龔夬、張庭堅處憂不怨之平和淡然精神的盛讚，不僅道出了其所推崇之人格範式，而且指出了其實踐哲學之取向，即實現精神的安頓與對現實的超越，當時士人所塑造的黃庭堅形象可謂與其完全契合。

人格範式的確立對江西詩派諸人的詩美追求亦影響深遠。黃庭堅詩論之核心大致而言在於兩點：一爲人格精神、內在修養對文學創作具有決定作用；二爲對詩歌吟詠性情之作用的強調，反對怨懟怒張情緒形諸於詩歌。② 這種文學主張在江西詩派中得到了認同和應和，謝逸《讀陶淵明集》中描寫陶淵明曰："揮觴賦新詩，詩成聊自慰。初不求世售，世亦不我貴。意到語自工，心真理亦邃。"③ 謝逸認爲陶淵明詩的妙處即在於其心境的平和及人生境界的脫俗高妙。而饒節《寄趙季成鈐轄》一詩則在肯定文學創作的獨立價值的基礎上，將文學創作與作者內在修養看作水乳交融、不可分割的整體，詩云：

> 少年所學無不有，精研往往窮淵藪。不知用心能幾何，妙悟自然絕師友。德成而上藝爲下，此言端爲中流者。須知豪傑蓋不然，以德養藝斯又全。若分上下爲優劣，千金安得稱神仙。德爲本質藝其餙，表裏相資乃我德。④

同樣的論述還見於李彭《七夕》，詩之後半云："頗憐柳柳州，文字稍誇詡。昔在臺省時，模畫秘莫覩。奈何吐憤辭，投荒猶未悟。性與是身俱，巧拙有常度。何能謁以獲，詎有期而去。悠悠區中緣，當今愛

---

① （宋）呂本中：《童蒙訓》卷下，《呂本中全集》本，第1001頁。
② 關於前者，黃庭堅《與徐甥師川》其四曰："文章乃其粉澤，要須探其根本。本固則世故之風雨不能漂搖，古之特立獨行者，蓋用此道耳。"其《題子瞻枯木》云："胸中元自有丘壑，故作老木蟠風霜。"《題子瞻畫竹石》云："東坡老人翰林公，醉時吐出胸中墨。"關於後者，黃庭堅《書王知載〈胸山雜詠〉後》一文曰："詩者，人之情性也。非強諫爭於廷，怨忿訴於道，怒鄰罵坐之爲也。其人忠信篤敬，抱道而居，與時乖逢，遇物悲喜，同床而不察，並世而不聞。情之所不能堪，因發於呻吟調笑之聲，胸次釋然，而聞者亦有所勸勉。"茲不一一列舉。
③ （宋）謝逸：《溪堂集》卷一，《景印文淵閣四庫全書》第1122册，第477頁上。
④ （宋）饒節：《倚松詩集》卷一，《景印文淵閣四庫全書》第1117册，第221頁下。

體素。"① 李彭對柳宗元慣常將淒怨情緒形諸詩歌頗爲不然，他認爲士人應體認儒者之道並抱道而居，不應以世之見用與否爲意，即不應因己之不遇而戚戚然不獲安居。末句"當今愛體素"，則彰顯了他關於詩歌應體現主體平和心境的主張。謝逸《和王立之見贈四首》其三亦表達了詩歌應表現主體自在平和之精神風貌，而不是流於怨懟淒怨情緒之傾瀉的主張，詩之後半云："善養浩然氣，外澤心不朧。桃花自春風，何用賦玄都。"② 謝薖《初夏觀園中草木》一詩之後半曰："觀身要若蕉，衛足當如葵。節憐孤筠直，惡戒蔓草滋。天津白玉郎，看花驚洛師。吾人守環堵，草木相娛嬉。逍遙各自適，慎勿相唐嘘。"③ 強調主體應追求抱道而居之自在平和精神境界，不應因此身境遇之不佳而憤世嫉俗。

因而，江西詩派大多具有主體内在修養決定文學創作水平的自覺意識，亦主張詩歌應以書寫自我抱道而居之情懷爲主，遂造就了江西詩派諸人詩歌自在平和之整體風格特點。以詩爲例：

地僻市聲遠，林深荒徑迷。家貧惟飯豆，肉貴但羹藜。假貸煩鄰里，經營愧老妻。曲肱聊自樂，午夢破鳴鷄。④

戀花歇晝眠，汲泉醒午醉。潛筠雅相携，侵階那復避。微風過方塘，鬱鬱送荷氣。丘園群卉木，詮品識根柢。譬之足穀翁，贏縮在心計。借問有何好，是中固多味。⑤

庵外無人誰過前，老松千丈獨參天。煮茶春水漸過膝，却虎短墙才及肩。已退晚雲歸浩浩，未分芽菊競鮮鮮。客來問我何時住，笑指松枝數歲年。⑥

三詩皆寫作者之閑居生活，流露出的是作者平和閒雅、自在逍遥的

---

① （宋）李彭：《日涉園集》卷三，《景印文淵閣四庫全書》第 1122 册，第 641 頁下。
② （宋）謝逸：《和王立之見贈四首》其三，《溪堂集》卷一，《景印文淵閣四庫全書》第 1122 册，第 477 頁上。
③ （宋）謝薖：《竹友集》卷一，《景印文淵閣四庫全書》第 1122 册，第 564 頁下。
④ （宋）謝逸：《睡起》，《溪堂集》卷四，《景印文淵閣四庫全書》第 1122 册，第 498 頁上。
⑤ （宋）李彭：《醉起》，《日涉園集》卷二，《景印文淵閣四庫全書》第 1122 册，第 636 頁上。
⑥ （宋）饒節：《復用韻自詠倚松一首》，《倚松詩集》卷二，《景印文淵閣四庫全書》第 1117 册，第 245 頁上。

生活態度。其中“曲肱聊自樂”“是中固多味”“笑指松枝數歲年”則彰
顯詩人將道轉化爲個體之親證經驗後的平和自在。此外，江西詩派諸人
與友人的寄贈詩，在與友人的互相砥礪、互相勸勉中，亦呈現自在平和
的整體風格。

　　　　木落野空曠，天迥江湖深。登樓眺遐荒，朔風吹壯襟。望望不
　　　　能去，勤我思賢心。此心何所思，思我逍遙子。掛冠臥秋齋，閱世
　　　　齊慍喜。念昔造其室，微言契名理。擊考天玉球，四坐清音起。別
　　　　來越三祀，洋洋猶在耳。宵長夢寐勤，月明渡淮水。①

　　　　汪子軀幹小，勁氣橫秋霜。纍纍諸儒中，軒然無老蒼。平生讀
　　　　書功，短檠照夜窗。相從近兩年，覺我舊學荒。爲言將遠適，隨兄
　　　　泛瀟湘。欲濯塵土心，胸懷吞九江。願言勉此志，無爲憂患傷。待
　　　　得秋鴈飛，寄書來草堂。②

　　　　少年吳君抱奇識，四海一身求异術。逢時更得玄安文，西方諸
　　　　侯正須君。高賢未遇世亦有，相見爲陳休與咎。我自與世如參辰，
　　　　從來無心怨牛斗。③

　　第一首詩中，詩人用白描之手法，書寫了一個抱道而居，著力於文
章學問，不以世之見用與否而生慍喜的友人形象。第二首詩則在勉勵友
人保持高亮之氣節，蟬蛻於污濁之現實，流露出高遠而平和之氣象。第
三首詩，詩人則在“我自與世如參辰，從來無心怨牛斗”的夫子自道
中，將自己平和之情懷展現無遺。三詩皆爲表意型詩歌，與前述抒情式
詩歌在形式上雖有不同，但作者皆通過自我精神風貌的展現，營造出自
在平和的境界。

　　綜上所述，江西詩派在確立審美範式的同時，將人格修養、人生境
界的追求與詩歌創作融爲一體，在肯定詩歌獨立價值的同時，將自身内
在修養、精神氣度灌注於詩歌創作中，通過對抱道而居、安閑自得情懷

　　① （宋）謝逸：《懷李希聲》，《溪堂集》卷一，《景印文淵閣四庫全書》第 1122 冊，第 478 頁下。
　　② （宋）謝逸：《送王叔野》，《溪堂集》卷二，《景印文淵閣四庫全書》第 1122 冊，第 484 頁下。
　　③ （宋）韓駒：《術者吳毅乞詩欲至塞上》，《陵陽集》卷一，第 766 上。

的書寫，來營造自在平和的詩歌境界。這種書寫類型的出現，是江西詩派實踐哲學特色所決定的，是其關注主體精神安頓，更注重發掘日常生活中個體生命體驗的文學表現。

第二節 "句法"的標舉与意义：江西詩派儒學淵源與其詩論之關係

江西詩派之得名，不僅僅在於詩派中人同聲相應、同氣相求的相互唱和及相近相連的師承淵源，亦在於其極爲相近的詩學觀念。而其詩學觀念則與黃庭堅一脈相承，將文學創作視爲主體冥合"天理"時之精神感受的形象化表達，由此構建起了"天理—主體—文"的結構模式，這是文道關係在宋代特殊的學術狀態的新變，亦是文道關係生發出全新內涵的表現。在這一文論結構中，創作過程並不僅僅是對某種狀態、感受的表達與記錄，還是以符號化的象徵意味，形象化地表現出作者所認爲的冥合"天理"本體的生命體驗，抑或是表現作者所認識到的主體精神活動統一性、個別性、複雜性的概念，而"句法"就是江西詩派諸人實踐這一詩論的凝練概括。而隨著"句法"異化作用的凸顯，江西詩派之詩論開始朝著錘煉藝術直覺綜合能力的方向發展，由此出現了"圓成""活法""中的""悟入"之説。

一 文道關係在宋代儒學發展背景下的新變及影響

文道關係自中唐已爲士大夫所關注，韓愈於唐德宗貞元八年所作之《爭臣論》中寫道："君子居其位，則思死其官；未得位，則思修其辭以明其道：我將以明道也，非以爲直而加人也。"[①] 其《題歐陽生哀辭後》有云："思古人而不得見，學古道則欲兼通其辭；通其辭者，本志乎古道者也。"[②] 韓愈門人李漢則在《昌黎先生集序》中總結曰："文者，貫道之器也。"[③] 文道關係的討論在宋代古文運動中得到了回應，余英時先生認爲："韓愈最初仿新禪宗的方式'建立道統'時，他的最主要目的

---

① （唐）韓愈：《爭臣論》，《韓昌黎文集校注》卷二，上海古籍出版社，1987，第 112~113 頁。
② （唐）韓愈：《題歐陽生哀辭後》，《韓昌黎文集校注》卷五，第 304~305 頁。
③ （唐）李漢：《昌黎先生集序》，《韓昌黎文集校注》，第 1 頁。

是‘排斥佛老，匡救政俗之弊害’。宋代古文運動的繼承者如柳開、孫復、石介、歐陽修諸人‘排斥佛老’一方面仍沿著韓愈的方向推進，但在‘匡救政俗之弊害’一方面却比韓愈積極多了。他們已不滿足於補偏救弊，而是要求根據‘堯、舜、三王治人之道’重新建造政治、文化秩序。”[①] 但無論是中唐韓愈、柳宗元，還是宋代古文運動引領者歐陽修等，其關注點皆在於現實文化秩序的重建，而對主體精神狀態、精神境界的“道德性命”之學興趣不大，如歐陽修《易童子問》中言：“童子問曰：‘《繫辭》非聖人之作乎？’曰：‘何獨《繫辭》焉，《文言》、《説卦》而下，皆非聖人之作，而衆説淆亂，亦非一人之言也。昔之學《易》者，雜取以資其講説，而説非一家，是以或同或異，或是或非，其擇而不精，至使害經而惑世也。”[②] 歐陽修又認爲《中庸》：“豈所謂虛言高論而無益者歟？……若《中庸》之誠明不可及，則怠人而中止，無用之空言也。故予疑其傳之謬也。”[③] 其《答李詡第二書》中更是明確提出：“夫性，非學者之所急，而聖人之所罕言也。”[④] 但歐陽修的這種觀點遭到了後輩王安石的批判：“如歐陽修文章於今誠爲卓越，然不知經，不識義理，非《周禮》，毀《繫辭》，中間學士爲其所誤，幾至大壞。”[⑤] 王安石在批判前賢的同時，彰顯了其著力於“道德性命”之學的學術意圖。鳥瞰宋代儒學發展的過程，恰如余英時先生所總結：“以歷史動態説，在仁宗慶曆、皇祐時期，儒學是在倡導和醖釀政治秩序重建的階段，重點偏於‘外王’，尚未深入‘內聖’領域。但在神宗即位以後，不但秩序重建已進入全面行動的階段，而且‘外王’與‘內聖’必須相輔以行的觀念也牢固地建立起來了。王安石‘新學’和道學同時出現在這一階段；僅從結構看，不論思想內容，兩家的規模和取向可以説是大同小異。”[⑥] 且認爲：“從儒學的整體發展説，‘新學’超越了古文運動，而道學也超越了‘新學’，確是一層轉進一層。”[⑦]

　　從儒學發展的邏輯進路來看，如果缺失了“道”的探究，或者對

---

① 余英時：《朱熹的歷史世界——宋代士大夫政治文化研究》，2011，第 36 頁。
② （宋）歐陽修：《易童子問》，《歐陽修全集》卷七十八，第 1119 頁。
③ （宋）歐陽修：《問進士策》其三，《歐陽修全集》卷四十八，第 676 頁。
④ （宋）歐陽修：《答李詡第二書》，《歐陽修全集》卷四十七，第 669 頁。
⑤ （宋）李燾：《續資治通鑑長編》卷二百一十一“熙寧三年五月庚戌”條，中華書局，1992，第 5175 頁。
⑥ 余英時：《朱熹的歷史世界——宋代士大夫政治文化研究》，第 48 頁。
⑦ 余英時：《朱熹的歷史世界——宋代士大夫政治文化研究》，第 46 頁。

“道”之存在與作用之規律無明確之説明，無清晰之體認，則“文”之發展方向必然模糊難辨，“文”之存在亦因依歸不明而喪失意義。因此，在“外作器以通神明之德，内作德以證性命之精”①的學術體系構建意識下，士大夫一方面依據“道”的闡釋，力圖客觀解釋人類社會結構形成之必然性、倫理道德存在之合理性以及歷史發展變化之規律性；另一方面則在樹立探究宇宙精神之“道”，抑或“天理”運行存在規律的明確意識後，體察“道”或“天理”如何表現爲人格生命的“道德性命”。程顥云：“吾學雖有所受，天理二字却是自家體貼出來。”②其以“天理”替換“道”，就是明確標示自我學術在本體構建上區別前人、自成一家的開創性。程顥進而界定“天理”的作用曰：“《中庸》始言一理，中散爲萬事，末復合爲一理。”③此即爲“理一分殊”。程頤解答楊時對《西銘》的疑問時，推演曰：“《西銘》明理一而分殊，墨氏則二本而無分。分殊之弊，私間而失仁；無分之罪，兼愛而無義。分立而推理一，以止私勝之流，仁之方也；無別而迷兼愛，以至於無父之極，義之賊也。”④程頤認爲對一切人都應當仁愛，這是“理一”，但根據不同的對象，仁愛要有所差別、差異，這便是“分殊”；“理一”是指道德原則的統一，而“分殊”是指統一的道德原則表現爲不同的道德規範。雖是在對外物的體察中構建自我學術體系，但自我本身亦進入了體察的範圍，自我之存在，自我情感思維之規律，皆乃“天理”具體作用的表現。因此，在北宋中後期特殊的儒學發展背景下，在“内聖”的學術趨向下，主體心性即“天理”的内化，文化領域中的文道關係内涵得到了拓展，衍化爲主體心性與文的關係，“道”的議題内置於創作主體的精神修養中，文道關係就不僅僅是寫作與形上本體的關係，就不再是艾布拉姆斯所言之“宇宙”與“作品”的關係，而更接近於“作者”與“作品”的關係，而“作者”因具有特殊的“天理”本體意義成爲其中之關鍵，文道關係即衍化爲天理（道）—主體—文的結構關係。

黃庭堅勸誡洪芻曰：“然孝友忠信，是此物（學問文章）之根本。”⑤

---

① （宋）王安石：《周官新義》，《叢書集成》本，中華書局，1985，第 119 頁。
② （宋）程顥、程頤著，王孝魚校點《二程集·河南程氏外書》卷十二，中華書局，第 424 頁。
③ （宋）程顥、程頤著，王孝魚校點《二程集·河南程氏遺書》卷十四，第 140 頁。
④ （宋）朱熹撰，（宋）李幼武補《宋名臣言行録·外集》卷四，《景印文淵閣四庫全書》第 449 册，第 685 頁上。
⑤ （宋）黃庭堅：《與洪駒父書》，《黃庭堅全集·外集》卷二十一，第 1365 頁。

其《與徐甥師川》其四亦曰："文章乃其粉澤，要須探其根本。本固則世故之風雨不能漂搖。古人特立獨行者，蓋用此道耳。"①《國經字説》中亦言："忠信以爲經，義理以爲緯，則成文章矣。"②"夫忠信孝友，不言而四時並行。"③表面看是將文章看作道德的體現，但如置於當時歷史學術語境中，並結合黃庭堅被列爲胡瑗安定學派門人的學術取向來看，則黃庭堅之用意在於以主體與"天理"（道）冥符之狀態爲創作之關鍵，是從主體的角度賦予創作意義。主體因與"天理"（道）這一宇宙最高精神冥符，故而其所表現的是主體所體察到的人類普遍而本質的情感，正如其詩所云："寂寥吾道付萬世，忍向時人覓賞音。"④主體因與"天理"冥符，其解釋世界、理解世界並統合情感經驗的能力無疑獲得了增強，作品因承載了上述的意蘊而自然高妙，迥異流俗。其《題意可詩後》一文評陶淵明詩曰："説者曰：'若以法眼觀，無俗不真；若以世眼觀，無真不俗。'淵明之詩，要當與一丘一壑者共之耳。"⑤雖其實踐哲學的取向使黃庭堅沒有二程那樣探究"天理"本體的明確意識，而以尋得個體精神與"天理"冥符後的安頓爲要務，造成其學博採佛禪的傾向，但不難看出黃庭堅認爲陶淵明自然奇逸之藝術境界，乃個體精神深契宇宙本體的表現。山谷後學亦接續了其文道觀念，吕本中曰："韓退之《答李翺書》、老泉《上歐陽公書》，最見爲文養氣之妙。"⑥"文章不分明指切而從容委曲，辭不迫切而意以獨至，惟《左傳》爲然。如當時諸國往來之辭，與當時君臣相告相諭之語，蓋可見矣。亦是當時聖人餘澤未遠，涵養自別，故詞氣不迫如此，非後世人專學言語者也。"⑦吕本中强調"涵養"，其本質即是突出主體深契"天理"本體，則發而爲文自然不凡。其"聖人餘澤"造就"詞氣不迫"之論，顯然是天理（道）—主體—文之文道思維結構的展現。

　　黃庭堅與江西詩派詩論中出現了許多涵養概念，但其對文學之態度則與理學家有明顯區別，理學家往往將"文"視爲"道"之表現工具，

① （宋）黃庭堅著，劉琳、李勇先、王蓉貴校點《黃庭堅全集·正集》卷十九，第486頁。
② （宋）黃庭堅著，劉琳、李勇先、王蓉貴校點《黃庭堅全集·正集》卷二十四，第623頁。
③ （宋）黃庭堅：《上蘇子瞻書二首》其二，《黃庭堅全集·正集》卷十八，第458頁。
④ （宋）黃庭堅：《洪範以不合俗人題廳壁二絶句次韻和之》其一，《黃庭堅詩集注·山谷外集詩注》卷九，第1070頁。
⑤ （宋）黃庭堅著，劉琳、李勇先、王蓉貴校點《黃庭堅全集·正集》卷二十五，第665頁。
⑥ （宋）吕本中：《童蒙詩訓》，《宋詩話輯佚》本，第602頁。
⑦ （宋）吕本中：《童蒙詩訓》，《宋詩話輯佚》本，第599頁。

作品所表現的就是文本內容，是與作品中蘊含的信息等量且等同的。而江西詩派諸人論文道關係則突破了往昔所"載"之"道"的藩籬，他們認爲詩歌所表現的主體精神是一種綜合生命理解的主體意識，是主體情感、想象、思維能力的綜合表現。符號美學認爲符號並不等於經驗內容本身，主體的生命經驗具有複雜性、多變性、矛盾性、模糊性，惟有以符號的形式進行整合才能被辨識與把握，因此符號離不開它所表現的對象，但不等於對象。而藝術符號則是對人類情感概念的整合，是對情感概念的表現，但不等於情感概念。創作主體通過符號形式表現出其所認爲的、帶有普遍意義的生命體驗，通過創作行爲最終表現的並不是可以認知的，而讀者需要感受通過符號形式轉化爲符號的主體心性，需要感受符號在主體心性轉化中的作用。呂本中詩云："迹隨萬事遠，心與一物定。"[1] 體驗紛繁蕪雜且隨時間推移而不斷成爲過往，而心性則終始如一。其又有詩云："江山秀句在，內子空洞中。還身視塵滓，尚有一日功。"[2]"空洞"的生命體驗化爲"秀句"，讀者通過體驗"秀句"方能感受作者心性。並且，創作主體憑藉藝術符號的創造，憑藉藝術符號形式化的作用，訴諸形象、感知、意識、理解，並把握內在紛紜多變的生命體驗，在符號創造的同時，也推進了自己對於世界的理解，對"天理"本體的體悟，拓展了自我生命境界。老杜詩云："愁極本憑詩遣興，詩成吟詠轉淒涼。"就是這一過程的展現，不過黃庭堅與江西詩派則因體"道"的自覺意識，其創作過程帶有深化自我與"道"冥符的意味，黃庭堅詩云："事常超然觀，樂與賢者共。人登斷壟求，我目歸鴻送。溪毛亂錦襜，候蟲響機綜。世紛甚崢嶸，胸次欲空洞。"[3] 本自超然物外之心應事接物，並將這一過程形諸詩篇，而創作過程則增進了心性修養，是以"胸次欲空洞"。呂本中則云："今日行一難事，明日行一難事，久則自然堅固，渙然冰釋，怡然理順，久自得之，非偶然也。"[4] 而文學創作顯然是一個需要不斷超越自我的"難事"，依其修養理路，則文學創作亦是會得"天理"以實現精神安頓之方式。江西詩派雖沒有直接論述主體在創作過程中實現自我、擴充自我對"道""天理"本體的體認，

---

① （宋）呂本中：《元日贈沈宗師四首》其三，《呂本中詩集校注》卷二，第 142 頁。
② （宋）呂本中：《元日贈沈宗師四首》其四，《呂本中詩集校注》卷二，第 144 頁。
③ （宋）黃庭堅：《題王仲弓兄弟巽亭》，《黃庭堅詩集注·山谷詩集注》卷二，第 117 頁。
④ （宋）呂本中：《紫微雜說》，《呂本中全集》本，第 1137 頁。

但他們在强調儒學精神修養的同時，致力於對詩歌創作的探索，這一行爲本身即説明了問題。

因此，文道關係在北宋中後期儒學發展的學術背景下生發出新變，文道的二元模式因主體修養之"内聖"之學的興起而漸漸演變爲天理（道）—主體—文的結構，在凸顯主體的同時，因主體精神修養方式的明確界定，一方面通過主體冥合"天理"（道）之宇宙本體而賦予作品表現更豐厚的人文内涵、更普遍的生命體驗的特質；另一方面則因作品表現的是主體體悟"天理"本體的心性，而使文學創作獲得了儒學層面的合理意義與體道價值，這突破了理學家的文道觀，亦豐富了自中唐以來的文道關係内涵。

二　"句法"：符號象徵作用的承載

林湘華先生從符號美學的角度解析江西詩論，她認爲："在江西詩學的符號表現觀念下，'道—器'就是'本體—符號'的象徵關係，'言—意'就是'符號—情感概念'的象徵表現；符號作爲概念的表現，不是像記號一樣作爲實際事物的再現；'文—道'關係也一樣，他們不是'記號'和'實體'這種二元分立的關係，不是内容表達式地指實地對應，而是使抽象本體得以表現，得以被把握的表裏依存的象徵關係，是'符號—本體'間的一體不分的象徵關係。"[1]"符號"通過象徵作用表現"情感概念"，但無論如何，符號必須以一種特定的形式存在才能使象徵作用得以依存；換言之，抽象的象徵作用必須依附於某種具象的、特定的符號形式方能得以實現。而"符號"通過象徵作用所指向的"情感概念"，无論對於作者還是對於讀者，都是附著在文本内容上，但不等於文本内容的不確定的直覺綜合，正如林湘華先生所論："以'符號'表現'情感概念'的'表現'，是一種'象徵'的表現方式。'象徵'也就是一種經由'形式'的直覺綜合，一種格式塔式的抽象的方式。相對的，對於作品的感知和理解，也必須通過形式的直覺綜合的作用。"[2]具體而言，黄庭堅與江西詩派通過"句法"來實現"符號"的象徵作用。

---

[1]　林湘華：《"江西詩派"研究》，博士學位論文，臺灣成功大學，2006，第51頁。
[2]　林湘華：《"江西詩派"研究》，博士學位論文，臺灣成功大學，2006，第42頁。

范温《潛溪詩眼》云："句法之學，自是一家工夫。昔嘗問山谷'耕田欲雨刈欲晴，去得順風來者怨'，山谷云：'不如"千巖無人萬壑静，十步回頭五步坐"'。此專論句法，不論義理。"①范温一方面標示"句法"，另一方面又强調"不論義理"。顯而易見，其所强調的是某種特定形式能引發讀者特殊的直覺綜合，"句法"就是這種特定的形式，其以象徵作用表現更爲特殊的直覺綜合。《王直方詩話》載："山谷謂洪龜父云：'甥最愛老舅詩中何等篇？'龜父舉'蜂房各自開户牖，蟻穴或夢封侯王'，及'黄塵不解涴明月，碧樹爲我生凉秋'，以爲絶類工部。山谷云：'得之矣。'"②洪朋所舉黄庭堅詩，就内在氣韻而言，迥異於老杜之沉鬱頓挫，但黄庭堅"以爲絶類工部"，顯然其著眼點在於由拗律結構組成的這二聯詩，與杜詩高妙藝術能力對讀者直覺綜合能力的引發有類似處，即著眼於自己詩句與老杜詩句在"符號—本體"這一象徵關係層面的類似。黄庭堅在這一方面的創作意識頗爲自覺，其論詩多著眼於通過句式結構的營造更好地表現自我的某種直覺綜合，如《石林詩話》載："蜀人石異，黄魯直黔中時游從最久，嘗言見魯直自矜詩一聯云：'人得交游是風月，天開圖畫即江山。'以爲晚年最得意，每舉以教人，而終不能成篇，蓋不欲以常語雜之。"③《潛夫詩話》亦載："山谷教人云：'世上豈無千里馬，人中難得九方皋'，此可爲律詩之法。"④黄庭堅所得意之句顯然不在於律詩出句、對句這一符號所指向的文本内容，而在於這二聯詩以其具有的特殊形式而承載的直覺綜合，即此二聯是以特殊的形式表現某種情感概念過程的象徵作用。如果説黄庭堅直接論詩的言論尚不够直接表現這種意圖，其《謫居黔南十首》則以改易白居易詩句的形式，直接完整地展現了這一過程：

相去六千里，地絶天邈然。十書九不達，何以開憂顔。（白詩）

相望六千里，天地隔江山。十書九不到，何用一開顔。（黄詩）

霜降水返壑，風落木歸山。冉冉歲將宴，物皆復本源。（白詩）

---

① （宋）范温：《潛溪詩眼》，《宋詩話輯佚》本，第 330 頁。
② （宋）王直方：《王直方詩話》，《宋詩話輯佚》本，第 54 頁。
③ （宋）葉夢得：《石林詩話》，《歷代詩話》本，第 410 頁。
④ （宋）劉炎：《潛夫詩話》，《宋詩話輯佚》本，第 533 頁。

霜降水返壑，風落木歸山。冉冉歲華晚，昆蟲皆閉關。（黃詩）①

　　詩句雖改易數字，但文本内容則基本没有變化。山谷詩在改易後落盡皮毛，略去了形容詞、修飾詞而以名詞、動詞的搭配爲主，通過這種"句法"經由形式的直覺，以格式塔式的抽象方式，以強化了的象徵作用，表現自我謫居黔南時的證明體驗、綜合直覺。黃庭堅曾云："但熟觀杜子美到夔州後古律詩，便得句法。簡易而大巧出焉，平淡而山高水深，似欲不可企及。"②詳味山谷之語，乃是稱讚杜甫夔州後詩的"句法""簡易而大巧出焉"，黃庭堅詩歌藝術風格豐富多變，但通過"句法"這一形式直覺，以象徵的方式表現主體的綜合直覺，以此來追求平淡而深遠的境界，則是其努力追求並自覺踐行他所體認的杜詩藝術精神的一種方式。黃庭堅正因窺破詩歌創作這一關捩，故一再強調"句法"，如《寄陳適用》云："寄我五字詩，句法窺鮑謝。"③《跋雷太簡梅聖俞詩》云："梅聖俞與余婦家有連，嘗悉見其平生詩，如此篇是得意處，其用字穩實，句法刻厲而有和氣，他人無此功也。"④其《再用前韻贈子勉四首》其三則曰："句法俊逸清新，詞源廣大精神。"⑤明確指出了詩歌語言、意象的新穎與詩句組織結構的別致在"符號—本體"過程中的象徵作用的重要性。正如王水照等先生所論："'句法'是他詩歌理論的核心，他的'句法'不僅僅指句子的結構，而且指運用語言的法則，包括與詩歌字句相關聯的'句中有眼'，平仄、用韻等等。這些法則不是個人的杜撰，而是存在於前人的作品中，需大量閱讀才能熟練掌握，才能做到'領略古法出新奇'。"⑥

　　江西詩派追慕黃庭堅之詩歌風格，其藝術風格有拗峭瘦硬之特點，劉熙載曰："宋西江名家學杜，幾於瘦硬通神。"⑦又曰："西崑體所以未入少陵室者，由文減其質也。質文不可偏勝，西江之矯西崑，浸而愈

---

① （宋）黃庭堅：《謫居黔南十首》，《黃庭堅詩集注·山谷詩集注》卷十二，第443~444頁。
② （宋）黃庭堅：《與王觀復書》其二，《黃庭堅全集·正集》卷十八，第471頁。
③ （宋）黃庭堅：《寄陳適用》，《黃庭堅詩集注·山谷外集詩注》卷十，第1102頁。
④ （宋）黃庭堅：《跋雷太簡梅聖俞詩》，《黃庭堅全集·正集》卷二十六，第662頁。
⑤ （宋）黃庭堅《再用前韻贈子勉四首》其三，《黃庭堅詩集注·山谷詩集注》卷十六，第575頁。
⑥ 王水照等：《宋代文學通論》，第110~111頁。
⑦ （清）劉熙載：《藝概》卷二，第68頁。

甚,宜乎復詒口實與。"①而江西詩派的此種拗峭瘦硬的抽象風格乃通過其特殊的語言結構、規則來實現,即"句法"。江西詩派詩歌"句法"最直觀體現就是其作品。在謝逸《溪堂集》中,存有其《寄洪龜父戲效其體》《寄洪駒父戲效其體》《寄徐師川戲效其體》三首詩,洪朋、洪芻及徐俯直接師承黄庭堅,頗能代表江西詩派早期詩歌之句法特點,其詩曰:

> 落落匡山老,晴江瑩眉宇。問道崆峒墟,枯槎泛江滸。歸歟謝遠游,曲肱卧環堵。磅礴萬物表,動植見吞吐。曜靈旋磨蟻,四氣遽如許。呫呫千載事,俯仰變今古。安得仙人杖,頹齡爲君拄。②

> 令尹吳楚豪,奇胸開八窗。人物秀春柳,詩句妙澄江。築室名壁陰,鑿牖延朱光。呻吟六藝學,心醉倚胡床。毛錐摘秋穎,繭紙截水蒼。揮洒有能事,著勳翰墨場。翼翼魯泮宮,國士徵無雙。行且職教事,儒風成一邦。③

> 不見徐侯久,夢繞西山陽。斯人天下士,秀拔無等雙。捉塵望青天,意氣吞八荒。平生學古功,胸次羅典章。商略造理窟,清論排風霜。美筆有佳思,哦詩懷漫郎。恐非江湖客,黑頭侍明光。不忘温處士,群書亦可將。④

謝逸三詩不但説明其心目中存有洪龜父體、洪駒父體、徐師川體,而且以創作展示了此三體。謝逸之作正印證了之前所論,即以拗峭勁健之語言風格來描寫主體抱道而居的自在平和,三詩雖然在具體風格上存有些許差異,但是在"句法"上無疑具有一致性,即基本以由名詞、動詞組成的主謂式、動賓式句式爲主,略去形容詞、虛詞等,很

---

① (清)劉熙載:《藝概》卷二,第 68 頁。
② (宋)謝逸:《寄洪龜父戲效其體》,《溪堂集》卷二,《景印文淵閣四庫全書》第 1122 册,第 487 頁下。
③ (宋)謝逸:《寄洪駒父戲效其體》,《溪堂集》卷二,《景印文淵閣四庫全書》第 1122 册,第 487 頁下 ~488 頁上。
④ (宋)謝逸:《寄徐師川戲效其體》,《溪堂集》卷二,《景印文淵閣四庫全書》第 1122 册,第 488 頁上。

少有偏正式的句式。這種簡易的詩句結構模式，在表現主體直覺綜合方面更爲直接，更能以强烈、直觀的象徵作用表現主體的情感。即作者通過特殊的“句法”，不是將詩歌作爲既成的情感流露或對自我個别經驗的反映，而是更鮮明地凸顯整體心性主動創作的精神。這種“句法”的象徵作用，顯然在把握主體内心統一性，展現主體人格精神，以及將生命經驗客觀化、對象化爲人類情感理解的功能上會產生更好的效果。

這是對黄庭堅詩學主張的一種繼承與發展，並且在具體步驟上體現出了更爲具體的趨勢。無獨有偶，吕本中曰：“潘邠老言：‘七言詩第五字要響，如“返照入江翻石壁，歸雲擁樹失山村”，“翻”字、“失”字是響字也。五言詩第三字要響，如“圓荷浮小葉，細麥落輕花”，“浮”字、“落”字是響字也。所謂響者，致力處也。’予竊以爲字字當活，則字字自響。”[1] 可謂對黄庭堅“句中有眼”的進一步明確與細化，潘大臨、吕本中所謂“響”字、“活”字其實在表達文本内容層面與其他字的作用並無二致，但經過精心選擇的“響”字、“活”字能發揮更好的象徵作用，或更充分地表現主體的人格精神，或更恰當地將生命經驗客觀化、對象化爲人類普遍情感而獲得理解。而吕本中認爲黄庭堅詩的成就即在於此：“或稱魯直‘桃李春風一杯酒，江湖夜雨十年燈’以爲極至。魯直自以此猶砌合，須‘石吾甚愛之，勿使牛礪角。牛礪角尚可，牛鬭殘我竹’此乃可言至耳。然如魯直《百里大夫冢詩》與《快閣詩》，已自見成就處也。”[2] 吕本中對黄庭堅自評的贊同，就是建立在其繼承並體認“句法”意義的基礎上的。

因此，江西詩派諸人將“天理”（道）議題内置於創作主體的精神修養中，文道關係不再是作品反映宇宙，而更接近作品表現作者與天理（道）冥符之情感概念的關係，形諸文學創作，江西詩派諸人即通過“句法”這一特殊形式的象徵意義，來鮮明地凸顯整體心性主動創作的精神，注重“句法”在把握主體内心統一性，展現主體人格精神，以及將生命經驗客觀化、對象化爲人類情感理解時的象徵功能。

---

① （宋）吕本中：《童蒙詩訓》，《宋詩話輯佚》本，第 587 頁。
② （宋）吕本中：《童蒙詩訓》，《宋詩話輯佚》本，第 590 頁。

三 "句法"的異化與江西詩派詩論的轉向

儘管"句法"是感知領會情感概念的形式，通過象徵作用表現著情感概念，而不僅僅是客觀規則；儘管黃庭堅及江西詩派諸人強調"句法"圓成渾然、"簡易而大巧出焉"的概括能力，儘管直覺綜合、情感概念雖是抽象的格式塔的存在，但此種抽象必須依靠具象的形式方能表現，而直覺綜合、情感概念的類型必然與某種相對穩固的形式相對應，劉熙載所云之"西崑體所以未入少陵室者，由文減其質也"，而"西江之矯西崑，浸而愈甚"，雖意在評價西崑體與江西詩派創作之得失，却反映了綺麗與瘦硬這兩類藝術直覺綜合對應著兩種相對穩固的形式，即"文"與"質"。

在北宋中後期儒學體系日漸完備的學術背景下，"天理"（道）本體與證入工夫的闡發在學術基點上漸趨一致，由此帶來的是"天理"（道）內置於創作主體而造就的精神修養、情感概念的普遍，體現在創作領域就是獨立不倚、平和淡然的人格審美成爲江西詩派普遍推崇的範式，如張毅先生所論："他們（江西詩人）接受了黃庭堅晚年那種内心洞達世事、涇渭分明，而外表和光同塵、淡泊超然的精神旨趣。……醉心於日常生活裏的瑣事細物、師友朋輩間的情誼、高潔脱俗的内心修養。"① 這種獨立不倚、高潔脱俗的人格精神體現爲藝術表現，即因其與道冥符而具有剛健、博大、崇高等情感特質，故而黃庭堅與江西詩派選擇了特殊的"句法"來表現之。《石林詩話》載："如彦謙《題漢高廟》：'耳聞明主提三尺，眼見愚民盗一抔'，（庭堅）每稱賞不已，多示學者以爲模式。"② 黃庭堅稱賞唐彦謙詩，既有對其用典妥貼的讚賞，亦包含對其典故言説方式的關注。唐彦謙此聯詩是多主語多謂語的一種組織形式，黃庭堅"多示學者以爲模式"，則彰顯了他注重詩歌句式組織的自覺意識。這種句式組織特點在黃庭堅詩作中常有呈現，臨濟義玄用"人境俱不奪"來指稱隨緣任運之境界，用"人境俱奪"來指稱著力修行之專注。黃庭堅用之云："肇飛城東南，隱几撫群動。人境要俱爾，我乃得大用。"其將讚許友人隨緣任運之意，融攝臨濟義玄之語，用主謂句式

---

① 張毅：《宋代文學思想史》，第149頁。
② （宋）胡仔：《苕溪漁隱叢話》卷二十二引，第144頁。此較《歷代詩話》本《石林詩話》所載稍詳。

言説之，使詩句意蘊豐富而勁健有力。此種將事典融攝爲一句或數句主謂式、動賓式詩句的手法在黃詩中多次出現，如"剗草曾升馬祖堂，暖窗接膝話還鄉""它時無屋可藏身，且作五里公超霧""機巧生五兵，百拙可用過""二三名士開顏笑，把斷花光水不通""丹霞不踏長安道，生涯蕭條破席帽""那伽定後一爐香，牛没馬回觀六道"等。而江西詩人亦因在"天理"（道）的理解方面與黃庭堅較爲接近，故其創作所希冀表現之情感概念亦與山谷相近，這造成了江西詩人"句法"在具象體現層面與黃庭堅的一致，如前所舉之洪龜父體、洪駒父體、徐師川體等。

　　抽象的格式塔式的直覺綜合必須依附於具象的形式方能實現，換言之，由具象的形式組織可以表現相應的情感概念，由此帶來了"句法"的異化作用，即沉迷於具象的形式組織，而忽視了"句法"通過象徵作用所指向的審美知覺綜合。吕本中云："曹子建七哀詩之類，宏大深遠，非復作詩者所能及，此蓋未始有意於言語之間也。近世江西之學者，雖左規右矩，不遺餘力，而往往不知出此，故百尺竿頭，不能更進一步，亦失山谷之旨也。"[1]陳巖肖曰："或未得其妙處，每有所作，必使聲韻拗捩，詞語艱澀，曰'江西格'。"[2]陸游《讀近人詩》曰："琢雕自是文章病，奇險尤傷氣骨多。君看大羹玄味酒，蟹螯蛤柱豈同科。"[3]二人之論不但指出了江西詩派沉迷於形式結構的弊端，亦指出了局限於具象的形式組織反而遮蔽了情感概念的表現，即"奇險尤傷氣骨多"。對此，江西詩派亦有所覺察，吕本中曰："學古人文字，須得其短處。如杜子美詩，頗有近質野處，如《封主簿親事不合》詩之類是也。東坡詩有汗漫處；魯直詩有太尖新、太巧處；皆不可不知。東坡詩如'成都畫手開十眉'，'楚山固多猿，青者黠而壽'，皆窮極思致，出新意於法度，表前賢所未到。然學者專力於此，則亦失古人作詩之意。"[4]吕本中一方面從"句法"的具象形式角度指出前賢創作得失；另一方面則指出沉醉於具象的下字、語言組織則存在遮蔽具象所承載直覺綜合、情感概念作用的危險，是"失古人作詩之意"。徐俯則從學詩的層面針對"句法"異化問題提出了解決之道，《獨醒雜誌》載：

---

① （宋）吕本中：《與曾吉甫論詩第二帖》，載《苕溪漁隱叢話·前集》卷四十九，第 333 頁。
② （宋）陳巖肖：《庚溪詩話》，《歷代詩話續編》本，第 182 頁。
③ （宋）陸游著，錢仲聯校注《劍南詩稿校注》卷七十八，上海古籍出版社，1985，第 4238 頁。
④ （宋）吕本中：《童蒙詩訓》，《宋詩話輯佚》本，第 591 頁。

（汪彥章）會徐師川於南樓，問師川曰：“作詩法門當如何入？”師川答曰：“即此席間杯樣果蔬使令以至目力所及，皆詩也。但以意剪裁之，馳驟約束，觸類而長，皆當如人意，切不可閉門合目，作鐫空妄實之想也。”彥章領之逾月，復見師川曰：“自受教後，准此程度，一字亦道不成。”師川喜，謂之曰：“君此後當能詩矣。”故彥章每謂人曰：“某作詩句法得之師川。”①

徐俯讓汪彥章忘記之前被灌輸的“句法”具象形式組織而隨意吐屬，雖汪彥章之後難以作詩，但徐俯認爲汪彥章已經脫去“句法”的異化，故而能作詩時必是抽象審美知覺綜合的自然表現，解除了“句法”的異化而回歸了“句法”象徵表現情感概念的正途。同時，徐俯的方式亦隱含著轉識成智的意圖，波蘭尼闡述其意義給予理論時説：“意義的發生或者是通過整合我們身體內部的綫索，或者是通過整合身體外部的綫索，所有從外部而知道的意義都是源自我們以看待自己身體的那種方式而附帶地看待外部事物。我們可以被説成是‘內化了這些事物’或者是‘將我們自己投入到它們之中’。正是通過內居於它們，我們使得它們意指我們注意力所關注的東西。”②波蘭尼雖是討論身體和工具的隱性意會存在，但指出了一個事實，即當主體居於主動態勢賦予外界事物意義時，外界事物即成爲自我意義的表現，即“內化了這些事物”。徐俯教汪彥章之學詩方式，即擯棄外界灌輸之規矩，而由自我出發“內化”外界事物，以此表現主體的情感概念。

呂本中亦表達了類似的解決“句法”異化的思路，不同於徐俯，呂本中的主張指出了主體將“天理”內置於個體心性的重要性，其《別後寄舍弟三十韻》中有云：“筆頭傳活法，胸次即圓成。”③指出了個體精神修養對創作的重要性，雖看似老調重彈，平平無奇，但結合其論詩語言，却能看出其中蘊含了全新內涵。呂本中曰：“詩詞高深要從學問中來。後來學詩者雖時有妙句，譬如合眼摸象，隨所觸體，得一處，非不

---

① （宋）曾敏行：《獨醒雜誌》，《四庫全書》第 1039 册，第 545 頁上～545 頁下。
② 〔英〕波蘭尼：《認知與存在》，李白鶴譯，南京大學出版社，2017，第 160 頁。
③ （宋）呂本中：《呂本中詩集校注》卷六，第 468 頁。

即似，要且不足。若開眼，全體也，之合古人處，不待取證也。"① "天理" 內置於個體心性的一環有虧缺，則必然導致創作主體情感概念、直覺綜合在表現某種普遍情感時的不完整。呂本中又認爲："文潛詩，自然奇逸，非他人可及，如 '秋明樹外天'，'客燈青映壁，城角冷吟霜'，'淺山寒帶水，旱日白吹風'，'川塢半夜雨，臥冷五更秋' 之類，迥出時流，雖是天姿，亦學可及。學者若能常玩味此等語，自然有變化處也。"② 呂本中認爲張未詩自然奇逸是天資，但又指出參學者若能仔細玩味，能帶來創作境界的提升。這是從 "符號"（作品）逆經其象徵作用而體味主體情感概念，並在此過程中熏陶漸染，實現自我心性修養的升華。其所論接近波蘭尼 "附帶覺知" 與 "焦點行爲" 的關係，波蘭尼認爲："在某個技能中，我們有著一套基本動作，它們被整合起來完成某個接合操作。那些基本動作相對於這一焦點行爲而言，都是附帶覺知的對象。它們在被協同運作以實現那一共同目標的過程中獲得一個接合意義。我們從它們關注到它們整合起來的結果。"③ 以詩歌創作爲例，"焦點行爲" 即創作時主體字詞安排、確定內容表達前後順序、總括表現情感的過程，而主體之前的讀書治學、見聞知行則作爲 "附帶覺知" 在背後支持著 "焦點行爲"，二者的連接點即在於之前的經歷如何轉化爲創作行爲，創作的過程就是創作者如何將 "附帶覺知" 內容整合爲一個焦點目標。而能否實現整合則關乎 "附帶覺知" 的內容能否被 "內化" 爲自我意識，這是創作的關鍵，故而呂本中一再強調 "悟"："作文必要悟入處，悟入必自工夫中來，非僥倖可得也。如老蘇之於文，魯直之於詩，蓋盡此理也。"④ "悟入" 與 "工夫" 結合，其實質就是轉識成智，即通過長期的操作將外部獲得之知識、規矩，"內化" 爲生命體驗。從呂本中論詩之語中不難看出，其關注點已經轉移到了 "天理" 內置主體的程度上，轉移到了主體的直覺綜合、情感概念如何通過 "句法" 象徵作用而得到表現的環節上來。這是對 "句法" 產生異化的反撥，更貼近創作的本質行爲。

　　曾與徐俯、呂本中游學的曾季貍總結江西詩論曰："後山論詩說換

---

① （宋）呂本中：《童蒙詩訓》，《宋詩話輯佚》本，第 595~596 頁。
② （宋）呂本中：《童蒙詩訓》，《宋詩話輯佚》本，第 593 頁。
③ 〔英〕波蘭尼：《認知與存在》，第 160 頁。
④ （宋）呂本中：《童蒙詩訓》，《宋詩話輯佚》本，第 594 頁。

骨，東湖論詩説中的，東萊論詩説活法，子蒼論詩説飽參，入處雖不同，其實皆一關捩，要知非悟不可。"①曾氏以"悟入"概括江西詩派之詩論核心，學界"悟入"之論頗多，但既没有對"悟入"作出正面的、直接的定義，又没有説明其原因、對象。通過以上論述不難得知，"悟入"就是轉識成智的過程，即通過長期的操存，將讀書治學、日常見聞等外在獲取的知識，通過長期的操存内化爲自我生命體驗，能夠在主體賦予外物意義時發揮作用。而"悟入"針對的是"句法"的異化，黄庭堅首倡"句法"，意爲通過圓成、渾然的形式概括主體的直覺綜合，但抽象的象徵必須依附具體的形式，由此引發了江西後學沉溺語言結構安排的弊端，而"悟入"則以反駁的態勢，提倡學者重視"天理"内置於主體心性的程度，强調用内化爲個體經驗的技法來表現主體冥合"天理"後的情感概念。

四　江西詩派詩論新變的意義

黄庭堅及江西詩派强調以"句法"圓成渾然、"簡易而大巧出焉"的概括能力，表現某种格式塔式可被感知而非分析式的直覺綜合、情感概念，之後針對"句法"的異化影響而强調"天理"内置於主體心性的程度，强調内化爲個體經驗的技法在表現主體情感概念方面的作用。這使江西詩派對詩歌表現内容、應有風格予以了明確的定義，如黄庭堅《書王知載〈朐山雜詠〉後》提出了詩乃主體"忠信篤敬，抱道而居"之心聲，而其《胡宗元詩集序》則認爲詩人之作"謂其怨邪，則其言仁義之澤也；謂其不怨邪，則又傷己不見其人。然則其言，不怨之怨也"②。吕本中亦認爲："吕與叔嘗作詩云：'文如元凱徒稱僻，賦似相如止類俳。惟有孔門無一事，只傳顔氏得心齋。'横渠《讀詩詩》云：'置心平易始知詩。'楊中立云：'知此詩則可以讀三百篇矣。'"③吕本中的論點亦强調了主體精神與"天理"的冥合，因此在表現形態上，江西詩派詩論將傳統的文道關係，衍化爲天理（道）—主體—文的關係，這種表現形態也屬於作者與作品關係的範疇，但又因强調主體心性中"天理"（道）的内置，産生了不同於傳統"言志""緣情"的新

① （宋）曾季貍：《艇齋詩話》，《歷代詩話續編》本，第296頁。
② （宋）黄庭堅著，劉琳、李勇先、王蓉貴校點《黄庭堅全集·正集》卷十五，第410頁。
③ （宋）吕本中：《童蒙詩訓》，《宋詩話輯佚》本，第594頁。

内涵。

　　傳統的"言志""緣情"論更接近符號論美學中的情感表現論，多主張作品是作者強烈情感的流露，如司馬遷云："此人皆意有所鬱結，不得通其道，故思往事述來者。""言志""緣情"等情感表現論所要表現的情感是主體願望、想象等内心狀態純任自然的單純流露，作品是創作者情感激發的結果，是自我心靈個性的傾訴與剖白，韓愈"不平則鳴"的原理即是如此："大凡物不得其平則鳴……人之於言也亦然：有不得已者而後言，其歌也有思，有哭也有懷。凡出乎口而爲聲者，其皆有弗平者乎？"① 歐陽修"窮而後工"説與之相類："凡士之蘊其所有而不得施於世者……内有憂思感憤之鬱積，其興於怨刺，以道羈臣、寡婦之所歎，而寫人情之難言，蓋愈窮則愈工。然則非詩之能窮人，殆窮者而後工也。"② 這種創作論，隱含著忽視主體能動性的傾向，即認爲作家的情感强烈、充沛以致噴薄而出，於是由此而强調外在激發，强調所遇事件、所見事物足够動人乃創作之關鍵，於是有江山之助、物色之感、人生遭際之説。這類創作論中，其實作者的人格是恒定而不變的，只是因爲與外物"相刃相靡"故而有所感慨。同時，符號論美學認爲："自我發泄、自我表現嚴格地講是一種暫時的情感流露，它没有普遍性和典型性，自然没有概念的抽象，因此，它還停留在信號行爲的水準上。"③ 蘇軾即不滿於此，其《送參寥師》云："欲令詩語妙，無厭空且静。静故了群動，空故納萬境。"在蘇軾看來，主體並非被動反映外界引起的情緒變化，而是認爲主體心性具有創造性，作品是主體心性主動對各種情緒、各種見聞知覺進行創造後的産物。蘇軾更爲强調能統合一切的心智的主動創造作用，藝術創作的關鍵在於主體心智如何實現深廣地理解人生與世界的能力，但主體如何實現對世界、人生的深廣理解，蘇軾則缺乏相關的論述。繼起之黄庭堅及江西詩派，則顯然受到了北宋中後期儒學發展中"内聖"學説的影響，對於主體理解人生、世界的方式以及心性修養的標的有了較爲明晰的認識，將深微的内省修養工夫移植到了主體心性中，以"天理"（道）的内化，解決主體心性問題的同時，將文道關係衍化爲天理（道）—主體—文

---

①（唐）韓愈：《送孟東野序》,《韓昌黎文集校注》卷四，第233頁。

②（宋）歐陽修：《梅聖俞詩集序》,《歐陽修全集》卷四十三，第612頁。

③〔美〕蘇珊·朗格：《情感與形式》，劉大基譯，中國社會科學出版社，1986，第10頁。

的關係。

　　江西詩派文論肯定並强調了主體心智理解人生、世界之能力在創作中的重要性，並對此進行了相關論述，這是其對"言志""緣情"說的突破與發展，但亦存在將主體情感概念具體爲某種特質而縮小文學表現範圍的傾向。

第三章　吕本中儒學體系及其詩論、詩藝

作爲一個以詩名世的詩人，吕本中在被後人高度認可其詩論、詩藝的同時，其思想部分則無形中被遮蔽了。《宋元學案》爲其單列"紫微學案"，且得全祖望"中原文獻之傳獨歸吕氏"之譽，四庫館臣亦曰："本中嘗撰《江西宗派圖》，又有《紫微詩話》，皆盛行於世，世人多以文士目之，而經學深邃乃如此。"[①] 但遍覽學界關於吕本中的研究，皆著力於其詩論、"活法"説、《江西宗派圖》寫作時間等問題的探究，目前並無相關論著對其儒學思想體系予以清晰的梳理。故而對吕本中的儒學思想進行梳理，不但具有填補目前研究空白的意義，而且立足於對其儒學思想體系的認識，從其知識構成的角度，解析其關於宇宙人心的思索，有助於更清晰地認識其詩論、詩藝，更深刻地解釋其詩論、詩藝形成的原因。

第一節　未發與悟入：吕本中理學體系的構建

《宋元學案》將吕本中界定爲劉安世、楊時、游酢、尹焞、陳瓘、唐廣仁的"門人"，吕希哲的"家學"，王蘋的"學侣"，司馬光、胡瑗、程頤的"再傳"，歐陽修、周敦頤、邵雍的"三傳"。其中爲吕本中設立的"紫微學案"中，標記爲"滎陽家學（胡、程再傳）"。由此不難看出吕本中轉益多師的學術淵源，兼以吕氏家族"不主一門，不私一説"的治學特點，吕本中的理學體系在本體的認識和工夫的界定方面，體現出了借鑒胡安國、楊時和禪學修行方式的特點。吕本中的理學思想散見於《童蒙訓》《紫微雜説》《師友雜説》中。以往論者皆以吕本中爲理學家，但對其理學思想往往存而不論。全祖望認爲："中原文獻之傳獨歸吕氏，其餘大儒弗及也。"[②] 吕本中傳承斯文，不可能沒有系統的關於儒

---

① （清）紀昀總纂《四庫全書總目提要》卷二十七，第 707 頁。
② （清）黃宗羲著，（清）全祖望補修，陳金生、梁運華點校《宋元學案》卷三十六"紫微學案"，第 1234 頁。

學的理論體系。因此，勾勒、尋繹出東萊學術的體系是深入探究吕本中哲學思想乃至文學思想所不可回避的環節。

一　天理之作用領域與心體之先驗性質

吕本中自述道："'德無常師，主善爲師'，此論最善。以言學者不主一門，不私一人，善則從之。"① 誠如其言，吕本中學説呈現雜糅諸家的特點，但在本體與心體的認識方面，吕本中能兼收並蓄而又自圓其説。和胡宏發明天理與性之内涵，在本體論的構建上用功不同，吕本中在天理本體的發明方面興趣不大。或許因爲程頤、胡安國、胡宏等人在此方面著力較多，故而吕本中往往將天理懸置爲不言自明之本體，進而探究其作用之領域。

吕本中認爲天理乃具有最高規律性質之本體，尹焞《和靖集》載："吕紫微書問：'配義與道，道義如何分？'先生曰：'道是總名，義則見於行事。'"② 針對吕本中所問，尹焞認爲"道"乃是總體最高規律，而"義"乃是主體行爲合乎"道"的具體規則。而吕本中接受了尹焞的觀點，《紫微雜説》載吕本中語："韓退之言'行而宜之之謂義'。義者，見於行事者也。事有體有用，義則其用也。故曰'配義與道'。《易》曰：'和順於道德而理於義。'又曰：'方其義也。'義常別作一事説，正是用處也。"③ 從中不難看出，吕本中認爲所有事物皆乃"道"之體現，即"道"爲事物之本體規律，具有抽象性質；而"義"則爲"道"的具體顯現，即"義"以規則之具體形式呈現"道"。同時，吕本中明確指出"道"即"天理"："夫子之言'性與天道，不可得而聞'。蓋文章可以耳聞，而性與天道要在以心聞，而不可以耳聞也。此是子貢指衆人而言。天道，即天理也。"④ 吕本中明確標示出"天道"即"天理"，同時指出主體可由"心"而會得"天理"與"性"。程顥曾言："吾學雖有所受，天理二字却是自家體貼出來。"⑤ 吕本中以"天理"作爲本體，從中不難看出吕本中儒學思想接續二程洛學的特點。吕本中將"天理"與

---

① （宋）吕本中：《師友雜志》，《吕本中全集》本，第 1092 頁。
② （宋）尹焞：《和靖集》卷五，《景印文淵閣四庫全書》第 1136 册，第 36 頁上。
③ （宋）吕本中：《紫微雜説》，《吕本中全集》本，第 1137 頁。
④ （宋）吕本中：《紫微雜説拾遺》，《吕本中全集》本，第 1177 頁。
⑤ （宋）程顥、程頤著，王孝魚校點《二程集·河南程氏外書》卷十二，第 424 頁。

"性"並提，由此則二者關係浮現了出來。至於二者之關係，呂本中認爲："'窮理盡性，以至於命。'命也，性也，理也，皆一事也。在物謂之理，在人謂之性，在天謂之命。至於命者，言盡天道也。"① 呂本中認爲"理""性""命"乃是本體在不同領域的體現，因其體現領域不同，故一體而有三名。總之，在呂本中看來，"天理"並非高懸於上，不與主體發生聯繫的本體，而是與主體融爲一體，主體之存在即"天理"的體現，對此，呂本中明確總結曰："天人一理，無上下內外之殊。"②

既然主體乃"天理"之體現，"天人一理"，那麼主體實現對"天理"的認識就成了必然，即"性與天道要在以心聞"。如此，則主體因是"天理"的體現而具有了先驗性質。因此，從自我本身具有先天屬性的認識出發，即"要在以心聞"，就可實現對"天理"的體認，從而達到"天人一理"的境界。如此則"心"之體認成了關鍵。對此，呂本中在孟子的基礎上進行了推演，孟子云："仁，人心也。"③ 呂本中闡釋曰："'仁，人心也。'知物己本同，故無私心，無私心故能愛。人之有憂，由有私己心也。仁則私己之心盡，故不憂。"④ 呂本中認爲"仁"一方面要滅除私心，另一方面則導向"愛"。二者之間乃因果關係，私心滅除故物我隔閡消除，因私欲而產生的與外界的衝突自然消失，孔子所謂"泛愛衆而親仁"自可達到。這或與尹焞的啓發不無關係，《和靖集》載呂本中與尹焞討論輪回之事："呂再書至，云'既無輪回，人何苦爲善而不爲惡？'先生笑曰：'只這裏便是私心，經曰："天地之性，人爲貴。"人生天地中，其本甚善，幾曾教你爲惡作賤？他來得之太虛，還之太虛，我在何處！'"⑤ 尹焞從孟子"惻隱之心仁之端"的角度，解釋爲善之因。人雖是多重維度的存在，但其社會化則基於"愛親敬長"的先天樸素感情，由己及人地推演至"泛愛衆"，乃自然合理之事。由此不難看出呂本中的邏輯理路，"天理"體現在主體中就是"仁"，主體因"仁"而與"天理"合一，"仁"就是主體具有的先驗性質。

"仁，人心也"，如此則"仁"之具體表現與求"仁"之方，即成爲會得"天理"、領悟"天人一理"的關揵。呂本中通過對《論語》中孔

---

① （宋）呂本中：《紫微雜說》，《呂本中全集》本，第 1131 頁。
② （宋）呂本中：《紫微雜說》，《呂本中全集》本，第 1125 頁。
③ （宋）朱熹：《四書章句集注·孟子集注》卷十一，第 340 頁。
④ （宋）呂本中：《紫微雜說》，《呂本中全集》本，第 1121~1122 頁。
⑤ （宋）尹焞：《和靖集》卷六，《景印文淵閣四庫全書》第 1136 册，第 42 頁下。

子“孝弟也者，其爲仁之本與?”的闡釋，指出了“仁”之具體表現：
“夫孝弟，何以爲仁之本也？曰：孝弟者，人之本心。親生之膝下以養，
父母日嚴，孩提之童無不知愛其親者；及其長也，無不知敬其兄也。然
則愛親、敬兄之心，心之本如此，無有絲毫僞者，非勉強而爲之也。故
聖人因嚴以教敬，因親以教愛，皆因其所固有而導之爾。仁者，身之本
體也。孝弟，爲仁之本基而充之爾。”① 呂本中對孔子此語的闡釋，基本
是祖述程頤，但更爲詳細，程顥認爲：“‘孝弟也者，其爲仁之本與！’
言爲仁之本，非仁之本也。”② 程頤認爲：“仁主於愛，愛孰大於愛親，故
曰：‘孝弟也者，其爲仁之本與？’”③ 呂本中祖述程頤，認爲“仁”源
自“愛親敬長”，具體表現爲“孝弟”。反推之，由於“孝弟，爲仁之本
基”，故推而廣之、由己及人可以求“仁”。

　　由此，呂本中的邏輯順序彰顯無疑，由於“天人一理”，故主體
可以通過自我的省察而會得天理，即“性與天道要在以心聞”。至於
“心”，則“仁，人心也”，由此求“仁”即爲關鍵。呂本中又通過對孔
子“孝弟也者，其爲仁之本也與”的闡釋，祖述程頤，指明通過躬行
“孝弟”並擴而充之的求“仁”之方。值得注意的是，這種基於主體具
有的倫理屬性而推導出主體先驗性的理路，不獨呂本中具有，胡安國
即認爲：“夫良知不慮而知，良能不學而能，此愛親敬長之本心也。”④ 但
與胡安國相比，呂本中對“仁”的詮釋雖以主體具有先驗性爲潛在的前
提，但其並不像胡安國一樣比較明確地標示出主體的先驗性，原因在於
呂本中在本體探究方面的興趣缺失，使其哲學思考從個體出發，其關注
點亦是個體精神的安頓，而並非如胡安國等人通過界定主體的先驗性，
而指出由工夫通向本體認識、世界改造的向上一路。如胡安國在指出了
主體具有“良知良能”的先驗性後認爲“儒者擴而充之，達於天下，
立萬世之大經，經正而庶民興，邪慝息矣”⑤，關注點直接轉移到基於主
體先驗性而體認本體之後的改造世界方面，懸置本體探究與基於本體
考察的區別彰顯無餘，而這也影響了呂本中關於修養工夫的探究方向
與方式。

---

　　① （宋）呂本中：《紫微雜說》，《呂本中全集》本，第 1118 頁。
　　② （宋）程顥、程頤著，王孝魚校點《二程集·河南程氏遺書》卷十一，第 125 頁。
　　③ （宋）程顥、程頤著，王孝魚校點《二程集·河南程氏遺書》卷十八，第 183 頁。
　　④ （宋）胡安國：《答贛川曾幾書》，載胡寅《先公行狀》，《斐然集》卷二十五，第 557 頁。
　　⑤ （宋）胡安國：《答贛川曾幾書》，載胡寅《先公行狀》，《斐然集》卷二十五，第 557 頁。

二　識"性"於未發之前

　　吕本中認爲"天人一理"，而"性與天道要在以心聞"，故而吕本中
通過闡釋孟子"仁，人心也"與孔子"孝弟也者其爲仁之本也與"，來
强調躬行孝悌對於識"仁"且會得"天理"的重要性。但吕本中並没有
基於主體先驗性而構建哲學體系的自覺意識，而是更爲關注個體的精神
安頓和内在修養，由此則"天理""在人之謂性"的體認便成了關鍵。
相對於躬行孝悌的外向工夫，"性"之體認更接近於内在修養。

　　曾經師事楊時的吕本中曾有書信與楊時論及"性"，楊時《答吕
居仁》其一云："《孟子》七篇之書，其要道性善而已。'湍水'之
説，孟子固嘗辨之，不可與性善合爲一説明矣，而論者欲一之，皆未
究其所以也。"[1]《孟子·告子上》："告子曰：'性猶湍水也。決諸東方
則東流，決諸西方則西流。人性之無分於善不善也，猶水之無分於東
西也。'孟子曰：'水信無分於東西，無分於上下乎？人性之善也，猶
水之就下也。人無有不善，水無有不下。今夫水，搏而躍之，可使
過顙；激而行之，可使在山。是豈水之性哉？其勢則然也。人之可
使爲不善，其性亦猶是也。"[2]孟子認爲告子所説之"性"乃"性"之
表現，其表現可以爲善爲不善，但孟子認爲"性"乃人具有之先驗屬
性，其本身是"善"，誠如朱熹所言："性即天理，未有不善者也。"[3]
又如梁濤先生所言："關於人有善性……（孟子）首先是繼承了'天
命之謂性'的傳統，將善性溯源於形上、超越的層面，認爲是天的賦
予。"[4]楊時認爲性"不可與性善合爲一説"，可見認同"性"乃主體
具有之先驗屬性的觀點。吕本中基本繼承了這一觀點，《童蒙訓》載：
"宿州高朝奉説他師事伊川先生，嘗見先生説：'義者，宜也；知者，
知此者也；禮者，節文此者也。皆訓詁得盡，惟"仁"字，古今人訓
詁不盡，或以謂"仁者，愛也。"愛雖仁之一端，然喜怒哀懼愛惡欲，
情也，非性也。故孟子云："仁者，人也。"'"[5]程頤明確指出，愛是

---

[1]　（宋）楊時：《楊龜山先生全集》卷二十一，第908頁。
[2]　（宋）朱熹：《四書章句集注·孟子集注》卷十一，第331頁。
[3]　（宋）朱熹：《四書章句集注·孟子集注》卷十一，第331頁。
[4]　梁濤：《孟子"道性善"的内在理路及其思想意義》，載氏著《新編中國思想史二十二講》，高
　　等教育出版社，2012，第141頁。
[5]　（宋）吕本中：《童蒙訓》卷下，《吕本中全集》本，第1013頁。

流露的情感，是“性”作用的體現，不能等同於“性”。該則語錄不見於《二程集》，雖是呂本中對他人複述之程頤觀點的記錄，但四庫館臣總結《童蒙訓》作爲“家塾訓課之本”，“其所記多正論格言，大抵皆根本經訓，務切實用，於立身從政之道深有所裨”①，呂本中採納這一觀點本身，即説明了其以之爲確論的事實。既然哀怒愛樂乃“性”之作用的顯現，那麼“性”當存在於情感流露之前。呂本中弟子林之奇記其語錄曰：“節怒莫若樂，節樂莫若禮，守禮莫若静。內敬外静，能返其性，性將大定。”②呂本中認爲通過“內敬外静”的修養工夫，可以體驗到情感未發之前的“性”。

這種“內敬外静”的工夫大體是受楊時啓發。楊時《答呂居仁》其二曰：“夫守一之謂敬，無適之謂一。敬足以直内，而已發之於外則未能時措之宜也，故必有義以方外。毋我者，不任我也，若舜舍已從人之類是也。四者各有所施，故兼言之也。道固與我爲一也，非至於從心所欲不逾矩者，不足以與此言。”③楊時告誡呂本中者有四：守一之敬、無適之一、義以方外、不任我。其中前二者分別是“內敬”與“外静”，而達到這一境界的途徑就是“守一”與“無適”，即心有所守，而思慮没有任何萌動。林之奇記錄呂本中與尹焞的問學：“嘗問尹和靖日用下工夫處。和靖曰：‘須求喜怒哀樂未發以前底心。’少蓬曰：‘如今才舉便是發了，如何求得未發之心？’和靖曰：‘只如吉甫未發意來，相見時豈有許多事？才舉意來，乘轎來相見，吃茶吃湯，須如此類求之。’”④四庫館臣認爲：“其記聞內稱‘少蓬’及‘呂紫微者’皆謂本中。”⑤尹焞認爲主體思慮未萌動前即依“性”而居，一旦思慮萌動則進入了“性”之作用的範疇。體驗未發成爲識得“性”體的關鍵，對此乃師楊時論之甚詳：“《中庸》曰：‘喜怒哀樂未發謂之中，發而皆中節謂之和。’學者當於喜怒哀樂未發之際，以心體之，則中之義自見。執而勿失，無人欲之私焉，發必中節矣。發而中節，中固未嘗亡也。孔子之慟，孟子之喜，因其可慟可喜而已，於孔孟何有哉？其慟也，其喜也，中固自若也。鑒

---

① （清）紀昀總纂《四庫全書總目提要》，第 2360 頁。
② （宋）林之奇：《拙齋文集》卷一，《景印文淵閣四庫全書》第 1140 册，第 383 頁上。
③ （宋）楊時：《楊龜山先生全集》卷二十一，第 911 頁。
④ （宋）林之奇：《拙齋文集》卷一，《景印文淵閣四庫全書》第 1140 册，第 372 頁上。
⑤ （清）紀昀總纂《四庫全書總目提要》卷一百五十八，第 4087 頁。

之照物，因物而異，形而鑒之，明未嘗異也。"①楊時認爲通過體驗思慮未萌動之前的心體狀態，則可以會得"中"之意，會得之後應事接物"發而皆中節"。而所體驗的"中"，其具體狀態則是滅除私意的至誠："若聖人而無喜怒哀樂，則天下之達道廢矣。……故於是四者，當論其中節不中節，不當論其有無也。夫聖人所謂'毋意'者，豈恝然若木石然哉？毋私意而已，誠意固不可毋也。"②滅除私意，則誠意顯現，由此應事接物自然發必中節。楊時此論可謂對"敬以直內"工夫的進一步細緻闡發。

　　呂本中雖未對"內敬外靜"的修養工夫進行細緻的闡發，但基本接受了楊時、尹焞的理念，《師友雜志》載："明道先生嘗説：'橫渠《西銘》，學者若能涵味此理，以誠敬存之，必自有得處。'某以書問楊中立先生曰：'既曰誠矣，又復説敬，何也？'楊先生答書言：'以誠敬存之，皆非誠敬之至者，若誠敬之至，又安用存？'"③從呂本中所問來看，他認爲"敬"與"誠"乃兩個層面，即"敬"是工夫，而"誠"是境界，即通過"敬"之工夫所達到的滅除私意的至誠中和狀態。但楊時就修養境界的區別回答呂本中，認爲修養之要則是通過長期的"以誠敬存之"的修養，達到無意間的舉手投足、喜怒哀樂，皆發而中節的境界，即"誠敬之至，又安用存"，也就是楊時《答呂居仁》其二中告誡呂本中的隨心所欲而不逾矩的境界。楊時不回答呂本中疑問，而就修養境界展開論述，暗含贊同呂本中觀點的傾向。由此不難看出，"內敬外靜，能反其性，性將大定"的工夫，就與楊時、尹焞的體驗未發之中的修養工夫實現了對接。

　　值得注意的是，呂本中一方面認爲"天人一理"，心體具備識得"天理"的先驗能力，又通過對"仁，人心也"的闡釋，將求"仁"標示爲會得天理之關鍵。另一方面，"仁"之表現之一是愛，而愛又與善天然緊密聯繫，故而善之促動因素的探求成爲其學説關注的焦點，因此"性"的體認浮現了出來。其"內敬外靜，能反其性"的觀點，既繼承了程頤"敬以直內"的工夫，又實現了對乃師楊時、尹焞修養理念的對接。

---

①（宋）楊時：《答學者其一》，《楊龜山先生全集》卷二十一，第898頁。
②（宋）楊時：《答學者其一》，《楊龜山先生全集》卷二十一，第898~899頁。
③（宋）呂本中：《師友雜志》，《呂本中全集》本，第1101頁。

三　愛己及物、推己及物：內外兼具的修養工夫

呂本中從"仁"與"性"兩個方面界定了心體，求"仁"在於躬行孝悌，識"性"則在於體驗未發，修養工夫的內外兩面已經彰顯了出來。這一理路更爲明顯地體現在了其修養工夫的專門論述中。其論何爲君子時云："然則如之何而可謂之君子？曰：'利害之心薄，義理之心勝，愛己及物，薰然慈仁，其心休休焉，無疵文，無矯詐，然後爲君子。'"①呂本中不但強調本身內在修養中"義理之心"的發見，而且明確指出要"愛己及物"，即由己及人、由內及外的推廣擴充開來。其弟子林之奇記師徒對話："少蓬論忠恕即是一貫，余曰：'忠恕自是兩字，如何得一貫？'蓬曰：'推己與物爲一，豈非一貫？且如飢之欲食，豈有僞乎？其間此便是忠。稷思天下有飢者，猶己飢之，此便是恕。在己者爲忠，推以及物爲恕。合彼己以爲一，便是一以貫之，通天下是一箇心。'"②呂本中通過對"忠恕"內涵別具一格的解釋，再次申明了修養工夫的內外兩面。不僅如此，呂本中還對內外修養工夫進行了明確的論述，大體言之，即內向的持敬與外向的躬行孝悌、問學爲文、恪守禮制等。

呂本中繼承了程頤的持敬工夫，程頤云："動容貌，整思慮，則自然生敬。"③又云："無他，只是整齊嚴肅，則心便一，一則自是無非僻之奸。此意但涵養久之，則天理自然明。"④呂本中基本接受了程頤的理路，如前述他專門記錄楊時"若誠敬之至，又安用存"之語，即體現了其內向修養中重視"敬"的一面。不僅如此，其《童蒙訓》亦記載了焦千之論"敬"之重要性的語錄："滎陽公言：焦伯强先生嘗言'莊敬日强，安肆日偷。'故君子當自强不息。以之容貌禮際，其接人也，不敢不敬，不敢少懈也。況君親乎，況長上乎，況賢於我者乎！苟不能自强，則怠惰之心入矣，非惟失義也，禍且及焉。"⑤焦千之認爲應當讓"敬"體現在自我的容貌動作、禮節酬對中，如此才能實現對"義"的理解。無獨

---

① （宋）呂本中：《紫微雜說》，《呂本中全集》本，第 1133~1134 頁。
② （宋）林之奇：《拙齋文集》卷一，《景印文淵閣四庫全書》第 1140 册，第 373 頁上。
③ （宋）程顥、程頤著，王孝魚校點《二程集·河南程氏遺書》卷十五，第 149 頁。
④ （宋）程顥、程頤著，王孝魚校點《二程集·河南程氏遺書》卷十五，第 150 頁。
⑤ （宋）劉清之：《戒子通錄》卷六"呂舍人《童蒙訓》"，《景印文淵閣四庫全書》第 703 册，第 77 頁上。

有偶，呂本中於《師友雜志》中記載了尹焞之語：“彥明嘗言先生教人，只是專令用‘敬以直內’。若用此理，則百事不敢輕爲，不敢妄作，不愧屋漏矣。習之既久，自然有所得也。”① 上述資料，雖是呂本中轉述他人之語，但轉述、採納且不加反駁，這一行爲本身就表示他的認同。持“敬”工夫與前述的體驗未發，共同構成了呂本中內向的修養工夫。

　　在外向的修養工夫方面，呂本中繼承了程頤格物致知的理路，如程頤言：“凡一物上有一理，須是窮致其理。窮理亦多端，或讀書講明義理，或論古今人物，別其是非，或應事接物而處其當，皆窮理也。”② 呂本中認爲：“今日記一事，明日記一事，久則自然貫穿。今日辨一理，明日辨一理，久則自然浹洽。今日行一難事，明日行一難事，久則自然堅固。渙然冰釋，怡然理順，久自得之，非偶然也。”③ 又説：“學問功夫，全在浹洽涵養蘊蓄之久，左右採擇，一旦冰釋理順，自然逢原矣。非如世人强襲取之，揠苗助長，苦心極力，卒無所得也。”④ 基本可視爲對程頤觀點的複述。所不同者，呂本中更爲細緻，且强調修養中的內外結合。如其論躬行孝悌，曰：“《論語》，弟子記孔子之語，都不及治心養性上事。止論目前日用，閑邪去非，孝弟忠信而已。蓋修之於此，必達之於彼；約之於內，必得之於外；知生則知死矣，能盡人則能事鬼神矣；下學則上達矣。聖人之道，如是而已。”⑤ 呂本中一方面指出了《論語》沒有論及治心養性的現象；另一方面則認爲躬行孝悌，由外及內，自然可以達到治心養性的效果。此外，程頤强調“讀書講明義理”，其所讀之書應爲儒學經典，但呂本中理解的讀書，範圍顯然更廣，《師友雜志》載：“范元實，崇寧中過符離，別後寄予書云：‘道，一也。佛之所得，比孔子爲狹。然豈容易可到。若學佛則有《楞嚴》《圓覺》，學孔子則有《論語》《中庸》《大學》，須窮探力索，久自得之。然吾輩今日事業，直須多讀書，考古人成敗，作文章以法前人，又不可自屈沉也。萬事不廢，隨事觀理，他日自須脱然度越諸子。’”⑥ 雖然范溫基於儒學立場認爲佛禪學説追求之境界較狹窄，但亦肯定了其價值。其“多

① （宋）呂本中：《師友雜志》，《呂本中全集》本，第 1088 頁。
② （宋）程顥、程頤著，王孝魚校點《二程集·河南程氏遺書》卷十八，第 188 頁。
③ （宋）呂本中：《紫微雜説》，《呂本中全集》本，第 1137 頁。
④ （宋）呂本中：《紫微雜説》，《呂本中全集》本，第 1138 頁。
⑤ （宋）呂本中：《紫微雜説》，《呂本中全集》本，第 1133 頁。
⑥ （宋）呂本中：《師友雜志》，《呂本中全集》本，第 1089 頁。

讀書""作文章以法前人"，則不但包含了兼通儒釋的思路，而且以詩文創作作爲會得天理的下學工夫之一。呂本中拈出范温語示於弟子，顯然以其説爲的論。田腴叔父"深不取佛學"，呂本中記録了田腴之態度："然專讀經書，不讀子史，以爲非聖人之言，不足治也。誠伯以爲不然，曰：'博學而詳説之，將以反説約也。'如不遍覽，非博學詳説之謂。"①呂本中採納田腴觀點，彰顯了其廣取博收的開闊學術視野，已然突破了部分前輩學者廢佛禪、諸子學説的治學藩籬。

在外向的修養工夫中，最值得注意的是呂本中對恪守禮制的强烈意識。呂本中持歷史退化論之觀點，認爲："春秋之後，先王之澤漸遠，然善言相傳，猶有存者。學者得其言，猶可詳思而致力也。"②又曰："古人風俗未壞，先王之澤未遠，善言猶存，人皆相傳。……後世風俗已壞，先王之澤愈遠，善言不存，民無所習，雖有過絶人之才，如唐太宗之爲君、李德裕之爲臣，亦未能爲此言也。"③雖是先賢言語之得體，但其歷史退化的觀點彰顯無疑。從此角度出發，呂本中認爲禮制的制定就是在去"先王之澤未遠"時，以規則形式自然準確地呈現"天理"："知天人一理，無上下内外之殊，然後能作禮樂。威儀升降，聲音節奏，感動人物，皆形容天理而已。'窮神知化'，由通於禮樂，不可誣也。"④禮制是達到"天人一理"境界的聖人對"天理"的具體化、規則化記録，並且這種記録是因人情所宜、與倫理觀念相合的："聖人制禮，惟祀典喪服大概，後世不可得而變更，何者？皆出天理，非人之私意也。如天子祭天地，諸侯無所事於天地也。子爲父斬衰三年，本其所生也，他人無所用其服也。其他輕重皆然。如庶母之祭至孫止，父母在，不爲庶母服，皆明大義至重，不以私恩曲從也。能明此者，則知天理矣。"⑤既然禮制乃天理的呈現，那麼恪守禮制則成爲外向修養工夫的必須，呂本中認爲："《禮》禁於未然之前，《春秋》制於已發之後，聖人之憂患後世至矣。"⑥因此恪守禮制，是保持自我言動語默皆合乎"天理"的關鍵，故而呂本中教育弟子曰："後生學問，且須理會《曲禮》《少儀》《儀禮》

---

① （宋）呂本中：《童蒙訓》卷上，《呂本中全集》本，第 973 頁。
② （宋）呂本中：《紫微雜説》，《呂本中全集》本，第 1134 頁。
③ （宋）呂本中：《紫微雜説》，《呂本中全集》本，第 1135 頁。
④ （宋）呂本中：《紫微雜説》，《呂本中全集》本，第 1125 頁。
⑤ （宋）呂本中：《紫微雜説》，《呂本中全集》本，第 1150 頁。
⑥ （宋）呂本中：《紫微雜説》，《呂本中全集》本，第 1137 頁。

等，學灑掃、應對、進退之事，及先理會《爾雅》訓詁等文字，然後
‘可以語上’，‘下學而上達’，自此脫然有得，自然度越諸子也。”① 因此，
其對於恪守禮制的師友行爲大加讚賞，《師友雜志》載：“陳公瑩中尊敬
前輩，皆可爲後生法。晚年過揚州，見滎陽公，請公坐受六拜。又拜祖
母河南夫人。請必無答拜然後拜。其與他人語，必曰呂公，或曰呂侍講。
其對前輩說後進，公斥姓名，未嘗少改。”②《紫微雜説》載：“《論語》記
孔子答人君之問，必言‘孔子對曰’。其答季康子亦如是。其尊君敬上大
夫如是，故弟子記之，謹其辭也。”③

　　呂本中之修養工夫，雖創見不多，基本沿襲程頤理路，但在躬行孝
悌、問學爲文、恪守禮制三個方面，豐富、拓展了程頤“讀書講明義
理”的外向修養工夫以及持敬的內向修養工夫。

四　悟入：融通內外修養工夫的關鍵

　　修養工夫的推己及物、愛己及物，是由內向外；而躬行孝悌、讀書
作文、講明義理、恪守禮制的外部工夫，需要反歸於內，歸結到治心養
性層面，才能具備提升主體境界的作用。如此，如何融通內外、打通內
外壁壘，即成爲必須解決的關鍵問題。對此，呂本中引入“悟”這一禪
學術語，力倡將內外修養工夫貫通爲一。

　　呂本中對內外修養工夫的關係有明確界定，其言曰：“可欲之善，
充而至於大，力行所及也。大而化之，則非力行可至，然非力行，亦不
能化。”④ “可欲之善”源自孟子，“‘可欲之善’是對善的本質規定，對
孟子而言，善首先是‘可欲’‘可求’，也就是不受任何外在條件的限
制，完全可以由我控制、掌握，能真正體現人的自由意志，實際上就是
對惻隱、羞惡、辭讓、是非之心或仁義禮智內在道德禀賦的欲求”⑤，換
言之，就是“性”這一先驗屬性的促動。呂本中認爲力行的工夫只能擴
充之，而“大而化之”的認識境界則非力行所能達到。同時，如果沒有
“大而化之”的認識境界的飛躍，則力行的外向修養工夫亦不能在新的

---

① （宋）呂本中：《童蒙訓》卷上，《呂本中全集》本，第 984 頁。
② （宋）呂本中：《師友雜志》，《呂本中全集》本，第 1098 頁。
③ （宋）呂本中：《紫微雜説》，《呂本中全集》本，第 1124 頁。
④ （宋）呂本中：《紫微雜説》，《呂本中全集》本，第 1127 頁。
⑤ 梁濤：《孟子“道性善”的內在理路及其思想意義》，載氏著《新編中國思想史二十二講》，第
　　139~140 頁。

層面產生意義，正如其言："薰陶漸染之功，與講究持論互相發明者也。要之薰陶之益，過於講究，知此理者，方可以語學也。"①境界的提升有賴於外向修養工夫，有了境界的提升，外向的修養才會在新的層面產生出新意義，即"薰陶漸染"與"講究持論"是互相促進、互相發明的。因此在呂本中看來，內向的省察工夫尤爲重要，《紫微雜說》載："前輩嘗說後生才性過人者不足畏，惟讀書尋思推究者，爲可畏耳。又云：讀書只怕尋思，蓋義理精深，惟尋思用意，爲可以得之。鹵莽厭煩者，決無有成之理。《論語》：'溫故而知新。'先儒以爲'溫，尋也。尋繹故者，又知新者。''學而不思則罔'，先儒以爲'學不尋思其義，則罔然無所得。'尋繹，尋思，就先儒分上所得已多，況真能尋繹尋思者乎。"②強調在準確理解字面意義的基礎上得意忘言，去追尋作者之意，其實質是要求學者在讀書中應有自我獨特之發見，如此才能度越流輩。故而呂本中非常強調思考、闡發的重要性："莊子稱'南郭子綦隱几''齧缺睡寐'，又稱'天地固有常矣，日月固有明矣'之類，此正與今說休歇者一致。若于其中能有自得，方可謂之物格知至。"③莊子并未涉及修養內容，但作者之心未必然，讀者之心未必不然，呂本中將莊子描寫南郭子綦若有所思的文字，理解爲實現認識境界提升的思考。

　　以"不主一門，不私一人，善則從之"爲治學原則的呂本中，在境界提升的認識方面高標"悟"字，認爲只有通過"悟"才能實現修養工夫的內外貫通，才能使內外修養工夫成爲互相促進、循環上升的體系。《童蒙訓》載："周恭叔又說：'先生教人爲學，當自格物始。格物者，窮理之謂也。欲窮理，直須思始得。思之有悟處始可。不然所學者恐有限也。'"④通過內向的省察而有所悟入，才能實現境界的提升，否則"恐有限也"。其自述曰："'萬物皆備於我矣''反身而誠，樂莫大焉'，是頓；'強恕而行，求仁莫近焉'，是漸。"⑤呂本中認爲通過"反身而誠"的內向省察，實現認識的提升，獲得精神的安頓，從而產生"樂"，這就是"頓"，即悟入。而由己及人、推己及物的勉力躬行，即外向的實踐工夫是漸修。從其論述來看，"強恕而行"的實踐工夫是"反身而誠"

① （宋）呂本中：《紫微雜說》，《呂本中全集》本，第 1131 頁。
② （宋）呂本中：《紫微雜說》，《呂本中全集》本，第 1141 頁。
③ （宋）呂本中：《紫微雜說》，《呂本中全集》本，第 1126 頁。
④ （宋）呂本中：《童蒙訓》卷下，《呂本中全集》本，第 1009 頁。
⑤ （宋）林之奇：《拙齋文集》卷一，《景印文淵閣四庫全書》第 1140 冊，第 374 頁上。

的悟入的基礎，二者並非割裂的、毫無聯繫的。至於應該如何悟入，悟入的方式與過程如何，吕本中舉例言説之："天下萬物一理，苟致力於一事，必得之理，無不通也。張長史見公主擔夫争道，及公孫氏舞劍，遂悟草書法。蓋存心於此，遇事則得之，以此知天下之理本一也。如使長史無意於草書，則見争道、舞劍，有何交涉？學以致道者亦然，一意於此，忽然遇事得之，非智巧所能知也。德成而上，藝成而下。其願學者雖不同，其用力以有得則一也，學者盍以張長史學書之志而學道乎！"①吕本中認爲"天理"作爲本體，貫穿於所有事物當中，是爲"天下萬物一理"。因此主體須具備融會貫通、舉一反三的思考意識，在任何事物的觀照中都存在著識得"天理"的可能。具備了會得"天理"的自覺意識，通過"薰陶漸染"與"講究持論"的内外修養工夫，不斷增強體認"天理"的意識，通過長期的操存，自然會產生由量變到質變的認識飛躍，如張旭終日思考草書創作藝術，故能從擔夫争道、公孫舞劍中獲得啓發，實現認識的飛躍與境界的提升。而吕本中標示的悟入，無疑帶有禪學背景，其重心在於通過長期的操存，將儒學義理由外在的知識性瞭解，轉化爲個體經驗，達到不經意的舉手投足皆合乎道的境界，即"發而皆中節"的境界。故而吕本中強調悟入後的狀態應爲自然："學問功夫，全在浹洽涵養蘊蓄之久，左右採擇，一旦冰釋理順，自然逢原矣。非如世人強襲取之，揠苗助長，苦心極力，卒無所得也。"②"焕然冰釋，怡然理順，久自得之，非偶然也。"③這種自然的狀態，就是主體通過長期的操存，將儒學義理内化爲個體經驗的一部分。

鈴木大拙認爲"禪存在於個人的一切經驗之中"，並指出禪之意義"只有經過長時間的訓練能夠洞察該體系的人才能明白其終極的意義。而且洞察所獲得的也不是所謂的'知識'，而是真實的日常生活的體驗。"④並進一步論述曰："禪本身没有經典的、獨斷的教義，如果一定説禪有什麽訓誡，那也都是從人們各自的心中產生出來的。"⑤鈴木大拙指出，禪的獨特在於調動個體的生活經驗，本能地以純粹自然、無思無慮的方式來實現對世界的全新認識。吕本中提倡的躬行孝悌的修養工夫，

---

① （宋）吕本中：《紫微雜説》，《吕本中全集》本，第 1134 頁。
② （宋）吕本中：《紫微雜説》，《吕本中全集》本，第 1138 頁。
③ （宋）吕本中：《紫微雜説》，《吕本中全集》本，第 1137 頁。
④ 〔日〕鈴木大拙：《禪者的思索》，第 6 頁。
⑤ 〔日〕鈴木大拙：《禪者的思索》，第 11 頁。

就是基於個體先天的倫理情感，由躬行孝悌忠信，歸結到養心治性，即基於個體生活經驗，將儒學義理內化爲個體生活經驗，這與禪學的修養，在方法論上無疑是一致的。

值得注意的是，呂本中拈出"悟"之方法，明確具有融通內外修養工夫的意識，意欲將內外修養工夫發展成遞相循環、互相發明的體系。同時，"悟"之方法亦可運用於"內敬外靜，能返其性"的"性"這一先驗屬性的體認上。由此"悟"兼及體用，在本體認識和內外修養工夫彌合上都發揮著關鍵作用。

五　東萊之學借鑒禪學的必然

呂本中以"悟"爲彌合內外修養工夫的關鍵，援引禪學方法入儒學修養，表面來看源自家學，如全祖望評呂本中："大東萊先生爲滎陽冢嫡，其不名一師，亦家風也。……而溺于禪，則又家門之流弊乎！"[①]但其內在原因是呂氏一派懸置了本體的探究，視"天理"爲本然之存在，以尋得個體精神安頓爲切要，所謂"'反身而誠，樂莫大焉'，是頓"。

懸置本體探究，以追求個體精神安頓爲切要，如此則自然親近禪學。因此，一方面，呂本中指出儒禪下學之範圍不同，如其致書游酢云："儒者之道，以爲父子、君臣、夫婦、朋友、兄弟，順此五者，則可以至於聖人；佛者之道，去此然後可以至於聖人。"[②]其《師友雜志》亦錄謝良佐答胡安國之語："儒異於禪，正在下學處。"[③]其弟子林之奇《拙齋文集》亦載："少蓬嘗問尹和靖：'釋氏至處，與吾儒有異否？'和靖曰：'未嘗有少不同，然只是塗轍異。釋氏一向做從空處去，吾儒並是實用。'"[④]不難看出，呂本中認爲禪學與儒學只是下學範圍不同，並且援引謝良佐、尹焞之語以爲羽翼。另一方面，因儒學與禪學有個體精神安頓的共同追求，故呂本中不但沒有對禪學的批評與揚棄，反而一再援引師友觀點爲自己援引禪學方法入儒學修養辯护，其《師友雜志》載："彥明嘗説：'不消分別此是釋氏説，此是孔子説。如此時，却是私也，

---

① （清）黃宗羲著，（清）全祖望補修，陳金生、梁運華點校《宋元學案》卷三十六"紫微學案"，第 1233 頁。
② （宋）呂本中：《師友雜志》，《呂本中全集》本，第 1084 頁。
③ （宋）呂本中：《師友雜志》，《呂本中全集》本，第 1102 頁。
④ （宋）林之奇：《拙齋文集》卷一，《景印文淵閣四庫全書》第 1140 册，第 374 頁下。

但只論道理如何。'"① 其援引尹焞此語，意欲以此爲自己採納禪學修行方式張目。他又援引尹焞"釋氏見得極親切極頭處，見得極分明，但不見四旁耳"②，批評禪學絶聖棄智的狹隘，但肯定其方法論的可取。也正因如此，吕本中才援引禪學之"悟"，作爲彌合其内外修養工夫的關鍵。朱熹窺破此處，在肯定吕希哲修養深厚的同時，抨擊吕氏之學由懸置本體探究而滑入禪學之失："朱子曰：《吕公家傳》深有警悟人處，前輩涵養深厚乃如此。但其論學殊有病，如云'不主一門，不私一説'，則博而雜矣。如云'直截勁捷，以造聖人'，則約而陋矣。舉此二端，可見其本末之皆病。此所以流於異學而不自知其非邪？"③

吕本中混同儒釋，導致其學術駁雜，亦導致其獨創較少，但這種通脱的態度卻使其對禪學的評價較同時代人客觀，如其《師友雜志》即援引邵子文語："先人非是毀佛，但欲崇立孔氏之道耳。"④ 其學術態度較當時儒學學者顯然更爲通達，更爲誠實客觀。

總之，吕本中的儒學體系呈現雜糅二程、楊時、尹焞數家的特點，且援引禪學之"悟"進入修養體系，雖在躬行與持敬的具體環節上有所豐富與拓展，能自成一家，但在本體論探究上存在缺失。這使其學説之獨創性較湖湘一系之胡氏父子，龜山一系的楊時、張九成等，都有所不如，此爲必須承認之現實，亦爲東萊之學的缺憾。

第二節　波瀾與句法：吕本中詩學體系

作爲以詩名世的詩人，吕本中有明確的詩學自覺意識，其詩學呈現完整的體系性。《師友雜志》載："政和初，無逸至京師省試，嘗寄予書，極相推重，以爲：'當今之世，主海内文盟者，惟吾弟一人而已。'又語外弟趙才仲云：'以居仁詩似老杜、山谷，非也。杜詩自是杜詩，黄詩自是黄詩，居仁詩自是居仁詩也。'"⑤ 吕本中摯友謝逸一方面對於其詩歌藝術給予了主盟海内的極高評價；另一方面則指出了東萊詩雖淵源有自但能自成一家的事實。吕本中之詩論既論及踵武前賢

---

① （宋）吕本中：《師友雜志》，《吕本中全集》本，第 1101 頁。
② （宋）吕本中：《師友雜志》，《吕本中全集》本，第 1101 頁。
③ （宋）朱熹：《答林擇之》，《晦庵先生文集》卷四十三，《朱子全書》本，第 1970 頁。
④ （宋）吕本中：《師友雜志》，《吕本中全集》本，第 1084 頁。
⑤ （宋）吕本中：《師友雜志》，《吕本中全集》本，第 1078 頁。

的具體方式，又有通過揣摩前人創作過程而力避艱澀的明確意識；既強調通過習作中的精思與頻改而達到圓美自然的境界，又注意到主體精神表現力對詩歌創作境界提升的重要性。其詩論形成了體用兼備的體系，涵蓋了入門工夫的界定與向上一路的標示。往昔論者或重視呂本中《江西宗派圖》的創作，或對其詩歌創作進行詳解，而對其詩學思想一以貫之的體系則關注不足，本書基於對相關文獻的爬梳，力圖尋繹其詩學體系的結構，冀以此彌補呂本中研究的不足，並推進該時期的詩學研究。

一　對象、章法與句式：研習前文系統之要

北宋文化繁榮，蘇黃詩歌成爲後學尊崇的經典，這使北宋末期的詩人面臨一個日漸豐富、急劇增長的前文本系統。互文性理論認爲“任何文本都是一種互文，在一個文本之中，不同程度地以各種多少能辨認的形式存在著其他的文本；譬如，先時文化的文本和周圍文化的文本，任何文本都是對過去的引文的重新組織”。“互文性”概念強調的是把寫作置於一個座標體系中予以觀照：從橫向上看，它將一個文本與其他文本進行對比研究，讓文本在一個文本的系統中確定其特性；從縱向上看，它注重前文本的影響研究，從而獲得對文學和文化傳統的系統認識。因此，在呂本中所處的時期，後起學子如何看待前文本系統，這是其學詩所不可回避的關鍵問題。呂本中積極、正面地面對前文本系統，並在師法對象的選擇、章法結構的學習、句式結構的揣摩三個方面予以了明確的論述。

（一）師法對象的選擇

呂本中《喜章仲孚朝奉見過十韻》中有云：“語道我恨晚，説詩公不迂。丁寧入漢魏，委曲上唐虞。歷歷有全體，忽忽或半塗。”[1]明確指出學詩應對漢魏乃至上古作品熟讀深思，否則難有成就。其詩後自注云：“山谷論作詩法，當自舜皋陶《賡歌》及《五子之歌》以下，皆當精考。故予論詩，必斷自唐虞以下。”[2]呂本中對前文本系統的重視彰顯無疑。但“自唐虞以下”之詩歌浩如煙海，如此則研習前賢佳作的重

---

[1] （宋）呂本中著，韓西山校注《呂本中詩集校注》，第 239 頁。
[2] （宋）呂本中著，韓西山校注《呂本中詩集校注》，第 240 頁。

點成爲關鍵，呂本中認爲詩歌風格應簡淡高雅："《論語》《禮記》文字簡淡不厭，非《左氏》可及也。"①又主張詩歌應表現主體從容不迫、優游閑雅之精神氣度："高秀實茂華人物高遠，有出塵之姿，其爲文稱是。嘗和予《高郵道中》詩，有'中途留眼占星聚，一宿披顏覺霧收'之句，便覺予詩急迫，少從容閑暇處。"②作爲這種風格的對立面，齊梁綺靡詩風便成爲需要回避的對象，由此呂本中明確界定詩法對象曰："大概學詩須以三百篇、《楚辭》及漢、魏間人詩爲主，方見古人妙處，自無齊梁間綺靡氣味也。"③呂本中强調學詩以《詩經》《楚辭》及漢魏詩歌爲主，其用意即在於師法此類文本中簡淡高古的内在意蘊。於前賢詩歌的學習中，注重簡淡高古意蘊的體認，用意應是在詩歌創作中，呈現出源自日常生活情感而又高於這種情感的陌生化、高雅化效果。但藝術情懷需要以相應的藝術方式來呈現，在此方面呂本中强調對杜甫、蘇軾、黃庭堅與晚近江西詩派的學習，其言曰："學詩須熟看老杜、蘇黄，先見體式，然後遍考他詩，自然工夫度越他人。"④不難看出，呂本中認爲杜甫、蘇軾、黃庭堅的詩歌，在"體式"方面具有規範的意義。呂本中力倡師法老杜、蘇黄"體式"，强調注意三人詩歌的格式，即表達方式、用語、結構等，如其於《與曾吉甫論詩第一帖》中云："《楚詞》、杜、黄，固法度所在，然不若遍考精取，悉爲吾用，則姿態橫出，不窘一律矣。"⑤呂本中進而指出："自古以來語文章之妙，廣備衆體，出奇無窮者，惟東坡一人；極風雅之變，盡比興之體，包括衆作，本以新意者，惟豫章一人，此二者當永以爲法。"⑥又説："近世欲學詩，則莫若先考江西諸派。"⑦呂本中認爲蘇軾精於各種體裁的創作，變化無窮，而黃庭堅則在廣泛學習前人的基礎上形成自己風格。呂本中隱然希望揣摩東坡以開闊思路與視野，師法山谷以識得法度與變化，以蘇濟黄，寓變化於法度。這也與其後來的詩學主張一致，如周裕鍇先生即認爲其"活法"説乃"蘇、黄詩學的合題"⑧。

---

① （宋）呂本中：《童蒙詩訓》，《宋詩話輯佚》本，第 598 頁。
② （宋）呂本中：《紫微詩話》，《歷代詩話》本，第 360 頁。
③ （宋）呂本中：《童蒙詩訓》，《宋詩話輯佚》本，第 593 頁。
④ （宋）呂本中：《童蒙詩訓》，《宋詩話輯佚》本，第 603 頁。
⑤ （宋）呂本中：《與曾吉甫論詩第一帖》，《苕溪漁隱叢話·前集》卷四十九，第 332 頁。
⑥ （宋）呂本中：《童蒙詩訓》，《宋詩話輯佚》本，第 604 頁。
⑦ （宋）呂本中：《童蒙詩訓》，《宋詩話輯佚》本，第 597 頁。
⑧ 周裕鍇：《宋代詩學通論》，第 225 頁。

（二）章法結構的學習

在確定了師法對象之後，呂本中還對具體的師法内容進行了明確界定，提倡多揣摩前賢佳作之章法結構。呂本中認爲：“老杜歌行，最見次第，出入本末。而東坡長句，波瀾浩大，變化不測；如作雜劇，打猛諢入，却打猛諢出也。《三馬贊》云‘振鬣長鳴，萬馬皆瘖’，此記不傳之妙。學文者能涵泳此等語，自然有入處。”① 又認爲：“《載馳》詩反覆説盡情意，學者宜考。《蒹葭》詩説得事理明白，尤宜致思也。”② 前者强調詩歌章法中的轉折，後者强調曲盡人情，看似矛盾，實則内在統一。呂本中意在强調詩歌應通過轉折筆法生出波瀾起伏，而轉折則應當出人意表，同時又語斷意連，在意脈表達上具有緊密的承接性。呂本中在創作中實踐了這一主張，如其《將發福唐》云：

> 盡此一囊粟，我行當有期。涼風吹天涯，增我别後思。結束向行在，問子還何時。初無濟時策，處事多參差。環視中所有，無一施可宜。形骸久已病，敢徹當世知。不蒙朋友責，定遭兒輩嗤。矧此世外人，勸歸常恐遲。相尋有如日，請盟吾此詩。③

開篇言任期結束將要離開，但用《漢書·東方朔傳》“囊粟”典④言官職之卑微，但出句以動詞“盡”引領，對句以“我行”引領，形成動賓式與主謂式的結構。第二聯結構與之相通，不但避免了意象形態的靜止，而且通過語言結構的有意識的選擇，賦予其運動的活力。起句既實現了切題，將生涯多艱且即將遠行的感慨揮灑無餘，又突兀不凡地奠定了全詩基調，爲下文張目。第三聯“問子還何時”寫出友人相别時依依不捨之情，令讀者以爲下面將轉入别情書寫。但第四聯筆鋒一轉，再次回到詩人的感慨上，言“我”既老且病，對國事無一策可畫，不但友朋責備，還遭後輩嘲諷，真可謂烈士暮年，壯心全無，將之前營造的期

---

① （宋）呂本中：《童蒙詩訓》，《宋詩話輯佚》本，第 590 頁。
② （宋）呂本中：《童蒙詩訓》，《宋詩話輯佚》本，第 590 頁。
③ （宋）呂本中著，韓西山校注《呂本中詩集校注》卷十五，第 116 頁。
④ 《漢書·東方朔傳》：“侏儒長三尺餘，奉一囊粟，錢二百四十。臣朔長九尺餘，亦一囊粟，錢二百四十。侏儒飽欲死，臣朔饑欲死。”

待視野完全打破，情緒至此低至極點。但"矧此世外人，勸歸常恐遲"，給予遭友朋責備、兒曹嗤笑的作者一絲安慰，在此基礎上結出他日必定歸隱之意。而友人釋士珪在離別之際的勸歸，看似是作者凄涼人生中的些許慰藉。作爲家國多難之時的士大夫，詩人無補於世，只有方外之友不曾離棄，其内心的孤寂與無力可想而知。此等無奈以溫情的書寫呈現出來，故更爲動人。此詩立意正大且蒼勁簡潔，一折三變而又馳騁合度、曲盡情意，可謂呂本中學習前賢詩歌章法結構的完美實踐。

（三）句式結構的揣摩

除内在意蘊與章法結構外，具體的句式結構對詩意的呈現，亦具有不可忽視的作用。呂本中對此論之頗多，如："淵明、退之詩，句法分明，卓然異衆，惟魯直爲能深識之。學者若能識此等語，自然過人。阮嗣宗詩亦然。"[1] 伍曉蔓先生認爲："'句法'是對有獨特個人風格的包含詩人主旨、意趣的藝術表達的表述，它超越内容與形式、神思與辭藻的二分，是對詩歌本質、詩人風格認識的深入。"[2] 誠如所言，但句法的呈現必須依賴語言的組織方式，因此對"句法"的探究應基於對語言結構的辨析。

呂本中關於"句法"的論述，主張將主體感知之静態景象，以動態語句出之，通過語言結構賦予其運動的活力。"讀《古詩十九首》及曹子建詩，如'明月入我牖，流光正徘徊'之類，詩皆致思深遠而有餘意，言有盡而意無窮也，學者當以此詩常自涵養，自然下筆高妙。"[3] 其所舉曹植詩句，本爲描寫月光普照、明月入戶的静態畫面，却以擬人手法，以"入高樓""正徘徊"的主謂式結構形容之，不但賦予其動態的活力，且將作者之情緒融入其中。呂本中認識到了曹植詩句之妙，在其創作中不乏此類佳句，如《張樟秀才乞詩》之頷聯："澄江似趁北城曉，苦雨不放南山秋。"[4] 城北有澄江，雨落南山中，但呂本中用擬人手法，寫成江水故意於清晨繞城北而行，大雨在深秋時節不讓南山呈現"致有爽氣"之景象。静態的畫面因句式結構的有意選擇、擬人手法的運用，

---

① （宋）呂本中：《童蒙詩訓》，《宋詩話輯佚》本，第 588 頁。
② 伍曉蔓：《江西宗派研究》，第 425~426 頁；林湘華《"江西詩派"研究》亦持此觀點，博士學位論文，臺灣成功大學，2006。
③ （宋）呂本中：《童蒙詩訓》，《宋詩話輯佚》本，第 585 頁
④ （宋）呂本中著，韓西山校注《呂本中詩集校注》卷三，第 190 頁。

而具有了動態的活力。方回頗具慧眼地識得了這一句式結構的傳承，評此詩曰：“自山谷續老杜之脈，凡江西派皆得爲此奇調，汪彥章與呂居仁同輩行，茶山差後，皆得傳授。”[①]呂本中曾云：“洪龜父朋《寫韻亭》詩云：‘紫極宮下春江橫，紫極宮中百尺亭。水入方州界玉局，雲映連山羅翠屏。小楷四聲餘翰墨，主人一粒盡仙靈。文蕭采鸞不復返，至今神界花冥冥。’作詩至此,殆無遺矣。”[②]所舉洪朋詩之頷聯與其《晚步至江上》之“風聲入樹翻歸鳥，月影浮江倒客帆”，雖工拙不一，但結構何其相似，皆以動態結構呈現靜態畫面，且都以主謂賓的結構置前，後半爲省略主語的動賓結構。曾季貍云：“（呂本中）作此詩嘗嘔血，自此遂得羸疾終其身，其始作詩如是之苦也。”[③]作詩嘔血之事雖不可考，但呂本中著力於句式結構的自覺意識，的確顯而易見。

　　呂本中還強調以散文句式入詩，如其言：“前人文章各自一種句法，如老杜‘今君起柂春江流，予亦江邊具小舟’‘同心不減骨肉親，每語見許文章伯’如此之類，老杜句法也。東坡‘秋水今幾竿’之類，自是東坡句法。魯直‘夏扇日在搖，行樂亦云聊’此魯直句法也。學者若能遍考前作，自然度越流輩。”[④]其所舉杜詩、東坡詩、山谷詩，雖風格不一，但共同點都在於運用虛詞，以類似散文的句式營造出反常新穎的藝術效果。其又言曰：“或稱魯直‘桃李春風一杯酒，江湖夜雨十年燈’，以爲極至，魯直自以此猶砌合。須‘石吾甚愛之，勿使牛礪角。牛礪角尚可，牛鬥殘我竹’，此乃可言至耳。”[⑤]“砌合”乃意象疊加，以類似蒙太奇的視覺拼接呈現詩意。而《題竹石牧牛》則完全打破詩歌既有節奏，以文句行之。而其《元日贈沈宗師四首》其二則是這類主張的實踐：“念昔從諸賢，關汪老耆舊。是事今則無，斯人亦難又。爾來見公子，却立兩公後。不倦以終之,可以爲子壽。”[⑥]頷聯之“今則無”“亦難又”皆虛詞，其中用韓愈“念睽離之在期，謂此會之難又”之語；而尾聯出句則用揚雄《法言》“不倦以終之，可謂好學也已矣”。又如其《寄

---

① （元）方回選評，李慶甲集評校點《瀛奎律髓彙評》卷二十五，上海古籍出版社，2005，第1126頁。

② （宋）呂本中：《紫微詩話》，《歷代詩話》本，第360頁。

③ （宋）曾季貍：《艇齋詩話》，《歷代詩話續編》本，第304頁。

④ （宋）呂本中：《童蒙詩訓》，《宋詩話輯佚》本，第586頁。

⑤ （宋）呂本中：《童蒙詩訓》，《宋詩話輯佚》本，第590頁。

⑥ （宋）呂本中著，韓西山校注《呂本中詩集校注》卷二，第141頁。

琦監院》之尾聯"不知碧眼之面壁,何如魋顏西入秦"①,亦以文句出之,形成自然流蕩之姿。

雖然吕本中對於前文本系統的學習指出了入門工夫與向上一途,但其可貴處,還在於主張批判性地對待前賢作品,其言曰:"學古人文字,須得其短處,如杜子美詩,頗有近質野處。如《封主簿親事不合》詩之類是也。東坡詩有汗漫處,魯直詩有太尖新、太巧處;皆不可不知。東坡詩如'成都畫手開十眉','楚山固多猿,青者點而壽',皆窮極思致,出新意於法度,表前賢所未到。然學者專力於此,則亦失古人作詩之意。"②這種批判而不盲從的態度,正是其獲得謝逸"居仁詩自是居仁詩"之評價的原因之一。

二　參活句：揣摩前賢創作過程以增强創作能力

在宋代,詩歌專業化的定位更爲明晰,司馬光云:"文章之精者,盡在於詩;觀人文者,觀其詩,斯知其才之遠近矣。"③因此,在從形式、語言技巧形成的審美感受來對詩歌作出專門定義後,詩歌作爲專門的技藝,有特殊的用語、結構、表達的經營之方,這皆凸顯了詩爲"技"的認知。西崑體就是詩爲"技"的成功範型。延至蘇黄,詩人游心翰墨,將書齋生活以及詩歌的交際功能發揮到了極致,周裕鍇先生指出:"應酬、唱和、贈答成爲元祐詩人創作的主體。以蘇、黄爲例,交際性的詩歌占其此時期作品總數的80%以上。"④又:"元祐諸公却有意破體出位,以詩爲文(尺牘),以文(尺牘)爲詩,打破二者之間的分疆。換言之,在元祐諸公筆下,詩歌成了有韻的尺牘,成了藝術化的尺牘。"⑤這對於才華橫溢的天才詩人而言,當然不是拘束,他們能更加充分地展示詩藝,但對於缺乏才情或才情不足的一般詩人而言,這不能不説是一種壓力。而在黄庭堅提出了關於詩歌藝術的一系列理論後,詩人更是亦步亦趨,以致出現韓駒與陳巖肖所言之情況:"非次韻詩,則遷意就韻,因韻求事。"⑥"近時學其詩者,或未得其妙處,每有所作,必使聲韻拗捩,

---

① (宋)吕本中著,韓西山校注《吕本中詩集校注》卷二,第276頁。
② (宋)吕本中:《童蒙詩訓》,《宋詩話輯佚》本,第591頁。
③ (宋)司馬光:《馮亞詩集序》,《司馬光集》卷六十四,第1332頁。
④ 周裕鍇:《詩可以群:論元祐詩歌的交際性》,載《社會科學研究》2001年第5期。
⑤ 周裕鍇:《詩可以群:論元祐詩歌的交際性》,載《社會科學研究》2001年第5期。
⑥ (宋)魏慶之:《詩人玉屑》引《陵陽先生室中語》,第171頁。

詞語艱澀。"①

　　針對詩壇的這種情況，呂本中提倡在對前賢佳作的揣摩中，著重體會其創作過程，改變詩思艱澀，解決創作之能這一層面的問題。如其言曰："李太白詩如'曉月出天山，蒼茫雲海間。長風一萬里，吹度玉門關'，及'沙墩至梁苑，二十五長亭。大舶夾雙櫓，中流鵝鸛鳴'之類，皆氣蓋一世，學者能熟味之，自然不褊淺矣。"② 又曰："浩然詩：'掛席幾千里，名山都未逢；泊舟潯陽郭，始見香爐峰。'但詳看此等語，自然高遠。"③ 其所舉李白、孟浩然詩，皆直書眼前所見而不加修飾，同時又具備詩歌的形式與韻味，不同於一些理學詩人之作。誠然，其所舉李白、孟浩然詩之魅力，與詩人情懷等精神層面的因素關係密切，但創作過程將情懷呈現爲詩句，顯然發揮了關鍵作用。詩歌創作是一種不能與行動分離的活動，不能離開創作主體的活動而就文本論文本，而應就文本反思創作活動，從文本出發，最終回歸文本所要表現的創作質感。正如波蘭尼所論："即使能把一項整合的認知內容譯出來，也無法傳達該內容的感覺質地，你只能躬親地感覺這質地，只能內斂於這質地之中。"④ 呂本中之意顯然如此。

　　徐俯批評當時詩人眼界狹窄，認爲這亦是造成詩人詩思艱澀的原因之一："近世人學詩，止於蘇黃，又其上則有及老杜者。至六朝詩人，皆無人窺見。若學詩而不知有《選》詩，是大車無輗，小車無軏。"⑤ 呂本中承襲這一觀點，強調對秦漢經典的學習，其自述云："讀《莊子》令人意寬思大敢作。讀《左傳》便使人入法度，不敢容易。此二書不可偏廢也，近世讀東坡、魯直詩亦類此。"⑥ 又轉引張耒語："張文潛嘗云：'但把秦漢以前文字熟讀，自然滔滔地流也。'又云：'近世所當專學者惟東坡。'"⑦ 其意在於強調學者應具備開闊的視野，通過廣泛的閱讀而廣取博收，採衆家之長以培養自我才情，達到打開詩思的效果。在此基礎上，呂本中又強調廣泛的閱讀和才情的培養與作者的

① （宋）陳巖肖：《庚溪詩話》，《歷代詩話續編》本，第 182 頁。
② （宋）呂本中：《童蒙詩訓》，《宋詩話輯佚》本，第 585 頁。
③ （宋）呂本中：《童蒙詩訓》，《宋詩話輯佚》本，第 588 頁。
④ 〔英〕邁克爾·波蘭尼：《意義》，彭淮棟譯，臺北聯經出版社，1986，第 46 頁。
⑤ （宋）曾季貍：《艇齋詩話》，《歷代詩話續編》本，第 296~297 頁。
⑥ （宋）呂本中：《童蒙詩訓》，《宋詩話輯佚》本，第 592 頁。
⑦ （宋）呂本中：《童蒙詩訓》，《宋詩話輯佚》本，第 605 頁。

細緻觀察結合，主張體味詩人創作過程中的觀察方式，如其論張耒詩曰：“文潛詩，自然奇逸，非他人可及。如‘秋明樹外天’，‘客燈青映壁，城角冷吟霜’，‘淺山寒帶水，旱日白吹風’，‘川塢半夜雨，臥冷五更秋’之類，迴出時流，雖是天姿，亦學可及。學者若能常玩味此等語，自然有變化處也。”[①] 在時人多以平易定義張耒詩的同時，呂本中卻發掘出了張耒詩對日常生活觀察細緻的一面，並以此啓引後學，其更是直言道：“醫書論脈之形狀，病之證驗，無一字妄發，乃於借物爲喻，尤見工夫。大抵見之既明，則發之於言語，自然分曉，觀此等書可見。”[②] 羸疾終身的呂本中，從醫書借物比喻脈象中獲得啓發，認爲觀察細緻，則自然在表達上明白剴切，無艱澀窘況。其《題孫廣伯主簿家壁》曰：“古木輪囷老歲寒，好花無力便凋殘。秋風只在盆池上，但作江湖萬里看。”[③] 後二句寫觀小池所得，將小池流水假山的微小景象，引發爲對江湖萬里的幻想書寫，既表達了對盆池景物精緻的讚嘆，又寄寓了自我歸隱江湖的心意。其《召伯埭路中》之中二聯曰：“忽見雲天有新語，不知風雨對殘書。往來河樹幾傾蓋，上下江船如貫魚。”[④] 頷聯寫風雨將作而詩人生發詩思，渾然不覺外界變化。頸聯則爲所得之句，不正面書寫風雨之大，以傾蓋喻風中樹冠傾斜，將風雨中岸邊避浪的船隻喻爲柳條穿腮而簇擁在一起之魚。葉寘評曰：“靜中置心，真與見聞無毫末隔礙，始得此妙。”[⑤] 觀察細緻，方可曲盡事物之情狀，故有此比喻妙句。

　　不僅如此，呂本中還爲後學指出了具體的力避艱澀的方式，其言曰：“‘雕蟲蒙記憶，烹鯉問沉綿’，不説作賦而説雕蟲，不説寄書而説烹鯉，不説疾病而云沉綿。‘頌椒添諷味，禁火卜歡娛’，不説歲節但云頌椒，不説寒食但云禁火，亦文章之妙也。”[⑥] 強調運用借代手法避免直陳，這種手法無疑拉大了能指與所指之間的距離，讀者須調動自己的知識系統方能識得作者之意。其又曰：“義山雨詩：‘摵摵度瓜園，依依傍水軒’，此不待説雨，自然知是雨也。後來魯直、無己諸人，多

① （宋）呂本中：《童蒙詩訓》，《宋詩話輯佚》本，第 593 頁。
② （宋）呂本中：《童蒙詩訓》，《宋詩話輯佚》本，第 605 頁。
③ （宋）呂本中著，韓西山校注《呂本中詩集校注》卷五，第 390 頁。
④ （宋）呂本中著，韓西山校注《呂本中詩集校注》卷四，第 289 頁。
⑤ （宋）葉寘：《愛日齋雜抄》卷三，《景印文淵閣四庫全書》第 854 册，第 657 頁。
⑥ （宋）呂本中：《童蒙詩訓》，《宋詩話輯佚》本，第 587 頁。

用此體，作詠物詩，不待分明説盡，只髣髴形容，便見妙處。如魯直《酴醾》詩云：‘露濕何郎試湯餅，日烘荀令炷爐香。’”① 其所舉義山詩、山谷詩不正面寫雨、花，一者寫雨中事物之情狀，一者驅遣典故以人喻花。二者共同點在於延長了讀者感受的時間，正如什克洛夫斯基認爲：“藝術的手法是事物的‘反常化’手法，是複雜化形式的手法，它增加了感受的難度和時延，既然藝術中的領悟過程是以自身爲目的的，它就理應延長；藝術是一種體驗事物之創造的方式，而被創造物在藝術中已無足輕重。”② 吕本中在詩歌創作中實踐了這一主張，如《陰》：“凉風森爽邈如許，天氣蕭條殊未佳。密邇留陰鎖苔竹，敗畦藏雨鬭蛙蟆。碧雲莫合人千里，丹鳳愁看天一涯。惟有雙叢庭下菊，殷勤還作去年花。”③ 該詩寫濃陰中詩人感受，但不直言，先以濃陰欲雨時的事物情狀書寫作爲鋪墊，而後引發天氣低沉時作者之感受。濃陰濕氣彌漫中的苔花、竹木，密雲連眺望遠方之視綫都遮擋，作者內心的獨孤隱然可見。又如《雪盡》：“雪盡寒仍在，園荒春欲歸。晴空落雁小，古木聚鴉稀。肺病猶堪酒，囊空合典衣。碧雲愁不見，千里故山薇。”④ 此作與前作手法類似，寫雪停後的感受，先以雪後天晴歸雁落、暮鴉棲的情狀爲鋪墊，而後引出天氣猶寒，故思典麻衣、飲暖酒的自我近況。其《童蒙詩訓》載：“徐師川云：‘作詩回頭一句最爲難道，如山谷詩所謂“忽思鍾陵江十里”之類是也。他人豈如此，尤見句法安壯，山谷平日詩多用此格。’”⑤ 黄庭堅此聯出自《次韻李任道晚飲鎖江亭》，詩前半云：“西來雪浪如翻烹，兩崖一葦乃可横。忽思鍾陵江十里，白蘋風起縠紋生。”⑥ 由眼前所見景物（江水），生發出故鄉山水之念，從眼前之實過渡到想象之虛，二者存在共同點，乃據同一類事物而生發開來。吕本中二詩則由眼前實物，生發出自我實感，由物及人，感受的時延較所舉山谷詩更大、更長。在二詩中，自我感受皆以濃陰、雪盡中之事物情狀爲鋪墊，以增加讀者感受時延的方式結出，自然妥帖，不露痕迹。

---

① （宋）吕本中：《童蒙詩訓》，《宋詩話輯佚》本，第 590 頁。
② 〔俄〕什克洛夫斯基：《作爲手法的藝術》，載《俄國形式主義文論選》，三聯書店，1989，第 6 頁。
③ （宋）吕本中著，韓酉山校注《吕本中詩集校注》卷一，前引書，第 5 頁。
④ （宋）吕本中著，韓酉山校注《吕本中詩集校注》卷一，前引書，第 45 頁。
⑤ （宋）吕本中：《童蒙詩訓》，《宋詩話輯佚》本，第 597 頁。
⑥ （宋）黄庭堅著，任淵等注《黄庭堅詩集注・山谷詩集注》卷十三，第 475 頁。

　　與呂本中義兼師友的曾幾曾總結呂本中師法曰："學詩如參禪，慎勿參死句。縱橫無不可，乃在歡喜處。"^①草堂清禪師云："須參活句，莫參死句。若參活句，臨機變態，不失其宜，出沒卷舒，應用自在。若參死句，如同玉石，真偽不分，凡聖現前，不能甄別。且道那箇是活句，那箇是死句？會麼？'易分雪裏粉，難辨墨中煤。'"^②《林間錄》云："語中有語名爲死句，語中無語名爲活句。"^③可見禪宗將意路不通無義味句，謂之活句；有義味通意路句，謂之死句。因此"難辨墨中煤"則爲死句，而"易分雪裏粉"則爲活句。而"參活句"之原因即在於迥異正常邏輯的"活句"，可使學者無路可尋而展開自我思考，最終達到展現自我精神並凸顯自我面目的效果。呂本中强調對於前賢佳作創作過程的體味，即"參活句"。呂本中强調"參活句"，揣摩優秀作品的創作過程，强調從文本出發，最終回歸到文本所應表現質感的玩味中，以此解決創作之能的問題，緩解後學面對前賢佳作時的創作壓力。同時又針對如何培養才情、拓展詩思等問題，提出了觀秦漢文章、細緻觀察日常生活的主張，且明確提出將細緻觀察所得與感受時延的增加相結合的創作方式。呂本中的主張可謂深切著明，明確細緻地指出了向上一途。

　　錢基博先生認爲："其（呂本中）爲詩骨力堅卓，亦得法庭堅，妥帖自然過之，而才力高健不如，所以格較渾而語爲駡。"^④錢鍾書先生亦評東萊詩曰："他的詩始終没有擺脱黃庭堅和陳師道的影響，却還清醒輕鬆，不像一般江西派的艱澀。"^⑤默存先生及乃父潛廬先生皆慧眼獨具地指出了呂本中詩歌無艱澀之弊、妥帖自然的特點，原因正在於其對體味前賢創作過程的重視。

三　精思頻改以臻圓美：自我創作之要

　　周裕鍇先生於《詩可以群：論元祐詩歌的交際性》一文中指出："元祐諸公詩歌的功能重心已轉移到交際方面，詩歌成爲日常生活中的交往

①　（宋）陳思編，（元）陳世隆補《兩宋名賢小集》卷一百九十，《景印文淵閣四庫全書》第1363册，第545~546頁。
②　（宋）晦堂師明編《續古尊宿語要》，《卍新纂續藏經》第68册，第363頁下。
③　（宋）惠洪：《林間錄》，《卍新纂續藏經》第87册，第251頁下。
④　錢基博：《中國文學史》，中華書局，1995，第654頁。
⑤　錢鍾書：《宋詩選注》，三聯書店，2002，第184頁。

工具，在很大程度上承擔著書信（尺牘）的作用。"^① 並進一步指出："評書題畫，聽琴對弈，焚香煮茗，玩碑賞帖，拈筆弄硯，吟詩作賦，談禪論道，構成元祐諸公交際詩的主要内容。"^② 在詩歌功能發生變化的同時，詩歌的書寫内容也發生了變化。而與宋代學術文化的變化相一致，宋代詩歌對自然物象的依賴性與表現性也在逐漸減弱，葉適云："夫爭妍鬭巧，極外物之變態，唐人所長也；反求於内，不足以定其志之所止，唐人所短也。"^③ 周裕鍇先生認爲："到了宋代，詩人更注重内心的體驗，進一步拋開客體世界，追求内心世界的自我完善。""宋人論詩，特別注重一個'意'字，這'意'就是觀念性、精神性的東西，包括主體的感覺、情緒、意志、觀念、認知等等多種精神性内容。"^④ 詩歌功能的變化與宋代詩學的轉向合二爲一，使得詩歌側重於表現内在精神與自我心志，詩人面對的客觀世界呈逐漸縮小之勢，天才詩人如蘇黃，尚能因難見巧，但這無疑壓縮了後學可以創新的空間，限制了後學創新的可能。這是吕本中登上詩壇時面臨的困境，對此吕本中一方面强調回歸詩歌表現客觀世界的創作路綫，另一方面提倡通過精思頻改而呈現圓美流轉的詩風。

元祐詩歌的交際性及大量的次韻詩，一方面展示了詩人因難見巧的藝術功力，另一方面則暗含被動創作，乃至爲文造情的傾向。吕本中對此有清醒的認識，他認爲："作文不可强爲，要須遇事乃作，須是發於既溢之餘，流於已足之後，方是極頭，所謂既溢已足者，必從學問該博中來也。"^⑤ 吕本中認爲創作應是主體遇事感發之情緒的記錄，而此種情緒的培養則"從學問該博中來"，即以對前文本的學習滋養，培養才情，遇事而作，應物斯感，而絕不鑿空强爲。並且吕本中借徐俯之語進一步具體化這種"遇事乃作"："徐師川云：爲詩文常患意不屬，或只得一句，語意便盡，欲足成一章，又惡其不相稱。師川云：但能知意不屬，則學可進矣。凡注意作詩文，或得一兩句而止。若未有其次句，即不若且休養鋭，以待新意。若盡力，須要相屬。譬如力不敵而苦戰，一敗之

---

① 周裕鍇：《詩可以群：論元祐詩歌的交際性》，載《社會科學研究》2001 年第 5 期。
② 周裕鍇：《詩可以群：論元祐詩歌的交際性》，載《社會科學研究》2001 年第 5 期。
③ （宋）葉適：《王木叔詩序》，《水心集》卷十二，《景印文淵閣四庫全書》第 1164 册，第 247 頁上。
④ 周裕鍇：《中國禪宗與詩歌》，上海人民出版社，1993，第 317 頁。
⑤ （宋）吕本中：《童蒙詩訓》，《宋詩話輯佚》本，第 603 頁。

後，意氣沮矣。"① 徐俯細緻地指出，在創作過程中有時得好句容易，但足成全篇則往往艱難，因此倡導學者不可苟且應付，若無靈感匹配佳句而足成全篇，應等待靈感，即"且休養鋭，以待新意"。正如其《歲晚作》詩中所言："筆力可借秋江濤，莫學人間膏火煎。"② 呂本中將徐俯之語録入教導後學的《童蒙訓》中，本身就是認同這一觀點的體現。呂本中還以王安石、黃庭堅之創作爲例，進一步説明："荆公好集句，嘗於東坡處見古硯，東坡令荆公集句，荆公云：'巧匠斵山骨。'只得一句，遂逡巡而去。山谷嘗有句云：'麒麟卧葬功名骨。'終身不得好對。"③ 呂本中以此指出前輩詩人寧不成章，亦不苟且湊泊。至於解決方式，呂本中《童蒙訓》此則語録或與之有關："山谷云：'詩文惟不造恐强作，待境而生，便自工耳。'山谷謂秦少章云：'凡始學詩須要每作一篇，先立大意；長篇須曲折三致意，乃爲成章。'"④ 呂本中引述的兩則山谷語録，一論詩文須自然而爲，不可爲文造情；二論章法鋪排，提倡頓挫句法。二者看似毫不相關，但呂本中並二者而列舉，其意或説明佳句之得往往出於自然，但足成全篇則應從立意上著手，形成全篇之意後，所得之句用於何處，界定其所承擔之功能，或轉折，或遞進，或開篇，或收束等，如此則足成全篇成爲可能。《雨後至城外》即可視作這一主張的踐行，詩云：

　　　　日日思歸未就歸，只今行露已沾衣。江村過雨蓬麻亂，野水連天鸛鶴飛。塵務却嫌經意少，故人新更得書稀。鹿門縱隱猶多事，苦向人前説是非。⑤

　　該詩情感歸結在厭倦世事、苦欲歸隱上，但詩人開篇直言思歸而不得，值此深秋情感彌烈。頷聯寫眼前之景，静動相映。静者，秋雨過後凌亂之蓬麻；動者，連天江水中亂飛之野鳥。看似無詩人情感，但用萬物各得其宜反襯生活不由衷的無奈。頸聯直書不堪俗務紛擾，而友朋消

---

① （宋）呂本中：《童蒙詩訓》，《宋詩話輯佚》本，第 589 頁。
② （宋）呂本中著，韓西山校注《呂本中詩集校注》卷三，第 216 頁。
③ （宋）呂本中：《童蒙詩訓》，《宋詩話輯佚》本，第 589 頁。
④ （宋）呂本中：《童蒙詩訓》，《宋詩話輯佚》本，第 595 頁。"恐"，疑當作"空"。
⑤ （宋）呂本中著，韓西山校注《呂本中詩集校注》卷九，第 679 頁。

息斷絕倍增寂寥，使詩人對眼前生活愈發難以忍受。尾聯不直書歸隱之情，却在對龐公隱於鹿門但不忘世事的批判中，將自我渴望歸隱之情現於言外。該詩乃呂本中雨後漫步城外所作，可以想見，其最先得者乃頷聯寫景之句。得此句后，規劃全篇，首聯直陳，頷聯以景襯托，頸聯直陳，尾聯用典結出詩意。正所謂"待境而生"又"須曲折三致意"。故對江西派頗多譏諷的紀昀亦讚曰："三四清遠，五六沉著。此居仁最雅潔之作。"①

呂本中力倡"遇事而作"，並不等於衝口出常言，而是主張通過精思將遇事而生之感化爲圓美流轉之藝術呈現。《童蒙詩訓》載："謝無逸語汪信民云：'老杜有自然不做底語到極至處者，有雕琢語到極至處者。如"丹青不知老將至，富貴於我如浮雲"，此自然不做底語到極至處者也。如"金鐘大鏞在東序，冰壺玉衡懸清秋"，此雕琢語到極至處者也。'"②其所舉杜詩後者，即是通過精思而達到高妙藝術境界者。其又以黃庭堅爲例進一步強調這一主張："老杜云：'新詩改罷自長吟'。文字頻改，工夫自出。近世歐公作文，先貼於壁，時加竄定，有終篇不留一字者。魯直長年多改定前作，此可見大略，如《宗室挽詩》云：'天網恢中夏，賓筵禁列侯'，後乃改云：'屬舉左官律，不通宗室侯'，此工夫自不同矣。"③至於如何精思，呂本中通過潘大臨之言指出："潘邠老言：'七言詩第五字要響，如"返照入江翻石壁，歸雲擁樹失山村"，"翻"字、"失"字是響字也。五言詩第三字要響，如"圓荷浮小葉，細麥落輕花"，"浮"字、"落"字是響字。所謂響者，致力處也。予竊以爲字字當活，活則字字自響。"④周裕鍇先生分析曰："潘大臨的'字響'之説，借用聲音的響亮對聽覺的刺激來形容奇字對欣賞心理的刺激；呂本中的'字活'之説，則強調字眼'力'的傳導給意象注入的新鮮生命。其要點，均把聯繫意象的動詞視爲健朗活潑的生命力量之源。"⑤呂本中詩歌創作中踐行這一主張的詩句隨處可見，如《游南山歸簡張嘉父博士》之頸聯"亂花緣側逕，晚照落斜空"⑥，不曰"小徑""晴空"，而

① （元）方回選評，李慶甲集評校點《瀛奎律髓彙評》卷二十三，第 701 頁。
② （宋）呂本中：《童蒙詩訓》，《宋詩話輯佚》本，第 586 頁。
③ （宋）呂本中：《童蒙詩訓》，《宋詩話輯佚》本，第 586 頁。
④ （宋）呂本中：《童蒙詩訓》，《宋詩話輯佚》本，第 587 頁。
⑤ 周裕鍇：《宋代詩學通論》，第 508 頁。
⑥ （宋）呂本中著，韓西山校注《呂本中詩集校注》卷一，第 52 頁。

曰“側徑”“斜空”，力避陳熟，又以“緣”“落”將花與徑、光與空聯繫在一起，通過語言的錘煉達到陌生化之效果。又《出游》之頸聯“山路有泥知雨過，村場無酒驗人稀”[①]，出句先寫眼前所見實景，山路有泥，故而推想出雨過；對句則先言推想之結果——無酒，以之説明人少之原因。而關聯因果的動詞“知”“驗”看似尋常自然，細細品味卻顯然經過了作者的思考與取捨。劉克莊評吕本中《夏均父詩集序》中之詩學觀曰：“余嘗以爲此序天下之至言也。然均所作似未能然，往往紫微公自道耳。所引謝宣城‘好詩流轉圓美如彈丸’之語，余以宣城詩考之，如錦工機錦，玉人琢玉，極天下巧妙。窮巧極妙，然後能流轉圓美，近時學者往往誤認彈丸之喻而趨於易。……然則欲知紫微詩者，以《均父集序》觀之，則知彈丸之語非主於易，又以文公之語驗之，則所謂字字響者，果不可以追隨矣。”[②]道出了吕本中意欲通過精思而達到圓美境界的創作主張，誠爲不易之論。

　　吕本中一方面强調“不可强爲，遇事而作”；另一方面則强調通過精思達到圓美流轉之境界，二者之間的關聯則至關重要。吕本中本自其儒釋修養，提出“悟”的方法來彌合二者，如：“作文必要悟入處，悟入必自工夫中來，非僥倖可得也。如老蘇之於文，魯直之於詩，蓋盡此理矣。”[③]曾幾亦言：“居仁説活法，大意欲人悟。”[④]其所謂“悟”實質在於通過對詩歌技法的揣摩與踐行，通過長期的習作與操存，將外在的、關於技法的知識性瞭解，内化爲個體經驗，從而達到隨意揮灑而皆合乎要求的境界，這與其理學修養工夫的認識相一致，如：“學問功夫，全在浹洽涵養蘊蓄之久，左右採擇，一旦冰釋理順，自然逢原矣。非如世人强襲取之，揠苗助長，苦心極力，卒無所得也。”[⑤]“涣然冰釋，怡然理順，久自得之，非偶然也。”[⑥]詩人通過長期的操存而“悟”，創作思維、表達技法因此内化爲個體經驗，具體的表現是“熟”：“叔用嘗戲謂余云：‘我詩非不如子，我作得子詩，只是子差熟耳。’余戲答云：‘只熟

———————

①　（宋）吕本中著，韓酉山校注《吕本中詩集校注》卷十，第 803 頁。
②　（宋）劉克莊：《江西詩派小序》之“吕紫微”，《歷代詩話續編》本，第 485 頁。
③　（宋）吕本中：《童蒙詩訓》，《宋詩話輯佚》本，第 594 頁。
④　（宋）陳思編，（元）陳世隆補《兩宋名賢小集》卷一百九十，《景印文淵閣四庫全書》第 1363冊，第 545~546 頁。
⑤　（宋）吕本中：《紫微雜説》，《吕本中全集》本，第 1138 頁。
⑥　（宋）吕本中：《紫微雜説》，《吕本中全集》本，第 1137 頁。

便是精妙處．'叔用大笑以爲然。"①其所謂 "熟便是精妙處"，乃長期操
存而後悟入的另類言説，亦是揮灑自如之境界，誠如龔鵬程先生所論：
"惟有轉識成智，解脱溺心上下，爲境所牽之苦，實性圓成，才能物我
圓融，觸處無礙。"②呂本中所謂 "悟入"就是 "轉識成智"，即將外在的
知識性瞭解，融入個體創作經驗中，與己冥合。

至此，強調詩歌表現客觀世界的主張與精思頻改達到圓美流轉境界
的主張，即因 "悟入"而具有了本體工夫的特點，亦與其儒學修養貫連
爲一體。對於元祐詩歌創作路綫所造成的詩人客觀世界縮小、創新空
間被壓縮的詩壇狀況，呂本中的主張無疑具有積極的意義。而其強調的
"悟入"則與 "參活句"解決創作之能的層面相關聯，體現其一以貫之
的創作觀點。

四　涵養吾氣：主體精神表現力的修養與詩藝旨歸

師法對象的選擇、創作過程的體味與自我創作要點的標示，皆屬技
巧性的範疇，而形而下的技巧需要不俗的主體精神表現力，方能生發出
獨特的意義與價值。對此呂本中有著清醒而自覺的認識，其引入儒學修
養的涵養吾氣，在主體人格修養與詩歌創作之間建立聯繫，不但指出創
作境界提升的關鍵，而且賦予詩歌創作合理的地位。

呂本中認爲詩歌技法最終要服務於所要表達的詩意，而詩意是決定
詩歌價值與品位的關鍵，其言曰："老杜詩云：'詩清立意新。'最是作
詩用力處，蓋不可循習陳言，只規摹舊作也。魯直云：'隨人作詩終後
人。'又云：'文章切忌隨人後。'此自魯直見處也。近世人學老杜多矣，
左規右矩，不能稍出新意，終成屋下架屋，無所取長。獨魯直下語，未
嘗似前人而卒與之合，此爲善學。如陳無己力盡規摹，已少變化。"③呂
本中認爲後人雖然學杜，但詩意表達不能出新，故而屋下架屋，難有成
就。而詩意出新則屬於創作主體精神表現力的層面，呂本中認爲："東
坡晚年叙事文字多法柳子厚，而豪邁之氣，非柳所能及也。"④在呂本中
看來，蘇軾晚年學柳宗元而能超越柳宗元，原因在於蘇軾晚年樂觀曠

---

① （宋）呂本中：《紫微詩話》，《歷代詩話》本，第 362 頁。
② 　龔鵬程：《詩史本色與妙悟》，臺灣學生書局，1986，第 155 頁。
③ （宋）呂本中：《童蒙詩訓》，《宋詩話輯佚》本，第 596 頁。
④ （宋）呂本中：《童蒙詩訓》，《宋詩話輯佚》本，第 600 頁。

達、超越現實的清曠胸懷，賦予了其文學創作豪邁之氣，與柳宗元貶謫時期的悲苦絕望形成了鮮明的對比。因此，呂本中力倡以剛健超越的主體精神表現力爲詩意呈現的内在促動因素，故而其詩論多言養氣，如："居仁云：'文章須要説盡事情，如《韓非》諸書大略可見，至一唱三歎有遺音者，則非有所養不能也。'"① "韓退之《答李翺書》、老泉《上歐陽公書》，最見爲文養氣之妙。"② "讀三蘇進策涵養吾氣。他日下筆自然文字霑霈，無吝嗇處。"③ 至於養氣的方式與養氣的性質，呂本中亦給予了明確的界定。關於養氣方式，其有言曰："詩詞高深要從學問中來。後來學詩者雖時有妙句，譬如合眼摸象，隨所觸體，得一處，非不即似，要且不足。若開眼，全體也，之合古人處，不待取證也。"④ 主體通過讀書問學與修養工夫達到不俗的精神境界，故而對客觀世界的認識自然不同俗子，有好句而體格卑下的情況自然可以避免。關於養氣的性質，則顯然屬於儒學範疇，呂本中認爲："文章不分明指切而從容委曲，辭不迫切而意以獨至，惟《左傳》爲然。如當時諸國往來之辭，與當時君臣相告相詬之語，蓋可見矣。亦是當時聖人餘澤未遠，涵養自別，故詞氣不迫如此，非後世人專學言語者也。"⑤ 其論有兩點值得注意，其一，呂本中認爲《左傳》言語之妙在於"聖人餘澤未遠"，是沾染儒學修養的原因。其二，文章以"詞氣不迫"爲上，即文辭應容與閒雅。至此，不但將支撐詩意表達的主體精神表現力的獲得，歸結到了儒學修養，而且修養所得的表達也具有了明確的審美標準，即"詞氣不迫"，容與閒雅。

這一修養要求與語言風格的呈現緊密相連，也多次出現在呂本中的詩歌創作中，如《送常子正赴召二首》其二云："疾病老逾劇，交親窮轉疏。惟公不改舊，怪我未安居。日月干戈裏，江山瘴癘餘。因行見李白，亦莫問何如。"⑥ 詩之前半意脈一貫而下，頷聯用流水對，語氣緊湊。而頸聯則將詩人因戰亂而遠客異鄉的狀況用平緩之語道出，看似客觀陳述現實，但家國破碎、飄零天涯的沉重感慨却隱含其中。故而方回謂其

---

① （宋）呂本中：《童蒙詩訓》，《宋詩話輯佚》本，第 602 頁。
② （宋）呂本中：《童蒙詩訓》，《宋詩話輯佚》本，第 602 頁。
③ （宋）呂本中：《童蒙詩訓》，《宋詩話輯佚》本，第 605 頁。
④ （宋）呂本中：《童蒙詩訓》，《宋詩話輯佚》本，第 595~596 頁。
⑤ （宋）呂本中：《童蒙詩訓》，《宋詩話輯佚》本，第 599 頁。
⑥ （宋）呂本中著，韓西山校注《呂本中詩集校注》卷十三，第 979 頁。

"有少陵風骨"，紀昀謂其"後四句自好"①。因此，涵養吾氣乃前述詩歌技法的最終旨歸，亦起著令詩藝獲得價值的決定意義，呂本中曰："初學作詩，寧失之野，不可失之靡麗。失之野不害氣質，失之靡麗不可復整頓。"②其著眼點即在於儒學修養所造就的主體剛健平和精神，形諸詩歌就是容與閒雅但中有氣骨，言語華美而氣骨缺失之靡麗風格，則是作詩大忌。

五　東萊詩學體系的體用關係

在盛唐詩歌達到一個崇高的藝術巔峰後，中晚唐即出現了對詩歌創作的理智、沉潛的反思，誕生了如《詩式》《詩格》《風騷旨格》《金針詩格》等詩話類著作。這體現了後代詩人意圖通過創作經驗的歸納與總結達到前人境界的傾向，詩學領域出現了建立程式化法則的趨勢。馬克斯·韋伯認爲工具理性是通過實踐的途徑確認工具（手段）的有用性，從而追求事物的最大功效，爲人的某種功利的實現服務。工具理性是通過精確計算功利的方法最有效達至目的的理性，是一種以工具崇拜和技術主義爲生存目標的價值觀。詩學理論的發展亦是如此，中晚唐到宋代中葉之詩學理論即大多側重於"技"之層面的探究。延至北宋後期，隨著黃庭堅提出系統的關於詩歌技法的理論，關於"道"的焦慮也在逐漸增長，這類主張認爲"道"不可爲"技"所掩，"技"之目的是表現"道"，蔡絛對王安石詩"雖乏丰骨，一番出清新"③的評價即是例證。

呂本中之詩學思想涵蓋了"道"的修養與"技"的探究，且體現出一以貫之的自覺意識。"涵養吾氣"的精神修養工夫所達到的人格境界和精神氣度，一方面對創作之"技"起著"道"的支撐作用。《童蒙訓》載："滎陽公嘗言：'後生初學，且須理會氣象，氣象好時，百事是當。氣象者，辭令容止，輕重疾徐，足以見之矣。不惟君子小人於此焉分，亦貴賤壽夭之所由定也。'"④精神修養的充盈賦予主體不同於俗子的觀察能力與所思所慮，形諸文字則必然辭氣高邁，此爲"道"對"技"之支撐。另一方面，主體通過長期的操存而諳熟之詩藝，在不

①　（元）方回選評，李慶甲集評校點《瀛奎律髓彙評》卷二十四，第 1066 頁。
②　（宋）呂本中：《童蒙詩訓》，《宋詩話輯佚》本，第 594 頁。
③　（宋）胡仔：《苕溪漁隱叢話·後集》卷三十三，第 258 頁。
④　（宋）呂本中：《童蒙訓》卷中，《呂本中全集》本，第 994 頁。

自覺的自由揮灑而形諸詩作，則能更好地體現主體之精神，而主體則在精神力量的文學表現過程中進一步獲得自信，甚至反思。吕氏之論，體現出了融合"道""技"的意圖，其關於師法對象的選擇、創作過程的玩味與自我創作之要的總結，皆是爲了表現主體之精神氣度。而主體之精神氣度則決定著詩歌藝術、詩歌技法的價值生成。同時，主體精神在文學表現的過程中，存在條理化、具體化的可能，亦起著增强信仰、反思自我的作用。因此，吕本中的詩學體系呈現出以道促技、以技顯道的體用關係。

第三節　用事、句法與涵養：吕本中詩歌藝術論析

吕本中不但建立了體用兼備的詩學體系，而且通過創作實踐，達到了自成一家的藝術高度，謝逸即讚曰："以居仁詩似老杜、山谷，非也。杜詩自是杜詩，黄詩自是黄詩，居仁詩自是居仁詩也。"[1]吕本中雖然經歷了靖康之難的家國之變，但其詩歌並非以書寫内容和表達情感的獨特而著稱，尤其在南渡之後，"南宋最早在詩歌中高揚愛國主題的吕本中、陳與義等人晚年詩作的題材取向又轉回到書齋生活和山水景物"[2]，因此吕本中詩歌的價值與特色體現在其詩歌藝術上。但往昔論者，或按其詩歌内容分而論之[3]，或以流轉圓美籠統言之，皆未能對東萊詩藝進行系統全面的分析。筆者擬從東萊詩的用語與用事、境句與意句、實下與虚成、復辭與叠字以及修養與詩意五個方面入手，實現對東萊詩藝的系統深入分析。

一　用事與用語：吕本中詩歌的語言特點

吕本中詩歌中，寄贈、酬唱之作所占比重極大，這決定了其詩歌表達型鮮明的特點。這是典型的宋詩特點之一。周裕鍇先生認爲："宋人提倡一種'表達型'之詩，藝術上極易造成直露乏味，因而，如何使詩歌語言既能準確達意，又耐人咀嚼，一直是宋詩學關心的話題，而用事

---

① （宋）吕本中：《師友雜志》，《吕本中全集》本，第 1078 頁。
② 袁行霈等編《中國文學史》第三卷 "宋代文學"，高等教育出版社，2005，第 533 頁。
③ 如白曉萍《宋南渡初期詩人群體研究》之 "下編" "吕本中研究"，博士學位論文，浙江大學，2006。

的精確深密正可滿足這兩方面的要求。它能在簡練的形式中包含豐富的
多層次的內涵，精當而又含蓄。"①周先生準確概括了宋代"以才學爲詩"
之原因。蘇軾云："詩須要有爲而作，用事當以故爲新，以俗爲雅。"②
蘇軾不但以大量作品樹立了用事典範，而且對用事要點提出了要求。
黃庭堅一方面認爲："老杜作詩，退之作文，無一字無來處。"③另一方
面承襲蘇軾觀點："蓋以俗爲雅，以故爲新，百戰百勝，如孫吳之兵，
棘端可以破鏃，如甘蠅飛衛之射，此詩人之奇也。"④認爲詩人之奇即
在於用事。呂本中承襲了蘇黃詩論，認爲："作文不可強爲，要須遇事
乃作，須是發於既溢之餘，流於已足之後，方是極頭，所謂既溢已足
者，必從學問該博中來也。"⑤其認爲學養豐富可造就揮灑自如的創作境
界，同時又可達到內蘊豐富的藝術效果。並且，呂本中極爲強調對蘇
黃作品的研習：："學詩須熟看老杜、蘇、黃，亦先見體式，然後遍考
他詩，自然工夫度越他人。"⑥"《楚詞》、杜、黃，固法度所在。"⑦對蘇
黃詩論的認同與對蘇黃作品的沿襲，體現在呂本中的創作中，就是用
事廣博，揮灑自如。

（一）用事

　　呂本中詩歌用事繼承了蘇黃多用經史語、多用禪語的特點，但與早
期江西詩派諸人不同，其典故來源因其學問廣博而越出蘇黃之用典範
圍，實現了對詩歌語言的豐富。如《送朱時發》："眼底家鄉不自歸，癡
人爭忍劫前灰。直饒古廟香爐去，也要披毛戴角来。"⑧四句全用禪宗典
故，首句出自智嵩禪師之"家鄉有路無人到"⑨，次句用漢武帝穿昆明池
得黑灰，法蘭云："世界終盡，劫火洞燒，此灰是也。"⑩呂本中基於典
故，結出己意：當今學佛之人不能了悟自身佛性，反而糾纏於瑣碎問
題。第二聯之"古廟香爐去"則用雲峰志璿禪師"一念萬年去，寒灰

---

① 周裕鍇：《宋代詩學通論》，第 521 頁。
② （宋）蘇軾：《題柳子厚詩》，《蘇軾文集》卷六十七，中華書局，1986，第 2109 頁。
③ （宋）黃庭堅：《答洪駒父書》其三，《黃庭堅全集·正集》卷十八，第 475 頁。
④ （宋）黃庭堅：《黃庭堅詩集注·山谷詩集注》卷十二，第 441 頁。
⑤ （宋）呂本中：《童蒙詩訓》，《宋詩話輯佚》本，第 603 頁。
⑥ （宋）呂本中：《童蒙詩訓》，《宋詩話輯佚》本，第 603 頁。
⑦ （宋）呂本中：《與曾吉甫論詩第一帖》，《苕溪漁隱叢話·前集》卷四十九，第 332 頁·
⑧ （宋）呂本中著，韓西山校注《呂本中詩集校注》卷六，第 452 頁。
⑨ （宋）普濟：《五燈會元》卷一一"三交智嵩禪師"，中華書局，1984，第 695 頁。
⑩ （南朝梁）慧皎：《高僧傳》卷一"漢洛陽白馬寺竺法蘭"，中華書局，1992，第 3 頁。

枯木去，古廟香爐去，一條白練去”①之語，大慧宗杲曾以之形容默照
禪法：“而今諸方有一般默照邪禪，見士大夫爲塵勞所障，方寸不寧怗，
便教他寒灰枯木去，一條白練去，古廟香爐去，冷湫湫地去。……殊不
知，這箇猢猻子，不死如何休歇得？”②“披毛戴角”則出自《景德傳燈
錄》：“問：‘學人不負師機，還免披毛戴角也無？’師曰：‘闍梨也可畏，
對面不相識。’”③指入畜牲道。此聯承上句，意爲若不能洞悉佛性在內，
一味默坐外求，終不能歸成正果。該詩針對友人學禪提出自己見解，對
糾纏於瑣碎問題的考辯與當時流行的默照禪法皆予以批評。與大慧宗杲
有過交際的呂本中，極爲認可宗杲禪法，其《送寧子儀》云：“洪波奔
放不停塵，萬劫茫茫寄此身。畢竟無人會休去，滿堂枯木不能春。”④首
聯云世路風波宛如長河奔放不休，而世人即在此劫難風波中苦苦掙扎。
次聯云當時習禪之人溺於默照靜坐之形式，不能了悟自性，如同枯木難
以逢春。其所用禪宗典故，不但囊括前代禪林掌故，而且融攝當代禪林
故事，體現了開闊視野與創新精神。

　　呂本中爲儒學世家子弟，其詩歌中源自儒學經典的用事最引人注
目。呂本中曾撰有《春秋義解》，陳振孫云：“自三傳而下，集諸家之
説，各記其名氏……采擇頗精。”⑤對《春秋》的精研使呂本中對《春秋》
典故頗爲熟諗，如寫花朵繁多競相争妍曰：“千花犯濃雲，紅紫相餞送。
未知滕薛長，乃若鄒魯鬩。”⑥其中之“滕薛長”即出自《左傳》“滕侯、
薛侯來朝，争長”，呂本中融攝《孟子・梁惠王下》“鄒與魯鬩”與之相
對，言萬紫千紅之花朵競相争妍，如滕侯、薛侯争長，又如鄒魯交戰。
葉夢得云：“荆公詩用法甚嚴，尤精於對偶，嘗云，用漢人語，止可以
漢人語對。”⑦呂本中此處所用之典，雖非源自同一書，但皆爲先秦之事。
同時又是對黄庭堅詩“曲喻”⑧手法的傳承，如黄庭堅詠竹詩云：“伯夷

①　（宋）普濟：《五燈會元》卷十六“雲峰志璿禪師”，第 1079 頁。
②　（宋）釋蘊聞編《大慧普覺禪師語錄》，《大正藏》第 47 卷，第 884 頁下。
③　（宋）釋道原《景德傳燈錄》，《大正藏》第 51 卷，第 363 頁下。
④　（宋）呂本中著，韓西山校注《呂本中詩集校注》卷六，第 453 頁。
⑤　（宋）陳振孫：《直齋書錄解題》卷三“春秋類”，第 56 頁。
⑥　（宋）呂本中：《三月一日泊舟宿州城外因縱步至城北遂過天慶觀道士留飲乃歸》，《呂本中詩集
　　校注》卷一，第 47 頁。
⑦　（宋）胡仔：《苕溪漁隱叢話・前集》卷三十三，第 227 頁。
⑧　關於曲喻，周裕鍇先生認爲曲喻是“牽强性比喻，抽象與具象之間的比喻，從分屬於兩種迥
　　異的經驗領域的喻依和喻旨之間，挑出一種超乎人意義聯想和邏輯判斷的關係”。周裕鍇《中
　　國禪宗與詩歌》，第 312 頁。

叔齊采薇瘦，程嬰杵臼立孤難。"呂本中此詩之構思與黃庭堅基本一致，皆在於顛倒用自然物象喻人事的慣常手法，以歷史人物、歷史故事來形容客觀事物，可謂善學山谷。又如《次韻錢遜叔獨鶴圖三首》其一云："長頸疏身嬾不前，此寧有望更騰騫。懿公愛爾非無意，要壓曹人三百軒。"① 首聯寫鶴之動作神態，次聯出句所用典故出自《左傳·閔公二年》："狄人伐衛。衛懿公好鶴，鶴有乘軒者。將戰，國人受甲者皆曰：'使鶴，鶴實有禄位，余焉能戰？'"對句則用晉文公、僖負羈事："晉侯圍曹……三月丙午，入曹。數之，以其不用僖負羈而乘軒者三百人也。"呂本中合二事而用之，言鶴姿態如此美好，使衛懿公對其憐愛都超過了曹共公之愛三百乘軒者。此處可謂用《左傳》事，又以《左傳》事對。諸如此類融攝《左傳》的典故尚有許多，又如"異味幾回占食指，遠書終夕望燈花"② 之"占食指"，即出自《左傳·宣公四年》："齊楚人獻黿于鄭靈公。公子宋與子家將見。子公之食指動，以示子家，曰：'他日我如此，必嘗異味。'"呂本中用此典故，影射飄泊生活的簡樸。

除《春秋》外，呂本中還對先秦儒學典故頗爲熟悉，多有融攝入詩的情況。其《贈歐陽處士》詩，稱讚友人"直如季路恥有聞，清似之推不言禄"③，用《論語·公冶長》"子路有聞未能行，惟恐有聞"之典，讚許友人自我約束甚嚴，如同子路所行不敢後於所聞，擔心在未將所聞之道踐行之前，又聽到新的道理。而《辛酉立春》之頸聯"子桑自了經時病，原憲長甘一味貧"④，出句用《莊子·大宗師》子桑感嘆貧窮窘迫語"吾思夫使我至此極者而弗得也。……其爲之者而不得也，然而至此極者，命也"，對句則用《史記》中原憲語"吾聞之無財者謂之貧，學道而不能行者謂之病。若憲，貧也，非病也"。呂本中言自己之貧困，如子桑一樣是命中注定，又用原憲藜杖桑冠、固窮守道來自我開解。其《寄周司理》作結"雖無鳴鳴歌，亦有坎坎鼓"⑤ 前用李斯《諫逐客書》之"歌呼鳴鳴快耳目者，真秦之聲也"，後則對以《詩經·小雅·伐木》"坎坎鼓我，蹲蹲舞我"。除儒學典故之外，呂本中詩歌中融攝先秦經史典故頗多，如"君今尚要一囊粟，我去亦無三徑資"，用《漢

---

① （宋）呂本中著，韓酉山校注《呂本中詩集校注》卷十三，第 1003 頁。
② （宋）呂本中：《寄范四弟十弟》，《呂本中詩集校注》卷十四，第 1055 頁。
③ （宋）呂本中著，韓酉山校注《呂本中詩集校注》卷十二，第 925 頁。
④ （宋）呂本中著，韓酉山校注《呂本中詩集校注》卷十八，第 1352 頁。
⑤ （宋）呂本中著，韓酉山校注《呂本中詩集校注》卷四，第 291 頁。

書》東方朔之語：“侏儒長三尺餘，奉一囊粟，錢二百四十。臣朔長九尺餘，亦一囊粟，錢二百四十。侏儒飽欲死，臣朔饑欲死。”“唐侯獨立一代無，張侯與之來集枯”之“集枯”，出自《國語》“人多集於苑，己獨集於枯”。

吕本中《童蒙詩訓》載：“蘇子由晚年多令人學劉禹錫詩，以爲用意深遠有曲折處，後因見夢得歷陽詩云：‘一夕爲湖地，千年列郡名。霸王迷路處，亞父所封城。’皆歷陽事，語意雄健，後殆難繼也。”① 項羽當初不聽范增鴻門宴上殺掉劉邦的勸誡，最終被漢軍追擊時，竟迷路在范增的封地。所舉劉禹錫詩，不但所用典故皆與歷陽有關，而且將這一歷史的諷刺與巧合含而不露地現於言外，可謂用歷史典故增加了詩歌的情感意蘊。吕本中對此有明確的意識，其對歷史典故的運用，多能與詩意的表達融爲一體，起到通過典故意蘊使詩意由作者向讀者的傳遞更加強烈的效果。

（二）用語

用事側重於將歷史故事融攝入詩，通過歷史故事傳遞作者感情；而用語則是更爲直接地借用前代典籍或前代詩人的語言。《王直方詩話》載：“山谷嘗謂余云：‘作詩使《史》《漢》間全語爲有氣骨。’後因讀浩然詩，見‘以吾一日長’‘異方之樂令人悲’及‘吾亦從此逝’，方悟山谷之言。”② “以吾一日長”乃《論語》中原句，孟浩然以之入詩，在其他詩歌語言的映襯下，達到陌生化的突出效果，從而使整首詩因詩性語言與非詩語言的强烈對比而産生張力。吕本中詩歌頗有效仿黄庭堅者，如《元日贈沈宗師四首》其二尾聯云：“不倦以終之，可以爲子壽。”出句即出自《揚子法言》：“不倦以終之，可謂好學也已矣。”除採納成句入詩外，吕本中詩歌用語大多以融攝經史語的形式呈現，如《謁陶朱公廟》云：“悠悠千載五湖心，古廟無人鎖綠陰。爲問功成肥遯後，不知何術累千金。”③ 其中之“肥遯”即出自《周易》“遯”卦：“上九，肥遯，無不利。”象辭曰：“無不利，無所疑也。”不言功成身退，而曰功成肥遯，不但力避陳熟，而且因爲“肥遯”的含義，突出了范蠡歸隱的決絕，語言力量因爲用經史語獲得了增強。其《寄璧上人》則是以經史語之互相映襯，提升詩歌的價值力量："胥疏老支離，骯髒舊賓傅。"[1] "胥疏"出自《莊子·山木》："雖飢渴隱約，猶但胥疏於江湖之上，而求食焉。"意爲屛絕人事，遠迹江湖。"骯髒"則出自趙壹之"伊優北堂下，骯髒倚門邊"。黃庭堅詩曾用之："伊優自伊優，骯髒自骯髒。但觀百歲後，傳者非公侯。"但呂本中以"胥疏"對"骯髒"，前者皆爲平聲，而後者全爲仄聲，各自對應著屛絕人事的淡然與不隨俗俯仰的堅定，以經史語的陌生化，增強表達的力量，使詩意由作者向讀者的傳遞更爲強烈與直接。而其《往年與關止叔相別甬上……》中云："繁紅成春條，本自其天性。風雨頌繫之，不有十日盛。"[2] "頌繫"出自《漢書·刑法志》："年八十以上，八歲以下，及孕者未乳，師朱儒，當鞠繫者頌繫之。"顏師古注曰："頌讀曰容。容，寬容之，不桎梏。"其意爲縱使風雨不摧折，春天亦將很快逝去。但用"頌繫"代指不"摧折"之意，則以陌生化之方式，喚起了讀者的注意。呂本中之用經史語非爲炫耀學識，而是爲了與詩意的表達緊密結合，借用經史語之載道功能，達到提升詩歌道德價值、增強詩歌表達力量的效果，誠如《漫齋語錄》所云："大率詩語出入經史，自然有力；然須是看多做多，使自家機杼風骨先立，然後使得經史中全語作一體也。如是自出語弱，却使經史中全語，則頭尾不相勾副，如兩村夫捧一枝畫梁，自覺經史中語在人眼中，不入看也。"[3] 呂本中將經史語融入詩意表達中，提升了詩歌的道德價值與語言力量。

與此同時，呂本中還多採納近代詩人、同代詩人之語入詩，如"是事今則無，斯人亦難又"[4] 與"舊游可數終難又，惡況雖多不厭曾"[5] 之"難又"，即出自韓愈《寄郴州李使君文》之"念暌離之在期，謂此會之難又"。呂本中還將韓愈之"龍頭縮菌蠢，豕腹漲彭亨"，融攝爲"龍頭縮"，其《次韻堯明貢院詩》云："厭爲龍頭縮，寧作龜尾曳。"[6] 韓愈詩乃諷刺身居高位者尸位素餐，大腹便便，惟惟諾諾。呂本中用之，言寧

---

① （宋）呂本中著，韓西山校注《呂本中詩集校注》卷一，第78頁。

② （宋）呂本中著，韓西山校注《呂本中詩集校注》卷五，第377頁。

③ （宋）魏慶之著，王仲聞點校《詩人玉屑》卷七，前引書，第214頁。

④ （宋）呂本中：《元日贈沈宗師四首》其二，《呂本中詩集校注》卷二，前引書，第141頁。

⑤ （宋）呂本中：《寄潁昌諸叔》，《呂本中詩集校注》卷三，前引書，第247頁。

⑥ （宋）呂本中著，韓西山校注《呂本中詩集校注》卷八，前引書，第649頁。

爲莊子所謂曳尾於塗中之龜，生活貧困但精神自由；而不爲韓愈所言之人，身居高位但無人格尊嚴。而其“如何今夜雨，只是滴芭蕉”，則襲用韓愈“如何連曉語，只是説家鄉”之句式，但吕本中引入芭蕉夜雨之典故，進一步增強了思想情感的表達。另外，蘇軾詩語也爲吕本中所融攝，如其“禦虎已知吾有命，問禪方見子無心”，即本自蘇軾：“山禽與野獸，知我久蹭蹬。笑謂候吏還，禦虎我有命。”這種化用其近代、同代詩人詩語，誠然可視爲“奪胎換骨”“點鐵成金”，但達到的效果是傳播了前賢佳句，推進了前賢作品的經典化。

綜上，吕本中在詩歌語言運用上沿襲蘇黄主張，其並未提出獨創的詩歌語言觀，但其創作實踐向前推進了蘇黄的主張，其在經史典故、禪宗典故的融攝上，在經史語的採納上都在蘇黄的基礎上有所擴大，豐富了詩歌語言。

二　境句與意句：吕本中律詩中二聯相輔相成之句法

《詩人玉屑》“意脈貫通”條曰：

> “打起黄鶯兒，莫教枝上啼。啼時驚妾夢，不得到遼西。”此唐人詩也。人問詩法於韓公子蒼，子蒼令參此詩以爲法。“汴水日馳三百里，扁舟東下更開帆。旦辭杞國風微北，夜泊寧陵月正南。老樹挾霜鳴窣窣，寒花承露落毿毿。茫然不悟身何處，水色天光共蔚藍。”此韓子蒼詩也。人問詩法於吕公居仁，居仁令參此詩以爲法。[1]

韓駒認爲：“大概作詩，要從首至尾，語脈聯屬，如有理詞狀。”[2]如果説唐詩慣常以意象並置營造畫面感，通過類似蒙太奇的畫面拼接與轉換表達詩意，那麼韓駒的主張就是建立在唐詩對日常語言表達方式否定的否定，即對唐詩式日漸凝固的表達手法的反駁。吕本中對韓駒詩的推崇，亦彰顯了其關於詩歌句法的自覺意識。

吕本中在詩歌創作中，慣常將境句與意句融爲一體，起到相輔相

---

[1] （宋）魏慶之著，王仲閏校點《詩人玉屑》卷六，第 180 頁。
[2] （宋）魏慶之著，王仲閏校點《詩人玉屑》卷五引《陵陽先生室中語》，第 162 頁。

成、互相生發的作用，其詩風的圓美流轉、妥帖自然就是通過這種句法來呈現的。與吕本中基本同時之釋普聞曰："天下之詩莫出乎二句，一曰意句，二曰境句。境句易琢，意句難製，境句人皆得之，獨意句不得其妙者，蓋不知其旨也。所以魯直、荆公之詩出乎流輩者，以其得意句之妙也。何則？蓋意從境中宣出，所以此詩作。荆公集中之眼者，妙在斯耳。"① 普聞是説純粹描寫具象的詩句很容易成爲境句，只能表現詩人對客觀世界的印象和感受，而高妙的詩句應融抽象思想於具象描寫中。但吕本中一般將境句與意句分爲二聯呈現，一者以意之流動表心志，一者以境之書寫烘托氛圍，二者互爲羽翼，交相映照，起到境中有意，意以顯境的詩意圓融之效果。

以其《吴君求詩因作四韻寄之并簡小吴與寧生》爲例：

> 文字縛人同束濕，吴君不言如坐忘。知公胸中有餘地，萬頃亦在一葦航。寒梢倒掛夜來雨，細草已披秋後霜。寄語兩吴兼小寧，莫因詩律廢相望。②

首聯用《漢書·寧成傳》之"爲人上，操下如束濕"，顏師古注曰："束濕，言其急之甚也。濕物則易束。"坐忘則出自《莊子·大宗師》："墮肢體，黜聰明，離形去知，同於大通，此謂坐忘。"出句對句分別言詩人自己與友人（吴迪吉），即詩人自己耽於詩歌創作，易被詩文創作所束縛，如同易束之濕物，而友人則於道之修養方面日益精進。頷聯用《詩經》"誰謂河廣，一葦杭之"，承首聯對句，以意句出之，盛讚友人道體充盈，對他人而言的萬頃之陂，吴迪吉却可"一葦杭之"。頸聯以境句出之，看似純粹寫景，但暗中呼應首聯出句，即詩人耽於詩文，爲道日損，故見秋來蕭瑟易生悲愁之情，並以此引出尾聯，邀請友人來訪。其意句、境句因與其他詩句的"語脈聯屬"而起到了詩意呈現中流蕩自然的作用。

而《試院中呈工曹惠子澤教授張彦實》則是意句、境句之間相輔相生的關係："十日虛房罷送迎，不知新雁已南征。忍窮有味知詩進，處

---

① （宋）普聞：《詩論》，載（明）陶宗儀《説郛》卷六十七，中國書店，1986，第 7 頁。
② （宋）吕本中著，韓西山校注《吕本中詩集校注》卷五，第 412 頁。

事無心覺累輕。殘葉入簾收薄暑，破窗留月漏微明。知公坐穩無他念，識我階前拄杖聲。"①首句言詩人困居試院勞苦終日而不知秋之已至。頷聯以意句出之，乃自我寬慰之語，言耐住窮困方能詩藝大進，隨世事無窮，但無心於事方能爲道日進。而頸聯以境句出之，摹物細緻，正爲"忍窮有味""處事無心"之所得，而夏末落葉穿簾、夜來破窗瀉月，不但是作者忍窮、無心的象徵，也呼應了首聯新雁南征的節侯。意句、境句放在全詩的語境中，則意爲境作鋪墊，而境成爲意之具象表達。這或許是胡仔讚"吕居仁詩清駛可愛"②，並以此詩爲例的原因。又如其名篇《雨後至城外》："日日思歸未就歸，只今行露已沾衣。江村過雨蓬麻亂，野水連天鸛鶴飛。塵務却嫌經意少，故人新更得書稀。鹿門縱隱猶多事，苦向人前説是非。"③頷聯境句與頸聯意句互爲因果，正因塵務不經心、友朋消息斷絕的寂寞，故能觀雨後凌亂之蓬麻、連天江水上之野鳥。而境句之境又以比興方式隱約象徵作者厭倦世事、欲與白鷗盟的孤獨寂寥。此類句法結構尚有許多，如《嶺外懷宣城舊游》之："疊嶂雨來如畫裏，敬亭秋入勝花時。每憎卑濕尤多病，苦愛風光屢有詩。"④"疊嶂雨來"之境與卑濕多病之意，"敬亭秋入"之境與風光成詩之意，形成了互爲羽翼、相輔相成的關係。又如："歡喜聞君俱趣召，衰頹如我合深藏。曉寒已静千山瘴，宿霧先吞萬瓦霜。"⑤君"趣召"之意句與寒"静千山瘴"之境句，我"深藏"之意句與霧"吞萬瓦霜"之境句，相輔相成，境句不僅是對眼前景物的摹寫，而且以比興的形式，含作者之意於其中。

張戒《歲寒堂詩話》載："往在桐廬見吕舍人居仁，余問：'魯直得子美之髓乎？'居仁曰：'然。''其佳處焉在？'居仁曰：'禪家所謂死蛇弄得活。'"⑥周裕鍇先生認爲："意象是'死蛇'，而虛字可以將其'弄活'；意象是'畫龍'，而虛字可以爲其'點睛'。"⑦那麼，由大量虛字組成意句，同樣起著將作者之意靈活、靈動表達的作用。

---

① （宋）吕本中著，韓西山校注《吕本中詩集校注》卷七，第 544 頁。
② （宋）胡仔：《苕溪漁隱叢話·前集》卷五十三，第 361 頁。
③ （宋）吕本中著，韓西山校注《吕本中詩集校注》卷九，第 679 頁。
④ （宋）吕本中著，韓西山校注《吕本中詩集校注》卷十二，第 927 頁。
⑤ （宋）吕本中：《賀州聞席大光陳去非諸公將至作詩迎之》，《吕本中詩集校注》卷十二，第 939 頁。
⑥ （宋）張戒：《歲寒堂詩話》卷上，《歷代詩話續編》本，第 462 頁。
⑦ 周裕鍇：《宋代詩學通論》，第 509 頁。

三　實下與虛成：呂本中律詩之對仗表意特點

實下與虛成乃宋人擁有自覺意識的詩學技法，稍晚於呂本中之范公偁在《過庭録》中指出："小宋舊有一帖論詩云：'杜子美詩云云，至於實下虛成，亦何可少。'先子未達，後問晁以道云云。此蓋爲《縛雞行》之類，如'小奴縛雞向市賣'云云是實下也，末云云'雞蟲得失無了時，注目寒江倚山閣'是虛成也。"① 不難看出，實下乃寫實的部分，而虛成則爲由此生發、推演出來的部分。

呂本中深諳此法，並屢屢形諸詩歌創作，如其《雪後》之頷聯"溪山冷淡泥三尺，故舊飄零酒一杯"②，出句寫眼前之景，乃實下，而對句則由眼前雪後道路泥濘，生發出難與友人把酒言歡的寂寥。一者目前實下之句，一者生發虛成之想。又如《送范十八》之頸聯："已辦辛勤十年讀，時須談笑一尊同。"③ 出句乃實下，乃已然之事實的概括；對句乃虛成，乃應時時會面切磋的願望。其《次葉守喜雨》之頷聯"忽聽僧檐鳴宿雨，定知田舍舞安畦"④，出句實下，寫眼前雨落之景；對句虛成，由雨落聯想到農家盼雨而得之喜悦。其最佳者往往打破匀稱的對偶，既不合掌，亦不圓撑，呈現回還交錯的態勢，如《次秀亭韻二首》其一之頷聯："憑欄一望長江遠，鑿石新開小徑微。"⑤ 出句寫詩人憑欄遠望，乃當下狀態的記録，屬實下；而對句之"鑿石新開"不但是對憑欄的説明，還生發出"小徑微"之由來的想象：他人鑿開亂石，開出小徑。由此形成了這種對仗圖景：憑欄之我（實）—鑿石之人（虛）；"望長江遠"（當下之實）—"小徑微"（過去之虛）。方回云："紫微詩圓活，然必曲折有意。"⑥ 可謂洞悉了呂本中創作的用意。誠如伍曉蔓先生所論："曲折有意的圖景在呂本中後期的詩歌中，不僅表現爲風景的構圖，也表現爲心靈的構圖，文本的構圖，有根有節，而又錯落映帶。"⑦

范温《潛溪詩眼》云："形似之意，蓋出於詩人之賦。……激昂之

---

① （宋）范公偁：《過庭録》，《墨莊漫録·過庭録·可書》本，孔凡禮點校，中華書局，2002，第329頁。
② （宋）呂本中著，韓西山校注《呂本中詩集校注》卷十，第794頁。
③ （宋）呂本中著，韓西山校注《呂本中詩集校注》卷十九，第1432頁。
④ （宋）呂本中著，韓西山校注《呂本中詩集校注》卷十八，第1371頁。
⑤ （宋）呂本中著，韓西山校注《呂本中詩集校注》卷十六，第1186頁。
⑥ （元）方回選評，李慶甲集評校點《瀛奎律髓彙評》卷二十三，第1004頁。
⑦ 伍曉蔓：《江西宗派研究》，第443頁。

語，蓋出於詩人之興。……余游武侯廟，然後知《古柏詩》所謂'柯如青銅根如石'信然，決不可改，此乃形似之語。'霜皮溜雨四十圍，黛色參天二千尺。雲來氣接巫峽長，月出寒通雪山白。'此激昂之語。不如此，則不見柏之大也。文章固多端，警策往往在此兩體耳。"[1]范溫所謂"形似之意"即實寫部分，而"激昂之語"乃基於現實而生發之想象，指虛成部分。但范溫所謂"激昂之語"與前述之虛成有程度上的差別，其給予讀者的突兀感更强烈。

處於此時期的呂本中，其詩歌創作中亦常見此種手法，如《江梅》詩云："江梅消息未真傳，微露芳心几杖前。不信冰霜能作惡，要令桃李便爭先。斜枝似帶千峰雪，冷艷偷回二月天。準擬從君出城去，竹輿仍勝百花轎。"[2]該詩之中二聯全以實下、虛成之對組成，頷聯冰霜不能阻梅花盛開，是當下之實；梅花於早春之寒中盛開，仿佛欲與桃李爭春，此爲想象之虛。而頸聯，出句言梅花潔白如雪，乃眼前之實，而對句宕開一筆，言梅花凌寒盛開是從上天偷來的春意，基於梅花的潔白美麗，生發出擬人的夸張想象，接近范溫所謂"激昂之語"。這種"形似之意"與"激昂之語"的相互映襯，更多地出現在呂本中的絕句中，如《戲成二絕句》其二："病犬虺隤惟附日，懶貓藏縮尚逃寒。寧知兩馬霜風下，更有長途不道難。"[3]首聯用病犬附日、懶貓藏縮，營造出寒意正濃、萬物退藏的壓抑與懶散氛圍，而次聯突然轉入兩馬不畏風霜，不以途遠而沮喪的豪氣，由當下的"形似之意"轉入"激昂之語"。其《水仙二絕》其一亦是如此："澹綠衣裳白玉膚，近人香欲透衣襦。不嫌破屋颲颲甚，肯與寒梅作伴無。"[4]首聯寫水仙葉綠花白之情狀與逼人之氣味，而次聯則突兀宕開，以水仙爲人，以詩人對水仙的問話結束。言居所破敗，難避霜風，却給了水仙與梅花作伴的契機。雖非"激昂之語"，但融入了作者的自嘲，耐人咀嚼。又如其《無題二首》其二："柴門羅雀懶頻開，喜有新詩到眼來。聞道繫舟城脚底，莫乘溪漲便輕回。"[5]首聯寫詩人閒居，門可羅雀，百無聊賴，孤獨寂寥，故見友人贈詩言不久來訪而喜出望外。其創作思維上借用了《莊子·徐無鬼》："夫逃虛空

---

[1]（宋）胡仔：《苕溪漁隱叢話·前集》卷八，第53~54頁。
[2]（宋）呂本中著，韓酉山校注《呂本中詩集校注》卷十八，第1332頁。
[3]（宋）呂本中著，韓酉山校注《呂本中詩集校注》卷十八，第1321頁。
[4]（宋）呂本中著，韓酉山校注《呂本中詩集校注》卷十八，第1298頁。
[5]（宋）呂本中著，韓酉山校注《呂本中詩集校注》卷十八，第1303頁。

者，蔾藋柱乎鼪鼬之逕，踉位其空，聞人足音跫然而喜矣，而況乎昆弟親戚之謦欬其側者乎?"對句則言友人未至，而自己已然擔心聚後別離時的不捨，以此將與友人情感的熱烈揮灑無餘。

呂本中《童蒙詩訓》載："徐師川云：'作詩回頭一句最爲難道，如山谷詩所謂"忽思鍾陵江十里"之類是也，他人豈如此，尤見句法安壯。山谷平日詩多用此格。'"① 這種實下與虛成、形似之意與激昂之語的運用，顯然因爲章法的突然改變，而生出變化與頓挫，給讀者出人意料之感，可謂呂本中在創作中對"回頭一句"之法的踐行。同時，呂本中認爲："老杜歌行，最見次第，出入本末。而東坡長句，波瀾浩大，變化不測；如作雜劇，打猛諢入，却打猛諢出也。《三馬贊》云'振鬣長鳴，萬馬皆瘖'，此記不傳之妙。學文者能涵詠此等語，自然有入處。"② 其認爲杜詩、蘇詩的一大特點就是善於運用轉折之法生出波瀾，而其形似之意與激昂之語的運用，就是後者基於前者，以轉折的形式，爲讀者營造出變化不測的藝術效果，可謂學杜、蘇而能有變。

四 複辭與疊字：呂本中詩歌修辭特點與圓美詩風之關係

呂本中詩歌風格的特點是妥帖自然，無艱澀之態，語言乃風格的載體，呂本中圓美詩風的形成亦是依賴於具體的語言運用。詳考其詩，不難看出，其有意識地運用複疊與拗體的形式營造圓美自然的風格。

楊樹達先生在《中國修辭學》中指出："古人綴文，最忌複逯。劉勰之論練字也，戒同字相犯，是其事也。欲逃斯病，恒務變文。"③ 誠如所言，詩文應以簡潔爲上，在同一篇幅內通過多樣字詞的運用，傳遞更多的信息內容，此爲常則。尤其律詩，因其篇章短小，更應回避複字。但呂本中一反常則，多於詩歌創作中運用複疊的手法。關於複疊之定義，陳望道先生《修辭學發凡》云："複疊是把同一的字接二連三地用在一起的辭格。共有兩種：一是隔離的，或緊相連接而意義不相等的，名叫複辭；一是緊相連接而意義也相等的，名叫疊

---

① （宋）呂本中：《童蒙詩訓》，《宋詩話輯佚》本，第 597 頁。
② （宋）呂本中：《童蒙詩訓》，《宋詩話輯佚》本，第 590 頁。
③ 楊樹達：《中國修辭學》，科學出版社，1954，第 40 頁。

字。"① 關於疊字運用，呂本中詩歌中比比皆是，如"夢入長安道，萋萋盡春草。"②"春愁故故妨人樂，舊蘚新苔不暫晴。"③"長空渺渺水無際，遠樹冥冥花自開。"④"高林稍稍變黃葉，細草重重冒白花。"⑤"饑鳥乍定門門樹，寶塔新晴夜夜燈。"⑥ 其前輩詩人就常用疊字，如王安石"含風鴨綠鄰鄰起，弄日鵝黃裊裊垂"，黃庭堅"夜聽疏疏還密密，曉看整整復斜斜"，韓駒"老樹挾霜鳴窣窣，寒花承露落毿毿"等。呂本中詩歌最值得關注的是其複辭的運用，這種複辭以隔離的狀態出現在詩句中，能緊密傳承詩意，且形成回環往復的音韻美感。學界亦有學者注意到這一現象⑦，但論之不詳。呂本中關於複辭的運用大體分爲兩種情況：一用於詩歌開篇，奠定全詩流蕩之姿；二用於中二聯中，與其他非複辭之句形成疏密結合之態勢。

關於詩歌開篇運用複辭，呂本中《題涇縣水西》云："江東住已厭，又却過江西。急雨投涇縣，窮秋渡賞溪。稻田猶少水，山路已多泥。珍重高僧意，求詩索自題。"⑧ 首聯即用江東、江西的複辭手法營造出行止不定、流轉江湖的漂泊感，奠定全詩流動的基調。頷聯則緊承首聯，言深秋霖雨節侯，自我不遑啓居，冒雨度過賞溪奔赴涇縣。頸聯通過寫途中所見，從側面道出旅途之艱苦勞累，由此引出尾聯作詩之由的陳述。又如《西歸舟中懷通泰諸君》詩云："一雙一隻路旁堠，乍有乍無天際星。亂葉入船侵破衲，疾風吹水擁枯萍。山林何謝難方駕，詩語曹劉可乞靈。酒盌茶甌俱不厭，爲公醉倒爲公醒。"⑨ 首聯對起，出句點化韓愈"堆堆路旁堠，一雙復一隻"，而與對句自作語"乍有乍無"相對仗，不但道出了早行所見、行程之速，而且奠定全詩流蕩基調。頷聯亂葉入船襲人、疾風吹水聚萍，雖修辭不同於首聯，但皆爲當下正在變動之景。頸聯則結出懷故交之意，語勢稍稍轉爲凝定，尾聯又用複辭手法，凸顯

① 陳望道：《修辭學發凡》，上海教育出版社，1997，第 169 頁。

② （宋）呂本中：《夢》，《呂本中詩集校注》卷一，第 76 頁。

③ （宋）呂本中：《昨日晚歸戲成四絶呈子之兼煩轉示進道丈》其三，《呂本中詩集校注》卷二，第 156 頁。

④ （宋）呂本中：《山陽寶應道中與汪信民……》，《呂本中詩集校注》卷二，第 99 頁。

⑤ （宋）呂本中：《登淮南樓》，《呂本中詩集校注》卷六，第 498 頁。

⑥ （宋）呂本中：《贈一上人》，《呂本中詩集校注》卷六，第 502 頁。

⑦ 顧友澤、朱蕾：《呂本中詩歌的"活法"策略及影響》，載《聊城大學學報》（社會科學版）2018 年第 3 期。

⑧ （宋）呂本中著，韓西山校注《呂本中詩集校注》卷十一，第 873 頁。

⑨ （宋）呂本中著，韓西山校注《呂本中詩集校注》卷九，第 715 頁。

自我漂泊過程中的隨遇而安。方回評曰："起句十四字乃早行詩，次一聯言景物而工，又一聯言情況而不勝其高矣。詩格崢嶸，非晚學所可及也。"① 諸如此類首聯以複辭起勢的手法尚有許多，如《呈甘露印老》之"水滿南河月滿牀，市樓燈火隔秋江"②，《贈吳周保》之"舊琴無譜亦無弦，子獨深求不計年"③ 等。

除此之外，呂本中還往往於中二聯運用複辭手法，如《題筠州僧房》云："客來無語坐禪房，共賞西窗一榻涼。山路雨餘新筍出，江城春色雜花香。厨煙已逐鐘聲遠，樹色初隨塔影長。敢道閒居便安穩，今年更欲下湖湘。"④ 首聯以文句形式，道出游覽寺院時閒坐禪房。頷聯寫景物，且以名詞意象爲主，與首聯蕭散文句形成對照，且轉爲凝定。而頸聯則運用複辭寫時間之流走，炊煙已散，鐘聲漸稀，樹影與塔影隨著夕陽西沉而逐漸拉長。其複辭手法不但寫出了時間變化之快，而且隱隱傳遞出喜愛當下之暫時安閒的心意。而尾聯筆鋒一轉，言安居不可得，如今正值戰亂，還須前往湖湘。中二聯一以意象填實，稍趨凝定；一以複辭行之，營造流動之感。二者形成奇正相生、疏密結合之態。其《自陽山還連州》亦是如此手法："雨後輕裘寒尚侵，杖藜終日共登臨。水聲不似風聲急，山色何如草色深。萬疊殘雲渡晚照，千章古木發新陰。飄零未忍疏杯酌，欲醉翻嫌酒滿斟。"⑤ 頷聯用複辭手法，取流動之勢；頸聯以意象填實，營造凝重之感。而《即事》則連用複辭與疊字手法："畏事成閒厭出遨，故人不見如曹逃。一寒一暑便衰老，如夢如幻無堅牢。客游袞袞漫南北，往事悠悠增鬱陶。此去還能安坐否，割雞元不用牛刀。"⑥ 頷聯出句用揚雄《法言》"日月往來，一寒一暑"之語，對句則用《維摩經》"是身如芭蕉，中無有堅；是身如幻，從顛倒起；是身如夢，爲虛妄見"⑦，以及《金剛經》"一切有爲法，如夢幻泡影"之意，而複辭手法的運用，則將人生如夢、轉瞬即逝的幻滅感表現得淋漓盡致。頸聯則用"袞袞""悠悠"的疊字，進一步增强頷聯人生如夢

① （元）方回選評，李慶甲集評校點《瀛奎律髓彙評》卷十四，第449頁。
② （宋）呂本中著，韓西山校注《呂本中詩集校注》卷六，第449頁。
③ （宋）呂本中著，韓西山校注《呂本中詩集校注》卷十九，第1428頁。
④ （宋）呂本中著，韓西山校注《呂本中詩集校注》卷十二，第901頁。
⑤ （宋）呂本中著，韓西山校注《呂本中詩集校注》卷十二，第1556頁。
⑥ （宋）呂本中著，韓西山校注《呂本中詩集校注》卷十九，第1450頁。
⑦ （後秦）鳩摩羅什譯《維摩詰所説經》，《大正藏》第14卷，第539頁中。

的情感表現。語言表達流暢，但内在情感略顯沉重，而以流暢句法形容沉重之人生感慨，仿佛暴力地將兩種異質的事物銙在一起，增加了詩歌表達的張力。

清人賀裳云："吕居仁詩亦清致，惜多輕率，如《柳州開元寺夏雨》詩……《西歸舟中懷通泰諸君》詩……不無秀句，卒付頽然，韻度雖饒，終有緩骨屠筋之恨，亦大似其國事也。此種皆韓子蒼流弊。"[①] 賀裳以《西歸舟中懷通泰諸君》爲例，一方面指出了吕本中詩歌運用疊字、複辭造就秀句、韻度豐饒的特點；另一方面則認爲複辭、疊字的運用導致詩歌語勢舒緩而氣骨不盛。其所論確爲精當，複辭、疊字手法的運用確實使吕本中詩歌呈現圓美流轉之風格，但也導致語義疏散與氣骨柔弱之失。

五　修養與詩意：吕本中儒學修養與詩意創新

作爲以儒學傳家之士大夫，吕本中有自覺的儒學修養意識，其《李念七不見過二絶》其一云："不隨殘暑退青蠅，入眼囂塵漸可憎。静裏工夫君莫厭，夜窗重對短檠燈。"[②] 啓引後學注重儒學的修養工夫。而其於《童蒙訓》中記録祖父吕希哲之語曰："滎陽公嘗言：'後生初學，且須理會氣象，氣象好時，百事是當。氣象者，辭令容止，輕重疾徐，足以見之矣。不惟君子小人於此焉分，亦貴賤壽夭之所由定也。'"[③] 此處雖是論述修養的重要性及外在表現，但其言修養會影響個體的"辭令容止"，則無疑在儒學修養與文學表達之間建立起了聯繫。吕本中既有將他人充盈之儒學修養作爲審美對象的詩作，亦有本自儒學修養視角觀物所得的書寫。這些詩歌體現出了其在詩歌構思上力求獨創的精神，亦通過彰顯其人格精神而達到提升詩歌境界的目的。如果説用事、用語與技法、修辭是其詩歌呈現妥帖自然、圓美流轉的直接手段，那麼通過書寫因儒學修養而獲得之平和氣象則是其詩風形成的内在原因。

吕本中慣常將友人的人格境界作爲審美對象，這與黄庭堅有相似處，但吕本中詩歌中作爲審美對象的人格境界，其儒學特色更爲鮮明，

---

① （清）賀裳：《載酒園詩話》卷五，《清詩話續編》本，上海古籍出版社，1983，第442頁。
② （宋）吕本中著，韓西山校注《吕本中詩集校注》卷五，第375頁。
③ （宋）吕本中：《童蒙訓》卷中，《吕本中全集》本，第994頁。

如《送晁季一罷官西歸》："晁侯文采老不聞，兩耳壁塞目爲昏。三年刺促簿書裏，更覺和氣生春温。"才華滿腹而襟抱難展，但晁季一并未墜入怨艾的自傷與憤懣中，而保持"人不知而不愠"的平和淡然心態；而後吕本中繼續寫道："胸中滄海無水旱，眼底浮雲看舒卷。頃來江上幾送迎，聚蚊成雷公不驚。笙竽沸地不知曉，公但寒窗延短檠。"①吕本中盛讚晁季一儒學修養充盈，宛如胸中有滄海，而閒觀世事變遷，内心不爲所動，當他人耽於笙竽沸地的享樂時，晁季一能安於冷淡生活，獨對短檠，夜窗苦讀。該詩雖爲對友人境界的審美化表達，但又何嘗不是詩人所追慕之境界。此類正面描述將人格境界化爲審美對象，但容易流於説教，故吕本中詩集中的出色者往往於有意無意間表現之，如《孟明田舍》：

> 未嫌衰病出無驢，尚喜冬來食有魚。往事高低半枕夢，故人南北數行書。茅茨獨倚風霜下，秔稻微收雁鶩餘。欲識淵明只公是，邇來吾亦愛吾廬。②

首聯用君子憂道不憂貧，點出友人田亘乃氣象平和、境界高妙之處士，中二聯則言田亘在世事變遷、友朋飄零的寂寥生活中，獨依茅茨，一任風霜，薄田耕種，與盟鷗鳥。其中頷聯用已然逝去之往事如倏忽夢幻、故舊飄零時有書信來寄構爲意句，而頸聯則用意象填實之境句，以意句、境句的相輔相成，完成對友人境界的讚許。而尾聯通過將友人比作"吾亦愛吾廬"的陶淵明，進一步强化了情感的表達。該詩有遥深的感慨，但以淡然平和氣度收之，故而對江西派頗有微詞的紀昀亦稱"此亦清逈"③。

而吕本中於日常生活觀察中有意無意間流露的儒學修養，則更自然地賦予了詩歌妥貼圓美的意蘊，如《記夜》：

> 殘暑薰炙人，客夢不得長。忽蒙千里風，尉此六尺牀。高梧舞

---

① （宋）吕本中著，韓西山校注《吕本中詩集校注》卷五，第 398 頁。
② （宋）吕本中著，韓西山校注《吕本中詩集校注》卷十，第 792 頁。
③ 轉引自（元）方回選評，李慶甲集評校點《瀛奎律髓彙評》卷二十三，第 1004 頁。

清影，上懸明月光。初更枕簟穩，未厭塵土忙。中宵有臭蟲，其大如蛞蝓。排闥觸屏帳，怒欲凌空翔。熟視不得名，但見兩翼張。《本草》所不載，《爾雅》所未詳。夏蟲盛百族，此物尤猖狂。東窗不得睡，幸無疾病妨。惜哉有知物，點污此微凉。人生要更事，美惡無不嘗。悉除糞壤念，頓悟服食方。去爲千丈松，凛然衝雪霜。慎勿學瓜瓠，置身籬落傍。[①]

　　呂本中於該詩前半將心境的轉化摹寫得極爲細緻傳神：暑熱難耐故，而中宵不寐，幸有涼風吹來，令人生出可以安睡的喜悦，但不知名之臭蟲却在室内飛騰，攪擾不休，將這種喜悦一掃而空。由此詩人展開思考，要歷經各類世事，看遍美惡，方能對人生本質有深入的認識。最後歸結爲，士不可隨俗俯仰，不可不弘毅，看遍美惡之目的在於樹立如千丈松般耿介獨立之人格精神。呂本中認爲"天下萬物一理"[②]，"修之於此，必達之於彼；約之於内，必得之於外"[③]，這是他將對日常生活的觀察引向修養體驗的原因，同時也使其對日常生活的觀察更加細緻，無形中起到了擴大詩材的作用。這一傾向在其晚年詩歌中尤爲明顯。如《春晚》："春色忽已晚，悠悠留此心。深居有閒暇，令節廢追尋。更老愁何在，長貧病亦侵。一杯聊自勸，不爲落花斟。"[④]羈旅天涯，又值暮春，但没有傷春之意，閒居有味故不隨時好而追令節；詩人既老且病，却參透生老病死乃造物本意，故不憂不愁；尾聯一杯自斟，既不爲花落傷春，又呼應了之前的不追令節，平和容與氣象躍然紙上。又如《閒居即事》："新舊音書寂不來，略無一事可縈懷。春風寂寞花侵路，野寺荒涼草上階。剩欲出門留客坐，不妨扶杖看僧齋。無人會得龐公意，只道淵明是匹儕。"[⑤]首聯寫閒居無人問津的寂寥。領聯則用境句，以比興的手法，從對春風中摇曳之閒花、野寺上階之碧草的觀照與摹寫中，突出自己雖寂寞閒居但以之爲樂的心境。頸聯則以意句出之，寫閒居中或欲邀人同坐，或杖藜遠望。出句爲未付諸實踐之想法，乃虛成；對句則爲經

①　（宋）呂本中著，韓酉山校注《呂本中詩集校注》卷六，第475頁。
②　（宋）呂本中：《紫微雜説》，《呂本中全集》本，第1134頁。
③　（宋）呂本中：《紫微雜説》，《呂本中全集》本，第1133頁。
④　（宋）呂本中著，韓酉山校注《呂本中詩集校注》卷十九，第1393頁。
⑤　（宋）呂本中著，韓酉山校注《呂本中詩集校注》卷十九，第1395頁。

常之舉動，乃實下。不僅境句、意句相輔相成，而且實下、虛成的對仗亦融入其中。尾聯以隱居鹿門之龐公自喻，引出尚友淵明之意，不僅毫無閒居貧病的哀颯，而且氣象平和，隱有孔顏樂處。

　　呂本中之儒學修養不僅體現在對自我閒居生活的書寫中，而且深入瑣事的觀照中，從瑣事的觀照體悟生命的存在。如所養之貓病亡，他作詩云："伴我閒中氣味長，竹輿游歷遍諸方。火邊每與人爭席，睡起偏嫌犬近床。能與兒童校幾許，賢于臧獲便相忘。他生尚欲隨吾在，要奉香爐漉水囊。"[1]曾季貍云："呂東萊有貓詩甚佳……曲盡貓之情態。"[2]詩人將審美目光，延伸到生活的各個角落，故能將其仁人愛物之情懷擴充開來，這正是其寫貓曲盡情狀的原因。而他爲亡犬阿童所作之詩更細膩感人：

　　　　客至書來總不知，都緣邇日吠聲稀。蛛絲網遍常行處，猶道奔逃未肯歸。[3]

　　　　老來於世漫多悲，夢幻推移且自知。想得開山藏骨處，却如搖尾乞憐時。送行識我貧無蓋，閒坐思渠悶有詩。從此窮居添寂寞，夜長誰復遠簾帷。[4]

　　愛犬阿童爲詩人漂泊生活中爲數不多的慰藉，其病亡讓詩人更加孤獨，但這種孤獨并未流入無法自拔的悲戚，而更多表現爲體認到生死乃萬物生命過程後的無奈。細膩情感的書寫中有悲傷，但也有視生死別離爲必然的坦然。呂本中之儒學修養不但賦予其平和的氣象，亦使其詩歌呈現生存審美之意識。繆鉞先生指出："凡唐人以爲不能入詩或不宜入詩之材料，宋人皆寫入詩中，且往往喜於瑣事微物逞其才技。"[5]呂本中之儒學修養認識，使其創作視野細緻到了生活的瑣事中，且將瑣事化爲詩意的表達，客觀上爲宋詩題材的開拓作出了貢獻。

　　《氏族大全》載呂本中"平生因詩以窮，耽禪而病，清癯如不勝

---

①　（宋）呂本中：《師奴病化》，《呂本中詩集校注》卷十六，第 1190 頁。

②　（宋）曾季貍：《艇齋詩話》，《歷代詩話續編》本，第 300 頁。

③　（宋）呂本中：《又作二絕》其二，《呂本中詩集校注》卷十九，第 1448 頁。

④　（宋）呂本中：《懷阿童》，《呂本中詩集校注》卷十九，第 1449 頁。

⑤　繆鉞：《論宋詩》，《繆鉞全集》第二卷，第 156 頁。

衣，有孟浩然跨驢之象。一室蕭然，凝塵滿席，裕如也”①，道出呂本中晚年淡然平和的精神氣度，而此精神氣度形諸詩什，則呈現自然妥帖的意蘊。

　　綜上，呂本中通過用事、用語範圍的擴大，豐富了詩歌語言，同時又擁有在詩歌的意句與境句、實下與虛成的句式結構探究的自覺意識，這使其詩歌呈現學養豐贍、姿態多變的特點。而其在詩歌創作中複辭、疊字修辭手法的有意識採用，雖然有氣骨減弱之失，但生成了自然圓美的語言風格，實現了學老杜、蘇、黃而又能自成一家的創新意識。而儒學修養則擴大了其詩歌題材，增強了創作主體精神表現力，與前述之技法形成內外合一、形而上與形而下相互生發的態勢，共同促成了其妥帖自然、圓美流轉詩風的鑄就。

---

① 佚名:《氏族大全》,《景印文淵閣四庫全書》第 952 冊, 第 397 頁下。

第四章　曾幾理禪淵源與其
詩學理論、詩歌藝術

　　曾幾與胡安國、胡宏父子有著儒學的師承關係，又與呂本中、韓駒義兼師友。因其儒學淵源，黃宗羲《宋元學案》將其列入"武夷學案"，視爲胡安國之門人；因其詩學傳承，及與呂、韓的密切聯繫和接近的詩學觀念，曾幾又被後人視爲江西詩派之成員。整體而言，曾幾的詩學觀念與詩歌藝術，不僅有繼承並發明呂本中"活法"的江西詩派因子，而且與其儒學淵源存在聯繫。在宋代道與技彌合的詩論發展趨勢下，曾幾基於其儒學修養，繼承並發展了呂氏的"活法"理論，而其儒學修養也影響了其詩意呈現。深化曾幾詩論、詩法的研究，不可置其知識構成於不顧，而應從其學術淵源出發，尋繹其詩論、詩法形成的過程。

第一節　曾幾理禪淵源與其詩論形成之關係

　　陸游在《曾文清公墓誌銘》中言曾幾"避亂寓南嶽，從故給事中胡安國推明子思、孟子不傳之絕學"[①]，又言："公貫通六經，尤長於《易》《論語》，夙興，正衣冠，讀《論語》一篇，迨老不廢。"[②]曾經師事曾幾的陸游在爲乃師蓋棺定論的墓誌銘中，高度肯定了曾幾的儒學修養，並且指出曾幾"治經學道之餘，發於文章，雅正純粹，而詩尤工"[③]的事實。由此不難判定，曾幾的詩學觀點，乃至創作實踐中體現出的題材選擇、藝術風格等，皆與其知識構成有密切關係。而往昔之論者多對茶山詩進行條分縷析的靜態描述，而對曾幾詩論形成、風格鑄就之過程缺乏動態的分析與梳理，同時對曾幾儒學淵源與其詩論形成之關係缺乏細緻的考察，這顯然是深化曾幾乃至當時詩壇研究不可

---

① （宋）陸游：《曾文清公墓誌銘》，《陸游集·渭南文集》卷三十二，中華書局，1976，第2306頁。
② （宋）陸游：《曾文清公墓誌銘》，《陸游集·渭南文集》卷三十二，第2305頁。
③ （宋）陸游：《曾文清公墓誌銘》，《陸游集·渭南文集》卷三十二，第2306頁。

回避的問題。

一　道與技的彌合：宋代詩論發展的方向

蘇軾《書吴道子畫後》云："故詩至於杜子美，文至於韓退之，書至於顔魯公，畫至於吴道子，而古今之變，天下之能事畢矣。"[1]因此，在盛唐詩歌達到"天下之能事畢矣"的巔峰後，延至中晚唐即出現了對於詩歌創作的理智、沉潛的反思，誕生了《詩式》《詩格》《風騷旨格》《金針詩格》等一系列詩話類著作。這體現了後代詩人意圖通過創作經驗的歸納與總結達到前人境界的努力，客觀上也彰顯了詩學領域出現的建立程式化法則的趨勢，他們意圖在理性法則指導下，通過可操作的創作實踐而達到一定的藝術水準。"技"之層面的探討與強調，反映了詩學的成熟。任何一個專業領域，必有其運轉的規律，必有其有效地實現自我的方式，必有與其他領域相區別，並使自身效率最大化的法則，這是詩學在類似"工具理性"之"技"層面的探求。馬克斯·韋伯認爲工具理性是通過實踐的途徑確認工具（手段）的有用性，從而追求事物的最大功效，爲人的某種功利的實現服務。工具理性是通過精確計算功利的方法最有效達至目的的理性，是一種以工具崇拜和技術主義爲生存目標的價值觀。詩學理論的發展亦是如此，中晚唐到宋代中葉之詩學理論即大多側重"技"之層面的探究，如《温公續詩話》載劉筠酷愛《初學記》，至謂："非止初學，可爲終身記"[2]，其觀點就是從詩歌典故運用而得出。在宋代，詩歌專業化的定位更爲明晰，司馬光云："文章之精者，盡在於詩；觀人文者，徒觀其詩，斯知其才之遠近矣。"[3]因此，在以形式、語言技巧形成的審美感受的基礎上對詩歌進行專門定義後，詩歌作爲專門的技藝，有特殊的用語、結構、表達的經營之方，這皆凸顯了詩爲"技"的認知，西崑體就是詩爲"技"的成功範型。

在詩歌的專業性不斷明晰的同時，宋人對詩歌在"技"之外還應具備的特質進行了反思。首先，詩歌應具有建立在主體精神書寫基礎上的特殊性，不能爲"技"所掩，如蔡縧認爲："王介甫詩，雖乏丰骨，一

---

① （宋）蘇軾：《書吴道子畫後》，《蘇軾文集》卷七十，第 2210 頁。
② （宋）司馬光：《温公續詩話》，《歷代詩話》本，第 281 頁。
③ （宋）司馬光：《馮亞詩集序》，《司馬光集》卷六十四，第 1332 頁。

番出清新。"① 其次，"技"雖是詩歌所擁有的特質，但其目的應是表現
主體獨特的精神，乃得魚忘筌之"筌"，作者不應沉迷於"技"之追求，
亦應警惕"技"的"異化"作用。如石介抨擊西崑體曰："今楊億窮研
極態，綴風月弄花草，淫巧侈麗，浮華纂組，刊鏤聖人之經，破碎聖
人之言，離析聖人之意，蠹傷聖人之道，使天下不爲《書》之典謨、禹
貢、洪範，《詩》之雅頌，《春秋》之經，《易》之繇、十翼，而爲楊億
之窮研極態，綴風月弄花草，淫巧侈麗，浮華纂組，其爲怪大矣！"② 其
觀點雖偏激，但折射的却是"道"對"技"的規範與指引。黃庭堅詩學
即是在"技"的發展與"道"的高揚並行的局面下産生的，一方面歐、
蘇"禁體物語""白戰"等"以文爲戲"的體制極盡創作之能事③；另一
方面儒學復興與政治革新的需要使士大夫對"道"與"文"的關聯關注
頗多。黃庭堅詩學，在"技"的方法上探討頗多，如其"以俗爲雅，以
故爲新，百戰百勝，如孫吳之兵，棘端可以破鏃"，從語言系統的豐富
與語言效果的"陌生化"方面指引詩歌創作。范温《潛溪詩眼》中載黃
庭堅稱道"千岩無人萬壑静，十步回頭五步坐"之句，認爲此聯七言詩
"四字三字作兩節"④，涉及對句式結構的討論。同時，黃庭堅又一再強調
儒學修養的重要，如其勸誡洪芻曰："然孝友忠信，是此物（學問文章）
之根本。"⑤《國經字説》中亦言："忠信以爲經，義理以爲緯，則成文章
矣。"⑥ 其論及養心治性的文字多見於文集中，同時又於儒學、禪學修養
方面有獨到處⑦。山谷詩學之所以被後學奉爲圭臬，是因爲它既包含了
"技"之層面的深入而詳細的探究，又囊括了"道"之層面的身體力行，
更主張"詩者，人之情性也"，強調詩歌應該是主體抱道而居之情懷的
書寫。

山谷詩學囊括了"技"與"道"兩個層面，體現了自覺貫穿二者的

---

① （宋）胡仔：《苕溪漁隱叢話·後集》卷三十三，第 258 頁。
② （宋）石介：《怪説》，《徂徠石先生文集》卷五，第 62 頁。
③ 嘉祐四年，蘇軾作《江上值雪，效歐陽體，限不以鹽、玉、鶴、鷺、絮、蝶、飛、舞之類爲
　比，仍不使皓、白、潔、素等字，次子由韻》。元祐六年，蘇軾作《聚星堂雪》詩，詩序言：
　"忽憶歐陽文忠公作守時，雪中約客賦詩，禁體物語，於艱難中特出奇麗。"
④ （宋）范温：《潛溪詩眼》，《宋詩話輯佚》本，第 330 頁。
⑤ （宋）黃庭堅：《與洪駒父書》，《黃庭堅全集·外集》卷二十一，第 1365 頁。
⑥ （宋）黃庭堅：《黃庭堅全集·正集》卷二十四，第 623 頁。
⑦ 詳見左志南《論黃庭堅融通儒釋的修養理論》，載《中南大學學報》（社會科學版）2011 年
　第 1 期。

意識，但"道"難以衡量，而"技"有迹可循，故山谷後學多泥於技法的探究而出現了種種弊端，韓駒云："今人非次韻詩，則遷意就韻，因韻求事；至於搜求小説佛書殆盡，使讀之者惘然不知其所以，良有自也。"① 陳巖肖云："或未得其妙處，每有所作，必使聲韻拗捩，詞語艱澀，曰'江西格'。"② 針對這種弊端，吕本中提出了"活法"説，一方面强調"道"的修養："欲波瀾之闊，必須於規摹令大，涵養吾氣而後可。"③ 另一方面則明確闡述"活法"内涵爲："所謂活法者，規矩備具而能出於規矩之外，變化不測而卒亦不背規矩也。是道也，蓋有定法而無定法，無定法而有定法，知是者則可以語活法矣。"④ 吕氏的"活法"實質是强調通過長期的操存，使詩歌技法化爲不自覺中揮灑自如的行爲，即個體經驗與外在知識的融合，故而吕本中認爲黄庭堅達到高妙創作境界的關揵即在於此："近世黄魯直首變前作之弊，而後學者知所趨向，畢精盡知，左規右矩，庶幾至於變化不測，而遠與古人比，蓋皆由此道入也。"⑤ 值得注意的是，吕本中的主張雖著眼於創作的自由境界，但通過"涵養吾氣"的精神修養工夫所達到的人格境界和精神氣度，一方面對創作之"技"起著"道"的支撐作用；另一方面則可隨著主體不自覺的自由揮灑而形諸詩作。吕氏之論，體現了融合"道""技"的意圖。

值得注意的是，"道""技"關係，是不同於"文""道"關係的，"文""道"關係探討的是"文"的意義及其存在的合理性問題，屬於價值探討的範疇；而"道""技"關係則是在肯定文學獨立價值的基礎上，對如何定義"文"、如何達到高妙創作境界、如何創作出優秀詩歌等問題的歸納與總結，屬於方法論的範疇。

二　"慎勿參死句"與"風吹春空雲"：曾幾細化技法與以道促技之詩論實質

曾幾受吕本中影響頗深，其在晚年回憶道："竊自猶念與公皆生於元豐甲子，又相與有連，雅相好也。紹興辛亥，幾避地柳州，居仁在桂

---

① （宋）魏慶之：《詩人玉屑》引《陵陽先生室中語》，第 171 頁。
② （宋）陳巖肖：《庚溪詩話》，《歷代詩話續編》本，第 182 頁。
③ （宋）吕本中：《與曾吉甫論詩第二帖》，載胡仔《苕溪漁隱叢話·前集》卷四十九，第 333 頁
④ （宋）吕本中：《夏均父詩集序》，載王正德《餘師錄》卷三，《叢書集成初編》本，第 41 頁。
⑤ （宋）吕本中：《夏均父詩集序》，載王正德《餘師錄》卷三，《叢書集成初編》本，第 41 頁。

林。是時年皆未五十，居仁之詩，固已獨步海内，幾亦妄意學作詩。居仁一日寄近詩來，幾次其韻，因作書請問句律。居仁察我至誠，教我甚至。且曰：'和章固佳，本中猶竊以爲少新意。'又曰：'詩卷熟讀，治擇工夫已勝，而波瀾尚未闊。欲波瀾之闊，須令規模宏放，以涵養吾氣而後可。規模既大，波瀾自闊，少加治擇，功已信于古矣。'幾受而書諸紳。"①曾幾作此文時已八十三歲，其於垂暮之年仍對三十年前吕本中"少新意""波瀾尚未闊"的評價印象深刻，足見這兩點是曾幾此後的用功處。所謂"少新意"當指作品在構思、用語、結構等方面未能出前人窠臼，而"波瀾尚未闊"當指詩歌在創作主體精神表現力方面存在缺失，造成了選材與構思方面的局促。二者大體屬於"技"之範疇，但吕本中提出的解決之方却是"涵養吾氣"。"涵養吾氣"當是孟子"吾善養吾胸中浩然之氣"的翻版，其意應爲通過精神修養工夫實現主體人格境界的提升，如此則主體在應事接物時其思考角度、思考方式乃至所感所悟均可超越常人，詩歌創作中主體精神表現力增强，則自可新意横生、波瀾開闊。吕本中對曾幾的建議無疑凸顯了其以"道"之修養提升"技"之施展的思維進路。

此後曾幾在《讀吕居仁舊詩有懷其人作詩寄之》中論及自己詩歌創作心得云：

> 學詩如參禪，慎勿參死句。縱横無不可，乃在歡喜處。又如學仙子，辛苦終不遇。忽然毛骨换，正用口訣故。居仁說活法，大意欲人悟。常言古作者，一一從此路。豈惟如是說，實亦造佳處。其圓如金彈，所向若脫兔。風吹春空雲，頃刻多態度。鏘然奏琴筑，間以八珍具。人誰無口耳，寧不起欣慕。一編落吾手，貪讀不能去。嘗疑君胸中，食飲但風露。經年闕親近，方寸满塵霧。足音何時來，招唤亦云屢。賤子當爲君，移家七閩住。②

其開篇即言"學詩如參禪"，此爲老生常談，吳可"學詩渾似學

---

① （宋）曾幾：《東萊先生詩集後序》，《吕本中全集》"附録二"，第 1824 頁。
② （宋）陳思編，（元）陳世隆補《兩宋名賢小集》卷一百九十，《景印文淵閣四庫全書》第 1363 冊，第 545~546 頁。

參禪"即以參禪喻學詩,然吳可之論大體強調學詩當達到揮灑自如的境界。但曾幾更爲具體地指出了學詩與學禪的類似處——"慎勿參死句","死句"乃禪宗術語。草堂清禪師云:"須參活句,莫參死句。若參活句,臨機變態,不失其宜,出没卷舒,應用自在。若參死句,如同玉石,真僞不分,凡聖現前,不能甄別。且道那箇是活句,那箇是死句?會麽?'易分雪裏粉,難辨墨中煤。'"①《林間録》云:"語中有語名爲死句,語中無語名爲活句。"② 可見禪宗將意路不通無義味句,謂之活句;有義味通意路句,謂之死句。由此不難推知,"易分雪裏粉"爲"活句",而"難辨墨中煤"爲"死句"。至於爲何"參"不同於正常思維邏輯之"活句",原因即在於正常邏輯的"死句"往往會導引學者按照作者的思路展開思考,從而因言作解,最終導致屋下架屋,終矮一層,而迥異正常邏輯的"活句"則可使學者無路可尋而展開自我思考,最終達到展現自我精神並凸顯自我面目的效果。然而詩歌是作者情感意緒的表達,總是伴隨著一定的邏輯,但不可否認,在律詩成熟之後,部分詩歌、詩句可以通過意象的羅列和並置、詞類的活用、詞序的錯綜等技巧,淡化思維邏輯的痕迹。曾幾"慎勿參死句"之意應是從詩句邏輯痕迹並不明顯之詩句的玩味中,啓迪創作的靈感。同時,"慎勿參死句"隱含不可因言作解,不能僅僅順著作者詩句之方向思考,不可僅僅欣賞已經呈現的詩歌、詩句之美,還應反思優秀的詩歌、詩句是如何經由作者之手呈現出來之意,即作品的創作方式和過程是讀者應著力思考之處。一旦窺破此層,創作能力自然得到提升,即"縱橫無不可,乃在歡喜處。"

而其後的"居仁説活法,大意要人悟",亦是強調將"參活句",學習前人創作經驗,與對自我創作經驗的反思相結合。這種轉悟致知使學習活動從文本本身轉移到文本背後的創作活動上,顯然,曾幾意識到詩歌創作是一種不能與行動分離的活動,不能離開創作主體的活動而就文本論文本,而應就文本反思創作活動,從文本出發,最終回歸文本所要表現的創作質感。正如波蘭尼所論:"即使能把一項整合的認知內容譯出來,也無法傳達該內容的感覺質地,你只能躬親地感覺這質地,只能

---

① （宋）晦堂師明編《續古尊宿語要》,《卍新纂續藏經》第 68 册,第 363 頁下。
② （宋）惠洪:《林間録》,《卍新纂續藏經》第 87 册,第 251 頁下。

內斂於這質地之中。"①此方式解決的是創作之能的問題，如前所述，延至宋代，詩歌"文章之精者"的觀點成爲共識，這無疑給缺乏天分或天分不高之宋代士人帶來了焦慮和壓力，因此才會出現韓駒所謂"非次韻詩，則遷意就韻，因韻求事"的創作窘況，才會出現陳巖肖所云之情況："近時學其詩者，或未得其妙處，每有所作，必使聲韻拗捩，詞語艱澀。"這反映了當時士人面對前代唐詩與本朝蘇黃等創作高峰時的焦慮與壓力，以致出現創作思維枯竭、難以下筆的窘況，故而以"技"之手段掩蓋"少新意"的不足。

緊承其上，曾幾寫到呂本中不僅持上述論點，本身的創作也達到了無施不可的高妙境界，其詩"圓美流轉如彈丸"，又充滿了活潑之生機，宛如脫兔。其下的"風吹春空雲，頃刻多態度"無疑是運用興之手法，進一步說明呂本中詩歌的特點，此一聯尤其值得關注。這雖是曾幾對呂本中創作境界的詮釋，但體現了曾幾對呂本中詩學觀念的繼承與發揮。

黃庭堅云："往年嘗請問東坡先生作文章之法，東坡云：'但熟讀《禮記》《檀弓》當得之。'既而取《檀弓》二篇，讀數百過，然後知後世作文章不及古人之病，如觀日月也。"②呂本中云："《楚詞》、杜、黃，固法度所在，然不若遍考精取，悉爲吾用，則姿態橫出，不窘一律矣。"③二者之論皆説明在北宋中後期，隨著文化的繁榮和文化積澱的日漸加深，文學領域的前文本系統④也在逐漸擴大。在這種情況下，詩歌創作的"前文本"抑或"前文性"無疑會得到更多的强調，"前文性""前文本"是文化積累的成果，並且關係著文學作品創作、解釋的語境。趙毅衡先生認爲："雖然社會生活爲文學提供了經驗材料。但哪怕在素材上，任何一種藝術門類，發展到一定程度時，就會出現'文類內轉'，即把這門類中，或這個文化中，已確定的'文本'（讀者比較

---

① 〔英〕邁克爾·波蘭尼：《意義》，第 46 頁。
② （宋）黃庭堅：《與王觀復書三首》其一，《黃庭堅全集·正集》卷十八，第 470~471 頁。
③ （宋）呂本中：《與曾吉甫論詩第一帖》，《苕溪漁隱叢話·前集》卷四十九，第 332 頁。
④ "前文本"概念來源於互文性理論，互文性理論認爲"任何文本都是一種互文，在一個文本之中，不同程度地以各種多少能辨認的形式存在著其他的文本；譬如，先時文化的文本和周圍文化的文本，任何文本都是對過去的引文的重新組織"。"互文性"概念强調的是把寫作置於一個座標體系中予以觀照：從橫向上看，它將一個文本與其他文本進行對比研究，讓文本在一個文本的系統中確定其特性；從縱向上看，它注重前文本的影響研究，從而獲得對文學和文化傳統的系統認識。

熟悉的‘文本’），作爲素材，也作爲釋義的控制力量。從《詩經》《樂府》到唐詩宋詞，在中國詩歌這藝術門類中，前文性越來越多，對現實經驗材料的依賴逐漸減少，對讀者修養的要求也越來越高。這種前文性，既來自這文類歷史上形成的積累（詞語、借用、通用象徵、仿作、戲仿），也包括整個文化中其他表意方式（哲學、倫理、歷史……）積累的材料。……前文性，實際上是整個文化傳統，尤其是人文傳統，在文學文本中的呈現方式。"① 在前文本系統日漸龐大的趨勢下，以才學爲詩、資書以爲詩的情況就不可避免地出現了。不可否認，研讀前人經典乃創作必由之路，但龐大的前文性系統存在這樣一種傾向，即創作者忽視文學對日常生活的反映，減弱文學對自我生命體悟的表現。因此，曾幾一方面在垂暮之年仍然對呂本中"涵養吾氣"的勸誡記憶深刻，另一方面又用"風吹春空雲，頃刻多態度"來稱讚呂氏之創作，認爲呂氏詩作內容豐富、變化多端，既有基於前文性系統的讀書所得，又有對日常生活、生命體悟的書寫——"多態度"。究其實質，曾幾所要表達的是通過"涵養吾氣"之"道"的修養實現創作主體精神表現的迥異流俗，以此超越高雅之精神應事接物，則主體所思所慮、所悟所得皆有不同於常人之處，而詩歌創作就是應事接物時主體精神表現的記載。其用"嘗疑君胸中，食飲但風露"來概括呂氏詩作高雅之因，是對呂本中詩作充盈不俗精神的讚譽。曾幾之論，一方面體現了"道"對"技"的導引，另一方面強調了詩歌創作應回歸對日常生活的記錄與反映，並以彰顯"涵養吾氣"後增強了的主體表現力爲主。

　　綜上，曾幾之詩論，集中體現在"慎勿參死句"與"風吹春空雲"兩個層面。曾幾繼承了呂本中之詩學理念，但有發展，集中體現在參學方式的細緻化，即強調以轉悟致知的方式，將參學的對象由文本本身轉移到文本背後的創作活動上，這爲後學達到自由創作境界指出了更爲切實可行之路，在"技"之探討上更進一步。同時，曾幾繼承呂本中"涵養吾氣"的理路，強調詩歌書寫應回歸對日常生活的記錄，且以彰顯"涵養吾氣"後增強了的主體表現力爲主，以此突破"波瀾尚未闊"的創作窘境。

---

① 趙毅衡：《文化轉型與純文學》，載《當代西方哲學與方法論》第 64 期，臺北東大圖書出版社，1991，第 79 頁。

三 "涵養吾氣"之方：曾幾詩論之哲學基礎

如果説"慎勿參死句"解決的是創作之能的問題，是應對詩歌乃文之精者共識下士人的焦慮與壓力，尚屬於"技"之層面；那麽"涵養吾氣"則無疑對解決"少新意""波瀾尚未闊"的問題有著直接的指導意義。"涵養吾氣"無疑出自孟子"吾善養吾胸中浩然之氣"，乃儒學修養工夫，通過"涵養吾氣"的工夫，主體的精神表現力自然可以增强，如此則詩歌創作中之意緒表達、遣詞用語自可避免"少新意"的情況，同時主體精神表現力的增强亦可使其在應事接物時的思考方式、所思所感超越流俗，達到"呻吟咳唾，動觸天真"的境界，避免"波瀾尚未闊"的情況。其論雖出自吕本中，但曾幾的理解顯然已經超越了儒學的範疇，兼具儒釋特色。因此，"涵養吾氣"的工夫就是曾幾詩論的内在支撑力。

陸游《曾文清公墓誌銘》稱曾幾"道學既爲儒者宗，而詩益高，遂擅天下。有文集三十卷，《易釋象》五卷，他論著未詮次者尚數十卷。"[1] 曾幾文集雖散佚頗多，但其理學思想在與胡安國、胡宏父子的書信及其他相關文獻中仍可窺見一二。胡安國有《答贛川曾幾書》，針對曾幾的論點而回答，其中所引曾幾論點有三："四端五典每事擴充，亦未免物物致察，猶非一以貫之之要"[2]；"四端五典起滅心也"[3]；"充良知良能而至於盡，與宗門要妙兩不相妨，何必舍彼取此"[4]。胡安國針對曾幾所問進行了回答，胡安國首先認爲心體具有先驗性，所謂"無所不在者理也，無所不有者心也"，作爲宇宙精神，"理"無處不在，任何事物與規律皆是"理"的體現，稟氣在天的人自然也體現著"理"的精神，所以"理"無所不在，"心"亦無所不有，聖人的境界就是"天理合德，四時合序，則心與理一，無事乎循矣"；學者應當通過兩個階段來達到聖人境界，其一爲"物物致察，宛轉歸己，則心與理不昧"，其二爲"物物皆備，反身而誠，則心與理不違"。在此基礎上，胡安國又對先驗之心體的性質予以了明晰的界定："夫自本自根，自古以固存者，即起滅心是也。不起不滅心之體，方起方滅心之用。體用一源，顯微無間。"先

---

① （宋）陸游：《曾文清公墓誌銘》，《陸游集·渭南文集》卷三十二，第2306頁。
② （宋）胡安國：《答贛川曾幾書》，載胡寅《先公行狀》，《斐然集》卷二十五，第556頁。
③ （宋）胡安國：《答贛川曾幾書》，載胡寅《先公行狀》，《斐然集》卷二十五，第557頁。
④ （宋）胡安國：《答贛川曾幾書》，載胡寅《先公行狀》，《斐然集》卷二十五，第557頁。

驗的心體是宇宙精神"理"的體現，故不起不滅。而心體會產生種種意識活動，意識活動有始有終、有善有惡，這是心體的作用，而不是心體的性質。同時，胡安國又指出心體雖然具有先驗性，但必須通過後天的學習："夫良知不慮而知，良能不學而能，此愛親敬長之本心也。"即心體先驗性最明顯的體現就是倫理精神，因而學者應本自先驗心體的體現，觸類旁通，在日常的踐履中達到對先驗心體的深切體認，即"持之以敬，養之以和""擴而充之達於天下"。由於"體用一源"，故學者的修養理路當由用及體，而佛學的缺陷正在於割裂體用："釋氏則指此爲前塵，爲妄想，批根拔本，殄滅人倫，正相反也。"

朱熹言："胡文定初得曾文清時，喜不可言然，已仕宦駁駁了，又參禪了，如何成就得他？"[①] 從朱熹之言可以判斷，胡安國對曾幾抱以厚望，但曾幾出入儒釋之間，儒學立場不甚明確，因此，對胡安國在《答贛川曾幾書》中的觀點曾幾接受與否，人們尚存有疑問。但胡宏《答曾吉甫書三首》中有以下文字："伏讀來教，謂佛氏所以'差了途轍'者。"[②] 曾幾認爲佛禪學説"差了途轍"，顯然認爲佛禪學説在本體的體認上有可取之處，但在修養的方法上存在缺陷，即胡安國所言之割裂體用。曾幾顯然接受了胡安國的觀點，認爲佛禪學説"差了途轍"，這也是當時近佛之儒學學者的共識，如張九成亦認爲佛禪學説"有孤高之絶體，無敷榮之大用"[③]。

在確立了"心與理一，無事乎循"的修養方向後，具體的修養路徑就彰顯出來了，一是"持之以敬，養之以和"，二是"物物致察，宛轉歸己""物物皆備，反身而誠"。前者是主體對自我内心精神狀態的反省與規整，後者則强調在灑掃應對等日常生活中踐履儒學之倫理精神。前者與後者又是密切聯繫，不可分割的："敬""和"要貫穿灑掃應對、物物致察的日常行爲中，而日常的修養行爲又印證、增强著主體對"敬""和"之儒學精神的體認。這種修養方式爲曾幾所接受並體現在其儒學著作中，朱熹稱"曾文清有《論語解》"[④]，陳振孫《直齋書録解題》載："《論語義》兩卷，禮部侍郎曾幾撰，胡文定公門人也。"[⑤] 雖

① （宋）黎靖德編，王星賢點校《朱子語類》卷一百一，第 3387 頁。
② （宋）胡宏：《胡宏集》，第 114 頁。
③ （宋）張九成：《横浦集》卷五，《景印文淵閣四庫全書》第 1138 册，第 320 頁下 ~321 頁上。
④ （宋）黎靖德編，王星賢點校《朱子語類》卷十九，第 443 頁。
⑤ （宋）陳振孫：《直齋書録解題》卷三，第 78 頁。

然曾幾《論語義》散佚，但在朱熹《論語或問》對曾幾《論語義》的引述中，可以窺其觀點之一二。《論語·學而》載："子貢曰：'貧而無諂，富而無驕，何如？'子曰：'可也。未若貧而樂，富而好禮者也。'"曾幾釋曰："以貧故無諂，以富故無驕，貧富之道耳。樂非以貧，好禮非以富，出於情性而貧富不能解也。"①曾幾認爲主體的貧而樂、富而好禮並非出自貧、富的現實境遇，而是因爲主體擁有了對先驗心體的自覺理解與踐行，即"出於情性"。《論語·爲政》載孔子語："吾與回言終日，不違如愚。退而省其私，亦足以發。回也不愚。"曾幾釋曰："入乎耳，著乎心，默而識之，故不違如愚。退而察其履踐，則布乎四體，形乎動靜，故足以發。"②曾幾認爲顏回的"不違如愚"，是對孔子教誨的內心認同，屬於義理理解範疇；"亦足以發"，則是建立在前者基礎上的切身踐履，屬於實踐工夫。正因有了前者的內心認同，故而能做到"亦足以發"的切身踐行。這也彰顯了曾幾的修養理路，即主張通過實際的踐履來實現對"情性"之先驗心體的理解。至於踐履之方，則可通過曾幾對孔子"剛毅木訥，近仁"的解讀中看出，曾幾釋之曰："剛則必能無欲，毅者必能力行，木者無令色，訥者無巧言，天資如此，故於仁近之。"③曾幾雖是在解釋"剛毅木訥"之內涵，但亦從側面反映了曾幾對如何近"仁"的見解，即無欲、力行、無令色、無巧言。力行自然是於灑掃應對之日常生活中踐履儒學精神，同時在踐履過程中還應無欲，即應保持無功利的淡然心態，在此基礎上還應無令色、無巧言，這正是胡安國"持之以敬，養之以和""擴而充之"的另類言說。

不難看出，曾幾接受了胡安國關於心體先驗與修養理路的觀點，並體現在《論語義》中。在日常踐履中體認心體先驗的理路，必使主體的關注視野集中於灑掃應對的日常生活中，由此則讀書治學、烹茶飲酒、山行野望、居家論道、朋侪交往、官場酬對等皆成爲主體心性修養的方式，皆成爲學者達到聖人境界的途徑。《宋元學案》載："曾吉甫問文定甚處是精妙處，甚處是平常處。曰：'此語説得不是，無非妙處。'"④這種日常生活無非妙處的省察方式，無疑會使主體在生活細節中有不凡之

---

① （宋）朱熹：《四書或問·論語或問》卷一，《朱子全書》第六册，第 635 頁。
② （宋）朱熹：《四書或問·論語或問》卷二，《朱子全書》第六册，第 647 頁。
③ （宋）朱熹：《四書或問·論語或問》卷十三，《朱子全書》第六册，第 821 頁。
④ （清）黃宗羲著，（清）全祖望補修，陳金生、梁運華點校《宋元學案》卷三十四"武夷學案"，第 1178 頁。

發見，往往於瑣碎平常中有怡然會心之得。這種平常即是精妙的省察方式與禪宗有類似處，如趙州從諗云："大道只在目前，要且難睹。"① 與曾幾同時之大慧宗杲云："大道只在目前，要且目前難睹。欲識大道真體，不離聲色言語。若即聲色言語求道真體，正是撥火覓浮漚；若離聲色言語求道真體，大似含元殿裏更覓長安。"② 雖然儒學與禪學的基本立論存在較大差異，但二者此處在方法論上的接近，却皆使參學者關注日常生活，於凡俗踐履中體悟形而上之義理精神，二者皆可賦予主體活潑自在、凡俗中識得精妙的自由精神，形諸詩歌創作則必内容豐富，活潑自在，於凡俗中發見精妙。如此則詩歌創作中"少新意""波瀾尚未闊"的窘境自可避免，尤其體現在絶句、律詩等書寫主體瞬間感悟的短篇當中，這也是曾幾《茶山集》短篇居多的原因。按，《茶山集》存詩五百六十一首，其中五古七十二首，七古三十一首，五排五首，其餘四百五十三首皆爲律絶，更遑論其五古、七古中還存有一定數目的短篇。

　　雖然理學作爲後出之學，在本體建構等方面較之禪學更爲精細，但通過具象來傳遞思想，乃禪學之參悟方式，與詩歌創作思維更爲接近，且爲理學所不及。這是曾幾一方面認爲"道學既爲儒者宗"，另一方面又未放棄禪學的原因；亦是曾幾雖未放棄禪學，但不論佛學理論，而多提修養方式的原因。如"閑無用心處，參此如參禪""客至但茗椀，談詩復談禪""書腹黃緣曬，禪心邂逅看""青編中語要細讀，蒲團上禪須飽參""老病心情冷時節，只將幽策替幽禪""中有在家僧，蕭然如此竹"等，這可看作其詩歌創作影響其學術選擇的體現。

四　曾幾之詩學觀點與關注視野、書寫内容的選擇

　　如前所述，"無非妙處"故而"物物致察"的儒學修養方式與"大道只在目前"的禪學修養方式，皆將主體的目光導向了日常生活，曾幾的修養方式直接影響了其詩歌的書寫内容與題材選擇。作爲深慕山谷的後起詩人，曾幾不但有明確的詩法山谷之意，而且一再於詩中表達出來："華宗有后山，句律嚴七五。豫章乃其師，工部以爲祖。"③ "工

---

① 賾藏主編《古尊宿語録》卷十三，中華書局，1994，第 220 頁。
② （宋）雪峰蘊聞輯《大會普覺禪師語録》，《大正藏》第 47 卷，第 819 頁下。
③ （宋）曾幾：《次陳少卿見贈韻》，《茶山集》卷一，第 8 頁。

部百世祖，涪翁一燈傳。"①"老杜詩家初祖，涪翁句法曹溪。尚論淵源詩友，他時派列江西。"②同時，曾幾在創作選材、書寫內容方面亦與黃庭堅有高度的相似，這是由二者極爲接近的學術淵源所決定的。

黃庭堅之詩論，較爲集中地體現在《書王知載〈胊山雜詠〉後》一文中，黃庭堅開宗明義地指出："詩者，人之情性也。"③至於何爲"情性"，黃庭堅雖未給予正面回答，但指出了其表現："非强諫爭於廷，怨忿詬於道，怒鄰罵坐之爲也。"即"情性"不是主體之心態、情緒失去平衡后之狀態，而應是："其人忠信篤敬，抱道而居，與時乖逢，遇物悲喜，同牀而不察，並世而不聞。情之所不能堪，因發於呻吟調笑之聲，胸次釋然，而聞者亦有所勸勉。"黃庭堅認爲"情性"應是主體在實現對"道"體認後應事接物的種種感受。這與曾幾釋"未若貧而樂，富而好禮"時所用"情性"頗爲接近，曾幾云："樂非以貧，好禮非以富，出於情性而貧富不能解也。"④二者所云之"情性"是以"道"作爲内在的精神支撐，雖在與外界的接觸中有種種反應，但因有"道"之哲學內涵與修養根基，故而主體之舉手投足、喜怒哀樂皆處於合理的範圍，而詩歌則是這種"情性"表現的書寫，這是二者詩歌在書寫內容上有高度重合的內在原因，如《茶山集》中有大量反應書齋生活的茶詩及大量酬謝友人惠贈山泉、怪石、食材等的詩。並且曾幾詩歌慣常在日常事物的書寫中表露清曠閒雅情懷的手法亦與黃庭堅頗爲類似，比如《上元日大雪》：

> 勾芒整轡泱辰間，雪片相隨大可觀。挑菜園林有餘潤，燒燈庭院不勝寒。柳條弄色政爾好，梅蕊飄香殊未闌。便似落花飛絮去，直疑春事併衰殘。⑤

此詩前三聯頗類"白戰體"，不以鹽、玉、蝶之類爲比，不使皓、白、潔、素等字，直書雪時園林之濕、庭院之寒，再寫雪中柳、梅之變

---

① （宋）曾幾：《東軒小室即事五首》其四，《茶山集》卷二，第44頁。
② （宋）曾幾：《李商叟秀才求齋名于王元渤以養源名之求詩》其二，《茶山集》卷七，第230頁。
③ （宋）黃庭堅著，劉琳等校點《黃庭堅全集·正集》卷二十五，第665頁。
④ （宋）朱熹：《四書或問·論語或問》卷一，《朱子全書》第六册，第635頁。
⑤ （宋）曾幾：《茶山集》卷六，第183頁。

化；從主體宏觀視角下所生之感，過渡到微觀事物之動態。而作結不直陳自我對雪之憐愛，將雪比作飛絮，用傷春之情類比此時不認雪之離去的愛憐。用惜春之情比擬愛雪之情，以主體情緒的比擬取代事物情狀的類比，不但構思新妙，而且在有意無意間顯露出主體悠然自得的清曠胸懷。因此給人格調高雅、構思清新之感，方回評曰："詩先看格高而意又到、語又工爲上，意到語工而格不高次之，無格、無意又無語，下矣。此詩全是格，而語意亦峭。"[①] 這與山谷詩此類特點極爲類似："（黃庭堅）追求一種將道德和審美融爲一體的人生藝術，道德不再成爲外在的枷鎖，因人自心的覺悟而具有'悠然自得之趣'。"[②]

　　與黃庭堅不同的是，曾幾經歷了宋室南渡這一時代變遷，先後提舉淮東、湖北茶鹽，擔任負責具體事務之基層官員，故曾幾憫農情懷頗爲突出，他創作了大量的憫農詩，如其名作《蘇秀道中》即以"千里稻花應秀色，五更桐葉最佳音"提點全篇。而時代的變遷、國運的衰頹，也使得曾幾多寫記錄國家命運的愛國詩作，如《寓居吳興》等。這既是時代變遷在文學創作中的體現，又是曾幾詩歌創作應回歸對日常生活的記錄與感悟之詩論的必然走向。此外，若論及儒學淵源，相比於黃庭堅，曾幾與理學的關係更爲密切。理學"觀萬物自得意"，"強調觀物過程中'自家意思'與'造物生意'的契合，即主體和客體的生命的共感"[③]，再加上曾幾對呂本中"活法"的繼承與發展，都使曾幾詩歌在表達主體抱道而居之"情懷"發見時，多了幾分活潑自在，如其曾寫飲茶時之心態："壑源今日爲君傾，可當杯盤瀉濁清。未到舌根先一笑，風爐石鼎兩來聲。"[④] 不但寫出了自己飲茶時的欣然期待，而且將黃庭堅"未到江南先一笑"之超越人生苦難的嚴肅與豁達，置換爲了獲得日常生活小樂趣的自得與調侃。凡此種種，茶山詩在書寫內容、關注視野上體現出了對蘇、黃等前輩詩人的突破。

　　總之，曾幾在學術淵源上與黃庭堅接近，造成了他们詩論的部分重合，由此使得曾幾詩歌在關注視野、書寫內容上與黃庭堅相似處頗多，但兩宋變易的時代及曾幾的詩歌應注重對日常生活的表現與體悟的

---

① （元）方回選評，李慶甲集評校點《瀛奎律髓彙評》卷二十一，第893頁。
② 周裕鍇：《夢幻與真如——蘇、黃的禪悅傾向與其詩歌意象之關係》，《文學遺產》2001年第3期。
③ 周裕鍇：《宋代詩學通論》，第365頁。
④ （宋）曾幾：《啜建溪茗，李文授有二絶句次韻》其二，《茶山集》卷八，第243頁。

觀點，使其詩歌在書寫内容與關注視野上有了新變，避地湖嶠、行旅感懷、傷時憂國、憫農撓弱等皆成爲新時期詩作的内容。而"無非妙處"的踐履工夫與"活法"又使茶山詩多了幾分活潑圓融。

第二節　句法與涵養：曾幾學術淵源與詩歌藝術

四庫館臣評曾幾詩歌曰："風骨高騫而含蓄深遠，介乎豫章、劍南之間。"[1]今人亦多以清新活潑概括其風格[2]。但遍覽關於曾幾詩歌藝術的著作，論者大多按照曾幾詩歌内容分類而論述之，如愛國、憫農、詠物、寄贈等。但曾幾詩歌的内容較之同時代詩人其實並無特別之處，正如莫礪鋒先生所言："曾幾的大部分作品，無論寫於靖康事變之前還是寫於靖康事變之後的，都與當時的政治鬥爭或民族鬥爭没有什麼聯繫。可以説曾幾詩歌的主要内容就是個人情懷的抒發。"[3]因此，曾幾詩歌的價值不在於其書寫的内容，而在於其書寫的方式，即其詩歌藝術。風格的呈現與詩藝的形成必須以語言爲載體，必須依賴具體的語言組織、修辭手法。因此考察曾幾詩歌藝術應從其詩歌結構、句法、命意等具體技法層面入手，進行細緻的考察，如此方能實現對曾幾詩歌風格呈現的梳理。

一　舊句與己意：師法前賢與自我詩意的呈現

方回云："讀茶山詩如冠冕佩玉，有司馬立朝之意。用江西格參老杜法，而未嘗粗做大賣。"[4]指出了曾幾用江西詩派之"句法"方式參學杜詩之方式，即從詩歌的章法、句式和偶對等方面分析、學習杜詩[5]。清人蔣士銓云："宋人生唐後，開闢真難爲。"指出了宋人在面對唐詩這一藝術高峰時創新的困難。唐詩，乃至唐前詩歌，既是宋詩需要超越的對象，又是宋詩需借鑒的前文本系統，爲宋詩提供創新的資料。在如何學習前人詩歌方面，黃庭堅云："老杜作詩，退之作文，無一字無來處。

---

① （宋）曾幾：《茶山集》之"提要"，第 2 頁。
② 袁行霈主編《中國文學史》"第三卷"，第 513 頁。
③ 莫礪鋒：《江西詩派研究》，第 171 頁。
④ （元）方回選評，李慶甲集評校點《瀛奎律髓彙評》卷十六，第 604 頁。
⑤ 關於"句法"，林湘華先生《江西宗派研究》認爲其涵蓋治心養氣之"道"與語言修辭之"技"，但筆者此處從周裕鍇先生《宋代詩學通論》之解釋，側重其狹義内涵。

蓋後人讀書少，故謂韓、杜自作此語耳。古之能爲文章者，真能陶冶萬物。雖取古人之陳言入於翰墨，如靈丹一粒，點鐵成金也。"①黃庭堅不但指出了杜詩、韓文學習與接納前文本系統的事實，而且指出了若學習运用前文本之方式得當，可使文章增色，乃自鑄偉辭的必須過程。惠洪在此基礎上進一步提出了"奪胎換骨"説："不易其意而造其語，謂之換骨法；窺入其意而形容之，謂之奪胎法。"②要之，皆在強調對前文本的學習。作爲"案上黃詩屢絶編"的曾幾，基本接受了江西詩派的這種方式，在學習前文本方面有著強烈的自覺意識。曾幾對前文本的學習集中體現在對前人詩句的直接化用與借鑒、前人詩句構思的借用兩個方面。前者接近"點鐵成金"，後者類似"奪胎換骨"。

　　對前人詩句的直接化用與借鑒，在曾幾詩中比較多見。杜甫有詩云："別來頭併白，相見眼終青。"③黃庭堅多次點化此聯，如"讀書頭愈白，見士眼終青""江山千里俱頭白，骨肉十年終眼青""看鏡白頭知我老，平生青眼爲君明"等。曾幾深慕杜、黃詩法，曾有詩云："老杜詩家初祖，涪翁句法曹溪。"④杜甫此聯經過黃庭堅屢次點化，亦成爲曾幾借鑒、化用的對象，如"一別誰青眼，相逢各白頭"⑤"相逢未改舊青眼，自笑無成今白頭"⑥，杜、黃詩句皆以眼青對頭白，言分別之歲月使人髮白，而故舊重逢各以青眼相對。曾幾却從反向用之，以青眼對白頭，言別後再無知己以青眼相對，在歲月摧頹下相逢之時已然髮白。雖然本自阮籍青白眼典故，襲用老杜、山谷之句，但曾幾通過顛倒表意的順序，將老杜、山谷詩中所表達的故舊重逢的喜悦，置換爲了與世不偶者常年寂寥孤獨的沉重人生感慨。而在《李相公餉建溪新茗奉寄》中，曾幾又用之，曰："碾處曾看眉上白，分時爲見眼中青"⑦，其有自注云："茶家云碾茶須令碾者眉白乃已。"將建溪茶製作過程中的辛勞精嚴，與愛茶者入手時的欣悦喜愛進行對比，將杜、黃詩句用青白眼典故表達的知己之情與人生感慨，置換爲獲得心愛之物的淡然自喜。曾幾在點化前

①（宋）黃庭堅：《答洪駒父書三首》，《黃庭堅全集·正集》卷十九，第 484 頁。
②（宋）惠洪：《冷齋夜話》卷一，《稀見本宋人詩話四種》本，第 17 頁。
③（唐）杜甫：《秦州見敕……》，《杜詩詳注》卷八，中華書局，1979，第 633 頁。
④（宋）曾幾：《李商叟秀才求齋名于王元渤以養源名之求詩》其二，《茶山集》卷七，第 230 頁。
⑤（宋）曾幾：《送李商叟》，《茶山集》卷四，第 127~128 頁。
⑥（宋）曾幾：《撫州呈韓子蒼侍制》，《茶山集》卷五，第 150 頁。
⑦（宋）曾幾：《李相公餉建溪新茗奉寄》，《茶山集》卷六，第 203 頁。

人詩句時，尤其注意體現出與前人詩句之意的區別，如其《置酒簽廳觀
荷徐判官攜家釀四首》其二：“障日青圓自擁階，縐風緑净可添杯。被
花惱處君知否，羅襪凌波笑不來。”① 此詩點化黄庭堅《王充道送水仙花
五十支》，山谷詩首聯云：“凌波仙子生塵襪，水上輕盈步微月。”將水
仙花比作“凌波微步，羅襪生塵”的洛神，而其作結云：“坐對真成被
花惱，出門一笑大江横。”獨自對花，深感局促，出門見大江吞天而去，
由之前所對精緻微小之水仙，瞬間切换爲壯闊浩蕩之大江，故而會心一
笑。曾幾此處用之，却不似山谷之以小對大，以精微對壯闊，而是引
入由現實引發的自我聯想，用幻想之人與現實之物形成對比，言被花
惱不是因爲獨對太久而生寂寞局促之感，而是惱山谷所言之羅襪仙子
未曾出現，表現觀花所得之諧趣。曾幾此類點化，所表之意是建立在
對原詩意義的反轉或偏離。此外，曾幾還有一類點化，則與原句之意
完全不相關，如晚唐齊己《早梅》詩之頷聯云：“前村深雪裏，昨夜一
枝開。”齊己著力表現的是初開之梅與積夜白雪相對的醒目，是視覺效
果的詩化表達。曾幾《謝送蠟梅二首》其二曰：“化工團蠟作寒梅，絶
勝牛酥點滴開。不是前村深雪裏，蜜蜂應認暗香來。”② 曾幾此詩引用齊
己原句“前村深雪裏”，但此句成爲類似歇後語的存在，指向的是“一
枝”。因此當該句作爲否定對象存在時，友人所贈之臘梅絶非一枝之意
就現於言外了。曾幾進而化用王安石“遥知不是雪，爲有暗香來”之
意，言臘梅既非一枝，其暗香自然飄向遠方。楊萬里《誠齋詩話》云：
“詩家用古人語，而不用其意，最爲妙法。”③ 强調對前文本的學習不應
亦步亦趨，而以生出新變爲妙。周裕鍇先生總結説：“利用成語典故或
襲用前人詩句，必須在意義上與原典文本的意義有相當大的距離。”④ 襲
用前人詩句，但又體現出意義上的變化，則不但能因襲用前人詩句令
讀者感到親切，而且能因生出的新變而給予讀者超出期待視野的新奇
之感。同時，在點化前人詩句時產生的意義反轉或偏離，又使得“這
些陳言與原典文本意義相脱離，因而成爲獨立的富有表現力的語言形
象，從而獲得全新的審美效果”⑤。當時學黄宗杜爲詩壇潮流，曾幾點化

① （宋）曾幾：《茶山集》卷八，第 239 頁。
② （宋）曾幾：《茶山集》卷八，第 240 頁。
③ （宋）楊萬里：《誠齋詩話》，《歷代詩話續編》本，第 141 頁。
④ 周裕鍇：《宋代詩學通論》，第 178 頁。
⑤ 周裕鍇：《宋代詩學通論》，第 178 頁。

老杜、山谷乃至唐人詩句，一方面喚起了讀者的親切感；另一方面通過所表之意的變易又產生出人意表之感。

除點化前人詩句外，曾幾詩中還有一種情況值得注意，即某句直接襲用前人成句，如《許公華遺潘衡墨云其女所造也》之末句點題云："廷珪去人端未遠，餘子何勞定優劣。健婦果勝大丈夫，從此廬陵是黝歙。"①直接引用黃庭堅"人間俗氣一點無，健婦果勝大丈夫"②。二者同是涉及女子之詩，同樣帶有調侃性質，曾幾直接納入山谷詩句而不加任何改動。又，《蓮榭》詩云："凌波仙子襪生塵，露冷風凄微月夜。"直接襲用黃庭堅"凌波仙子生塵襪，水上輕盈步微月"，在比喻惹人憐愛之花時，皆以洛神爲喻。而《述姪餉日鑄茶》則尤其值得注意："寶胯自不乏，山芽安可無。子能來日鑄，吾得具風爐。夏木囀黃鳥，僧窗行白駒。談多喚生睡，此味正時須。"③首聯言不可一日無茶，頷聯用借對，取日鑄茶之"日鑄"字面意義，而以風爐對之。而頸聯則直接襲用唐人詩句"夏木囀黃鸝"，因平仄要求，易"鸝"爲"鳥"；而對句則以白駒過隙之意，以"僧窗行白駒"言之，令讀者一眼即可識取其象徵意義。同時，透過其象徵意義，讀者明白曾幾之意在於述說喜愛寺院閒暇而不忍離去，感慨時光流逝之快宛如白駒過隙。曾幾這類對前人語句的直接引用，不見得全是成功的，但反映出一個事實，即某些經典詩句本身成爲類似典故的存在，詩人是以用典的方式直接徵引之。瑞恰慈認爲詞的意義是受使用時的具體環境制約的，"當一個詞在一首詩裏，它應當是在特殊語境中被具體化了的全部有關歷史的總結"④，同樣的詞語、典故乃至詩句在不同的語境中，其意義自然也不同，甚至在新語境中能獲得比原典更精彩的效果。從此角度來看曾幾，乃至當時其他詩人對前賢詩句的借用、化用，其本質仍然是一種創新。同時後代詩人徵引前賢詩句，又包含了欲以自作語與之相對，力爭與前賢頡頏的意味。從對前文本的吸收與借鑒來講，這種情況可視爲集句詩出現的前兆。

對前文本的學習，對詞語、原典詩句的借用、化用是形而下的"迹"的學習，而前人詩句的巧妙構思，亦不可避免地對後學產生影響。

---

① （宋）曾幾：《茶山集》卷三，第 73 頁。
② （宋）黃庭堅：《姨母李夫人墨竹二首》其二，《黃庭堅詩集注·山谷詩集注》卷九，第 355 頁。
③ （宋）曾幾：《茶山集》卷四，第 121 頁。
④ 趙毅衡：《新批評——一種獨特的形式主義文論》，中國社會科學出版社，1986，第 124~125 頁。

曾幾詩歌中借鑒前人創作思維處亦不在少數，如其《獨步小園四首》其二："只道江梅發不遲，最先零落使人悲。從今穠李花千樹，未抵前村雪一枝。"①此詩之末句點化齊己詩句，但第二句的構思本自李商隱《回中牡丹爲雨所敗二首》其二之"浪笑榴花不及春，先期搖落更愁人"，曾幾之意與李商隱基本相似，但易李義山之榴花爲梅花而已。其《病中聞鶯啼》："獨園森古木，其下客幽棲。盡日清陰合，有時黃鳥啼。一聲添晝寂，百囀使人迷。賴汝生佳聽，身今氣慘悽。"②首聯出句言所居之處草木蔥茂，而自我閒居备感寂寥。頷聯之出句承首聯之出句，草木蔥茂故而綠樹陰濃，對句承首聯對句，寂寥閒居故而得聞黃鸝鳴叫。頸聯之"一聲添晝寂"在構思上承襲王籍"鳥鳴山更幽"，但王籍原句"蟬噪林逾静，鳥鳴山更幽"二句實言一處之景，有合掌之嫌③。而曾幾對以"百囀使人迷"，出句言鳥的鳴叫讓庭院顯得更加寂静，對句言自我被鳥鳴所吸引故而舉目覓其蹤影，但黃鸝變動不停，鳴叫從各處傳來，使人難以確定其所在何處。頸聯既從正面寫出了庭院的静謐，又從作者被鳥鳴吸引而一直覓其所在的行爲，側面托出其獨居的寂寞。雖襲用前人構思，但通過正面、側面的描寫，既避免了合掌，又凸顯了環境的静謐與内心的寂寞。又如其"窗前有梧桐，報我以好雨。不眠聽疏滴，佳事想農圃"④，本自孟浩然"微雲淡河漢，疏雨滴梧桐"，但將孟浩然的清絕寂寥化爲憫農喜雨的快意。魏慶之云："詩惡蹈襲古人之意，亦有襲而愈工，若出於己者。蓋思之愈精，則造語愈深也。"⑤而除這類正面借用前人構思外，曾幾還反用前人構思，《愛日齋叢抄》載："吕文靖《題天花寺》云：'賀家湖上天花寺，一一軒窗向水開。不用閉門防俗客，愛閒能有幾人來。'曾文清《題意大師房》云：'頭白高僧心已灰，石菖蒲長水蕉開。莊嚴茗事鑪煙起，不用關防俗子來。'兩詩韻同意亦合，視荆公'我亦暮年專一壑，每逢車馬便驚猜'，氣象廣窄可見。"⑥曾幾襲用王安石的構思，但反向用之，化荆公屏絕人事的高冷爲隨緣自在的活潑。

---

① （宋）曾幾：《茶山集》卷八，第 264 頁。
② （宋）曾幾：《茶山集》卷四，第 94 頁。
③ （宋）《蔡寬夫詩話》："晋宋間詩人，造語雖秀拔，然大抵上下句多出一意，如'魚戲新荷動，鳥散餘花落''蟬噪林逾静，鳥鳴山更幽'之類，非不工矣，終不免此病。"《苕溪漁隱叢話·前集》卷一，第 5 頁。
④ （宋）曾幾：《夏雨應祈呈桂帥二首》其二，《茶山集》卷二，第 57 頁。
⑤ （宋）魏慶之：《詩人玉屑》卷八，第 189 頁。
⑥ （宋）葉寘：《愛日齋叢抄》卷三，《景印文淵閣四庫全書》第 854 册，第 657 頁下 ~658 頁上。

　　任何文學創作都不可避免地涉及對前文本的學習與吸收，正如符號學觀點所認爲的，任何文本都與別的文本相互交織，朱麗婭·克里斯蒂娃認爲，"任何作品的文本都是像許多引文的鑲嵌品那樣構成，任何本文都是其他本文的吸收與轉化"[①]。詩歌創作中對前文本的大量吸收與借鑒，顯然是曾幾必須面對的問題，而其積極面對，並將吸收、借鑒前文本的努力融入自我創作中，是應該予以正面評價的。另外，曾幾雖然強調詩歌書寫對日常生活的回歸，但讀書亦是士大夫日常生活的重要部分，按照審美和表意的需要，將讀書所得納入創作中，也是其詩論一以貫之的體現。

二　句法與圓融：句法安排與圓融流暢的形成

　　詩歌風格的呈現與書寫內容有關，詩歌句式結構、表達方式亦是詩歌風格呈現所必須依賴的形式。曾幾"風骨高騫而含蓄深遠"詩歌風格的生成即與曾幾對詩歌句法的追求有關，曾幾有詩云："老杜詩家初祖，涪翁句法曹溪。尚論淵源詩友，他時派列江西。"[②]周裕鍇先生認爲："所謂'句法'，含義甚廣，既指詩的語言風格，又指具體的語法、結構、格律的運用技巧，而其精神，則在於對詩的法度規則與變化範圍的探討。"[③]曾幾一方面如方回所言"用江西格參老杜法"；另一方面則受呂本中"活法"說影響，追求"其圓如金彈，所向若脫兔"[④]的揮灑自如、自然通脫境界。要實現兩方面的兼顧，途徑有二：一是熟能生巧，通過長期的練習與揣摩，將外在的知識瞭解化爲内在的與己冥契之經驗；二是通過詩句結構的安排，營造出自然平易的語言風格。

　　關於前者，北宋詩人已經主張造"硬語"，"硬語"出自韓愈"橫空盤硬語，妥帖力排奡"，依周裕鍇先生之總結："所謂'硬語'，是捍格難通之語，不僅反常於標準語言，而且也反常於一般詩歌語言。在宋詩話中，一些句法變形的詩句被視爲'詩家語'的範例而一再受稱揚。"[⑤]杜甫"香稻啄餘鸚鵡粒，碧梧棲老鳳凰枝"即被宋人廣爲稱讚。曾幾顯

---

① 轉引自張隆溪《二十世紀西方文論述評》，三聯書店，1986，第158~159頁。
② （宋）曾幾：《李商叟秀才求齋名于王元渤以養源名之求詩》其二，《茶山集》卷七，第230頁。
③ 周裕鍇：《宋代詩學通論》，第203頁。
④ （宋）曾幾：《讀呂居仁舊詩有懷其人作詩寄之》，載（宋）陳思編，（元）陳世隆補《兩宋名賢小集》卷一百九十，《景印文淵閣四庫全書》第1363冊，第545~546頁。
⑤ 周裕鍇：《宋代詩學通論》，第473頁。

然從前輩詩人處領悟到了這一詩法，其《次鎮江守曾宏甫見寄韻》云：
“一別高明去，頻爲瘴癘侵。連滄公境界，橫碧我山林。夜雨思同夢，
秋風辱寄音。他年如衣錦，畢世莫分襟。”① 首聯叙述遠離江南而仕宦嶺
南，但以省略主語的動賓句式（“我”別高明去）、被動句式（“我”爲
瘴癘侵）結出，而頷聯則運用倒裝，其詩意爲“公境界”如“連滄”，
“我”境況如“山林”“橫碧”，出句對句在相同位置爲對仗，但句意上
呈現了錯位。這樣的句法弱化了意象功能，却突出了“連”“橫”的動
詞屬性。詩歌語言不僅需要通過能指所指引導讀者還原作者之意，最
爲直觀的作用是通過語言安排調動起讀者的心理感受。阿恩海姆認爲：
“不管對象本身是運動的，還是静止的，只有當它們的視覺式樣向我
們傳導出‘具有傾向性的張力’和‘運動’時，才能知覺到它的表現
性。”② 曾幾此詩的頷聯通過倒裝所凸顯出的“連”“橫”無疑起到了傳導
“傾向性的張力”和“運動”的作用。類似的手法不止一處，如《病起
贈曾宏甫》：“同病仍同起，無聊獨至今。酒杯君入手，藥裏我關心。極
暑方無奈，新涼又不禁。呼兒鋤徑草，萬一故人臨。”③ 首聯叙自己與友
人是同病相憐，而頷聯、頸聯則全用倒裝，“酒杯”“藥裏”“極暑”“新
涼”以賓語前置的形式被置於句首，以“傾向性的張力”向讀者傳遞作
者對於兩种事物和兩種節候的强烈感受。《履齋示兒編》云：“杜詩……
以至倒用一字，尤見工夫。如‘蜀酒禁愁得，無錢何處賖’‘客睡何曾
著，秋天不肯明’‘只作披衣慣，長從漉酒生’‘紅稻啄餘鸚鵡粒，碧梧
棲老鳳凰枝’，凡倒著字句，自爽健也。”④ 四庫館臣評曾幾詩“風骨高
騫”，其“風骨”的凸顯與曾幾通過倒裝句法凸顯“具有傾向性的張力”
不無關係。

除此之外，曾幾還慣常通過錯綜句法，如前述“連滄公境界，橫碧
我山林”就是倒裝與錯綜兩種句法兼而有之。其《聞李泰發參政得旨自
便將歸以詩迓之》云：“苦遭前政墮危機，二十餘年詠式微。天上謫仙
皆欲殺，海濱大老竟來歸。故園松菊猶存否，舊日人民果是非。最小郎

① （宋）曾幾：《茶山集》卷四，102 頁。
② 〔美〕魯道夫·阿恩海姆：《藝術與視知覺》，中國社會科學出版社，1984，第 616 頁。
③ （宋）曾幾：《茶山集》卷四，第 94~95 頁。
④ （宋）孫奕：《履齋示兒編》卷十，《景印文淵閣四庫全書》第 864 册，第 478 頁上。“紅稻啄餘
鸚鵡粒”之“紅”，《杜詩詳注》作“香”。

君今弱冠，別時聞道不勝衣。"①首聯叙李光因觸怒秦檜而遭貶斥，頷聯用杜甫"世人皆欲殺，吾意獨憐才"，但出句將李光比作"天上謫仙"，運用倒裝句式且省略主語（執政者／秦檜），正常句式當爲執政者皆欲殺天上謫仙，而對句則以主謂句式陳述之，且以"竟"字凸顯其對李光歷經磨難的同情慨嘆，表現其見李光終於歸來的無限驚喜。從詞語排列上來看，對仗工穩，但出句、對句則句式不同。點化杜詩帶給讀者的親切感，句法錯綜所營造的、跨越障礙方可會得妙處的快感，可謂兼而有之。沈括《夢溪筆談》載："韓退之集中《羅池神碑銘》有'春與猿吟兮秋與鶴飛。'今驗石刻，乃'春與猿吟兮秋鶴與飛'。古人多用此格，如《楚詞》'吉日兮辰良'，又'蕙肴蒸兮蘭藉，奠桂酒兮椒漿'。蓋欲相錯成文，則語勢矯健耳。"②"秋鶴與飛""辰良""蕙肴蒸"皆爲倒裝，與"春與猿吟""吉日""奠桂酒"語序相反，形成了語句的錯綜。惠洪則在此基礎上總結出了詩歌的"錯綜句法"，其以杜甫"香稻啄餘鸚鵡粒"一聯的分析爲例，指出："以事不錯綜，則不成文章。若平直叙之，則曰：'鸚鵡啄殘紅稻粒，鳳凰棲老碧梧枝。'以'紅稻'於上，以'鳳凰'於下者，錯綜之也。"③曾幾在創作中實踐了這種錯綜句法，通過這種錯綜的方式，使語言在新的組織結構中獲得了新的活力，這也是其"風骨高騫"風格形成的原因之一。

關於後者，曾幾一方面學習黄庭堅的拗體律詩，通過打破平仄的固定結構，凸顯語言結構的自然天成、不假修飾。如其《瓶中梅》："小窗水冰青琉璃，梅花橫斜三四枝。若非風日不到處，何得色香如許時。神情蕭散林下氣，玉雪清映閨中姿。陶泓毛穎果安用，疏影寫出無聲詩。"④此詩只求語言的流暢與意義對仗，而不論平仄，如其首聯出句乃三平調，而頷聯出句後段則連用四個仄聲字。故用隨意態度，營造流暢之姿。方回之評一語中的："此詩吳體也，可謂神清蕭散。"諸如此類尚有許多，兹不一一列舉。但曾幾之句法還刻意沿襲黄庭堅之平易句法，如黄庭堅《詠雪奉呈廣平公》之頷聯云："夜聽疏疏還密密，曉看整整復斜斜。"蘇軾稱此"正是佳處"⑤，曾幾去蘇、黄未遠，又有"青雲無蘇

---

① （宋）曾幾：《茶山集》卷五，第 151~152 頁。
② （宋）沈括：《夢溪筆談》卷十四，中華書局，2009，第 159 頁。
③ （宋）魏慶之：《詩人玉屑》卷三所引，第 57 頁。《杜詩詳注》作"香稻啄餘鸚鵡粒"。
④ （宋）曾幾：《茶山集》卷六，第 199 頁。
⑤ （宋）吳曾：《能改齋漫録》卷十一，上海古籍出版社，1979，第 342 頁。

黃，何以致後世""可憐遭遇晚，妙語欠蘇黃"之句，故曾幾詩中多有意運用這類疊字，在意義表達上起到層層加深之作用，在音韻感受上營造連綿重疊之妙。其詠海棠花之七律前半云："西蜀名花得許穠，晚來呼客醉花中。可憐朵朵枝枝弱，自占深深淺淺紅。"[①] 其用"朵朵枝枝"形容海棠枝柯扶疏之狀，用"深深淺淺"形容花朵繁多且顏色深淺交雜。此詩的這類用語，音節連綿但句意蕭散，給人一種隨意吐屬而自然渾成之感，類似的還有寫荷花情狀之"白白紅紅花映階，高高下下葉成杯"[②]。但曾幾運用這類手法並非一成不變，其寫友人所贈假山石云："几淨窗明丈室間，炷香危坐不開關。如何密密深深地，忽有層層疊疊山。珍重故人初入手，攜持使我得怡顏。從今石友常相對，世上交游費往還。"[③] 首聯以維摩詰自比，頷聯用蕭然的丈室爲何多出層疊之山的疑問，結出友人所贈而切題。此聯運用流水對，連綿的疊字配以連綿的句意，自然流暢、隨意揮灑之感躍然而出。頸聯則運用虛詞，以文之形式造謹嚴之勢，與頷聯形成一張一弛的對立統一。類似的還有《題徐子禮自覺齋時子禮爲江陰抱麾之行》之中二聯："誰知密密深深地，參得明明了了心。千里澄江空更瀾，中秋素月古猶今。"[④]

另外，黃庭堅《次元明韻寄子由》之頷聯"春風春雨花經眼，江北江南水拍天"，這類以"江北江南"對"春風春雨"的句式也爲曾幾所採用，其《寄信守徐穉山侍郎》云："歸去來兮莫問津，有船即買繫江濱。自應一學陶元亮，不用更呼祁孔賓。已卜春前春後日，重尋水北水南人。使君爲我新茅棟，數有書來意甚真。"[⑤] 首聯以"歸去來兮"的文章成句入詩，奠定了全篇流動暢達的基調，頷聯則用流水對進一步凸顯流動之姿，頸聯則以"水北水南"對"春前春後"。與前述疊字對不同，這類 A □ A □ 對 B □ B □ 的結構，在相通語詞的引領下又生出意義的變化，在保持音韻連綿的同時，意義較前述疊字更爲豐厚，故成爲曾幾常用之句法，其名篇《寓居吳興》之頸聯即用此法："江北江南猶斷絕，秋風秋雨敢淹留。"此處不同前作處，在於用此清疏明快句法，表達沉

① （宋）曾幾：《曾宏甫見招看海裳而郡城新有更初閣扉之令予聞鼓亟歸一詩呈宏甫》，《茶山集》卷五，第 142 頁。
② （宋）曾幾：《置酒簽廳觀荷徐判官攜家釀四首》其三，《茶山集》卷八，第 239 頁。
③ （宋）曾幾：《程古老撫幹以英石見遺層疊可愛報之以此》，《茶山集》卷六，第 198 頁。
④ （宋）曾幾：《茶山集》卷五，第 154 頁。
⑤ （宋）曾幾：《茶山集》卷五，第 148~149 頁。

重憂傷之感慨。這類句法運用之佳者還有《鄭深道餞曾宏甫台州之行見招風雨不能度溪橋作此贈宏甫》一詩：

> 一觴相屬費招呼，況復吾宗攬轡初。春雨春風俱作惡，溪南溪北頓成疏。刻殘紅蠟君哦句，挑盡青燈我讀書。細故乖違猶似此，功名不必問何如。[①]

首聯切題，言友人將之官故有餞別之聚，頷聯用 A □ A □ 對 B □ B □ 的結構，用明快之語寫溪水暴漲不得相送的遺憾之情。頸聯出句對句各用兩個動賓加主謂的句式構成，在貼切反映自己與友人詩書自娛生活常態的同時，與頷聯形成了前明快流動而後凝重有力的對立統一。尾聯則用人生不如意者十之八九自我開解，兼以勸誡友人不必過分在意功名。諸如此類的詩句還有“雲去雲來何日了，花開花落不曾知”[②]，“觀水觀山都廢食，聽風聽雨不妨眠”[③]，等等。

曾幾在運用疊字對和 A □ A □ 對 B □ B □ 的句法時，多用動賓、主謂句式構成的一聯與之匹配，營造明快疏朗與凝重謹嚴的對立統一，營造張弛結合的語言美感。

三　命意與出新：創作構思與清新活潑的生成

呂本中在《與曾吉甫論詩第一帖》中曾指出曾幾詩“少新意”與“波瀾尚未闊”，曾幾在乾道二年八十二歲去世前所做的《東萊詩集後序》中仍然提及此事。顯然，這兩點爲曾幾所接受，並成爲曾幾此後努力改進之處。詩歌新意的呈現，一有賴於作者對外部世界的觀察方式、思考方式與自我之意的表達方式，二與題材的多樣和主體精神表現力有關。其中前者較爲直接，而關於主體精神表現力，本章第一節已有論述，此處不再贅述。

莫礪鋒先生總結“曾幾詩歌的主要內容就是個人情懷的抒發”[④]，指出了曾幾詩歌書寫內容的固定，但心體廣大，可以通過各種途徑來表

---

① （宋）曾幾：《茶山集》卷五，第 163~164 頁。
② （宋）曾幾：《久雨》，《茶山集》卷六，第 185 頁。
③ （宋）曾幾：《發宜興》，《茶山集》卷六，第 194 頁。
④ 莫礪鋒：《江西詩派研究》，第 171 頁。

現，即可以依附的書寫內容是豐富多樣的，故而曾幾屢屢通過詠物、酬唱、即興之作來表現自我情懷，且在表現自我對世界的觀察方式、思考方式與表達方式上屢出新意。如《螢火》詩云：

> 渾忘生朽質，直擬慕光輝。解燭書帷靜，能添列宿稀。當風方自表，帶雨忽成微。變滅多無理，榮枯會一歸。①

首聯切題，從螢火生於腐草寫其出處，但生於腐朽之物，却有類似光明之質。而頷聯出句構思尤妙，正因書齋靜謐，故微蟲得入。"解"有除之意，用"解"字，言螢火明亮程度足以使人除去燭火。"解"字所下尤爲考究，以陌生化之"解燭"動賓搭配，引起讀者注意，傳遞出螢火之亮足以滅燭讀書的感覺。而"書帷"與螢火相關聯，又讓人聯想到車胤"家貧不常得油，夏夜則練囊盛數十螢火以照書"的典故。囊螢讀書乃就眼前近景，而對句以"能添列宿稀"，寫遠望時視野內的點點螢火頗類天上星斗，以遠望之視覺實見對室內之生發聯想，虛實相應，遠近相對。頸聯則寫其風起時現而雨來時散，尾聯以事物變滅無規律可循但榮枯同歸於盡的感慨作結。此詩以記錄詩人觀察瑣細事物的感受爲形式，隱約傳遞出寂寥惆悵的心境。其《仲夏細雨》則將詩人於氣候變化時的細微感受形諸詩篇："霢霂無人見，芭蕉報客聞。潤能添硯滴，細欲亂爐薰。竹樹驚秋半，衾裯愜夜分。何當一傾倒，趁取未歸雲。"②首聯言雨絲極其細微，以至視而難見，但落於芭蕉之聲響却讓人恍知雨來。頷聯基於自我書齋生活的細緻觀察而發：雨至而空氣潮潤，故硯台欲濕；雨勢又隨行有風，故爐香飄亂。前二聯叙述雨來時之景象，而頸聯轉寫自我感受：雨中翠竹紛披，給人秋半之錯覺；夜半涼氣襲來，讓人更親布被。其中之"愜"字尤爲考究，溽暑濕熱故閒置褥被，而此"愜"字則充分表現出了雨來夜涼，頓有擁被而眠乃舒適之事的感覺。無外乎方回感慨曰："三四已工，第六句'愜'字，當屢鍛改，乃得此字。"③而尾聯則以雨勢未已天氣涼爽可小飲怡情而作結，將從仲夏悶熱中暫時解脫的細微愉悦之情現於言外。曾幾除於詩中表現對日常

---

① （宋）曾幾：《茶山集》卷四，第 95 頁。
② （宋）曾幾：《茶山集》卷四，第 90 頁。
③ （元）方回選評，李慶甲集評校點《瀛奎律髓彙評》卷十七，第 681 頁。

瑣事的細微感受外，還將日常生活中自我情緒的轉折過程形諸詩篇，如
《復熱》云：“墨雲行雨併成空，突兀彤雲在眼中。瓜李不禁如許熱，蒲
葵能得幾多風。通宵看月坐還臥，竟日追涼西復東。回首本無寒暑地，
聽渠亭午汗珠融。”[①]詩之前三聯盡述詩人不耐炎熱的感慨與行爲，感慨
瓜李、蒲葵等都難以忍受，故見雨之不來、夕陽映空而失望之至；又因
溽暑，夜半難眠，望雲不來惟見明月，則聯想到吳牛喘月的典故：“吳
牛望見月則喘，彼之苦於日，見月怖喘矣。”[②]由此引出下半：難耐炎熱，
爲追尋凉處而四處奔走。詩人恍然大悟，炎熱是節至溽暑，何處可避，
又爲何要避？於是一任汗流浹背但内心淡然不擾，暑熱的煩悶瞬間化爲
了自嘲的諧趣。牟巘曰：“詩直耳目玩耳。……俞君好問日以吟哦爲事，
吾意其未免昔人之所患苦，而君方夷然以笑曰：‘吾將以是娛吾心。’閲
其帙，佳句層出，不務爲深刻噍殺，自有意度，讀之猶能使人喜，豈不
足陶寫性情哉？必有得之心而非耳目所能與者。”[③]牟巘認爲詩不應以脱
離主體真實感受的苦吟爲上，而應描寫主體的真實感受且能凸顯主體自
適之樂趣，牟巘觀點可謂是對以曾幾《復熱》爲代表的這類詩歌乃至創
作傾向的總結。

　　與北宋中葉詩人“開口攬時事，論議争煌煌”的關注家國、人生等
重大命題相比，曾幾則著力書寫日常生活瑣碎事物以及創作主體的細微
體驗，開闊了創作領域。他的詩作在題材擴大和視角創新的基礎上，輔
以字詞的鍛煉，不但體現了“新意”，亦力避了“波瀾尚未闊”的局面。
《宋元學案》載：“曾吉甫問文定甚處是精妙處，甚處是平常處。曰：‘此
語説得不是，無非妙處。’”[④]日常生活無非妙處的省察方式，無疑會使
主體在生活細節中有不凡之發見，往往於瑣碎平常中有怡然會心之得。
這種創作方式，亦是胡安國“無非妙處”之修養方式在詩歌創作領域的
體現。

　　“新意”的得出還與表達方式有著密切而直接的關係，黃庭堅提出
了“打諢出場”的詩法：“作詩如作雜劇，初時布置，臨了須打諢，方

①　（宋）曾幾：《茶山集》卷六，第 208~209 頁。
②　（宋）李昉等編，夏劍欽校點《太平御覽》卷四引《風俗通》，河北教育出版社，1994，第 40 頁。
③　（元）牟巘：《俞好問詩稿序》，《牟氏陵陽集》卷十二，《景印文淵閣四庫全書》第 1188 册，第
　　109 頁上。
④　（清）黃宗羲著，（清）全祖望補修，陳金生、梁運華點校《宋元學案》卷三十四“武夷學
　　案”，第 1178 頁。

是出場。"① 周裕鍇先生釋曰:"'打諢'是角色故意以莫名其妙的語言與出人意料的解釋,來造成一種幽默詼諧的效果。在詩歌中,所謂'打猛諢入'是指詩的前面部分的描寫使人無從領會,與詩題似不相干;'打猛諢出'則是在結尾繼之以出乎意料的話題,使讀者在前後對比中恍然大悟。"② 從曾幾的詩歌創作來看,他有運用這種手法以求凸顯創作新意的自覺意識。如《嶺梅》:"蠻烟無處洗,梅蕊不勝清。顧我已頭白,見渠猶眼明。折來知韻勝,落去得愁生。坐久江南夢,園林雪正晴。"③ 首聯切題,寫清絶之梅花盛開於瘴霧彌漫的嶺南,開篇即用處所的陌生荒蠻與梅花的清絶可人形成强烈的對比;頷聯用阮籍青白眼典故,詩人自述喜愛梅花至老不衰;由此引出頸聯折梅自賞並深恐其零落成空的感想;而尾聯則通過陸凱《贈范曄詩》宕開一筆,陸詩云:"折梅逢驛使,寄與隴頭人。江南無所有,聊贈一枝春。"曾幾取陸詩之字面意思,由梅花與江南的聯繫,轉出對故園的思念。題爲《嶺梅》,但基於梅之書寫將詩意折向思鄉念歸之情上。此詩雖尾聯有轉折,但前半詩意與結尾詩意都與梅相關,跨度不甚大。其《游姑蘇張氏園二首》其二則體現了意義跨度較大的"打猛諢出"的手法:

> 雨近黄梅細不聞,破窗夜夜看星辰。園林如許不行樂,魚鳥有知應笑人。盛喜晴天容卜晝,絶憐小塢解藏春。何妨著我閒田地,坐看垂楊夾廣津。④

題爲游張氏園,曾幾却欲揚先抑,首聯寫黄梅時節陰雨連綿,以期待放晴的迫切之情開端,頷聯則用流水對,言面對如此優美之園林,如不去游覽,恐遭魚鳥調笑。在前二聯充分鋪墊情緒的基礎上,頸聯用"盛喜"起頭,形容天晴游園的興奮心情。而尾聯却不接續頸聯對句小塢藏春之景的書寫,而是"坐看垂楊夾廣津"。垂楊爲楊柳最盛之貌,大河兩岸,煙柳叢茂,帘幕無重數,顯然已非張氏園林之小塢藏春所能比。用坐觀楊柳拂堤之闊大景象作結,亦體現出作者"欲常見造物生

---

① (宋)王直方:《王直方詩話》,《宋詩話輯佚》本,第14頁。
② 周裕鍇:《宋代詩學通論》,前引書,第461頁。
③ (宋)曾幾:《茶山集》卷四,第106~107頁。
④ (宋)曾幾:《茶山集》卷六,第186頁。

意"①的會心之樂，隱隱傳遞出在觀物時自我生命與宇宙生命融爲一體，從萬物生機中獲得生命欣悦的物我交感，在"打猛諢出"、以出乎意料的話題溢出詩題範圍的同時，又賦予了詩歌更多的儒學内涵。"打猛諢出"的手法多次在曾幾詩中出現，且呈現不囿於詩題的特點，如《游橋南竹園》："杖屨橋南訪此君，别君安否斷知聞。苦遭積雨來爲祟，政得新晴爲解紛。直幹萬餘森碧玉，高標一半入青雲。人言歲暮於吾子，踏雪相看未當勤。"②前三聯皆寫眼前所見竹的情狀，而末句則宕開一筆，以冬日再來相訪的想象作結，隱約傳遞出以冬日之竹狀君子氣節的意圖。詩題《游橋南竹園》，曾幾作結却旁入冬日竹園的想象，且隱含人格理想的追慕於尾聯。又如《食筍》："花事闌珊竹事初，一番風味殿春蔬。龍蛇戢戢風雷後，虎豹斑斑霧雨餘。但使此君常有子，不憂每食歎無魚。丁寧下番須留取，障日遮風却要渠。"③首聯與頷聯寫食筍時對筍之初生情狀的想象，頸聯則用流水對，以文句意脈言竹筍功妙：只要常有此物，不必如馮諼彈鋏，尾聯筆鋒一轉，以相比食筍的口腹之欲，詩人更希望看到筍生爲參天翠竹的願望作結。與《游橋南竹園》相似，亦隱含"人憐直節生來瘦，自許高材老更剛"的人格理想在内。

陳長方《步里客談》云："古人作詩斷句，輒旁入他意，最爲警策。如老杜云：'雞蟲得失無了時，注目寒江倚江閣'是也，黄魯直作《水仙花》詩亦用此體，云：'坐對真成花被惱，出門一笑大江横。'至陳無己云'李杜齊名吾豈敢，晚風無樹不鳴蟬'，則直不類矣。"④這類斷句旁入他意，是指尾聯的出句與對句之間留有意義空白，造成詩歌意脈的轉折或不連貫。但轉折的基礎在詩歌的前半部分已然完成，如其所舉黄庭堅詩，前三聯皆在從各個角度形容水仙花。因此，這類手法與"打諢出場"實爲一法。這類手法"一方面激起讀者强烈的參與補充的欲望，使得讀者必須運用自己的全部經驗來尋求斷裂兩極的連接點，從而使詩歌獲得更加豐富的審美外延；另一方面，它使詩歌的意脈從對主題的執著中解脱出來，以'不窘於題'的瀟灑表現出一種藝術的自由以及精神的

---

① 《横浦日新》載程顥門前芳草覆砌，面對别人勸其芟除的建議，其曰："不可，欲常見造物生意"，書中又言程顥於盆中養小魚數尾，"欲觀萬物自得意"；于恕：《横浦日新》，《四庫全書存目叢書》第715册，齊魯書社，1995，第241頁。
② （宋）曾幾：《茶山集》卷六，第187頁。
③ （宋）曾幾：《茶山集》卷六，第207頁。
④ （宋）陳長方：《步里客談》卷下，《景印文淵閣四庫全書》第1039册，第404頁下。

超越，從而傳達出某種生命了悟的感受"①，而曾幾的儒釋修養，則賦予其詩歌在表現生命了悟方面更多的内涵。

四　用語與不俗：語言使用與含蓄雅緻的凸顯

范晞文《對床夜語》云："虛活字極難下，虛死字尤不易。蓋雖是死字，欲使之活，此所以爲難。"②范氏認爲虛字的活用是最難的，並以老杜"古墙猶竹色，虛閣自松聲"之"猶"與"自"的用法爲妙。周裕鍇先生認爲"活字"指句中的"轉折斡旋之字"，"非標示物象、動作或性質的虛字，如副詞、連詞、介詞等"，並指出："這些'活字'雖不能直接表現對象的審美特徵，但能夠調整意象之間的關係，能傳達出複雜微妙的情感以及曲折豐富的意義。"③方回亦注意到虛字使用的重要，其言曰："詩家不專用實句實字，而或以虛爲句，句之中以虛字爲工，天下之至難也。"④並以陳與義"欲行天下獨，信有俗間疑""剩欲論奇字，終能諱秘方""使知臨難日，猶有不欺臣"三聯中的虛字運用爲工。方回、范晞文乃宋末人，這種規律的總結總是在現象的大量出現之後，但這種虛字運用的自覺意識在曾幾詩中即明顯體現出來。

曾幾對虛字的使用，有用虛字引領，形成有別於唐詩意象疊加的流動之感，以文脈的連貫取代意象並置的跳躍。其《雪中次韻》云："積雪何所待，凍雲終未開。有時聞瀉竹，無路去尋梅。只欲關門臥，誰能蕩槳來。辟寒須底物，正乏麴生才。"⑤此詩首聯叙凍云不散故連日大雪之節候，頷聯用"有時""無路"的對仗，以虛對實。頸聯則以"誰能"對"只欲"，純以虛詞對仗。這二聯言大雪紛紛，時聞積雪從竹葉上滑下之聲，想來尋梅之道路已爲積雪覆蓋。詩人雪中閒居頗類袁安困雪，無友人如王子猷般雪夜相訪。中二聯乃至首聯運用之虛詞，使詩意緊密承接、連綿不斷，形成意脈流動之姿。又如其《次韻三首》其一："白日無偏照，玄冥不作難。有爐如許大，無地可言寒。書腹貪緣曬，禪心邂逅看。呼兒來共此，形影未孤單。"⑥頷聯之"如許"，頸聯之"貪

① 周裕鍇：《宋代詩學通論》，第 460~461 頁。
② （宋）范晞文：《對床夜語》卷二，《叢書集成初編》本，第 12 頁。
③ 周裕鍇：《宋代詩學通論》，第 508 頁。
④ （元）方回選評，李慶甲集評校點《瀛奎律髓彙評》卷四十三，第 1547 頁。
⑤ （宋）曾幾：《茶山集》卷四，第 98~99 頁。
⑥ （宋）曾幾：《茶山集》卷四，第 99 頁。

緣”“邂逅”皆虛詞，虛詞於詩中多處出現，一方面有別於唐詩的意象濃密，以陌生化的手法吸引讀者，另一方面用“如許”修飾“大”這一形容詞，充分突出了作者對陽光温暖的感受，而“夤緣”與“邂逅”則突出了作者隨意而行、無心於事的灑脱自然。其《似賢齋竹》：“大暑不可度，小軒聊復開。只消看竹坐，不必要風來。豈待迷時種，何妨臘月栽。葉端須雨打，有句索渠催。”[1]頷聯與頸聯的“只消”與“不必”、“豈待”與“何妨”形成完整的虛詞對應格局，表達方式由意象的稠密疊加，演變爲虛詞引領的文句連貫。意象的蕭疏帶來的是信息量的減少，換得文句意脈的連貫，雖弱化了詩歌的意味，但以陌生化的方式激發了讀者的審美感受。俄國形式主義文論家什克洛夫斯基認爲：“如果我們對感覺的一般規律作一分析，那麼，我們就可以看到，動作一旦成爲習慣性的，就變得帶有機械性了。例如，我們所熟習的動作都進入了無意識的、機械的領域。”[2]因此，“詩歌的目的就是要顛倒習慣化的過程，使我們如此熟悉的東西‘陌生化’，‘創造性地損壞’習以爲常的、標準的東西，以便把一種新的、童稚的、生氣盎然的前景灌輸給我們”[3]。大量運用虛詞的作詩方式，就是要達到如此目的。

　　除中二聯完全運用虛詞的方式外，還有一種折衷的方式，即一聯意象填實，而一聯虛詞引領。曾幾詩中即多用此類手法，如《鄧帥寄梅併山堂酒》詩：“甓社湖邊路，詩筒得報回。舊時雲液酒，新歲雨肥梅。不是園官送，真成驛使來。鬢毛都白盡，更著此花催。”[4]首聯切題，言得友人相贈。頷聯用的名對，整飭工穩。而頸聯則以虛詞引領，且以流水對出之。在此基礎上，結出見梅花白而聯想到髮如花色的人生感慨。方回評：“此晚年使淮南詩，但觀其句律，何乃瘦健鏗鏘至此！雖平正，中有奇古也。”[5]類似的手法在其七律中也多有體現，如《返魂梅》：

　　　　徑菊庭蘭日夜摧，禪房未合有江梅。香今政作依稀似，花乃能令頃刻開。笑説巫陽真浪下，寄聲驛使未須來。爲君浮動黄昏月，

---

① 〔宋〕曾幾：《茶山集》卷四，第 109 頁。
② 〔俄〕維·什克洛夫斯基：《作爲手法的藝術》，載方珊等譯《俄國形式主義文論選》，第 6 頁。
③ 〔英〕特倫斯·霍克斯：《結構主義和符號學》，瞿鐵鵬譯，上海譯文出版社，1987，第 61 頁。
④ 〔宋〕曾幾：《茶山集》卷四，第 113 頁。
⑤ 〔元〕方回選評，李慶甲集評校點《瀛奎律髓彙評》卷二十，第 764 頁。

挽取林逋句法回。①

該詩頷聯除香、花、開之外，全以虛詞連綴而成，與頷聯相比，頸聯則在虛詞使用的密度上有所降低，只有真、浪與未須。頷聯、頸聯形成了一疏一密的格局，在詩歌音韻上也形成了一張一弛的節奏，詩歌的語言與類似散文的句式相互輝映。方回曰："茶山此詩可謂善游戲矣，不惟切於題，而亦句律森然聳峭。"②其所謂"句律森然聳峭"正是通過虛詞運用的疏密變化而實現的。類似的尚有《寒食只旬日間風雨不已》："年光胡不少留連，熟食清明又眼前。敢望深宮傳蠟燭，可堪小市禁炊煙。滿城風雨無栖酒，故國松楸欠紙錢。老病心情冷時節，只將幽策替幽禪。"③頷聯以"敢望""可堪"虛詞引領，而頸聯則以工整的意象對仗填實。范溫《潛溪詩眼》云："老杜詩凡一篇皆工拙相半，古人文章類如此。皆拙固無取，使其皆工，則峭急無古氣。"④范溫的"工拙相伴"，大體指一首詩由精緻、優美的部分與粗糙、拙朴的部分組成，二者互相映襯，營造差距美。而曾幾詩歌中虛詞的使用，或一聯以虛詞引領而一聯以工穩意象對偶，或一聯虛詞較多而一聯虛詞偏少，用這種方式形成結構上的差別，雖有別於范溫的"工拙相伴"，但原理是一致的。

曾幾詩歌中虛詞不獨出現於中二聯，他還有意識地在首聯運用虛詞，以達到開篇不凡的效果。其《自廣西歸上饒閱所藏書》首聯云："久矣山人去，懷哉屋壁藏。"⑤起句書寫詩人離鄉日久而思歸之情與日俱增。其《春日二首》其二之開篇："期頤三萬日，政爾亦無多。"⑥欲抑先揚，出句用"三萬日"概言人生漫長，氣勢十足；對句則以"政爾"變宏闊爲舒緩，突出人生如白駒過際的感慨。朱庭珍云："凡五七律詩，最爭起處。凡起處最宜經營，貴用陡峭之筆，灑然而來，突然湧出，若天外奇峰，壁立千仞，則入手勢便緊健，氣自雄壯，格自高，意自奇，不

---

① （宋）曾幾：《茶山集》卷六，第 199 頁。
② （元）方回選評，李慶甲集評校點《瀛奎律髓彙評》卷二十，第 818 頁。
③ （宋）曾幾：《茶山集》卷六，第 184 頁。
④ （宋）范溫：《潛溪詩眼》，《宋詩話輯佚》本，第 322~323 頁。
⑤ （宋）曾幾：《茶山集》卷四，第 119 頁。
⑥ （宋）曾幾：《茶山集》卷四，第 87~88 頁。

但取調之響也。起筆得勢，入手即不同人，以下迎刃而解矣。"①曾幾詩歌首聯的虛字運用，可謂通過陌生化的手法，營造有別於傳統詩歌的句式結構，以此起到起句不凡的藝術效果。

　　曾幾對虛詞的運用，使其詩歌有別於唐詩。唐詩通過意象並置，營造出類似蒙太奇的畫面轉接效果。曾幾通過語句節奏的變化，消解詩歌靜止的意象形態；通過虛詞的使用，使意象在新的語言關係中獲得運動的活力，也使詩意連綿不斷、承接緊密。

---

　　①　（清）朱庭珍：《筱園詩話》卷四，《清詩話續編》本，第 2397 頁。

第四編

兩宋之交理學道論嬗變
與詩歌流變的雙向考察

第一章　兩宋之交理學學派之文藝思想

理學以體悟"天理"爲基本，相比於漢唐注疏，其特點在於更關注主體生命的終極意義，對主體生命的關注使理學探討的問題集中在了倫理、性情等方面，也使得理學在探討、描述主體精神境界追求時，往往與詩性和審美難以分割。這使得理學與文學存在著探討主體精神結構、思維形式、審美境界等的交叉領域，而此正是理學與文學發生關聯的基礎，正如李孝弟先生《儒家美學思想研究》中所言："如果從更深層次的內容而言，理學與美學除却思辨對象、觀念內容、理論導向等外在差異外，它們在精神結構、思維方式、研究方法上所表現出來的更深層、更內在的特徵，則又是親緣的、共相的、互滲的。"① 兩宋之交的理學學派亦是如此，其所處理學發展階段決定了其道論特點的承前啓後，而其道論特點則影響了其文學思想及文學觀的形成與演變，這使該時期理學學派對待文學及文學創作之態度呈現了鮮明的特點。

第一節　兩宋之交理學思想特徵及其與文學之關聯

中國古代文藝思想都是以某一哲學思想爲依據而提出審美理論，立足於哲學的思辨推導出文藝問題，不論是先秦諸子，還是隋唐以來的佛教、道教，其文藝理論的提出都是以其哲學體系的構建爲基礎的。因此，文藝理論、文學思想實際上是包含在廣義思想史範疇內的，沒有脫離哲學體系而存在的文藝思想。理學的文藝思想亦與其道論息息相關，對其文藝思想的探討亦不能脫離其道論而單獨進行。

理學，就其本質而言是一種道德人文主義哲學，彰顯理性精神是其最爲顯著的特點。梁啓超先生在其《中國近三百年學術史》中寫道："道學派別，雖然不少，但有一共同之點，是想把儒家言建設在形而上

---

① 李孝弟：《儒家美學思想研究·導言》，中華書局，2005，第35頁。

學，即玄學的基礎之上。"① 他們不再滿足於將忠信孝悌等倫理觀念僅僅作爲外在的道德規範，而是通過哲學體系的建構力求將之與自然的律動相融合，使之成爲天理的外在表現。其目的在於將社會倫理上升到本體論的高度，使儒學具有本體論的依據。簡而言之，即是爲形而下的道德實踐尋得形而上的天理本體作爲依據。這使得道德實踐主體明確了精神追求及所應達到的精神境界，建立起了不遜色於佛禪修養理論的一個體系。這種形而上的追尋落到實處，一是強調反身而誠，通過尋繹吾心之全體大用而會得天理；二是將反身而誠的修養工夫具體到了對喜怒哀樂未發之"中"的體味上，主張在體味到這種中和的心理狀態後"允執厥中"，以之應事接物而使自我之情緒感發、行爲舉動皆合乎道，即"發而皆中節"；三是探討孔顏樂處因何而樂，主張通過反身而誠消除物我界限，達到"渾然與物同體"的和樂安寧、自然而然的境界。從本質上講，三者皆是對人格美、境界美的追求，並且皆暗含著將主體導向文學審美的可能。

一　強調反身而誠所導向的自然澄澈之審美境界

牟宗三先生認爲："大人的個人生命可與整個宇宙打成一片而渾然無間，大人由於與家人、國人乃至全人類、全宇宙層層向外感通，於是以'與天地萬物爲一體'爲終極。'大人'的最高標準就是與宇宙和諧地打成一片，此中道理極爲深奧。宋儒緊握這奧義而且把它大大地發揮了。這成聖、成大人的奧義，是以成士爲起點的，所以宋儒所發揚的儒教就是'士的宗教'或成德之教。宋明新儒學之所以新，便在於昭著了由士成聖的深義。"② 在由士成聖的方式探討上，理學家發揮良多，其中之一即是向内探求，從"明吾心之全體大用"而會得天理，這一點在二程學說中已見端倪，如其言：

> 聖賢千言萬語，只是欲人將已放之心，約之使反，復入身來，自能尋向上去，下學而上達也。③

---

① 梁啓超：《中國近三百年學術史》，東方出版社，2004，第 2 頁。
② 牟宗三：《宋明儒學的問題與發展》，華東師範大學出版社，2004，第 13 頁。
③ （宋）程顥、程頤著，王孝魚校點《二程集·河南程氏遺書》卷一，第 5 頁。

　　一人之心即天地之心，一物之理即萬物之理，一日之運即一歲之運。①

　　學者須敬守此心，不可急迫，當栽培深厚，涵泳於其間，然後可以自得。②

　　學者全體此心，學雖未盡，若事物之來，不可不應，但隨分限應之，雖不中，不遠矣。③

　　只心便是天，盡之便知性，知性便知天，當處便認取，更不可外求。④

　　諸如此類的論述在二程集中尚有許多，究其原因乃在於對主體生命終極意義做形而上的關注，必然會涉及對主體道德實踐能動性及認知能力的發揮。梁啓超先生認為：“考其（理學）思想之本質，則所研究之對象，乃純在紹紹靈靈不可捉摸之一物。”⑤這種以形而上境界為真為美的思想，是通過對自我私欲的克制而養成自然而然、無思無慮、形上本真的宇宙情懷，依牟宗三先生的解釋即是：“從根本上消除自家生命中那些非理性的東西，就是徹底清澈自家的生命，而使之歸之於純。”⑥故而，向內探求，明心見性即成為理學理論中會得天理的一種方式。

　　二程向內探求以會得天理的由士成聖方式，為兩宋之交理學家所繼承，並成為該時期學者的用功之處。《楊龜山先生全集》卷十二載：“仲素問：‘盡其心者知其性，如何是盡心底道理。’曰：‘未言盡心，須先理會心是何物。’又問曰：“心之為物，明白洞達，廣大静一，若體會得了然分明，然後可以言盡，未理會得心，盡個甚？能盡其心，自然知性，不用問人。’”⑦此則語錄，明確體現了楊時惟有明心方能盡性，方能會得天理的理論指向。此理論在其《答李杭》《答練質夫》兩封書信中則表現得更為明顯：

---

① （宋）程顥、程頤著，王孝魚校點《二程集·河南程氏遺書》卷二，第 13 頁。
② （宋）程顥、程頤著，王孝魚校點《二程集·河南程氏遺書》卷二，第 14 頁。
③ （宋）程顥、程頤著，王孝魚校點《二程集·河南程氏遺書》卷二，第 14 頁。
④ （宋）程顥、程頤著，王孝魚校點《二程集·河南程氏遺書》卷二，第 15 頁。
⑤ 梁啓超：《梁啓超史學論著四種》，嶽麓書社，1985，第 26 頁。
⑥ 牟宗三：《宋明儒學的問題與發展》，第 15 頁。
⑦ （宋）楊時：《楊龜山先生全集》卷十二，第 626 頁。

明善在致知，致知在格物，號物之多至於萬，則物將有不可勝窮者。反身而誠，則舉天下之物在我矣。《詩》曰："天生烝民，有物有則。"凡形色具於吾身者，無非物也，而各有則焉，反而求之，則天下之理得矣。由是而通天下之志，類萬物之情，參天地之化，其則不遠矣。①

孟子曰："萬物皆備於我，反身而誠，樂莫大焉。"知萬物皆備於我，則數雖多，反而求之於吾身可也。故曰盡己之性，則能盡人之性，盡人之性，則能盡物之性。以己與人、物性無二故也，夫道豈難知難行哉？雖行止疾徐之間，有堯舜之道存焉。②

修養主體作爲天地之靈，其本真性情即是天理的一種體現，因而"反身而誠"，通過對自我心志的省察，亦可會得天理。楊時的這一修養理論影響了龜山門人，最爲突出的表現在張九成與陳淵二人身上，在二人文集中皆存在關於"反身而誠"之修養理論的論述，如陳淵曰："妙道無窮，方寸之間索之而愈有，爲聖爲賢皆由心造耳。"③又曰："不求之於形而求之於神，然後真馬得。不求之於迹而求之於心，然後異人得。"④張九成曰："造化何在，吾心而已。"⑤又曰："人欲暫散，則此心發見焉，此心既見，則天理在我耳。"⑥

雖然在理學觀點上有所差異，但以湖湘學派與呂本中爲代表的江西宗派亦呈現出相似的學術發展向度。胡安國認爲："夫自本自根，自古以固存者，即起滅心是也。不起不滅心之體，方起方滅心之用。體用一源，顯微無間。能操而常存者，動亦存，靜亦存，雖百起百滅，心固自

---

① （宋）楊時：《楊龜山先生全集》卷十八，第 799 頁。
② （宋）楊時：《楊龜山先生全集》卷二十一，第 916~917 頁。
③ （宋）陳淵：《代人上梅節推》，《默堂集》卷十五，《景印文淵閣四庫全書》第 1139 冊，第 411 頁上。
④ （宋）陳淵：《代安常上福州吳倅》，《默堂集》卷十五，《景印文淵閣四庫全書》第 1139 冊，第 416 頁上。
⑤ （宋）張九成：《橫浦集》卷九，《景印文淵閣四庫全書》第 1138 冊，第 352 頁上。
⑥ （宋）張九成：《橫浦集》卷九，《景印文淵閣四庫全書》第 1138 冊，第 352 頁下。

若也。"① 在胡安國看來，心體具有先驗性，故而雖與古人相隔千載，但主體可經由心體先驗性的找尋與體認，從而達到古聖境界。胡宏之命、性、心三元邏輯體系的修養起點亦在於對主體之"心"的反省，其言曰："誠者，命之道乎！中者，性之道乎！仁者，心之道乎！惟仁者爲能盡性至命。"② 又曰："天下莫大於心，患在不能推之爾。莫久於性，患在不能順之爾。莫成於命，患在不能信之爾。不能推，故人物內外不能一也。不能順，故死生晝夜不能通也。不能信，故富貴貧賤不能安也。"③ 胡宏認爲主體本自對自我"心"體的識察，推而廣之，達到順"性"、信"命"的境界。而呂希哲在對主體的能動性進行界定方面更爲激進："盡大地是箇自己，山河世界一切物象，皆是自己建立，猶如晝夜云。"④ 呂希哲認爲自我對外部世界的認識，都是心體在起作用。心體既然能展開意識活動，就說明意識活動背後還有一個廣袤深邃的精神世界。只有把握好這個廣袤深邃的精神世界，即寂即用，即用即寂，念念來自本心真性，才能確保念頭與心體打成一片，而不致被私意、物欲牽引流轉，才能達到"無思"與"不動心"。呂本中之實踐哲學則使其將修養工夫與禪宗建立起了聯繫，引入了"悟"這一術語，更強調主體向內的修養理路："'萬物皆備於我矣''反身而誠，樂莫大焉'，是頓；'強恕而行，求仁莫近焉'，是漸。"⑤ 其意即爲通過向內探求的"反身而誠"實現認識的提升，獲得精神的安頓，從而產生"樂"，這就是"頓"，即悟入；而由己及人、推己及物的勉力躬行，即外向的實踐工夫是漸修，頓、漸結合方能實現境界的提升。

該時期理學學者這種向內探求以求明心見性會得天理的成聖方式，客觀上必然使其對自身心理狀態頗爲關注。其目的是通過對自我心理狀態的觀照而滅除私欲、澄澈自我生命。胡寅認爲修養的最高境界是："聖人心即是理，理即是心，以一貫之，莫能障者。是是非非，曲曲直直，各得其所，物自付物，我無與焉。"⑥ 胡寅認爲主體若能通過長期的修養，達到舉手投足、所思所慮皆符合"理"之要求的境界，則外界

---

① （宋）胡寅：《先公行狀》，《斐然集》卷二十五，第 557 頁。
② （宋）胡宏：《知言·天命》，《胡宏集》，第 1 頁。
③ （宋）胡宏：《知言·紛華》，《胡宏集》，第 25 頁。
④ （宋）呂希哲：《呂氏雜記》卷下，《景印文淵閣四庫全書》第 863 冊，第 234 頁上。
⑤ （宋）林之奇：《拙齋文集》卷一，《景印文淵閣四庫全書》第 1140 冊，第 374 頁上。
⑥ （宋）胡寅：《崇正辯》卷二，第 69 頁。

事、物的情態畢現眼前，主體則既能應事接物，從事世俗具體事務，亦能不帶私欲而保持精神的獨立，正如其所言之"物自付物，我無與焉"。同時胡寅認爲："物無不可用，用之盡其理，可謂道矣乎？"① 胡寅強調在與外界（物）發生關係的同時來體認"道"，之前所述的觀物態度與這種修養方式相結合，則必然導向主體和客體的生命共感，即在格物同時，體驗"生生之謂易"的和樂；以"枯木之心"觀萬物生意，從萬物生機中獲得生命體驗以"幻出葩華"。這種滅除私欲後澄明安定、自然無僞的心理狀態，就其本質而言，與文學創作的構思階段是相通的。而且，這種滅除私欲的心理狀態，使得主體在觀照外部世界時，擺脫了與外部世界的利害關係，體味到自我"渾然與物同體"的狀態，即體味到自我生命同外界事物一樣是真實無僞的本真存在，從而達到一種即物即真、無思無慮、灑脫自然的心理狀態。這種心理狀態必然會導向詩性的審美。楊時《綠漪軒》曰："開池傍清軒，環除種蘭芷。虛明淡星漢，疏影薦舃履。君乎試憑軒，鑒此亭下水。蕩風生微瀾，風定還泚泚。悠然得真趣，吉祥來止止。"② 從所觀照對象本真無僞的呈露中體會天理普遍而真實的展現，從而獲得一種審美的愉悅，即楊時所言之"悠然得真趣"。張九成在回答門人"於窮時如何免怨尤"時說："理不一貫，將天人物我都分却，自然多怨尤。"③ 反之，消弭物我界限，達到天人合一的"渾然與物同體"的境界，則可無處不自在，無時不灑脫，正如《偶題》所云："道立神自昌，心閒氣常正。平生飽此味，不與時俗競。得失了不關，榮辱任無定。"④ 滅除私欲，會得天理，體會到道之所在後，作者内心進入了一種澄明安定的狀態，所以能任外物沄沄而此心如如。呂本中《睡》詩曰："終日題詩詩不成，融融午睡夢頻驚。覺來心緒都無事，牆外啼鶯一兩聲。"⑤ 因爲著力於詩歌創作，而又未得佳句，故睡夢中亦不得安穩。但醒來後鶯啼入耳，頓覺心緒安寧。無意爲詩之際，反而因自我生命與自然生命同體共振的瞬間感悟，獲得了天然的詩句。

---

① （宋）胡寅：《衡岳寺新開石渠記》，《斐然集》卷二十，第 416 頁。
② （宋）楊時：《楊龜山先生全集》卷三十八，第 1439 頁。
③ （宋）于恕輯《無垢先生橫浦心傳錄》卷中，《四庫全書存目叢書》第 715 册，第 215 頁上。
④ （宋）張九成：《橫浦集》卷一，《景印文淵閣四庫全書》第 1138 册，第 299 頁。
⑤ （宋）呂本中：《東萊詩集》卷一，《景印文淵閣四庫全書》第 1136 册，第 687 頁上。

二　追求允厥執中所導向的中正平和之審美境界

向內探求並重視主體道德實踐的能動性，還隱含著一個問題，即主體之心境修養應以何種境界爲標的。對此，該時期理學學者從對《中庸》義理的發揮中尋得了答案，楊時曰：“正心到寂然不動處，方是極致，以此感而遂通天下之故。”[①]楊時所言之“寂然不動”即是“中”。楊時在回答弟子關於如何正心誠意才能平天下時說：“此心一念之間豪髮有差，便是不正。要得常正，除非聖人始得。且如吾輩，還敢便道自己心得其正否？此須是於喜怒哀樂未發之際能體所謂中，於喜怒哀樂之後能得所謂和。致中和，則天地可位，萬物可育，其於平天下何有？”[②]對於如何達到“中”的心理狀態，楊時進一步解釋曰：“《書》云：‘惟精惟一，允執厥中。’執中之道，精一是也。夫中者，不偏之謂也，一物不該焉則偏矣。《中庸》曰：‘喜怒哀樂之未發謂之中’，但於喜怒哀樂未發之時，以心驗之，時中之義自見，非精一烏能執之？”[③]其《寄翁好德其一》亦曰：“夫至道之歸，固非筆舌能盡也，要以身體之，心驗之，雍容自盡於燕閒靜一之中默而識之，兼忘於書言意象之表，則庶乎其至矣。”[④]楊時之意在於教導後學，通過對喜怒哀樂未發之前的心理狀態的體察與關注，可使自己明瞭沒有外界事物利害紛擾之本心的存在狀態，從而達到澄澈安寧、從容平淡的心境。

這種修養方式在被羅從彥進一步具體化之後影響深遠，羅氏高弟李侗曰：“某曩時從羅先生學問，終日相對靜坐，只說文字，未嘗及一雜語。先生極好靜坐，某時未有知，退入室中，亦只靜坐而已。先生令靜中看喜怒哀樂未發之謂中，未發時作何氣象。此意不惟於進學有力，兼亦是養心之要。”[⑤]《明儒學案》中亦載：“後來羅豫章師龜山，李延平師豫章皆以靜坐觀喜怒哀樂未發前氣象爲何如，而求所謂中者，想其觀字，亦如言聖人之能反觀，非費思求索之謂，必有默會自得處。孟子言：‘平旦好惡，雖是動，亦於本心未梏之際觀之。’學者於此二者，交用其功，則天理常存，善端呈見，日用動靜，蓋有渾合自得而不自知

---

① （宋）楊時：《楊龜山先生全集》卷十二，第 576 頁。
② （宋）楊時：《楊龜山先生全集》卷十二，第 599 頁。
③ （宋）楊時：《答胡康侯書》其一，《楊龜山先生全集》卷二十，第 856 頁。
④ （宋）楊時：《楊龜山先生全集》卷十七，第 780 頁。
⑤ （宋）朱熹：《延平答問》，《朱子全書》第十三册，第 322 頁。

矣。"① 可見對於滅除私欲之中和心境的追求，儼然已成爲理學修養論的重要一環。

　　值得注意的是，對滅除私欲之中和心境的追求，並不是滅除人之七情六欲而使人心如死灰、形同槁木，其目的在於體察到滅除私欲的中和心境後，用此無私中和之心境應事接物，使主體之一舉一動、一言一行皆和乎道，即"中節"。關於此點，楊時釋之甚詳：

　　　　《中庸》曰："喜怒哀樂未發謂之中，發而皆中節謂之和。"學者當於喜怒哀樂未發之際，以心體之，則中之義自見，執而勿失，無人欲之私焉，發必中節矣，發而中節，中固未嘗亡也。孔子之慟，孟子之喜，因其可慟可喜而已，於孔孟何有哉？其慟也，其喜也，中固自若也。鑒之照物，因物而異，形而鑒之，明未嘗異也。莊生所謂"出怒不怒，則怒出於不怒；出爲無爲，則爲出於不爲。"亦此意也。若聖人而無喜怒哀樂，則天下之達道廢矣。……故於是四者，當論其中節不中節，不當論其有無也。夫聖人所謂"毋意"者，豈恝然若木石然哉？毋私意而已，誠意固不可毋也。②

　　楊時認爲在體會到私意除盡的中和心境後，用之應事接物則可使自我之情緒表達皆合乎道。故而孔孟在具備中和心境後，仍然有著悲喜等情感，不同於常人的是其情感流露皆合於道而已。張九成亦有類似的表述，其《少儀論》中有言曰："諸君誠有意於斯道，當自喜怒哀樂未發之前，求其所謂内心，儻有得焉，勿止也，當求夫發而中節之用，使進退起居飲食寢處不學而入於《鄉黨》之篇，則合内外之道，可與論聖人矣。"③《宋元學案》亦載："或問：'先生平日處心忠厚，於一事一物，必欲成就其美，故諸子佺皆以"厚"名，欲其不輕薄耳。以某觀之，忠厚之人大抵多寬緩容物，不甚迫切。每見先生疾惡太甚，於喜怒略不能少制，似覺不甚容與，往往皆以先生爲剛躁，不知或自覺否？'先生曰：

---

① （清）黃宗羲著，沈芝盈點校《明儒學案》卷五十二，中華書局，1985，第 1245 頁。
② （宋）楊時：《答學者》其一，《楊龜山先生全集》卷二十一，第 898 頁。
③ （宋）楊時：《橫浦集》卷五，《景印文淵閣四庫全書》第 1138 册，第 322 頁上。

'所養至，則有藏蓄；若作僞，又非真情。理不順處，自然不平，初無容心也。若見人之惡而不怒，不是作僞，便是姑息。'"① 皆認爲若用滅除私欲之中和心境處事，則喜怒哀樂發而中節。

以中和心境應事接物而使自我情感的表露皆合乎道的理論，其指向的是主體生命在現實生活中的生存狀態，指向的是活潑潑的生活。而不是如佛禪修養那般，使主體心如死灰，對境心不起。所以，這種對中和心境的追求與體味，存在著使主體在觀照外部世界時進入一個超越的審美領域的可能。主體以中和心境觀照外部世界，實際上是以超越的、非功利的心態觀照外部世界。在這種觀照中，人與世界所發生的是一種樸素本真的、活生生的接觸，其本質是以知覺觀想世界，在觀想過程中"知覺因其孤立化、集中化，而並非停留在物之表面上，而是洞察到物之內部，直觀其本質，以通向自然之心，因而使自己得到擴大，以解放向無限之境"② 。現象學家梅洛-龐蒂亦認爲在知覺中，人們"從內部與世界、身體以及其他人交際，這意味著與他們一同存在，而不是處於他們的另一方"③ 。這種觀想會使主體獲得一種"渾然與物同體"的體驗，會使主體在觀想中獲得與客體的生命共感，並在這種共感中體味到自我生命的本真存在，而使主體的精神氣度趨於中正平和、從容閒雅。正如程顥所云："聖人之言，冲和之氣也，貫徹上下。"④

這種對中正平和、從容閒雅審美之境的追慕，最爲顯著地體現在了理學諸人對友人人格精神的讚賞中。楊時《楊仲遠字序》曰："夫忠恕者，仁之方也。寬裕溫柔者，仁之質也。齊莊中正者，仁之守也。發强剛毅者，仁之用。無迷其方，無毀其質，慎守之，力行之，則仁其庶幾乎。"⑤ 不難看出楊時對寬裕敦厚、中正平和之人格境界的追求。這種追求更顯著地體現在了陳淵身上，其在《祭龜山先生文》中讚楊時曰："先生清而不隘，和而不流，淡然無營，心逸日休。"⑥ 在《與游定夫先生》中稱讚游酢"以中和之德誠身，以剛大之氣應變，謝去才智，而游刃乎

---

① （清）黃宗羲著，（清）全祖望補修，陳金生、梁運華點校《宋元學案·橫浦學案》，第 1307 頁。
② 徐復觀：《中國藝術精神》，華東師範大學出版社，2001，第 44 頁。
③ 〔法〕梅洛－龐蒂：《知覺現象學》，轉引自《存在主義哲學》，中國社會科學出版社，1986，第 365 頁。
④ （宋）程顥、程頤著，王孝魚校點《二程集·河南程氏遺書》卷十一，第 129 頁。
⑤ （宋）楊時：《楊龜山先生全集》卷二十五，第 1039 頁。
⑥ （宋）楊時：《默堂集》卷二十一，《景印文淵閣四庫全書》第 1139 冊，第 522 頁上。

無事之境"①。在《上鄒侍郎》中稱讚友人曰："執事之養心，如雲行空，無意於逆順，而往來也以風，故心得其正。其應事也，如權在衡，無意於高下，而輕重也以物，故事適於平。心得其正則無往而不安，事適於平則每舉而必當"②。陳淵對師友的讚譽皆著眼於友人品格中淡泊自持、中正平和的一面。張九成亦表達了對此種平和中正之審美境界的追求，其《送陳朝彥序》中曰：

> 昔有客求教龜山先生，先生曰："子盍誦《詩》乎？溫柔敦厚，詩教也。"客謝曰："惟某知先生意矣，某性剛，性剛多得謗。"先生曰："嘻！子之剛未煉也，夫剛莫剛於金矣，未入大火則多礦少真，易折易闕，使經百煉，乃爲利器。干將鏌鋣，上決雲霓，陸斷犀象，水截蛟龍，其剛如此，煉也。子勤誦《詩》，玩三百篇之意，以養溫柔敦厚之氣，庶其免乎。"③

張九成借其師楊時之語，強調儒者之剛大並不是性情的褊躁與剛硬，而是內在修養充盈之後的恢廓大氣、中正平和。呂希哲則曰："後生初學，且須理會氣象。氣象好時，百事是當。氣象者，辭令容止，輕重疾徐，足以見之矣。不惟君子小人於此焉分，亦貴賤壽夭之所由定也。"④呂希哲高標"氣象"，認爲"氣象"體現在主體的言辭、容貌及動作上，至於"氣象"的具體表現，呂本中則曰："文章不分明指切而從容委曲，辭不迫切而意以獨至，惟《左傳》爲然。如當時諸國往來之辭，與當時君臣相告相諭之語，蓋可見矣。亦是當時聖人餘澤未遠，涵養自別，故詞氣不迫如此，非後世人專學言語者也。"⑤又在論詩時曰："高秀實茂華，人物高遠，有出塵之姿，其爲文稱是。嘗和余《高郵道中》詩，有'中途留眼占星聚，一宿披顏覺霧收'之句，便覺余詩急迫，少從容閒暇處。"⑥主體修養充分，則自然可以消除因私意萌動而產

---

① （宋）陳淵：《默堂集》卷十五，《景印文淵閣四庫全書》第 1139 冊，第 421 頁下。
② （宋）陳淵：《默堂集》卷十五，《景印文淵閣四庫全書》第 1139 冊，第 425 頁下。
③ （宋）張九成：《橫浦集》卷十六，《景印文淵閣四庫全書》第 1138 冊，第 404 頁下。
④ （宋）呂本中：《童蒙訓》卷中，《呂本中全集》本，第 994 頁。
⑤ （宋）呂本中：《童蒙詩訓》，《宋詩話輯佚》本，第 599 頁。
⑥ （宋）呂本中：《紫微詩話》，《歷代詩話》本，第 360 頁。

生的煩憂，便可進入"無思""不動心"的心理境界，形諸言語，則自然平和中正、從容閒雅。胡寅亦有詩云："去隨碧澗襫褳上，歸與閒雲澹泊行。順理以觀皆有趣，會心之樂最難名。"① 在對飛鳥、流雲的觀照中體味生命的自在自爲，進而體驗平和中正之内心境界。

海德格爾認爲："把某某東西作爲某某東西加以解釋，這在本質上是通過先行具有、先行視見與先行掌握來起作用的。解釋從來不是對先行給定的東西所作的無前提的把握。"② 龜山派諸人對師友中正平和之人格境界的讚賞及對乃師之語的轉述，正是以他們對此境界的自覺追慕與先行體味爲基礎的。而這種追求，也必然會將主體導入相應的審美境界，從而對他們的文學創作施以内在而深刻的影響。

三 探尋孔顏樂處所導向的和樂自在之審美境界

理學所追尋的最高境界是天人合一，這種境界是人與自然、社會的和諧，以及在這種和諧中所體會到的精神上的自由、自在與安暢，這是經過深刻的人生反思與精神修養所達到的極高境界。並且，這種境界是在主體對自我與他人、社會、宇宙相互關係的自覺理解與自覺體會基礎上形成的相對穩定的精神狀態。兩宋之交理學學者對這種狀態的具體概括即是孔顏樂處，《論語·雍也》中孔子讚顏回曰："賢哉，回也！一簞食，一瓢飲，在陋巷。人不堪其憂，回也不改其樂。賢哉，回也！"③ 在《述而》章中孔子自言道："飯疏食飲水，曲肱而枕之，樂亦在其中矣。不義而富且貴，於我如浮雲。"④ 從文中的"回也不改其樂""樂亦在其中"可以推知，"樂"並不是生活的清貧所帶來的，而是一種精神上的滿足，近似於倫理學上"樂"的内涵："人們在物質和精神生活中，由於實現了自己的理想和目標而引起的滿足。"⑤

孔顏之樂作爲儒學所追尋的最高境界，直到宋代才由周敦頤提出，《宋史》載周敦頤在教導二程昆仲時"每令尋孔顏樂處，所樂何事"⑥。周

---

① （宋）胡寅：《和仲固》，《斐然集》卷四，第 110 頁。
② 〔德〕海德格爾：《存在與時間》，孫周興譯，生活·讀書·新知三聯書店，2006，第 59 頁。
③ （宋）朱熹集注《四書章句集注》，第 87 頁。
④ （宋）朱熹集注《四書章句集注》，第 97 頁。
⑤ 羅國傑主編《倫理學名詞解釋》，人民出版社，1984，第 73 頁。
⑥ 《宋史》卷四百二十七"周敦頤傳"，第 12712 頁。

敦頤認爲:"天地間至尊者道,至貴者德而已。"① 並進一步指出孔顏之樂
產生於主體對道的體悟:"夫富貴,人所愛也,顏子不愛不求,而樂乎
貧者,獨何心哉? 天地間有至富至貴可愛可求而異乎彼者,見其大而忘
其小焉爾! 見其大則心泰,心泰則無不足,無不足則富貴貧賤,處之一
也,處之一則,能化而齊,故顏子亞聖。"② 周氏所言之"大",即是至
尊至貴的"道""德"。會得"道""德",才能忘記世俗富貴生活等所謂
"小",才能達到"心泰"與"無不足"的"樂"的境界。並且,周敦頤
指出這種"樂"還能通過"化"而達到與聖人"齊"的境界。周敦頤認
爲"誠者,聖人之本","聖,誠而已矣"③。故而,孔顏樂處是以"誠"
爲基礎的。周敦頤釋誠曰:"'大哉乾元,萬物資始',誠之源也;'乾道
變化,各正性命',誠斯立焉,純粹至善者也。"④ "誠"是天地萬物和天
道的本質屬性,是真實無僞,自然無爲,生生不息的,所謂"四時行
焉,百物生焉"。主體只有體會到天道的真實無僞、自然無爲,才能尋
得自我精神的依歸,才能消除困惑與擔憂,獲得内心的安寧與順泰,感
受到物得其所的天地大樂。

　　周敦頤關於孔顏樂處的思考直接影響了程顥,其自述曰:"自再見
周茂叔後,吟風弄月以歸,有吾與點也之意。"⑤ 程顥將孔顏樂處進一步
具體闡發爲"渾然與物同體"之樂:"學者須先識仁。仁者,渾然與物
同體。……此道與物無對,大不足以名之,天地之用皆我之用。孟子言
'萬物皆備於我',須反身而誠,乃爲大樂。若反身未誠,則猶是二物有
對,以己合彼,終未有之,又安得樂?"⑥ 在程顥看來,孔顏之樂是物我
合一的大樂,也就是程顥所言之"渾然與物同體"。程顥認爲萬物同根
同源,都是世界生命這一大整體的,都是平等的,只有意識到這一點才
能達到"渾然與物同體"的境界:"人只爲自私,將自身軀殼上頭起意,
故看得道理小了佗底。放這身來,都在萬物中一例看,大小大快活。"⑦
只關注自我只會是個體之樂、自私之樂,"猶是二物相對",未能達到

---

① (宋) 周敦頤著,陳克明點校《周敦頤集》卷二,第 33 頁。
② (宋) 周敦頤著,陳克明點校《周敦頤集》卷二,第 33 頁。
③ (宋) 周敦頤著,陳克明點校《周敦頤集》卷一,第 13 頁。
④ (宋) 周敦頤著,陳克明點校《周敦頤集》卷一,第 15 頁。
⑤ 《宋史》卷四百二十七"周敦頤傳",第 12712 頁。
⑥ (宋) 程顥、程頤著,王孝魚校點《二程集·河南程氏遺書》卷二上,第 16~17 頁。
⑦ (宋) 程顥、程頤著,王孝魚校點《二程集·河南程氏遺書》卷二上,第 33 頁。

與物同體的境界。只有將自身生命放置於世界生命整體中來審視，才能消除人與人、人與社會、人與自然萬物的界限，才能體味到物我合一的自然與安閒。程顥説：“‘鳶飛戾天，魚躍於淵，言其上下察也。’此一段子思吃緊爲人處，與‘必有事焉而勿正心’之意同，活潑潑地。會得時，活潑潑地；不會得時，只是弄精神。”① 消除物我界限的仁者，獲得孔顏之樂的修養主體，對世間任何事不會有意期待，也不會著意忘記，一切順其自然。所以仁者是自由閒適的，即使“必有事焉”，也只是順性而爲，故而又是活潑潑的。

先師程顥後師程頤的楊時，受程顥影響更多，全祖望曰：“明道喜龜山，伊川喜上蔡，蓋其氣象相似也。”② 而楊時在孔顏樂處這一境界的體悟上也更接近程顥③，其於《經筵講義》中釋《論語》“貧而無諂”曰：“夫貧樂，非有道學者不能也；富而好禮，非自修者不能也。”④ 處貧而能樂，是源自主體充盈的内在修養，是主體尋得精神依歸後“富貴貧賤處之一也”的表現。天道是真實無僞、自然無爲的，體道之後便能獲得内心的安寧順泰，體會到自我與社會、自然和諧同一的和樂。楊時讚伊尹爲有道之士，其分析伊尹之行爲曰：“伊尹樂堯舜之道，即耕於有莘之野是已，寒而衣，饑而食，日出而作，晦而息，無非道也。孔子之相師，亦道也，百姓日用而不知耳。知之，則無適而非道也。”⑤ 伊尹會得天理，内心平静安閒，精神活潑自在，因此能本諸天性，自然而然的耕作生活。楊時進一步指出，堯舜之所以能成爲聖賢，其因其“性之由而行者也”⑥，即“必有事焉”時順性而爲，自然無僞。同時，楊時認爲聖人高於凡人之處也在於此：“聖人之於智，見無全牛，萬理洞開，即便是從容處，豈不謂之妙？”⑦ 聖人高明處並不是其以機巧智慧周旋於世，而是會得天理真實無僞後自然順性地應事接物。因此，欲達到孔顏樂處

① （宋）程顥、程頤著，王孝魚校點《二程集·河南程氏遺書》卷三，第 59 頁。
② （清）黄宗羲著，（清）全祖望補修，陳金生、梁運華點校《宋元學案》卷二十五“龜山學案”，第 944 頁。
③ 程顥與程頤思想的差異歷來是學界爭論的問題，馮友蘭、牟宗三等先生皆有相關論述。本文更傾向於認同陳來先生之觀點，即“程顥思想與程朱‘理學’顯示了完全不同的境界取向”。見陳來《宋明理學》，華東師範大學出版社，2003，第 70 頁。
④ （宋）楊時：《楊龜山先生全集》卷五，第 298~299 頁。
⑤ （宋）楊時：《楊龜山先生全集》卷八，第 416 頁。
⑥ （宋）楊時：《楊龜山先生全集》卷七，第 419 頁。
⑦ （宋）楊時：《楊龜山先生全集》卷十三，第 674 頁。

之境界，只須在認識到天道的真實無僞、自然無爲後胸次釋然、順性而爲即可。楊時答學子問"何謂屢空"時曰："此顏子所以殆庶幾也，學至於聖人，則一物不留於胸次乃其常也。回未至此，屢空而已。謂之屢空，則有時乎不空。"① 聖人境界是"一物不留於胸次"的自然而然、活潑自在，孔顏之樂也正因此而獲得。

楊時對程顥孔顏樂處的理解影響了其門人，龜山弟子多將孔顏樂處闡釋爲自在無爲、和樂順泰的狀態。陳淵《代鄧彥通及第謝陳達野運使》中曰："若夫顏子之樂陋巷，孟氏之游諸侯，其處也，藏器待時；其出也，殉身以道。亦曰得君而後用，固非異俗以爲高。"② 陳淵認爲通過內在修養會得天理之後，則自然而然，率性而爲，當出則出，當處則處。顏子之樂陋巷，孟子之游諸侯，其外在行迹雖大相徑庭，其內在之心則如出一轍。至於顏子、孟子緣何能臻此境界，陳淵認爲是通過反身而誠而達到"物我合一"的表現："反身而誠，無一物之非我不待外求而已得矣，何樂如之？然既知有是則必體之，然後於仁不遠。强恕而行，則物我一矣，所以體此道也。"③ 張九成亦强調通過"自勝"的自我修養來達到物我合一的境界，即孔顏樂處之境界，其於《静勝齋記》中寫道："物之不可勝也久矣，與其勝物，不若自勝。"通過"自勝"的修養"使非心不萌，邪氣不入，而皇極之義、孔門之學於斯著焉。若夫人之是非富貴榮辱初不相關我，無勝彼之心，彼無勝我之念，彼我兩忘，天下之能事畢矣，自勝其大矣乎！"④ 張九成認爲通過"自勝"可以消除物我界限，從而達到和樂安閒、活潑自在的境界。

孔顏樂處自周敦頤提出後，成爲理學探討的中心問題之一，程顥將孔顏樂處闡釋爲物我合一的和樂安閒、活潑自在境界，楊時及龜山門人繼承了程顥對孔顏樂處的理解，並且追慕這種境界。對此境界的追慕使他們强調以直覺體驗自我生命的存在及外在世界，這種直覺是經過細密、條理的邏輯分析後的理性直覺，並不是完全消除自我理性思辨的放任自流。只是在當下的直覺狀態裏，那邏輯分析、理智思考之類都已潛伏、積澱於感性形式之中，因而成爲一種理性直覺，亦可稱爲邏輯後

---

① （宋）楊時：《楊龜山先生全集》卷十一，第550~551頁。
② （宋）陳淵：《默堂集》卷十一，《景印文淵閣四庫全書》第1139冊，第357頁下~358頁上。
③ （宋）陳淵：《答羅仲素》，《默堂集》卷十九，《景印文淵閣四庫全書》第1139冊，第488頁下。
④ （宋）張九成：《横浦集》卷十七，《景印文淵閣四庫全書》第1138冊，第411頁上。

的、理智化的直覺。用這種理性直覺觀照外物及自我生命，會將主體導向一種和樂安閒、活潑自在的境界。如賀麟先生所言："萬物已不是本來面目，而是自己人格的化身。將他自己的心情和性格反射在自然物象裹。使人感覺到自然與人生打成一片，休戚相關，哀樂與共，自己的人格，浸透在自然裹，自然的美德，也呼吸在自己的人格裹。"① 這無疑是一種審美境界，而這必然會將主體之文學創作導入到一個安閒和樂、活潑自在的審美之境。以楊時《土屋》詩爲例：

　　土屋枕荒陂，周回僅容席。環堵異營窟，猶遺古風質。功雖勞版築，身自有餘力。依戶鑿圓竇，寒光度如璧。戶開迎溫風，冬墐可棲息。胡爲棟宇麗，但免風雨阨。安居自寬暇，見者徒逼仄。寄言鄰舍翁，各自適汝適。慎勿慕華屋，澆漓非至德。②

　　詩中楊時對自我身居簡陋寓所但安之若素的書寫，實則就是孔顏樂處的詩化表達。其詩歌中通過居所僻陋所襯托出的安閒和樂，則正是其理學素養及對孔顏樂處的探討所賦予的。如錢鍾書先生所云："理之在詩，如水中鹽、蜜中花，體匿性存，無痕有味，現相無相，立說無說。"③

　　無獨有偶，這種與道冥符之自在和樂境界的書寫，亦體現在胡宏的詩歌中，如其《水石》："水石平生性所便，栽花種柳亦天然。春風花發游人見，秋月雲收照我員。玩意隴雲情自逸，放懷天理道無偏。坐消白石千峯下，長嘯一聲箕斗邊。"④ 主體之生命亦是"天命"與"性"之展現，如水流石止一般，行於所當行，止於所當止，處於客觀規律之中，亦符合客觀規律之要求。故而栽花種柳之日常生活亦可成爲會得天理之修養過程，亦可從中體悟"天命"與"性"在日用中之流行，故而不論春風花發之時，還是秋月雲收之際，自我皆因識得客觀精神之運行而無怨無喜。自我胸懷灑脫，與物同體，情順萬事而無情，不滯於物，亦不與物絕，故而既能觀隴雲而情自逸，又能坐白石千峰以消永日，還能長

---

① 賀麟：《文化與人生》，商務印書館，1988，第 119 頁。
② （宋）楊時：《楊龜山先生全集》卷三十八，第 1418 頁。
③ 錢鍾書：《談藝錄》，生活·讀書·新知三聯書店，2001，第 569 頁。
④ （宋）胡宏：《胡宏集》，第 63 頁。

嘯山林優游度日。放心自在，亦不離於道。又如胡寅《和彥達》："扶
藤有興即東西，不用花驄向月啼。閒看浮雲倚危嶠，静臨流水瞰寒溪。
過頻幸樂雞豚社，歸暮何憂虎豹蹊。肯似世塵名利客，班荆折柳悵分
携。"①信步閒行，臨水觀雲，與野老同樂，酒酣而歸。無一不是作者遺
忘名利、心靈通脱之自在和樂的詩化表現。吕本中雖然文苑色彩較濃，
但其詩歌中自在和樂的精神亦是主要表現的情緒之一。如其送友人詩
中有云："少年學問要躬行，世人營營勿與争。閉户忍窮心自樂，簞食
瓢飲殊不惡。紛紛得失誰厚薄，得此失彼莫籌度。"②其《即事六言七首》
其三云："不入樂天歡會，不隨淵明酒徒。看取簞瓢陋巷，十分晝夜工
夫。"③二詩皆作於其晚年，作者於閉户閒居中以孔顔樂處作爲精神的依
歸，在自我内向式的反思中尋得生命的本真存在，故而不以窮居寂寥之
生活憂苦，反而生發出精神自由的和樂。此二詩説教意味稍濃，但吕本
中反映日常生活觀照的大量詩作，往往於無意中貫穿著這種自在和樂精
神，如其《春日》："數畝幽畦滿小園，兒童無事亦嘲喧。水摇日影上簷
角，風送花香來鼻根。病去只留花作伴，客來常欠鶴應門。城南早夌塵
埃裏，不借春江一尺渾。"④閒居之中，觀兒童喧鬧，聞春花之香，看簷
角映水，感覺到與萬物通體的安閒與自在，而城南之客塵袞袞，反而令
詩人體認到遠離世俗紛擾的自由。

　　周裕鍇先生認爲宋人"對詩的心理功能作了根本的修正，以理性的
控持取代激情的宣泄，以智慧的愉悦取代癡迷的痛苦"⑤，用"自持"與
"自適"代替了"不平"和"怨"，並指出"'自適'的觀點則主要有得
於儒家所謂'孔顔樂處'之説，它在理學家的鼓吹下已成爲宋代士大夫
安身立命的基本原則。……有了這種修養功夫，自然能解除壓抑，自我
實現"⑥。周先生所概述之詩壇現象，隨著理學的發展，在兩宋之交已然
呈現。該時期理學學者將"孔顔樂處"之體認與詩歌創作建立聯繫，賦
予詩歌理智的思考和智慧的超越。

---

① （宋）胡寅：《斐然集》卷四，第 101 頁。
② （宋）吕本中：《送晁公慶西歸》，《吕本中詩集校注》卷二十，第 1474 頁。
③ （宋）吕本中：《即事六言七首》，《吕本中詩集校注》卷二十，第 1438 頁。
④ （宋）吕本中著，韓西山校注《吕本中詩集校注》卷六，第 462 頁。
⑤ 周裕鍇：《宋代詩學通論》，第 58 頁。
⑥ 周裕鍇：《宋代詩學通論》，第 71 頁。

四　圓融灑脱、一以貫之的理學思想與審美追求

孔子曰："吾道一以貫之。"對於主張通過闡發儒學義理以重建道統的理學家來説，理論體系的完整與系統是其學説構建的首要關注點。對於龜山學派而言亦是如此，他們主張反身而誠的目的是發揚主體道德實踐的能動性，通過内向式的明心見性而會得天理。而會得天理的首要則在於"允厥執中"，即以中正平和之心境應事接物，使自我之情緒表達"發而皆中節"，合乎儒者之道。而心境的中正平和則會使主體没有困惑，保持内心的和樂安寧，從而"富貴貧賤處之一也"，達到物我合一、渾然與物同體的境界。强調反身而誠所導向的自然澄澈、追求允厥執中所導向的中正平和與探尋孔顔樂處所導向的和樂安寧，是一個一以貫之的整體，都將使主體之精神歸於圓融灑脱的境界。這種境界是一種理想的人生狀態、精神狀態，當代哲學家馮契先生認爲："境界是主客觀的統一，是精神享用著、在其中生活著、自由活動著的領域，它體現了人的精神所達到的造詣、水準。"[1]

這種主客觀統一、自由和樂的境界，極容易將主體導向一種詩化的審美境界。《居士分燈録》載周敦頤與佛印了元的一則典故，就是對此最好的説明：

> 頤曰："……畢竟以何爲道？"元曰："滿目青山一任看。"頤豁然有省。一日忽見窗前草生，乃曰："與自家意思一般。"以偈呈元曰："昔本不迷今不悟，心融境會豁幽潛。草深窗外松當道，盡日令人看不厭。"遂請元作青松社主，以媲白蓮故事。[2]

面對周敦頤的發問，佛印了元用禪宗公案語對之，其所云之"滿目青山一任看"，目的是言説"大道只在目前"，即"道"存在於日常生活中，學人當無思無慮，用純然之本心體味日常生活，才能悟到。而周敦頤之"豁然有省"，及其見窗前之茂草，謂"與自家意思一般"，則顯示其與佛印了元所見略同。"自家"爲周敦頤站在儒者立場上對儒家的

---

① 馮契：《人的自由和真善美》，華東師範大學出版社，1996，第93頁。
② （明）朱時恩：《居士分燈録》，《卍新纂續藏經》第86册，第600頁中。

稱謂，周敦頤將窗前草生看作與“自家意思”一樣，是他用純然之本心直覺觀照日常生活中之物象，從觀照對象的本真存在中感受到生命的欣悅。觀照主體在對外物的觀照中，領悟到了自己與觀照對象同爲自然界之生命體，並從觀照對象無思無慮的本真存在中，領悟到人生即爲本真的存在，從而達到了對現實功名利祿、人事紛擾，甚至學問文章的遺忘與超越，前述欣悅即是在此基礎上所達到的心宇澄清、淡然安閒。朱熹曰：“學者須是胸懷擺脱得開始得。不見明道先生作鄠縣主簿時有詩云：‘雲淡風輕近午天，傍花隨柳過前川。時人不識予心樂，將謂偷閒學少年。’看他胸中直是好，與曾點底事一般。”[①] 程顥將自我吟風弄月、物我合一的情懷，在詩歌中表达出來，爲其詩歌注入了圓融灑脱、和樂安閒之獨特風韻。

這種一以貫之的圓融灑脱境界既是一種人格美，又必然會將主體之情懷導向文學審美及創作中。繼承程顥理學思想較多的龜山學派，對此圓融灑脱境界的追慕，也必然會影響到他們對於文學的態度，影響到他們的文學創作及鑒賞。

第二節　兩宋之交理學文學觀之特點及其形成與演進

楊時先後師承二程昆仲，而受程顥之影響爲大[②]，在其文集中多處論及詩文創作，並且楊時還以善長詩文而被時人稱讚，楊時弟子陳淵、張九成等還以詩文名於當世，其文集中多處論及詩文創作。湖湘學派中之胡寅，其《斐然集》存詩五卷，其《和趙宣二首》更是得到了方回“致堂先生大手筆”的讚譽。吕本中、曾幾以及江西詩派諸人則乃當時詩壇主流。概言之，此時期詩人大多兼具文苑儒林雙重身份，其儒學修養，使其文學創作之觀點帶有鮮明的理學色彩，彰顯了與之前文學家不同的文學觀。該時期理學家之文學觀突出表現在他們關於詩歌創作以及鑒賞的相關論述中。在關於詩歌創作的論述中，他們就詩歌創作過程、詩歌境界營造以及詩歌格調追求等皆提出了較爲直接而詳細的見解；而他們對於前輩詩人及詩作的評論，亦是其文學觀的一種表達方式。

---

① （宋）朱熹：《伊洛淵源録》卷三，《朱子全書》第 12 册，第 957 頁。
② 關於此點，前文已有説明，如楊時南歸時程顥曾有“吾道南矣”之語，以致全祖望評曰：“明道喜龜山，伊川喜上蔡，蓋其氣象相似也。”

該時期就理學發展史而言，是理學基本架構及相關理念基本完善的時期；就宋代文學發展史而言，是北宋後期儒林與文苑互相影響下，詩歌創作理論發生較大變化的一個時期。因而，該時期士大夫對詩歌創作理論的論述，較具代表性地反映了兩宋之交儒林與文苑的交互影響。而其詩歌創作理論又較爲具體地表現在詩歌主題、書寫方式、境界營造與詩美追求這四個方面。

一　從重道輕文到道藝並重——北宋理學家詩歌創作論之演進軌迹梳理

自理學先驅柳開、石介等人開始，對詩文内涵及書寫主題的界定就是其文論之核心。自北宋五子開始，理學家對詩歌書寫主題及書寫方式即持續地進行探討，經歷了由純粹將詩歌看作傳道工具到追求道藝結合的過程。

邵雍爲北宋五子之首，其詩歌存世者大約一千五百首，其詩歌較具代表性地反應了早期理學家的文學觀，四庫館臣曾借用朱國楨之語評之："朱國楨《涌幢小品》曰：'佛語衍爲寒山詩，儒語衍爲《擊壤集》，此聖人平易近人，覺世喚醒之妙用。'是亦一説。"[1]較爲準確地指出了邵雍詩歌的特點，即多爲其理學認識論、實踐論主題的另類言説。邵雍之《樂物吟》一詩即是其詩歌特點頗爲鮮明的一首：

> 日月星辰天之明，耳目口鼻人之靈。皇王帝伯人之生，天意不遠人之情。飛走草木類既別，士農工商品自成。安得歲豐時長平，樂與萬物同其榮。[2]

祝尚書先生引侯外廬等先生的《宋明理學史》，以爲此詩"是整個《皇極經世書》的一個縮影，也是邵雍對自然、社會和歷史的總的看法"[3]。此詩表達了邵雍"觀萬物生意"的仁者精神，與其《皇極經世書》的旨歸一致，祝先生認爲該詩是邵雍理學觀點的另類言説，基本符

---

① （清）紀昀總纂《四庫全書總目提要》，第 3966 頁。
② （宋）邵雍：《擊壤集》，《景印文淵閣四庫全書》第 1101 册，第 77 頁。
③ 祝尚書：《論"擊壤派"》，載《文學遺産》2001 年第 1 期。

合實際。在邵雍詩歌中，以性理主題命名的詩篇，隨處可見，如《名利吟》《言默吟》《誠明吟》《先幾吟》《思義吟》《言語吟》《安樂窩中自訟吟》《天道吟》等，從其詩題就不難看出此類詩歌言説理學義理的特徵。但是邵雍運用八因之"觀物"方法，在對日常生活的觀照中，因景因事之感發而隨意書寫的詩作，因其理學修養充盈，故而理學義理的書寫與詩歌感悟而發的創作較爲融洽地結合在一起，如其《芳草吟》《垂柳吟》《春水吟》《花月吟》《初夏吟》《放小魚》《聽琴吟》《寄謝三城太守韓子華舍人》等。邵雍此類詩歌顯示了理學詩歌的另一種特徵，即詩興的抒發合乎理學義理的要求。

一方面，周敦頤之詩歌繼承了邵雍以詩歌言説理學義理的特徵，如其《題門扉》詩："有風還自掩，無事晝常關。開闔從方便，乾坤在此間。"[①]通過對門扉特徵的書寫，來言説理學義理。其中"掩""關"爲主體待人應事之順乎自然，其中"自掩""常關"作爲一種靜態，是周敦頤"慎動""無欲"等理學觀念的詩化表達。另一方面，周敦頤發展了邵雍在詩興感發中融入理學義理的風格，如其《春晚》："花落柴門掩夕暉，昏鴉數點傍林飛。吟餘小立欄杆外，遙見樵漁一路歸。"[②]柴門外悄然凋謝之花瓣，遠處脈脈無語之夕陽，歸巢的昏鴉，回航的漁船，這些組成了一幅生意盎然的畫卷。而在外界景物生意盎然的書寫中，隱含一個以"主靜"之"寂然不動"内心觀照外物的作者形象。而"主靜"則是周敦頤理學理論中達到"誠"之境界的必經之路。

程顥師承周敦頤，李煌明先生認爲："周敦頤主張通過'無欲'與靜悟的自修與禮樂教化而獲得的'樂'，主要是與'生成'萬物之道即'誠'合一的境界。此'樂'既有生生不息之意，又有'以仁育萬物，以義正萬民'的'成人''成物'之志。爲此，他心中的孔顏樂處既表現出吟風弄月的灑脱與自由，又蘊含著'正''義'的道德厚重感與人格崇高感。程顥發展了周敦頤'樂'中'生''和'的一面，認爲孔顏之樂是'渾然與物同體'的'仁者'體驗。"[③]程顥對周敦頤'樂'中'生''和'的繼承，使其精神氣度表現爲吟風弄月的自在灑脱，其曾自述道："某自再見周茂叔，吟風弄月以歸，有吾與點也氣象。"這反映

---

① （宋）周敦頤：《周敦頤集》卷三，第61頁。
② （宋）周敦頤：《周敦頤集》卷三，第61頁。
③ 李煌明：《宋明理學中的"孔顏之樂"問題》，雲南人民出版社，2006，第14頁。

在程顥的詩歌創作中，即多與日常景物的觀照中，書寫主體因體味到自
我生命與外界所見皆爲本真存在的淡然安閒、自得欣悦。程顥《秋日偶
成》詩云："寥寥天氣已高秋，更倚凌虛百尺樓。世上利名群蟻蠓，古
來興廢幾浮漚。退安陋巷顔回樂，不見長安李白愁。兩事到頭須有得，
我心處處自優游。"① 正是從悠然與物同體的角度觀照外部世界，正是在
自我生命與客觀事物生命的共感之中，詩人實現了對"顔回樂"這一理
想生存狀態的深切體認，從而達到了"處處自優游"的和樂境界。程顥
詩歌多書寫觀照外物時所感受到的生命本真存在的欣悦，如"萬物静觀
皆自得，四時佳興與人同""檻前流水心同樂，林外青山眼重開""醉裏
乾坤都寓物，閑來風月更輸誰"等，這是其理學修養充盈，發而爲詩的
具體表現。周裕鍇先生在其《宋代詩學通論》中論及理學的静觀時説：
"從本質上來講是一種詩化的證道方式，與審美的移情現象並無二致。
這比道家的'物化'更積極、更主動，更多一份生命的熱情與快樂。"②
這用來概括程顥詩歌之創作思維及書寫主題頗爲恰當。

二　吟詠性情之正與無意爲文而文自工——兩宋之交理學諸人對詩歌書寫主題及書寫方式的論述

作爲程門高足的楊時，在對待文學的態度及詩歌創作的論述上承襲
程顥頗多。首先，楊時認爲詩歌應當是主體性情之正的外在表現。在修
養方式上，楊時宣導"於喜怒哀樂未發之際能體所謂中，於喜怒哀樂
之後能得所謂和"③，再以此中和心境應事接物，使自我情緒之表達"發
而皆中節"。其《與劉器之》中曰："《中庸》曰：'喜怒哀樂之未發謂之
中，發而皆中節謂之和。'四者一本於中，則怒不可獨謂惡之使也，怒
而中節是謂達道。"④ 主體以道爲依歸，本自中和心境，當喜則喜，當怒
則怒，而其氣度始終是平正中和的。其應事接物猶如虛舟自横，風行則
行，風止則止，而其本身則無意於行止。表現在文學創作中，即是强調
文學作品的産生應是作者中和心境遇物感發後的表達，追慕無意爲文而
文自工之境界，反對刻意爲文造情，反對使文學服務於某一目的。楊

---

① （宋）程顥、程頤著，王孝魚校點《二程集·二程文集》卷三，第482頁。
② 周裕鍇：《宋代詩學通論》，第365頁。
③ （宋）楊時：《楊龜山先生全集》卷十二，第599頁。
④ （宋）楊時：《楊龜山先生全集》卷十九，第829頁。

時在對友人的稱讚中多次闡述這一觀點，其於《楊希旦文集序》中曰：
"先生詩文清切平易，不以雕琢爲工。"① 其《田曹吳公文集序》中曰："公
之仕不充其志，而用不究其才，故未老而歸。其平居暇日有動於中而形
諸外者，一見於詩，其偶儷應用之文亦皆有典，則其辭直而文，質而不
俚，優游自適，有高人逸士之氣。"② 其《冰華先生文集序》曰："公雖退
休，益自刻厲，日以詩書自娛，無窮愁懟憾之氣。遇事感發，一見於
詩，故其文於詩爲多。"③ 楊時強調詩歌書寫主體性情之正的觀點，使主
體意識更爲凸顯，文學尤其詩歌的功能被具體化爲作者中和心境的外在
表達。就其本質而言，是空前重視詩歌的表現功能，而揚棄詩歌再現客
觀事物的功能。《毛詩序》云："詩者，志之所之也，在心爲志，發言爲
詩。"楊時的觀點實際上是對詩歌當行本色的強調，是對自唐代白居易
諷喻説以來強調詩歌政治功能的一種反駁。

詩歌是創作主體中和心境遇物感發的表達，其表達的方式，亦即書
寫的方式應如何。楊時對此亦進行了詳盡的論述。如前所述，楊時強調
本自中和心境使自我之情緒"發而皆中節"，故而中和心境遇物感發也
應是溫婉閒雅、溫厚平正的。楊時教導弟子曰："爲文要有溫柔敦厚之
氣，對人主語言及章疏文字，溫柔敦厚尤不可無。如子瞻詩，多於譏
玩，殊無惻怛愛君之意。荊公在朝，論事多不循理，惟是爭氣而已，何
以事君？君子之所養，要令暴慢裒僻之氣不設於身。"④ 在論述精神修養
時，楊時認爲王安石、蘇軾有失中和心境，故而前者在朝負氣論事，後
者部分詩歌充斥著譏諷謾罵，皆有失溫柔敦厚之旨。在對王安石、蘇軾
批評的同時，楊時亦爲弟子提供了學習的範式：

> 作詩不知風雅之意，不可以作。詩尚譎諫，惟言之者無罪，聞
> 之者足以戒，乃爲有補。若諫而涉於譏謗，聞者怒之，何補之有？
> 觀蘇東坡詩，只是譏誚朝廷，殊無溫柔敦厚之氣，以此，人故得而
> 罪之。若是伯淳詩，則聞之者自然感動矣，因舉伯淳《和溫公諸人
> 禊飲》詩云："未須愁日暮，天際乍輕陰。"其《泛舟》詩云："只恐

---

① （宋）楊時：《楊龜山先生全集》卷二十五，第 1043 頁。
② （宋）楊時：《楊龜山先生全集》卷二十五，第 1046 頁。
③ （宋）楊時：《楊龜山先生全集》卷二十五，第 1048~1049 頁。
④ （宋）楊時：《楊龜山先生全集》卷十，第 471 頁。

風花一片飛。"何其温厚也。①

　　在此則語錄中，楊時首先提出"詩尚譎諫"説，言明惟有温柔敦厚方能達到"聞之者足以戒"的效果。蘇軾詩歌流於譏誚謾罵，不但未能起到聞之者足以戒的作用，反而因此得罪。而程顥的詩則温厚平和，能使"聞之者自然感動"。其所舉之程顥詩前者出自《陳公廙園修禊事席上賦》，後者出自《郊行即事》，二詩全文如下：

　　　　盛集蘭亭舊，風流洛社今。坐中無俗客，水曲有清音。香篆来還去，花枝泛復沉。未須愁日暮，天際是輕陰。②
　　　　芳原綠野恣行時，春入遥山碧四圍。興逐亂紅穿柳巷，困臨流水坐苔磯。莫辭盞酒十分醉，只恐風花一片飛。況是清明好天氣，不妨游衍莫忘歸。③

　　程顥二詩書寫了自我閒適平和的心境，是其"渾然與物同體"之樂的外化，這種樂是程顥體味到的自我生命與外在世界生命皆爲本真存在的自然欣悦。簡言之，即是程顥中和心境的具體表達。此二詩皆未涉及"譎諫"，但"聞之者自然感動"與"聞之者足以戒"都是對讀者心志的觸動。楊時通過二者的相似，偷换了概念，通過對程顥書寫性情之正的詩歌的推崇，消解了對"詩尚譎諫"的論述，演變爲對詩歌應書寫性情之正的強調。楊時的這種文藝觀點還表現在對歷史人物的藻鑒中，如其評陶淵明曰："陶淵明詩所不可及者，冲澹深粹出於自然。若曾用力學，然後知淵明詩非著力之所能成。"④楊時認爲陶詩的高妙，在於陶詩是陶淵明自然無爲、不爲物累之胸襟遇物感發的產物，是陶淵明"縱浪大化中，不喜亦不懼"之中和心境的外在表現。故而，陶淵明此種胸懷發而爲詩，達到了"冲澹深粹"的境界。楊時又讚周公曰："《狼跋》之詩曰：'公孫碩膚，赤舄几几。'周公之遇謗，何其安閒而不迫也。學詩者

---

① （宋）楊時：《楊龜山先生全集》卷十，第520~521頁。
② （宋）程顥、程頤著，王孝魚校點《二程集・河南程氏文集》卷三，第486頁。
③ （宋）程顥、程頤著，王孝魚校點《二程集・河南程氏文集》卷三，第476頁。
④ （宋）楊時：《楊龜山先生全集》卷十，第472頁。

不在語言文字，當想其氣味，則詩之意得矣。"①楊時承襲《毛詩序》
之意，認爲《狼跋》是讚美周公之進退得宜，而《狼跋》一詩佳處，
正在於將周公雖被奸人誹謗但安閒不迫的形神表現得極爲傳神。

　　對性情之正應當如何在詩歌中書寫的問題，楊時亦給出了自我之見
解，即不假修飾、直抒胸臆。如前所述，楊時一方面讚賞友人詩文"清
切平易""其辭直而文"；另一方面提出了達到清切平易境界的具體方
法，其曰："作文字要只説目前話，令自然分明不驚怛人不能得，然後
知孟子所謂'言近非聖賢不能'也。"②楊時所言之"只説目前話"即是
不加雕琢、直抒胸臆。不假修飾的創作理論在楊時之前已多次被人提
起，但楊時這種詩歌書寫方式的提出，有儒學修養論作爲理論根據，即
"養直"説："人之生也直，是以君子無所往而不用直，直則心得其正
矣。"③又曰："夫盡其誠心而無僞焉，所謂直也。"④在楊時看來，"直"是
本諸自我天性，誠實無僞地應事接物。這種"直"是主體通過自覺的精
神修養，所達到的一種隨心所欲而不逾矩的狀態，是一種理性的直覺。
因有主體對中和心境的體悟作爲基礎，所以以此理性直覺應事接物，則
主體情緒能"發而皆中節"，故而"只説目前話"則能把握到主體遇物
感發時最真實的感觸，從而將自我之精神形諸詩文。楊時在答弟子"老
氏之書，果'述而不作，信而好古'者乎"之問時説："老氏以自然爲
宗，謂之不作可也。"⑤在楊時看來，"作"即是有意爲文、雕琢修飾，老
子不假修飾地書寫自我對世界人生的思索，故其書乃不"作"之作，故
而能達到"信而好古"的高度。在對老子的評論中，楊時不但肯定了不
假修飾之文學書寫方式的合理性，而且指出了此種書寫方式能達到"信
而好古"的極高境界。

　　龜山門人在詩歌書寫主題及書寫方式的認識上，大體承襲了楊時
觀點。張九成《祭呂居仁舍人》中讚呂本中曰："聖學不傳，何啻千
載！吟哦風月，組織文字。轉相祖述，謂此極致。正心修身，不復掛
齒。孰如我公，師友淵源。文以宣之，詩以詠之。"⑥文中，張九成一

---

① （宋）楊時：《楊龜山先生全集》卷十，第 479 頁。
② （宋）楊時：《楊龜山先生全集》卷十三，第 639 頁。
③ （宋）楊時：《楊龜山先生全集》卷十一，第 557~558 頁。
④ （宋）楊時：《楊龜山先生全集》卷十一，第 547~548 頁。
⑤ （宋）楊時：《楊龜山先生全集》卷十四，第 691 頁。
⑥ （宋）張九成：《橫浦集》卷二十，《景印文淵閣四庫全書》第 1138 册，第 433 頁上。

方面駁斥了"吟哦風月"無所旨歸的單純爲文現象，另一方面稱讚吕本中之詩文乃其儒學修養的外在表現。其中，"詩以詠之"即是對詩歌應書寫性情之正的強調。陳淵於《廖成伯朝請墓表》中稱讚廖成伯作詩曰："爲詩援筆立成，宛轉清切，能道人所難言，不主風刺，自適而已。"[①] 其中"援筆立成"即是直抒胸臆、不假修飾的爲文方式，而"自適而已"則是稱讚廖成伯之詩乃性情之正的書寫。朱松《上趙漕書》一文中，先是以自我反思的方式駁斥刻意爲文："乃始挾書操筆，學爲世俗所謂舉子場屋之文者，其言決裂繁碎、支離曼衍而不宿於道，無用而可笑，不待詳説可知也。"而後朱松對於詩歌書寫主題提出了自己的看法：

> 竊嘗歎夫自詩人以來莫盛於唐，讀其詩者，皆粲然可喜，而考其平生，鮮有軌於大道而厭足人意者，其甚者曾與閭閻兒童之見無以異，此風也，至唐之季年而尤劇，使人鄙厭其文，惟恐持去之不速。夫《詩》自二南以降三百餘篇，先儒以爲二南周公所述，用之鄉人邦國，以風動一世。其餘出於一時公卿大夫與夫閭巷匹夫匹婦之所作，其辭抑揚反復，蹈厲頓挫，極道其憂思佚樂之致而卒歸之於正。聖人以是爲先王之餘澤，猶可見其髣髴足以聳動天下後世，故刪而存之，至今列於六經，煒乎如日月。[②]

朱松認爲自唐代以來，士人多刻意爲文而忽視自我內在修養，故而詩歌內容有失雅正，識見鄙下，不足一提。而《詩經》之所以歷經千載而被傳誦，正在於其內容的雅正，在於"極道其憂思佚樂之致而卒歸之於正"。換言之，即是書寫主體性情之正。繼而朱松讚友人之創作曰："竊觀執事，大筆餘波，溢爲章句，句法峻潔而思致有餘，此正如韓愈，雖以爲餘事而瑰奇高妙固已超軼一時矣。非深得大聖人所取於詩之意，與夫古今述作之大旨，其孰能至此？"[③] 朱松認爲友人詩文高妙，原因在於友人本自充盈的內在修養隨意揮灑，故能無意爲文而文自工，即"雖

---

① （宋）陳淵：《默堂集》卷二十一，《景印文淵閣四庫全書》第 1139 册，第 519 頁上。
② （宋）朱松：《韋齋集》卷九，《景印文淵閣四庫全書》第 1133 册，第 514 頁上。
③ （宋）朱松：《韋齋集》卷九，《景印文淵閣四庫全書》第 1133 册，第 515 頁上。

以爲餘事而瑰奇高妙固已超軼一時"。

無獨有偶，在學術觀點上與龜山一系有差異的湖湘學派諸人亦持類似的文學觀點，胡宏《園圃大吟呈伯氏》中有云："已知物理時常改，因見天工神不死。胷中浩蕩一乾坤，世上榮枯均泰否。悠然種植得佳趣，春意生生自無已。"① 自然界一直處於變化之中，而支配變化的規律，即"天命"，則生生不已，不爲桀亡，不爲堯存，主體以排除私欲的内心在對外界的觀察中會得此理，進而發出了忘却私情私欲而悠然自得的和樂感慨。這一創作過程即是本自充盈的儒學内在修養，不假修飾地將自我心理感受形諸詩篇，使詩作因有内在修養的支撐而呈現出無意爲文而文自工的狀態。

從該時期理學諸人關於詩歌書寫主題、書寫方式的論述來看，理學諸人皆有明確而自覺的探討詩歌創作的意識，亦提出了系統而詳細的主張。其主張簡單概括即詩歌應是創作主體性情之正的書寫，是主體以中和心境應事接物"發而皆中節"的外化。在書寫方式上，理學諸人以理學修養爲理論依據，提倡不假修飾、直抒胸臆的書寫方式，追求無意爲文而文自工的創作境界。

三 超越流俗的崇高與自在和樂的優美——兩宋之交理學諸人關於詩歌境界營造與格調追求的論述

在明確詩歌書寫内容與書寫方式後，詩歌應呈現何種風貌則成了一個不可回避的問題。詩歌風貌具體而言即是創作主體本自明確的格調追求所營造出的詩歌境界，是通過詩歌書寫内容和書寫方式呈現出來的。兩宋之交理學諸人的儒學修養，使其追慕温厚和樂的詩歌風貌，這與其理學前輩基本一致，但是在詩歌境界營造上，該時期理學諸人之創作呈現出了自己的特點。他們一方面繼承前輩理學家，主要是程顥道藝並重的特點，在書寫遇物感發的心志時，注重使之合乎理學義理；另一方面，他們又在理學修養的激發下，以修養主體的主觀認識來感受、把握外部世界的發展變化，並通過自我的觀照，從中抽繹出具有一定普遍意義的、合乎理學義理的道理。前者隨意性更強，後者則基本是主體主觀意圖的一種詩化展現。後者使其詩歌境界呈現

---

① （宋）胡宏：《園圃大吟呈伯氏》，《胡宏集》，第 25 頁。

兩種類型：一爲在主體性情之正的書寫中，凸顯出主體超越流俗的崇高意境；二爲在崇尚率性自然的書寫中，彰顯出主體自在和樂的優美意境。

（一）在主體性情之正的書寫中，凸顯出主體超越流俗的崇高意境

該時期理學學派處於兩宋變易之際，北宋後期，二程理學與元祐學術一同遭受了被打壓、禁錮的命運，而在南宋初，理學諸人如楊時、陳淵、張九成、胡寅、胡宏等又力排和議，爲主和派秦檜所打壓。故而，命運的多舛、仕宦的險惡，使對自我操守的堅持、對傳承斯文的守望成爲理學諸人面臨的時代任務，而這種堅持與守望如此强烈，以至于理學諸人將之投入對人事的觀照中，這突出表現在與友人的酬唱中。

陳淵以詩詠讚友人互贈顏真卿、元結書法時，著眼於顏、元二人品格的高尚，其詩曰：

英雄仙去形骸薨，空有遺銘卧荒草。誰將後事付平原，石刻長隨天不老。古來筆法多神逸，斷碣塵埃誰復掃。顧無清議謁人間，末技縱工何足道。往年好古搜奇迹，百過曾看爭坐稿。直詞無復假軍容，僭逆知公能辯早。教兒只欲傳家法，揮金可笑歐陽媼。豈知名義重丘山，遺屨終令魯人寶。此碑文墨兩奇偉，千載漫郎猶有考。當時談笑傲豺狼，首領不求明哲保。至今心畫落銀鈎，逸若驊騮初脱皁。先生年來好收書，兼愛此翁忠有餘。豈惟筆力求深造，定要聲名不減渠。[1]

陳淵認爲顏、元二人書法的高妙在於品行德操的高潔和剛健不屈的人格精神，後人不識此，一味捨道而求技，遂難以企及顏、元二人之高度。詩之收尾處，陳淵筆鋒一轉，勉勵友人勿殫精竭慮於書法，而應尚友前賢，學習前賢之品行德操。友人互贈書法本爲瑣事，但在以道自勵

---

[1] （宋）陳淵：《季修有詩求公晦顏公書元次山碑銘，既而公晦和成，使病者亦賦之》，《默堂集》卷一，《景印文淵閣四庫全書》第 1139 册，第 306 頁上～306 頁下。

的理學修養促發下，演變爲了"士不可以不弘毅"的修道勸勉，從而使
該詩具備了一種超越流俗的崇高意蘊。

　　張九成因觸怒當權者而被貶至橫浦長達十幾年，謫居橫浦時，張
九成不但素志不改，反而將貶謫經歷看作儒者體道過程中所應接受之
磨礪，羅大經《鶴林玉露》載："張無垢謫橫浦，寓城西寶界寺。其寢
室有短窗，每日昧爽，輒執書立窗下，就明而讀，如是者十四年。洎
北歸，窗下石上，雙趺之迹隱然，至今猶存。……無垢乃晚年，尤難
也。"① 張氏謫居時作《有感》詩，自述這段經歷：

　　　　日月不知久，優游蕭寺居。臘月三十日，方驚歲又除。如此度
　　九年，終朝樂有餘。後圃剩寒菜，水南多美魚。飯罷亦何爲，北窗
　　工讀書。興來或意倦，玉軸時卷舒。旁人多失笑，謂我何迂疏。巍
　　然王公門，胡不曳長裾。②

　　被貶多年，在旁人看來是難以忍受之經歷，張九成却自得其樂，自
謂"優游蕭寺居"，整日以讀書就學爲樂。篇尾對旁人笑其迂腐勸其干
謁當權者之"好意"的書寫，則暗含張九成"貧賤不能移"的堅定心
志，暗含張九成堅定操守的自我標持。其《和施彥執懷姚進道葉先覺
韻》在叙述了世人以富貴矜誇於世的荒誕後，説"所以賢達人，中懷元
有守"，表達了其追慕聖道、素志不改的堅定信念。

　　該時期理學諸人傳承洛學的強烈責任感，使他們在與友人的酬唱
中，表現出了極爲明顯的互相勸勉、傳承斯文的傾向。如楊時《送胡康
侯之湖南》詩曰：

　　　　北溟有潛鱗，其廣數千里。揚鬐屬東海，泛泛等蜉蟻。百川
　　競奔注，漫不見涯涘。寄之天地間，大澤曇空耳。胡侯荆山資，
　　妙質久礱砥。飛聲動疏冕，持節照湘水。功名與時會，事道從此
　　始。驊騮駕輕車，夷路道九軌。朝燕暮騰越，快意未爲喜。聖門

───────────

① （宋）羅大經：《鶴林玉露·甲編》卷一，第 15 頁。
② （宋）《橫浦集》卷二，《景印文淵閣四庫全書》第 1138 册，第 303 頁下。

學須彊，一簣虧可恥。擴之天地寬，於道乃云邁。爲士貴弘毅，無忘味斯旨。①

　　楊時首先稱頌胡安國才學天賦過人，而後指出其赴任湖南必可建功立業，是其顏子修養轉爲禹稷事業的良機。最後楊時勸勉胡安國當發揚儒學，將送別之意提升到傳承斯文的高度，從而爲該詩注入了崇高的意蘊。又如陳淵《延平江上贈吳國華先生》，開篇描寫自己於延平江上所見，彰顯了其對剛健人格的推崇，這亦是理學家對儒家剛健美的濡染在不自覺書寫中的呈現，其曰："青山如偉人，可望不可制。屹然瞰碧流，龍翔虎豹視。春風何時來，草木舞深翠。禽鳥暖相依，飛鳴得真意。誰言静無作，坐致無邊利。願言斬茅茨，結室傍薈蔚。且要觀此身，功業亦細事。"②篇尾之"且要觀此身"，即是勸誡友人應注重"內聖"的精神修養，如果具備顏子之修養，則禹稷事業不難致也。簡潔剛健的語言、將"可望不可制"之青山比作人格崇高之偉人的巧妙比喻，以及篇尾對內聖之學的强調，皆使該詩達到了不同於一般寄贈之作的高度。

　　這種傳承斯文的責任感在朱松詩中體現得則更爲自然，其《次韻彥繼用前輩韻三首》其一之"饋歲"，在思鄉之情的書寫中，自然而然地流露出其傳承斯文的自覺意識，其曰："何時鴉識村，莫作驢轉磨。不須志四方，教子求寡過。"③而其《圍棋》在描述弈棋之樂的同時，亦表露了他對聖門之學的自覺追尋意識，其曰："志士珍短景，顧謂璧可捐。聖門未及藩，遠道要著鞭。緬想運甓翁，操具投長川。自强聖所臧，懷哉撫韋編。"④

　　綜上所述，在兩宋之交理學諸人與友人的酬唱詩中，充盈的理學修養使他們在詩歌創作中重視表現主觀的認識與體察，他們將酬唱的內容提升到合於理學義理的、具有普遍意義的道理表述上，而其堅持自我操守與傳承斯文的自覺意識則使其詩歌具有超越流俗、不慕富貴的崇高意境。

---

① （宋）楊時：《楊龜山先生全集》卷三十八，第 1432 頁。
② （宋）陳淵：《默堂集》卷一，《景印文淵閣四庫全書》第 1139 册，第 302 頁下。
③ （宋）朱松：《韋齋集》卷三，《景印文淵閣四庫全書》第 1133 册，第 462 頁下。
④ （宋）朱松：《韋齋集》卷三，《景印文淵閣四庫全書》第 1133 册，第 463 頁下。

（二）在崇尚率性自然的書寫中，彰顯出主體自在和樂的優美意境

　　理學所追求的主體自在和樂的境界，也使理學諸人在與友人的唱和中，注重將朋儔相識相聚之樂引入到這一理學範疇中，並通過形而上的義理提升，使詩歌具備超越於一般寄贈之作的優美和樂意境。

　　楊時爲友人吳國華所作之《藏春峽》組詩，在述說自己對吳國華得隱居田園之樂的欣羨時，將這種樂趣與孔顏之樂的理學命題相關聯，其詩曰：

　　　結廬東山阿，屹然俯全閩。下有黃龍淵，浮光抱層雲。彼美谷口翁，杖策來往頻。明月自爲友，顧影相爲鄰。擷芷佩芳蘭，不與麋鹿群。虛堂發輝素，黃卷日相親。采薇芼晨羹，弋鳧侑清樽。曝日負巖竇，攜童浴溪瀆。微吟曳雙屐，踏破青苔紋。歸與自樂只，此意將誰論。點狂聖所與，聊欲繼餘芬。

　　　昔君居隱鱗，投竿拂珊瑚。今來寓谷口，結亭事春鋤。亭下十餘畦，蔚蔚富嘉蔬。野果銜朱蕤，蔓實垂青桴。籬根有蹲鴟，晨炊勝雕胡。豈惟充君腹，鄰里亦厭餘。流泉動地脈，磝磳成膏腴。諒彼漢陰人，假修匪吾徒。避俗柴桑翁，不復歎荒蕪。卷懷經綸手，治此一畝居。知子非隱淪，聊以寓壯圖。人生出處分，禮義安可逾。茲謀異樊須，甘事小人儒。①

　　前作，楊時從各個角度描述友人隱居之樂，將友人的這種樂趣闡釋爲曾點之樂，使該詩具備了“吾與點也”的理學和樂意蘊。後作，楊時則從“顏子在陋巷時，如禹稷事業便可爲之無難”的角度出發，將吳國華的隱居，看作“將以有爲也”的一種表現，看作欲成就禹稷事業的一種表現。故而，吳國華的隱居遠超陋儒之所爲，是其內在修養充盈的表現，是超越流俗而自在和樂的。楊時另有《綠漪軒》詩，亦是在對閒暇之樂的書寫中，抽繹出具有普遍意義的理學道理：“開池傍清軒，環除種蘭芷。虛明淡星漢，疏影薦鳧履。君乎試憑軒，鑒此亭下水。蕩風生

────────

① （宋）楊時：《楊龜山先生全集》卷三十八，第1420~1421頁。

微瀾，風定還沚沚。悠然得真趣，吉祥來止止。"[1]楊時對軒下之水的觀照著眼於水的這種特質：風行水動，風止水靜，而水則無意於動靜。這與楊時所宣導的"守一之謂敬，無適之謂一"[2]的理學修養論相通，主體存"敬"於胸中，物來則應，而此心則是主敬而不變的，正如水之無意於動靜一般。篇尾楊時引用《周易》"艮"卦之象辭之語："艮，止也。時止則止，時行則行，動靜不失其時，其道光明。"[3]其意乃謂悟得此理，則一舉一動皆合乎道，故能無咎無悔，即"吉祥來止止"。楊時此詩用理學義理將對客觀微小事物的觀照進行了形而上的拔高，爲之注入了理學和樂安閒的意蘊。

　　這種手法在該時期理學諸人詩歌中也多處可見，陳淵《京師相善者鄉友四人各賦一篇以見其所慕》之"適正"曰："淡薄不易親，和平不可離。平生一樽酒，萬事醒復醉。詩成稿不存，物至情無累。紛紛塵俗中，笑裏有真意。"[4]勸導友人應當以平和淡薄之情懷處世，不必牽情於得失，如此則可達到不爲物所累的境界。陳淵《再用送昭遠詩韻寄昭遠昆仲》曰："初從言下入，筌蹄索魚兔。終遂義中行，良樂驅騏騄。有時坐終夕，收視息浮慮。了了不可言，明明有佳處。"[5]陳淵用楊時"守一之謂敬，無適之謂一"的修養理論，來勉勵友人收攝心性，主敬守一，體驗物來則應的安閒和樂心境。送別詩中，陳淵跳出訴說相思的套路，以理學修養理論勉勵友人，以"明明有佳處"的精神境界勸導友人探討儒學，使此送別詩揚棄了"兒女共沾巾"的離愁，而具備了安閒和樂的意蘊。張九成《食苦筍》詩曰：

　　　　吾鄉苦筍佳，出處惟石屋。玉肌膩新酥，黃衣緣深綠。林深恐人知，頭角互出縮。煙雨養春姿，此物未成熟。三月臘酒香，開罇慰幽獨。烹庖入盤俎，點醬真味足。未須五鼎牛，聊稱一囊粟。揭來庾嶺下，歲月去何速。經冬又七春，未分窮途哭。今朝好事者，惠我生一束。頭髡甲爛斑，味惡韻粗俗。兒童不慣嘗，嗔噎驚媪僕。

---

① （宋）楊時：《楊龜山先生全集》卷三十八，第 1439 頁。
② （宋）楊時：《答呂居仁其二》，《楊龜山先生全集》卷二十一，第 911 頁。
③ （清）李道平撰，潘雨廷點校《周易集解纂疏》，中華書局，1994，第 460 頁。
④ （宋）陳淵：《默堂集》卷三，《景印文淵閣四庫全書》第 1139 册，第 313 頁上。
⑤ （宋）陳淵：《默堂集》卷四，《景印文淵閣四庫全書》第 1139 册，第 318 頁上。

老妻念鄉味，放箸淚盈目。丈夫志有在，何事校口腹。呼奴更傾酒，一笑風生谷。①

詩中，張九成先述苦筍乃故鄉特色食物，又言嶺外謫居之時得友人相贈，又寫兒童不樂此味，而妻子却因其味道思及故鄉，最後直接托出自己素志不改並不以窮達爲意的胸襟氣度。至此，之前的叙述都成爲作者胸襟開闊豁達、氣度安閒和樂的反襯。

理學諸人本自其理學修養，在詩歌創作中，尤其是在酬唱之作的書寫中，將主體對外部世界的感受、認識，通過理學義理的規整，將之提升到具有普遍性的理學意義上，從而將理學所追求的和樂境界注入詩歌，使詩歌在書寫主體率性自然的精神時，營造出自在和樂的優美意境。

（三）境界營造所造就的詩歌格調及與其創作論的對立統一

兩宋之交理學諸人在詩歌境界營造上，或突出主體在逆境中傳承斯文的强烈責任感，或書寫主體於逆境中素志不改、豁達閒適的胸襟，這是用自我之理學修養來爲深處逆境中的主體提供精神支撐的一種表現。此外，理學諸人往往於酬唱賡和中，於日常瑣事的觀照中營造安閒和樂境界，則是其中和心境在應事接物時"發而皆中節"的外在表現。前者彰顯了主體崇高脱俗的情懷，後者凸顯了主體中和優美的氣度。此二種境界之美，恰如王國維先生所總結的那樣："美之爲物有二種：一曰優美，一曰壯美。與吾人無利害之關係，而吾人之觀之也，不觀其關係，而但觀其物，或吾人之心中，無絲毫生活之欲存，此時吾心寧靜之狀態，名之曰優美之情，而謂此物曰優美。若此物大不利於吾人，而吾生活之意志爲之破裂，因之意志遁去，而知力得獨立之作用，以深觀其物，吾人謂此物曰壯美，而謂其感情曰壯美之情。"②

理學諸人有意把理學旨趣引入詩歌創作和詩學批評中，這就導致詩歌風格追求方面的新變化。爲了使詩歌意緒表達合乎理學要求，理學諸人多傾向於在詩歌中引入創作主體的理學主張和深刻的道德體驗，依靠議論來説理並表達詩旨，這就使宋詩以議論來説理的表現手段在歐陽

---

① （宋）張九成：《横浦集》卷一，《景印文淵閣四庫全書》第 1138 册，第 297 頁下。
② 王國維：《紅樓夢評論》，《王國維文學美學論著集》，周錫山輯，北嶽文藝出版社，1987，第 4 頁。

修、蘇舜欽、梅堯臣等人開闢草萊的基礎上更進一步。顯然，這種詩境構造方式，在思辨性、抽象性的層面上，較之邵雍、周敦頤等人的詩歌更加突出了議論性和説理性，這必然會使詩歌格調趨於質樸、平易。四庫館臣對龜山學派諸人的評價即説明了這一點，如評楊時曰：“篤實質樸，要不失爲儒者之言。”[1] 評陳淵曰：“其文章皆明白剴切，足以見其氣節。”[2] “爲詩不甚雕琢，然時露真趣。”[3] 評朱松曰：“其學識本殊於俗，故其發爲文章，氣格高逸，翛然自異。”[4] 這種格調追求使他們的詩歌哲理性加强而情致性減弱，以致部分詩歌味同嚼蠟，這不能不説是他們在詩歌創作中過分追求格調所導致的。

　　該時期理學諸人在於友人酬唱中，本自理學修養而提升詩格的做法，似乎又與前述無意爲文的創作論相左，原因如下：兩宋之交文苑與儒林之交流日漸密切，如吕本中一方面作《江西宗派圖》彰顯了其構建詩壇譜系的明確意識，另一方面他傳承家學，致力於儒學的深研，而且轉益多師，他曾受學於楊時，又與陳淵、張九成等交往甚密，張毅先生亦認爲北宋後期出現了程門後學與蘇黄後學攜手並進的現象。[5] 這種密切的交往，反映在文學創作領域，即是該時期理學諸人皆有大量次韻詩存世。在與文苑中人的交往中，他們出於詩文酬唱的需要，同時又要堅守自我儒者立場，故而本自理學修養，將因酬唱需要所作之詩文導向理學義理的範疇。

第三節　兩宋之交理學學派文藝思想的本質及其形成原因

　　兩宋之交的理學學派，在思想上繼承二程但又有所發展，其文藝思想亦是如此。該時期理學學派文藝思想對二程的發展突出表現在兩個方面：其一，由程頤的“作文害道”過渡到逐漸肯定文學創作的意義，並依據理學義理對文學創作重新進行了界定；其二，關於文學創作的本

---

① （清）紀昀總纂《四庫全書總目提要》卷一百五十六，第 4028 頁。
② （宋）陳淵：《默堂集》卷首四庫館臣之“提要”，《景印文淵閣四庫全書》第 1139 册，第 299 頁下。
③ （清）紀昀總纂《四庫全書總目提要》卷一百五十八，第 4081 頁。
④ （清）紀昀總纂《四庫全書總目提要》卷一百五十七，第 4054 頁。
⑤ 張毅：《宋代文學思想史》，前引書，第 152 頁。

質，該時期理學諸人本自儒學“有德者必有言”的理論進行了發揮，認爲文學是主體精神氣度的外在表現，強調主體精神修養、氣度學識對文學創作具有決定作用。此二者皆與其理學思想息息相關，但又有著當時文苑儒林交流甚密之環境下被文苑影響的因子。

一　文以載道：二程文道觀的再討論

北宋詩文革新運動的開始以及理學的産生即是從文道關係的論述開始的，在理學框架基本構建完成的時期，二程對於文道關係進行了詳細論述，二者之論述基本代表了早期理學家的文道觀。其文道觀對兩宋之交的理學學派産生了深刻的影響，故而，如欲探討該時期理學學派之文道觀，必先梳理二程之文道觀。

往昔論者在論及二程文道觀時，往往引用程頤的“作文害道”説，認爲程頤對於文學創作持偏激的排斥態度，但如果詳細審視程頤的原文，就會發現情況未必如此。從程頤論“作文害道”的全文來看，其並未完全排斥、否定文學的價值與意義，只是強調文學應當是道的外在表現。試觀其全文：

> 問：“作文害道否？”曰：“害也。凡爲文，不專意則不工，若專意則志局於此，又安能與天地同其大也？《書》云：‘玩物喪志’，爲文亦玩物也。呂與叔有詩云：‘學如元凱方成癖，文似相如始類俳。獨立孔門無一事，只輸顏氏得心齋。’此詩甚好。古之學者，惟務養情性，其佗則不學。今爲文者，專務章句，悦人耳目。既務悦人，非俳優而何？”曰：“古者學爲文否？”曰：“人見六經，便以謂聖人亦作文，不知聖人亦攄發胸中所蘊，自成文耳。所謂有德者必有言也。”曰：“游、夏稱文學，何也？”曰：“游、夏亦何嘗秉筆學爲詞章也？且如觀乎天文以察時變，觀乎人文以化成天下，此豈詞章之文也。”[1]

從全文中不難看出，程頤反對的是游戲譴浪之文，而其“有德者

---

[1] （宋）程顥、程頤著，王孝魚校點《二程集·河南程氏遺書》卷十八，第239頁。

必有言"的觀點，則使得抒發自我之"明道"過程、"明道"後之感觸的文學創作具備了合理性，他反對的是與個人精神修養相脫節的"苦心孤詣"的文學創作，反對的是單一的、純粹的文學創作。而其語錄中的另一則資料，則更爲明顯地證明了程頤認爲文學應當言之有物的主張：

> 或問："詩可學否？"曰："既學時，須是用功，方合詩人格。既用功，甚妨事。古人詩云：'吟成五個字，用破一生心。'又謂：'可惜一生心，用在五字上。'此言甚當。"先生嘗説："王子真曾寄藥來，某無以答他，某素不作詩，亦非是禁止不作，但不欲爲此閑言語。且如今言能詩無如杜甫，如云：'穿花蛺蝶深深見，點水蜻蜓款款飛。'如此閑言語，道出做甚？某所以不嘗作詩。今寄謝王子真詩云：'至誠通化藥通神，遠寄衰翁濟病身。我亦有丹君信否，用時還解壽斯民。'子真所學，只是獨善，雖至誠潔行，然大抵只是爲長生久視之術，止濟一身，因有是句。"①

程頤在闡述其反對苦心爲文觀點的同時，又通過其贈王子真詩，申明詩歌應言之有物。程頤對杜甫詩的批評，則在於他將其解讀爲再現客觀景物的"閑言語"，屬於單純爲文的產物。故而，程頤所言之"文"乃是單純爲文之產物，是以再現客觀事物爲目的的文學創作，而言之有物、文有旨歸的文學作品則無疑是有其存在價值的，否則程頤也不會作詩送王子真，並就王子真之治學缺點而勸誡之。因此，程頤所言"作文害道"之"文"乃狹義的、單純爲文的產物，並非所有的文學創作。

程顥對待文學的態度，較之程頤則更爲開明，其曰："世有以讀書爲文爲藝者，曰：'爲文謂之藝，猶之可也。讀書謂之藝，則求諸書者淺矣。'"②又曰："言貴簡，言愈多，於道未必明。杜元凱却有此語云：'言高則旨遠，辭約則義微。'大率言語須是含蓄而有餘意，所謂'書不

---

① （宋）程顥、程頤著，王孝魚校點《二程集·河南程氏遺書》卷十八，第239頁。
② （宋）程顥、程頤著，王孝魚校點《二程集·河南程氏遺書》卷四，第70頁。

盡言，言不盡意'也。"① 程顥不但認可"爲文謂之藝"，而且指出言語含蓄蘊藉對於表達的重要性。程顥還明確指出詩歌具有抒發主體性情之正的作用，其曰："詩可以興。某自再見茂叔後，吟風弄月以歸，有吾與點也之意。"② 程顥對待文學的態度較之程頤較爲開明，但是在文道關係上，二者的認識基本一致，即文學創作應言之有物，程顥說："有有德之言，有造道之言，有述事之言。有德者，止言已分事。造道之言，如顏子言孔子，孟子言堯、舜，止是造道之深，所見如是。"③ 程顥此語，表達了其反對虛誇之文的觀點，認爲爲文應當略去枝葉，不假修飾，直抒己意，而所書寫的內容則應是合乎儒者之道的。在文學創作本質的認識上，程顥認爲文學創作應是主體內在精神的外在表現，在論述《詩經》時程顥說："'詩者，志之所之也。在心爲志，發言爲詩。情動於中而形於言，言之不足，故嗟歎之，嗟歎之不足，故詠歌之，詠歌之不足，不知手之舞之足之蹈之也。'有節故有餘，止乎禮義者節也。"④ 程顥將《詩經》的創作看作"止乎禮義"，認爲《詩經》的表達是在禮義所允許的範圍內。這反映了程顥認爲優秀的文學創作應是符合禮義要求的，應是主體存禮義於心之後的外在表現。而程顥"'修辭立其誠'，文質之義"⑤，與"'其爲氣也，配義與道'。道有冲漠之氣象"⑥，則更爲明確表露了其文學應是主體精神氣度外在表現的觀點。

　　程顥、程頤對待文道關係的認識看似矛盾，實在有著內在的一致性。二者之所以出現偏激與通脫的差異，原因在於二者處於理學的不同發展階段。程顥雖提出了"天道"等理學觀念，但是對理學修養理論等體系的建構尚未完成。所以建構並完善理學體系，光大"聖學"則成爲程頤所應承擔的責任。《河南程氏外書》載："伯淳謂正叔曰：'異日能尊師道，是二哥。若接引後學，隨人才成就之，則不敢讓。'"⑦ 也正是出於"尊嚴師道"以區別文苑、辭章之學的初衷，程頤才有了對待文學創

---

① （宋）程顥、程頤著，王孝魚校點《二程集·河南程氏遺書》卷十八，第221頁。
② （宋）程顥、程頤著，王孝魚校點《二程集·河南程氏遺書》卷三，第59頁。
③ （宋）程顥、程頤著，王孝魚校點《二程集·河南程氏遺書》卷二上，第21頁。
④ （宋）程顥、程頤著，王孝魚校點《二程集·河南程氏遺書》卷十一，第130頁。
⑤ （宋）程顥、程頤著，王孝魚校點《二程集·河南程氏遺書》卷十一，第133頁。
⑥ （宋）程顥、程頤著，王孝魚校點《二程集·河南程氏遺書》卷十一，第134頁。
⑦ （宋）程顥、程頤著，王孝魚校點《二程集·河南程氏外書》卷十二，第427頁。

作的嚴苛態度。但二程並沒有否認文學創作的意義，只是站在理學家的立場對文學創作作出了較爲嚴苛的界定。

周敦頤云：“文，所以載道也。輪轅飾而人弗庸，徒飾也，況虛車乎？……文辭，藝也；道德，實也。篤其實而藝者書之，美則愛，愛則傳焉。賢者得以學而至之，是爲教。故曰：‘言之無文，行之不遠。’然不賢者，雖父兄臨之，師保勉之，不學也；强之，不從也。不知務道德而第以文辭爲能者，藝焉而已。噫！弊也久矣。”[①]二程對於文學創作的看法基本與其師周敦頤一致，二程對文學創作的定義，實際上是將其作爲載道的工具，工具雖有意義和作用，但是如窺得文所承載的儒學義理，則文學創作即成爲得魚之後可忘之筌、得兔之後可忘之蹄。因此，二程認爲文學創作的意義是依附於道德本身的，如果與道德相分離，則其没有任何意義。

二　文以貫道，自然生成——兩宋之交學派的文道觀及其本質

兩宋之交的理學諸人繼承了二程的文道觀，但是對於文學創作意義的看法，却顯示了不同於二程的一面，他們對於文道關係的認識更加開通，肯定了文學創作的意義。

如前所述，楊時雖然没有專門論及文道的語録與文章，但楊時對於陶淵明、蘇軾等人之詩文進行了評述，並且以温柔敦厚並能令讀者“自然感動”作爲詩之最高境界，這本身即是對文學創作的一種肯定。龜山弟子陳淵、張九成、朱松等，則在文道關係的認識上較之其師更爲開明，陳淵《省題筆諫詩》曰：“志士憂君切，還將筆効忠。但於心取正，不向字求工。理自胸襟得，情因翰墨通。一言毛穎喻，千古史魚風。托意揮毫上，成名補衮中。誰知執藝事，功與静臣同。”[②]陳淵認爲詩歌應是創作主體内心中正、胸襟灑脱的外在表現，而其生成過程則是主體無意揮灑、不事雕琢的過程，而其功用則是有補於世的。陳淵之論不但肯定了文學創作的意義，亦對文學創作之過程提出了自己的見解。而其《與胡康侯侍讀》一文中則對文學創作的意義給

---

① （宋）周敦頤：《周敦頤集》卷二“文辭第二十八”，《周敦頤集》，第35~36頁。
② （宋）陳淵：《默堂集》卷九，《景印文淵閣四庫全書》第1139册，第345頁上。

予的充分而明確的肯定，陳淵在評述胡安國的《春秋傳》時說："左右傳道於已絕復續之餘，所見既的，所守甚嚴，而文字之妙又足以絢發之，則其作聖賢於千載豈在他人乎？"① 陳淵此處不但肯定了文學創作的意義，還認爲文筆的準確有助於傳承、傳播儒者之"道"。作文不但不會"害道"，反而有助於更好的發揚聖人之意。朱松《贈覺師》亦表露了章句之學不害於修道的觀點，其曰："惟余章句習，心境時相惱。如人生於齊，而即楚鄉老。雖遭楚人咻，微音或清好。固無益生死，亦未妨至道。"② 朱松詩中所言之"道"雖是佛禪之道，但佛禪理論認爲妄言綺語有害於修道，與二程之"作文害道"之說類似，故而朱松之說亦暗含了作詩作文不害於體認、修行儒者之道的觀點。龜山學派諸人在文道關係的認識上，較之程頤已大爲不同，表現了更爲開通的態度。

理學諸人在肯定文學創作意義的同時，也對文學創作的本質給予了明確界定，即認爲文學創作應是主體精神修養的一種外化。樊美筠先生認爲："儒家美學從來就不是一種純美學，它始終是聯繫著人的道德發展來考察美的事物和現象的，它始終關注的是人的道德發展，它以爲道德發展就是人的發展的全部內容，在這個意義上，儒家美學實際上又是一種倫理美學。"③ 樊先生之論，頗爲準確地指出了儒家美學以主體道德修養爲中心的特點，而此特點則是首先在宋代理學興起之後被彰顯的，在二程之後的龜山學派中表現得更爲顯著。張九成即認爲文學創作如欲達到較高的境界，最重要的是創作主體內在修養的提升，其《客觀余〈孝經傳〉感而有作》詩中云："古人文瑩理，後人工作文。文工理愈暗，紙劄何紛紛。君看六藝學，天葩吐奇芬。詩書分體製，禮樂造乾坤。千岐更萬轍，要以一理存。如何臻至理，當從踐履論。跋涉經險阻，衝冒郵寒溫。孝弟作選鋒，道德嚴中軍。仰觀精俯察，萬象入見聞。不勞施斧鑿，筆下生煙雲。"④ 張九成認爲古人之"文"高妙處在於有"理"作爲旨歸，今人如欲達此高度，關鍵在於道德修養的提升，在於對忠信孝悌等倫理觀念的自我踐行。而主體通過

① （宋）陳淵：《默堂集》卷十七，《景印文淵閣四庫全書》第 1139 冊，第 447 頁下。
② （宋）朱松：《韋齋集》卷一，《景印文淵閣四庫全書》第 1133 冊，第 439 頁上。
③ 樊美筠：《中國傳統美學的當代闡釋》，北京大學出版社，2006，第 137 頁。
④ （宋）張九成：《橫浦集》卷一，《景印文淵閣四庫全書》第 1138 冊，第 295 頁下 ~296 頁上。

自覺長期的道德修養達到一定的精神境界之後，則可達到隨意揮灑、無意爲文而文自工的創作高度，即"不勞施斧鑿，筆下生煙雲"。張九成《讀梅聖俞詩》再次強調了這一觀點，張氏首先稱讚梅堯臣曰："雍容長者風，忠厚君子辭。格律從正始，句法自爐錘。"認爲梅堯臣創作境界的高妙在於其精神修養與藝術錘煉的並重，又接著評論當世詩人之作曰："後董亦有作，豈曰不冥搜。雕琢傷正氣，磔裂無全牛。堙鬱暗大理，矜誇墮輕浮。"① 此處張九成又談及"理"，可見在張九成眼中，如果主體有著良好的內在修養，再加之"爐錘"等文學錘煉，其作品自然可臻高妙之境地。而內在修養假如缺失，不論其如何在詩歌技法上努力進取，終究是"堙鬱暗大理"，墜入輕浮之境地。陳淵亦表達了類似的觀點，其《賀李內翰遷右丞》中有言曰："文章之妙本於精神之微，功業之隆發於道德之緒。惟書於簡者油然而不竭，故施於政者沛乎其有餘。"② 陳淵此處強調文章、功業皆是主體"內聖"修養的外在表現，其實質則是強調文道合一。

主體道德修養決定文學創作水準的認識，反映在文學創作方式上，即是強調文學作品是主體道德修養在外界觸發下的一種自然流露，是自然生成，而非有意爲之。張九成《庚午正月七夜自詠》詩云："文不貴雕蟲，詩尤惡鉤摘。龐豪真所畏，機巧非予匹。"③ 張九成認爲，文學創作是主體情緒因外界觸動而產生的自然反應，主體應如實地將這種感發行諸詩文，而不應過分地雕琢修飾，爲了追求某一文學風格而使自我真實的感觸淹沒於文學創作中。陳淵亦曰："我詩實易成，淡薄非佳饌。君辭頗簡出，嚴絕類燒棧。"④ 其自述之"實易成"實際上即是情動於中而行於外的自然書寫，其詩歌是自然生成，而非有意創作的。朱松亦在讚賞友人文學創作時寫道："新詩中音會，天律度弦管。未能載酒問，但作焚硯歎。況聞翻貝葉，一悟了真幻。文章乃兒劇，安用黑白判。何時商略此，得酒不待勸。"⑤ 其中之"文章乃兒劇，安用黑白判"即是主張文學創作應以自然爲上，應是主體精神形之於外的自然

① （宋）張九成：《橫浦集》卷一，《景印文淵閣四庫全書》第 1138 冊，第 298 頁上。
② （宋）陳淵：《默堂集》卷十一，《景印文淵閣四庫全書》第 1139 冊，第 353 頁上。
③ （宋）張九成：《橫浦集》卷一，《景印文淵閣四庫全書》第 1138 冊，第 299 頁下。
④ （宋）陳淵：《自入襄城即有山水之興，路中稍廣唱，因呈遵道》，《默堂集》卷二，《景印文淵閣四庫全書》第 1139 冊，第 311 頁下。
⑤ （宋）朱松：《次韻和吳駿卿》，《草齋集》卷三，《景印文淵閣四庫全書》第 1133 冊，第 457 頁下。

生成。

理學諸人認爲主體的道德修養對文學創作具有決定性的作用，這使得他們所探討的文學境界，實際上是一種道德境界，正如潘立勇先生所言："他們（理學家）往往把本體化了的道德情感變成美感體驗，又以道德本心作爲審美評價的惟一標準。"① 因此，兩宋之交理學諸人對文道關係的認識雖然自成體系，並對文學的本質特徵作了極富意義的探討，但這種認識與探討都被包容在他們整個理學體系的架構中，是爲其理學最終目的服務的，簡言之，即服務於消解各種矛盾，實現人與社會的和諧統一。

對於主體道德修養在文學創作中地位的強調，使得該時期理學諸人進而認爲文學作品應是主體精神形之於外而自然生成的，而非有意創作的。理學諸人的這種認識，將道德與創作緊密關聯，用道德修養的特點及境界統領文學創作的方式及風格，爲道德轉化爲審美指明了路徑。王振復先生認爲："從道德走向審美之所以可能，固然因道德不同於審美因而步履維艱，然而在深層次上的人性、人格之解放與人的自我完善這一點上，它與審美具有同構性和比鄰性的提升，消解了道德的意志與目的。審美的超越，是無目的的目的，無功利的功利。道德與審美，都以宗教爲終極，或者說，兩者都以宗教般的境界爲棲息之所。所以，道德與審美最後都可能追尋統一精神極致，這邊是靜穆、莊嚴、偉大甚至迷狂。兩者都可能體現出人之精神品格的提升，讓主體體驗到精神性的崇高境界。"② 理學諸人在道德修養方式上主張以中正平和之心境應事接物，從而達到自然和樂之境界。此種境界本身即與文學的審美具有內在共通性，而他們文學生成論的提出，則將道德的修養與文學的審美打並爲一體，導向了中正平和、簡易自然的境界。

該時期理學諸人不但承認了文學創作的意義，還將文學創作水平的高低看作儒學義理表達充分與否的重要因素，還認爲創作主體體道的程度、精神境界的高低對於文學創作具有決定作用。其立足點悄然發生了變換，周敦頤及二程完全站在儒學的立場上，將文學作爲傳道的工具，而該時期理學諸人則站在文學的立場上，強調儒學之義理、儒學之道是文學的根本。理學諸人對文學根本的強調，其實質是將創

---

① 潘立勇：《朱子理學美學》，東方出版社，1999，第 38 頁。
② 王振復：《中國美學的文脈歷程》，四川人民出版社，2002，第 590 頁。

作主體納入到儒學義理的範疇内，主體通過自覺長期的精神修養，達到一舉一動皆符合儒者之道的境界，這樣主體便具備了一種隨心所欲而不逾矩的自由，釋然地從一個儒者的角度進行文學創作。理學諸人在強調用儒學之道規範文學創作的同時，也賦予了創作主體一種特殊的自由，爲其進行文學創作提供了理論依據。此外，強調道的決定作用，是使文學服從於道，道爲體而文爲用。但是，從文學的角度而言，也可以理解爲爲了達到文學的最高境界，必先"深於斯道"，如韓愈門人李漢言："文者，貫道之器也。不深於斯道，有至焉者不也？"[1]也就是爲"文"而求"道"，這就暗含著作爲體的"道"有被置換到"用"的可能。這樣，作爲"用"的"文"變成了真正的"體"，即修道是爲達到更高的文學境界。

該時期理學諸人的文道觀是在儒學復興、理學發展之理論環境下，儒學倫理道德影響文學觀念的一種表現，同時也是對傳統儒家狹隘的功利主義文學觀的超越。這將文學從狹窄的載道目的中解放了出來，賦予了主體進行文學創作的合理性，同時亦賦予了創作主體進行審美追求的另類自由。

三　兩宋之交理學學派文道觀形成的原因

兩宋之交理學學派文道觀的形成與其理學體系的構建密不可分，確切而言是其理學體系的一部分，是爲其理學終極目的而服務的。這是其文道觀形成的直接原因、内部原因，關於這一點，之前已經作了論述。但是該時期理學學派文道觀的形成，還與當時文苑儒林交流密切的文化發展趨勢密切相關，與文苑儒林合流趨勢中文苑所施予的影響有著千絲萬縷的聯繫，是儒林、文苑合流趨勢在文學領域的一種反映。

（一）詩人入學派對該時期理學諸人文道觀形成的影響

在北宋後期新舊黨争的傾軋中，朝廷一度企圖以行政手段禁止元祐學術的傳播，而元祐學術不單指蘇、黄詩學，亦包括二程理學，遭遇的相同使二者之間的隔閡日漸消除。此外，隨著北宋文化的進一步發展，士大夫復興儒的意識更加強烈，士大夫不再滿足於單純追求文學

---

[1] （唐）李漢：《昌黎先生集序》，韓愈著，馬其昶校注《韓昌黎文集校注》，第 1 頁。

創作的高妙，還將注意力集中在了對儒學經典的義理闡發上，集中在了對儒者境界的體認及追慕上。如黃庭堅就經常論及儒學的修養理論，其於《論語斷篇》中言："故樂與諸君講學以求養心寡過之術。"①《孟子斷篇》中言："方將講明養心治性之理與諸君共學之。"② 這些言論體現出了黃庭堅對儒學形而上問題的明確探討意識。而黃庭堅亦對如何達到聖人境界，提出了"反求諸己"的見解："由學者之門地至聖人之奧室，其途雖甚長，然亦不過事事反求諸己，忠信篤實，不敢自欺，所行不敢後其所聞，所言不敢過其所行，每鞭其後，積自得之功也。"③ 而師承黃庭堅的江西後學，則與理學的關係更爲緊密，徐俯、吕本中即曾問學於楊時，謝逸、謝薖、饒節爲吕希哲之門生，皆與理學淵源甚深。全祖望曰："因念世之操論者，每言學人不入詩派，詩人不入學派，吾友杭董浦亦力主之。獨以爲是言也，蓋爲宋人發也，而殊不然。張芸叟之學出於橫渠，晁景迂之學出於涑水，汪清谿、謝無逸之學出於滎陽吕侍講，而山谷之學出於孫莘老，心折於范正獻公醇夫，此以詩人而入學派者。楊、尹之門而有吕紫微之詩，胡文定公之門而有曾茶山之詩，湍石之門而有尤遂初之詩，清節先生之門而有楊誠齋之詩，此以學人而入詩派者也。"④ 全氏之論頗中肯綮地指出了自北宋後期以來儒林文苑日漸合流的發展趨勢。

因而，理學諸人與文苑中人的深入交往，是其文道觀形成發展所不可忽視的重要因素。理學學派中人與文苑的交往，主要是與文苑色彩濃郁的江西詩派中人的交往。《宋元學案》即爲吕本中設"紫微學案"，又將吕本中列爲龜山門人，而吕本中也確與龜山學派諸人交往密切，其中楊時《龜山集》中有《答吕居仁》書信三封，其中論及儒釋異同及"誠""敬"等理學修養問題。陳淵在《三經義辨止載朱公有益學者之詞》論及吕本中所作龜山行狀之不妥處，其《答范益謙郎中》一文中亦有"昨蒙示書與居仁舍人誨帖同至"之語，可見陳淵與吕本中也多有來往。羅從彦任博羅縣尉時吕本中亦曾作詩相贈。張九成與吕本中交往甚密，其《橫浦集》中有《悼吕居仁舍人》《書吕居仁與范

---

① （宋）黃庭堅著，劉琳等校點《黃庭堅全集·正集》卷二十，前引書，第 505 頁。
② （宋）黃庭堅著，劉琳等校點《黃庭堅全集·正集》卷二十，前引書，第 507 頁。
③ （宋）黃庭堅著，劉琳等校點《黃庭堅全集·正集》卷二十，前引書，第 506 頁。
④ （清）全祖望：《寶顏集序》，《鮚埼亭集》卷三十二，《四部叢刊初編》本，第 341 頁下～342 頁上。

秀才詩簡》《祭呂居仁舍人》等詩文。呂本中在宋室南渡之初，文名顯於一時，其與楊時、陳淵、張九成等人的交往切磋，必然會產生相互影響之情況，理學學派諸人對待文學態度的開明，極有可能與呂本中的直接影響有關。

（二）文苑風氣的浸染對理學學派文道觀形成的影響

在儒林文苑合流趨勢下，儒林與文苑的影響是雙向的，一方面儒林對文苑產生了巨大的影響，這突出表現在文苑詩人的文論上。儒林以主體道德的完善來規整文學創作，認爲主體精神修養的高下決定文學創作水準的高下，這種文論特點在文苑中人的論述也可以找到同調。[①]另一方面，儒林認爲文學創作應以温柔敦厚爲上，以吟詠性情爲主，反對怨懟怒張情緒形諸詩歌，文苑中人亦持此種觀點。[②]此皆彰顯了儒林對文苑產生的深刻影響。

與此同時，文苑對儒林亦產生了深刻的影響，這最爲直觀地表現在理學學派詩歌創作中酬唱作品比重的增加上。自唐代以來，詩人爲交往需要及切磋詩藝而結聚的社團日漸興盛，如白居易等人組織的九老會，文彥博等人組織的洛陽耆英會，等等。蘇軾《次前韻答馬忠玉》詩曰：“河梁會作看雲別，詩社何妨載酒從。”這説明“詩社”一詞在宋代已開始流行，到了北宋後期，更有“江西詩社”之名。在宋代文人的酬唱中，元祐文人的酬唱最爲著名，特別是元祐年間，蘇氏昆仲及蘇門弟子會集京師，唱酬成爲他們最日常的活動之一。元祐文人酬唱的一大特點即是在形式上以“次韻”爲主，唐人唱和詩，最早是和意而不和韻。中唐元白首創次韻詩，但除了晚唐皮陸等人，並無仿效

---

① 如黃庭堅《與徐甥師川》曰：“文章乃其粉澤，要須探其根本。本固則世故之風雨不能漂摇，古之特立獨行者，蓋用此道耳。”其《題子瞻枯木》云：“胸中元自有丘壑，故作老木蟠風霜。”《題子瞻畫竹石》云：“東坡老人翰林公，醉時吐出胸中墨。”

② 如黃庭堅曰：“詩者，人之情性也。非强諫爭於廷，怨忿訴於道，怒鄰罵坐之爲也。其人忠信篤敬，抱道而居，與時乖逢，遇物悲喜，同床而不察，並世而不聞。情之所不能堪，因發於呻吟調笑之聲，胸次釋然，而聞者亦有所勸勉。”李彭《七夕》，詩之後半云：“頗憐柳柳州，文字稍誇詡。昔在臺省間，模畫秘莫覩。奈何吐憤辭，投荒猶未悟。性與是身俱，巧拙有常度。何能謁以獲，詎有期而去。悠悠區中緣，當今愛體素。”李彭對柳宗元慣常將淒怨情緒形之於詩歌頗爲不然，他認爲士人應體認儒者之道並抱道而居，不應以世之見用與否爲意，即不應因己之不遇而戚戚然不獲安居。謝逸之《和王立之見贈四首》其三亦表達了詩歌應表現主體自在平和之精神風貌，而不是流入怨懟淒怨情緒傾瀉之境地的主張，詩之後半云：“善養浩然氣，外澤心不臞。桃花自春風，何用賦玄都。”

者。北宋初的西崑酬唱，仍然是和意不和韻，歐陽修等人的《明妃曲》唱和，也不限制用韻。而元祐文人的唱和，則大多數採用了次韻的形式，"往返數四，愈出愈奇"①。如元祐二年，黃庭堅作《雙井茶送子瞻》詩，依次用"書""珠""腴""如""湖"爲韻，蘇軾作《黃魯直以詩饋雙井茶次韻爲謝》答之，黃庭堅用相同韻脚作《和答子瞻》，蘇軾又作《次韻黃魯直赤目》，黃庭堅次韻作《子瞻以子夏、丘明見戲，聊復戲答》，又用同韻作《省中烹茶懷子瞻用前韻》《以雙井茶送孔常父》《戲呈孔毅父》《謝黃從善司業寄惠山泉》等詩。因此，次韻詩的創作自北宋中後期以來，成爲文苑的象徵，承載著宋代文學的獨特意蘊。

在兩宋之交的理學學派繁興之前，邵雍《伊川擊壤集》一千五百餘首詩歌無一次韻之作，周敦頤、程顥等亦沒有次韻之作，而楊時《龜山集》則有《次韻何吉老游金鑾寺》《向和卿覽余詩見贈次韻奉酬》《次韻思睿見寄》《次韻蔡武子書懷》《次韻錢帳計》《次韻安禮見寄》《次韻晁以道》等七首次韻作品。陳淵《默堂集》則有次韻之作四十三首，朱松《韋齋集》則有五十七首之多。②其唱和對象廣泛，既有理學中人，又有文苑中人。周裕鍇先生認爲："與一般的唱和詩相比較，次韻詩與原作之間的關係更爲密切。這是因爲一般的唱和詩，可以是幾位詩人就同一詩題同時分別而作，無所謂原唱，也無所謂應答。而次韻詩，則一定是詩人對他人原唱的回應。"③因此，龜山學派諸人次韻作品數量的增多，是龜山學派與文苑中人交流密切的明證，亦顯示了文苑風氣對儒林的浸染。究其原因，乃在於宋代文化興盛所造就的文人社會，入仕之士子如欲融入文人社會，就必須熟悉並接受文人集團的風尚，因而文苑對儒林產生影響亦是必然之事。與文苑中人的密切交流使理學諸人亦不可能不重視詩文酬唱的作用，因而如何在理學修養與交游唱和中尋得平衡，就成爲理學諸人所必須面臨的任務，因而其文道觀較之前輩呈現了較爲通脫的態度，而他們也本著消解理學修養與文學創作之矛盾的目的，對文學創作提出了自我獨到的見解。

---

① （宋）費袞著，金圓校點《梁谿漫志》卷七，上海古籍出版社，1985，第 74 頁。
② 《横浦集》所收録詩歌基本爲張九成謫居横浦時所作，由於故舊交游稀少，故其次韻之作的數量不能作爲參考。
③ 周裕鍇：《詩可以群：略談元祐詩歌的交際性》，載《社會科學研究》2001 年第 5 期。

　　如一方面，胡寅認爲文學創作依附於內在修養："聖賢之文言也。言非有意于文，本深則末茂，形大則聲閎故也。"[①]在此基礎上胡寅認爲："汲汲學文而不躬行，文而幸工，其不異于丹青朽木俳優博笑也幾希。"[②]《離騷》妙才，太史公稱其與日月爭光，尚不敢望《風》《雅》之階席，況一變爲聲律衆體之詩，又變而爲雕蟲篆刻之賦。槩以仲尼删削之意，其弗畔而獲存者，吾知其百無一二矣。是則無之不爲損，有之非惟無益。"[③]基本否定了詩文傳統存在的合理性。另一方面，胡寅不但詩文富贍，而且對蘇軾的詞體創作給予了高度評價："眉山蘇氏一洗綺羅香澤之態，擺脱綢繆宛轉之度，使人登高望遠，舉首高歌，而逸懷浩氣超然乎塵垢之外，于是花間爲皁隸而柳氏爲輿臺矣。"[④]不僅如此，胡寅在具體的詩歌創作中則體現出了遠宗老杜、近法蘇黄的意識，其詩化用老杜、蘇黄詩句者比比皆是[⑤]，其《和叔夏海棠次東坡韻》"老坡有詠記江城，少陵無句慚巴蜀"之句，則關注到了杜甫居蜀期間不賦海棠的現象[⑥]，而其《和堅伯梅六題：一孤芳，二山間，三雪中，四水邊，五月下，六雨後。每題二絶，禁犯本題及風花雪月天粉玉香山水字，十二絶》則屬白戰體之範疇。胡寅在詩歌創作方面的自覺意識與浸染詩壇傳統的程度可見一斑。

　　因此，雖然耽於文學創作者存在使主體忽略儒學修養的可能，但對於當時之士大夫而言，詩文乃是士大夫的身份標籤，亦是士大夫的交際工具。當時之理學諸人就面臨著兩種選擇：一是積極地承認詩文傳統的存在，以儒學的義理對其進行改造，使其合乎儒學要求，進而納入儒學修養的範圍，成爲儒學修養的一種方式；二是簡單粗暴地否

---

① （宋）胡寅：《洙泗文集序》，《崇正辯 斐然集》卷十九，第 401 頁。
② （宋）胡寅：《洙泗文集序》，《崇正辯 斐然集》卷十九，第 401 頁。
③ （宋）胡寅：《洙泗文集序》，《崇正辯 斐然集》卷十九，第 401 頁。
④ （宋）胡寅：《向薌林酒邊集後序》，《崇正辯 斐然集》卷十九。
⑤ 其《送黄彦達歸建安》之"歲晚懸鶉百結穿，坐寒我亦無青氈"本自杜甫《戲簡鄭廣文兼呈蘇司業》之"才名三十年，坐客寒無氈"；《題浯溪》之"徙倚碑前三太息，江水東流豈終極"本自杜甫《哀江頭》之"人生有情淚沾臆，江草江花豈終極"；其《和彦達新居》之"但慚城市遠，兼味止葵藿"則本自杜甫"盤餐市遠無兼味，樽酒家貧只舊醅"；而其《以墨一品餉叔夏》開篇之"人墨兩相磨，此語昔賢嘆"化用蘇軾《次韻答舒教授觀余所藏墨》之"非人磨墨墨磨人，瓶應未罄罍先恥"；其《和邢子友》首聯與尾聯分别云"可憐牒訟汩華年，賴有神交肯惠然""安得小舟銜尾去，風檣激箭不須鞭"，則法自蘇軾《臨江仙》："長恨此身非我有，何時忘却營營，小舟從此逝，江海寄餘生"。
⑥ 關於此現象，詳見沈揚《經典缺失的詮釋與補亡——論宋人對"杜甫不賦海棠"的討論與書寫》，《文學遺産》2014 年第 5 期。

定其存在意義與價值。從歷史發展的情況來看，兩宋之交理學諸人顯然選擇了前者，並產生了一系列與儒學關係密切的文論觀點，以致出現了諸如王水照等先生在《宋代文學通論》中所言之情況："北宋中葉後，宋代理學（道學）大盛且影響日深，尤其到南宋，理學思想滲入各個階層，不少詩人都濡染此風，許多理學家在視詩爲餘事的同時又寫了大量的詩，形成了獨特的理學詩風。"①

綜上所述，兩宋之交理學文道觀的形成既是其理學體系建構的必然結果，也與文苑儒林合流趨勢下文苑所施予的影響密不可分。

---

① 王水照主編《宋代文學通論》，第 125 頁。

第二章　兩宋之交理學、文學交互
影響之必然與表現

兩宋之交之理學流派如龜山學派、湖湘學派與儒學色彩濃厚的江西詩派，不但體現出繼承並傳播二程理學的特點，又因其所處之理學發展階段的特別，在發展過程中有著明顯的分化趨勢，而其產生分化則是理學發展的必然結果。同時，道論的演進亦影響了理學諸人對文學的基本觀點，使其文學觀及具體創作發生了變化。此外，兩宋之交理學影響逐漸擴大，亦對文壇產生了較爲深刻的影響，較爲集中的體現即是爲呂本中之活法詩論提供了直接的理論淵源，使他在以《江西宗派圖》的形式塑造詩壇譜系的同時，力圖將詩歌作爲證道途徑納入儒學修養範圍，爲詩歌創作尋得哲學依據。

第一節　兩宋之交理學道論演進及其
與文學創作流變之關係

兩宋之交之理學，正是二程理學向朱熹理學、象山心學演進的中間階段。從此角度而言，該時期理學學派在宋代理學發展過程中具有承前啓後的作用，尋繹其理學思想演進軌迹，有助於探明二程理學向南宋理學的蛻變過程與原因。而理學與漢唐注疏之學不同的是理學更爲關注個體的生存狀態、精神境界等形而上的問題，故而理學會通過塑造主體價值觀的途徑影響主體關注視野、審美情趣等，如此則理學對創作主體之文學觀點施以影響是必然之事。因此，兩宋之交理學思想的演進亦促成了其文學創作的流變。

一　反身而誠與下學窮理——二程儒學修養理論的差異及其外在表現

程顥、程頤昆仲之理學思想在基本觀點上是一脈相承，比如在 "天理" 本體的探求以及基於本體而開出之修養工夫等方面，但二者在修養方式及追慕境界上却存在細微的差異。

程顥更注重内在體驗在會得 "天理" 中的作用，如其《答横渠張子厚先生書》中有云："夫天地之常，以其心普萬物而無心；聖人之常，以其情順萬物而無情。故君子之學，莫若廓然而大公，物來而順應。……苟規規於外誘之除，將見滅於東而生於西也。"① 張載認爲内心爲外物所擾，故而内心的平静難以覓得。程顥指出内心的平静自得並不是讓内心不起任何意念，而是滅除自己的私心雜念，順應事物自然的狀態。如何做到 "情順萬物"，程顥指出："與其非外而是内，不若内外之兩忘也，兩忘則澄然無事矣。無事則定，定則明，明則尚何應物之爲累哉？"② 程顥主張用 "内外兩忘" 的方式來做到内心的平静安寧，主張雖接觸事物，但不留戀、執著於任何事物。作爲修養主體的個人，其情感也應順應自然，消除各種雜念，如明鏡照物一樣能在應事接物時作出恰當的反應。故而程顥認爲作爲修養之要的格物致知，應以這樣的方式進行："致知在格物，物來則知起。物各付物，不役其知，則意誠不動。意誠自定則心正，始學之事也。"③ 其理學思想存在承認心體先驗性質的可能，這對楊時産生了深刻的影響，並經由楊時影響了胡安國，胡氏有 "良知不慮而知，良能不學而能，此愛親敬長之本心也"④ 之論，胡安國認爲良知良能是人生來具有的，是愛親敬長的 "本心"，即心體具有先驗性，可視作程顥思想的發展。

而程頤則更爲注重外在知識獲得在修養中的作用，程頤對 "格物" 的重要意義予以了明確的肯定："問：'格物是外物，是性分中物？'曰：'不拘。凡眼前無非是物，物物皆有理。如火之所以熱，水之所以寒，至於君臣父子間皆是理。'"⑤ 所以窮理的方法是多樣的："凡一物上有一

---

① （宋）程顥、程頤著，王孝魚校點《二程集·河南程氏文集》卷二，第 460 頁。
② （宋）程顥、程頤著，王孝魚校點《二程集·河南程氏文集》卷二，第 461 頁。
③ （宋）程顥、程頤著，王孝魚校點《二程集·河南程氏遺書》卷六，第 84 頁。
④ （宋）胡安國：《答贛川曾幾書》，載胡寅《先公行狀》，《斐然集》卷二十五，第 557 頁
⑤ （宋）程顥、程頤著，王孝魚校點《二程集·河南程氏遺書》卷十九，第 247 頁。

理，須是窮致其理。窮理亦多端：或讀書，講明義理；或論古今人物，別其是非；或應事接物而處其當，皆窮理也。"①程頤的修養理論相比於其兄程顥，更爲具體，且將所"格"之"物"界定爲"凡眼前無非是物"，即已然存在的事物與客觀規律，程頤的主張更爲凸顯主體的理性精神。程頤主張在爲學之始應以研究客觀事物、追求客觀知識爲主，通過長期的研究與追求而"積習既多，然後脫然自有貫通處"②。所以程頤更注重通過下學窮理的方式來實現對"天理"的深切體會。

二程在修養理論上的不同側重亦導致了二者不同的精神氣質，《宋史》稱程顥："顥資性過人，充養有道，和粹之氣，盎於面背，門人交友從之數十年，亦未嘗見其忿厲之容。遇事優爲，雖當倉卒，不動聲色。"③而其門人亦稱程顥饒有風趣，而程頤則莊重嚴肅，《二程外書》載有王蘋對二者的回憶："先生曰：'明道猶有謔語，若伊川則全無。'問：'如何謔語？'曰：'明道聞司馬溫公解《中庸》，至"人莫不飲食，鮮能知味"有疑遂止，笑曰："我將謂從天命之謂性便疑了。"伊川直是謹嚴，坐間無問尊卑長幼，莫不肅然。'"④《伊洛淵源錄》亦載程頤爲侍講時之一則故事："一日，講罷未退，上忽起憑欄戲折柳枝，先生進曰：'方春發生，不可無故摧折。'上不悦。"⑤即使面對年幼的宋哲宗，程頤也仍不改其莊重嚴肅。程頤的這種莊重嚴肅使其自我約束極爲嚴格，胡安國稱程頤："及當官而行，舉動必由乎禮；奉身而去，進退必合乎義。其修身行法，規矩準繩，獨出諸儒之表，門人高弟莫獲繼焉。"⑥《河南程氏遺書》載："有人勞正叔先生曰：'先生謹於禮四五十年，應甚勞苦。'先生曰：'吾日履安地，何勞何苦？佗人日踐危地，此乃勞苦也。'"⑦胡安國之語與程頤的這則故事皆反映了程頤踐行其修養理念，用道德規範嚴格約束自我的事實。程氏昆仲曾問學於周敦頤，"敦頤每令尋孔、顏樂處，所樂何事，二程之學源流乎此矣"⑧。但二人治學方式及踐行側重點的不同，却使二者分別發展了周敦頤學說的不同方面，各自形成了自

① （宋）程顥、程頤著，王孝魚校點《二程集·河南程氏遺書》卷十八，第 188 頁。
② （宋）程顥、程頤著，王孝魚校點《二程集·河南程氏遺書》卷十八，第 188 頁。
③ 《宋史》卷四百二十七"程顥傳"，第 12716 頁。
④ （宋）程顥、程頤著，王孝魚校點《二程集·河南程氏外書》卷十二，第 442 頁。
⑤ （宋）朱熹：《伊洛淵源錄》卷四，《朱子全書》第 12 冊，第 966 頁。
⑥ （宋）胡安國：《奏狀》，《河南程氏遺書·附錄》，第 348 頁。
⑦ （宋）程顥、程頤著，王孝魚校點《二程集·河南程氏遺書》卷一，第 8 頁。
⑧ 《宋史》卷四百二十七"周敦頤傳"，第 12712 頁。

己的精神氣度。李煌明先生在論述程顥程頤對周敦頤的繼承時認爲：

> 周敦頤主張通過“無欲”與靜悟的自修與禮樂教化而獲得的
> “樂”，主要是與“生成”萬物之道即“誠”合一的境界，此“樂”
> 既有“生生不息”之意，又有“以仁育萬物，以義正萬民”的“成
> 人”“成物”之志。爲此，他心中“孔顏之樂”既表現出“吟風弄
> 月”的灑脫與自由，又蘊涵著“正”“義”的道德厚重感與人格崇高
> 感。程顥發展了周敦頤“樂”中“生”“和”的一面，認爲“孔顏樂
> 處”是“渾然與物同體”的“仁者”體驗；而程頤則發展了周敦頤
> “樂”中“正”“義”的一面。所以程顥心中之“樂”有“望花隨柳”
> 的閒情，而程頤心中之“樂”則是一心“純粹天理”的“順泰”。因
> 而，程顥在獲得“樂”的方法上提倡“不須防檢，不須窮索”“勿忘
> 勿助長”，程頤則提倡“格物窮理”與“持敬”。①

　　李先生之語，切中肯綮地概括了程氏昆仲各自的特點。二程昆仲在
修養方式選擇上的不同側重，使二者呈現了不同的精神氣度，具體表現
即是程顥多以詩文的形式表現其“渾然與物同體”的悠游自在精神，如
其《春日偶成》中之“望花隨柳過前川”，又如其《秋日偶成二首》其
一中之“退安陋巷顏回樂，不見長安李白愁。兩事到頭須有得，我心處
處自悠游”。而其《游月陂》一詩則更爲清晰地展現了其用詩歌表現悠
游和樂精神的特點：“月陂堤上四徘徊，北有中天百尺臺。萬物已隨秋
氣改，一樽聊爲晚涼開。水心雲影閒相照，林下泉聲靜自來。世事無端
何足計，但逢佳日約重陪。”② 程顥此詩在盡述月陂閒游的樂趣後，在作
結處言道：無須費盡心思在無端世事上，但悠游度日、順其自然即可。
這基本是其《答河南張子厚先生書》中“無將迎，無內外”“情順萬物
而無情”之思想在具體觀物中的表現。
　　因此，二程昆仲雖然在基本觀點上保持一致，但在修養方式上的不
同側重，使二者呈現出不同的精神氣質。程顥較爲關注內在體驗的修養

---

① 李煌明：《宋明理學中的“孔顏之樂”問題》，第 14 頁。
② （宋）程顥、程頤著，王孝魚校點《二程集·河南程氏文集》卷三，第 482 頁。

方式，與詩歌著重表現創作主體内心感悟的特點内在相通，同理，偏重於此種修養方式的理學家也存在留意詩文創作的可能。程頤則更偏向於下學窮理的修養方式，雖然程頤本自理學與章句之學、訓詁之學相區別的自覺意識而很少作詩文，但"一物上有一理""物物皆有理"的論點，相當於肯定了文學創作上亦有"理"之存在，也存在通過詩文創作以明理的可能。

二　關注内在體驗與重視下學窮理 —— 理學道論發展變化軌迹及原因探析

作爲二程後學的兩宋之交理學諸人，他們體現出明確的傳承並光大二程學説的自覺意識，而他們在對二程學説的探討與有選擇性的繼承中，亦從不同角度發展了二程學説，這尤其鮮明地體現在了修養理論的探討與踐行上。這種修養理論側重的不同，亦彰顯了理學諸人不同的學術路數，是二程理學在發展中產生分化的表現。

（一）理學道論演進軌迹梳理

楊時先後師承程顥、程頤，而在修養方式的選擇上，楊時則更爲接近程顥，胡安國即指出"龜山所見在《中庸》，乃明道先生所授"的事實，而楊時對内在體驗的關注則是通過對孟子"萬物皆備於我矣，反身而誠，樂莫大焉，強恕而行，求仁莫近焉"的闡發來實現的。楊時《龜山集》中共有四次提及"反身而誠"。在《答李杭》一文中，楊時曰："明善在致知，致知在格物，號物之多至於萬，則物將有不可勝窮者，反身而誠，則舉天下之物在我矣。"① 明確表現出内向式的修養理論指向，而在《與楊仲遠其四》《答練質夫》《題蕭欲仁〈大學〉篇後》等作品中，楊時援引孟子此語來爲其内向式的修養理論增添強有力的論據。何俊先生認爲："在楊時看來，從這樣的目的出發，格天下萬物，自然無益，因爲方向發生了錯誤，更何況天下萬物其本身又不可能，故必須由物爲核心轉向以人爲核心。以人爲核心，而人並不是一個虛寂的存在，而是一個客觀的活動者，活動的客觀性使萬物與人密切相聯。萬物雖各有其存在的

---

① （宋）楊時:《楊龜山先生全集》卷十八，第 799 頁。

規則，但因爲扣住了人這個核心，故萬物的規則便集中地統攝於人的一身，並通過人自身而得以把握。"① 因此，出於把握自身的修養目的，楊時又對如何認識自我作出了詳細的解釋，即將《中庸》之喜怒哀樂未發之中與《尚書》"惟精惟一，允執厥中"相關聯，建立起了一個完整的内向式的修養體系，該體系以孟子"反身而誠"的闡釋作爲依托，以體驗未發之中而明理作爲標的。作爲龜山門人的陳淵、張九成則繼承了自程顥、楊時的這種内向式的修養方式，陳淵認爲："妙道無窮，方寸之間索之而愈有，爲賢爲聖，皆由心造。"② 又認爲"仁，人心也。求之於外則不足以得仁矣"③，彰顯了陳淵内向式的、注重内在體驗的修養特點。而張九成則更爲激進，認爲"心即理，理即心。内而一念，外而萬事，微而萬物，皆會歸在此，出入在此"④。故而，張九成認爲會得"天理"的關鍵在於向内探求，從内心體驗的把握中獲得："造化何在，吾心而已矣。……知其性，則知天矣。存其心，養其性，所以事天也。夫知天在盡心，而事天在存心，則人之於心，其可不謹乎。"⑤ 張九成之觀點與陸九淵的"吾心即宇宙"已經非常接近，黃宗羲稱其爲"陸學之先"，從理學發展的角度來看的確是如此。

　　值得注意的是，楊時、陳淵、張九成等人雖然強調内向式的修養方式，注重通過内在體驗的把握而會得"天理"，但是他們強調的這種主觀式的修養方式與佛禪學説的修養論却有根本不同。首先，這種修養理論並沒有否定現實的意義，其目的是通過對現實、人生及自然規律的更好把握，來實現主體身心與道的貫通，進而由此獲得精神上的自由與和樂。而並不是如佛禪理論那樣通過否定現實的意義，通過對現實、人生的揚棄而獲得精神上的通達無礙、自由自在。但二者在修養方式仍然有著共同點，即皆是從内在體驗的關注與把握著手。胡安國、胡宏湖湘學派一系，雖然以歷史哲學的面貌出現，但在歷史的重新理解和解釋中將心體的先驗性作爲理論前提，如胡安國在《春秋傳序》中云："去聖既

---

① 何俊：《南宋儒學建構》，第 30 頁。
② （宋）陳淵：《默堂集》卷十五，《景印文淵閣四庫全書》第 1139 册，第 411 頁上。
③ （宋）陳淵：《解論語十二段》之 "仁在其中"，《默堂集》卷二十，《景印文淵閣四庫全書》第 1139 册，第 513 頁上。
④ （宋）張九成：《孟子傳》，《景印文淵閣四庫全書》第 196 册，第 420 頁下 ~421 頁上。
⑤ （宋）張九成：《橫浦集》卷九，《景印文淵閣四庫全書》第 1138 册，第 353 頁上。

遠，欲因遺經窺測聖人之用，豈易能乎？然世有先後，人心之所同然一爾。苟得其所同然者，雖越宇宙，若見聖人親炙之也。"[①]胡安國認爲雖然歷史在不斷演進，但後世之人可以洞悉過往聖人之意，因爲當下進行歷史學術探究的主體在心體先驗性上與聖賢無疑，所謂"無所不在者理也，無所不有者心也"[②]。而他認爲修養的過程則是："物物致察，宛轉歸己，則心與理不昧。故知循理者，士也。物物皆備，反身而誠，則心與理不違。故樂循理者，君子也。天理合德，四時合序，則心與理一，無事乎循矣。故一以貫之，聖人也。"[③]首先，胡安國所謂"宛轉歸己""反身而誠""心與理一"，皆是本自心體具有先驗性的前提而言。其次，士、君子、聖人的三種境界，亦可謂修養的三個階段，皆可藉由主體之心體而達到。修養的實質則是通過後天的典籍學習與切身實踐，將先驗的心體由潛在狀態激活，使之通過主體的活動轉變爲現實，從"心與理不昧"的知識性理解，通過實踐達到"心與理不違"的狀態，再通過長期的操存最終上升到"心與理一"的與道冥符的狀態。外在的知識獲取與實踐活動，必須回歸自我，通過心體先驗能力的體認而與自我精神合而爲一。胡寅則表達了類似的觀點："思聖人之言，窮萬物之理，反求諸心乎？"[④]胡宏則進一步認爲不論聖賢還是凡俗，皆具有心體的先驗能力。同時心體之能力又具有超越時空的普遍意義："此心宰制萬物，象不能滯，形不能嬰，名不能榮辱，利不能窮通，幽贊於鬼神，明行乎禮樂，經綸天下，充周咸遍，日新無息。雖先聖作乎無始，而後聖作乎無窮，本無二性，又豈有陰陽寒暑之累，死生古今之間哉？是故學爲聖人者，必務識心之體焉。"[⑤]

而羅從彥、李侗一派則繼承了程頤下學窮理的修養路數，羅從彥師承楊時，繼承了楊時闡釋《中庸》的觀點，亦注重對喜怒哀樂未發之中的體驗，並結合楊時"從容默會於幽閒靜一之中"的讀書治學方法，形成了通過靜坐以體驗未發之中的修養入門方式。這顯示了羅從彥對楊時理論的進一步發展。而同時，羅從彥也繼承了楊時對"理一而分殊"的解釋，並用之觀照歷史治亂。李侗亦繼承了羅從彥靜坐以執中的方式，

---

①　（宋）胡安國：《春秋胡氏傳》之"春秋傳序"，第5頁。
②　（宋）胡安國：《答贛川曾幾書》，載胡寅《斐然集》卷二十五，第556頁。
③　（宋）胡安國：《答贛川曾幾書》，載胡寅《斐然集》卷二十五，第556頁。
④　（宋）胡寅：《崇正辯序》，《斐然集》卷十九，第392頁。
⑤　（宋）胡宏：《不息齋記》，《胡宏集》，第155頁。

但其運用理一分殊來整合理學先賢的學説，認爲體認“天理”應從對“天理”“分殊”之表現的考察入手，即强調“格物”：“若概以理一，而不察乎分之殊，此學者所以流於疑似亂真之説而不自知也。”① 又曰：“要見一視同仁氣象却不難，須是理會分殊，雖毫髮不可失，方是儒者氣象。”② 可見其重心已經轉移，多了對“分殊”的把握，這種側重點的轉移，要求主體必須從客觀知識的學習、領悟入手，這反映出了羅從彦、李侗對楊時治學方向的一種轉移，即從注重内在體驗轉而爲注重下學窮理。

羅從彦、李侗在治學方式及修養路徑選擇方面注重下學窮理的特點，是龜山學派自楊時開始分化的表現，亦是理學思想進一步發展的必然結果，符合了思想學説的發展變化規律。

（二）兩宋之交道論演進原因探尋

綜上所述，兩宋之交理學學派中楊時、陳淵、張九成三人以及胡氏父子大體而言持主觀的内向式修養觀點，注重内在體驗的把握；而羅從彦、李侗則持客觀的下學窮理修養觀點，注重對客觀知識、外部世界的認知與反思。

該時期理學學派道論演進的軌迹是儒學發展的必然結果，其原因亦與程頤的儒學立論有關。程頤認爲：“在天爲命，在義爲理，在人爲性，主於身爲心，其實一也。”③ 程頤認爲性、心是一，但仔細分辨之，心與性却有著細微的差别，心是從主觀的角度而言，從内在的角度而言；而性則是從客觀的角度而言。主體的心體是客觀性體的一種體現，而客觀之性體則是主觀心體的依托。程頤力圖在心、性並舉的基點上建立一個圓融無礙的理學體系，但踐行者才行稟賦以及所處學術發展階段的不同，却使主體在認識乃至踐行中不可避免的有所偏頗，如程頤本人即偏重於後者。

重主觀心體的一派，其修養工夫簡易明了，但是心體的主觀性使主體難以定論言明之，其失往往流爲玄談空言。而重客觀性體的一派，由於修養途徑可以具體把握的特點，其修養工夫親切細緻，但容易使踐

---

① （宋）朱熹：《李先生行狀》，《李延平集》卷四，《叢書集成初編本》，第 58 頁。
② （宋）李侗：《李延平集》卷二，《叢書集成初編本》，第 20 頁。
③ （宋）程顥、程頤著，王孝魚校點《二程集·河南程氏遺書》卷十八，第 204 頁。

行者溺於具體的"下學"，而忽視對形而上之"天理"的追尋。與心體與性體的側重相一致，在修養工夫選擇上，又有著強調"上達"與重視"下學"的不同，前者主張反身而誠，直契"天理"；後者注重從克己復禮、踐行忠信孝悌等具體的工作做起。兩套工夫路數都有自身的合理性，亦各有其優點。"下學"工夫以朝乾夕惕、克己復禮爲儒者會得"天理"之關鑰，依次做將而去，亦自有其豁然貫通之境，呈現出敦篤平易的特色；"上達"工夫則以直悟本體爲歸依，本體既清，則神機妙應，隨心所欲而不逾矩，呈現出超越高邁的風貌。

主張通過反身而誠而直悟本體的工夫路數，雖然其氣象渾淪圓頓，具有詩化的吸引後學的魅力，但作爲一種修養工夫，其所表現的精神境界畢竟只是一種直覺體驗，這種直覺體驗因其不落言荃、瞑迹顯本、難以捕捉而不可避免地流於神秘和玄鶩，與通過理性主義的發揚而達到沐風成教、勵德敦品的特點不甚相符。因而，從儒家"克明峻德"止於至善的内在要求看，修養理論如何落在實處，如何通過精密平實的具體工夫而得其守道之正，便顯得極爲重要，如朱熹所言："當觀用之深淺、事之大小，裁酌其宜。"[①] 所以，儒學修養理論當循序漸進，具有不論學者資質之優劣，皆可通過力學而至聖人閫域的特點。另外，人處於俗世之中，皆不免沾染各種不良習性，甚至有習以爲常，徹底遺忘仁義禮智等人之本性，這是人之實存常態。故而，如何從人倫日用、灑掃應對間指出爲學之要與爲學方向，以確定的、明確的規則準繩來開示學者，則是儒學修養理論的"正宗"，具有更強的普遍性與可操作性。呂本中弟子林之奇《拙齋文集》載："少蓬嘗問尹和靖：'釋氏至處，與吾儒有異否？'和靖曰：'未嘗有少不同，然只是塗轍異。釋氏一向做從空處去，吾儒並是實用。'"[②] 即從修養工夫的切實處指出了儒釋差異。因此，由上達而直超悟入本體雖不失爲一種涵養門徑，但"上達"工夫因自身之諸種限制和人之資質不同，在普遍性上較"下學"一派爲差。

所以，儘管楊時本人更傾向於直契"天理"的上達修養方式，而陳淵、張九成亦著書立作，大力揄揚此種觀點，但下學窮理的修養方式却經由龜山門下"最無氣焰"的羅從彥一系傳至朱熹，從而開啓了理學大盛的局面。這並不是偶然，而是由兩種修養理論各自特點所決定的，亦

① （宋）朱熹：《答劉子澄》，《晦庵集》卷三十五，《朱子全書》第 21 册，第 1536 頁。
② （宋）林之奇：《拙齋文集》卷一，《景印文淵閣四庫全書》第 1140 册，第 374 頁下。

符合了思想學說發展的内在規律。

此外，下學窮理式的修養理論能得以大行，還與當時學說發展的階段性要求息息相關。在二程之後，雖然理學已經確立了其基本特徵並奠定了堅實的發展基礎，但是佛禪學說仍然具有相當大的影響力，蘇軾、黃庭堅等著名士大夫皆與禪門關係密切，且被列入禪門燈録。故而，如何進一步鞏固並發展自身就成爲理學發展的階段性任務。而主張“反身而誠”的理學修養理論，因其側重點在内在體驗的把握上，故而與禪宗“回光返照”①的修行方式有著割捨不斷的、千絲萬縷的聯繫。而下學窮理的修養方式則彰顯了儒學的理性主義精神，並且其精密平實、關注人倫日用、灑掃應對的特點，亦實現了儒學關注現實人生與追尋形而上之精神境界的良好結合。朱熹一方面排斥佛禪學說；另一方面又對楊時等持内向式修養觀點的學者作了諸多批評②，這都説明了下學窮理一派意欲通過區别佛禪、彰顯儒學理性精神而鞏固並發展儒學的特點。

三　兩宋之交理學道論的發展分化與文學流變之關係

理學的範圍既包括了對宇宙本體的探討，亦包含了對主體精神境界、價值取向的關注。而文學創作則與主體之精神氣度、價值取向、關注視野關係緊密。同時，文學思想與文學觀點又是廣義思想界的構成部分之一，所以理學對文學創作產生影響是必然之事，而理學思想的變化，則往往會對主體之關注視野、精神氣度產生影響，行諸文學創作則會引起相應的變化。故而，兩宋之交理學道論的演進亦促進了其文學創作的變化。

詩歌本身即具有書寫瞬間感觸的特點，《毛詩序》云：“詩者，志之所之也，在心爲志，發言爲詩。”對於詩歌抒情表意之功能給予了初步的界定，而鍾嶸《詩品》則進一步指出了詩歌書寫主體因外界感發而產生瞬間感觸的特點：“若乃春風春鳥，秋月秋蟬，夏雲暑雨，冬月祈寒，斯四候之感諸詩者也。嘉會寄詩以親；離群託詩以怨。至於楚臣去境，

---

① 如《臨濟語録》中有云：“儞言下便自回光返照，更不别求，知身心與祖佛不别，當下無事，方名得法。”慧然集《鎮州臨濟慧照禪師語録》，《大正藏》第47卷，第520頁上。

② 朱熹云：“游、楊、謝三君子初皆學禪，後來餘習猶在。”又云：“程門諸子在當時親見二程，至於釋氏，却多看不破，是不可曉。觀《中庸説》中可見。如龜山云‘吾儒與釋氏，其差只在秒忽之間’，某謂何止秒忽？直是從源頭便不同。”諸如此類的觀點在《朱子語類》卷一百零一“程子門人”中比比皆是，兹不一一列舉。

漢妾辭宮；或骨橫朔野，或魂逐飛蓬；或負戈外戍，殺氣雄邊，塞客衣
單，孀閨淚盡；或士有解佩出朝，一去忘返；女有揚娥入寵，再盼傾
國。凡斯種種，感蕩心靈，非陳詩何以展其義？非長歌何以騁其情？"①
而心靈爲外界觸發所生之感觸，則既可以發爲濃烈淤積情緒的傾瀉，亦
可以表現爲平和自得心態的書寫。如此，則創作主體之精神氣質、關注
視野等皆會行諸詩歌，而主體精神氣度則往往會對詩歌創作水平、特點
形成等產生深刻的影響。

　　理學不同於原始儒學，亦不同於漢唐注疏，其要點在於關注主體的
精神境界、内在世界，牟宗三先生在解釋宋明理學爲何被稱爲"新儒
學"時説：

　　　　至宋儒，始把儒家原有的真精神弘揚提煉出來，而成爲一純粹
　　的"内聖"之教。就社會階層而言，它是一純粹的"士"的宗教，
　　士即士、農、工、商之士。如作進一步的規定，可不説"士"的宗
　　教，而説"人的道德完成之教"，簡稱爲"成德之教"，成德便須作
　　内聖的工夫，所以又可稱爲"内聖之教"。這都是外部地言之，若是
　　内部地言其義理之内容，那便是"天道性命相貫通"之教。宋儒由
　　於對抗佛教，而把儒家内聖、成德的内在義理特別提出來，發揮與
　　錘煉，這就是新之所以新了。②

　　牟先生之言，基本概括了理學關注個體内在精神境界問題的特點。
按照宋代理學家的觀點，"在天爲命，在義爲理，在人爲性，主於身爲
心，其實一也"，因此，任何人皆可以通過客觀知識的學習與内在精神
的體驗而達到與道合一的境界，這並不是讓主體改變自己來達到絕對的
神聖境界，而是引導主體重新發現自我，究其本質，這是一種認識方法
和精神體驗，即使是理學中强調下學的一派，他們認同程頤之"積習既
多，然後脱然自有貫通處"，其中"脱然自有貫通處"仍是將下學之最
終目標界定爲一種精神境界。這樣，理學的内容、理學的方法就與文學
創作有了更多的相通，黑格爾認爲："最接近藝術而比藝術高一等級的

①　（南朝梁）鍾嶸著，曹旭集注《詩品集注》，上海古籍出版社，1994，第47頁。
②　牟宗三：《宋明儒學的問題與發展》，第11頁。

就是宗教”，“藝術只是宗教意識的一個方面”[①]，作爲具備一定宗教特徵的理學[②]，其與文學的關係也基本可以如此概括。

如前所述，兩宋之交的理學學派在發展過程中逐步分化爲關注内在體驗的一派與注重下學窮理的一派。相比較而言，前者的修養路徑則與文學創作無疑更爲接近。對内在體驗的關注是爲了達到聖人境界，達到“渾然與物同體”的境界，這種境界是自在自爲、和樂悠然的。修養主體爲達此境界，需要“情順萬物而無情”，而其具體表現則是吟風弄月的灑脱與閒適。故而，理學學派中注重内在體驗者多直接肯定文學創作的價值與意義。其中，陳淵言：“雷聲淵默本同時，天道文章豈兩歧。”而其《京師相善者鄉友四人各賦一篇以見其所慕》之“適正”中有云：“淡薄不易親，和平不可離。平生一樽酒，萬事醒復醉。詩成棄不存，物至情無累。”在陳淵的夫子自道中，不難看出其“情順萬物”，並將這種感悟不加雕飾地行諸詩篇的事實。而其《小軒觀月呈興宗叔》則曰：“但使人心安，景物自清暢。”明確表現出了“情順萬物”、與物同體後吟風弄月的灑脱與閒適。而朱松《和幾叟秋日南浦十絶句簡子莊寄幾叟》其四，則從襟懷高邁、氣度從容的角度，稱讚陳淵精神修養與詩歌創作：“西翁相對語更闌，想見風生席石間。詩就南枝三轉鵲，樽前秋月半銜山。”陳淵的夫子自道與朱松對其形象的描述，從兩個方面揭示了陳淵將注重内在體驗的理學修養與詩歌創作建立聯繫的事實。與陳淵相類似，張九成則不但對文學意義與價值給予了肯定，並且從對前人詩歌的重新解讀中説明向内探求以明道與詩歌創作相通的道理，《橫浦心傳録》卷上載：“先生讀子美‘野色更無山隔斷，山光直與水相通’，已而歎曰：‘子美此詩非特爲山光野色。凡悟一道理透徹處，往往境界皆如此也。’”張九成將杜甫詩看作創作主體明道的一種外在表現，亦包含了張九成通過體會天理與提升精神境界，來實現詩歌創作水平更上一層的意圖。

與其理學前輩邵雍不同，該時期理學諸人不再是將理學義理以詩歌的形式言説出來，諸如楊時《此日不再得示同學》之類的詩歌在理學諸人的文集中非常少見，理學諸人詩歌更多書寫的是自我通過對日常生

---

① 〔德〕黑格爾：《美學》第一卷，朱光潛譯，人民文學出版社，1962，第 128 頁。

② 學界一直存在儒學是否可以被定位爲“儒教”的爭議，筆者認爲此種爭議的存在，正反映了儒學特别是宋明理學，其本身即具備與宗教特徵類似的事實。

活中一事一物的觀照而抽繹出的具有一定普遍性的哲理，這種哲理往往通過詩化場景烘托而出，顯現出一種哲理濃郁的意蘊。如楊時之《綠漪軒》，在描述了綠漪軒景物的清暢之後，用"悠然得真趣，吉祥來止止"作結，以此凸顯自己"渾然與物同體"的自得情懷，並將其體認到的理學義理容納在内，即主體應專注内在道德的完善而不應汲汲於外在功名的獲取。這種特點在陳淵、張九成詩歌中體現得更爲明顯。該時期理學道論的演進，特別是修養方式的選擇更加傾向於内在體驗，更加重視"心"的作用，該時期理學學派的理學思想逐漸呈現出與詩歌創作關係更加緊密的特點。錢鍾書先生指出義理的言説往往因爲過於抽象而難以行諸詩歌："道理則不然，散爲萬殊，聚則一貫；執簡以御繁，觀博以取約，故妙道可以要言，著語不多，而至理全賅。顧人心道心之危微，天一地一之清寧，雖是名言，無當詩妙，以其力直説之理，無烘襯而洋溢以出之趣也。"① 錢先生認爲"人心惟危，道心惟微"雖是至理名言，但若不用"烘襯"等藝術手法而直接於詩歌中言説之，則會因爲過於抽象而味同嚼蠟。緊接著錢鍾書先生指出：

　　理趣作用，亦不出舉一反三。然所舉者事物，所反者道理，寓意視言情寫景不同。言情寫景，欲説不盡者，如可言外隱涵；理趣則説易盡者，不使篇中顯見。徒言情可以成詩；"去去莫復道，沉憂令人老"，是也。專寫景亦可成詩；"池塘生春草，園柳變鳴禽"，是也。惟一味説理，則於興觀群怨之旨，背道而馳，乃不泛説理，而狀物態以明理；不空言道，而寫器用之載道。拈形而下者，以明形而上；使寥廓無象者，托物以起興，恍惚無朕者，著述而如見。譬之無極太極，結而爲兩儀四象；鳥語花香，而浩蕩之春寓焉；眉梢眼角，而芳悱之情傳焉。舉萬殊之一殊，以見一貫之無不貫，所謂理趣者，此也。……道非雲水，而雲水可以見道，《中庸》不云乎："《詩》曰：鳶飛戾天，魚躍於淵，言道之上下察也"；《傳燈録》卷十四載李翱偈，亦曰："我來問道無餘説，雲在青天水在瓶。"此理

---

① 錢鍾書：《談藝録》，生活・讀書・新知三聯書店，2001，第 562 頁。

固儒釋之所同窺也。①

　　錢先生認爲在具體場景、事物的描寫中抽繹出具有一定普遍性哲理的手法，則不僅符合詩歌的規律，亦會使作品富有"理趣"。而該時期理學諸人詩歌創作的走向，則無疑符合了錢先生所説的"理趣"，體現出了其理學道論朝著更有助於文學創作的發展趨勢。而自楊時之後，陳淵、張九成詩文富贍的創作實績也用事實説明了道論演進對文學的促進作用。

　　而下學窮理的一派，諸如羅從彥、李侗等人，雖然其文學創作較少，但是亦存在著這樣的可能："一物上有一理""物物皆有理"，故而文學創作亦有"理"在其中；修養主體需要格物以明理，故而在文學創作中明理亦是理所當然。雖然程頤出於與章句之學的區別，採取了嚴苛的態度來對待文學創作，但隨著時代的演進，這種情況在理學基本理論體系構建完成的時期發生了變化。羅從彥曾作《邀月臺》一詩，詩曰："矮作垣墻小作臺，時邀明月寫襟懷。夜深獨有長庚伴，不許庸人取次來。"②該詩之後的注文云："延平先生云：'羅先生山居詩，侗記不全，今只據追思得者錄去。《邀月臺》詩云云，侗見先生出此詩後，兩日不甚愜人意，嘗妄意云先生可改下兩句，不甚渾然。先生剖云：也知鄰鬬非吾事，且把行藏付酒杯。'"李侗之所以認爲羅詩原作的後二句"不甚愜人意"，原因在於原作孤高絶體，與理學沐風成教、推己及人的思路不甚相符，而羅從彥"也知鄰鬬非吾事，且把行藏付酒杯"之句，則將主體不爲物累、抱道而居的風韻展現了出來，更具理學特點。這則事例較爲集中地説明了，兩宋之交理學學派中堅持下學窮理路綫的學者通過文學創作而明道的意圖。作爲下學窮理治學路綫集大成者的朱熹，曾如此概括文道關係："道者，文之根本；文者，道之枝葉。惟其根本乎道，所以發之於文，皆道也。三代聖賢文章，皆從此心寫出，文便是道。"③朱熹的這種觀點是下學窮理之修養路綫在文學層面的必然體現，亦是對該時期理學學派中下學窮理一系文道觀的概括。因此，由文學創作入手，由枝葉入根本，由技入道，亦可臻聖人之閫域。所以，朱松雖然與

① 錢鍾書：《談藝錄》，第 562~563 頁。
② （宋）羅從彥：《羅豫章集》卷十，《叢書集成初編》本，第 112 頁。
③ （宋）黎靖德編《朱子語類》卷一百三十九，第 3319 頁。

李侗交往甚深，並"日以討尋舊學爲事，手抄口誦不懈益虔，蓋玩心於義理之微，而放意於塵埃之外，有以自樂澹如也"①，但是朱松却並没有因道廢文，反而以文明道，以道規文："舊喜賦詩屬文，至是非有故不徒作，乃其文氣則更爲平緩，而詩律亦益閒肆，視諸少作如出兩手矣。"②朱松的文學創作實踐與轉變，則用事實説明了下學窮理之修養路綫不但没有使作者放棄文學創作，反而對文學創作起到了規整的作用。

因此，關注内在體驗的一派，因其修養方式專注内在，與詩歌創作思維有極多的共通處；而下學窮理的一派，因其格物致知且"物物皆有理"的理學修養特點，亦存在著從探討文學創作規律以會得"天理"的可能。所以，龜山學派自楊時以下，陳淵、張九成、朱松等人皆留意於詩文，並且在詩歌理論方面提出了諸多見解，還創作有大量的詩文。從其文學創作的流變來看，龜山學派亦呈現出對文學創作的逐漸重視。楊時《龜山集》存詩四卷，而陳淵《默堂集》存詩十二卷，張九成《橫浦集》所載張九成謫居南安、邵州時所作詩四卷，朱松《韋齋集》亦存詩六卷。從詩歌創作水平來看，龜山學派亦呈現了漸次提高的發展趨勢。四庫館臣評楊時"本不以文章見重，而篤實質樸，要不失爲儒者之言"，評陳淵則曰："爲詩不甚彫琢，然時露真趣，異乎宋儒之以詩談理者。"評朱松曰："其學識本殊於俗，故其發爲文章，氣格高逸，翛然自異，即不藉朱子以爲子，其集亦足以自傳。"而朱熹評張九成曰："張子韶文字沛然猶有氣，開口見心，索性説出。"毋庸置疑，《四庫全書總目》在對某些作品的評價上確實存在問題，余嘉錫、胡玉縉、崔富章等諸位先生對此多有辨析。不過瑕不掩瑜，《四庫全書總目》的學術水準仍然是不容置疑的，所以其對於龜山學派諸人的評價亦具有相當的參考價值。而其評價和朱熹評張九成語，都反映出龜山學派諸人文學創作水平漸次提高的事實。在具體的詩歌創作中，龜山學派諸人亦呈現出與文苑日益接近的趨勢，這主要體現在詩歌形式及書寫内容上。在詩歌形式上，龜山學派諸人的次韻詩逐漸增多，至朱松時已蔚爲大觀，這反映出

---

① （宋）朱松：《韋齋集》卷首，《景印文淵閣四庫全書》第 1133 册，前引書，第 435 頁上 ~435 頁下。
② （宋）朱松：《韋齋集》卷首，《景印文淵閣四庫全書》第 1133 册，前引書，第 435 頁上 ~435 頁下。

了文苑唱和習氣對儒林的滲透，亦表明了儒林學者更加留意文學創作的事實，亦反映了儒林逐漸接受文苑作風的事實。在詩歌書寫內容上，龜山學派諸人在保持理學詩歌吟詠性情、書寫與物同體之和樂情懷的同時，亦本自理學重視人倫的理念，在詩歌中書寫思親懷鄉之情感與仕宦漂泊之慨嘆。同樣的特點亦體現在了胡寅、胡宏昆仲的詩歌創作中，如胡寅《和洪秀才八首》其五亦是如此："栽花爲事業，種林是謀猷。不羨兩蝸角，從教雙鬢秋。登樓山抹黛，垂釣水澄眸。此樂應誰侶，零風昔從游。"① 遠山抹黛、碧潭澄眸，在青翠山水的觀照中，體味到"浴乎沂，風乎舞雩，詠而歸"的悠然和樂的曾點氣象。作爲文苑特色鮮明的江西派諸人，其詩論與具體詩歌創作則體現出了浸染理學修養的特色，如呂本中於其《送晁季一罷官西歸》中如此刻畫友人形象："晁侯文采老不聞，兩耳壁塞目爲昏。三年刺促簿書裏，更覺和氣生春溫。……胸中滄海無水旱，眼底浮雲看舒卷。頃來江上幾送迎，聚蚊成雷公不驚。笙竽沸地不知曉，公但寒窗延短檠。"② 儒學修養充盈，故能尋得精神的安頓，閒觀世事變遷，內心不爲所動。當他人溺於外界的種種誘惑時，晁季一却能安於冷淡生活，獨對短檠，夜窗苦讀，追求精神層面的超越。

因此，兩宋之交理學道論的演進與理學諸人文學觀點、文學創作的演變關係緊密，確切來説其修養路徑選擇的不同，促使他們更加關注與肯定文學創作的價值與意義，並促進了他們文學創作數量的增多與水平的提升。

第二節　呂本中"活法"説內在理路及其學術依據

學界對於呂本中之"活法"一説討論甚多，但往往因爲好友曾幾《讀呂居仁舊詩有懷其人作詩寄之》中"學詩如參禅，慎勿參死句"之句，多認爲呂本中"活法"説的提出是受禅宗理論影響的結果，誠然"活法"説有著禅學因子。但呂本中祖父呂希哲先後問學於王安石、程頤，而呂本中亦有過師承楊時、游酢、尹焞的經歷，四庫館臣評曰："本中嘗撰《江西宗派圖》，又有《紫微詩話》，皆盛行於世。世多以文

① （宋）胡寅：《和洪秀才八首·其五》，《斐然集》卷五，第 116 頁。
② （宋）呂本中著，韓西山校注《呂本中詩集校注》卷五，第 398 頁。

士目之，而經學深邃乃如此。"① 故而，探討吕本中詩論亦不可片面地發掘禪學之影響，而忽視其學術思想的全貌。如果全面考察吕本中之學術與文學思想，不難看出吕氏"活法"説與理學淵源甚深，同時與"慎勿參死句"之學詩理念密切關連。確切而言，"活法"説是吕本中一以貫之的修養理念的文學體現。

一　下學與悟入：吕本中儒學修養體系解析

吕本中之祖父吕希哲爲理學名家，而其本人亦有著探討理學的自覺意識，《宋史》稱："祖希哲師程頤，本中聞見習熟。少長，從楊時、游酢、尹焞游，三家或有疑異，未嘗苟同。"② 全祖望亦謂本中："自元祐後諸名宿，如元城、龜山、鷹山、了翁、和靖以及王信伯之徒，皆嘗從游，多識前言往行以畜其德。"③ 吕本中出身儒學世家，自少小即浸染理學，而後"遍參"諸家，轉益多師。黄宗羲叙其理學師承曰："滎陽孫。元城、龜山、鷹山、了翁、和靖、震澤門人。安定、泰山、涑水、百源、二程、横渠、清敏、焦氏再傳。廬陵、濂溪、鄞江、西湖三傳。"④ 其中之了翁、震澤即爲陳瓘、王蘋，二者與楊時義兼師友，理學觀點較爲接近。而和靖爲尹焞，《宋元學案》中曰："先生少從游定夫、楊龜山、尹和靖游，而於和靖尤久。"⑤ 可見，吕本中雖然遍參諸家，但參學龜山、和靖較多的事實。此外，陳淵《默堂集》卷十九《答范益謙郎中》中有"昨蒙示書與居仁舍人誨帖同至"之語，又有提及吕本中者五處。張九成《横浦集》有《祭吕居仁舍人》《書吕居仁與范秀才詩簡》文，又有《悼吕居仁舍人》詩，可見吕本中與陳淵、張九成等龜山門人交往頗多。楊時以體驗喜怒哀樂未發之中爲切要，内向式發展趨勢明顯，陳淵承其衣鉢，亦以體驗未發之中爲要務，其後學張九成、王蘋之理學則更爲激進，與後來之象山"心學"較爲接近，黄宗羲評二家時

---

① （清）紀昀總纂《四庫全書總目提要》卷二十七，第 707 頁。
② 《宋史》卷三百七十六"吕本中傳"，第 11635 頁。
③ （清）黄宗羲著，（清）全祖望補修，陳金生、梁運華點校《宋元學案》卷三十六"紫微學案"，第 1233 頁。
④ （清）黄宗羲著，（清）全祖望補修，陳金生、梁運華點校《宋元學案》卷三十六"紫微學案"，第 1231 頁。
⑤ （清）黄宗羲著，（清）全祖望補修，陳金生、梁運華點校《宋元學案》卷三十六"紫微學案"，第 1234 頁。

皆用"陸學之先"概括之。而尹焞之學則偏向於下學窮理一派，朱熹曰："尹和靖在程門直是十分鈍底，被他只就一箇敬字上做工夫，終被他做得成。"① 又曰："尹和靖只是依傍伊川許多説話，只是他也没變化，然是守得定。"② 指出了尹焞雖然創新較少，但較好地傳承了程頤理學的特色。因此，從吕本中儒學淵源上來看，吕氏游走於下學窮理與偏向"心學"之兩派間，其接受何種理學思想以及如何調和兩種理學思想，是探討吕本中理學的重要問題。

從《師友雜志》《師友雜説》《童蒙訓》中所載吕本中理學思想來看，吕氏兼收並蓄，自成一家，呈現出鮮明的實踐哲學的發展特色。吕本中延續了程顥、程頤的思路，認爲天理乃具有最高規律性質之本體，程顥曾言："吾學雖有所受，天理二字却是自家體貼出來。"③ "性與天道要在以心聞，而不可以耳聞也。此是子貢指衆人而言。天道，即天理也。"④ 吕本中明確標示出"天道"即是"天理"，同時指出主體可由"心"而會得"天理"與"性"。吕本中將"天理"與"性"並提，由此則二者關係如何的問題便浮現了出來。至於二者之關係，吕本中認爲："'窮理盡性，以至於命。'命也，性也，理也，皆一事也。在物謂之理，在人謂之性，在天謂之命。至於命者，言盡天道也。"⑤ 吕本中認爲"理""性""命"乃是本體在不同領域的體現，因其體現領域不同，故有三名。總之，在吕本中看來，"天理"並非高懸於上，不與主體發生聯繫的本體，而是與主體融爲一體，主體之存在即是"天理"的體現，對此吕本中明確總結曰："天人一理，無上下内外之殊。"⑥ 既然主體乃"天理"之體現，"天人一理"，那麽主體必然可實現對"天理"的認識，即"性與天道要在以心聞"。如此，則主體顯然因爲是"天理"的體現而具有了先驗性質。因此吕本中認爲："萬物皆備於我矣。反身而誠，富有之大業；至誠無息，日新之盛德也。"⑦ 明確標識了以主體本身爲核心的内向式修養方向，至於主體如何體察自我，吕本中對孟子"仁，人

① （宋）黎靖德編《朱子語類》卷一百一十五，第 2782 頁。
② （宋）黎靖德編《朱子語類》卷一百一十四，第 2760 頁。
③ （宋）程顥、程頤著，王孝魚校點《二程集·河南程氏外書》卷十二，第 424 頁。
④ （宋）吕本中：《紫微雜説拾遺》，《吕本中全集》本，第 1177 頁。
⑤ （宋）吕本中：《紫微雜説》，《吕本中全集》本，第 1131 頁。
⑥ （宋）吕本中：《紫微雜説》，《吕本中全集》本，第 1125 頁。
⑦ （宋）吕本中：《童蒙訓》卷下，《吕本中全集》本，第 1010 頁。

心也”進行了推演：“‘仁，人心也。’知物己本同，故無私心，無私心故能愛。人之有憂，由有私己心也。仁則私己之心盡，故不憂。”①呂本中認爲“仁”一方面要求主體滅除私心，另一方面則導向“愛”。二者之間乃因果關係，私心滅除故物我隔閡消除，因私欲而產生的與外界的衝突自然消失，孔子所謂“泛愛衆而親仁”就自可達到。如此則“私己之心盡”是如何狀態，如何做到，即成爲必須解決之問題。呂本中《童蒙訓》載：“宿州高朝奉説他師事伊川先生，嘗見先生説：‘義者，宜也；知者，知此者也；禮者，節文此者也。皆訓詁得盡。惟“仁”字，古今人訓詁不盡。或以謂“仁者，愛也。”愛雖仁之一端，然喜怒哀懼愛惡欲，情也，非性也。故孟子云：“仁者，人也。”’”②可見呂本中認爲喜怒哀懼愛惡等情感是“性”之作用的外在表現，不能等同於“性”，主體思慮未萌動前即依“性”而居，一旦思慮萌動則進入了“性”之作用的範疇，那麼“性”當存在於情感流露之前，呂本中弟子林之奇記其語録曰：“節怒莫若樂，節樂莫若禮，守禮莫若静。内敬外静，能反其性，性將大定。”③呂本中認爲通過“内敬外静”的修養工夫，可以體驗到情感未發之前的“性”。體驗未發即成爲識得“性”體的關鍵，對此乃師楊時論之甚詳：“《中庸》曰：‘喜怒哀樂未發謂之中，發而皆中節謂之和。’學者當於喜怒哀樂未發之際，以心體之，則中之義自見。執而勿失，無人欲之私焉，發必中節矣。發而中節，中固未嘗亡也。孔子之慟，孟子之喜，因其可慟可喜而已，於孔孟何有哉？其慟也，其喜也，中固自若也。鑒之照物，因物而異，形而鑒之，明未嘗異也。”④楊時認爲通過體驗思慮未萌動之前的心體狀態，則可以會得“中”之意，會得之後應事接物“發而皆中節”。

　　楊時修養理論注重通過向内探求以會得“天理”，其優點在於工夫簡易，而缺陷則在於與禪學“回光内照”的修行方式界限不明，故楊時曾曰：“《維摩經》云：‘直心是道場。’儒佛至此，實無二理。”⑤楊時此論正是其修養方式過於接近禪學的必然結果。呂本中雖持體驗未發以識“性”的觀點，但呂本中主張體驗未發應貫穿在日常踐履中，其言曰：

①　（宋）呂本中：《紫微雜説》，《呂本中全集》本，前引書，第1121~1122頁。
②　（宋）呂本中：《童蒙訓》卷下，《呂本中全集》本，第1013頁。
③　（宋）林之奇：《拙齋文集》卷一，《景印文淵閣四庫全書》第1140册，第383頁上。
④　（宋）楊時：《答學者》其一，《楊時集》卷二十一，第564頁。
⑤　（宋）楊時：《楊龜山先生全集》卷十，第532頁，

"後生學問，且須理會《曲禮》《少儀》《儀禮》等學，洒掃應對進退之事，及先理會《爾雅》訓詁等文字，然後可以語上，下學而上達，自此脫然有得，自然度越諸子也。不如此，則是躐等，犯分陵節，終不能成。"孰先傳焉，孰後倦焉"，不可不察也。"①《師友雜志》亦載："顯道答康侯書云：……儒異於禪，正在下學處。顏子工夫真百世師範，捨此應無入路，無住宅。"②呂本中對謝良佐之語的複述，正顯示了其與謝氏觀點的一致，即認爲下學窮理的修養方式是儒學區別於禪學的特色。呂本中又云："至於命者，言盡天道也，薰陶漸染之功與講究持論互相發明者也。"③呂氏作爲"薰陶漸染"與"講究持論"相互發明，即是強調通過師友之探討與讀書治學的下學工夫而達到對"天道"的深切體認。

"薰陶漸染"與"講究持論"是互相促進、互相發明的，但躬行孝悌、讀書作文、講明義理、恪守禮制的外部工夫，需要反歸於內，歸結到治心養性層面，才能具備提升主體境界的作用。如此則如何融通內外、打通內外壁壘，即成爲必須解決的關鍵問題。對此，呂本中引入了"悟"這一禪學術語，力倡將內外修養工夫貫通爲一。《童蒙訓》載："周恭叔又說：'先生教人爲學，當自格物始。格物者，窮理之謂也。欲窮理，直須思始得。思之有悟處始可。不然所學者恐有限也。'"④通過內向的省察而有所悟入，才能實現境界的提升，否則"恐有限也"。其自述曰："'萬物皆備於我矣''反身而誠，樂莫大焉'，是頓；'強恕而行，求仁莫近焉'，是漸。"⑤呂本中認爲通過"反身而誠"的內向省察，實現認識的提升，獲得精神的安頓，從而產生"樂"，這就是"頓"，即悟入。而由己及人、推己及物的勉力躬行，即外向的實踐工夫是漸修。從其論述來看，"強恕而行"的實踐工夫是"反身而誠"的悟入基礎，二者並非割裂的、毫無聯繫的。呂本中標示的悟入，無疑帶有背景，其重心在於通過長期的操存，將儒學義理由外在的知識性瞭解，轉化爲個體經驗，達到不經意舉手投足皆合道的境界，即"發而皆中節"的境界。故而呂本中強調悟入後的狀態應爲自然："學問功夫，全在浹洽涵養蘊蓄之久，左右採擇，一旦冰釋理順，自然逢原矣。非如世人強襲取

---

① （宋）呂本中：《童蒙訓》卷上，第 524 頁下。
② （宋）呂本中：《師友雜志》，《呂本中全集》本，第 1102 頁。
③ （宋）呂本中：《紫微雜說》，《呂本中全集》本，第 1131 頁。
④ （宋）呂本中：《童蒙訓》卷下，《呂本中全集》本，第 1009 頁。
⑤ （宋）林之奇：《拙齋文集》卷一，《景印文淵閣四庫全書》第 1140 冊，第 374 頁上。

之，揠苗助長，苦心極力，卒無所得也。"①"渙然冰釋，怡然理順。久自得之，非偶然也。"② 這種自然的狀態，即是主體通過長期的操存，將儒學義理內化爲了個體經驗一部分的外在表現。

値得注意的是，呂本中雖然強調在下學的過程中悟入，但其理論却與程頤有微妙的不同，程頤認爲"凡一物上有一理，須是窮致其理"，修養主體通過長期的"格物"而後"積習既多，然後脱然自有貫通處"③。呂本中則曰："今日記一事，明日記一事，久則自然貫穿。今日辨一理，明日辨一理，久則自然浹洽。今日行一難事，明日行一難事，久則自然堅固，渙然冰釋，怡然理順。久自得之，非偶然也。"④ 格物的對象從已然存在的事物與規律，變爲"今日行一難事，明日行一難事"的"難事"，顯然主體的精神活動與思維創造成爲格物的對象，這就隱含著賦予文學創作以會得天理途徑的崇高哲學意義的可能。呂本中這種理學修養方式上的偏重，爲其注重探討詩歌創作規律提供了合理的理論依據。同時，呂氏下學窮理的修養方式，因其注重實際工夫的踐行，隱含著這種可能，即在詩歌創作的具體探討中，注重對詩歌技法等基礎理論的探討。而呂氏對下學目的在於上達的重視，則隱含著呂氏通過詩歌法度等基礎工夫的探討與踐行而追求更高藝術境界的主張。

要之，呂氏之理學理論，不但會使其重視並探討詩歌創作規律，亦決定了其探討方式、關注視野必然與詩歌創作發生關繫。

二　呂本中詩論發展脈絡及其儒學依據

解讀呂本中"活法"說的提出原因，不可忽視當時詩學發展之概況。蘇軾《書吳道子畫後》云："故詩至於杜子美，文至於韓退之，書至於顏魯公，畫至於吳道子，而古今之變，天下之能事畢矣。"⑤ 因此，在盛唐詩歌達到"天下之能事畢矣"的巔峰後，延至中晚唐即出現了對詩歌創作方式、規律的總結，誕生了《詩式》《詩格》《風騷旨格》《金針詩格》等一系列詩話類著作。這體現出了後代詩人意圖通過創作經驗

---

① （宋）呂本中：《紫微雜説》，《呂本中全集》本，第 1138 頁。
② （宋）呂本中：《紫微雜説》，《呂本中全集》本，第 1137 頁。
③ （宋）程顥、程頤著，王孝魚校點《二程集·河南程氏遺書》卷十八，第 188 頁。
④ （宋）呂本中：《師友雜説》，《叢書集成初編》本，第 12 頁
⑤ （宋）蘇軾：《書吳道子畫後》，《蘇軾文集》卷七十，第 2210 頁。

的歸納與總結達到前人境界的努力，也反映了詩學領域出現建立程式化法則的趨勢，詩人們意圖在他們發現的理性法則指導下，通過可操作的創作實踐而達到一定的藝術水準。簡言之，即是通過“技”之層面的探究而實現創作水平的提升。延至北宋末期，詩人多論煉字、對偶、聲律等詩歌具體技法，江西後學之學黃亦多從此著手，雖然黃庭堅之詩論涵蓋了主體精神修養之“道”與詩歌創作之“技”兩方面，並一再強調以“道”規整和引導“技”之發展，如其勸誡洪芻曰：“然孝友忠信，是此物（學問文章）之根本。”①《國經字説》中亦言：“忠信以爲經，義理以爲緯，則成文章矣。”②但詩壇風氣却朝著“技”之探究的方向片面發展，而“道”之修養則顯然處於被冷落的地位。徐俯即曰：“近世人學詩，止於蘇黃，又其上則有及老杜者，至六朝詩人，皆無人窺見。若學詩而不知有《選》詩，是大車無輗，小車無軏。”③陳巖肖曰：“或未得其妙處，每有所作，必使聲韻拗捩，詞語艱澀，曰‘江西格’也。”④韓駒亦曰：“今人非次韻詩，則遷意就韻，因韻求事；至於搜求小説佛書殆盡，使讀之者惘然不知其所以，良有自也。”⑤很顯然，在黃庭堅之後的這一時期，詩人面臨的問題是如何從形而下的技法研習達到形而上的境界提升，如何以“道”的體察實現對“技”的促進。

　　呂本中對北宋末期詩壇狀況有著清醒的認識，其作於大觀末的《外弟趙才仲數以書來論詩因作此答之》一詩，即隱含了如何匡救詩壇之弊的見解：

　　　君才如長刀，大窾當一割。正須礱其鋒，却立望容髮。平生江海念，不救文字渴。茫然攬轡來，六驥仰朝秣。病夫百無用，念子故踈闊。未能即山林，頗復便裘褐。前時少年累，如燭今見跋。胸中塵埃去，漸喜詩語活。孰知一杯水，已見千里豁。初如彈丸轉，忽若秋兔脱。旁觀不知妙，可受不可奪。君看擲白盧，乃是中前筈。不聞鐵甲利，反畏彊弩末？輿薪遵大路，過眼有未察。君能探虎穴，

---

① （宋）黃庭堅：《與洪駒父書》，《黃庭堅全集·外集》卷二十一，第 1365 頁。
② （宋）黃庭堅著，劉琳等校點《黃庭堅全集·正集》卷二十四，第 623 頁。
③ （宋）曾季貍：《艇齋詩話》，《歷代詩話續編》本，第 296~297 頁。
④ （宋）陳巖肖：《庚溪詩話》，《歷代詩話續編》本，第 182 頁。
⑤ （宋）魏慶之：《詩人玉屑》引《陵陽先生室中語》，第 171 頁。

不但須可捋。①

　　該詩之"平生江海念"以下即是對自我學詩經歷的一種回顧，詩言自我欲歸隱以專意文學創作的念想並未帶來詩歌創作境界的提升，是爲"平生江海念，不救文字渴"。而自"前時少年累"以下則是對自我詩歌創作進步原因的剖析，呂本中認爲自己詩歌創作之所以能取得進步，之所以能盡除往昔之固陋，則在於"胸中塵埃去"，即內在修養的進步，即在於他以"道"的提升促發了詩藝的進步。又因"天人一理，無上下內外之殊"②，故而對"一杯水"而能知"千里豁"，這種"天理"無處不在故應於細微處體味的思路，無形中賦予了作者無限開闊、隨物賦形的創作精神。創作主體通過長期的操存故能臻於純熟，是所謂"初如彈丸轉，忽若秋兔脱"。同時，"學問功夫，全在浹洽涵養蘊蓄之久"，因此內在修養與詩歌創作應勤勉不間斷，宛如擲白盧，最後一子決定勝負③，是爲"君看擲白盧，乃是中前筈"。而後二聯則是勸勉趙才仲著力於內在精神的修養，如此則能有卓越識見而見道理透徹，如強弩能破鐵甲；相反，如識見平平則易如輿薪過路，難爲時人所注目。該詩既是詩學理論的闡述，亦可視爲其儒學修養理論的文學投映。其以"道"促"技"以匡救詩壇之弊的理路彰顯無遺。

　　在政和三年所作之《別後寄舍弟三十韻》一詩中呂本中則明確提出了"活法"一説，詩之後半曰：

　　　　惟昔交朋聚，相期文字盟。筆頭傳活法，胸次即圓成。孔劍猶
　　霄練，隨珠有夜明。英華仰前輩，廓落到諸卿。敢計千金重，嘗叨
　　一字榮。因觀劍器舞，復悟擔夫爭。物固藏妙理，世誰能獨亨。乾
　　坤在蒼莽，日月付峥嶸。凜凜曹劉上，容容沈謝幷。直須用欵欵，
　　未可笑平平。有弟能知我，它年肯過兄？初非強點灼，略不費譏
　　評。短句筌筊引，長歌偏側行。力探加潤澤，極取更經營。徑就波

---

① （宋）呂本中著，韓西山校注《呂本中詩集校注》卷三，第 224 頁。
② （宋）呂本中：《紫微雜説》，《呂本中全集》本，第 1125 頁。
③ 韓西山：《呂本中詩集校注》釋曰："程大昌《演繁露·盧擲》載：以木製骰子五枚，每枚兩面，一面塗黑，畫牛犢，一面塗白，畫雉。一擲五子皆黑者爲盧，爲勝采；四黑一白爲雉，爲次勝采。"

瀾闊，勿求盆盎清。吾衰足欲轍，汝大不欹傾。莫以東南路，而無
伊洛聲。①

　　呂本中首先指出胸次圓成是"活法"的前提，而後呂本中又指出了
詩歌技法的重要，即"敢計千金重，嘗叩一字榮"，但其後之"因觀劍
器舞，復悟擔夫爭。物固藏妙理，世誰能獨亨"二聯則是呂本中儒學
修養的詩化表達，其《紫微雜說》云："天下萬物一理。苟致力於一事，
必得之理，無不通也。張長史見公主擔夫爭道，及公孫氏舞劍，遂悟草
書法。蓋心存於此，遇事則得之。以此知天下之理本一也。如使張長史
無意於草書，則見爭道、舞劍，有何交涉？學以致道者亦然。一意於
此，忽然遇事得之，非智巧所能知也。德成而上，藝成而下。其願學者
雖不同，其用力以有得則一也。學者盍以張長史學書之志而學道乎！"②
呂本中認爲"天理"作爲最高宇宙精神而無所不在，任何事物皆乃"天
理"的具體體現，詩歌創作亦是如此。主體惟有通過長期的研習，將
"道"的修養與詩藝之"技"的探求合二爲一，方能起到遞相促進、交
互發明的作用。而尾聯之"莫以東南路，而無伊洛聲"則顯然是呂本中
視詩歌創作爲證道途徑的言說。

　　紹興元年，呂本中作《與曾吉甫論詩第一帖》。在此篇文中，呂本
中從詩歌技法的角度，指出"遍考精取，悉爲吾用"乃是學詩之要，即
通過長久的研習，使詩歌技法内化爲個體經驗，達到隨意揮灑而皆合作
詩之要的境地。在此文中，呂本中進一步強調說："要之，此事須令有
所悟入，則自然度越諸子。悟入之理，正在工夫勤惰間耳。如張長史見
公孫大娘舞劍，頓悟筆法。如張者，專意此事未嘗少忘胸中，故能遇事
有得，遂造神妙；使它人觀舞劍，有何干涉。"③呂本中在文中雖然運用
禪學"悟入"的術語，但從其思想的發展來看，則"悟入"之内涵更接
近於其"蘊蓄之久，左右採擇，一旦冰釋理順，自然逢原矣"的理學修
養理論。在其同年所作的《與曾吉甫論詩第二帖》中，呂本中則從内在
修養的角度進一步探討如何由技而道的問題：

---

① （宋）呂本中著，韓西山校注《呂本中詩集校注》卷六，第 468 頁。
② （宋）呂本中：《紫微雜説》，《呂本中全集》本，第 1134 頁。
③ （宋）胡仔：《苕溪漁隱叢話·前集》卷四十九，第 333 頁。

詩卷熟讀，深慰寂寞。蒙問加勤，尤見樂善之切，不獨爲詩賀也。其間大概皆好，然以本中觀之，治擇工夫已勝，而波瀾尚未闊，欲波瀾之闊去，須於規摹令大，涵養吾氣而後可。規摹既大，波瀾自闊，少加治擇，功已倍於古矣。試取東坡黃州已後詩，如《種松》《醫眼》之類，及杜子美歌行及長韻近體詩看，便可見。若未如此，而事治擇，恐易就而難遠也。退之云："氣，水也，言，浮物也，水大則物之浮者大小畢浮，氣之與言猶是也，氣盛則言之長短與聲之高下皆宜。"如此，則知所以爲文矣。曹子建七哀詩之類，宏大深遠，非復作詩者所能及，此蓋未始有意於言語之間也。近世江西之學者，雖左規右矩，不遺餘力，而往往不知出此，故百尺竿頭，不能更進一步，亦失山谷之旨也。①

在此篇文字中，呂本中明確指出了詩歌創作境界提升的路徑，即通過"涵養吾氣"，實現精神境界的超越高妙，達到"渾然與物同體"的境界，由此應事接物，則觸處皆真；形諸詩歌創作，則規模必大、氣象必宏、波瀾必闊。在此基礎上"少加治擇"，即於詩歌技法上"遍考精取，悉爲吾用"，則詩歌創作自然可臻於高妙境地。在完成以上論述後，呂本中指出了江西詩派詩人的缺陷，即"左規右矩，不遺餘力"地僅僅專注於詩歌技法的研習，而忽略了"涵養吾氣"對詩歌創作的決定作用，所以江西詩派詩人一直未能通過形而下之技法的研習，達到形而上之創作境界的提升，是爲"百尺竿頭，不能更進一步，亦失山谷之旨也"。

從呂本中"活法"說提出前的詩學觀點的發展來看，他一直力圖將理學修養方式與詩學理論探討建立起聯繫，以此來解決當時如何由形而下之技法研習達到形而上之創作境界提升的詩學問題，即如何由技而道、由枝葉入根本的問題。所以呂本中"活法"說的提出，是江西派詩學理論進一步發展的需要，亦符合了理論學說由形而下之問題考察到形而上之理論探討的發展規律。因此，從理學的視角審視呂本中語廣而意圓的"活法"說，有助於更好地揭示"活法"的理論內涵及其學術淵源。

---

① （宋）胡仔：《苕溪漁隱叢話·前集》卷四十九，第333頁。

三 "悟入"與參"活句"：呂本中"活法"説的學術依據與詩學意義

　　從呂本中"活法"説提出前的詩學理論發展來看，呂本中關於"活法"的論述體現了一脈相承、漸次完善的特點，亦體現出了理學意味逐漸濃郁的特點。而呂本中下學窮理之理學修養論亦存在著通過探討文學創作實現體悟"天理"的可能，存在著由藝而道、由枝葉而根本的修養進路。《師友雜説》載呂本中以張長史學書喻學道①即是這種思路的闡述，即由形而下之"藝"的探討達到形而上之"道"的體悟。而在"藝"的探討方面，呂本中用張旭書法之例，指出"心存於此""一意於此"的重要。同樣，詩歌創作亦是如此，《紫微詩話》載："叔用嘗戲謂余云：'我詩非不如子，我作得子詩，只是子差熟耳。'余戲答云：'只熟便是精妙處。'叔用大笑以爲然。"②"心存於此""一意於此"的目標則是將詩歌技法等内化爲創作主體之内在經驗，從而隨手揮灑而皆合法度。其思路則與楊時告誡呂本中之語相通："以誠敬存之，皆非誠敬之至者，若誠敬之至，又安用存？"③心存誠敬，長期修養，最終達到隨心所欲而舉止皆合誠敬要求的境地。呂本中的理學修養和詩歌技法的探討至此連接在了一起，體現出了以形而上之"道"來明確形而下之"藝"的探討的自覺意識，簡言之，即是強調將理學修養與文學創作規律的探求並爲一。

　　呂本中作於紹興三年④的《夏均父詩集序》，對其"活法"詩論進行了系統的解説，其論從表面來看是對詩歌創作規律的探討，但其邏輯構成却有著呂氏理學修養的印記。此外，呂本中一直力圖將詩藝探討與理學修養建立聯繫，故而從理學角度審視其"活法"的系統化構成，有助於更好的發掘其内涵。《夏均父詩集序》全文如下：

　　　　頃歲嘗與學者論，學詩當識活法。所謂活法者，規矩備具而能出於規矩之外，變化不測而卒亦不背規矩也。是道也，蓋有定法而

---

①　（宋）呂本中：《師友雜説》，《呂本中全集》本，第 1134 頁。
②　（宋）呂本中：《紫微詩話》，《歷代詩話》本，第 362 頁。
③　（宋）呂本中：《師友雜志》，《呂本中全集》本，第 1101 頁。
④　曾明：《呂本中"活法"説文本考》，載《西南民族大學學報》2011 年第 4 期。

無定法，無定法而有定法，知是者則可以語活法矣。世之學者，知
規矩固已甚難，況能遽出規矩之外而有變化不測乎？謝元暉有言：
"好詩流轉圓美如彈丸。"此真活法也，元暉雖未能實踐此理，言亦
至矣。近世黃魯直首變前作之弊，而後學者知所趨向，畢精盡知，
左規右矩，庶幾至於變化不測，而遠與古人比，蓋皆由此道入也。
然予區區淺末之論，皆漢魏以來有意於文者之法，而非無意於文者
之法也。孔子曰："興於詩。"又曰："詩可以興，可以觀，可以群，
可以怨。邇之事父，遠之事君，多識於鳥獸草木之名。"今之為詩
者，果可以使人讀之而能興觀群怨矣乎？果可以使人讀之而能知所
以事父事君而能識鳥獸草木之名乎？為之而不能使人如是，則如勿
作。雖然，文猶質也，質猶文也，君子於文有不得已焉者也。吾友
夏均父，蘄人也，賢而有文章，其於詩，蓋得所謂規矩備具而出於
規矩之外變化不測者，其天才於流輩獨高，眾苦不足，而均父常用
之若不盡也。①

　　相對於呂本中詩歌中關於"活法"的論述，呂本中此文論述得更為
詳細、更為系統。呂本中此處之"活法"更加強調在做到"法度森嚴"
的同時又能"卒造平淡"，更加強調對詩歌創作揮灑自如之境界的追求，
周裕鍇先生認為："'規矩備具，而能出於規矩之外'，這是黃氏（庭堅）
'稍入繩墨乃佳'與'不可守繩墨令儉陋'的翻版；'變化不測，而亦不
背於規矩'，這又是蘇軾'出新意於法度之中，寄妙理於豪放之外'的
重申。活法之義，語廣而意圓，要之可視為蘇、黃詩學的合題。"②周先
生之論頗中肯綮。但呂本中彌合蘇黃詩論的思維方式和思維過程，却值
得作更深的探求。
　　呂本中在《夏均父詩集序》一文中將黃庭堅作為師法的對象，認為
山谷"畢精盡知，左規右矩，庶幾至於變化不測"，簡言之，即是通過
詩歌法度的研習，達到爛熟於心的地步，從而揮灑自如而皆合乎法度。

①　（宋）王正德：《餘師錄》卷三，《叢書集成初編》本，第41~42頁。據《餘師錄》序文可知，該
　　書作於紹熙四年，此時劉克莊年僅七歲，故而本書所引《夏均父詩集序》以《餘師錄》為準。
②　周裕鍇：《宋代詩學通論》，第223頁。

對此，吕本中認爲惟有做到"活法"，方能達到山谷之詩學高度。而其"活法"説則由兩組對立統一的矛盾組合構成，即"規矩備具而能出於規矩之外，變化不測而卒亦不背規矩"與"有定法而無定法，無定法而有定法"。很顯然，吕本中此論所討論的是由形而下之技法探討上升至形而上之境界提升的問題，是如何對形而上之境界進行界定的問題，這與下學上達的理學修養進程頗爲相似，其重心則在於如何上達。在隱含了"道"之修養提升命題的同時，亦包含了"技"之層面如何提升的問題，其"活法"理論可謂體用兼顧。

（一）"道"之層面的"悟入"

以"不主一門，不私一人，善則從之"爲治學原則的吕本中，在境界提升的認識方面高標"悟"字，認爲只有通過"悟"才能實現修養工夫的内外貫通，才能使内外修養工夫成爲互相促進、循環上升的體系。《童蒙訓》載："周恭叔又説：'先生教人爲學，當自格物始。格物者，窮理之謂也。欲窮理，直須思始得。思之有悟處始可。不然所學者恐有限也。'"①通過内向的省察而有所悟入，才能實現境界的提升，否則"恐有限也"。其自述曰："'萬物皆備於我矣''反身而誠，樂莫大焉'，是頓；'强恕而行，求仁莫近焉'，是漸。"②吕本中認爲通過"反身而誠"的内向省察，實現認識的提升，獲得精神的安頓，從而産生"樂"，這就是"頓"，即悟入。而由己及人、推己及物的勉力躬行，即外向的實踐工夫，是"漸"。從其論述來看，"强恕而行"的實踐工夫是"反身而誠"的悟入基礎，二者並非割裂的、毫無聯繫的。至於應該如何悟入，悟入的方式與過程如何，吕本中認爲"天理"作爲本體，貫穿所有事物當中，是爲"天下萬物一理"。因此主體須具備融會貫通、舉一反三的思考意識，因爲在對任何事物的觀照中都存在識得"天理"的可能。具備了會得"天理"的自覺意識，通過"熏陶漸染"與"講究持論"的内外修養工夫，不斷增强體認"天理"的意識，再通過長期的操存，主體自然會産生由量變到質變的認識飛躍，如張旭終日思考草書創作藝術，故能從擔夫争道、公孫舞劍中獲得啓發，實現認識的飛躍與境界的提升。而吕本中標示的悟入，無疑帶有禪學背景，其重心在於通過長期的

---

① （宋）吕本中：《童蒙訓》卷下，《吕本中全集》本，第 1009 頁。
② （宋）林之奇：《拙齋文集》卷一，《景印文淵閣四庫全書》第 1140 册，第 374 頁上。

操存，將儒學義理由外在的知識性瞭解，轉化爲個體經驗，達到不經意的舉手投足皆合乎道的境界，即"發而皆中節"的境界。

吕本中拈出"悟"之方法，明確標示了融通内外修養工夫的意識，彰顯了意欲將内外修養工夫形成遞相循環、互相發明體系的意識。由此可見，"悟"兼及體用，在本體認識和内外工夫彌合上都具有關鍵作用。主體通過長期的操存而"悟入"，故能隨心所欲而不逾矩，達到"規矩備具而出於規矩之外"的精神自由境界。

（二）"技"之層面的"慎勿參死句"

吕本中好友曾幾在《讀吕居仁舊詩有懷其人作詩寄之》中論及自己詩歌創作心得云："學詩如參禪，慎勿參死句。縱橫無不可，乃在歡喜處。又如學仙子，辛苦終不遇。忽然毛骨换，正用口訣故。居仁説活法，大意欲人悟。常言古作者，一一從此路。豈惟如是説，實亦造佳處。其圓如金彈，所向若脱兔。風吹春空雲，頃刻多態度。"① 此詩開篇之"學詩如參禪"，乃老生常談，吴可"學詩渾似學參禪"即以參禪喻學詩，然吴可之論大體强調學詩當達到揮灑自如的境界。但曾幾更爲具體地指出了學詩與學禪的類似處——"慎勿參死句"，"死句"乃禪宗術語。草堂清禪師云："須參活句，莫參死句。若參活句，臨機變態，不失其宜，出没卷舒，應用自在。若參死句，如同玉石，真僞不分，凡聖現前，不能甄别。且道那箇是活句，那箇是死句？會麽？'易分雪裏粉，難辨墨中煤。'"② 《林間録》云："語中有語名爲死句，語中無語名爲活句。"③ 可見禪宗將意路不通無義味句，謂之活句；有義味通意路句，謂之死句。由此不難推知，"易分雪裏粉"爲"活句"，而"難辨墨中煤"爲"死句"。至於爲何參不同於正常思維邏輯之"活句"，原因即在於正常邏輯的"死句"往往會導引學者按照作者的思路展開思考，從而使學者因言作解，最終導致屋下架屋，終矮一層，而迥異正常邏輯的"活句"則可使學者無路可尋而展開自我思考，最終達到展現自我精神並凸顯自我面目的效果。

相較於他人論詩多將所論詩歌作爲已然存在之物，參"活句"則

---

① （宋）陳思編，（元）陳世隆補《兩宋名賢小集》卷一百九十，《景印文淵閣四庫全書》第 1363 册，第 545 頁。

② （宋）晦堂師明編《續古尊宿語要》，《卍新纂續藏經》第 68 册，第 363 頁下。

③ （宋）惠洪：《林間録》，《卍新纂續藏經》第 87 册，第 251 頁下。

啓示讀者重在揣摩作者創作過程，不能僅僅順從作者詩句之方向思考，不可僅僅欣賞已經呈現出的詩歌、詩句之美，還應反思優秀詩歌、詩句是如何經由作者之手創作出來的，即作品的創作方式和過程是讀者應著力思考處。一旦窺破此層，創作能力自然得到提升，即“縱橫無不可，乃在歡喜處。”而其後的“居仁説活法，大意要人悟”，亦是強調將參“活句”，將學習前人創作經驗，與自我創作經驗的反思相結合。這種轉悟致知使得學習活動從文本本身轉移到文本背後的創作活動上，顯然曾幾與吕本中的共識是：詩歌創作是一種不能與行動分離的活動，不能離開創作主體的活動而就文本論文本，而應就文本反思創作活動，就文本出發，最終回歸文本所要表現的創作質感。正如波蘭尼所論：“即使能把一項整合的認知内容譯出來，也無法傳達該内容的感覺質地，你只能躬親地感覺這質地，只能内斂於這質地之中。”① 此方式解決的是創作之能的問題，是提升作者創作能力的方式，是針對當時詩人“非次韻詩，則遷意就韻，因韻求事”的創作窘況而發。换言之，只有解決創作之能的問題，進入“風吹春空雲，頃刻多態度”的創作自如程度，才能達到“規矩備具而能出於規矩之外，變化不測而卒亦不背規矩”的創作境界。

因此，吕本中“活法”説的提出，是其長期致力於用理學修養方法貫通詩歌創作理論的必然結果。吕本中針對當時詩壇沉溺於詩歌技法等形而下基礎工夫探討的弊端，將關注焦點轉移到了如何實現形而下之技法錘煉與形而上之精神修養遞相發明、互相促進方面。吕本中力圖構建起由藝而道、由枝葉而根本的圓融無礙、體用兼備的詩論系統，以匡救詩壇之弊。

四　南宋學者對“活法”一詞運用的啓示

吕本中“活法”詩論有其儒學思想的鮮明印記，而其“活法”説既可用之分析詩歌創作，亦可用之論述理學修養。“活法”説兼顧體用，呈現出了“道”“技”遞相發明的特色，兼具理學、詩學兩方面的意蘊。故而，在吕本中“活法”説提出後，不但文苑中人用之論述詩歌創作，而儒林學者亦用之論述理學修養。如朱熹評尹焞時説：“和靖持

---

① 〔英〕邁克爾·波蘭尼：《意義》，第 46 頁。

守有餘而格物未至，故所見不精明，無活法。”① 在與弟子的答問中，朱熹亦屢次運用活法一詞，《朱子語類》載：“趙曰：‘某幸聞諸老先生之緒言，粗知謹守，而不敢失墜爾。’曰：‘固是好，但終非活法爾。’”② 朱熹所言之“活法”乃是主體在體認儒者之道後，能施之於日常的人倫日用、應事接物中，是深切體會到儒者之道圓融無礙的外在表現，而不是一味“持守”“謹守”而不能發之於用。朱熹弟子陳埴則明確地將“活法”看作主體體驗到未發之中後，應事接物圓融無礙的表現：“‘允執厥中’乃時中之中，觸處是道理，活法也。子莫乃執一以爲中，死法也，霄壤之異。”③ 陳埴認爲主體實現了私欲去盡的未發之中後，其喜怒哀樂之情緒抒發皆能合乎儒者之道，故而“觸處是道理”，這就是“活法”。拘泥於一事一物而不能推而廣之，則是“活法”的對立面。而滕珙對“活法”之理解亦與朱熹、陳埴大致一致：“聖賢所傳明善誠身齊家治國平天下者，初無新奇可喜之説，遂以爲常談死法而不足學。夫豈知其常談之中自有妙理，死法之中自有活法，固非佛老管商之陋所能仿彿其萬分也。”④ 滕珙此處用“活法”來概指儒學圓融無礙的特點，指出儒學體用兼備，施諸個體道德完善、人倫日用與外在事功皆可。而不像佛禪學説那樣“殆將滅五常，絶三綱，有孤高之絶體，無敷榮之大用”⑤。以上諸人之論皆著眼於“道”之層面，認爲“活法”可施之於用，可由此及彼，可由我及人，這正是隨心所欲而不逾矩，正是“規矩備具而出於規矩之外變化不測”精神自由境界。

文苑中人則更多地注意到“活法”“道”“技”遞相促進的一面。俞成《螢雪叢説》中概括“活法”曰：

> 伊川先生嘗説《中庸》：“‘鳶飛戾天’，須知天上者更有天；‘魚躍於淵’，須知淵中更有地。會得這個道理便活潑潑地。”吳處厚嘗作《剪刀賦》，第五聯對：“去爪爲犧，救湯王之旱歲；斷鬚燒藥，活唐帝之功臣。”當時屢竄易“唐帝”上一字不妥帖，因看游鱗，頓

---

① （宋）黎靖德編《朱子語類》卷一百零一，第 2575 頁。
② （宋）黎靖德編《朱子語類》卷一百二十，第 2890 頁。
③ （宋）陳埴：《木鍾集》卷二，《景印文淵閣四庫全書》第 703 册，第 610 頁上。
④ （宋）滕珙：《經濟文衡·續集》卷二十二，《景印文淵閣四庫全書》第 704 册，第 492 頁下。
⑤ （宋）張九成：《少儀論》，《橫浦集》卷五，《景印文淵閣四庫全書》第 1138 册，第 320 頁下 ~321 頁上。

悟"活"字，不覺手舞足蹈。吕居仁嘗序江西宗派詩，若言："靈均
自得之，忽然有入，然後惟意所出，萬變不窮，是名活法。"楊萬里
又從而序之，若曰："學者屬文當悟活法，所謂活法者，要當優游厭
飫。"是皆有得於活法也如此。吁！有胸中之活法，蒙於伊川之說得
之；有紙上之活法，蒙於處厚、居仁、萬里之說得之。①

俞成敏銳地指出了"活法"道藝相通的特色，而其"胸中之活法"
與"紙上之活法"的提法，側重從創作能力提升的角度指出了"活法"
說在邏輯思維上兼通理學修養與詩法探討的内涵。

吕本中之後的南宋儒林學者對"活法"一詞的運用，不但彰顯了
"活法"說語廣意圓的特徵，亦顯示了"活法"一說的儒學依據。南宋
學者將"活法"一詞用於理學義理的言說中，固然與南宋理學盛行的文
化語境相關，但假若吕本中"活法"一詞僅僅具備文學意蘊，其理論淵
源僅僅來源於詩歌理論，則不會出現南宋學者廣泛用之解釋儒學義理的
現象。因此，南宋學者對"活法"一詞的廣泛運用，與吕本中"活法"
說之邏輯推演過程、理論架構特點等方面的理學因子不無關係。

第三節 《江西宗派圖》作年、目的及意義新辨

吕本中《江西宗派圖》，從寫作時間到名稱意義，再到編排順序，
皆是聚訟紛紜的文學史公案。但歷來論者多基於文學立場單向度地進
行考察，而忽視了吕本中之儒學世家的家學淵源及其儒學學者的知識構
成，這造成了《宗派圖》部分意義的遮蔽，從而不能對其有全面瞭解，
亦忽視了其部分寫作意義。本書擬基於吕本中知識構成的分析，從其作
爲以詩名世的詩人與儒學學者的雙重身份出發，力圖對其寫作目的、撰
寫過程、寫作時間及其意義進行全面的梳理。

一 學界關於《江西宗派圖》撰寫時間考察的反思

關於《宗派圖》的撰寫時間，大體有三種意見：其一，崇寧一、二

---

① （宋）俞成：《螢雪叢説》卷上，同治退補齋本，第9頁。

年之説，此由莫礪鋒先生在范季隨“少時戲作”的基礎上，結合對《宗派圖》中饒節出家時間的考證得出。其二，紹興三年説，此以黃寶華先生《〈江西詩社宗派圖〉的寫定與〈江西詩派〉總集的刊行》爲代表。其三，政和三年説，此由謝思煒先生在《吕本中與〈江西宗派圖〉》中提出，伍曉蔓先生、韓酉山先生均認同此説。

　　三種意見中，崇寧年間所作似最不可能，伍曉蔓先生辨之甚詳：其一，“崇寧一年或二年初，吕本中十九歲，與《宗派圖》詩人的交往剛起步，《宗派圖》很多成員，如江端本、晁冲之尚未進入他的視野，不大可能寫作《宗派圖》”[1]；其二，莫礪鋒先生認爲：“根據當時的習俗，對於已經出家爲僧的人，是不再稱呼其俗名的。”[2] 而吕本中與饒節在崇寧年間即同學於吕希哲門下，作爲多年的老友，吕本中在饒節出家後仍在詩歌中稱其俗名，如“遂有聲明伴老饒”“饒三笑汝參禪誤”等，誠如伍曉蔓先生所言：“事實上，對僧人稱法名的習俗主要嚴格在當面稱呼上。”[3] 因此，《宗派圖》作於崇寧元年或二年的可能性並不大。

　　關於作於紹興三年的説法，伍曉蔓先生以范季隨《陵陽先生室中語》“少時戲作”爲證：“家父嘗具飯招公與吕十一郎中昆仲。吕郎中先生至，過僕書室，取案間書讀，乃《江西宗派圖》也。吕云：‘安得此書？切勿示人，乃少時戲作耳。’他日公前道此語，公曰：‘居仁却如此説。’《宗派圖》本作一卷，連書諸人姓字。後豐城邑官開石，遂如禪門宗派，高下分爲數等，初不爾也。”[4] 黃寶華先生認爲：“問題不在於吕本中是否作過這樣的自白，而在於其自白的真實性，即其自白是否真實地表述了此圖的寫作時間。筆者認爲這一點是很可懷疑的。”[5] 伍曉蔓先生則認爲：“從范氏記載來看，此時《宗派圖》已然刻版流傳。如果《宗派圖》果真作於紹興三年，則至遲到紹興四年秋之間，短短一年的時間，該圖已完成了作者作圖、作品流傳、作者矢口否認的過程，這是不可思議的。”[6] 筆者有不同之理解。首先，“《宗派圖》本作一卷，連書諸

---

[1]　伍曉蔓：《江西宗派研究》，第 13 頁。
[2]　莫礪鋒：《江西詩派研究》，第 308~309 頁。
[3]　伍曉蔓：《江西宗派研究》，第 12 頁。
[4]　（明）陶宗儀：《説郛》卷二十七下，第 9 頁。
[5]　黃寶華：《〈江西詩社宗派圖〉的寫定與〈江西詩派〉總集的刊行，載《文學遺産》1999 年第 6 期。
[6]　伍曉蔓：《江西宗派研究》，第 9 頁。

人姓字", 即是范季隨之"案間書", 可以證明紹興三年秋, 吕本中、韓駒寓居臨川時,《宗派圖》已有刻本流布坊間。其次, 這則資料中的石本, 乃"後豐城邑官開石"。此"後"應是此事發生之後豐城邑官的行爲, 隨著名重一時的吕本中、韓駒共同寓居臨川, 引領詩壇唱和的風潮, 又隨著《宗派圖》事件發酵, 從而引發了熱烈的士林爭議, 由此"豐城邑官開石"以記一時盛事。顯然, 坊間流傳《宗派圖》、該事件發生與刻石, 並非一年内完成, 因此黄寶華先生之推斷仍具有合理的邏輯可能。但伍曉蔓先生認爲在古代資訊不發達, 一年之内作《宗派圖》且廣泛流傳不甚合理, 這一判斷基本符合當時史實。因此, 作於紹興三年, 亦值得懷疑。

關於作於政和三年的説法, 伍曉蔓、韓酉山二位先生均認爲此時期政治環境相對寬鬆, 崇寧五年以星變, 詔毁元祐黨籍碑, "除一切黨人之禁", 此爲客觀條件。韓酉山先生認爲:"從紹聖元年開始, 他就（吕本中）跟隨祖父東奔西走十多年, 不僅增加了社會閱歷, 而且結識衆多不同風格的詩人, 熟悉這些人的創作傾向。"[1] 伍曉蔓先生認爲:"吕本中本人早與饒節、汪革、謝逸、謝薖、徐俯、楊符等相識, 大觀末、政和初, 被謝逸兄弟等推舉爲詩壇領袖, 更進一步結識洪炎、江端本、晁冲之, 與王直方通信, 並通過這些朋友與《宗派圖》其他詩人聲氣相通, 完成了與《宗派圖》詩人的交往。至此, 作者總結'江西宗派'這一文學現象、寫作《宗派圖》的條件完全成熟。"[2] 這一推論非常符合情理, 但缺陷在於没有直接的文獻資料作爲支撐, 只能停留在推斷的層面。不僅如此, 王十朋《陳郎中公説贈韓子蒼集》云:"唐宋詩人六七作, 李杜韓柳歐蘇黄。近來江西立宗派, 妙句更推韓子蒼。"[3] 周必大《題山谷與韓子蒼帖》云:"陵陽先生早以詩鳴, 蘇黄門一見, 比之儲光羲; 與徐東湖游, 遂受知於山谷。晚年或置之江西詩社。"[4] 所謂"近來""晚年", 都點出了《宗派圖》的問世及其開宗立派是在南渡之後, 這也是政和三年説所無法解釋的。

因此, 回顧學界對《江西宗派圖》創作時間的考察, 不難看出崇寧

---

① 韓酉山:《〈江西詩社宗派〉寫作時間小議》,《吕本中詩集校注》附録四, 第 2000 頁。
② 伍曉蔓:《江西宗派研究》, 第 15 頁。
③ （宋）王十朋:《梅溪王先生文集・後集》卷二,《四部叢刊初編》本, 第 4 頁。
④ （宋）周必大:《省齋文稿》卷十九,《叢書集成三編》第 46 册, 臺北新文豐出版集團, 1997, 第 358 頁上。

一、二年所作最不可能。紹興三年説，則因爲《宗派圖》在一年内寫作並且刊刻流布坊間，不符合當時之資訊條件，可能性亦值得懷疑。政和三年説，似乎最符合情理，但缺乏相應的文獻支撐。

二　胡寅《和曾漕吉甫》與《江西宗派圖》的撰寫時間

學界在考察《江西宗派圖》寫作時間時，定式的思維是找尋關於吕本中《宗派圖》的直接關聯材料，以之爲基礎作出判斷。但是學界關於此一問題的討論却皆忽略了方回《送羅壽可詩序》的一段文字：

> 黄雙井專尚少陵，秦、晁莫窺其藩。張文潛自然有唐風，別成一宗，惟吕居仁克肖。陳後山棄所學，學雙井。黄致廣大，陳極精微，天下詩人北面矣，立爲江西派之説者，銓取或不盡然，胡致堂詆之。①

方回總結了有宋一代詩學發展的脈絡，認爲黄庭堅、陳師道之後，後起詩人以二人爲師法對象，據此指出江西宗派是以二人爲祖，以後學爲羽翼的團體。但方回所云之"胡致堂詆之"，歷來論者皆對此視而不見，無疑喪失了從"胡致堂"之反應推論《宗派圖》寫作時間的一種可能。胡寅，字明仲，學者稱致堂先生，乃著名學者胡安國之長子，五峰先生胡宏之兄。遍考胡寅《斐然集》，並未見明確詆斥江西宗派之文字，但其卷三有《和曾漕吉甫》一詩，詳味其詩意，即是方回所言"胡致堂詆之"的載體，詩云：

> 本來秋月映澄潭，牆面猶須學二南。徑路枉尋難直尺，卮言暮四等朝三。文如楮葉何勞刻，道在蒲團恐費參。玉帛雍雍王會處，禹宫惆悵一精藍。②

---

① （元）方回：《送羅壽可詩序》，《桐江續集》卷三十二，《景印文淵閣四庫全書》第 1193 册，第 662 頁下。
② （宋）胡寅：《斐然集》卷三，第 57~58 頁。

　　曾幾與胡安國頗有淵源，朱熹云："胡文定初得曾文清時，喜不可言。然已仕宦駸駸了，又參禪了，如何成就得他！"[1] 按，曾幾於建炎三年提舉荊湖北路鹽茶公事，陸游《曾文清公墓誌銘》云："靖康初，提舉淮南東路茶鹽公事……改提舉荊湖北路茶鹽公事。"[2] 又，曾幾《茶山集》卷五有《送周仲固寺正提舉湖北茶鹽，余建炎己酉歲嘗爲此官》。而是歲胡安國尚居於荊門，當年又因避亂，遷居湘潭。曾幾與胡安國當在建炎三年有過短暫的會晤，曾幾之學識與才幹給胡安國留下了良好的印象，故而有朱子"喜不可言"之語。建炎四年秋冬，曾幾乞閒奉祠，避地柳州。紹興元年、二年間，曾幾輾轉於柳州、桂林、潯州之間，與呂本中有詩唱和，且討論詩法，曾幾《東萊詩集後序》云："紹興辛亥，幾避地柳州，居仁在桂林，是時年皆未五十，居仁之詩，固已獨步海內。幾亦妄意學作詩。居仁一日寄近詩來，幾次其韻，因作書請問句律。居仁察我至誠，教我甚至。"[3] 紹興三年，曾幾歸自嶺南，途徑南嶽，陸游《曾文清公墓誌銘》云："避亂寓南嶽，從故給事中胡安國推明子思、孟子不傳之絕學。"[4] 相對於建炎三年的匆忙，此次會面論學持續時間較長。正是在此次會面中，曾幾暴露出了其研習禪學的學術特點，胡安國《答贛川曾幾書》中有轉述曾幾"充良知良能而至於盡，與宗門要妙兩不相妨"[5] 之語，正因如此，故有朱熹"又參禪了，如何成就得他"之論。考容肇祖先生《胡寅年譜》，胡寅紹興三年居於南嶽家中。胡寅之前並未與曾幾有過交集，其詩歌又稱曾幾爲"曾漕"，當時依其奉祠之前"提舉荊湖北路鹽茶公事"之官職而稱，因此此詩應作於紹興三年[6]。綜上，此詩寫作背景基本可以還原：曾幾一方面展露了其禪學的學術淵源，另一方面又通過詩文唱和與詩法談論，與呂本中成了莫逆之交。

　　至於該詩內容，首聯寫儒學之道明白剴切，如同秋月映照於澄明潭水中，主體欲會得儒道，需要通過後天的儒學經典研習，此是爲"尤須學二南"。頷聯則隱含著對曾幾的批評：主體如迷失方向，咫尺之遠亦

---

① （宋）黎靖德編《朱子語類》卷一百一，第 2580 頁。
② （宋）陸游：《陸放翁全集·渭南文集》卷三十二，世界書局，1936，第 201 頁。
③ （宋）曾幾：《東萊詩集後序》，《呂本中詩集校注》"附錄二"，第 1824 頁。
④ （宋）陸游：《陸放翁全集·渭南文集》卷三十二，第 203 頁。
⑤ 載胡寅《先公行狀》，《斐然集》卷二十五，第 557 頁。
⑥ 容肇祖：《胡寅年譜》亦持此見解，見《斐然集》"附錄一"，第 672 頁。

永難達到，而佛禪學說言論雖多，形式雖多樣，但皆在闡述"一切有爲法，如夢幻泡影"的空無本體論。"楮葉"語出《韓非子》："宋人有爲其君以象爲楮葉者，三年而成，豐殺莖柯，毫芒繁澤，亂之楮葉之中而不可別也。"① 後世多用此典，以喻工巧之事物與極盡工巧之行爲。如李商隱之"良工巧費真爲累，楮葉成來不直錢"，王安石之"三年一楮葉，世事真期費""蓮華世界何關汝，楮葉工夫浪費年"，秦觀之"蕉心難固待，楮葉謾勞鐫"等。胡寅"文如楮葉何勞刻，道在蒲團恐費參"一聯，出句讚頌曾幾詩歌工巧、極盡能事，因而不必再用功於斯，對句則勸誠曾幾在"道"之體認上還須多費日力。"王會"乃《逸周書·王會篇》，黃庭堅《和答錢穆父詠猩猩毛筆》亦曾用之："物色看王會，勳勞在石渠。"鄭玄以爲是周王城建成後大朝諸侯四夷之記載。胡寅認爲："中國禮義之地，四夷所爲視效而賓服者也。"② "君令臣從，父令子從，夫令婦從，中國令夷狄從，理之正也。一失其理則君聽於臣，父聽於子，夫聽於婦，中國聽於夷狄，而天下不任其亂矣。"③ 而呂本中做《江西宗派圖》，"作爲江西宗派，如佛氏傳心，推次甲乙，繪而爲圖"④，仿照禪宗之宗派觀念編錄詩壇譜系。在胡寅看來這是典型的以夷變夏，如同中國賓服四夷，臣令君從。精藍乃佛寺，歐陽修《賜夏國主贖大藏經詔》："詔夏國主，省所奏伏爲新建精藍，載請贖《大藏經》、帙、籤、牌等。"王安石《同陳伯通錢材翁游山二君有詩因依元韻》："秋來閒興每登臨，因叩精藍望碧岑。"李壁注曰："精藍亦猶伽藍，精舍、伽藍皆梵語寺名。""禹宮惆悵一精藍"，乃是指江西宗派是以禪宗形式準繩儒林文苑的産物，是化文苑爲禪宗宗派的以夷變夏。

胡寅此詩明白無誤，其基於儒學立場，一方面批評曾幾學禪，另一方面批評《江西宗派圖》以禪宗形式準繩文苑。首先，此詩作於紹興三年，可知在此之前《宗派圖》已經問世，胡寅從曾幾處得知後作有此詩。但從胡寅強烈的反應來看，尤其是"禹宮惆悵一精藍"之語，似乎

---

① （清）王先慎：《韓非子集解》卷七 "喻老"，《諸子集成》本，第 165~166 頁。
② （宋）胡寅：《致堂讀史管見》卷十七，"唐紀·太宗上"，《續修四庫全書》第 449 冊，上海古籍出版社，2002，第 50 頁。
③ （宋）胡寅：《致堂讀史管見》卷二十九，"後晉紀·高祖"，《續修四庫全書》第 449 冊，第 240 頁。
④ （宋）孫覿：《西山老文集序》，《鴻慶居士集》卷三十，《景印文淵閣四庫全書》第 1135 冊，第 305 頁。

並非針對一陳年舊事而發。故可推斷,《宗派圖》的編訂當在不久之前,不大可能是二十多年前的政和三年,否則其情緒亦不大可能如此直接、如此强烈。其次,如范季隨之資料屬實,吕本中紹興三年看到《宗派圖》時云:"安得此書?切勿示人,乃少時戲作耳。"如將"少時戲作"理解爲吕本中政和年間的年少之作,此時吕本中見到,大出所料,則是吕本中早將作《宗派圖》之事遺忘後的驚訝反應。如吕本中早已遺忘作《宗派圖》事,那麼其紹興元年、二年居嶺南時,不大可能對曾幾提及此事,曾幾不曾聽聞,亦不可能語於胡安國父子,胡寅更不會作此詩。

因此,從胡寅《和曾漕吉甫》來看,《宗派圖》之寫作當不在政和三年,乃紹興三年前不久。吕本中寓居嶺南之時,與曾幾訂交,二人多論及詩法,吕本中《次吉甫見寄新韻》云:"詞源久矣多歧路,句法相傳共一家。良賈深藏宜有待,大圭可寶在無瑕。長江渺渺看秋注,孤鶩悠悠伴落霞。盛欲寄書商榷此,嶺南不見雁行斜。"① 曾幾曾曰:"牀頭白酒新浮甕,案上黄詩屢絶編。"② 吕本中早年即與饒節、謝逸等山谷後學交游,《師友雜志》載:"崇寧初,予家宿州,汪信民爲州教授,黎確介然初登科,依妻家孫氏居。饒德操亦客孫氏,每從予家游。三人者,嘗與予及亡弟揆中由義會課,每旬作雜文一篇,四六表啓各一篇,古律詩一篇。"③《童蒙訓》載:"崇寧間饒德操節、黎介然確、汪信民革,同寓宿州,論文會課,時時作詩。"④ 吕本中大約是崇寧年間,即從汪革、饒節等山谷後學處得知山谷詩學,而其寓居嶺南時則明確標舉"句法",還自言與曾幾系出同源,既是自我認同山谷詩學的表現,亦是多年來遍考山谷後學詩法後,對其論詩旨要的總結與歸納。周裕鍇先生指出:"自黄庭堅拈出'句法'二字後,江西派詩人紛紛響應風從,列入《江西宗派圖》中的詩人幾乎無人不談'句法'。"⑤ 又説:"'句法'二字是黄庭堅從杜甫那裏申請來的專利權,也是辨别一個詩人是否屬於江西詩派的重要'身份證'之一。"⑥ 作爲千載而後的當代學者,往往先有"江西宗派""江西詩派"之概念,而後找尋其共同點。但吕本中作《江西宗

---

① (宋)吕本中著,韓酉山校注《吕本中詩集校注》卷十三,第954頁。
② (宋)曾幾:《寓居有招客者戲成》,《茶山集》卷五,第158頁。
③ (宋)吕本中:《師友雜志》,《吕本中全集》本,第1078頁。
④ (宋)吕本中:《童蒙訓》卷下,《吕本中全集》本,第1000頁。
⑤ 周裕鍇:《宋代詩學通論》,第203頁。
⑥ 周裕鍇:《宋代詩學通論》,第204頁。

派圖》是否經過與山谷後學多年的交往，熟悉他們皆以"句法"爲學詩門徑的特點後，以"江西宗派"命名山谷後學？呂本中《東萊詩集》只出現"句法"一例，即上述所舉紹興元年寄曾幾詩。或許呂本中心中對"句法"早有概念，但此時明確標示出來，則顯然值得注意。故而可以推斷，呂本中作《宗派圖》大約在避地嶺南之際，在與曾幾討論詩法時，回顧自己與謝逸、饒節、汪革、潘大臨等山谷後學的切磋論學，建立在總結、反思與歸納的基礎上，以"句法"作爲江西宗派之共同點，以此確定"江西宗派"之人選範圍，並編制出《江西宗派圖》。曾幾作爲最先得知者，故而在北歸途徑南嶽時，與胡氏父子語及此事，是以胡寅有《和曾漕吉甫》詩反駁之。

　　呂本中《江西宗派圖》作於嶺南時期，既有其嶺南時期論及"句法"之詩句作爲旁證，又有胡寅《和曾漕吉甫》作爲對立面的證明，更有王十朋"近來江西立宗派，妙句更推韓子蒼"、周必大"晚年或置之（韓駒）江西詩社"的證明，且這些文字、詩句皆爲可靠文獻。至於"少時戲作"説，其來源於范季隨記錄，從范季隨稱呂本中"呂十一郎中"來看，二者關係平平，其語意似有貶東萊而揚陵陽之意味。而"少時戲作"還有一個來源即是曾季貍《艇齋詩話》："予嘗見東萊自言少時率意而作，不知流傳人間，甚悔其作也。"[1] 歷來論者皆將"少時"理解爲年少時，但"少時"亦有短時間之意，筆者認爲訓爲短期內亦可，即范季隨、曾季貍之"少時"即是短時間內，乃呂本中寓居嶺南時短時間內完成。

　　此外，曾季貍曾與呂本中有交往，後人遂以之爲可信。但曾季貍《艇齋詩話》引述徐俯之言最多，而徐俯甚不以他人視其參學山谷爲然，《清波雜志》載徐俯"視山谷爲外家，晚年欲自立名世。客有贊見，盛稱淵源所自。公讀之不樂，答以小啓曰：'涪翁之妙天下，君其問諸水濱；斯道之大域中，我獨知之濠上。'"[2] 故曾氏之言極可能是站在徐俯立場的妄談，可靠性值得商榷。並且，范季隨、曾季貍乃作爲第三者轉述他人之言，這種轉述極易因記錄者的立場而發生變形。因此，呂本中本人究竟有沒有"少時戲作"之言、有無"甚悔其作"都值得商榷。呂

---

① （宋）曾季貍：《艇齋詩話》，《歷代詩話續編》本，第 296 頁。
② （宋）周煇著，劉永翔校點《清波雜志校注》卷五，中華書局，1994，第 194 頁。

本中《童蒙訓》載:"近世欲學詩,則莫若先考江西諸派。"① 如其"甚悔少作",爲何在"其家塾訓課之本"的《童蒙訓》中以"江西諸派"概稱山谷後學? 換言之,"江西宗派"的概念可能在呂本中心中形成已久,但其首次提出極有可能是在紹興元年,故而當他編訂《宗派圖》的行爲受到非議之時,當被列入《宗派圖》之人表示不認同時,他才以"少時戲作"作爲遁詞爲自己開脱。

三 《江西宗派圖》名稱及呂本中寫作目的新解

不論是《江西宗派圖》,抑或是《江西詩社宗派圖》,皆有"宗派"一詞,如果説"江西"是以地域來大略概括詩人之籍貫,那麼"宗派"則是呂本中對這一文學群體組織形式的界定。因而,"宗派"之内涵與外延,顯然與呂本中對此一文學群體内部關係的定義關係密切。

"宗派"一詞實乃佛教用語,《瑜伽論記》載:"'悉彈多',此云'宗'。一釋:此云'教'。"②《佛光大辭典》釋"宗"曰:"音譯悉彈多,所崇所主之意。通常指各教所尊崇之主旨、義趣,或各經論中,成爲全部教説之樞要、歸趣,而與宗要、宗旨等用語同義。……又通常將尊信同一教義之團體,稱爲宗。宗團再分衍出支流,則稱派。一宗團與其他宗團之區别,則稱宗門、宗派。此外,一派所説之教義,稱爲趣旨、宗旨。宗派之名稱爲宗名。宗名立名之由來有多種,有依經而立者,如華嚴宗、涅槃宗;……有依開祖之名或其所居之地而立者,如中國之天台宗、臨濟宗、曹洞宗、日本之日蓮宗。……一宗之祖師,稱宗祖。"③又曰:"我國自唐代,祖師以其研學、修行之專門者,創立宗派,如禪宗、净土宗、律宗、華宗、三論宗、法相宗、密宗、天台宗,稱爲大乘八宗。"④ 從佛學典籍關於"宗派"的定義來看,有兩點值得注意:其一,有共同尊崇之主旨,即擁有共同的價值追求。其二,有基於共同價值追求形成的較爲接近的參學方式、修養方法。

呂本中以"宗派"定義江西諸人、山谷後學,即説明了他認爲山谷後學在共同的價值追求的基礎上形成了較爲接近之參學方式。黄庭堅

---

① (宋)呂本中:《童蒙詩訓》,《宋詩話輯佚》本,第597頁。
② (唐)釋遁倫集《瑜伽論記》卷十三,《大正藏》第42卷,第609頁上。
③ 慈怡:《佛光大辭典》,臺北佛光文化事業有限公司,1988,第3143~3144頁。
④ 慈怡:《佛光大辭典》,第3144頁。

論詩，著重強調創作主體之內在精神對詩歌的決定意義，即從價值理性的角度指明詩歌創作的向上一路，如黃庭堅認爲：“文章者，道之器也。言者，行之枝葉也。”認爲文章是表現“道”的工具，而“言”則是主體品行的外在表現。總而言之，文學創作是創作主體內在修養的外在表現。其《與徐甥師川》其二曰：“文章乃其粉澤，要須探其根本。本固則世故之風雨不能漂搖，古之特立獨行者，蓋用此道耳。”[①]指出獨立不倚之人格修養對文學創作的重要性。黃庭堅在稱讚友人詩畫的詩篇中也多次表達此一觀點，如其讚黃斌老畫竹云：“酒澆胸次不能平，吐出蒼竹歲崢嶸。”[②]指出黃斌老畫竹之妙，是由其兀傲不平之精神狀態決定的。諸如此類的表述還有很多[③]。另一方面，黃庭堅彰顯了探索詩歌創作具體技法的自覺意識，且首標“句法”工夫，范溫《潛溪詩眼》中載：“句法之學，自是一家工夫。昔嘗問山谷：‘耕田欲雨刈欲晴，去得順風來者怨。’山谷云：‘不如“千巖無人萬壑静，十步回頭五步坐。”’此專論句法，不論義理，蓋七言詩四字三字作兩節也。”[④]又云：“往年嘗請問東坡先生作文章之法，東坡云但熟讀《禮記》、《檀弓》當得之。”[⑤]總之，黃庭堅之詩論涵蓋了道與技，即價值理性與工具理性兩方面，初步形成了體用兼備的體系。

　　山谷後學在此基礎上有所發展，他們一方面致力於於精神修養的充盈，另一方面則更爲細緻地探索詩歌技法。關於前者，呂本中《師友雜志》《童蒙訓》中皆載有謝逸、饒節、汪革等人問學於呂希哲之事，以致黃宗羲《宋元學案》將江西詩派數人置入“滎陽學案”中。而相關詩話資料記載的山谷後學關於“句法”、對偶、煉字等技法的討論，則是承接山谷思路，力圖從工具理性角度實現詩歌創作的進步。在此情況下，呂本中以“宗派”來概括山谷後學這一群體，並非單純將其界定於文學層面，而是在延續黃庭堅詩論的基礎上包含了其融合道與技、彌合價值理性與工具理性的明確用意，亦包含了呂本中賦予詩歌哲學價值、儒學意義的意圖。呂本中家世儒學，且其家學“不主一門，不私一

---

① （宋）黃庭堅著，劉琳、李勇先、王蓉贵校點《黃庭堅全集·正集》卷十九，第486頁。
② （宋）黃庭堅：《次韻黃斌老所畫橫竹》，《黃庭堅詩集注·山谷詩集注》卷十二，第450頁。
③ 如：“子舟落心畫，榮觀不在外。耆年道機熟，贈勝當更倍。”“胸中元自有丘壑，故作老木蟠風霜。”“東坡老人翰林公，醉時吐出胸中墨。”
④ （宋）范溫：《潛溪詩眼》，《宋詩話輯佚》本，第330頁。
⑤ （宋）黃庭堅：《與王觀復書三首》其一，《黃庭堅全集·正集》卷十八，第470-471頁。

説”①，全祖望評吕希哲云：“滎陽少年，不名一師。初學于焦千之，廬陵之再傳也。已而學于安定，學于泰山，學于康節，亦嘗學于王介甫，而歸宿于程氏。集益之功，至廣且大。然晚年又學佛，則申公家學未醇之害也。要之，滎陽之可以爲後世師者，終得力于儒。”② 這種開闊包容的學術胸懷，使吕本中在以二程傳人自居的基礎上又容納了佛禪學説的内容，呈現出不同於二程之學的某些特色，這尤爲集中地體現在修養工夫方面，《程氏遺書》載程頤與門人論“格物致知”云：

> 或問：“進修之術何先？”曰：“莫先於正心誠意。誠意在致知，‘致知在格物’。格，至也。如‘祖考來格’之格。凡一物上有一理，須是窮致其理。窮理亦多端：或讀書，講明義理；或論古今人物，別其是非；或應事接物而處其當，皆窮理也。”或問：“格物須物物格之，還只格一物而萬理皆知？”曰：“怎生便會該通？若只格一物便通衆理，雖顏子亦不敢如此道。須是今日格一件，明日又格一件，積習既多，然後脱然自有貫通處。”③

程頤認爲客觀世界的存在及發展變化皆乃“天理”之具體體現，如欲實現對抽象“天理”的體認則需要從對客觀世界的觀察入手，由此綿密不間斷的實踐工夫而證入本體，即所謂“積習既多，脱然自有貫通處”。因此，程頤所謂“格物”的對象是已然存在的客觀事物，因此其回答門人“何以致知”時云：“在明理。或多識前言往行，識之多則理明，然人全在勉强也。”④ 所謂“前言往行”即是已然存在之客觀事物。而吕本中一方面在工夫證入本體方面體現出了接續程頤的思路，如其言：“學問功夫，全在浹洽涵養蘊蓄之久，左右採擇，一旦冰釋理順，自然逢原矣。”⑤ 另一方面吕本中將“格物”的對象悄然置換了，其言曰：“今日記一事，明日記一事，久則自然貫穿。今日辨一理，明日

---

① （宋）朱熹：《答林擇之》，《晦庵先生文集》卷四十三，《朱子全書》本，2002，第 1970 頁。
② （清）黃宗羲著，（清）全祖望補修，陳金生、梁運華點校《宋元學案》卷十三“滎陽學案”，第 902 頁。
③ （宋）程顥、程頤著，王孝魚校點《二程集·河南程氏遺書》卷十八上，第 188 頁。
④ （宋）程顥、程頤著，王孝魚校點《二程集·河南程氏遺書》卷十八上，第 188~189 頁。
⑤ （宋）吕本中：《師友雜説》，《吕本中全集》本，第 1138 頁。

辨一理，久則自然浹洽。今日行一難事，明日行一難事，久則自然堅
固，渙然冰釋，怡然理順。久自得之，非偶然也。"①從"今日格一件，
明日又格一件"到"今日行一難事，明日行一難事"，言語類似而意義
不同，"記一事""辦一理""行一難事"，顯然不僅僅局限在對已然存
在之客觀事物的體察上，而是將主體的精神活動、内心世界包括在内。
換言之，主體内在的精神活動與外在的客觀實踐，顯然都處在"辦一
理""行一難事"的範圍内。由此可見，作爲精神活動的文學創作、詩
歌創作，在邏輯上顯然也屬於吕本中"格物"的一部分。正因對"格
物"對象的認識不同，吕氏一脈體現出了不同於二程之學的一面，吕
希哲《吕氏雜記》即多有論詩之語，且賦予了詩歌體現儒學修養的作
用②。吕本中則延續乃祖思路，一再稱讚吕希哲之冲粹修養在詩歌中的
體現："滎陽公紹聖中謫居歷陽，閉户却掃，不交人物。嘗有詩云：'老
讀文書興易闌，須知養病不如閒。竹床瓦枕虚堂上，卧看江南雨外
山。'"③"滎陽公元符末起知單州，《登城樓詩》云：'斷霞孤鷲欲寒天，
無復青山礙目前。世路崎嶇飽經歷，始知平地是神仙。'"④不僅如此，
在吕本中看來，詩歌創作乃實踐工夫之一種，可由此途徑而證入本體，
即詩可證道。其《别後寄舍弟三十韻》一詩，論者多關注於其中"活
法"的提出，但詳味此詩之意，其用意是將詩歌創作的向上一路與儒
學修養合而爲一，該詩後半云："物固藏妙理，世誰能獨亨。乾坤在蒼
莽，日月付崢嶸。凛凛曹劉上，容容沈謝并。直須用欿欿，未可笑平
平。有弟能知我，它年肯過兄？初非强點灼，略不費譏評。短句箜篌
引，長歌偪側行。力探加潤澤，極取更經營。徑就波瀾闊，勿求盆盎
清。吾衰足欹轍，汝大不欹傾。莫以東南路，而無伊洛聲。"⑤吕本中
認爲事物皆乃"天理"之體現，故而從事物的體察、認識中可以會得

① （宋）吕本中：《紫微雜説》，《吕本中全集》本，第1137頁。
② 如："文靖公往嘗游越州，有詩曰：'賀家湖上天花寺，一一軒窗向水開。不用閉門防俗客，愛
　閒能有幾人來。'"吕希哲此處援引吕夷簡詩，原因即在於詩句表現出的春容閒暇氣度，與儒
　學"渾然與物同體"的和樂情懷有相通處。而其對吕夷簡入中書省所作詩的引用則與其"不
　動心"的理學修養有關："文靖公三入中書，後有詩曰：'政事堂前花盛開，去年春色又重來。
　主人雖在花應笑，鬢似秋霜心似灰。'"吕希哲認爲："言學者當習不動，初習不動時但違其
　心，及人之憎惡已加之，捶楚殺害皆堅忍不動，久習自然不動矣。既不動，則曰我不動也。"
　由此不難看出，吕希哲認爲詩歌創作是主體充盈之儒學修養的體現。
③ （宋）吕本中：《紫微詩話》，《歷代詩話》本，第366頁。
④ （宋）吕本中：《紫微詩話》，《歷代詩話》本，第366頁。
⑤ （宋）吕本中著，韓酉山校注《吕本中詩集校注》卷六，第468頁。

"天理"，即"物故藏妙理"。而其後的曹劉、沈謝一聯，則顯然將詩歌創作視爲可以會得"天理"的實踐工夫，故而尾聯以傳承伊洛之學作結，其詩可證道的思路彰顯無遺。

因此黃庭堅內在修養決定文學創作境界的詩論，在呂本中這裏得到了發展，呂本中按照本體開出工夫、工夫證入本體的儒學修養，將詩歌創作納入"今日行一難事"的格物範圍，賦予了詩歌創作可以實現"天理"體認的儒學意義。呂本中從此角度，回望山谷後學的求學過程、創作經歷，以"宗派"定義這一群體，顯然認爲山谷後學接續了黃庭堅、陳師道後期詩歌吟詠性情、涵養道德的創作路綫。在呂本中看來，這一群體不但以黃、陳爲宗主，擁有共同的價值追求，而且具有相近的參學方式，即以詩歌創作作爲實踐工夫來實現道德境界提升並會得"天理"。

呂本中不僅用賦予山谷後學儒學意義的方式整合之，其本身也有同聲相求的自我認同意識。其作於政和七年的《將去曹南連得江晁書因歎存没諸友遂成長韻》有云："故人數通書，尚有江與晁。窮塗感節義，俗耳受風騷。向來相知人，昔盛今寂寥。落日送汪謝，荒山留老饒。關侯最傑立，亦以膏自燒。後生有向子，更盡兒女嬌。出門天奪之，不令上雲霄。坐看朋友淚，未減春秋襃。怪我但羸疾，誤蒙風雨搖。日月費奔走，文章勤琢雕。會須領妻子，更欲投吾曹。耆舊唤歸隱，諸公憐久要。出同赴鷄黍，歸但守簞瓢。"[1] 其中涉及江端本、晁冲之、汪革、謝逸、饒節等後來被歸爲江西詩派者，亦有私淑洛學[2]之關沼。詩意既有朋儕之關慰，又含有以文章明心見性、自我實現的精神寄託，而最終以簞瓢陋巷之道德修養與相互砥礪作爲旨歸。其《送李惇秀才》詩中亦云："更約洪謝林汪潘，徐李欲去不作難。倚松聞之亦解顏，我且往矣君先還。"其晚年所作之《贈一上人》後半云："晁郎埋骨虛無裏，璧老收聲蒼莽中。二十餘年往還事，半隨秋雁落寒空。"[3] 與黃庭堅《病起荆江亭即事》"正字不知温飽未，西風吹淚古藤州"頗爲相似，不過呂本中此作却因交游零落而只有緬懷逝者的書寫，但聯

---

① （宋）呂本中著，韓酉山點校《呂本中詩集校注》卷八，第 592 頁。
② （清）黃宗羲著，（清）全祖望補修，陳金生、梁運華點校《宋元學案》卷三十五"陳鄒諸儒學案"中，全祖望云："私淑洛學而未純者，陳了齋、鄒道鄉也。唐充之、關止叔，又其次也。"
③ （宋）呂本中著，韓酉山點校《呂本中詩集校注》卷十三，第 997 頁。

繫其生平交游與求學經歷，這種緬懷又何嘗不是呂本中群體認同的一種體現？

因此，群體認同的意識使呂本中寓居嶺南時，追憶往昔，拈出"句法"作爲山谷後學的共同詩學特徵，賦予這一群體以詩證道的儒學意義，以"宗派"來概括之。至於爲何呂本中不將自己列入《宗派圖》亦不難解釋，厠身《宗派圖》之人皆有著親炙山谷的經歷，此或爲呂本中甘居後輩的自謙之舉。

四　《江西宗派圖》之意義與影響

呂本中《江西宗派圖序》云："古文衰於漢末，先秦古書存者爲學士大夫劀切之資。五言之妙，與《三百篇》、《離騷》爭烈可也。自李杜之出，後莫能及。韓、柳、孟郊、張籍諸人，自出機杼，別成一家。元和之末，無足論者，衰至唐末極矣。然樂府長短句，有一唱三歎之音。國朝文物大備，穆伯長、尹師魯始爲古文，成於歐陽氏。歌詩至於豫章始大出而力振之，後學者同作並和，盡發千古之祕，亡餘蘊矣。"[1] 伍曉蔓先生指出："首先，在北宋詩文革新運動這一系統中，此論以黃庭堅對詩歌革新的地位與歐陽修在古文運動中的地位相提並論。其次，唐宋古文運動體系中，上述論述與古文家好提的'文統'說如出一轍。鑒於詩文革新運動即宋古文運動向詩歌領域的擴展，如上兩個系統貫穿的是同一精神，正可合觀。"[2] 呂本中力圖通過與歐陽修"文統"的比附，梳理出"詩統"的脈絡，此爲易見之言。但宋人對"文統"的理解却值得注意，穆修云："唐之文章，初未去周隋五代之氣，中間稱得李杜其才，始用爲勝，而號專雄歌詩，道未極其渾備。至韓柳氏起，然後能大吐古人之文，其言與仁義相華實而不雜。"[3] 蘇洵云："自孔子没百有餘年而孟子生，孟子之而數十年而至荀卿子，荀卿子後乃稍闊遠，二百餘年而揚雄稱於世，揚雄之死不得其繼，千有餘年而後屬之韓愈氏，韓愈氏没三百年矣，不知天下之將誰與也。"[4] 不論是以儒學名世的穆修，還是以

---

[1]　（宋）趙彥衛：《雲麓漫鈔》卷十四，第 244 頁。
[2]　伍曉蔓：《江西宗派研究》，第 427 頁。
[3]　（宋）穆修：《唐柳先生文集後序》，《宋文鑑》卷八十五，《景印文淵閣四庫全書》第 1351 册，前引書，第 7 頁。
[4]　（宋）蘇洵：《上歐陽内翰第二書》，《嘉祐集》卷十二，上海古籍出版社，1993，第 332 頁。

古文見稱的蘇洵，皆在梳理“文統”流變時，以文章是否融入並承載了儒學精神作爲標準。因此，呂本中在以“詩統”比附“文統”時，顯然亦以詩歌是否表現、承載儒學精神作爲標準。其用意乃在於賦予詩歌可以證道的實踐工夫意義，爲詩歌之存在尋得儒學意義上的合理性，這在當時理學勃興的學術背景下無疑具有重要的意義。

宋代學術最顯著之特點即是儒學的復興，面對佛禪學説的盛行，北宋中葉儒學家有著强烈的焦慮感，程頤曰：“今之學者有三弊：一溺於文章，二牽於訓詁，三惑於異端。苟無此三者，則將何歸？必趨於道矣。”又曰：“古之學者一，今之學者三，異端不與焉。一曰文章之學，二曰訓詁之學，三曰儒者之學。欲趨道，舍儒者之學不可。”[1]不難看出，程頤治學力圖區别於漢唐注疏、佛禪學説與文學，故而程頤對文學持嚴苛之態度，有“作文害道”之語，且視杜甫“穿花蛺蝶深深見，點水蜻蜓欸欸飛”爲“閒言語”，此歷來被學界作爲理學反文學之證據，殊不知“作文害道”後，程頤言曰：“書云：‘玩物喪志’，爲文亦玩物也。呂與叔有詩云：‘學如元凱方成癖，文似相如始類俳；獨立孔門無一事，只輸顏氏得心齋。’此詩甚好。”[2]道杜詩爲“閒言語”後則云：“某所以不嘗作詩。今寄謝王子真詩云：‘至誠通化藥通神，遠寄衰翁濟病身。我亦有丹君信否？用時還解壽斯民。’子真所學，只是獨善，雖至誠潔行，然大抵只是爲長生久視之術，止濟一身，因有是句。”[3]不難看出，程頤所反對的是游戲謔浪之言，是主體儒學修養缺失之文，是未承載並反映儒學内容之作。處於理學草創之特殊階段，且由於學術焦慮感的存在，故而程頤對文學持極其嚴苛之態度。而至南渡前後，二程之學已獲得了充分的發展，楊時、游酢、謝良佐、胡安國等人倡明洛學，此時之理學家、儒學家早已没有其師尊程頤等人的焦慮感，故而在面對文學、詩歌時亦有了較爲從容的態度。就在南渡初期，楊時之婿陳淵作詩云：“天道文章豈兩歧，雷聲淵默本同時。”[4]而呂本中以“宗派”概稱山谷後學，則相比陳淵等人更進一步，將詩歌創作作爲實踐工夫之一種，賦予其可證入“天理”本體的儒學意義，

---

① （宋）程顥、程頤著，王孝魚校點《二程集·河南程氏遺書》卷十八，第187頁。
② （宋）程顥、程頤著，王孝魚校點《二程集·河南程氏遺書》卷十八，第239頁。
③ （宋）程顥、程頤著，王孝魚校點《二程集·河南程氏遺書》卷十八，第239頁。
④ （宋）陳淵：《看〈論語〉四首》其二，《默堂集》卷五，《景印文淵閣四庫全書》第1139册，第322頁下。

將其納入儒學的範圍，以詩歌創作融入儒學修養工夫的方式，爲詩歌創作尋得了儒學意義上的存在合理性。

雖然理學奠基者，如程頤等，竭力區別自我學術體系與"文章之學"，但詩文乃士大夫交往之工具，甚至是士大夫之身份標識，這是已然存在且無法回避的客觀事實。儘管程頤一再强調"專務章句悦人耳目"與聖人之言的區別，但無法改造，甚至改變業已形成的詩文傳統。在這種情況下，吕本中正視詩文傳統，力圖將其納入儒學修養範疇，則無疑具有消弭儒學、文學衝突的積極意義。此外，從吕本中作《宗派圖》的時局來看，建炎四年金兵暫停南侵，紹興元年宋高宗返回紹興、杭州一帶，且定杭州爲行在，並漸次平定荆湖、江西、福建等地之盗賊，南宋朝局逐漸穩定。在這種情況下，吕本中編訂《江西宗派圖》還有著梳理過往文壇脈絡，傳承斯文的意識，是其士大夫責任感的一種體現。全祖望評吕氏一脈曰："中原文獻之傳獨歸吕氏，其餘大儒弗及也。"[1]對吕氏一脈在傳承斯文中的貢獻給予了高度評價。從此角度判斷，《宗派圖》作於吕本中寓居嶺南時有較大可能。

正如伍曉蔓先生所言："'詩統説'雖體現出宋詩學精神，却有其天然的缺陷，正如'文統''道統'終不能一統天下，詩歌比古文、道學更豐富多彩，更不可統之一律。吕本中以'江西'爲'宗'的觀點，顯然没有經受住時間的考驗。"[2]雖然吕本中用意並未實現，隨著陸九淵以"江西詩派"概稱山谷後學以來，"江西宗派"即淹没於歷史長河中，由"宗派"到"詩派"，雖只有一字之差，但其承載的儒學意義則無形中被消解了，吕本中所賦予的以詩證道亦逐漸淡出古今學者之視野，但其主張顯然具有不可忽視的學術價值與詩學意義。

五　結語

從胡寅《和曾漕吉甫》一詩的寫作時間及詩意推斷，吕本中《江西宗派圖》應作於紹興元年、二年寓居嶺南時期，其以"宗派"定義山谷後學，目的在於將詩歌創作作爲"今日行一難事"的實踐工夫，賦予詩歌可以證道的儒學意義。吕本中此舉不但意在爲詩歌創作尋得

---

① （清）黄宗羲著，（清）全祖望補修，陳金生、梁運華點校《宋元學案》卷三十六"紫微學案"，第 1234 頁。
② 伍曉蔓:《江西宗派研究》，第 431 頁。

哲學依託，使其具有崇高的合理性，而且在當時儒學發展的學術背景下，具有彌合儒學、文學衝突的積極意義。雖其意圖未能實現，但其意義值得重視。

第四節　宋代學術演進視域下的蘇黃優劣現象及實質解讀

歷來論詩者往往蘇黃並稱，曾與二者有過交集之惠洪有詩云：“蘇黃一時頓有，風流千載追還。”[1] 今人繆鉞先生論及宋詩時說：“宋詩之有蘇黃，猶唐詩之有李杜。元祐以後，詩人迭起，不出蘇黃二家。”[2] 乃至貶損宋詩者，亦是二者並稱，宋人張戒曰：“自漢魏以來，詩妙於子建，成於李杜，而壞於蘇黃。”[3] 這種蘇黃並稱的情況，在南宋儒林群體[4] 中却不曾出現。有別於文苑中人對蘇黃的一致推崇，南宋儒林中人對黃庭堅之評價尚爲客觀，雖稍有批評，但讚譽居多。然對蘇軾，批評乃至貶損却遠超嘉許。蘇黃二人義兼師友，在文學成就、哲學思想、藝術觀點等方面相似處甚多。但二者在南宋儒林群體中却得到如此有分歧之評價，這種現象值得關注。學界論及蘇黃之論文、論著，可謂浩如煙海，但對此現象却鮮有關注者。本書不擬對南宋儒林諸人蘇黃優劣的觀點做任何價值的判斷，只嘗試分析此現象出現之文化原因，冀有補於蘇黃的後世接受研究。

一　南宋儒林蘇黃優劣現象概觀

南宋儒林對蘇黃二人的評價不盡相同，有蘇黃並稱但認爲黃優於蘇者，亦有崇黃抑蘇者。這種現象早在兩宋之交就已出現，而在南宋理學繁興之後愈發鮮明。北宋末，在“洛學”與“蜀學”相爭的背景下，二程門人楊時即受此影響，有不少貶損蘇軾之語，如：“如子瞻詩多於譏

---

[1] （宋）惠洪：《悼山谷五首》其一，《石門文字禪》卷十四，《四部叢刊初編》本，第 139 頁。

[2] 繆鉞：《論宋詩》，《繆鉞全集》第二卷，第 155 頁。

[3] （宋）張戒：《歲寒堂詩話》，《歷代詩話續編》本，第 455 頁。

[4] 《宋史》有文苑、儒林、道學的分類，本書所謂儒林則泛指文苑之外的學術領域，包含儒林、道學在內。

玩，殊無惻怛愛君之意。"① 又如："觀蘇東坡詩只是譏誚朝廷，殊無溫柔崇厚之氣，以此人故得而罪之。"② 除楊時外，洛學中人以及當時諸多儒林中人也對蘇軾多有批評，主要是認爲蘇軾輕浮不檢，例如王覿曾經斥責蘇軾"喜怒任情"以及"習爲輕浮"③。時至南宋，朱熹對蘇軾的批判更加深入全面，涉及文章、人品、學術等諸多方面，甚至一度上升到正邪之辨的高度，指責蘇學爲"雜學"：

> 蘇氏學術不正，其險譎慢易之習入人心深。今乃大覺其害，亦望有以抑之，使歸於正，尤所幸願。④
>
> 東坡則雜以佛老，到急處便添入佛老，相和傾瞞人。如裝鬼戲、放煙火相似，且遮人眼。⑤

　　朱熹認爲蘇軾之學摻雜佛老，無儒學本位意識，乃至以"雜""邪""臭"等語斥責蘇學，認爲蘇學有嚴重的社會危害性，儘管朱熹後期對蘇學的批評有所緩和，一定程度上承認了蘇軾在文學上的成就，但仍然未從根本上改變對蘇軾的批判態度。此外，朱熹對蘇軾的人品道德也多加批評，在朱熹眼中，蘇軾"好放肆"⑥，是不重儒學修養的輕浮之輩。葉適集永嘉學派之大成，雖在學術觀點上與朱熹有諸多分歧，但在蘇軾的評價方面，觀點與朱熹基本一致。葉適一方面肯定了蘇軾的古文成就，但是也對蘇軾有嚴厲的批評："以文爲論，自蘇氏始，而科舉希世之學，爛漫放逸，無復實理，不可收拾矣"⑦。

　　相比蘇軾，宋儒對黃庭堅的評價則要客觀許多。作爲蘇軾門人，且被江西詩派尊爲三宗之一的黃庭堅，雖在南宋受到的關注與評價遠超北宋，但在北宋理學家爲數不多的評價中，也幾乎皆爲讚頌，私淑楊時的呂本中曾評價黃庭堅："極風雅之變，盡比興之體，包括衆作，本以新

---

① （宋）楊時：《楊龜山先生全集》卷十，第 471 頁。
② （宋）楊時：《楊龜山先生全集》卷十，第 520 頁。
③ （宋）李燾撰《續資治通鑑長編》，上海師範大學古籍整理研究所、華東師範大學古籍整理研究所點校，第 9867 頁。
④ （宋）朱熹：《與芮國器》，《晦庵集》卷三十七，《朱子全書》第 21 冊，第 1624 頁。
⑤ （宋）黎靖德編《朱子語類》卷一百三十七，第 3276 頁。
⑥ （宋）黎靖德編《朱子語類》卷一百三十，第 3109 頁。
⑦ （宋）葉適：《呂氏文鑒》，《習學記言》卷五十，《景印文淵閣四庫全書》，第 803 頁。

意者，惟豫章一人。"① 對黃庭堅文學成就予以了高度評價。至南宋初年，李侗以黃庭堅對周敦頤"光風霽月"之評爲"爲善形容有道者氣象"。朱熹雖有諸如"黃費安排"② 之語，指其詩歌不足之處，但也毫不掩飾對山谷詩的偏愛：

> 裴卿問山谷詩，曰："精絕！知他是用多少工夫。今人卒乍如何及得！可謂巧好無餘，自成一家矣。但只是古詩較自在，山谷則刻意爲之。"又曰："山谷詩忒好了。"③

除此之外，朱熹還對黃庭堅之人格精神予以了高度的贊許。在論及元祐年間黃庭堅參編《神宗實錄》，爲王安石"勿令上知"之事是否寫入實錄而據理力爭時，朱熹感慨曰："惜乎秉史筆者不能表而出之，以信來世，而顧獨稱其詞筆以爲盛美。因觀此卷李端叔跋語，爲之感慨太息。"④ 朱熹爲修史者只關注黃庭堅之文學，而忽視其人格精神表達了惋惜之情。朱熹還在回答門人"魯直好在甚處"時曰："他亦孝友。"⑤ 從儒學倫理的角度高度讚揚了黃庭堅的人格修養。魏了翁於《黃太史文集序》中稱讚黃庭堅曰："切嘆夫世之以詩知公者，末也。……元祐史筆，守正不阿。……今誦其遺文，則慮澹氣夷，無一毫憔悴隕獲之態。以草木文章發帝杼機，以花竹和氣驗人安樂，雖百世之相後，猶使人躍躍興起也。"⑥ 魏了翁在肯定黃氏之文學成就的同時，亦對其人格精神讚歎不已。黃震曰："涪翁孝友忠信，篤行君子人也。……他日議論人物，則謂周茂叔人品最高，謂程伯淳爲平生所欣慕。方蘇門與程子學術不同，其徒互相攻訐，獨涪翁超然其間，無一語黨同。"⑦ 黃震雖然蘇黃並稱，但他對黃庭堅的評價更高，而且超越了文學、人格的範疇，對黃氏之儒學觀點、儒學修養也給予了充分

---

① （宋）陳鵠著，孔凡禮點校《西塘集耆舊續聞》卷二，《師友談記·曲洧舊聞·西塘集耆舊續聞》本，中華書局，2002，第 305 頁。
② （宋）黎靖德：《朱子語類》卷一百四十，第 3324 頁。
③ （宋）黎靖德：《朱子語類》卷一百四十，第 3329 頁。
④ （宋）朱熹：《跋山谷草書千文》，《晦庵集》卷八十四，《朱子全書》第 24 冊，第 3973 頁。
⑤ （宋）黎靖德：《朱子語類》卷一百三十，第 3121 頁。
⑥ （宋）魏了翁：《黃太史文集序》，《鶴山先生大全集》卷五十三，《四部叢刊初編》本，第 449 頁。
⑦ （宋）黃震：《黃氏日抄》卷六十五，《景印文淵閣四庫全書》第 708 冊，第 590 頁。

的肯定。

由以上具有代表性之南宋儒林學者對蘇、黃的評價大體可以看出，他們對於蘇黃二人的態度有著耐人尋味的不同傾向，對蘇軾之批評頗多，甚至有出於意氣的詆毀，且集中在爲文與爲人兩方面。相比之下，宋儒對黃庭堅的評價則更高，即使在對蘇、黃同時給予正面評價之時，對黃之評價內容往往更多，評價也更高，且涉及方面也更廣，在文學成就、人格精神、儒學修養等多方面皆有評語。南宋儒林蘇黃優劣現象之形成有著多方面原因，而實質顯然與南宋儒學發展特點有著密切之關係。

二　蘇黃優劣現象的出現及其原因分析

南宋儒林對蘇黃評價的差異有著複雜成因，外在直接原因與洛、蜀之爭有關，而內在原因則在於蘇黃二人在人格特點、儒學修養方面多有不同。

（一）蜀洛之爭：抑蘇現象出現及其原因分析

北宋中後期理學體系漸次完善，影響也逐漸擴大，在當時熙豐變法的歷史變局中有洛黨之稱，他們與以蘇軾爲中心的蜀黨在學術觀點、政治主張等方面皆有不小分歧。陳均《皇朝編年綱目備要》載邵伯溫語：“哲宗即位，宣仁同聽政，群賢畢集於朝，賢者不免以類相從，故當時有洛黨、川黨、朔黨之語。洛黨以程頤爲領袖，朱光庭、賈易爲羽翼；朔黨以劉摯、梁燾、王岩叟、劉安世爲領袖，而羽翼尤衆。諸黨相攻擊不已，頤多用古禮，軾謂其不近人情，深疾之，或加玩侮。”[1] 兩黨的相互攻擊、相互傾軋乃後世理學家對蘇軾持敵意之直接原因。關於蜀、洛相爭的直接起因，《河南程氏外書》載：

> 溫公薨，朝廷命伊川先生主其喪事。是日也，祀明堂禮成，而二蘇往哭溫公，道遇朱公掞，問之。公掞曰：“往哭溫公，而程先生以爲慶弔不同日。”二蘇悵然而反，曰：“鏖糟陂裏叔孫通也。”（原

---

[1] （宋）陳均著，許沛藻等點校《皇朝編年綱目備要》卷二十二，第541頁。

注 : 言其山野）自是時時詆伊川。①

　　"麋糟陂裏叔孫通"這一調侃之語，就其表面而言，是蘇軾對程頤之學不近人情的嘲諷，背後透露出的却是蘇軾與程頤在學術思想層面的分歧。雖在反對熙豐新法中二者擁有統一的政治立場，但二者在學術理念、人格修養方面却差異巨大。

　　蘇軾與二程的對立，反映的是北宋中後期以蘇軾爲代表的文苑士人和當時隨儒學復興而聲勢漸隆之理學家在價值取向上的分歧。在二程的學術體系中，持敬乃修養之重點，程頤云："君子敬以直内，義以方外，敬義立而德不孤。"②主"敬"乃二程思想體系中克己修身之重要方式，亦是道德修養之關鍵，所謂"'執事敬'者，固爲仁之端也。推是心而成之，則篤恭而天下平矣"③。在儒學修養中，需要時時注重内心反省，在應事接物時刻保持著戒慎恐懼的"敬"的意識，以期舉手投足皆符合儒者之"道"，再通過這種長期的操存進而會得"天理"。在這種方法論的指引下，"敬"在二程學説體系中就顯得尤爲重要。

　　然而蘇軾却説"幾時得與他打破這'敬'字"④，蘇軾認爲："情者，性之動也，溯而上至於命，沿而下至於情，無非性者。性之與情，非有善惡之別也，方其散而有爲，則謂之情耳。命之與性，非有天人之辨也，至其一而無我，則謂之命耳。"⑤蘇軾認爲"情"是連接"性"與"命"的關鍵，人性與天命，也並不是有天壤之別的，只要消除私見，達到"無我"境界，則人性即可符合天命。"性"既然可以符合天命，其具體表現之"情"，也就具有了合理性。蘇軾之論和二程學説的直接區別，即在於對情欲的態度上。從人之情感具有合理性的立足點出發，蘇軾進而認爲聖人之道是建立在符合人情的基礎上的，其曰："君子之欲誠也，莫若以明。夫聖人之道，自本而觀之，則皆出於人情。不循其本，而逆觀之於其末，則以爲聖人有所勉强力行，而非人情之所樂者，

　　① （宋）程顥、程頤著，王孝魚校點《二程集·河南程氏外書》卷十一，第 415~416 頁。
　　② （宋）程顥、程頤著，王孝魚校點《二程集·周易程氏傳》卷一，第 712 頁。
　　③ （宋）程顥、程頤著，王孝魚校點《二程集·河南程氏遺書》卷四，第 73 頁。
　　④ （宋）黎靖德編《朱子語類》卷一百三十，第 3110 頁。
　　⑤ （宋）蘇軾:《東坡易傳》卷一，吉林文史出版社，2002，第 5 頁。

夫如是，則雖欲誠之，其道無由。"[①] 蘇軾認為聖人之道是本自人之本真情感，若不從人情所樂的角度出發來理解聖人之道，則會認為聖人之說是對人情的否定，其道亦是勉強而為。雖同為儒者，蘇軾受傳統儒學思想的影響遠沒有二程那麼深刻，他雖然也對縱欲持否定態度，但也反對過度束縛，違背天性。他認為"饑思食，壯思室"[②] 乃自然之理，對人出於自然以及本性的欲望加以肯定，蘇軾也曾在與其弟蘇轍的書信中説："任性逍遥，隨緣放曠，但盡凡心，別無勝解。"[③] 這種隨緣曠達的生活態度就與理學家所要求的修身克己相去甚遠。在蘇軾看來，二程所奉行之謹慎克己、戰戰兢兢的會得"天理"的做法十分造作可笑。由此，蘇軾與二程的分歧在這方面就顯得格外鮮明。如二程認為："道之外無物，物之外無道，是天地之間無適而非道也。……彼釋氏之學，於'敬以直內'則有之矣，'義以方外'則未之有也，故滯固者入於枯槁，疏通者歸於肆恣，此佛之教所以為隘也。"[④] 雖是對佛教的批評，但"疏通者歸於肆恣"之語却將蘇軾為人為學之特點包括在內。出於思想上的分歧以及為了維護理學持敬的合理性，當時洛學中人對蘇軾其人其言多有批駁，如王覿對蘇軾的評價，即認為蘇軾任性隨意，輕浮不檢。在是否持敬這一觀點上的爭論是蜀洛之爭在思想層面的核心，也是此時期蘇軾受到斥責的主要原因。

　　蜀學、洛學在思想層面的分歧，又加劇了二者在現實政治中的明爭暗鬥。《時氏本拾遺》載："呂申公（呂公著）為相，凡事有疑，必質於伊川。進退人才，二蘇疑伊川有力，故極口詆之云。"[⑤] 可見蜀洛黨爭不僅存在於學術思想的層面上，亦體現在政治爭鬥中。出於政治利益的考量，兩黨互相攻訐，鬥爭愈發激烈，邵伯温言："光庭、易、不平皆以謗訕言軾，執政兩平之。是時，既退元豐大臣於散地，皆銜怨入骨，陰伺間隙，而諸賢者不悟，自分黨相毀。"[⑥]

　　涉及多個領域的蜀洛黨爭曠日持久，兩派人員也水火難容，蘇軾作為蜀學領袖，深陷其中，自然成為洛黨首要的攻擊對象。

---

①　（宋）蘇軾：《中庸論中》，《蘇軾文集》卷二，第 61 頁。

②　（宋）蘇軾撰，王松齡點校《東坡志林》，中華書局，1981，第 91 頁。

③　（宋）蘇軾撰《東坡志林》，第 9 頁。

④　（宋）程顥、程頤著，王孝魚校點《二程集·河南程氏遺書》卷四，前引書，第 73~74 頁。

⑤　（宋）程顥、程頤著，王孝魚校點《二程集·河南程氏外書》卷十一，前引書，第 416 頁。

⑥　（宋）陳均：《皇朝編年綱目備要》卷二十二，第 541 頁。

（二）蘇、黃不同之儒學思想與人格特點

蘇軾性格率真且頗好戲謔，曾以"食中有蠅"來比喻心中不快，還稱"吐之乃已"①。蘇軾入仕之後仍不能改其好發議論的性格，常作長篇宏論以及述懷詩作議論時政，《上神宗皇帝書》成爲當時反對新法的奏議中最爲系統完整的一篇，而其文集中譏諷新法之詩作亦比比皆是。對蘇軾好議論的個性，其朋儔曾有過不少勸誡之語，《石林詩話》載文同曾告誡蘇軾："北客若來休問事，西湖雖好莫吟詩。"②"烏臺詩案"發生時，身陷囹圄的蘇軾一度以爲必死無疑，然而重獲自由當天的蘇軾便作詩兩首，其中有"塞上縱歸他日馬，城中不鬥少年雞"之句，借用了《城東父老傳》中賈昌以鬥雞取悦皇上而被當做弄臣和倡優豢養起來的典故，來諷刺朝中小人得勢，蘇軾作完此詩後又惱自己"猶不改也！"③。蘇軾的個性與文章特點飽受儒林中人之批判，楊時評蘇軾"詩多於譏玩，殊無惻怛愛君之意""只是譏誚朝廷"，即是此種代表。究其實質，宋代儒林諸人多主張"正心誠意"，看重道德教化，認爲作詩應有溫柔敦厚之氣，將詩文視爲涵養道德、吟詠性情之工具，同時認爲詩歌當有益政教，而不應該是洩憤所爲，這與蘇軾詩文好發議論的特點有較大出入。

與蘇軾相比，黄庭堅在儒學修養方面一直有著强烈的自覺意識，早在熙寧五年，黄庭堅作《論語斷篇》，其有言曰："由學者之門地至聖人之奥室，其途雖甚長，然亦不過事事反求諸己，忠信篤實，不敢自欺，所行不敢後其所聞，所言不敢過其所行，每鞭其後，積自得之功也。"④明確表露了通過"反求諸己"的内省修養方式，實現向聖人閫域邁進的明確意識。《論語斷篇》及作於同一年的《孟子斷篇》都反映出黄庭堅在熙寧五年前後即已具備了儒學修養的自覺意識，具備了通過内省以明確、增强忠信孝友等與生俱來之倫理信念的明確意識，如《論語斷篇》言："故樂與諸君講學以求養心寡過之術。"⑤《孟子斷篇》中言："方將講明養心治性之理與諸君共學之。"⑥與其儒學修

① （宋）朱弁：《曲洧舊聞》卷五，《師友談記·曲洧舊聞·西塘集耆舊續聞》本，第158頁。
② （宋）葉夢得：《石林詩話》卷中，《歷代詩話》本，第417頁。
③ （宋）孔平仲：《孔氏談苑》卷一，中華書局，1985，第5頁。
④ （宋）黄庭堅著，劉琳、李勇先、王蓉貴校點《黄庭堅全集·正集》卷二十，第506頁。
⑤ （宋）黄庭堅著，劉琳、李勇先、王蓉貴校點《黄庭堅全集·正集》卷二十，第505頁。
⑥ （宋）黄庭堅著，劉琳、李勇先、王蓉貴校點《黄庭堅全集·正集》卷二十，第507頁。

養的自覺意識相一致，黃庭堅詩歌多書寫主體崇高之人格精神、高妙
之人生境界。因此，黃庭堅的文學觀點亦與蘇軾有著微妙但重要的
不同，黃庭堅認爲："文章者，道之器也。言者，行之枝葉也。"認爲
文章是表現"道"的工具，而"言"則是主體品行的外在表現。簡
言之，文學創作是創作主體内在修養的外在表現。其《與徐甥師川》
亦曰："文章乃其粉澤，要須探其根本。本固則世故之風雨不能漂摇。
古之特立獨行者，蓋用此道耳。"①指出獨立不倚之人格修養對文學創
作的重要性。黃庭堅還多次於詩中表現對道的體認。其《胡宗元詩集
序》中云："士有抱青雲之器，而陸沉林皋之下，與麋鹿同群，與草
木共盡，獨託於無用之空言，以爲千歲不朽之計。謂其怨邪，則其言
仁義之澤也；謂其不怨邪，則又傷己不見其人。然則其言不怨之怨
也。"②黃庭堅"不怨之怨"的論述，一方面肯定了文學作品的獨立價
值，不同於儒林中人之割裂文道；另一方面則彰顯了文學作品不應流
於諷刺怨懟境地的觀點。其《書王知載〈朐山雜詠〉後》一文則提出
了文學創作不應是書寫心理失衡之情緒的主張。其言曰："詩者，人
之情性也。非强諫爭於廷，怨忿詬於道，怒鄰罵坐之爲也。其人忠信
篤敬，抱道而居，與時乖逢，遇物悲喜，同床而不察，並世而不聞。
情之所不能堪，因發於呻吟調笑之聲，胸次釋然，而聞者亦有所勸
勉。"這與當時儒林中人的文藝觀點如出一轍。而其"東坡文章妙天
下，其短處在好罵，慎勿襲其軌也"③的論述，亦是主張文學創作應
是抱道自居之平和精神的表現。黃氏文學觀點的形成，誠然與北宋後
期新舊黨爭背景下高壓的政治環境有關，但其形成發展却是一以貫之
的，是黃氏儒學修養自覺意識發展的必然趨勢。以宗杜學黃爲詩學綱
領的江西詩派則更平和委婉，他們的創作注重對生活和内心的抒寫，
楊時所提倡的"温柔敦厚之氣"在黃庭堅與江西詩派的創作中得以實
踐，並形成了北宋後期詩壇的群體藝術風格。

　　蘇黃二人在儒學修養自覺意識方面的强弱之别，儒學修養理論探討
方面的深淺之别，乃至二人文學觀點、精神氣度上的不同，導致了南宋
儒林蘇黃優劣現象的出現。

---

① （宋）黃庭堅著，劉琳、李勇先、王蓉貴校點《黃庭堅全集·正集》卷十九，第486頁。
② （宋）黃庭堅著，劉琳、李勇先、王蓉貴校點《黃庭堅全集·正集》卷十五，第410頁。
③ （宋）黃庭堅：《答洪駒父書三首》其二，《黃庭堅全集·正集》卷十八，第474頁。

三 南宋時蘇黃優劣論的發展變化

南宋時期理學發展成熟並開始流行，理學的價值觀以及思維方式等逐漸影響文學，理學家多從理學視角品評文學作品。在南宋理學思想繁興的學術背景下，蘇黃並稱但黃優於蘇，甚至崇黃抑蘇的現象愈發鮮明。

（一）儒學本位立場、修養自覺意識的缺失：朱熹對蘇軾的批評

隨著南宋儒學的發展完善，儒林中人對蘇軾的批判愈加深入，以伊洛傳人自居的朱熹對蘇黃二者之評價極具代表性。他對蘇軾的批評涉及文道之辯、人品評價以及正邪之爭等多個方面，極爲嚴厲。

1. 文道之争

儒林與文苑的文道之爭最早可以追溯至宋初。理學產生以後，對道統維護日益强烈，認爲文乃載道之工具，文學自身的特性一度被否定，重道輕文之弊端日益顯現。宋初“理學三先生”之一的石介即視道德教化爲根本，視文章爲枝葉。蘇軾與理學家雖皆倡文學經世致用，但存在著一定的出入，蘇軾主張有爲而作，强調文章應回歸充滿個性化的自由創作當中，如其所追慕之文學創作境界是“如風吹水，自成文理”①。但他未視儒者之道爲文章核心，也未視有益道德教化爲文學的首要義務。

延至南宋，隨著理學的日漸完善成熟，理學對文學的影響逐漸深入，文學創作中的理學因素愈來愈多，此時期的文學批評亦逐漸形成了以道爲核心的整體特點。朱熹即認爲道與理、文與氣是對應的，因此哲學中的理氣觀成爲朱熹關於文、道關係看法的基礎。就其本源而論，朱熹認爲理先氣後，文從道出。這種觀點實際上是强調道德修養對文學創作的重要性，他將道視爲文的根本。基於這樣的文道觀，朱熹曾對蘇軾有過以下評價：

> 道者，文之根本；文者，道之枝葉。惟其根本乎道，所以發之於文，皆道也。三代聖賢文章，皆從此心寫出，文便是道。今東坡之言曰：“吾所謂文，必與道俱。”則是文自文而道自道，待作文時，

---

① （宋）蘇軾：《書辯才次韻參寥詩》，《蘇軾文集》卷六十八，第 2144 頁。

　　旋去討個道來入放裏面，此是它大病處。①

　　朱熹認爲作文應以儒者之道的體悟爲根本，而後文從道出，道爲文本。從此角度出發，朱熹認爲蘇軾顛倒文道關係："他都是因作文，却漸漸説上道理來；不是先理會得道理了，方作文，所以大本都差。"②

　　蘇軾古文主張受到歐陽修及其父蘇洵的影響，提倡求物之妙，重才情，重視文章的文學性，追求無意爲文而文自工的境界。蘇軾評價自我文章時説："吾文如萬斛泉源，不擇地皆可出，在平地滔滔汩汩，雖一日千里無難。及其與山石曲折，隨物賦形，而不可知也。所可知者，常行於所當行，常止於不可不止，如是而已矣。"③又説："大略如行雲流水，初無定質，但常行於所當行，常止於不可不止，文理自然，姿態横生。"④這裏隱含的文學觀念是：文章乃是創作主體精神的自然流露，不是刻意而爲。但值得注意的是，創作主體之精神應如何界定，主體精神修養達到何種境地才能自然成文，蘇軾却始終未曾明確論及。主體精神界定方面的缺失，正是朱熹以"大本都差"評價蘇軾文章的根本原因。

　　文與道的分歧，自北宋理學興起以來便是儒林與文苑争論的焦點所在，蘇軾乃北宋古文之集大成者，並且："建炎以來，尚蘇氏文章，學者翕然從之，而蜀士尤盛。亦有語曰：'蘇文熟，吃羊肉。蘇文生，吃菜羹。'"⑤蘇軾古文在南宋影響巨大，而在朱熹看來蘇軾古文存在根本的缺陷，危害甚大，這也是朱熹批判蘇軾極爲嚴厲的原因之一。

2. 正邪之辯

　　處於蜀洛之争的政治生態中，理學家對蘇軾的批判多在禮法層面展開，多指責蘇軾蔑視禮法，輕浮不檢。如王覿認爲蘇軾"不通先王性命道德之意，專慕戰國縱横捭闔之術"⑥，"軾胸中邪僻，學術不正，長於辭華而暗於理"⑦。其言就已經涉及將儒家視爲正統而將其他學術視爲"邪

---

①　（宋）黎靖德編《朱子語類》卷一百三十九，第3319頁。
②　（宋）黎靖德編《朱子語類》卷一百三十九，第3319頁。
③　（宋）蘇軾：《自評文》，《蘇軾文集》卷六十六，第2069頁。
④　（宋）蘇軾：《與謝師民推官書》，《蘇軾文集》卷四十九，第1418頁。
⑤　（宋）陸游：《老學庵筆記》卷八，中華書局，1979，第100頁。
⑥　（宋）李燾：《續資治通鑑長編》，第9867頁。
⑦　（宋）李燾：《續資治通鑑長編》，第9919頁。

學"的正邪之辯，之後朱熹對蘇軾的指責也大抵如此。朱熹在與呂祖謙、汪應辰、詹體仁、芮燁等人論及蘇軾時，都曾對蘇軾夾雜佛老的思想加以批判，尤其以隆興二年最爲激烈。朱熹明確指斥蘇軾雜糅佛老的學説稱爲"雜學"①，在與芮燁的來往信函中也有這樣的評價："蘇氏學術不正，其險譎慢易之習入人心深，今乃大覺其害，亦望有抑之，使歸於正。"②朱熹對蘇軾夾雜佛老的學術特點以及類似縱橫之學的文學特點持完全否定態度，此時關於蘇學的批判已經上升到是否以儒學爲根本的正邪之辯的高度了。雖然朱熹對蘇軾的爲文、爲人表現出了認可態度，但對蘇軾思想夾雜佛老的抨擊却一以貫之，如："東坡則雜以佛老，到急處便添入佛老，相和傾瞞人。如裝鬼戲、放煙火相似，且遮人眼。"③"蘇文害正道，甚於老佛。"④

在對蘇軾思想"雜以佛老"進行批判的同時，朱熹還從正面指出蘇軾之學缺乏儒學修養自覺意識的缺陷。如在與門人論及蘇軾爲何屢次嘲諷程頤時説："他好放肆，見端人正士以禮自持，却恐他來檢點，故恁詆訾。"⑤朱熹認爲這是蘇軾缺乏自我約束與涵養的表現。他又在評價蘇軾與程頤關於"敬"的爭執時説："東坡與荆公固是爭新法。東坡與伊川是爭個甚麼？只看這處，曲直自顯然可見，何用別商量？只看東坡所記云：'幾時得與他打破這'敬'字！'看這説話，只要奮手捲臂，放意肆志，無所不爲，便是。只看這處，是非曲直自易見。"⑥朱熹認爲蘇軾"打破這敬字"之説，乃儒學修養缺失的表現。不僅如此，朱熹還認爲蘇軾儒學本位意識的模糊、儒學修養自覺意識的缺失危害甚大，其於《答汪尚書》中指出：

> 至於王氏、蘇氏，則皆以佛老爲聖人，既不純乎儒者之學矣，……至若蘇氏之言，高者出入有無而曲成義理；下者指陳利害而切近人情，其智識才辨、謀爲氣概，又足以震耀而張皇之，使聽者欣然而不知倦，非王氏之比也。然語道學則迷大本；論事實則尚權謀，

① 束景南：《朱熹年譜長編》，華東大學出版社，2012，第 330 頁。
② 束景南：《朱熹年譜長編》，第 419 頁。
③ （宋）黎靖德編《朱子語類》卷一百三十七，第 3276 頁。
④ （宋）黎靖德編《朱子語類》卷一百三十九，第 3306 頁。
⑤ （宋）黎靖德編《朱子語類》卷一百三十，第 3109 頁。
⑥ （宋）黎靖德編《朱子語類》卷一百三十，第 3110 頁。

衒浮華，忘本實，貴通達，賤名檢，此其害天理、亂人心、妨道術、敗風教，亦豈盡出王氏之下也哉？①

在當時指責王安石之學禍亂國家招致靖康之難的背景下，朱熹將蘇學與王安石新學等同，他對蘇軾儒學修養的不滿，可見一斑。

蘇軾詩文公開援引佛老思想，其晚年甚至自謂五祖戒和尚之後身②，這使其成了儒學本位意識强烈的儒林學者集中批判的對象。誠然，親近佛老者並非蘇軾一人，但蘇軾却成爲朱熹主要批駁之對象，除朱熹强烈而自覺的儒者定位，還有其現實原因。當時禪宗影響力甚大，尤其是宗杲禪學風行朝野，狀元出身且在士林中頗有地位之張九成，雖有師承楊時之經歷，但亦游於宗杲門下。蘇軾以其古文成就，成爲當時士子追步之對象，而宗杲與張九成又恰對蘇軾推崇備至，因此這場儒佛之辯很快就牽連到了蘇軾，成爲朱熹抨擊蘇軾的原因之一。羅大經《鶴林玉露》載：

> 朱文公云：二蘇“以精深敏妙之文，煽傾危變幻之習。”又云：“早拾蘇張之緒餘，晚醉佛老之糟粕。”余謂此文公二十八字彈文也。自程蘇相攻，其徒各右其師。孝宗最重大蘇之文，御制序贊，特贈太師，太學翕然誦讀。所謂“人傳元祐之學，家有眉山之書”。蓋紀實也。文公每與其徒言：“蘇氏之學，壞人心術，學校尤宜禁絕。”編《楚詞後語》，坡公諸賦皆不取，惟收《胡麻賦》，以其文類《橘頌》。編《名臣言行録》，於坡公議論，所取甚少。③

出於自身强烈而自覺的儒學本位立場，儘管朱熹亦有“東坡善議論，有氣節”④的褒獎，但其儒學立場和治學特點決定了朱熹對蘇軾的批

---

① （宋）朱熹：《答汪尚書》，《晦庵集》卷三十，《朱子全書》第21册，第1300頁。
② （宋）惠洪：《冷齋夜話》載：“坡曰：‘軾年八九歲時，嘗夢其身是僧，往來陝右。又先妣方孕時，夢一僧來託宿，記其頎然而眇一目。’雲庵驚曰：‘戒，陝右人，而失一目。暮年棄五祖來游高安，終於大愚。’逆數蓋五十年，而東坡時年四十九矣。”《稀見本宋人詩話四種》本，江蘇古籍出版社，2002，第66頁。
③ （宋）羅大經：《鶴林玉露·甲編》卷二，第33頁。
④ （宋）黎靖德編《朱子語類》卷一百三十，第3113頁。

判多於嘉許。

（二）葉適、魏了翁、黃震等人對蘇軾的批評

永嘉學派重功利，重實效，求實際。在儒家道統觀點上，葉適表現出了融合事功主義的傾向，對文學傳“道”這一功能格外重視，他認爲文章要同政事教化相聯繫，要有用於世，所謂“爲文不能管教事，雖工無益也”①，故而葉適之論説文有“强推大義”之特色，往往於篇章中融入義理。基於這種文道觀，葉適對蘇軾其文、其人作出了截然不同的兩種評價。葉適對蘇軾文學十分推崇，其《吕氏文鑒》中有云：

> 後千餘年，無有及者，雖韓愈、柳宗元、歐陽修、王安石、曾鞏間起，不能仿佛也……獨蘇軾用一語，立一意，架虚行危，縱横倏忽數百千言，讀者皆如其所欲出，推者莫知其所自來。雖理有未精，而辭之所至，莫或過焉。蓋古今論議之傑也。②

葉適將蘇文置於韓愈、柳宗元、歐陽修、王安石、曾鞏之上，對蘇軾古文評價之高可見一斑。但與此同時，葉適也曾對蘇軾有過“爛漫放逸，無復實理”的批判，其著眼點在於蘇軾古文缺乏儒學之“理”的支撑與貫穿。與朱熹一致，葉適批評蘇軾的要點亦在於儒學本位立場缺失、儒學修養意識不明兩個方面。

無獨有偶，對鄉賢蘇軾頗多贊許的魏了翁亦表達了與朱熹、葉適相類似的觀點，其於《答葉子》中言：

> 東坡在黄、在惠、在儋，不患不偉，患其傷於太豪，便欠畏威敬怒之意，如“兹游奇絶”“所欠一死”之類，詞氣不甚平。又如《韓廟碑》謂“作書詆佛譏君王，要觀南海窺衡相。”方作諫書時，亦冀諫行而澤下，迹隱而名不章，豈是故爲詆訐，要爲南海之行。蓋得世詞人多有此意，如所謂“去國一身，高名千古”之類，十有

---

① （宋）葉適：《葉適集》，劉公純等點校，中華書局，1961，第 607 頁。
② （宋）葉適：《習學記言》卷五十，《景印文淵閣四庫全書》第 849 册，第 802 頁。

八九若此。不知君臣義重，家國憂深。聖賢去魯、去齊，不若是。①

首先，魏了翁認爲蘇軾晚年之作"詞氣不甚平""傷於太豪"，言下之意即蘇軾内心因貶謫而生之怨忿怒張情緒，未能全然消散，有失儒學自在平和、溫柔敦厚之旨。其次，魏了翁指出上述原因在於"欠畏威敬恕"，即蘇軾存在儒學修養方面的缺失，抑或不足。對此，羅大經深表贊同，直言"此論精矣"②。黄震亦是如此，他在肯定蘇軾其人、其文的同時，對其儒學修養的缺失表示遺憾："東坡爲儒者言，論天下事，明白如見。爲佛者言，談苦空法，宛轉無窮。惟以儒證佛，則不可曉。如《南華長老題名記》援子思、孟子之類是也。"③又如："東坡之文，如長江大河，一瀉千里，至其混浩流轉，曲折變化之妙，則無復可以名狀，蓋能文之士莫之能尚也。……然至義理之精微，則當求之伊洛之書。"④黄震在肯定蘇軾文學成就的同時，直言其在儒學修養方面存在缺失，認爲蘇軾在儒學義理的理解乃至闡發方面，遠遠遜色於二程。

從以上南宋儒林學者對蘇軾的評價來看，他們基本在肯定其文學成就的同時，集中批評蘇軾儒學修養的不足。簡言之，肯定蘇軾之爲文與爲人，而否定乃至抨擊蘇軾之爲學，此現象出現之原因，顯然與南宋儒學的發展趨勢有著密切關係，不可忽視。

（三）南宋儒林學者對黄庭堅的推崇

不同於蘇軾其文、其學得到的截然相反的評價，南宋儒林、文苑學者對黄庭堅却一致推崇之。張孝祥《跋山谷帖》云："豫章先生孝友文章，師表一世。"⑤盛讚黄庭堅文學、儒學的高妙造詣。儒林學者如李侗"嘗以黄太史之稱濂溪周夫子'胸中灑落，如光風霽月'云者，爲善形容有道者氣象，嘗諷誦之，而顧謂學者：'有此於胸中，庶幾遇事廓然，而義理少進矣。'"⑥李侗認爲黄庭堅"善形容有道者"之外在氣質，言

---

① （宋）魏了翁：《鶴山先生大全集》卷三十五，《四部叢刊初編》本，第 300 頁。"衡相"疑爲"衡湘"。

② （宋）羅大經：《鶴林玉露·乙編》卷二，第 142 頁。

③ （宋）黄震：《黄氏日抄》卷六十二，《景印文淵閣四庫全書》第 708 册，第 545 頁。

④ （宋）黄震：《黄氏日抄》卷六十二，《景印文淵閣四庫全書》第 708 册，第 551 頁。

⑤ （宋）張孝祥：《於湖居士文集》卷二十八，中華書局，1980，第 278 頁。

⑥ （宋）朱熹撰，（宋）李幼武補《宋名臣言行録·外集》卷十一，《景印文淵閣四庫全書》第 449 册，第 764 頁。

外之意是稱讚黄氏内在修養充盈，故而能洞悉儒學修養高妙者之内在。
出自李侗門下的朱熹與其師觀點類似，剛好與其對蘇軾的評價相反，朱
熹雖對黄庭堅之文學頗有微詞，如言山谷詩"費安排"，又言"山谷使
事多錯本旨"①，但對黄庭堅之儒學修養、人格精神嘉許頗多：

> 劉剛中問："黄魯直如何人？"朱子曰："孝友行，瑰瑋文，篤謹
> 人也。觀其贊周茂叔'光風霽月'，非殺有學問，不能見此四字；非
> 殺有功夫，亦不能説出此四字。"②

朱熹即認爲黄庭堅能提煉出"光風霽月"四字，乃是其儒學修養
充盈的結果。度正更進一步認爲黄庭堅本人即已臻"光風霽月"之境，
其《書山谷手帖後》云："山谷謂濂溪胸中灑落如光風霽月，延平以爲
善形容有道者氣象。又謂其學者曰：'宜常存此於胸中，以自涵養。'
又曰：'應事接物，胸中無滯礙，方是灑落。'學者至於是，將無入而
不自得矣。方凶京得志，痛斥元祐諸人，生者遠竄，死者追削，搢紳
之禍酷矣。山谷於是移書其家如平日，豈胸中灑落，人固自爾耶？"③不
僅如此，"光風霽月"還多被南宋儒林學者用來讚譽友人，如朱熹《答
石子重》中言："和篇拜賜甚寵，足見比來胸中灑落，如光風霽月氣
象。"④甚至在朱熹的影響下，"光風霽月"成爲南宋儒學的中心話語之
一，如陳植即常用此語來概括儒者修養之高妙境界，如"參得者幾人
必如周、程、邵子，胸次灑落如光風霽月，則見天理流行也。"⑤"蓋孔
顏胸次如光風霽月，全無一點塵滓，滿腔子都是道理。"⑥"孔顏之心如
光風霽月，渣滓渾化，從生至死，都是道理，順理而行，觸處是樂。"⑦
黄庭堅"光風霽月"之語幾成當時儒學的中心話語，南宋儒林對黄氏
的推崇不可謂不高。

與朱熹觀點基本相同，南宋儒林學者在論及蘇黄時，大多認爲黄優

---

① （宋）黎靖德編《朱子語類》卷一百三十，第 3120 頁。
② （清）黄宗羲著，（清）全祖望補修，陳金生、梁運華點校《宋元學案》卷三，第 810 頁。
③ （宋）度正：《性善堂稿》卷十五，《景印文淵閣四庫全書》第 1170 册，第 273 頁。
④ （宋）朱熹：《晦庵集》卷四十二，《朱子全書》22 册，第 1924 頁。
⑤ （宋）陳植：《木鐘集》卷一，《景印文淵閣四庫全書》第 703 册，第 579 頁。
⑥ （宋）陳植：《木鐘集》卷一，《景印文淵閣四庫全書》第 703 册，第 591 頁。
⑦ （宋）陳植：《木鐘集》卷一，《景印文淵閣四庫全書》第 703 册，第 593 頁。

於蘇，尤其體現在儒學修養方面。陳善即認爲"予觀山谷渾厚，坡似不及"①，又贊黃庭堅曰："山谷嘗約釋氏法，作《士大夫食時五觀》。此亦古人一飯不忘君，終食不違仁之意。"②對黃庭堅著力於日常生活中體認儒者之道的自覺意識，給予了高度評價。並且，在南宋理學盛行的文化語境下，儒林學者大多認爲黃庭堅晚年遭遇貶謫而心態淡然平和之原因，即在於儒學修養的充盈，汪應宸《書張士節字叙》曰："魯直之以士節字張君也，若曰無此節則非士矣，其言可謂峻直而精確者也。聞之前輩，魯直疏通樂易，而其中所守，毅然不可奪。……若其催沮撼頓，至於再三，而卒以不悔，視死生禍福，曾不芥蒂，可信其爲通道之篤也。"③汪氏所謂"其中所守""通道之篤"，乃是汪氏本自儒者立場對黃庭堅晚年境界高妙原因進行的闡釋，有著儒者立場的"六經注我"成分在內。與汪應宸相類，黃震認爲："（黃庭堅）識《列子》爲有禪語，而謂普通中事本不從蔥嶺來，此其天資高明，不緇不磷，豈蘇門一時諸人可望哉？……究其説能流芳百世者，實以天性之忠孝，吾儒之論説。"④黃震不但將黃庭堅引爲儒林同道，還認爲黃庭堅對儒學修養工夫的闡發遠超同輩中人。原因在於，黃庭堅認識到治心養性之內在修養工夫乃儒學本有，非援引自佛教，即所謂"普通中事本不從蔥嶺來"，故而黃氏能以其儒學修養垂範後世，此遠非普通文士所能爲，亦是其他蘇門士子難以企及處。

　　南宋儒林學者對黃庭堅其人其學的評價，誠然帶有當時儒學發展的印記，有些甚至乃有意而爲，但亦絕非無中生有，鑿空強論。黃庭堅在其《楊概字説》寫道："得志乎，光被四表；不得志乎，藏之六經。"⑤所謂"藏之六經"即是強調士大夫在不能"致君堯舜"時，應以儒學修身進德，轉而追尋內在道德的圓滿。這與唐人"時之不來也，爲霧豹，爲冥鴻，寂兮寥兮，奉身而退"相比，黃庭堅儒學修養的自覺意識顯然更爲顯著。同時，黃庭堅亦對儒學修養的具體路徑作了明確的分析："今孺子總發而服大人之冠，執經談性命，猶河漢而無極也。吾不知其説焉。君子之道，焉可誣也！君子欲有學，則自俎豆、鐘鼓、宮室而學

---

① （宋）陳善：《捫虱新話》卷一，《叢書集成初編》本，第4頁。
② （宋）陳善：《捫虱新話》卷三，《叢書集成初編》本，第30頁。
③ （宋）汪應宸：《文定集》卷十一，《景印文淵閣四庫全書》第1138冊，第688頁。
④ （宋）黃震：《黃氏日抄》卷六十五，《景印文淵閣四庫全書》第708冊，第585頁。
⑤ （宋）黃庭堅著，劉琳、李勇先、王蓉貴校點《黃庭堅全集》卷二十四，第625頁。

之，灑掃、應對、進退而行之。"① 又曰："有忠信以爲基，而齊之以好問
強學，何所不至哉？"② 黃庭堅強調在日常生活中踐行儒學的倫理觀念，
並强化對此之認同，這與二程"主敬以直內，守義以方外"可謂互爲羽
翼，有著學術理念的相通。黃庭堅具有的儒學修養自覺意識，以及他在
儒學修養方向上的探索，與宋儒對修養理論的闡發、探索具有方向性的
一致，此爲南宋儒林學者肯定其爲人與爲學的内在根本原因。

四　文學審美消解道統重建的批判與儒學修養高度自覺的讚譽——南宋儒林蘇黃優劣論的實質

南宋儒林關於蘇黃優劣的種種論調，已然超越文學領域，成爲當時
文化領域的一個耐人尋味的現象。通觀南宋儒林關於蘇、黃二人其人、
其文、其學的評價，不難看出這樣的一個大體狀況：南宋學者大多肯定
蘇軾爲人、爲文，而對蘇軾之學持貶損、駁斥態度；對黃庭堅之爲文、
爲學予以全面肯定。總體而言，崇黃抑蘇的趨勢較爲明顯，既使在蘇黃
並稱時，南宋學者也認爲黃優於蘇，這一文化現象其實與宋代儒學的發
展趨勢及特點密切相關。

以南宋儒學代表人物朱熹爲例，朱熹肯定蘇軾之爲人與爲文，但對
蘇軾之學抨擊甚屬，集中表現在對蘇軾儒學修養意識缺失、文道關係認
識有誤兩個方面。在對蘇軾批評的同時，朱熹却褒揚了提攜蘇軾、與蘇
軾同爲古文大家的歐陽修："歐陽、蓋司馬之學，其於聖賢之高致，固
非末學所敢議者，然其所存所守，皆不失儒者之舊，特恐有所未盡耳。
至於王氏蘇氏，則皆以佛老爲聖人，既不純乎儒者之學矣。"③ "韓退之、
歐陽永叔所謂扶持正學，不雜釋老者也。然到得緊要處，更處置不行，
更說不去。便説得來也拙，不分曉。緣他不曾去窮理，只是學作文，所
以如此。東坡則雜以佛老。"④ "歐公文字敷腴温潤。曾南豐文字又更峻
潔，雖議論有淺近處，然却平正好。到得東坡，便傷於巧，議論有不正
當處。"⑤ 朱熹所認爲的歐陽修文章的好處，在於不雜佛老，儘管歐陽修

---

① （宋）黃庭堅著，劉琳、李勇先、王蓉貴校點《黃庭堅全集》卷二十四，第 625 頁。
② （宋）黃庭堅著，劉琳、李勇先、王蓉貴校點《黃庭堅全集》卷二十四，第 625 頁。
③ （宋）朱熹：《答汪尚書》，《晦庵集》卷三十，《朱子全書》第 21 册，第 1300 頁。
④ （宋）黎靖德編《朱子語類》卷一百三十七，第 3276 頁。
⑤ （宋）黎靖德編《朱子語類》卷一百三十九，第 3309 頁。

在儒學義理認識上稍顯淺薄，但其儒者立場鮮明。歐陽修文章也確如朱熹所言，極爲强調儒學的正統地位，歐陽修通過宣導一代文風的重建，來重新塑造新時期的士風，正如陳寅恪先生所論："歐陽永叔少學韓昌黎之文，晚撰《五代史記》，作《義兒》、《馮道》諸傳，貶斥勢利，崇尚氣節，遂一匡五代之澆漓，返之淳正。"①而通過詩文革新重新塑造一代士風的同時，歐陽修還努力重建儒學意識形態，確立其統治地位，讓士大夫精神思想有所依歸，其《本論》即分析了當時佛教盛行的原因，提出了應對之法："佛居西域，去中國最遠，而有佛固已久矣。堯舜三代之際，王政修明，禮義之教充於天下。於此之時，雖有佛，無由而入。及三代衰，王政闕，禮義廢，後二百餘年而佛至乎中國。由是言之，佛所以爲患者，乘其闕廢之時而來，此其受患之本也。補其闕，修其廢，使王政明而禮義充，則雖有佛，無所施於吾民矣，此亦自然之勢也。"②歐陽修明確提出了通過闡發儒學禮義來重建儒學主流意識形態的主張，以此來實現"修其本以勝之"的抵禦佛教影響的理路。這是歐陽修等北宋中葉士大夫詩文革新運動的主觀目的之一，其詩文中包含的高揚儒學正統精神的内容，也就是朱熹所謂的"正"。

　　時至蘇軾所活動的北宋中後期，文化整合已經進入深層次的階段，此時儒學所面臨的時代任務即是完成自身體系的創建，如梁啓超所論："唐代佛學極昌之後，宋儒采之，以建設一種'儒表佛裏'的新哲學。"③依周予同先生之説即是"吸收外來文化，即佛教文化（尤其是禪宗），融合貫通，形成本民族文化"④。在這一階段，對佛禪學説的整合吸收即是學術的中心問題，而蘇軾爲學、爲文的特點則是懸置這一學術中心問題，而採取一種"用"的功利態度。蘇軾在《答畢仲舉書》中言及對待佛禪學説的態度時説："佛書舊亦嘗看，但闇塞不能通其妙，獨時取其粗淺假説以自洗濯，若農夫之去草，旋去旋生，雖若無益，然終愈於不去也。"並且蘇軾認爲"世之君子，所謂超然玄悟者，僕不識也"⑤。在儒學義理的研究方面，蘇軾雖有《東坡易傳》傳世，儘

---

① 陳寅恪：《贈蔣秉南序》，《寒柳堂集》，第 182 頁。
② （宋）歐陽修著，洪本健校箋《歐陽修集校箋》卷十七，上海古籍出版社，2009，第 511~512 頁。
③ 梁啓超：《清代學術概論》，第 8 頁。
④ 朱維錚編《周予同經學史論著選集》，上海人民出版社，1996，第 898 頁。
⑤ （宋）蘇軾：《答畢仲舉》，《蘇軾文集》卷五十六，第 1671 頁。

管四庫館臣贊其"深得曲譬之旨",但也指出"大體近於王弼"①,即理論創見不大的事實。這雖然造就了"蘇氏之道,最深於性命自得之際"②的特色,却無法掩蓋蘇軾在儒學理論方面貢獻不大,雜以佛老且不成體系的事實。同時,蘇軾詩文雖如風行水上,自然奔放,達到了極高的文學審美高度,但却用文學的審美消解了歐陽修等前輩士大夫重建儒學道統的政治、學術目的。

以朱熹爲代表的南宋儒者,以歐陽修等具有重統儒學道統之强烈意識的士大夫爲"正",而將蘇軾懸置儒釋整合問題而形成的學術特點視爲"不純乎儒者之學""議論有不正處",這是静態地對歐陽修、蘇軾爲學、爲文特點進行的總結,他們雖未從宋代儒學動態發展的角度去審視之,却基本體察到了二者的不同。而隨著宋代儒學的進一步發展以及其時代任務的變化,黃庭堅一代士大夫的爲學、爲人則呈現了不同於歐、蘇的新特點。

牟宗三先生認爲宋儒之貢獻及宋學之特點在於:"把儒家原有的真精神弘揚提煉出來,而成爲一純粹的'内聖'之教。……若是内部地言其義理之内容,那便是'天道性命相貫通'之教。"③牟先生又闡述"大人"説:"大人的個人生命可與整個宇宙打成一片而渾然無間。大人由於與家人、國人乃至全人類、全宇宙層層向外感通,於是以'與天地萬物爲一體'爲終極。……宋儒緊握這奧義而且把它大大發揮了,這成聖、成大人的奧義,是以成士爲起點的,所以宋儒所發揚的儒教就是'士的宗教'或成德之教。宋明新儒學之所以新,便在於昭著了由士成聖的奧義。"④牟先生之言可謂程顥"仁者,渾然與物同體"的另類言説。黃庭堅晚年所臻之境即與之相類,黃䇕《山谷年譜》中所引范廖之語:"東坡云御風騎氣與造物游,信不虛語哉!"⑤而黃庭堅文學特點也與蘇軾相對純粹的文學審美有所差異,周裕鍇先生認爲山谷詩"追求一種將道德和審美融爲一體的人生藝術,道德不再成爲外在的枷鎖,因人自心的

---

① (清)紀昀總纂《四庫全書總目提要》,第65頁。
② (宋)秦觀:《答傅彬老簡》,《淮海集箋注》卷三十,徐培均箋注,上海古籍出版社,2000,第981頁。
③ 牟宗三:《宋明儒學綜述》,《牟宗三先生全集》第30册,臺灣聯經出版事業有限公司,2003,第12頁。
④ 牟宗三:《宋明儒學綜述》,第14頁。
⑤ (宋)黃䇕:《山谷年譜》,《景印文淵閣四庫全書》第1113册,第952頁。

覺悟而具有‘悠然自得之趣’”①。黃庭堅能達此境界，並在文學創作上
呈現如此特點的原因，即在於黃氏有著儒學、禪學修養上的自覺意識，
且頗有獨到之處。在禪學修養方面，黃庭堅被視之爲黃龍派晦堂祖心之
法嗣，其聞香悟道而“到家”之公案被《禪林僧寶傳》《五燈會元》《嘉
泰普燈録》等禪宗燈録載入，成爲士大夫悟道之典範；而其儒學修養自
不待言，諸如“中心純粹”“照見本心”“養心治性”“正心誠意”之類
儒學修養術語在其文集中一再出現。儘管黃庭堅名列蘇門四學士之列，
黃宗羲《宋元學案》却將其置於“范吕諸儒學案”，認爲其在儒學修養
方面不同於蘇門士子。北宋中葉之後文苑、儒林合流的趨勢集中體現在
了黃庭堅身上，其兼有文苑、儒林淵源，也可謂不多見的現象。

　　通觀南宋儒林關於蘇黃優劣的代表論述，結合宋代儒學所面臨之問
題及發展趨勢，不難看出南宋儒林學者評價二者的準繩在於是否具有儒
學修養的自覺意識、符合當時儒學發展的新趨勢。南宋儒林的蘇黃優劣
論，表面看類似於洛蜀黨爭之類意氣之爭的延續，其實質却與宋學發展
過程中學者對前輩士大夫爲學、爲人的反思密切關聯。

---

①　周裕鍇:《夢幻與真如——蘇、黃的禪悦傾向與其詩歌意象之關係》，載《文學遺產》2001 年
　　第 3 期。

結　語

　　對宋代士人而言，兩宋變易是中原板蕩、山河破碎的群體記憶，時代的劇變對士人的生存狀態、思想意識乃至人生觀念都産生了深遠的影響，故研究該時期文學者多以此爲切入點，從"文章關氣運，非人力"的角度解釋宋代文學在該時期的轉型，從文化版圖的重組、南北文化的交融等諸角度尋繹文學轉型的具體路徑。這誠然有功於描述、揭示南渡時期文學之嬗變，但也暗含著對兩方面内容的忽視：一方面忽視了對宋代文學本身的發展趨勢及其内在動因的分析，另一方面以今之"文學"觀念衡量古人，忽視了士人知識構成對其詩文創作的綜合作用與潛在影響。因此，深入兩宋之交文學嬗變之研究，即在於尋繹文學本身發展的趨勢及其動因，在正視士人知識構成全貌的基礎上，考察其文學觀念與文學創作特點形成的必然性。而文學發展的内在動因必定包含社會風潮、學術思想的影響等，該時期儒學關於主體精神修養、發展完善的内容必定影響以儒學爲本位文化的士人的價值觀念、審美趣味等，必定影響其文學旨趣、詩學主張。故而，將學術思想的梳理與文學研究相結合，深入發掘儒學思想在士人日常生存中的體現，不但能避免以今之文學觀念準繩古人的視野局限，更能窺見當時文學觀念、文學創作轉型的深層次原因。

　　一方面，兩宋之交的文學乃北宋後期文學的發展裂變，該時期之文學主流乃江西詩派，他們在繼承黄庭堅詩論與創作路綫的基礎上，出現進一步完善、深入山谷詩學的趨勢，這體現在吕本中、徐俯、韓駒等人的論詩言論中。另一方面，宋代儒學在該時期發展到了一個新階段，《宋史·道學傳》云："仁宗明道初年，程顥及弟頤寔生，及長，受業周氏，已乃擴大其所聞，表章《大學》《中庸》二篇，與《語》《孟》並行，於是上自帝王傳心之奥，下至初學入德之門，融會貫通，無復餘蘊。"[①]《宋史》指出二程學説已然呈現不同於漢唐注疏的特性，有了完備

---

① 《宋史》卷四百二十七，中華書局，1985，第 12710 頁。

的體系性，但产生深遠影響却是在北宋後期，二程門人以“洛黨”的身份深入參與政治活動，其學術理念對士子的影響也漸次深遠，楊時倡道於東南，胡安國講學於碧泉，游於二人門下者不但包括陳淵、張九成、羅從彦、胡宏等學者，亦有曾幾、吕本中等詩壇名家。全祖望云：“因念世之操論者，每言學人不入詩派，詩人不入學派，吾友杭堇浦亦力主之。獨以爲是言也，蓋爲宋人發也，而殊不然。張芸叟之學出於横渠，晁景迂之學出於涑水，汪清谿、謝無逸之學出於滎陽吕侍講，而山谷之學出於孫莘老，心折於范正獻公醇夫，此以詩人而入學派者。楊、尹之門而有吕紫微之詩，胡文定公之門而有曾茶山之詩，淵石之門而有尤遂初之詩，清節先生之門而有楊誠齋之詩，此以學人而入詩派者也。”① 張毅先生認爲：“作爲北宋末年士人心理和社會思潮的一種反映，江西詩派的創作思想和當時理學家的文學主張是相符合的。”②“如果説以蘇軾爲代表的蜀學和以程頤爲代表的洛學在思想上是針鋒相對的話，那麼這種對立到了以黄庭堅爲首的江西詩派形成時已不復存在。”③ 二者皆關注到了當時詩人兼具學人身份的發展趨勢，這其實是士人知識構成變化在文學領域的反映。因此，考察該時期文學嬗變，不可忽視士人知識構成的綜合作用，不可懸置當時之學術思潮鑿空强論。

　　兩宋理學被惡名已久，撮其大要在於兩端：其一，“存天理，滅人欲”；其二，反文學。有學者認爲前者有違人之本性，否定主體情感追求的合理意義，而後者則直接視文學爲“閒言語”，否定文學創作的價值。關於前者，陳來先生辯之甚詳：“宋明儒者所説的‘存天理、去人欲’，在直接的意義上，‘天理’指普遍的社會道德法則，‘人欲’並不泛指一切感性欲望，是指與道德法則相衝突的感性欲望，用康德的話來説，‘天理’即理性法則，‘人欲’即感性法則。”④ 關於後者，程頤確實稱杜甫“穿花峽蝶深深見，點水蜻蜓款款飛”爲“閒言語”並曰“某所以不嘗作詩”，但緊接其後，程頤却説：“今寄謝王子真詩云：‘至誠通化藥通神，遠寄衰翁濟病身。我亦有丹君信否？用時還解壽斯民。’子真所學，只是獨善，雖至誠潔行，然大抵只是爲長生久視之術，止濟一

---

① 全祖望：《寶顏集序》，《鮚埼亭集》卷三十二，《四部叢刊初編》本，第 341 頁下~342 頁上。
② 張毅：《宋代文學思想史》，第 151 頁。
③ 張毅：《宋代文學思想史》，第 152 頁。
④ 陳來：《宋明理學》“引言”之“宋明理學的正名”，華東師大學出版社，2003，第 2 頁。

身，因有是句。"① 程頤又認爲"作文害道"，却在本條語録中稱讚："呂
與叔有詩云：'學如元凱方成癖，文似相如始類俳；獨立孔門無一事，
只輸顔氏得心齋。' 此詩甚好。"② 這貌似前後矛盾，其實乃其思想一以
貫之的表現，程顥云："吾學雖有所受，'天理' 二字却是自家體貼出
來。"③ 二程基於對"天理"本體的探究展開了其哲學體系的建構，在其
學説樹立的過程中，程顥、程頤昆仲有意識地與佛禪學説、辭章文學、
漢唐注疏之學區別開來，程頤曰："古之學者一，今之學者三，異端不
與焉。一曰文章之學，二曰訓詁之學，三曰儒者之學。欲趨道，舍儒
者之學不可。" 又曰："今之學者有三弊：一溺於文章，二牽於訓詁，
三惑於異端。苟無此三者，則將何歸？必趨於道矣。"④ 因此，在區別
他者、凸顯自我特色的强烈自覺意識下，二程對文學作了嚴苛的界定，
即符合其學説"普遍的社會道德法則"的情感表達才具備合理性。這
在一定程度上確實縮小了文學反映精神生活的範圍，但也帶來了規範
文學的意義，剔除了黃庭堅所謂"怒鄰罵座"等情緒宣泄的成分，同
時文學作爲主體與"普遍的社會道德法則"冥合之情感的書寫，避免
了成爲服務於政教宣講的現實工具的命運。正如周裕鍇先生所論："宋
人既强調'自持'，必然以規範的、智性的'理'爲宗旨；既强調'自
適'，必然以愉悦的、詩意的'趣'爲歸宿。事實上，'理'與'趣'
二者在宋詩人那裏常常密不可分，閒暇之情，源於學道，樂易之辭，
出於達理。"⑤ 周先生又進一步指出："'自適'的觀點則主要有得於儒
家所謂'孔顔樂處'之説，它在理學家的鼓吹下已成爲宋代士大夫安
身立命的基本原則。……有了這種修養功夫，自然能解除壓抑，自我
實現。可以説，'自持'的意義在於性情的規範化，而'自適'的意義
在於人生的詩意化。"⑥

同時，二程學説雖强調對主體精神世界的規範，但其基點是個體
的修養，程顥云："以己及物，仁也。推己及物，恕也。忠恕一以貫之。

---

① （宋）程顥、程頤著，王孝魚校點《二程集·河南程氏遺書》卷十八，前引書，第 239 頁。
② （宋）程顥、程頤著，王孝魚校點《二程集·河南程氏遺書》卷十八，前引書，第 239 頁。
③ （宋）程顥、程頤著，王孝魚校點《二程集·河南程氏外書》卷十二，前引書，第 424 頁。
④ （宋）程顥、程頤著，王孝魚校點《二程集·河南程氏遺書》卷十八，前引書，第 187 頁。
⑤ 周裕鍇：《宋代詩學通論》，上海古籍出版社，2008，第 70 頁。
⑥ 周裕鍇：《宋代詩學通論》，第 71 頁。

忠者天理，恕者人道。"① 又云："一人之心即天地之心，一物之理即萬物之理，一日之運即一歲之運。"② 不難看出，雖然二程立學標的之一是區別於文章之學、辭章之學，但其學術旨要肯定了主體先驗具有與天地合德的崇高價值，注定導向主體精神的高揚。而其"一物之理即萬物之理"的思路，亦暗含著主體可在一事一物的觀照中會得"天理"的可能，極易導向詩化的審美，故而程顥自述其冥合"天理"的境界時更類似於詩化審美的表現："某自再見茂叔後，吟風弄月以歸，有吾與點也之意。"③ 因此程顥不但有"時人不識余心樂，將謂偷閑學少年"的胸懷灑脱，也有"道通天地有無外，思入風雲變態中"的逸興壯思。從理學發展的這個維度來看，就不難理解兩宋之交的儒學學者大多詩文豐贍的原因，就不難理解以"正心誠意"自號"誠齋"的楊萬里創作出活潑流蕩、饒有諧趣之"誠齋體"，更不難理解二程理學孕育出朱熹這樣的詩文大家。

　　兩宋之交的理學正處於二程學説的發展變化期，亦是二程學説影響力不斷擴大的時期，該時期之士大夫大多與二程門人淵源甚深，他們與二程門人一同肩負起了傳承斯文於變亂之世的重任。而他們的知識構成則在與二程門人的切磋交際中受到了潛移默化的影響，這體現在了他們的文學觀念、創作實踐中。二程門人一系中，胡氏三父子與曾幾、吕本中過從甚密，其理學思想與文學創作相融合，體現出了當時詩學與理學結合的發展趨勢，胡寅遠宗杜甫、近師蘇黄，作爲理學中人，其於《向薌林酒邊集後序》對蘇軾詞作給予了極高的評價，而他在詩歌創作中提出的"枯木之心幻出葩華"的創作論，則肯定了詩歌書寫主體性情之正的作用，肯定了靜中"觀萬物自得意"的創作方式。而胡宏命、性、心的哲學邏輯建構則使發而中節的性情規範、盡性至命的修養理路、與道冥符的境界體驗形諸詩歌創作，使其詩歌呈現出了觀物會理、意與物會的理趣美。龜山一系中，楊時之詩歌内容主要集中在了書寫傳承斯文之責任感、儒學自在和樂境界的體認與桑梓親友的懷念三方面，此三類書寫内容的選擇與其理學思想息息相關，同時楊時提出了使自我情緒的抒發合乎儒者之道，即"發而皆中節"的詩論。楊時雖然經歷了兩宋變

---

① （宋）程顥、程頤著，王孝魚校點《二程集·河南程氏遺書》卷十一，124 頁。
② （宋）程顥、程頤著，王孝魚校點《二程集·河南程氏遺書》卷二上，第 13 頁。
③ （宋）程顥、程頤著，王孝魚校點《二程集·河南程氏遺書》卷三，59 頁。

易的全過程，但反映時事的内容却未曾出現在其詩作中，他選擇文這一文體予以了詳細的記録，體現出他關於詩文不同功能的認識。而陳淵則將理學義理的言説以及自我對理學境界的感悟，寓於觀照外物所得的詩化表達中，既爲其詩歌賦予了鮮明的哲理意藴，又保證了詩歌本有的文學特徵，體現出了與程顥接近的創作傾向。但陳淵之特色在於春花這一"生生之謂易"的象徵屢次出現於詩篇中，這是他悠然和樂、崇高超越之與物同體情懷的承載。而張九成提出了準則《詩經》的主張，他認爲詩歌應是主體性情之正的自然流露，不是有意爲文的産物。詩歌的本質是對主體性情之正的書寫，《詩經》即是如此。另外，張九成從創作論的角度指出，苦心爲"艱深之辭"是不可取的創作態度，因爲這會導致詩歌書寫内容遠離主體之真性情，而淪爲虛假的修飾與言説。關於性情之正是如何，即詩歌的書寫内容應爲何物，張九成亦本自其理學思想進行了界定，認爲性情之正應是主體悟得儒學至理之後的外在表現。

雖然二程門人在創作中特點各異，但他們又體現出了某些相同的特點：其一是强調對主體性情的書寫，同時强調這種詩化表達的性情應是符合儒學修養的精神活動；其二體現在詩歌用典方面，由於其儒學自覺意識的促動，這使他們有著規避佛禪典故的共同表現，其詩歌中基本没有佛禪語，這體現出了他們與蘇黄一系的區别。另外，他們的儒學思想大多通過對儒家經典的解釋而形成，這使他們詩歌體現出了融攝儒學典故的傾向，這不僅豐富了詩歌語言系統，而且與黄庭堅"作詩使《史》《漢》間全語爲有氣骨"的主張相一致，可視爲對黄庭堅詩論的發展。雖然，理學中人努力實現與文學之士的區别，但詩文作爲士大夫的存在方式與身份標誌，承擔了交流的功能，因此他們不得不接受業已形成的詩文傳統，選擇了採用詩文作爲交際的方式，作爲精神活動的記録，但在此過程中他們本自儒學修養，力圖對詩文傳統進行規範與修正。

與二程門人系統關聯緊密，兩宋之交詩壇活躍的吕本中、曾幾等江西詩派一系，亦體現出了創作上的新態勢。他們在儒學修養方面，實踐哲學的特徵較爲明顯，他們大多懸置了"天理"本體的探究，而將精力集中在了個體精神的安頓上，這雖然造成了其哲學建樹不大的事實，但也使其減少了理學修養對文學創作的限制。他們在師法對象上體現出了由約趨博、由今趨古的傾向，以韓駒、吕本中爲代表，他們更關注佳作創作過程的尋繹，故而他們對師法對象的選擇，突破了杜、黄的藩籬，將漢魏古詩、中晚唐詩作乃至先秦散文皆納入其中。在技法探究方面，呈現出由微觀之用事、屬對、句法等的談論，漸趨於詩歌整體意蘊體味的趨勢。而這種趨勢的出現則與江西詩派諸人的儒學淵源不無關係，如謝逸、謝薖、饒節即游於呂希哲門下，曾幾乃胡安國門人，出身儒林世家的呂本中又與王直方、晁冲之、韓駒、徐俯等人交往密切。凡此，皆使得儒學觀念對他們產生了深刻影響。儒學“渾然與物同體”之修養境界對創作主體的精神影響潛在而深刻，這使江西詩派的詩歌風格追求開始轉向自然，如呂本中論詩高標“活法”，同時又以謝朓“好詩流轉圓美如彈丸”爲“真活法”，這一主張得到了曾幾的響應，其《讀呂居仁舊詩有懷其人作詩寄之》云：“居仁説活法，大意欲人悟。常言古作者，一一從此路。豈惟如是説，實亦造佳處。其圓如金彈，所向若脱兔。”[1]儒學修養對他們的深入影響還體現在詩歌主體精神的書寫方面，韓駒曰：“詩言志，當先正其心志，心志正，則道德仁義之語、高雅淳厚之義自具。三百篇中有美有刺，所謂‘思無邪’也。先具此質，却論工拙。”[2]呂本中云：“‘讀三蘇進策涵養吾氣。他日下筆自然文字霶霈，無吝嗇處。”[3]他們的著眼點皆在於增強主體精神表現力，以實現詩文中所表現之主體情懷的高妙，由此實現詩文意蘊、境界的拔升。正如張毅先生所論：“理學家主張‘正心誠意’，以詩作爲吟詠性情、涵養道德的工具，強調作詩須有溫柔敦厚之氣，這在江西詩派的創作中是得到了體現的。其基本精神是反對縱情任性，追求内斂的主體人格的自我完善。”[4]正因儒學精神的滲透，文學創作從詩文革新運動時期的“開口攬時事，論議爭煌煌”的昂揚向上，轉而爲以黄庭堅爲代表的、建立在對時代、自我清醒認識的狷介自守的收歛，又隨著理學體系發展的成熟完善，逐漸朝著“渾然與物同體”的自然和樂蜕變。

值得注意的是，隨著兩宋之交的理學影響的不斷深入，理學對該時期士大夫之文學觀念、具體創作皆產生了深刻影響，但理學與文學的關係却並不是理學單向度地影響文學，該時期也出現了文學促成理學修養方式豐富變化的現象，呂本中《江西宗派圖》的寫作即是標誌性事件。

---

① （宋）陳思編，（元）陳世隆補《兩宋名賢小集》卷一百九十，《景印文淵閣四庫全書》第1363
　　册，第545~546頁。
② （宋）魏慶之：《詩人玉屑》卷十三，第286頁。
③ （宋）吕本中：《童蒙詩訓》，《宋詩話輯佚》本，第605頁。
④ 張毅：《宋代文學思想史》，第152頁。

呂本中力圖通過與歐陽修"文統"相比附，梳理出"詩統"的脈絡，使"詩統"獲得與"文統"同樣的地位，而宋人所謂之"文統"則以文章是否融入並承載儒學精神作爲標準，穆修云："唐之文章，初未去周隋五代之氣，中間稱得李杜其才，始用爲勝，而號專雄歌詩，道未極其渾備。至韓柳氏起，然後能大吐古人之文，其言與仁義相華實而不雜。"①蘇洵云："自孔子没百有餘年而孟子生，孟子之後數十年而至荀卿子，荀卿子後乃稍闊遠，二百餘年而揚雄稱於世，揚雄之死不得其繼，千有餘年而後屬之韓愈氏，韓愈氏没三百年矣，不知天下之將誰與也。"②因此，呂本中在以"詩統"比附"文統"時，顯然亦以詩歌表現、承載儒學精神作爲標準。呂本中以"宗派"概稱山谷後學，將詩歌創作作爲實踐工夫之一，賦了其可證入"天理"本體的儒學意義，將其納入儒學的範圍，以詩歌創作融入儒學修養工夫的方式，爲詩歌創作尋得了儒學意義上的存在合理性。從哲學體系而論，所謂道，即西方哲學概念中的本體，自然是居於體系中最核心、最基礎的地位，倫理學、認識論，都是從本體論中生發出來的，因此，在理學體系中，對於道的直接闡發，相對於關乎日常生活的修養工夫，確實在位階上高一個層次。但是，從一個儒家思想傳承者個人的角度看，情況却有所不同。道是至高無上的終極真理，是本體的所在，而通達道的方式，可以有不同的選擇。直接以理論思辨探討道的存在，這是一種方式；立足個人的生命體驗，以文學創作實踐對道的體悟，也是一種方式。從這個角度，詩歌創作，乃至詩歌傳統較之於道統，便不再具有細枝末節的劣勢，反而獲得了與道統並肩而立的地位。此外，該時期文論中"句法"的標舉及其内涵新變、蘇黃優劣現象的出現等都是理學、文學交互影響的産物。

綜上所述，兩宋之交的文學嬗變，不僅有金人入侵這一外部因素的影響，還與儒學的影響密不可分，在這一嬗變過程中，儒學在建構"天理"本體論的同時，將"天理"與人性的内涵解釋相結合，體現出了强烈的價值理性的形態，這在改變士大夫精神風貌的同時，亦造就了士大夫關注視野、價值取向與審美情趣的變化，從而影響了其詩文的書寫内容與藝術風格。而詩文作爲士大夫的身份標誌與存在方式，

---

① （宋）穆修：《唐柳先生文集後序》，《宋文鑑》卷八十五，《景印文淵閣四庫全書》第 1351 册，第 7 頁。
② （宋）蘇洵：《上歐陽内翰第二書》，《嘉祐集》卷十二，上海古籍出版社，1993，第 332 頁。

是已經長期存在且無法改變的傳統，儘管程頤一再強調"專務章句悦人耳目"與聖人之言的區别，但無法改造，甚至改變業已形成的事實。在這種情况下，陳淵認爲："天道文章豈兩歧，雷聲淵默本同時。"[1]吕本中則將程頤"今日格一件，明日又格一件"置换爲"今日行一難事，明日行一難事"，其"格物"範圍不僅僅局限在對已然存在之客觀事物的體察上，而是將主體的精神活動、内心世界包括在内。由此作爲精神活動體現的文學創作、詩歌創作，在邏輯上顯然也是吕本中"格物"的一部分，從而將文學創作納入儒學修養中。在文學與理學的交互影響下，該時期的文學有著被儒學規範、滲透的痕迹，雖然文學表現的範圍相比北宋中葉呈現了縮小的趨勢，但體現出了由重視技法到重視整體風格的轉變，呈現出了更爲重視主體精神表現力的趨勢，在一定程度上糾正了北宋末期詩壇流弊。

---

[1]　（宋）陳淵：《看〈論語〉四首其二》，《默堂集》卷五，《景印文淵閣四庫全書》第 1139 册，第 322 頁下。

參考文獻

一 著作類（叢書本第一次出現時標出出版信息）：

A

《阿奎那政治著作選》，馬清槐譯，商務印書館，1982。

《愛日齋叢抄》，（宋）葉寘著，《景印文淵閣四庫全書》第 854 冊，臺北
　　商務印書館，1983。（本書所引四庫本圖書皆以此版本爲準，後不
　　一一注明。）

B

《貶謫文化與貶謫文學：以中唐元和五大詩人之貶及其創作爲中心》，尚
　　永亮著，蘭州大學出版社，2003。

《步里客談》，（宋）陳長方著，《景印文淵閣四庫全書》第 1039 冊。

C

《藏園群書題記》，傅增湘著，上海古籍出版社，1989。

《茶山集》，（宋）曾幾著，中國書店影印《四庫全書》本，2018。

《禪者的思索》，〔日〕鈴木大拙著，未也譯，中國青年出版社，1989。

《承洛啓閩：道南學派思想研究》，劉京菊著，人民出版社，2007。

《誠齋集》，（宋）楊萬里著，《四部叢刊初編》本。

《誠齋詩話》，（宋）楊萬里著，《歷代詩話續編》本。

《崇正辯》，（宋）胡寅著，中華書局，1993。

《春秋胡氏傳》，（宋）胡安国著，錢偉彊點校，浙江古籍出版社，2010。

《純粹現象學通論》，〔德〕胡塞爾著，李幼蒸譯，商務印書館，1992。

《徂徠集》，（宋）石介著，《景印文淵閣四庫全書》第 1090 冊。

《徂徠石先生文集》，（宋）石介著，中華書局，1984。

《存在主義哲學》，徐崇溫主編，中國社會科學出版社，1986。

《存在與時間》，〔德〕海德格爾著，孫周興譯，生活・讀書・新知三聯書店，2006。

D

《大方廣圓覺修多羅了義經》，（唐）佛陀多羅譯，《大正藏》第 17 卷，臺北佛陀教育基金會 1990 年影印版。（本書所引《大正藏》本圖書皆以此版本爲準，後不一一注明。）

《東坡易傳》，（宋）蘇軾著，吉林文史出版社，2002。

《東坡志林》，（宋）蘇軾撰，王松齡點校，中華書局，1981。

《大佛頂首楞嚴經》，（唐）般剌蜜帝譯，《大正藏》第 19 卷。

《大慧普覺禪師語録》，（宋）釋蘊聞編，《大正藏》第 47 卷。

《待制集》，（元）柳貫撰，（明）宋濂編《景印文淵閣四庫全書》第 1210 冊，臺北商務印書館，1983。

《當代西方史學理論》，何兆武、陳啓能著，上海社會科學院出版社，2003。

《道南源委》，（明）朱衡著，同治正誼堂本。

《道園學古録》，（元）虞集著，《景印文淵閣四庫全書》第 1207 冊。

《東萊集・別集》，（宋）呂祖謙著，《景印文淵閣四庫全書》第 1150 冊。

《東萊呂紫微師友雜志》，（宋）呂本中著，《叢書集成初編》本。

《東萊詩集》，（宋）呂本中著，《景印文淵閣四庫全書》第 1136 冊，臺灣商務印書館，1983。

《東軒筆録》，（宋）魏泰著，中華書局，1983。

《讀史管見》上冊，（宋）胡大壯著，《續修四庫全書》第 280 冊。

《杜詩詳注》，（唐）杜甫著，（清）仇兆鰲注，中華書局，1979。

《對床夜語》，（宋）范晞文著，《叢書集成初編》本。

《對文學的藝術作品的認識》，〔波蘭〕英伽登著，陳燕谷、曉未譯，中國文聯出版公司，1988。

《獨醒雜誌》，（宋）曾敏行著，《四庫全書》第 1039 冊。

E

《二程集》，（宋）程顥、程頤著，王孝魚校點，中華書局，2004。
《二十世紀西方文論述評》，張隆溪著，三聯書店，1986。

F

《斐然集》，（宋）胡寅著，《景印文淵閣四庫全書》第 1137 冊。
《馮友蘭全集》，馮友蘭著，河南人民出版社，2000。
《浮沚集》，（宋）周行己著，《景印文淵閣四庫全書》第 1123 冊。

G

《高峰文集》，（宋）廖剛著，《景印文淵閣四庫全書》第 1142 冊。
《高僧傳》，（南朝梁）慧皎著，中華書局，1992。
《高齋詩話》，（宋）曾慥著，《宋詩話輯佚》本。
《庚溪詩話》，（宋）陳巖肖著，《歷代詩話續編》本，中華書局，1983。
《古希臘哲學》，苗力田著，中國人民大學出版社，1989。
《古尊宿語錄》，賾藏主編，中華書局，1994。
《過庭錄》，（宋）范公偁著，《墨莊漫錄·過庭錄·可書》本，孔凡禮點
　　校，中華書局，2002。

H

《韓昌黎文集校注》，（唐）韓愈著，馬其昶校注，上海古籍出版社，
　　1986。
《韓非子集解》，（清）王先慎集解，《諸子集成》本，上海書店 1986 年
　　影印版。
《寒柳堂集》，陳寅恪著，生活·讀書·新知三聯書店，2000。
《和靖集》，（宋）尹焞著，《景印文淵閣四庫全書》第 1136 冊。
《鶴林玉露》，（宋）羅大經著，中華書局，1983。
《鶴山先生大全集》，（宋）魏了翁著，《四部叢刊初編》本。
《橫浦集》，（宋）張九成著，《景印文淵閣四庫全書》第 1138 冊。
《橫浦日新》，（宋）于恕輯，《四庫全書存目叢書》子部第 83 冊，齊魯

書社，1995。

《洪龜父集》，（宋）洪朋著，《景印文淵閣四庫全書》第 1124 冊。

《鴻慶居士集》，（宋）孫覿著，《景印文淵阁四库全书》第 1135 冊。

《後村詩話·前集》，（宋）劉克莊著，中華書局，1983。

《後村先生大全集》，（宋）劉克莊著，《四部叢刊初編》本。

《後山詩話》，（宋）陳師道著，《歷代詩話》本。

《胡宏集》，（宋）胡宏著，吳仁華點校，中華書局，1987。

《湖湘學派文學研究》，陶俊著，中央民族大學出版社，2015。

《淮海集箋注》，（宋）秦觀著，徐培均箋注，上海古籍出版社，2000。

《環溪詩話》，（宋）吳沆著，《冷齋夜話·風月堂詩話·環溪詩話》本，
　　中華書局，1988。

《皇朝編年綱目備要》，（宋）陳均著，許沛藻等點校，中華書局，2006。

《黃庭堅全集》，（宋）黃庭堅著，劉琳等校點，四川大學出版社，2001。

《黃庭堅詩集注》，（宋）黃庭堅著，中華書局，2003。

《黃氏日抄》，（宋）黃震著，《景印文淵閣四庫全書》第 708 冊。

《皇宋通鑑長編紀事本末》，（宋）楊仲良著，江蘇古籍出版社影印宛委
　　別藏本。

《晦庵集》，（宋）朱熹著，《朱子全書》第 24 冊，朱傑人、嚴佐之、劉
　　永翔主編，上海古籍出版社、安徽教育出版社，2002。

《晦庵先生朱文公文集》，（宋）朱熹著，《朱子全書》第 22 冊，朱傑人、
　　嚴佐之、劉永翔主編，上海古籍出版社、安徽教育出版社，2002。

J

《擊壤集》，（宋）邵雍著，《景印文淵閣四庫全書》第 1101 冊。

《嘉泰普燈錄》，（宋）正受編，《卍新纂續藏經》第 79 冊。

《嘉祐集》，（宋）蘇洵著，上海古籍出版社，1993。

《劍南詩稿校注》，（宋）陸游著，錢仲聯校注，上海古籍出版社，1985。

《澗泉日記》，（宋）韓淲著，《景印文淵閣四庫全書》第 864 冊。

《江西詩派小序》，（宋）劉克莊著，《歷代詩話續編》本。

《江西詩派研究》，莫礪鋒著，齊魯書社，1986。

《江西詩社宗派研究》，龔鵬程著，臺灣文史哲出版社，1983。

《江西宗派研究》，伍曉蔓著，巴蜀書社，2005。

《結構主義和符號學》，〔英〕特倫斯·霍克斯著，瞿鐵鵬譯，上海譯文
　　出版社，1987。

《鮚埼亭集》，（明）全祖望著，《四部叢刊初編》本。

《景德傳燈録》，（宋）道原著，《大正藏》第 51 卷，臺北佛陀教育基金
　　會 1990 年影印版。

《經濟文衡》，（宋）滕珙著，《景印文淵閣四庫全書》第 704 册。

《經學通論·春秋》，（清）皮錫瑞著，中華書局，1954。

《九朝編年要録》，（宋）陳均著，《景印文淵閣四庫全書》第 328 册。

《居士分燈録》，（明）朱時恩著，《卍新纂續藏經》第 86 册，新文豐出
　　版公司影印本。

　　　　K

《孔氏談苑》，（宋）孔平仲著，中華書局，1985。

《困學紀聞》，（宋）王應麟著，（清）翁元圻等注，上海古籍出版社，
　　2008。

　　　　L

《老學庵筆記》，（宋）陸游著，中華書局，1979。

《冷齋夜話》，（宋）惠洪著，《稀見本宋人詩話四種》本，江蘇古籍出版
　　社，2002 年。

《歷朝釋氏資鑑》，（宋）釋熙仲著，《卍新纂續藏經》第 76 册。

《李覯集》，（宋）李覯著，中華書局，1981。

《禮記正義》，（唐）孔穎達等正義，《十三經註疏》本，上海古籍出版社
　　1997 年影印版。

《歷史進化論》，章笑力著，蘇州大學出版社，2014。

《歷史經受著考驗》，〔英〕湯因比著，浙江人民出版社，1988。

《歷史研究》（上），〔英〕湯因比著，上海人民出版社，1986。

《歷史學的理論和實際》，〔意〕貝奈戴托·克羅齊著，〔英〕安斯利英
　　譯，傅任敢譯，商務印書館，1986。

《歷史哲學》，莊國雄、馬擁軍、孫承叔著，復旦大學出版社，2004。

《歷史哲學》，〔德〕黑格爾著，上海書店，1999。

《李希聲詩話》，（宋）李希聲著，《宋詩話輯佚》本。

《理學文藝史綱》，許總主編，江蘇教育出版社，2001。

《李延平集》，（宋）李侗著，《叢書集成初編》本。

《梁啓超史學論著四種》，梁啓超著，嶽麓書社，1985。

《兩宋理學美學與文學研究》，鄧瑩輝著，華中師範大學出版社，2007。

《兩宋名賢小集》，（宋）陳思編，（元）陳世隆補著，《景印文淵閣四庫
　　全書》第 1363 冊。

《梁谿漫志》，（宋）費袞著，金圓校點，上海古籍出版社，1985。

《林間錄》，（宋）惠洪著，《卍新纂續藏經》第 87 冊。

《陵陽集》，（宋）韓駒著，臺灣商務印書館，1983。

《龍川文集》，（宋）陳亮著，《叢書集成初編》本。

《麓堂詩話》，（明）李東陽著，《歷代詩話續編》本。

《陸放翁全集·渭南文集》，（宋）陸游著，世界書局，1936。

《陸游集·渭南文集》，（宋）陸游著，中華書局，1976。

《倫理學名詞解釋》，羅國傑主編，人民出版社，1984。

《羅豫章集》，（宋）羅從彥著，《叢書集成初編》本。

《呂本中詩集校注》，（宋）呂本中著，韓酉山校注，中華書局，2017。

《呂本中全集》，（宋）呂本中著，中華書局，2019。

《呂氏雜記》，（宋）呂希哲著，《景印文淵閣四庫全書》第 863 冊。

《履齋示兒編》，（宋）孫奕著，《景印文淵閣四庫全書》第 864 冊。

M

《毛詩正義》，（漢）毛亨撰，（漢）鄭玄箋，（唐）孔穎達疏，龔抗雲等
　　整理，北京大學出版社，1999。

《梅溪王先生文集·後集》，（宋）王十朋著，《四部叢刊初編》本。

《美學》，〔德〕黑格爾著，朱光潛譯，人民文學出版社，1962。

《美學三書》，李澤厚著，生活·讀書·新知三聯書店，2009。

《梅堯臣集編年校注》，（宋）梅堯臣著，朱東潤編年校注，上海古籍出
　　版社，1980。

《捫虱新話》，（宋）陳善著，《叢書集成初編》本。

《夢溪筆談》，（宋）沈括著，中華書局，2009。

《孟子傳》，（宋）張九成著，《景印文淵閣四庫全書》第 196 冊。

《閩中理學淵源考》，（清）李清馥著，《景印文淵閣四庫全書》第 460 冊。

《明清散文流派論》，熊禮匯著，武漢大學出版社，2003。

《明儒學案》，（清）黃宗羲著，沈芝盈點校，中華書局，1985。

《明儒言行錄》，（清）沈佳著，《明代傳記叢刊》本，臺灣明文書局，
　　1991。

《名哲言行錄》，（古羅馬）拉爾修著，參見苗力田主編《古希臘哲學》，
　　中國人民大學出版社，1989。

《繆鉞全集》，繆鉞著，河北教育出版社，2004。

《默堂集》，（宋）陳淵著，《景印文淵閣四庫全書》第 1139 冊。

《墨子閒詁》，（清）孫詒讓撰，孫啓治點校，中華書局，2001。

《牟氏陵陽集》，（元）牟巘，《景印文淵閣四庫全書》第 1188 冊。

《木鍾集》，（宋）陳埴著，《景印文淵閣四庫全書》第 703 冊。

N

《南宋湖湘學派的文學研究》，寧淑華著，湖南人民出版社，2009。

《南宋儒學建構》，何俊著，上海人民出版社，2004。

《南宋思想史》，何俊、范立舟著，上海古籍出版社，2008。

《能改齋漫錄》，（宋）吳曾著，上海古籍出版社，1979。

O

《歐陽修集校箋》，（宋）歐陽修著，洪本健校箋，上海古籍出版社，
　　2009。

《歐陽修全集》，（宋）歐陽修著，中華書局，2001。

《歐陽修詩文集校箋》，（宋）歐陽修著，洪本健校箋，上海古籍出版社，
　　2009。

Q

《潛夫詩話》，（宋）劉炎著，《宋詩話輯佚》本。

《潛溪詩眼》，（宋）范溫著，《宋詩話輯佚》本，中華書局，1980。

《清波雜誌》，（宋）周煇著，劉永翔點校，中華書局，1994。

《清代學術概論》，梁啓超著，中華書局，2010。

《情感與形式》，〔美〕蘇珊·朗格著，劉大基譯，中國社會科學出版社，
　　1986。

《曲洧舊聞》，（宋）朱弁著，《師友談記·曲洧舊聞·西塘集耆舊續聞》本。

《詮釋學導論》，潘德容著，廣西師範大學出版社，2015。

R

《人的自由和真善美》，馮契著，華東師範大學出版社，1996。

《認知與存在》，〔英〕波蘭尼著，李白鶴譯，南京大學出版社，2017。

《日涉園集》，（宋）李彭著，《景印文淵閣四庫全書》第 1122 冊。

《儒家倫理與社會秩序》，張德勝著，上海人民出版社，2008

《儒家美學思想研究》，李孝弟著，中華書局，2005。

《歲寒堂詩話》，（宋）張戒著，《歷代詩話續編》本。

S

《尚書正義》，（唐）孔穎達著，《十三經注疏》本，上海古籍出版社
　　1997 年影印版。

《僧寶正續傳》，（宋）祖琇著，《卍新纂續藏經》第 79 冊。

《山谷年譜》，（宋）黃㽦著，《景印文淵閣四庫全書》第 1113 冊。

《珊瑚鉤詩話》，（宋）張表臣著，《歷代詩話》本。

《尚書講義》，（宋）史浩著，《景印文淵閣四庫全書》第 56 冊。

《尚書精義》，（宋）黃倫著，《景印文淵閣四庫全書》第 58 冊。

《宋文鑑》，（宋）呂祖謙著，《景印文淵閣四庫全書》第 1351 冊。

《升庵詩話補遺》，（明）楊慎著，《叢書集成初編》本，商務印書館，
　　1935。

《省齋文稿》，（宋）周必大著，《叢書集成三編》第 46 冊，臺北新文豐
　　出版集團，1997。

《詩話總龜·前集》，（宋）阮閱編，周本淳點校，人民文學出版社，
　　1987。

《史記》，（漢）司馬遷著，中華書局，1959。

《詩經注析》，程俊英、蔣見元注，中華書局，1991。

《石林詩話》，（宋）葉夢得著，《歷代詩話》本。

《石門文字禪》，（宋）惠洪著，《四部叢刊初編》本。

《詩品集注》，（南朝梁）鍾嶸著，曹旭集注，上海古籍出版社，1994。

《詩人玉屑》，（宋）魏慶之著，中華書局，2007。

《詩史本色與妙悟》，龔鵬程著，臺灣學生書局，1986。

《釋氏稽古略》，（宋）覺岸著，《大正藏》第 49 卷。

《詩藪》，（明）胡應麟著，上海古籍出版社，1979。

《師友雜說》，（宋）呂本中著，《叢書集成初編》本。

《師友雜志》，（宋）呂本中著，《呂本中全集》本，中華書局，2019。

《石洲詩話》，（清）翁方綱著，《談龍錄·石洲詩話》本，人民文學出版
　　社，1981。

《史傳三編》，（宋）朱軾著，《景印文淵閣四庫全書》第 459 冊。

《氏族大全》，佚名著，《景印文淵閣四庫全書》第 952 冊。

《水心集》，（宋）葉適著，《景印文淵閣四庫全書》第 1164 冊。

《說郛》，（明）陶宗儀著，中國書店 1986 年影印涵芬樓版。

《司馬光集》，（宋）司馬光著，四川大學出版社，2010。

《四明尊堯集》，（宋）陳瓘著，《四庫存目叢書》第 279 冊。

《四庫全書總目提要》，（清）紀昀總纂，河北人民出版社，2000。

《四書或問·論語或問》，（宋）朱熹著，《朱子全書》本，朱朱傑人、嚴
　　佐之、劉永翔主編，上海古籍出版社、安徽教育出版社，2002。

《四書章句集注》，（宋）朱熹著，中華書局，1983。

《宋代科舉與文學考論》，祝尚書著，大象出版社，2006。

《宋代詩學通論》，周裕鍇著，上海古籍出版社，2008。

《宋代文學思想史》，張毅著，中華書局，2003。

《宋代文學通論》，王水照主編，河南大學出版社，1997。

《宋名臣言行錄》，（宋）朱熹撰，（宋）李幼武補著，《景印文淵閣四庫
　　全書》第 449 冊。

《宋明理學》，陳來著，華東師範大學出版社，2004。

《宋明儒學的問題與發展》，牟宗三著，華東師範大學出版社，2004。

《宋明理學史》，侯外廬等，人民出版社，1984。

《宋明理學與中國文學》，許總著，百花洲文藝出版社，1999。

《宋明理學與文學》，馬積高著，湖南師範大學出版社，1989。

《宋明理學中的"孔顏之樂"問題》，李煌明著，雲南人民出版社，2006。

《宋明儒學綜述》，牟宗三著，《牟宗三先生全集》第 30 册，臺灣聯經出版事業有限公司，2003。

《宋史》，（元）脫脫等著，中華書局，1977。

《宋詩話全編》，吳文治編，江蘇古籍出版社，1998。

《宋詩紀事》，（清）厲鶚輯撰，上海古籍出版社，1983。

《宋詩選注》，錢鍾書著，三聯出版社，2002。

《宋元學案》，（清）黃宗羲編，（清）全祖望補修，陳金生、梁運華點校，中華書局，1986。

《蘇軾詩集合注》，（宋）蘇軾著，（清）馮應榴輯注，黃任軻、米懷春校點，上海古籍出版社，2001。

《蘇軾文集》，（宋）蘇軾著，中華書局，1986。

《蘇轍集·欒城後集》，（宋）蘇轍著，陳宏天、高秀芳點校，中華書局，1990。

《歲寒堂詩話》，（宋）張戒著，《歷代詩話續編》本。

《隨園詩話》，（清）袁枚著，人民文學出版社，1982。

T

《太平御覽》，（宋）李昉等編，夏劍欽校點，河北教育出版社，1994。

《談藝録》，錢鍾書著，三聯書店，1984。

《唐音癸籤》，（明）胡震亨著，上海古籍出版社，1981。

《苕溪漁隱叢話》，（宋）胡仔著，人民文學出版社，1962。

《桯史》，（宋）岳珂著，中華書局，1981。

《鐵圍山談叢》，蔡絛著，中華書局，1983。

《艇齋詩話》，（宋）曾季貍著，《歷代詩話續編》本，中華書局，1983。

《桐江續集》，（元）方回著，《景印文淵閣四庫全書》第 1193 册。

《童蒙訓》，（宋）呂本中著，《呂本中全集》本，中華書局，2019。

《童蒙詩訓》，（宋）呂本中著，《宋詩話輯佚》本。

W

《外國哲學大辭典》，馮契、徐孝通主編，上海辭書出版社，2000。

《王國維文學美學論著集》，王國維著，周錫山整理，北嶽文藝出版社，

1987。

《王荆公年譜考略》，（清）蔡上翔著，《王安石年譜三種》本，中華書局，1994。

《王陽明全集》，（明）王陽明著，上海古籍出版社，1992。

《王直方詩話》，（宋）王直方著，《宋詩話輯佚》本，中華書局，1980。

《維摩詰所説經》，［後秦］鳩摩羅什譯，《大正藏》第14卷。

《韋齋集》，（宋）朱松著，《景印文淵閣四庫全書》第1133冊。

《文定集》，（宋）汪應辰著，《景印文淵閣四庫全書》第1138冊。

《温公續詩話》，（宋）司馬光著，《歷代詩話》本，中華書局，1981。

《温國文正司馬公文集》，（宋）司馬光著，《四部叢刊初編》本。

《文化與人生》，賀麟著，商務印書館，1988。

《文憲集》，（明）宋濂著，《景印文淵閣四庫全書》第1224冊。

《文心雕龍注》，（南朝梁）劉勰著，范文瀾注，人民文學出版社，1962。

《文章辨體序題》，（明）吴訥著，載唐順之《荆川稗編》卷七十五，上海古籍出版社1991年影印四庫本。

《五燈會元》，（宋）普濟編，中華書局，1984。

《無垢先生橫浦心傳録》，（宋）于恕輯，《四庫全書存目叢書》第83冊，齊魯書社，1995。

X

《西方哲學史新編》，苗力田、李毓章主編，人民出版社，2015。

《西山讀書記》，（宋）真德秀著，《景印文淵閣四庫全書》第705冊。

《西山先生真文忠公文集》，（宋）真德秀著，《萬有文庫》本，商務印書館，1937。

《溪堂集》，（宋）謝逸著，《景印文淵閣四庫全書》第1122冊。

《西塘集耆舊續聞》，（宋）陳鵠著，孔凡禮點校，《師友談記·曲洧舊聞·西塘集耆舊續聞》本，中華書局，2002。

《習學記言》，（宋）葉適著，《景印文淵閣四庫全書》第849冊。

《筱園詩話》，（清）朱庭珍著，《清詩話續編》本。

《新批評——一種獨特的形式主義文論》，趙毅衡著，中國社會科學出版社，1986。

《新唐書》，（宋）歐陽修等著，中華書局，1975。

《性善堂稿》，（宋）度正著，《景印文淵閣四庫全書》第 1170 冊。

《形式的內容：敘事話語與歷史再現》，〔美〕海登·懷特著，董立河譯，
　　北京出版社，2005。

《修辭學發凡》，陳望道著，上海教育出版社，1997。

《敘事作品結構分析導論》，〔法〕羅蘭·巴爾特著，張寅德譯，《敘述學
　　研究》，中國社會科學出版社，1989。

《續古尊宿語要》，（宋）晦堂師明編，《卍新纂續藏經》第 68 冊。

《續資治通鑑長編》，（宋）李燾著，中華書局，1992。

Y

《延平答問》，（宋）朱熹輯，《朱子全書》第 13 冊，朱朱傑人、嚴佐之、
　　劉永翔主編，上海古籍出版社、安徽教育出版社，2002。

《楊龜山先生全集》，（宋）楊時著，臺灣學生書局，1974。

《楊時集》，（宋）楊時著，中華書局，2017。

《葉適集》，（宋）葉適著，劉公純等點校，中華書局，1961。

《隱居通議》，（元）劉壎著，《景印文淵閣四庫全書》第 866 冊。

《瀛奎律髓彙評》卷，（元）方回選評，李慶甲集評校點，上海古籍出版
　　社，1986。

《螢雪叢説》，（宋）俞成著，同治退補齋本。

《儼山外集》，（明）陸深著，《景印文淵閣四庫全書》第 885 冊。

《1844 年經濟學—哲學手稿》，〔德〕馬克思著，人民出版社，1979。

《藝概》，（清）劉熙載著，上海古籍出版社，1978。

《伊洛淵源錄》，（宋）朱熹著，《朱子全書》第 12 冊。傑人、嚴佐之、
　　劉永翔主編，上海古籍出版社、安徽教育出版社，2002。

《藝術與視知覺》，〔美〕魯道夫·阿恩海姆著，中國社會科學出版社，
　　1984。

《倚松詩集》，（宋）饒節著，《景印文淵閣四庫全書》第 1117 冊。

《意義》，〔英〕邁克爾·波蘭尼著，彭淮棟譯，臺北聯經出版社，1986。

《于湖居士文集》，（宋）張孝祥著，中華書局，1980。

《瑜伽論集》，（唐）釋遁倫集，《大正藏》第 42 卷。

《餘師錄》，（宋）王正德著，《叢書集成初編》本。

《豫章黃先生文集》，（宋）黃庭堅著，《四部叢刊初編本》，商務印書館，

1929。

《雲麓漫鈔》卷，（宋）趙彥衛著，中華書局，1996 年，第 244 頁。

《雲臥紀譚》，（宋）曉瑩著，《卍新纂續藏經》第 86 册。

Z

《載酒園詩話》，（清）賀裳著，《清詩話續編》本，上海古籍出版社，1983。

《張南軒先生文集集》，（宋）張栻著，《叢書集成初編》本，商務印書館，1937。

《張栻集》，（宋）張栻著，嶽麓書社，2010。

《張無垢中庸解》，（宋）朱熹著，《朱子全書》第 24 册，朱傑人、嚴佐之、劉永翔主編，上海古籍出版社、安徽教育出版社，2002。

《張載集》，（宋）張載著，中華書局，1978。

《昭昧詹言》，（清）方東樹著，汪紹盈點校，人民文學出版社，1961。

《哲學史演講錄》，〔德〕黑格爾著，商務印書館，1997

《鎮州臨濟慧照禪師語錄》，（唐）慧然集，《大正藏》第 47 卷。

《致堂讀史管見》，（宋）胡寅著，《續修四庫全書》第 449 册，上海古籍出版社，2002。

《致堂讀史管見》，（宋）胡寅著，《續修四庫全書·史部》第 280-281 册，上海古籍出版社，2002。

《直齋書錄解題》，（宋）陳振孫，上海古籍出版社，1987。

《中國禪宗與詩歌》，周裕鍇，上海人民出版社，1993。

《中國傳統美學的當代闡釋》，樊美筠著，北京大學出版社，2006。

《中國古代文學》（下册），周裕鍇等編，重慶大學出版社，2010。

《中國近三百年學術史》，梁啓超著，東方出版社，2004。

《中國美學的文脈歷程》，王振復著，四川人民出版社，2002。

《中國散文史綱》，劉衍等著，湖南教育出版社，1994。

《中國散文通史》，漆緒邦著，吉林教育出版社，1994。

《中國文學史》，錢基博著，中華書局，1995。

《中國文學史》，袁行霈等編，高等教育出版社，2005。

《中國文學史》，〔日〕吉川幸次郎著，陳順智、徐少舟譯，四川人民出版社，1987。

《中國修辭學》，楊樹達著，科學出版社，1954。

《中國藝術精神》，徐復觀著，華東師範大學出版社，2001。

《中國哲學簡史》，馮友蘭著，北京大學出版社，1985。

《中國哲學史新編》，馮友蘭著，人民出版社，2001。

《中唐至北宋的典範選擇與詩歌因革》，李貴著，復旦大學出版社，2012。

《周敦頤集》，（宋）周敦頤著，陳克明點校，中華書局，2009。

《周官新義》，（宋）王安石著，《叢書集成》本，中華書局，1985。

《周易本義》，（宋）朱熹著，中華書局，2009。

《周易集解纂疏》，（清）李道平撰，潘雨廷點校，中華書局，1994。

《周予同經學史學論著集》，朱維錚編，上海人民出版社，1996。

《朱熹的歷史世界》，余英時著，生活、讀書、新知三聯書店，2004。

《朱熹年譜長編》，束景南著，華東大學出版社，2012。

《竹友集》卷五，（宋）謝薖著，《景印文淵閣四庫全書》第1122冊。

《朱子理學美學》，潘立勇著，東方出版社，1999。

《朱子全書》，（宋）朱熹著，朱傑人、嚴佐之、劉永翔主編，上海古籍
　　出版社、安徽教育出版社，2002。

《朱子語類》，（宋）黎靖德編，王星賢點校，中華書局，1986。

《莊子集釋》，（清）郭慶藩著，中華書局，2012。

《拙齋文集》，（宋）林之奇著，《景印文淵閣四庫全書》第1140冊。

《紫微詩話》，（宋）呂本中著，《歷代詩話》本，中華書局，1981。

《紫微雜説》，（宋）呂本中，《呂本中全集》本，中華書局，2019。

《紫微雜説拾遺》，（宋）呂本中，《呂本中全集》本，中華書局，2019。

《滋溪文稿》，（宋）蘇天爵著，中華書局，1997。

二　單篇論文（以著者漢語拼音爲序）：

白曉萍：《宋南渡初期詩人群體研究》之“下編”“呂本中研究”，浙江
　　大學2006年博士學位論文。

曹宇峰：《胡寅排佛思想中的政治理念》，載《山西大學學報》（社會科
　　學版）2010年第5期。

常建華：《從〈尊堯録〉看羅從彦的政治思想》，載《天津師範大學學
　　報》2008年第1期。

陳良中：《張九成〈書〉學思想脞説》，載《重慶師範大學學報》2011年

第 3 期。

陳忻:《宋代洛學與文學研究》,中國社會科學出版社,2009。

戴偉華:《獨白:中國詩歌的一種表現形態》,載《中國社會科學》2003
年第 3 期。

顧永新:《北宋前中葉的尊韓思潮》,《北大中文研究》第一輯,北京大
學出版社,1998。

顧友澤、朱蕾:《吕本中詩歌的"活法"策略及影響》,載《聊城大學學
報》(社會科學版)2018 年第 3 期。

何俊:《胡寅〈崇正辯〉論》,載《浙江大學學報》(人文社會科學版)
2001 年第 5 期。

黃寶華:《〈江西詩社宗派圖〉的寫定與〈江西詩派〉總集的刊行》,載
《文學遺産》1999 年第 6 期。

黃覺弘:《楊時〈春秋〉遺説及其淵源》,載《貴州大學學報》2009 年第
5 期。

姜廣輝:《"道學"思潮與經學革新——二程的經學思想與〈伊川易傳〉
再認識》,載姜廣輝主編《經學今詮四編》(《中國哲學》第二十五
輯),第 286 頁。

李貴:《天聖尊韓與宋調的初步成型》,《文學遺産》2007 年第 6 期。

梁濤:《孟子"道性善"的内在理路及其思想意義》,載氏著《新編中國
思想史二十二講》,高等教育出版社,2012。

林湘華:《"江西詩派"研究》,臺灣成功大學博士學位論文,2006。

劉依平:《胡寅的佛學批判與宋代儒學的自我認同》,載《深圳大學學
報》(人文社會科學版)2015 年第 3 期。

劉玉敏:《張九成事功思想及其影響》,載《浙江工業大學學報》2011 年
第 3 期。

麻天祥:《理學與禪學》,載《湖南師範大學學報》1996 年第 3 期。

桑兵:《中國學術思想史上的學術與統分》,載《中國社會科學》2006 年
第 3 期。

尚永亮:《柳宗元古近體詩與表述類型之關聯及其創作動因》,載《文學
遺産》2011 年第 3 期。

〔俄〕什克洛夫斯基:《作爲手法的藝術》,載《俄國形式主義文論選》,
三聯書店,1989。

沈揚：《經典缺失的詮釋與補亡——論宋人對"杜甫不賦海棠"的討論與書寫》，載《文學遺產》2014 年第 5 期。

史向前：《爲有源頭活水來——朱松道學思想及其對朱熹的影響》，載《安徽大學學報》2009 年第 6 期。

續曉瓊：《略論胡宏"以史證經"的易學思想》，載《周易文化研究》2010 年第 1 期。

尹業初：《胡寅歷史政治哲學研究——以〈致堂讀史管見〉爲中心》，南開大學 2012 年博士學位論文。

曾明：《呂本中"活法"説文本考》，載《西南民族大學學報》2011 年第 4 期。

詹石窗、李育富：《楊時易學思想論考》，載《周易研究》2011 年第 1 期。

趙毅衡：《文化轉型與純文學》，載《當代西方哲學與方法論》第 64 期，臺北東大圖書出版社，1991。

周裕鍇：《惠洪與奪胎換骨法——一椿文學史批評公案的重判》，載《文學遺產》2003 年第 6 期。

周裕鍇：《夢幻與真如——蘇、黃的禪悦傾向與其詩歌意象之關係》，載《文學遺產》2001 年第 3 期。

周裕鍇：《詩可以群：略談元祐詩歌的交際性》，載《社會科學研究》2001 年第 5 期。

周裕鍇：《詩可以群：論元祐詩歌的交際性》，載《社會科學研究》2001 年第 5 期。

周裕鍇：《以戰喻詩：略論宋詩中的"詩戰"之喻及其創作心理》，載《文學遺產》2012 年第 3 期。

祝尚書：《論"擊壤派"》，載《文學遺產》2001 年第 1 期。

左志南：《北宋中后期文人学佛变化趋势及原因论析》，《廈門廣播電視大學學報》2020 年第 4 期。

左志南：《論黃庭堅融通儒釋的修養理論》，載《中南大學學報》（社會科學版）2011 年第 1 期。

後 記

　　拙作的構想源自我博士後出站報告的選題。當時我完成了博士學位論文《近佛與化雅：北宋中後期文人學佛與詩歌流變研究》的寫作，在涉及江西詩派諸人的知識構成與其文學觀念、詩歌創作的關係時，我關注到他們游於呂希哲門下，同時又深受禪學影響的事實，因此萌發出探究北宋中後期學術思想嬗變與文學觀念、文學創作關係的想法。我計劃從作家知識構成的解析出發，盡可能地還原當時歷史語境下士大夫價值觀念、審美旨趣的形成與變化。這不可避免地要直面儒學的發展變化，確切說要觸碰理學這一文學領域中的"敏感"領域。就當下的學術研究趨勢而言，這種研究的思路顯然並非主流；就學術創新的方向而言，這仿佛是選擇一個陳舊的領域，有幾分做逆潮流而行的"異類"的味道。但我始終認爲當時之士大夫絕大部分皆以儒士爲自我定位，而其本位文化亦是儒學，因此如欲考察其出處進退的思考、價值觀念的形成、審美旨趣的特點，絕不可脫離其知識構成鑿空強論。如此，兩宋之交理學嬗變則成爲探究該時期文學發展及其特徵變化不可忽視之問題。

　　當我跟博士後合作導師尚永亮先生談及這一想法時，得到了先生的鼓勵與肯定，也得到了先生具體的指導意見。自離漢赴蓉工作以來，我雖念茲在茲，無日或忘，但俗事雜務紛至沓來，以致一再拖延，黃山谷云："士爲欲心縛，寸勇輒尺懦。"我之謂也！2017年我將當初想法整理後申報國家社會科學基金項目，僥倖得以立項，由此徹底滅絕了拖延的理由，經過三年見縫插針地閱讀與寫作，終於成就了現在的規模。雖然這一過程中有思路混亂的苦惱，有文思滯澀的焦慮，還有茲山萬仞難以逾越的怵懼，但也有讀懂智者玄思邏輯時的豁然，更有尋繹到先賢詩論與其思想關聯時的躍然。在結題壓力下匆匆成就拙作，遺憾尚有許多，比如名爲"雙向考察"，但文學作爲士大夫的身份標誌與生活方式，其實也影響到當時儒學思想的發展，拙作在此一環節無疑論述較少，且有論述不夠深入的缺陷。而兩宋之交湖湘、龜山、江西三大儒學團體雖具有很大的代表性，以其爲主幹顯然有許多遺漏。同時，在思考與寫作過程中，我在沉醉於勾稽先賢哲思體系的同時，對於先賢思想與文學觀念形成的必然性方面論述不够。本以爲撰寫後記是回顧思考寫作過程之志得意滿的揮灑，但此時我内心更多的是"方其搦翰，气倍辭前；暨乎篇成，半折心始"的沮喪。而今惟一的希望是用此布滿瑕疵的作品起到抛磚引玉的作用，希望學術思想與文學發展研究的思路能引起學界更多同儕的關注。

由於涉及較多哲學問題，而我哲學根基薄弱，故而在閱讀寫作過程中時常陷入"無能狂怒"的窘境，幸有摯友熊劫兄屢屢點撥，時常微信通話長達一小時之久，個中真誠，難以忘懷。也感謝陪伴在我身邊的朋友們，尤其是不善飲又自嘲爲"廣都酒徒"的"袞袞諸公"，每次"歸鞍微帶雨，何惜角巾斜"的清吟嘯歌都是我平淡生活中難得的快樂時光。

自有拙作之構想，到如今之完成，已逾十載，難免讓人有歲月不居之慨。窗外又是秋風拂面，經歷了今夏的酷熱，仿佛往年一涼到骨的悲秋情緒略微減弱，但思緒仍一如既往的紛亂，記得初稿完成之時也是秋天，當時留有歪詩一首，亦可作爲今日紛亂思緒的註脚：

> 肅氣已邀霜送冷，笑予遲晚賦秋歸。幽香無隱經年夢，清嚮猶存昨暮非。看盡寒光趨晦昧，吟殘別調到熹微。昔時可預今時意，歲歲酸風能滿衣。

最後，感謝西南民族大學中國語言文學學院、社科處在拙作出版上給予的支持；感謝社会科學文献出版社羅衛平老師在拙作出版上提供的耐心指導與幫助。

壬寅歲秋書於枯木寮

圖書在版編目（CIP）數據

兩宋之交理學道論嬗變與詩歌流變的雙向考察 / 左
志南著 . -- 北京：社會科學文獻出版社，2024.8
　　ISBN 978-7-5228-2636-3

　　Ⅰ . ①兩⋯　Ⅱ . ①左⋯　Ⅲ . ①理學－思想史－研究－
中國－宋代②宋詩－詩歌研究　Ⅳ . ① B244.05
② I207.227.44

　　中國國家版本館 CIP 數據核字（2023）第 201889 號

兩宋之交理學道論嬗變與詩歌流變的雙向考察

著　　者 / 左志南

出 版 人 / 冀祥德
責任編輯 / 羅衛平　劉　丹
責任印製 / 王京美

出　　版 / 社會科學文獻出版社
　　　　　　地址：北京市北三環中路甲 29 號院華龍大廈　郵編：100029
　　　　　　網址：www.ssap.com.cn
發　　行 / 社會科學文獻出版社（010）59367028
印　　裝 / 三河市尚藝印裝有限公司

規　　格 / 開　本：787mm × 1092mm　1/16
　　　　　　印　張：36.5　字　數：590 千字
版　　次 / 2024 年 8 月第 1 版　2024 年 8 月第 1 次印刷
書　　號 / ISBN 978-7-5228-2636-3
定　　價 / 198.00 圓

讀者服務電話：4008918866